国家出版基金项目
NATIONAL PUBLICATION FOUNDATION

新中国法制建设与法治推动丛书（第一辑）

虞浔 著

中国司法体制改革研究

——以上海为视角

上海人民出版社

目　录

序

司法体制改革是一项长期而艰巨的任务。中央提出司法改革,始于1997年党的十五大。十五大报告提出:"推进司法改革,从制度上保证司法机关依法独立公正地行使审判权和检察权,建立冤案、错案责任追究制度"。这使司法改革有了坚实的理论基础和坚强的政治保障,也正式开启了我国司法改革的序幕。21世纪以来,我国先后于2004年、2008年、2014年相继启动多轮司法改革,始终在党中央的正确领导下,坚持遵循司法发展规律和从中国国情出发的原则,充分遵照中央顶层设计与地方实践探索相结合的方针,按照可复制、可推广的要求,推动司法制度创新,致力于解决影响司法公正与效率、制约司法能力的深层次问题,实现完善和发展有中国特色的社会主义司法制度的预期目标。可以说,司法改革波澜壮阔的法治实践,为开展司法改革理论研究提供了最鲜活的现实样本,势必促进理论研究的进一步繁荣结出丰硕成果。

早在2013年10月,作者就依托其博士论文,经修改后在上海人民出版社出版了《1997年以来中国司法体制和工作机制改革进程中上海的实践与探索》一书。作为他的博士生导师,我欣然为该书作序,并勉励他继续关注这一领域的理论和实践发展,产出更多的成果,形成在上海司法改革方面的研究特色和理论品牌。值得欣喜的是,作者勤于思考,善于研究,勇于创新,自2016年调入华东政法大学以来,继续在这方面锐意探索。先是2018年在吉林大学出版社出版了《司法体制综合配套改革初探》专著,后又根据2014年以来司法体制改革实践的最新发展,依托此前完成的两本专著,系统增补完成最近7年来司法改革的理论研究成果,即将由上海人民出版社出版其新作《中国司法体制改革研究——以上海为视角》,从而正式推出其上海司法改革"三部曲",形成自1997年以来至今全时域、全过程、全视角的研究体系。十分难能可贵,可喜可贺。

翻阅呈现在大家面前的新作,浓缩了近24年来的司法改革进程。突出反映在作者所反复提到的,基于自上而下顶层设计的考虑,2014 年之前基本是在既有司法体制框架下的工作机制改革,遵循先易后难的原则,经过不懈努力解决了办公条件、经费、人员编制等长期制约法院、检察院建设发展的体制机制等"老大难"问题,促进了司法机关严格、公正、文明、廉洁执法,推动了中国司法工作和司法队伍建设的科学发展,赢得了社会各界的普遍认可和广泛支持。然而,必须看到,经过这些年的改革,剩下来的问题都是难啃的"硬骨头"、难涉的险滩,2014 年之后的司法改革进入深水区和攻坚期,正是得益于以"敢于啃硬骨头、敢于涉险滩"的信心和勇气,以冲破障碍、突破藩篱的更大决心,从体制层面破解了若干个影响司法独立、司法权威、司法效率、司法公正、司法公信的基础性、制度性难题,才得以打好深化司法体制改革这场攻坚战。

一直以来,上海都是处于改革开放的前沿,中央对上海继续锐意进取、先行先试寄予厚望。上海应当继续发挥"试验田""先行者"作用,率先探索实施司法改革试点、率先形成一批可复制、可推广的制度创新,为完善和发展中国特色社会主义事业作出积极贡献。鉴于司法权是中央事权,司法改革先行先试是上海必须承担的政治责任。本书就是置身于上海经济社会经过 40 余年改革开放的快速发展,改革开放的力度、广度以及深度较以往有了更大超越的时代语境之中,充分正视上海已经到了没有改革创新就不能发展的特定阶段,力求通过理论创新破解制约法治发展的瓶颈问题,进一步提高依法治市水平和执法、司法公信力。

这本新作系统梳理 24 年来发生在这片土地上的司法改革进程,既是对过往艰辛征程的一个总结,更是对新时代改革再出发的一个展望。可以相信,伴随着本书的出版,填补此前专著的时间空窗期,有利于为今后的司法改革指明方法路径,起承前启后的作用。从本书中可以发现,扎实推进各项改革工作,首先要抓好国家交给上海的重大改革任务,包括自贸区建设,司法体制、教育体制改革。可见,全面深化改革已经成为解决上海一揽子矛盾问题,破除城市发展瓶颈,再次引领上海走上又快又稳发展征程的必由之路。持续推进司法改革难度之大前所未有,必须坚决贯彻落实党中央的要求,严格按照中央的顶层设计,立足上海司法工作实际,锐意革新,破冰探路,努力实现改革的预期目标。希望作者能继续在这一领域深耕自作，不要止步于现有的研究成果，在上海司法改革史方面作持续、深入研究，推出更多力作。

是为序。

王立民

2024年秋于华东政法大学

导　论

司法改革是厉行现代法治的重要内容和表现形式之一,也是彻底摒弃传统人治模式,践行依法治国基本方略的重要保障。我国法制建设在曲折中前进的历程反复证明,司法体制是否健全与完善,直接影响着国家法治的水平;没有相应的司法体制作为支撑,所谓现代化的法治文明只能是"空中楼阁";没有科学的司法体制作为保障,人民奋斗争取并经法律确认的权利也无法得到充分实现。在全球化的背景下,司法改革的发展水平,还直接反映和体现着一个国家、一个民族进步、文明、民主和法治的程度,学界更是普遍认同其作为区分进步与落后、民主与专制、法治与人治的标尺地位。在现代法治国家,司法体制作为彰显法治精神、展示法治水平的一块重要园地,受到了前所未有的重视。

第一节　研究背景

我国现行的司法制度,从形式和实质上看并不是封建社会以来古代传统司法制度的传承,更不是民国以来近代旧中国资产阶级司法制度的延续,而是在彻底摒弃古代封建传统司法制度、彻底打碎旧中国资产阶级司法制度的基础上,学习借鉴苏联社会主义司法制度经验,伴随着以工农联盟为基础的社会主义政权的建立而发展起来的社会主义司法制度。

既然是一个新生事物,新中国成立以来的司法制度建立和完善的历史,自然伴随着国家跌宕起伏的命运,在坎坷和曲折中一步一步前行,走过的艰辛历程可谓浓缩了新中国成立以来国家、民族和法治在磨难中奋进,在困顿中崛起,在彷徨中进步的缩影。司法体制和工作机制改革作为社会主义司法制度自我发展完善的重要形式,是一个法院、检察院等司法机关改革与公安机关、司法行政机关改革相互配合、相得益彰和不断完善的过程。①随着党的十五大、十六大、十七大、十八大、十九大的相继召开,依法治国基本方略持续推进,引导着我国司法体制改革掀起一轮又一轮的改革浪潮。

上海作为中国最大的经济中心城市,在国家政治、经济生活中占据着特殊的重要地位,受到国内外和中央的格外关注。正如中共中央政治局常委俞正声在卸任中共上海市委书记的全市党政负责干部会议上所发感慨,"在上海工作的五年,我深切体会到,上海的工作举足轻重、举世瞩目"。②在上海这块热土上开展的司法体制改革,同样受到国内外和中央的高度重视,中央改革举措是否适应上海实际、上海怎么根据城市发展的需要推进改革、上海哪些改革新举措具有推广价值,都是各界关注的焦点。可以说,上海特殊的经济社会发展特点,决定了司法体制改革在上海势在必行;上海在国家政治生活中的特殊地位,决定了上海司法领域推行的体制机制改革必须成功,为全国司法体制改革提供可供借鉴的经验,中央寄予厚望。

一、中国 1997 年始启动司法体制改革

我国司法体制形成于高度集中的计划经济时期,在党的一元化领导思想支配下,司法职权的合理配置和相互制约长期受到冷落和忽视,片面强调作为"专政工具"的镇压敌人、惩罚犯罪进而巩固政权安全、维护社会秩序的功能。由此带来的不良后果就是司法机关的功能定位被狭隘化和简单化,忽视了司法机关所具有的约束国家权力、使之不被滥用和保障包括犯罪嫌疑人、被告人在内的全体公民基本人权的作用。

伴随着社会主义市场经济的发展,公众的权利观念逐步萌发和培育,苏联模式下形成的司法体制内在缺陷逐渐暴露,司法改革被提上议事日程。以1996 年新刑事诉讼法颁布施行为标志,我国刑事审判方式由职权主义向当事人主义转变,这是我国司法制度重建以来取得的最重要的成果,预示着通过司法改革来保障和实现法律赋予民众的权利,已成为构建先进法治文明,提升我

---

① 沈德咏:《中国特色社会主义司法制度论纲》,人民法院出版社 2009 年版,第 135 页。
② 谈燕:《本市召开党政负责干部大会宣布中央决定》,《解放日报》2012 年 11 月 21 日。

国人权保障水平,实现社会公平正义的可行之路。但与理论界和司法界预期的不符合,这种审判方式的改革并没有从根本上消除诸如司法地方化、司法行政化、司法腐败等弊端。由此,人们在新的实践基础上进一步反思,并得出这样一个结论:"原来中国司法的症结不在什么'审判方式',而在整个司法体制。"①要扭转这一局面,唯有根据本国的法治实践发展阶段,借鉴、吸收法治发达国家丰富的研究成果和宝贵的实践经验,对照各种不同的司法体制模式进行正确的取舍,在一定的司法理念的指导下构建更为科学和更适合中国国情的司法体制,从而提升国家司法的民主性、文明性和科学性。

1997 年召开的党的十五大是一次意义深远的重大会议,郑重宣布"依法治国,是党领导人民治理国家的基本方略",提出"推进司法改革,从制度上保证司法机关依法独立公正地行使审判权和检察权,建立冤案、错案责任追究制度"的政治目标。②这是首次以党的纲领性文件确认司法改革,并正式纳入依法治国家战略,使司法改革有了坚实的理论基础和坚强的政治保障,③自此我国的司法体制改革全面启动。尽管此时的提法"过于原则,缺乏可操作性,且单纯从制度层面强调保证司法机关依法独立公正地行使审判权和检察权",④但最高司法机关仍积极响应,开展了不懈的探索,首先是从司法工作机制层面开展突破。

1998 年 3 月 10 日,在九届全国人大一次会议上,最高人民法院院长任建新提出,要积极推进法院改革,保障依法独立公正地行使审判权,⑤最高人民检察院检察长张思卿也提出要积极推进检察制度改革,⑥并在之后数年内认真规划并实施了一系列改革,其力度和广度为国人所瞩目。最高人民法院于 1999 年 10 月 22 日制定《人民法院五年改革纲要》,最高人民检察院也于 2000年 1 月 10 日制定《检察改革三年实施意见》。2001 年 6 月全国人大修改《检察

①　陈瑞华:《司法权的性质》,《法学研究》2000 年第 5 期。
②　江泽民:《高举邓小平理论伟大旗帜,把建设有中国特色社会主义事业全面推向二十一世纪——在中国共产党第十五次全国代表大会上的报告》,《人民日报》1997 年 9 月 22 日。
③　张文显:《人民法院司法改革的基本理论与实践进程》,《法制与社会发展》2009 年第 3 期。
④　姜小川:《对"深化司法体制改革"意蕴的认识》,《中国党政干部论坛》2008 年第 2 期。
⑤　任建新:《最高人民法院工作报告》(1998 年 3 月 10 日),《全国人民代表大会常务委员会公报》1998 年第 1 期。
⑥　张思卿:《最高人民检察院工作报告》(1998 年 3 月 10 日),《全国人民代表大会常务委员会公报》1998 年第 1 期。

官法》和《法官法》，提高了法官、检察官的任职条件；2002 年 3 月开始实行国家统一司法考试制度，确立了法学界呼吁已久的法律职业准入制度。至此，一系列决策出台并付诸实施，标志着司法改革逐步走上前台，成为社会关注的焦点和热点。

2002 年党的十六大召开，指出："社会主义司法制度必须保障在全社会实现公平和正义。按照公正司法和严格执法的要求，完善司法机关的设置、职权划分和管理制度，进一步健全权责明确、相互配合、相互制约、高效运行的司法体制。从制度上保证审判机关和检察机关依法独立公正地行使审判权和检察权。完善诉讼程序，保障公民和法人的合法权益。切实解决执行难问题。改革司法机关的工作机制和人财物管理体制，逐步实现司法审判和检察同司法行政事务相分离。加强对司法工作的监督，惩治司法领域中的腐败。"①在对前期司法改革进行总结的基础上，将司法改革的目标直指"体制"这一深层要害，提出了七项任务，为我国司法体制改革指明了方向、确立了目标。然而，"报告对于司法权力究竟如何配置，尤其是司法权在政治体制中的地位界定未予明确。因此，之后的司法改革多停留在研讨论证过程之中，具体的改革则由司法机关自我探索"。②这不能不说是一大遗憾，也反映了在党的十六大报告起草过程中，中央决策层对司法改革的认识还存在一定局限性。

为了弥补这一缺憾，统一推进全国范围内司法体制改革，2003 年 4 月，中央政法委员会向党中央提出了《关于进一步推进司法体制改革的建议的请示》，5 月党中央听取了中央政法委的建议，对司法体制改革的指导思想、原则、目标、重点及工作方法作了重要指示，并决定在中央直接领导下，成立由中央政法委、全国人大内务司法委员会、中央政法各部门、国务院法制办及中央编制办的负责人组成的中央司法体制改革领导小组，全面领导司法体制改革，形成了中央政法委主导司法体制改革工作的格局。③该领导小组由中共中央政治局常委、中央政法委书记罗干为组长，并在中央政法委内设办公室，负责具体的工作。舆论普遍认为，这标志着我国通盘考虑、全面规划、触及体制的

①　江泽民：《全面建设小康社会，开创中国特色社会主义事业新局面》，人民出版社 2002 年版，第 35—36 页。

②　姜小川：《对"深化司法体制改革"意蕴的认识》，《中国党政干部论坛》2008 年第 2 期。

③　沈德咏：《中国特色社会主义司法制度论纲》，人民法院出版社 2009 年版，第 136—137 页。

司法体制改革进入轨道。①此后，2004年年底，党中央批转了中央司法体制改革领导小组制定的《关于司法体制和工作机制改革的初步意见》，确定了改革和完善诉讼制度，改革和完善诉讼收费制度，改革和完善检察监督体制，改革劳动教养制度，改革和完善司法干部管理体制，改革有关部门、企业管理"公、检、法"体制等10个方面35项改革任务。②该文件下发后，最高人民法院、最高人民检察院相继成立了本部门的司法改革领导小组，并分别出台了《人民法院第二个五年改革纲要》《关于进一步深化检察改革的三年实施意见》，对落实中央司法体制改革任务的具体措施和步骤作出安排部署。

2007年党的十七大召开，从全面落实依法治国基本方略，加快建设社会主义法治国家的高度，提出要"深化司法体制改革，优化司法职权配置，规范司法行为，建设公正高效权威的社会主义司法制度，保证审判机关、检察机关依法独立公正地行使审判权、检察权"。③这标志着我国司法改革已由浅入深，也意味着未来司法体制改革将向纵深发展。④

此后，中央司法体制改革领导小组组织中央和国家机关有关部门进行了深入调研和论证，广泛听取党内外意见，在巩固已有改革成果的基础上，提出了《中央政法委员会关于深化司法体制和工作机制改革若干问题的意见》，2008年11月28日召开的中共中央政治局会议原则同意该意见，并于12月批准转发了《中央政法委员会关于深化司法体制和工作机制改革若干问题的意见》，这被看作是新一轮深化司法体制和工作机制改革的开启。⑤其涵盖的内容包括改革现行民事行政案件执行体制，切实解决判决、裁定"执行难"的问题；优化侦查权的配置，切实加强对侦查活动的制约监督；规范司法机关上下级之间的关系，切实防止和克服司法行政化倾向；改革和完善法律院校招生分配制度，培养造就政治业务素质高、实战能力强的复合型法律应用人才，从根

①　陈欢：《司法体制改革将突破　第二个法院改革五年纲要酝酿出台》，《21世纪经济报道》2005年3月17日。

②　中央司法体制改革领导小组办公室：《坚持和完善中国特色社会主义司法制度的伟大实践——党的十六大以来司法体制机制改革取得明显成效》，《人民日报》2007年9月23日。

③　胡锦涛：《高举中国特色社会主义伟大旗帜　为夺取全面建设小康社会新胜利而奋斗——在中国共产党第十七次全国代表大会上的报告》，《上海支部生活》2011年第11期。

④　姜小川：《对"深化司法体制改革"意蕴的认识》，《中国党政干部论坛》2008年第2期。

⑤　谢雪琳：《新一轮司法体制改革愿景：十八大前各项措施基本落实到位》，《第一财经日报》2011年2月17日。

本上规范政法机关的进人体制;进一步落实"收支两条线"规定,实现政法经费由财政全额负担,改革和完善政法经费管理制度等 60 项改革任务。①这不仅是我国新时期司法体制改革的指导思想,也是我国新一轮司法体制改革的总方案。

党的十七大以来,人民法院、人民检察院在推进司法体制方面,做了大量的工作。在中央的高度重视和统一部署下,政法机关和各有关部门密切配合,中国司法体制逐步深化,呈现出整体推进、扎实有序、举措频出的良好态势。所定各项改革任务基本上都已出台实施意见。中国特色社会主义司法制度在改革中不断完善和发展,为提升司法机关的能力水平、维护社会公平正义提供了有力保障,赢得了广大人民群众的拥护支持。但必须看到,司法体制改革是一项长期艰巨的任务,不会有一个成功的时间节点,而是必须始终随着法治建设的步伐不断推进改革,始终与人民群众对公平正义的呼唤同步深化。

2012 年党的十八大召开,提出"进一步深化司法体制改革,完善中国特色社会主义司法制度"。司法体制改革,作为全面深化改革和全面依法治国的"重头戏",被纳入"五位一体"总体布局统筹推进和"四个全面"战略布局协调推进。党的十八届三中、四中全会对司法体制改革进行了系统规划和周密部署,确定了 9 大改革领域、129 项改革任务,制定了具体的施工图和时间表。2014 年 3 月 19 日中共中央办公厅、国务院办公厅印发《关于深化司法体制和社会体制改革的意见》。此后,中央政法委出台相关文件,在全国陆续开展以完善司法责任制、完善司法人员分类管理制度、健全司法人员职业保障制度、推动省以下地方法院检察院人财物统一管理为内容的司法责任制改革。习近平总书记主持召开的中央全面深化改革领导小组 40 次会议共审议通过司法体制改革文件 50 个。从两次中央全会对司法改革工作作出部署,到总书记亲力亲为抓司法改革,这在新中国历史上尚属首次,昭示着司法改革迎来久违的热潮,已经升级为一场系统性、全方位、深层次的改革。

2017 年党的十九大报告鲜明提出"深化司法体制综合配套改革,全面落实司法责任制,努力让人民群众在每一个司法案件中感受到公平正义"。党的

---

① 沈德咏主编:《中国特色社会主义司法制度论纲》,人民法院出版社 2009 年版,第 166—170 页。

十九届三中全会通过的《中共中央关于深化党和国家机构改革的决定》提出"深化司法体制改革,优化司法职权配置,全面落实司法责任制,完善法官、检察官员额制,推进以审判为中心的诉讼制度改革,推进法院、检察院内设机构改革,提高司法公信力,更好维护社会公平正义,努力让人民群众在每一个司法案件中感受到公平正义"。站在新的起点扬帆起航,以习近平同志为核心的党中央从全面推进依法治国,实现国家治理体系和治理能力现代化的高度,擘画司法体制改革宏伟蓝图,加快建设公正高效权威的社会主义司法制度,确立了新时代司法体制改革更加清晰的坐标航向。党的十九大以来,司法体制综合配套改革已在上海先行试点;加强知识产权审判领域改革创新若干问题的意见由中共中央办公厅、国务院办公厅印发;司法人员职业保障配套制度正在协调落实;人民法院、人民检察院内设机构改革加快推进;《人民法院组织法》《人民检察院组织法》《法官法》《检察官法》《人民陪审员法》等法律修改积极推进……更多的改革蓄势而发,更深层次的问题着力破解。我们有理由相信,随着司法体制改革不断深入推进,中国特色社会主义司法制度必将适应时代的发展进步而不断完善和发展,必将为中国特色社会主义事业提供更加有力的司法保障。

二、上海经济社会快速发展要求司法机关与时俱进

借助对外开放、对内改革的时代契机,党的十四大正式作出了"以上海浦东开发为龙头,进一步开放长江沿岸城市,尽快把上海建成国际经济、金融、贸易中心之一"的重大战略决策,之后历次全国党代会报告中均对上海浦东开发有所阐述。依托浦东开发,上海城市经济实现了跨越式腾飞,长期处于全国各省市经济增长前列。更为重要的是,上海经济发展对周边城市的带动和辐射作用日渐增强,不仅推动了长三角地区城市群的形成和发展,更为全国经济发展起到示范作用。

在经济实现高速运行的同时,伴随而来的是诉讼纠纷的井喷式增长。民商事案件被称为经济社会秩序的"晴雨表",[①]近 20 年来,上海民事纠纷、经济纠纷、经济金融犯罪案件以及各类刑事案件以倍数增长,给上海司法资源带来

---

① 钱峰:《司法的创新与发展》,法律出版社 2011 年版,第 355 页。

了巨大的压力。1997年,上海审判机关受理各类案件18.66万件,2012年则攀升为45.93万件,①2020年达到87.4万件。②1997年,上海检察机关批准逮捕犯罪嫌疑人12 326人,提起公诉13 352人,2012年则攀升为批准逮捕犯罪嫌疑人27 295人,提起公诉40 699人,③2020年批准逮捕犯罪嫌疑人29 334人,提起公诉42 063人。④面对如此严峻的工作压力,在既有人员编制无法得到大规模扩充的情况下,解决之道唯有改革。以法院改革为突破口,以"保增长、保稳定、保民生"为改革目标的上海司法改革全面深入展开,主动适应城市经济社会发展的实际情况,积极应对经济社会发展带来的"副产品",推进司法体制改革,整合配置现有的司法资源,以适应城市经济社会的发展趋势,实现法律效果与社会效果的统一,并持续至今。

中央决定支持上海率先建成国际金融中心、国际航运中心,是近年来上海发展进程中的一件大事,为上海这座城市的持续发展注入了强劲动力。⑤随着全球金融一体化的不断发展和我国金融对外开放的不断扩大,健全和完善金融法制环境是上海建设国际金融中心和金融业不断创新发展的重要保障,建立符合发展需要和国际惯例的金融法制环境,对于上海国际金融中心建设和金融业发展有着更加重要的意义。⑥2001年,国务院批复"上海城市总体规划"时,正式明确上海建设国际经济、金融、贸易、航运中心。2014年,习近平总书记在上海考察时提出上海"建设具有全球影响力的科技创新中心"的要求,至此,上海正式确立建成"五个中心"的城市发展框架。近些年来,上海为加快建设"五个中心",在立法、司法领域都采取了诸多有益的举措。为了贯彻实施国

---

① 应勇:《上海市高级人民法院工作报告——2013年1月29日在上海市第十四届人民代表大会第一次会议上》,《解放日报》2013年2月7日。

② 刘晓云:《上海市高级人民法院工作报告——2021年1月26日在上海市第十五届人民代表大会第五次会议上》,《解放日报》2021年2月1日。

③ 《上海市人民检察院工作报告——2013年1月29日在上海市第十四届人民代表大会第一次会议上》,《解放日报》2013年2月7日。

④ 张旭凡:《一图读懂上海市人民检察院工作报告》,《上海法治报》2021年1月27日。

⑤ 《国务院关于推进上海加快发展现代服务业和先进制造业建设国际金融中心和国际航运中心的意见》(国发〔2009〕19号)中指出:上海有比较完备的金融市场体系、金融机构体系和金融业务体系,有雄厚的制造业基础和技术创新能力,有先进的现代航运基础设施网络。推进上海加快发展现代服务业和先进制造业,加快建设国际金融中心、国际航运中心和现代国际大都市,是我国现代化建设和继续推动改革开放的重要举措;是贯彻落实科学发展观,转变经济发展方式,突破资源环境承载能力制约,实现全面协调可持续发展,继续发挥上海在全国的带动和示范作用的必然选择。

⑥ 季文冠:《不断完善上海国际金融中心建设的法制环境》,《上海金融学院学报》2009年第6期。

家金融法律法规和方针政策,上海积极开展地方立法和规范性文件制定工作,不断完善地方金融司法体系,加强金融执法力度,配合金融监管,努力提升金融法律服务水平,对司法机关提出新的要求。

2008年11月,我国首个金融审判庭在上海市浦东新区人民法院成立,紧接着上海市高级人民法院、第一中级人民法院、第二中级人民法院都建立了金融审判庭,为上海维护金融安全提供了有力的金融司法保障。2009年上半年,上海法院受理一审金融纠纷超8 000件,标的金额为168.9亿元。①为探索完善海事司法协作,上海海事法院与上海海事局签署了《关于共同促进上海国际航运中心建设合作备忘录》,洋口港派出法庭与中国贸促会南通市委员会签署了海商海事业务合作框架协议,主动延伸司法服务功能。②同时,上海市检察系统也积极为上海"两个中心"建设提供强有力的司法保障。黄浦、静安等区的人民检察院设立了金融检察机构,以优化金融司法资源。为了强化"金融检察"概念,上海金融检察工作委员会正式挂牌成立,起到加强对金融违法犯罪的预防惩处以及防范和化解金融风险的作用。③

经过上海持续不断的努力,截至"十三五"收官之时,上海国际经济、金融、贸易、航运中心基本建成,经济实力保持全球城市前列,全球金融中心指数、新华·波罗的海国际航运中心发展指数排名均升至世界第三,证券市场筹资额、现货黄金交易量、原油期货市场规模等均位居世界前三,口岸贸易总额继续保持全球城市首位,上海港集装箱吞吐量连续11年蝉联世界第一,上海机场航空货邮吞吐量保持世界第三、旅客吞吐量在世界第四的基础上位次提升。此外,具有全球影响力的科技创新中心也已形成基本框架。上海建成软X射线、超强超短激光等一批国家重大科技基础设施和15个研发与转化功能型平台,集成电路、生物医药、人工智能三大"上海方案"加快实施,全社会研发经费支出相当于全市生产总值的比例提高到4.1%左右。④取得如此不俗的成绩,其中就有上海司法改革的贡献。然而,上海各级法院、检察院在司法实践中遇

---

① 季文冠:《不断完善上海国际金融中心建设的法制环境》,《上海金融学院学报》2009年第6期。

② 上海法治市情调研组:《2011年上海法治建设状况分析与展望》,载叶青主编:《上海法治发展报告(2012)》,社会科学文献出版社2012年版,第15页。

③ 吴弘、俞高平、张悦怡:《金融中心加速建设法治环境日趋完善——上海国际金融中心法治环境建设2009年年报(下)》,《上海金融报》2010年4月20日。

④ 徐金忠、林倩:《2020年上海"五个中心"建设实现重大目标》,《中国证券报》2021年1月24日。

到了各种各样的问题。对于一些新类型的金融纠纷案件、金融犯罪案件仍然存在立案比较消极,司法工作人员专业性不强,司法程序过于繁杂无法和国际接轨,司法体系与行政执法监督系统联动机制不足,无法与执法监督形成合力等问题。因此,上海必须以"五个中心"建设为契机,深化司法体制改革,完善金融执法体系,建立公平、公正、高效的金融纠纷审理、仲裁机制。加强跨行业、跨市场监管协作,加强地方政府与金融管理部门的协调,切实保障金融稳定和安全。

三、上海致力于建设社会主义法治城市

上海作为具有国际影响的大都市,在全国政治、经济、文化各领域均有特殊的影响力,这就要求城市发展具备与之相适应的法治水平。从全国来看,上海的法治建设处于比较高的水平,但是就上海的经济和法治发展水平相比,发展尚不平衡,其法治建设存在滞后于经济发展的瓶颈。作为国际现代化大都市,与世界其他特大型城市相比,上海的法治水平、法治环境亟须进一步改善。

传统的诉讼模式远远不能适应经济社会发展。经济的迅速发展,人们在社会经济中的交往更加频繁,由此带来对司法需求空前增长。司法已从对纠纷的最终解决变成了解决纠纷的第一道防线。但是受司法部门人、财、物等资源的限制,当前上海的司法状况尚且无法完全满足广大人民群众的司法需求。诉讼程序繁杂,诉讼周期长,律师费用高昂,裁判结果执行难等一系列问题,制约了人们对司法机关的期待和评价,致使一些群众的依法维权之路走得十分艰难。金融、航运等纠纷不断增加,各种新型案件层出不穷。金融法律体系仍不完善,许多案件处于无法可依的困境。同时,新型经济案件对司法工作人员提出专业性更高的要求,而当前上海司法部门的人才无法满足专业性更强的需求。由此可见,传统的诉讼模式需要进行革新完善,探索建立适应上海城市发展特殊需要的诉讼模式,才能适应上海当前发展所处的阶段,才能满足经济社会发展的要求。

当前司法机关的司法权威尚未得到完全确立。在刑事审判领域中,受许霆案、赵作海案等冤假错案的影响,部分媒体也作了许多负面的报道,助长了公众对司法权威的不信任。在民事审判领域中,同案不同判的情况时有发生,

生效的裁判文书无法执行，也对司法公信力产生许多消极的影响。许多走完法律程序已经终审的案件，因为当事人的不断申诉和上访而被改判。由于纠纷解决的预期被打破，缠讼的案件呈不断上升趋势。为了实现案结事了和减少缠讼、上访，法院又不得不迁就一些当事人的无理要求，以至于在不少案件的处理中，我国《民事诉讼法》规定的"保护合法民事权益、制裁民事违法行为"的任务难以落实，自然司法促进法治社会形成的功能大打折扣。目前，上述全国性的问题同样在困扰着上海，并在上海司法实践中不同程度地存在着，严重影响了司法的权威和司法对法治社会形成的价值实现。可以说上述问题的解决已成为提升上海法治化水平的一个重大课题。[①]上海必须坚持创新引领，改革开路，大胆走出一条维护司法权威的新路子，才能以公正树权威，以权威赢公信。

司法行政化、地方保护主义的问题并未杜绝。在我国，地方政府及地方权力机关掌握司法机关的人事任免权，司法经费及司法工作人员的工资，司法部门的装备、办公条件都由政府根据当地经济发展水平统一配置。因此，司法机关的活动经费受制于政府地方财政的划拨，具有很大的依赖性，存在司法机关难以避免受到其他国家机关或社会团体干涉的问题。法院、检察院按照行政体制的结构和运作模式来建构和运行，为司法机关和司法人员确定行政级别，上级司法机关对下属单位存在管理过度的问题，司法部门的运行具有较为浓厚的行政色彩。在社会主义市场经济的大背景下，司法活动呈现出功利化色彩。地方司法部门容易仅立足于在本地区、本部门的利益考虑，在司法过程中对本地区的当事人具有倾向性，影响了法律权威、司法公信力和执行力，制约了司法在维护公平正义、促进社会和谐方面作用的充分发挥。这类问题尽管是全国性的，上海的情况可能更好一些，但也不敢说完全杜绝。因此上海完全有必要推进司法体制改革，在保证司法公正上大胆探索，先行先试。

上海城市法治建设的现实状况尚不尽如人意。一方面，上海市民法治意识有待进一步提高。城市的法治水平不仅体现于法律配套制度是否合理完善，同时市民的素质及法治意识也同样重要。随着市民法律意识的加强，与传统厌诉、不敢诉不同，近年来，滥诉、恶意诉讼现象明显增长。许多本可以通过

---

① 孟祥沛、王海峰：《司法权威之影响因素及其构建：上海实证研究》，《政治与法律》2012年第3期。

双方礼让或第三方调解解决的纠纷,都走向了司法路径。由于社会诚信越来越缺乏,恶意拖欠款项、金融诈骗等不诚信案件也随之增长。另一方面,虽然上海司法领域改革一直处于全国前列,但是其改革步伐仍与城市经济社会发展存在不协调之处,与"五个中心"建设不相匹配。因此,上海可以作为全国的先行先试点,加快司法机关改革的步伐,也可以为全国的司法改革积累经验。

四、域外司法改革理论在上海受到科学借鉴

上海在建设"五个中心"探索中,可以积极借鉴西方发达国家有益的经验。引进高水平的金融、航运人才,学习先进的管理经验,大力培养涉外法律人才,着力提升金融纠纷解决便利化和裁判可预期性,着力破解举证难、周期长、赔偿低等知产审判难题,打造专业化、便利化、智能化海事审判机制,为"五个中心"建设提供有力的硬件和软件基础。同时,上海要构建符合国情要求,适应上海需求的社会主义司法运行机制,除了坚决贯彻落实中央确定的司法体制改革项目,也应善于借鉴西方发达国家的科学司法理念与成功实践经验。当然,要坚决反对不假思索,不加甄别的简单拷贝复制。不可照搬照抄西方的司法体制,只能取其适合中国部分的内容,进行科学的移植。[①]只有这样,才能使上海既能引进先进的现代司法制度,又能适合中国的国情,并逐渐解决现存的一些问题,实现上海法治建设与国际法治接轨的目标。

坚持博众取长、开放谦和的司法体制改革路径。经过广泛的讨论和征求意见,上海将自己的城市精神概括为"海纳百川、追求卓越、开明睿智、大气谦和"这十六个字,高度浓缩了这座城市的文化内涵和进取姿态,体现出勇于创新、勇于开拓的城市面貌。在司法体制改革领域,上海始终坚持走博采众长、兼收并蓄的改革之路。我国的国情与国外的情况有很大的不同,从国家性质到政治制度差异性很大,这就决定了上海不能简单照搬照抄西方模式,这条路不仅行不通,而且从方向上就是错误的。但不可否认,司法工作无论是在东方还是西方,无论是在社会主义国家还是资本主义国家,其中必然蕴含着一些相通的东西,即实现司法公正独立,倡导高效经济便捷,维护公平正义。因此,西

① 王立民:《科学发展观与司法体制改革》,《政治与法律》2006 年第 6 期。

方国家基于数百年的法治积淀,在相关制度设计、理念思想、权力配置方面的确有其合理、科学的成分。因此,上海司法机关秉承开放谦和的态度,理性对待西方司法改革的理论和实践,一方面,对国外有益的司法理念和实践经验积极吸收,结合上海实际改造后融入自身的司法工作中,在监督、批评中不断加以完善;另一方面,在每一项改革新措施出台之前,必须在党和人大的监督下,广泛征求各界意见,科学预测改革可能带来的影响,尽量避免改革方向上的模糊,在贯彻实施中也应实时监测,跟踪评估,及时发现实践中暴露出来的各种问题,敢于根据实施情况进行必要的修正和调整,决不能缺乏依法改正错误的勇气。

域外科学的司法理论对上海司法实践具有指导价值。国际人权运动和司法改革运动对我国产生巨大的影响。20世纪末、21世纪初,是世界各国的司法改革风起云涌的年代。欧洲国家,如法国2001年成立"刑事司法与人权委员会",以保障人权为目标的改革在法国取得了很大成效;韩国、日本,分别在20世纪末展开司法改革,特别是日本开始推行陪审团制度。许多学者将国际先进司法理念不断传入我国,一些有益的司法理念,兼顾了司法公正、权威、效率,受到司法部门的推崇,并积极努力地结合我国国情吸收。比如,现代社会多元的价值需求决定了司法程序的多样化。为了应对犯罪高峰和诉讼爆炸,司法效率在某种程度被摆在了"优先"的地位。在刑事司法领域,一些国家尝试在刑事司法活动中引入调解的机制,并采取各种措施来实现"恢复性司法",即促使那些因一念之差或其他偶然因素而走上犯罪道路的人,特别是未成年人,能够回归健康正常的社会生活。在民事司法领域,许多国家成功引入诉讼外争端解决机制(ADR),把纠纷解决的功能从法院向诉讼外争端解决机制转移,形成诉讼外纠纷解决机制与诉讼之间一定意义上的"竞争"关系,有利于缓解诉讼压力,还有鼓励社会合作和自治的意义。ADR的发展与司法改革的互动,促进了新型非正式司法程序(如简易程序、小额程序、社区法院等)的发展,使法院承担促进、协调和制约监督ADR职能,使当事人积极参与纠纷解决程序。上海作为与国际大都市交流频繁的城市,完全可以吸收这些有益的法治养分,不断丰富自己的司法工作改革内容;更理应成为域外先进司法理念的传播者以及先进司法实践经验的试行者,实现自身司法工作的自我优化和自我完善,为全国范围内的司法体制改革提供先行先试的典范。

■ 第二节　基本概念

概念是认识事物、把握规律的基本工具,也是开展理论研究的基本前提。如果没有清晰的基本概念内涵界定和外延限定,就很容易造成认识上的混淆,讨论中的混乱,进而直接影响到理论研究的推理和演绎。因此,进行研究,其基本起点应该是从与之相关的基本概念入手。正所谓:"凡立言,先正所用之名以定名义之所在。"①

尽管"司法"一词已成为日常生活用语,司法改革也为社会普遍关注,但其实问及何谓"司法""司法机关""司法体制",其面目仍显模糊,即使是学术界对这些概念的使用也存在相当大的分歧。这一方面表明人们对于司法、司法体制等法律概念的认识和界定,与西方法律话语体系有着明显的区别,体现出中西方法律传统和文化传承的差异性;另一方面,学者们站在各自的立场,从不同的角度,形成了诸多流派和观点,恰恰说明了处于转型时期的中国社会的复杂性和变动性。在此,本文不作述评,仅从个人的认知和研究角度出发,提出一些自己的见解,从而对研究中的一系列基本概念予以阐述,便于明晰和界定所研究的对象。

一、司法

司法是一项古老的国家职能,历来以解决社会冲突为己任,是国家上层建筑活动的一项重要形式,更是国家法律活动中最基本的形式。"在古代社会,司法无论古今中外都是由地方行政长官兼理,直到资产阶级革命胜利后,在权力分立学说指导下,确立了司法独立的原则,司法才转变成由国家专门机构即法院开展的审判活动。"②在西方,古希腊时期便有"司法""司法权"这一用语。如亚里士多德在其《政治学》一书中便把国家政权概括为议事权、司法权和行政权。古罗马共和制后期(公元 2 世纪中叶)建立了常设的刑事法院,但行政长官也兼理司法。司法权与行政权分离是资产阶级革命的成果,"司法机关即

---

① 马建忠:《马氏文通·正名卷之一》,商务印书馆 1983 年版。
② 孙辙:《司法、司法权及其他》,《法律适用》2003 年第 8 期。

审判机关或法院；司法权即审判权或法院的职权，司法即审判，也就是作为审判机关的法院行使审判权，对刑事、民事、行政等案件进行审理和裁判"。①

在我国"司法"一词古已用之，指一种官职，如唐代州一级的掌管刑法的官名为"司法参军"，县一级的掌管狱讼的官名为"司法"。古代司法活动不称为"司法"，而称"讯狱""鞠狱"或"听讼断狱"。我国直到清朝末年，受西方的影响，才出现具有现代意义的"司法"一词。如《大清法规大全·宪政部》中有"立法、行政、司法则总揽于君上统治之大权"的规定。②此时"司法"才具有独立意义，成为一种与立法、行政有区别、相对应的国家活动的统称。

梳理学界对司法内涵的认识，不难看出，如何界定"司法"的内涵和外延，常常受各国传统及时代因素的影响，具有历史的可变性，无法以一种固定的方式加以界定。我国学者从不同视角出发，提出了一些观点。

如有的提出司法同狭义的"法的适用"，指拥有司法权的国家机关按照诉讼程序应用法律规范处理案件的活动。它们通过制止、制裁违法，对法定权利义务关系及相应的合法行为起着保护作用。③

有的提出司法是指拥有司法权的国家机关，依照法定职权和程序把法律运用于对民事、刑事、行政案件的处理，以及对这种处理过程进行法律监督的法律活动。④

有的认为司法是"运用国家司法权进行裁判或监督国家法律实施的活动，其主要职能在于依法解决争端"。⑤

有的认为"从形式上看，司法和行政都是执行法律的个别性的或具体化的行为，统一于广义的执法活动"。⑥

有的提出司法具有的三个特点：第一，司法是将法律运用于具体案件的一种特殊执法活动；第二，司法是由专门机关从事的执法活动；第三，司法以司法权的享有为基础。⑦

---

①　陈业宏、唐鸣：《中外司法制度比较》，商务印书馆 2000 年版，第 3 页。
②　鲁明健主编：《中国司法制度教程》，中国政法大学出版社 1996 年版，第 2 页。
③　曾庆敏主编：《精编法学辞典》，上海辞书出版社 2000 年版，第 243 页。
④　邹瑜、顾明总主编：《法学大辞典》，中国政法大学出版社 1991 年版，第 433 页。
⑤　王利明：《司法改革研究》，法律出版社 2001 年版，第 4 页。
⑥　高其才、肖建国、胡玉鸿：《司法公正观念源流》，人民法院出版社 2003 年版，第 211 页。
⑦　中央财经大学法律系编：《面向 21 世纪的司法制度》，知识产权出版社 2000 年版，第 1—2 页。

我国诉讼法泰斗陈光中教授精辟地指出:"从根本上讲,司法是国家行使司法权的一种职能活动。在将司法视为国家职权活动的前提下,既可将司法狭义地理解为审判,也可将司法广义地界定为诉讼,即国家解决纠纷、惩罚犯罪的诉讼活动。而后者更契合中国司法改革的实际。"①

就以上几种观点而言,笔者认为在不同程度上都具有特定语境下的现实合理性。其实,笔者认为,如何界定"司法"这一概念的含义,其实应该与研究者的研究目的紧密相关,不应局限于概念的纷争,而要着眼于所指向的研究对象。在本书中所指的司法,是指国家司法机关,依照法律授予的职权,依照一定法律程序适用法律,处理诉讼案件的活动。其基本特征是:

一是主体是国家的司法机关,尽管在资本主义国家司法的专门机关一般仅指法院,而在中国现行政治体制下,人民法院、人民检察院依法履行司法职能,已是广大群众心中根深蒂固的观念,因此司法机关即指人民法院、人民检察院。

二是司法活动必须依司法机关的法定职权和依照法定程序进行,在《宪法》中已对人民法院、人民检察院的法律地位作了非常明确的规定,《刑事诉讼法》《民事诉讼法》《行政诉讼法》等相关法律,亦对司法机关的职权及法定程序作出了详细规定,可以说构建了从实体法到程序法的整体框架,较完整地描述了司法机关的权力边界和用权程序。

三是司法通常在法律实现过程中遇到障碍或出现违法情况时,才会启动并进行,因此"实现公平正义的最后一道防线","定分止争""惩奸除恶""止恶扬善""实现公平正义"是人们对司法功能的应然期待和理想要求。

四是司法介入的结果在一般的法律救济手段下具有不可撤销的终局性,对各方当事人均有约束力和执行力,并借助国家的强制力强制违法者履行法定义务,或者对违法者实行法律制裁。

二、司法机关

司法机关,按照字面意思可以认为就是依照法律规定代表国家行使司法权的机关。资本主义国家司法机关通常仅指法院,因为西方奉行三权分立制

---

① 罗欣:《"既不能脱离现实,又要适当超前"——陈光中教授谈司法体制改革》,《检察日报》2008年10月7日。

度,法院依法履行司法权,因此往往在司法活动中突出审判的核心作用,以强化审判的权威和公正。检察官附属于行政机构,一般由司法部管理。"英美法系国家的检察机构一般则具有相对的独立性",而"美国的检察机关和司法行政机构是不分开的"。①

就我国而言,严格按照国家宪法的规定来认定的话,有的学者认为只有人民法院和人民检察院才是司法机关。有的按照功能作用来判断是否属于司法机关的范畴,一些国家机关法律没有明确规定为司法机关,但在司法活动中所发挥的作用、效果同司法机关相同,因此认为"在我国,司法机关包括行使审判权的人民法院、行使法律监督权的人民检察院、在刑事诉讼中参加一定诉讼活动的公安机关,以及负有监管职责的监狱"。②

有的学者提出司法机关是依照法律代表国家行使司法权的机关总称。它有广义和狭义之分。狭义的司法机关是指代表国家行使审判权与国家监督权的机关。在我国,它包括具有审判权的人民法院和具有法律监督权的人民检察院。广义的司法机关,除包括人民法院、人民检察院外,还包括公安机关和司法行政机关。③

概括来讲,学界关于司法机关的概念大概有三种解释。第一种认为只有法院才是司法机关,这是西方三权分立下的观点;第二种认为法院和检察院是司法机关,这是从我国宪法的条文中明确的;第三种认为凡是涉及司法工作的机关都是司法机关,例如公安机关、司法行政机关。

从本书的角度来看,随着社会主义民主法治观念的深入人心,尽管在我国立法、行政与司法之间不可能严格区分,但从宪法规定、学界共识和司法实践来看,已经在依据《宪法》条文界定司法机关范畴上达成了一致意见,即我国的司法机关仅指人民法院和人民检察院。之所以作这样的界定,是因为与民国政府时期法院一家独大的局面不同,自新中国成立以来,人民法院与人民检察院就一直被并列提及,"从 1954 年宪法开始,学习早期苏联的做法,规定最高检察院广泛的检察权和监督权"。④因此,在我国的司法活动中,形成检察院与

---

①　罗豪才、吴领英:《资本主义国家的宪法和政治制度》,北京大学出版社 1983 年版,第 58 页。

②　曾庆敏主编:《精编法学辞典》,上海辞书出版社 2000 年版,第 244 页。

③　张书义主编:《司法、纪检、监察工作用语比较词典》,法律出版社 1993 年版,第 111 页。

④　全国人大常委会办公厅研究室政治组编:《中国宪法精释》,中国民主法制出版社 1996 年版,第 280 页。

法院"平起平坐的特殊地位"。

早在 1954 年第一部《宪法》中就确立了国家审判权、检察权只能由法院、检察院分别依法独立行使的原则,撤销了各大行政区及其司法机关,与中央和地方的行政机构设置相对应,人民法院设置由三级改为最高、高级、中级和基层四级,人民检察院设最高、省级、省级分院和基层四级,依法设立军事、铁路、水上运输等专门人民法院和专门人民检察院;规定"人民法院独立进行审判,只服从法律","地方各级人民检察院独立行使职权,不受地方国家机关干涉",从此审判、检察机关脱离了政府序列,成为独立设置的国家机关,各级法院、检察院被赋予与同级政府平行的地位,各自对本级国家权力机关负责,形成了富有中国特色的人民代表大会之下"一府两院"体制。此后,虽然几经变革,但审判权、检察权同属于司法权,审判机关、检察机关都是司法机关的基本共识并没有改变。

1982 年颁布的《宪法》一直沿用至今,其中第三章国家机构第七节单列人民法院和人民检察院,凸显了司法机关在国家机构中不可或缺的重要地位,再次从宪法层面确认了人民法院作为国家审判机关、人民检察院作为国家法律监督机关的地位。可以说将司法机关界定为人民法院和人民检察院,不仅是由于宪法作为国家根本大法的规定,也比较符合现代中国司法制度的实际。因为撇开法院谈检察院,或者撇开检察院谈法院,都忽视了司法活动中两者的紧密联系,无法对司法改革中的举措产生全局化、系统性和整体性的认识。

三、司法体制

过去十余年中,司法体制改革不仅是中国政治体制改革的重要组成部分,而且在某种意义上成为中国政治体制改革的突破口。在中国的政治现实和权力链条中,司法权显然是整个公权力环节中最弱小的一环。把司法体制改革作为政治体制改革的突破口,承载着在法治轨道上用法治方式完善我国政治体制的使命,更可探索依法循序渐进推进政治体制改革的路径,成为政治体制改革的"试验田"和"先锋军"。[①]党的十七大提出,政治体制改革作为我国全面改革的重要组成部分,必须随着经济社会发展而不断深化。同样,司法体制改

① 李林:《深化司法体制改革需要研究的几个问题》,《学习时报》2007 年 12 月 17 日。

革作为我国政治体制改革的重要组成部分,也必须随着社会主义民主政治的发展而不断深化。但何谓"司法体制"? 在我国,宪法和法律并没有对之进行明确的界限。法律界对这个问题也是众说纷纭,并无定论。

法社会学家弗里德曼认为,一个法律制度是由"结构、实体以及文化"所组成,结构即是制度中的外形、轮廓和框架,实体即实体法和程序性规定,文化即人民对法的观念、态度、信念和期望。①这对理解司法体制有观念上的指向作用。其实,就司法体制来说,涉及的就是司法系统的领导体制、司法系统的内部结构、各种权力之间的相互关系、司法运行监督体制。

有学者认为,司法体制是由四要素构成的:司法权、精神构造、实体构造、法官,"具体是指为了实现一定的目的(通常是为了司法公正)和执行司法任务而将司法机关和法官组织起来,而进行这种组织工作所确定的原则、体系、方式,总称为司法体制"。②

有学者认为,"司法体制是指国家司法权配置的范围以及行使司法权的国家司法机关的职权划分及其相互关系,我国司法体制是由行使审判权的人民法院和行使检察权的人民检察院,分别行使国家司法权的司法组织制度"。③

有学者认为,"司法体制主要指国家设置哪些司法机关和法律授权给哪些专门组织以及它们之间的职权划分和相互关系,我国的人民法院、人民检察院、公安安全机关、司法行政机关、监狱以及法律授权的律师、公证、人民调解和仲裁等社会组织依照法律或法律授权行使职权,共同构成了一套完整的人民司法体制"。④

有学者认为,"司法体制,是指行使司法权的机关以及相关组织的结构体系、相互关系及其权限划分的制度。有狭义、广义二说。狭义说,仅指国家司法机关的结构及其权限。即限于侦查、检察、审判、司法行政机关。广义说,除国家机关外,还指经法律授权的专门组织,即包括律师、公证、仲裁、调解等组织"。⑤

---

① 宋冰编:《读本:美国与德国的司法制度及司法程序》,中国政法大学出版社 2002 年版,第 1—2 页。

② 张建伟:《刑事司法体制原理》,中国人民公安大学出版社 2002 年版,第 3 页。

③ 刘峥:《论司法体制改革与司法解释体制重构》,载梁宝俭主编:《人民法院改革理论与实践》,人民法院出版社 1999 年版,第 719 页。

④ 熊先觉:《中国司法制度新论》,中国法制出版社 1999 年版,第 24 页。

⑤ 李步云主编:《中国特色社会主义法制通论》,社会科学文献出版社 1999 年版,第 96 页。

有学者认为,司法体制亦称"司法工作体制","指国家司法机关的设置和司法权限划分的体制。我国现行司法体制在机构设置上包括人民法院、人民检察院、公安机关、国家安全机关及监狱。后三者属于行政机关系统,但拥有一部分司法职权,参与司法活动。人民法院行使国家审判权。人民检察院是国家的法律监督机关。公安机关和国家安全机关是国家治安、保卫机关,其司法上的职能是侦查、拘留、预审和执行逮捕。司法行政机关主管司法行政事宜,其领导的司法组织有监狱、看守所、公证机关、律师机关、人民调解组织等"。①

不难看出,我国学术界关于上述概念的认识差异,其实与如何界定"司法"的概念有密切的关系。因为中外政治制度、法律传统、法律实践上存在的巨大差异,我国司法体制的概念与国际司法体制的概念有较大差别。纵观世界各国宪法关于司法体制的规定,基本都包括有这几个方面的内容。例如,1789年3月生效,现在仍然有效的《美国宪法》第3条规定了美国司法权的归属、司法权的适用范围、最高法院和下级法院的设置及权限、法官的任职及保障。1958年的《法国宪法》第八章、第九章规定了司法机关独立的保障、高级法院的设置及其职权。1946年的《日本国宪法》第六章规定了司法权的归属、最高法院及下级法院的设置、最高法院的权限、法官的任命、法官独立、法官的保障等。1993年的《俄罗斯联邦宪法》第七章规定了审判权的归属、法官的任职条件、法官职务保障、法官的权力、法官独立、法院经费的来源及保障、宪法法院的组成和权限、最高法院和最高仲裁法院的性质与管辖范围、法官的任命等。②

当前学界一些学者提出,所谓司法体制是指"参与司法活动的国家专门机关在机构设置、组织隶属关系和管理权限划分等方面的体系、制度、方法、形式等的总称。它主要由四个要素构成:司法观念;司法主体;司法机构、组织体系;司法主体职能"。③笔者比较赞成,如之前有关司法机关的概念界定一般,本书中所谓司法体制,指上下之间有层级关系的审判机关、检察机关在机构设置、隶属关系和权限划分等方面的体系、制度、方法、形式等的总称,涵盖司法

---

① 曾庆敏主编:《精编法学辞典》,上海辞书出版社 2000 年版,第 245 页。
② 谭世贵:《中国司法体制若干问题研究》,《法治研究》2011 年第 3 期。
③ 郭成伟、宋英辉主编:《当代司法体制研究》,中国政法大学出版社 2002 年版,第 23 页。

机关的设置,其在国家政治机构中的地位,司法机关的组成、内部关系、权力配置状况,司法人员的考核、任用、奖惩,司法机关之间的相互关系等内容。既是国家司法制度的重要体现形式,也为司法制度服务。

我国司法体制鲜明特征就是"权责明确、相互配合、相互制约、高效运行"。具体地说,权责明确是指,按照公正司法和严格执法的要求,完善司法机关的机构设置、职权划分。人民法院行使审判权,检察机关行使检察权。相互配合与相互制约是指,审判机关、检察机关在各自权限范围内,各司其职、互不干涉,但同时又互相监督,防止非正义的出现,从某种程度上可以说是司法独立与司法公正问题。高效运行是指,审判机关、检察机关的管理制度科学合理,促成内外运作机制顺畅,解决追求公正与倡导效率的矛盾。

由于我国是单一制国家,司法权在理论上是一种中央权力,地方各级人民法院、人民检察院是国家设在地方的司法机关,应当代表国家行使司法权,适用统一的法律规范,平等地保护各方当事人的利益。因而司法体制改革属于中央事权范畴,除审判机关、检察机关各自依据职权在系统内部、相互之间进行的工作机制改革之外,涉及审判机关、检察机关之间、以及司法机关与其他国家机关之间机构设置、隶属关系和权限划分,基本由最高立法机关通过法律修改来予以调整。

四、司法工作机制

自改革开放以来,我们已经普遍和习惯地使用"机制"这个概念,诸如经济运行机制改革、现代警务机制改革、经费保障机制改革等。其实,相对于制度这一宏观概念、体制这一中观概念而言,机制属于微观的范畴,是体制概念的具体体现和反映。

就司法工作机制而言,其实就是指司法机关内部、司法机关相互之间依据一定的程序、规则形成的有机联系、有效运转的工作过程和工作方式,涵盖各级司法机关不同的职能范围、作用对象,司法机关职权在实际中的运作模式、效能等内容。

之所以在我国司法改革的过程中,工作机制的使用频率如此之高,体现了我国改革开放以来的一个基本态势,即我国各个领域进行的改革均是在以确保稳定为前提下,渐进式的制度内自我完善和发展,特别是在司法领域内进行

21

的改革更多的是在基本司法制度保持稳定的框架内,对不适应形势发展需求的组织结构和运行方式的改革,其最终目的是通过工作机制的探索,促成一种体制性的改革。

由于司法工作机制的使命在于保证司法体制的落实,因而具有较强的灵活性和差异性,并不需要制定一个全国整齐划一的标准,反而应该根据区域差异和司法实践进行必要的多样性探索。中央在强调司法体制改革基本原则是"自上而下"的同时,也大力鼓励和提倡地方司法机关在宪法和法律的框架内进行工作机制大胆探索,从而为中央及时总结推广经验,把成熟的做法上升为体制或法律,适时为调整司法体制提供必要的实践经验,因此司法工作机制改革属于中央与地方共同的事权范畴。

■ 第三节 研究对象

实行改革开放以来,我国发生了巨大的变革和转型,无论是人们外在的行为方式,还是内在的心理结构,都在发生着或明或暗、或隐或显的深刻变化。所有这些变革最终都集中和反映到作为"裁判者"的司法机关身上。党的十五大提出依法治国基本方略,倡导开展司法改革,将司法问题正式纳入国家政治话语系统之中。如前文所述,1997 年党的十五大报告明确提出"推进司法改革,从制度上保证司法机关依法独立公正地行使审判权和检察权"。"这是改革开放以来执政党首次在正式工作报告中明确提出司法改革的口号,尽管只是短短的一句话,但在中国现实国情下却意义极其重大。正是在这一口号下,司法改革迎来了蓬勃发展的新时期。"①这场改革在我国民主法制建设史上具有十分重要的历史地位,引领着中国特色司法制度向着公正高效权威的方向迈进。这是一场波澜壮阔的改革,一项项改革任务,如同一场场复杂艰巨的战役,在建设社会主义法治国家的史册上写下波澜壮阔的篇章,从此法律之树扎根司法实践的沃土,根深叶茂。

1997 年以来中国司法领域开展的改革,尽管中央先后提出过"司法改革""司法体制改革""司法体制和工作机制改革""司法体制综合配套改革"等多种

---

① 吴卫军:《司法改革原理研究》,中国人民公安大学出版社 2003 年版,第 73 页。

提法,但用的最多的还是"司法体制和工作机制改革",这在中央一系列重要文件中屡屡可见,说明这一用词比较贴切地概括了我国司法领域改革的内容和范畴。因为不同于新中国成立之初在全面否定旧制度模式基础上的大规模重建,这一时期开展的改革是在现有司法制度模式基础上较大幅度的调整与改革,主要局限于司法体制和工作机制两个层面,甚至更多的是司法工作机制内容,因为推进难度更小,见效更快。

司法体制改革,关系到中国共产党执政地位的巩固,关系到国家的长治久安,是一项涉及全局的工作,必须在党中央的统一领导下,自上而下、积极稳妥地推进。这项改革,强调的是党和国家的利益,人民群众的利益,而不是部门、地区和个人的利益。各省、市、区,司法系统各部门都要主动配合,积极参与,不折不扣地贯彻执行中央的决定。这是中央在改革之初就明确的一条基本原则。

就在上海而言,因为国家层面的司法改革始于1997年党的十五大,上海在当年年底召开的市第七次党代会上随之提出,"要继续加强政法队伍建设,不断提高队伍的战斗力和执法、司法水平,确保严格执法,文明执法,公正司法,为人民群众安居乐业,为改革开放和经济建设提供坚强有力的保障",①积极响应中央开展司法改革的决策部署,首次明确上海在国家司法改革大潮中的前进方向。因此本书中所指的司法体制改革历程中上海的实践与探索,始于1997年,与国家司法改革的开端同步。

新中国成立之前民国政府推行的"司法改革"因不属于社会主义司法制度的范畴,这里不作涉及;新中国成立之后到1997年之前这段时间内,我国在司法领域进行了很多改革,有得有失,有褒有贬。只是从严格意义上讲,这48年间发生的一切改革和变迁,并不是本书所指的严格意义上的"司法体制改革"范畴,而局限于"司法改革"的广义理解。因此本书仅在后文中作一简要论述,目的在于增进对国家层面以及地方层面司法体制改革实践与探索的历史背景了解。

本书的研究对象,是1997年正式启动司法体制改革以来,在国家司法体

---

① 黄菊:《团结奋斗　开拓创新　夺取两个文明建设的新胜利　阔步迈进二十一世纪——在中国共产党上海市第七次代表大会上的报告》(一九九七年十二月二十一日),载《上海年鉴》编纂委员会编:《上海年鉴(1998)》,上海年鉴社1998年版。

制改革的进程中,在上海这一地方层面司法机关内部、相互之间以及与其他国家机关之间发生的体制调整和机制创新。主要包含两方面的内容:

一是根据国家司法体制调整和最高司法机关工作机制改革要求,上海司法机关开展的一系列体制调整和机制改革实践。基于我国是一个成文法国家,宪法和其他法律一贯保持着相对稳定性,因此国家在开展司法改革时,往往先由最高司法机关自工作机制改革着手,在宪法和法律的框架内调整各自系统内的工作关系和工作环节,以实现司法公正和效率的目标。在积累了相当的实践经验和理论准备的情况下,再通过国家立法机关修改相关法律,破解制约司法体制改革前进步伐的制度束缚,推动司法体制改革深入发展。

二是在现有宪法和法律的制度框架内,上海司法机关开展的一系列工作机制改革探索。因为司法工作机制的灵活性和多样性,地方司法机关在这方面具有天然的创新性,只要不违背宪法和法律的禁止性规定,上海司法机关完全可以依法在各自职权范围内进行工作机制的探索,优化权力的运行,调整内部部门之间、本机关与外部其他机关之间的工作关系和工作环节,从而更好地保证本市范围内司法公正和效率的实现。

■ 第四节　研究意义

一、理论意义

从司法实践看,正在全国范围内轰轰烈烈开展的司法体制改革取得了相当大的成就,但离社会发展的客观要求与民众的广泛认同还有一定的差距,而且在改革实践中还暴露出一系列的问题。各个地区基于其经济社会发展水平的差异,其表现出来的问题也千差万别,既有共性的规律,也有个性的原因。这些问题的出现,一方面说明了司法体制改革的长期性和艰巨性,另一方面也凸显出进行地方改革理论研究的重要性。只有从基本理论的角度理清地方司法改革历程,揭示其内在规律,才能研究提出具有前瞻性、系统性而又符合地区实际情况的改革措施。事实上,从国家层面开展司法体制改革非常热烈,诸多专家学者发表了一系列的著作和论文,呈现出欣欣向荣的繁荣局面,这充分说明理论界和社会公众对公平正义的追求始终如一,任何涉及这一领域的话题都能引发广泛关注。但与之形成鲜明反差的是,从地方层面研究司法体制改革却和声寥寥,主流学者由于不贴近地方一线实际改革操作,不熟悉一线规则,在这一领域的学术产出十分有限,探究关于上海区域内司法体制改革研究冷清的原因,可能存在以下两个方面:

一是学术界对地区司法领域所开展的改革在整个国家层面改革中的作用、地位存在偏见,认为上海作为一个直辖市,在奉行单一制的中国,在整个司法体制改革中作用有限,主要还是扮演贯彻落实中央部署的"被动角色",缺乏主动探索的动力和空间,因而缺少研究的激情和冲动,缺乏对上海司法体制改革实践整体性、宏观性研究视角。

二是上海司法机关对司法领域改革的宣传力度不够,基于改革的探索性和不确定性,为了避免社会的误解和过分关注,上海司法机关不仅对开展的司法改革举措保持低调,而且缺乏一个核心决策机构对上海司法领域中的体制机制改革宣传进行统筹和规划,社会公众所接受到的相关信息多是片段的、肤浅的、表象的,缺乏全景式、深层次、透析性的介绍和阐述,使得学界对这些年来上海司法领域究竟改了什么,为什么要改,改了之后怎么样等都不是很了解,或者只是知其然而不知其所以然,这也在客观上造成展开更为深入研究的条件不成熟,制约了相关领域研究的繁荣。

其实,就上海这一地方而言,尽管是在国家宏观背景之下开展司法体制改革,却有其独特之处:

一是它不可避免的是整个国家司法体制改革的组成部分,表现出鲜明的自上而下推进的色彩,展现了国家顶层设计的强力和权威,必须坚定不移地贯彻执行中央确定的改革指导思想、目标任务和具体要求,克服地方保护主义和部门本位主义,正确处理好整体利益与局部利益之间的关系。

二是国家推进司法体制改革,应该充分听取地方的意见,充分考虑基层的实际,正确处理"条块"利益,充分调动各方面的积极性,鼓励和支持地方进行大胆探索。上海结合地方实际加以贯彻落实,不辜负中央对上海所寄予的厚望,抓住难得的改革机遇,按照"中国特色、时代特征、上海特点"的发展新路,决不因为现行的规定束缚而不敢突破,决不因为国际上没有先例就不敢坚持自己行之有效的制度特色,决不因为改革探索有难度就停滞不前,成为许多司法工作机制改革的肇始之地。

25

实践是理论之源。许多适应上海司法实践需求，在上海司法机关工作中自发萌生的创新工作机制，经过上海这块法治土地的滋润和检验，逐渐为全国所了解和认可，并随之被最高立法机关或最高司法机关向全国推广，引发全国范围内司法体制改革大潮中的点点浪花甚至波澜。上海在司法体制改革进程中的实践与探索，折射出经济发达地区司法机关自觉服务经济社会发展的政治觉悟，反映了司法机关主动适应形势变化转变工作方式方法的紧迫性。这份深厚的改革实践积淀，其实揭示出上海司法机关在指导思想上吸收借鉴现代国际司法改革的科学内容，在行动上充分体现中央司法体制改革的决策部署，立足上海实际积极主动探索体制机制创新，为进行相关理论研究奠定了坚实的基础。

然而，与丰富多彩的上海司法领域改革实践相比，上海在这方面的理论研究却略显单薄和稀疏，截至 2021 年也仅有《1997 年以来国家司法体制和工作机制改革进程中上海的实践与探索》一书问世，不能不说是一种巨大的反差。因此，在《1997 年以来国家司法体制和工作机制改革进程中上海的实践与探索》的基础上，充分依托反映上海司法领域改革的史料，系统收集梳理 1997 年至 2020 年上海市编辑的《上海年鉴》、上海司法部门各自编辑的《上海法院年鉴》《上海检察年鉴》，以及记录上海法治发展《上海法治报》历年合订本，主要采用思辨的方法和比较的方法，借助抽象思维，着重于对国家司法体制改革进程中上海的历程和其背后改革动因的分析，揭示改革表象之下的基本规律，着力于从根本入手，从深刻影响和制约上海司法机关履职的基本点入手，总结出一些具有普适性的规律，为史学界和法学界进一步研究、探讨司法体制改革问题提供研究的新视角，提供从地方局部反射全国改革趋向的实践素材，搭建进行学术交流和拓展学术空间的支撑平台，进一步丰富地方法治研究领域的成果，为后续研究提供必要的基础。

二、实践意义

全球化、一体化进程已经成为世界发展的一个显著特征，这一进程直接带动了国际法律变革民主化、人性化、科学化的浪潮。"以美国为主导的全球化浪潮对世界各国的政治、经济产生了重要影响，这些国家为了维持其国际影响力和掌握发言权，为了不被这一浪潮所淘汰，进行了各种外部条件和内部条件的整备。无论一国的历史、文化、国情如何，各个机构、各个领域都不得不毫无例外地探索、实施改革。这些制度改革在政治、经济等领域中展开，司法制度的领域也不例外，而且是紧迫的要求。[①]"

当代中国处于一个深刻的社会转型与经济转轨过程之中，随着社会主义市场经济体制改革的深入推进，社会主义法律体系逐步得以确立；随着中国加入世界贸易组织，应对世界贸易组织规则的立法与司法措施逐步得到落实；随着民主法治建设步伐的加快，公众的法律、权利意识不断增强，越来越多的人懂得和学会了拿起法律的武器维护自身权益，公众对公平与正义的需求日益提高、期盼日益强烈。适应这一全新的时代发展浪潮，中国司法体制改革渐次启动，方兴未艾。这场改革实质是对包括司法制度、司法行为、司法机构和司法人事管理制度及司法理念等在内的各个方面存在的不合理不完善的部分进行改造、改组和重构，通过革故鼎新，使之不断适应社会、经济发展的客观要求。

中国司法领域正在进行的改革，显然不仅仅是民事、刑事、行政审判方式的改革，也不仅仅是法院、检察院等司法机构的改组或重新设置，而是一次从宏观到微观，从价值理念到具体规则，从司法机构设置到司法职权配置等为内容的法治建设系统工程。在当前法治、人权、民主、自由、开放的语境下，司法体制改革的终极目的是通过制度变革形塑良法秩序的法治国家。即便限制在现行法律框架内进行，不能擅自出台违背现行法律的改革措施，但从改革的深层动因看，认真总结各地区司法实践中探索出的好做法、好经验，必然能够探究现有法律制度在目标与技术层面存在的瑕疵，进而推动打破现有制度框架的束缚，重新进行司法体制机制的法律安排。

上海自从清晚期成为通商口岸并在近代中国崛起以来，它就一直作为中国的经济中心并在世界上有较大影响。新中国成立后，特别是改革开放以来，上海在各个方面都得到了长足的发展，经济结构不断优化，发展模式逐渐升级，总体规模和质量进一步提高，一跃成为世界上知名度很高的现代化国际大都市，城市的法治建设进程也站在了新的历史起点。历届中共上海市委、上海

---

① 何家弘、胡锦光主编：《法律人才与司法改革——中日法学家的对话》，中国检察出版社2003年版，第322页。

市政府按照中央提出的全面落实依法治国基本方略总要求,加快推进依法治市工作,不仅成立了专门的领导小组,①还自觉把工作要求从依法行政上升为建设法治政府、法治社会,以及法治社会与和谐社会构建相统一,其目标更加明确、更加具体。"上海经济社会的飞速发展,要求有与其相适应的法治水平,这就对上海的法治化水平提出了更高的要求。在促进上海法治化进程的多种路径中,司法具有举足轻重的作用。"②

上海作为国内法治化程度最高的地区之一,秉承海派文化底蕴,兼容并蓄中西法律精髓,较早地面对城市高速发展后遇到的各种问题,因此一直以来就善于及时变革创新,以应对各种新情况新问题。司法改革领域同样如此,这些年来上海实践证明,原有的司法体制机制设计及其职能定位已经不能适应新形势下司法机关所肩负的历史使命,诸如在机构设置、职权划分、人财物管理体制以及工作机制、诉讼程序、管理制度等方面均显露出一些难以克服的弊端,改革势在必行。在世界司法改革潮流的推动下,国内外司法理念、制度设计获得了更为畅通的交流渠道,持续相互影响、互为借鉴,许多域外合理的司法制度、先进的司法理念正在被引进、移植与本土化,逐步渗入上海司法的现实土壤,上海司法机关敢于主动适应司法实践的吁求,总结地方实践中的闪光点,在创新探索方面位于全国最前沿,创造的很多工作机制创新为全国首创,并得到国家立法机构和最高司法机关的认可,被纳入相关国家立法和全国性司法体制改革方案中。

应该看到,在我国经济转轨、社会转型的大背景下,上海正在经历创新驱动、转型发展的阵痛,亟须在司法领域继续深化改革,强化司法保障功能,协力度过这一改革攻坚的复杂时期,满足公众对司法公正和效率的殷切期盼。如近年来,上海市高级人民法院就先后根据全市阶段性重大工作任务,

---

① 1999年,上海市依法治市领导小组成立,时任中共上海市委书记黄菊任组长,办公室设在市委;8月16日,中共上海市委召开上海市依法治市工作会议,8月18日《上海市进一步推进依法治市工作纲要》颁布。2003年,党的十六大召开后,依法治市领导小组的机构、职能有所调整。2008年8月,中共上海市委决定恢复建立上海市依法治市领导小组,时任中共上海市委书记俞正声任组长,办公室设在上海市司法局。详见市司法局依法治市工作处:《依法治市工作实践和前瞻研究》,载上海市司法局编:《维护社会稳定视角下的司法行政工作》,法律出版社2012年版,第139页。

② 章武生:《司法的良好运行:城市走向法治化的关键——以上海司法改革为视角》,《法学杂志》2010年第5期。

制定了《关于上海法院积极应对金融危机服务经济发展的若干意见》①《为加快推进"四个率先"建设"四个中心"提供司法保障的若干意见》②《上海法院积极服务保障 2010 年世博会若干意见》③《关于服务保障设立科创板并试点注册制改革的实施意见》《服务保障中国（上海）自由贸易试验区临港新片区金融开放与创新发展的若干举措》，充分发挥审判职能，赢得了社会各界的关注和支持。

在上海司法领域改革已经推进 24 个年头的时候，在积极适应新修订的《刑事诉讼法》和《民事诉讼法》的新起点上，完全有必要系统梳理上海这些年来贯彻落实国家司法体制改革的历史进程，进一步明确今后司法机关深化体

---

① 上海市高级人民法院于 2008 年 1 月制定发布《关于上海法院积极应对金融危机服务经济发展的若干意见》，从基本要求和具体举措两个层面，对全市法院在金融危机形势下如何充分发挥人民法院服务大局的职能提出 11 项指导性意见，要求上海各级法院加强诉讼指导和风险释明，加大诉讼费用缓、减、免力度，保障经济确有困难的当事人依法平等行使诉讼权利；对因企业破产、歇业等引发的裁员、工资报酬等民生案件，以及涉及申请执行人自身经营保障的案件，应予快速审理和执行；积极慎重地采取财产保全措施，妥善保护债权、债务双方的合法权益。"意见"着重对发挥审判职能保障企业健康发展提出要求。对涉案的企业、对申请破产、请求企业解散的案件、对涉案众多或个案执行金额较大的被执行企业等案的处理提出具体要求；积极依托社会保障制度，妥善解决特困申请执行人的困难、被执行企业职工安置及银行个人房贷者居住权益的保障等后续问题，努力实现案结事了。"意见"还要求充分发挥审委会指导审判的职能作用；对因金融危机引发的融资借贷、消费信贷、投资理财、房地产、商事合同、企业破产清算、劳动争议以及群体性或连锁纠纷案件，实行专项案件报告制度；高、中院应加强对下级法院的指导和协调，统一案件裁判标准，必要时对相关案件集中管辖、专门审理；加强法院与相关主管部门的沟通协调，有效防范和化解金融风险。

② 上海市高级人民法院于 2009 年 2 月制定发布《为加快推进"四个率先"建设"四个中心"提供司法保障的若干意见》。《意见》共 30 条，主要内容有：(1)全市法院要实现执行法律与执行党的政策、弘扬法律精神与体现社情民意、经验传承与进取创新、国际视野与上海实践 4 个有机统一，坚持公平公正、高效便民、公开透明 3 项原则；(2)确定上海法院审判和执行工作的相关重点，并分别就行政、刑事、涉外审判和执行工作中与"四个中心"建设相关联的工作领域作出具体规定；(3)着重从稳步推进审判工作体制和机制改革、建立涉及"四个中心"建设的案件专项管理制度、加强区域司法协作和交流、不断拓展审判延伸工作 4 个方面健全完善工作机制。同时创新司法宣传方法，展示上海"四个中心"建设进程中良好的法治环境和上海法院公正高效的司法形象。

③ 上海市高级人民法院于 2009 年 9 月制定发布《上海法院积极服务保障 2010 年世博会若干意见》。该《意见》共 20 条，明确服务保障上海世博会必须坚持依法平等保护、尊重世博惯例、利益平衡、高效便民、公开透明 5 项原则，强化大局意识、责任意识和服务意识。建立专项审理制度，对涉博案件实行指定管辖、集约审理。依据法律相关规定，在浦东新区法院成立世博法庭，统一负责受理、审理、执行上海世博会举办和撤展期间发生在世博园区内的一般民商事案件。在高、中院设立专项合议庭负责审理涉世博案件。细化服务保障上海世博会工作重点，全力做好上海世博会筹办和举办期间案件查处、矛盾纠纷排查化解和应急处置工作。建立健全服务保障上海世博会各项工作机制，加强全市法院服务上海世博会的组织保障。

制机制改革的方向与目标；完全有必要深入探讨改革中的重大理论和实践问题，从中找出规律性的改革动机和发展趋向，进一步把握推动改革深入开展的具体路径；完全有必要开展继续改革的对策性研究，进一步启发上海司法领域改革思路，继续努力成为中国司法体制改革的"试验田"和"实验场"。

第 一 章

以往鉴来:中国司法制度曲折发展进程

漫漫历史长河,流逝永不停歇,昨天之一切,即为今日之历史,今日之所有,又复为明日之过去。研究国家司法体制改革进程,固然是以 1997 年为时间起点,但此前的 40 多年间,司法历史并非存在着改革的空白,反而是有诸多的变迁。只是因为这些改革多是政治运动、政治变革大潮之下的产物,一方面属于政治上层建筑初创过程中的"规定动作",缺乏司法机关的自主性;另一方面并不都是科学进步之举,其中虽然有体现司法发展需求的赶潮之风,却也有逆历史发展潮流的倒退之行,可谓一言难尽。一个国家实行什么样的司法制度,归根到底是由这个国家的国情决定的。[①]从新中国成立之初司法机关附属于行政机关,到制定颁布第一部宪法时明确审判机关、检察机关独立于行政机关,经过"文化大革命"期间"砸烂公检法",再到 1978 年恢复至今,我国司法制度发展可以说历经岁月的沧桑。因此,本书没有把 1997 年之前的中国司法制度曲折发展进程纳入研究范围。但为了更好地阐述 1997 年以来司法体制改革实践和探索,笔者觉得还是有必要将此前 40 余年的司法制度曲折发展脉络作一简单梳理,可以加深对本书研究主题历史背景、社会背景的了解。

■ 第一节 初建人民司法制度的组织载体

1949 年秋,经历一百多年英勇的斗争,中国人民终于在中国共产党的坚强带领下,取得了反帝、反封建和官僚资本主义的伟大胜利,建立了中华人民

---

① 最高人民法院:《中国法院司法改革年鉴 2017 年卷》,人民法院出版社 2018 年版,第 66 页。

共和国,在中国几千年历史长河中开启了一个崭新阶段,标志着人民司法制度正式走上历史的舞台。但当时国内战争尚未彻底结束,国家百废待兴,人民群众在思想觉悟和组织程度方面与当时的时代要求相去甚远。在这种情况下,中国共产党邀请各民主党派、人民团体、人民解放军,各地区、各民族以及国外华侨等各方面的代表 635 人,[1]组成中国人民政治协商会议的全体会议,代表全国各族人民的意志,在普选的全国人民代表大会召开以前,执行全国人民代表大会的职权,制定中华人民共和国中央人民政府组织法,选举中华人民共和国中央人民政府委员会,并赋之以行使国家权力的职权。[2]

世界上没有完全相同的司法制度,即使社会制度相同的国家,也存在着差异,根本没有也不可能有一种放之四海而皆准的司法制度。作为中国特色社会主义法治的重要组成部分,人民司法制度关乎司法的公正、法律的尊严。较之此前中国历史上出现过的奴隶制司法制度、封建制司法制度,以及因人民解放战争的胜利而被扫进故纸堆的国民党政府的司法制度,人民司法制度是以全新的马列主义、毛泽东思想的国家理论、政权理论、法律理论为指导思想,全面替代国民党政权的法统,在彻底打碎国民党压迫人民、愚弄人民的旧司法制度的基础上建立起来的,维护人民民主专政、依靠人民、服务人民的新司法制度。

一、奠定人民司法制度的法律基础

1949 年 9 月 29 日,中国人民政治协商会议第一届全体会议选举了中央人民政府委员会,宣告了中华人民共和国的成立,并且通过了起临时宪法作用的《中国人民政治协商会议共同纲领》,制定了《中国人民政治协商会议组织法》《中华人民共和国中央人民政府组织法》。其中两个具有历史意义的开国文献——《中国人民政治协商会议共同纲领》和《中华人民共和国中央人民政府组织法》,为创建新中国人民司法制度奠定了法律基础。

《中国人民政治协商会议共同纲领》除序言外,分为总纲、政权机关、军事制度、经济政策、文化教育政策、民族政策、外交政策共七章 60 条。[3]它肯定了

---

[1] 柳正权:《法治类型与中国法治》,武汉大学出版社 2015 年版,第 233 页。
[2] 王德华等主编:《中国社会主义时期民主党派史论》,河南大学出版社 1991 年版,第 2 页。
[3] 宋艳慧:《公法视野下的社会保障权研究》,中国民主法制出版社 2015 年版,第 136 页。

人民革命的胜利成果，宣告了封建主义和官僚资本主义在中国统治的结束和人民民主共和国的建立，规定了新中国的国体和政体。①尽管共同纲领从形式上看并不是一部正式的宪法，但无论从内容还是法律效力方面看其都已经具备国家宪法的特征，在正式宪法出台前一直担任着临时宪法的角色。其中在第二章"政权机关"第十七条就规定"废除国民党反动政府一切压迫人民的法律、法令和司法制度，制定保护人民的法律、法令，建立人民司法制度"，②认可和重申了毛泽东同志代表中共中央在 1949 年年初表明的国民党政府的"法统"必须打断，予以摧毁，废除"伪宪法"、废除"伪法统"的要求，从法律层面宣告国民党政府的"伪法统"和"六法全书"在新中国完全失去法律效力。据此，新中国人民司法确立了废除旧法、倡立新法的建设原则和发展方向，在彻底打碎旧的国家司法机器、废除旧统治阶级压迫人民的旧法工具的基础上，自上而下逐步建立起各级人民司法机器，制定新的保护人民利益的法律。

《中华人民共和国中央人民政府组织法》分为总纲、中央人民政府委员会、政务院、人民革命军事委员会、最高人民法院及最高人民检察署、本组织法的修改权及解释权共六章 31 条。其不仅表明了国家的制度是新民主主义，是由工人阶级领导的，以工农联盟为基础的，团结各民主阶级和中国境内各民族的人民民主专政的国家，③而且采取分章描述的形式，明确了中央人民政府的组织架构。其中第一章"总纲"的第五条就规定，中央人民政府委员会"组织最高人民法院及最高人民检察署，以为国家的最高审判机关及检察机关"，④依法规定最高人民法院和最高人民检察署，受中央人民政府委员会的领导。也就是说，中央人民政府委员会对外代表国家，对内领导国家政权，不仅负责组织政务院和人民革命军事委员会，而且组织最高人民法院及最高人民检察署，同时还行使着任免最高人民法院的院长、副院长和委员，以及最高人民检察署的

---

① 中国民主促进会广东省委员会编：《广东民进简史 1948—2015》，广东人民出版社 2016 年版，第 10 页。

② 王运声、易孟林主编：《中国法治文化概论》，群众出版社 2015 年版，第 66 页。

③ 全国人大常委会办公厅、中共中央文献研究室编：《人民代表大会制度重要文献选编（1）》，中国民主法制出版社 2015 年版，第 42 页。

④ 徐辰：《宪制道路与中国命运 中国近代宪法文献选编 1840—1949 下》，中央编译出版社 2017 年版，第 447 页。

检察长、副检察长和委员的职权。①当然，这里所提及的"中央人民政府委员会"之概念内涵与通常所提及的专门行使行政权力的"政府"的概念内涵其实具有较大的差异，并不是一个可以等同论及的概念，实际上基于当时国内尚未完全解放，全国人民代表大会无法召开，在特定历史背景下"中央人民政府委员会"暂时行使包括立法、行政、司法与军事诸项权力在内的整体性的国家权力。据此，新中国在成立之初正式建立起司法与行政有机结合的司法体制，并在该法专设第五章"最高人民法院及最高人民检察署"，对最高人民法院及最高人民检察署在国家政权体系中的法律地位作了明确的设定，指出最高人民法院为全国最高审判机关，并负责领导和监督全国各级审判机关的审判工作；最高人民检察署对政府机关、公务人员和全国国民之严格遵守法律，负最高的检察责任。②

正是因为有了这些法律条款的支撑，使得最高司法机关的性质定位、人员配置、组织保障等有了清晰的蓝图。以此为起点，新中国的人民司法制度及其组织载体开始走上历史舞台，并逐步走向健全和完善。值得注意的是，《中华人民共和国中央人民政府组织法》虽然把最高人民法院和最高人民检察署纳入中央人民政府委员会的组织体系之中，形成司法与行政合一的架构，但从机构配置和权力位阶来看，此时两个最高司法机关与政务院这一国家政务的最高执行机关以及人民革命军事委员会这一国家军事的最高统辖机关相比，却是一种平行并列的关系，凸显出建国之初举国上下对创建属于人民的新法律体系和司法机器，以便有效地保障国家建设和保护人民的民主权利的殷切期盼。

二、组建最高人民法院和最高人民检察署

1949 年 9 月 29 日，中国人民政治协商会议第一届全体会议选举毛泽东为中华人民共和国中央人民政府主席，朱德、刘少奇、宋庆龄、李济深、张澜、高岗为副主席，周恩来、陈毅等 56 人为中央人民政府委员，其中就有沈钧儒、罗荣桓两位拟任最高司法机关负责人的委员。10 月 1 日，中央人民政府主席毛泽

---

① 公丕祥：《法制现代化的挑战》，武汉大学出版社 2006 年版，第 464 页。
② 国务院法制办公室编：《中华人民共和国法规汇编 1949—1952（第 1 卷）》，中国法制出版社 2014 年版，第 338 页。

东发布公告,任命沈钧儒为最高人民法院院长,[①]任命罗荣桓为最高人民检察署检察长。[②]随后不久,中央人民政府委员会任命了最高人民法院、最高人民检察署的组成人员,选址天安门西侧司法部街 72 号[③]挂牌办公,组织专门班子起草制定组织大纲,从速建立机构,以便正式履行职权。

1949 年 12 月 20 日,中央人民政府委员会批准了最高人民法院报送的《中央人民政府最高人民法院试行组织条例》,该条例是新中国历史上第一个关于法院制度的单行立法,明确了最高人民法院与地方人民法院的关系以及组织机构、人员的设置,规定最高人民法院与下级各级法院之间关系是领导与被领导及监督与被监督的关系。在当时的历史条件下,下级法院的审判工作受上级法院的领导和监督,同时,各级法院还是同级人民政府的组成部分,受同级人民政府委员会的领导和监督,也就是"双重领导"体制,有利于全国各级法院的建立。该条例第三条规定:"最高人民法院设院长一人,副院长二至三人,委员十三人至二十一人,由中央人民政府委员会任命之。副院长及委员之人数,于必要时得由最高人民法院呈请中央人民政府委员会增减之。"第七条规定:"最高人民法院设民事审判庭,刑事审判庭及行政审判庭;于必要时,并得设其他专门审判庭,庭设庭长一人,副庭长二人。"鉴于该条规定的原则性与灵活性兼顾,最高人民法院实际设立了民事、刑事审判庭和办公厅、督导处、编纂处等业务、行政单位。第十四条规定:"最高人民法院于必要时,得呈请中央人民政府委员会设立分院或分庭,并得呈请变更或撤销之。"由于地方各级人民法院还未建立,最高人民法院遂依托当时的大行政区,先后设立东北、西北、华东、中南和西南 5 个分院。

1949 年 11 月 2 日,最高人民检察署第二次检察委员会会议通过了《中央人民政府最高人民检察署试行组织条例》,并报请中央人民政府审批。12 月 20 日,中央人民政府委员会批准了这个条例,这是新中国关于检察制度的第一个单行法规,[④]摒弃了过去审检合一的体制,实行审检分立和检察机关独立

---

①② 《中华人民共和国中央人民政府公告》,载《人民日报》1949 年 10 月 2 日。

③ 原为 1910 年清政府请德国专家设计建造的大理院衙署,民国时期改为河北高等法院大楼,整栋楼呈日字型,高四层,南北两端各有一座圆顶塔楼,楼内有两个开阔的天井,内院中央为巨大的养鱼池,中间有座假山。其原址位于现人民大会堂东门所在位置,建设人民大会堂时拆除。

④ 孙谦主编:《人民检察制度的历史变迁》,中国检察出版社 2009 年版,第 156 页。

的体制,明确了最高人民检察署的职权、领导体制及其组织人员,并在领导体制上进一步阐明"全国各级检察署均独立行使职权,不受地方机关干涉,只服从最高人民检察署之指挥"。①显然,检察署的垂直领导体制受到苏联检察制度的影响。该《条例》第三条规定了最高人民检察署受中央人民政府委员会之直辖,直接行使并领导下级检察署行使下列职权:(1)检察全国各级政府机关及公务人员和全国国民是否严格遵守人民政协共同纲领及人民政府的政策方针与法律、法令。(2)对各级司法机关之违法判决提起抗诉。(3)对刑事案件实行侦查,提起公诉。(4)检察全国司法与公安机关犯人改造所及监所之违法措施。(5)对于全国社会与劳动人民利益有关之民事案件及一切行政诉讼,均得代表国家公益参与之。(6)处理人民不服下级检察署不起诉处分之声请复议案件。对于检察署的各项职权,在下级检察署尚未设立的地区,得暂委托各该地公安机关执行,但其执行须直接受最高人民检察署的领导。该条例还规定:"最高人民检察署设检察长一人,副检察长二人至三人,委员十一人至十七人,由中央人民政府委员会任命之。前项副检察长及委员之人数,得由最高人民检察署检察长呈请中央人民政府委员会增减之。"②其重大事项的决策机构是最高人民检察署委员会议,如检察委员会议意见不一致时,取决于检察长。最高人民检察署内设办公厅和第一、第二、第三处(此时的处,相当于现在的业务厅),并得在各大行政区或其他区域设分署,在其所辖区域内执行最高人民检察署的职务。此后,按照中央的大行政区制,最高人民检察署陆续在各大行政区设置分署。

同期中央人民政府委员会还批准了《中央人民政府司法部试行组织条例》,赋予司法部行使许多涉及司法机关事务的职权,诸如地方司法机关的设置、废止或合并,司法干部的教育培训,司法干部的登记、分配与任免,全国诉讼案件种类、数量及社会原因统计,司法经费的拟定,各地方司法机关积案的调查,等等,③使得初创的最高司法机关得以从繁琐的司法行政事务中解脱出来,不必深陷于人事财务保障等日常事务,转而致力于全国司法工作的推进。当然,在涉及地方司法机关管辖区域的划分与变更等司法核心业务方面,司法

---

① 熊先觉等:《中国司法制度资料选编》,人民法院出版社 1987 年版,第 161 页。
② 最高人民检察院研究室编:《中国检察制度史料汇编》1987 年版,第 201 页。
③ 参见熊先觉等:《中国司法制度资料选编》,人民法院出版社 1987 年版,第 167—168 页。

部还是需要尽量商同最高人民法院、最高人民检察署及大行政区人民政府或者相关行政区划地区人民政府办理。

三、影响新中国司法制度初创的三大因素

新中国作为一个中国历史上从未出现过的人民当家作主的全国性政权，其初创的司法制度只能既继承过去革命根据地时期优秀司法传统，又吸收借鉴国外一些有益经验，同时结合新中国成立后的现实国情、现实问题而逐步建立和发展。总的指导原则就是废除一切压迫人民的旧法律，秉持一切为了人民的立场，彰显司法为民的本质属性。基于中共中央关于废除伪法统的坚定态度，以及全国人民对国民党统治的深恶痛绝，人民民主专政的新中国在彻底推翻封建买办法西斯专政的国民党反动统治后，选择了以全部否定、彻底摧毁的方式，一夜之间废除了旧的法律，为开创人民司法的全新篇章彻底扫清障碍。基于二十多年来根据地政权建设的实践经验，贯彻党的领导、群众路线、司法为民的革命时期司法建设经验，赢得了广大人民群众的拥护，无疑为新中国的人民司法建设指明了方向。基于苏联作为世界上第一个和最强大的社会主义国家，在司法制度建设方面有了许多先进经验，加之"二战"后国际上两大阵营形成和"冷战"拉开序幕，西方资本主义国家对新中国在政治上不予承认，经济上实行封锁禁运，军事上实行战略包围，新中国势必中止晚清以来移植西方资本主义国家司法制度的活动，转而"一边倒"地学习苏联和其他人民民主国家，尝试引进移植他们在司法制度方面的先进经验。

（一）彻底摒弃国民党旧法体系

1949 年元旦，面对国民党在军事上的节节败退，蒋介石在"元旦文告"中提出国民政府"宪法"不破坏以及"法统"不中断的和谈底线要求。鉴于指导中国革命的新民主主义理论，是以马克思列宁主义为指南，所以共产党人在对待国民党法律体系的态度上，继承了马克思列宁主义的法律革命理论。1 月 14日，毛泽东发表《关于时局的声明》，指出蒋介石要求保存伪宪法、伪法统的虚伪性，开列与国民党政府和平谈判的八项条件，其中明确要求"废除伪宪法""废除伪法统"。①新华社在解释"废除伪法统"的内涵与实质时指出："国民党

---

① 　杨小军：《中国法制建设》，国家行政学院出版社 2013 年版，第 5 页。

政府的所谓'法统',是指国民党统治权力在法律上的来源而言。国民党政府提出保留'伪法统'的要害就是企图保存反革命的势力。因此,毛主席代表全国人民公意所宣布的这个条件的实质,就是要彻底地推翻国民党的卖国独裁的反革命统治,这就是说,在国民党反动政府统治下制订和建立的一切法律、典章、政治制度、政治机构、政治权力等均归无效,人民完全不能承认它们。"①

1月15日,中共中央发出《关于没收官僚资本企业的指示》规定:"对于国民党反动统治的政治机构,如国民党的军队、警察、法庭、监狱及其各级政府机构,是应该彻底加以破坏的,而不能加以利用。我们必须重新建立新的政治机构来进行统治,在旧的政治机关服务的人员亦只能在经过改造后分别地加以任用,而不能不经改造地全套地加以任用,否则,就要犯原则的错误。"②1月21日,中共中央书记处向中共北平、天津市委发出建议电:"国民党司法机关为其镇压人民的反革命的国家机构直接组成部分之一。当人民解放城市时,须立即将国民党司法机关全部接管,并建立新民主主义国家的司法机关,以执行镇压反革命活动与保护人民利益之任务。"③

2月28日,中共中央发布《关于废除国民党的六法全书与确定解放区的司法原则的指示》,核心内容就是否定和批判国民党"六法全书",标志着人民司法原则的正式确立。其中第二条指出:"法律是统治阶级公开以武装强制执行的所谓国家意识形态。法律和国家一样,只是保护一定统治阶级利益的工具……国民党全部法律只能是保护地主与买办官僚资产阶级反动统治的工具,是镇压与束缚广大人民群众的武器……因此六法全书绝不能是蒋管区与解放区均能适用的法律。"④第五条指出:"在无产阶级领导的工农联盟为主体的人民民主专政的政权下,国民党的六法全书应该废除,人民的司法工作不能再以国民党的六法全书为依据,而应该以人民的新的法律作依据。在人民新的法律还没有系统地发布以前,应该以共产党的政策以及人民政府与人民解放军所已发布的各种纲领、法律、条例、决议作依据。目前,在人民的法律还不完备的情况下,司法机关的办事原则应该是:有纲领、法律、命令、条例、决议规

---

① 新华社:《关于废除"伪法统"答记者问》,《解放日报》1949年2月15日。
② 《建党以来重要文献选编(1921—1949)》第26册,中央文献出版社2011年版,第45页。
③ 《建党以来重要文献选编(1921—1949)》第26册,中央文献出版社2011年版,第67页。
④ 编选组:《中国法制史资料选编(下)》,群众出版社1988年版,第1187—1188页。

定者，从纲领、法律、命令、条例、决议之规定；无纲领、法律、命令、条例、决议规定者，从新民主主义政策。同时司法机关应该经常以蔑视和批判六法全书及国民党其他一切反动的法律、法令的精神，以蔑视和批判欧美日本资本主义国家一切反人民法律、法令的精神，以学习和掌握马列主义——毛泽东思想的国家观、法律观及新民主主义的政策、纲领、法律、命令、条例、决议的办法来教育和改造司法干部。"①可以说，针对取得全国胜利的前夕，如何对待旧法问题上的思想混乱，中共中央是有既定方针的。当时，"对国民党六法全书的认识，在我们好些司法干部中，是错误的、模糊的"，不仅有些学过旧法律的人，把它奉为神圣，强调它在解放区也能运用，甚至在较负责的政权干部中，也有人认为六法全书有些是合乎人民利益的，只有一部分而不是基本上不合乎广大人民利益的。②所以，通过发布这个《指示》，运用马克思列宁主义关于国家和法的基本原理，从意识形态上彻底否定国民党政权的司法制度，提出了人民民主专政政权下的人民司法制度原则，有效地回应了干部群众的一些思想疑惑，进一步统一了全党上下的思想，具有十分重要的意义和深远的影响。需要特别指出的是，有学者据其掌握的史料，提出废除国民党六法全书是王明的个人行为，毛泽东从来就没有说过废除六法全书的话。"王明对毛泽东提出的'废除伪法统'如获至宝，反应神速。当时王明担任中共中央法律委员会主任，借此大做特做其文章，赶忙亲自起草'废除六法全书'文件，抢先于建国前的1949年2月22日以《中共中央废除国民党六法全书和确定解放区司法原则的指示》由毛泽东签发了……从文稿的审批情况看，当时党中央对废除六法全书的观点，并非完全一致。王明原稿称：'应当把它（指国民党六法全书）看作全部不合乎广大人民利益的法律'，毛泽东删掉了'全部'二字，将其改为'基本上'。周恩来明确批示：'对于旧法律条文，在新民主主义的法律精神下，还可以批判地采用和修改一些，而不是基本采用，这对今后司法工作仍然需要。此点请王明同志加以增补'。尽管'不是基本采用'的观点颇为遗憾，但总比完全否定它要好些。即便如此，王明敷衍塞责，毛泽东戎马倥偬，运筹决胜，且又不谙悉法律而签发了文件。经查阅原稿，朱德未圈阅，任弼时、董必武、林伯渠已圈阅。

---

① 编选组：《中国法制史资料选编（下）》，群众出版社1988年版，第1188—1189页。
② 编选组：《中国法制史资料选编（下）》，群众出版社1988年版，第1187页。

其观点如何,不得而知。可能是由于文件系王明起草,又经过了主席首肯,当然只划个圈圈而完成了审批手续。"①虽然王明个人在其中可能起到了一些作用,但不可否认的是废除"伪法统"包括废除国民党的"六法全书",是中共中央一贯主张,也是毛泽东等中共中央领导人的基本立场,它带有历史的和时代的必然性。"中国共产党的革命是在腥风血雨的屠杀之中揭竿而起的,在长达20多年你死我活的阶级斗争中,有无数的革命者被镇压在国民党政府的法律屠刀之下。在这种由于你死我活的阶级斗争采取最激烈的革命手段夺取政权的条件下,如果要求新政权能容忍旧法制的继续存在,让旧的法律还继续为新政权所用,那就有悖情理了。"②可以说,新中国成立前夕,中共中央采取废除"伪法统"的做法,与依靠枪杆子夺取政权和流血革命过程中的惨烈牺牲密不可分。随后,华北人民政府率先响应,3月31日,主席董必武签署《废除国民党的六法全书及其一切反动法律》的训令,指出:"人民的法律已有了解放区人民相当长期的统治经验,有的已经研究好,写在人民政府、人民解放军发布的各种纲领、法律、条例、命令、决议等规定里;有的正在拟造。各级司法机关办案,有纲领、条例、命令、决议等规定的从规定;没有规定的,照新民主主义的政策办理……人民法律的内容,比任何旧时代统治者的法律,要文明与丰富,只须加以整理,即可臻于完备。"③

从这一系列事件中可以看出,在人民解放战争即将取得全国胜利之际,在共产党人看来,有什么样的国家性质,就有什么样的法统,就有什么样的宪法和法律,就有什么样的司法制度。国民党政府的反动阶级本质,决定了其统治下制定和建立的一切法律、政治制度、司法制度均归无效,得不到人民的承认。因此,无产阶级夺取政权后,必然要以与旧时代、旧制度、旧法统决绝的态度,把旧的一套扫进历史的垃圾堆,按照人民的真正意愿建立起一个崭新的制度、一套崭新的法律。

作为以社会主义为发展取向的新生国家,新中国不可能照搬西方资本主

---

① 熊先觉:《废除〈六法全书〉的缘由及影响》,《炎黄春秋》2007年第3期。

② 蔡定剑、高娣:《对新中国摧毁旧法制的历史反思》,载郭道晖、李步云、郝铁川主编:《中国当代法学争鸣实录》,湖南人民出版社1998年版,第4页。

③ 《华北人民政府发出训令,废除国民党反动法律,司法审判不得援引六法全书等条文,实行保护人民大众的法律》,《人民日报》1949年4月10日。

义国家所谓"三权分立""司法独立"的政治制度，只能废除国民党执政期间所谓从军政、训政到宪政的国民党专制的司法体系，立足于革命战争时期的人民司法经验，学习苏联等社会主义国家司法制度，根据中国的特殊国情建立具有中国特色的司法制度。对此，董必武后来在中共八大上评价说："一九四九年一月我们党发表了为准备同国民党进行和平谈判提出的惩办战犯和废除伪宪法、伪法统等八项条件的声明；一九四九年二月我们党中央发布了关于废除国民党的六法全书与确定解放区的司法原则的指示。这些都给我们人民民主法制的建设，指出了明确的方向。"[①]新中国成立伊始，就旗帜鲜明地以实际行动全面废除旧社会的司法制度，打碎旧社会的司法机器，宣示新生人民政权的革命性。这一立场也为《中国人民政治协商会议共同纲领》所接受，使得党内以及部分地方政府关于废除"伪法统"和"六法全书"的指示上升为全国性的法律规定，在更大范围和更高效力上得到遵循和执行。

废除国民党"伪法统"和"六法全书"，是影响新中国人民司法制度走向的第一件重大事件。在共产党人看来，废除国民党旧法体系是建立全新的人民政权领导下的司法制度的前提条件。在当时的历史条件下，摧毁旧法统固然是历史的必然，但"在彻底摧毁旧法统，并抛弃中国传统法律文化、拒绝西方一切法律影响的情况下，迈出法制建设的步伐却是异常艰难的，并非像一张白纸，容易画最新最美的图画"。[②]今天回过头去看，由于时代特点、社会背景的制约以及认识的局限性，在相当长的一段时间内，认为剥削阶级的法律之间可以有延续性、继承性，而在无产阶级和资产阶级的法律之间没有延续性和继承性，所以新中国成立之初毫不犹豫、不作任何甄别地彻底废除了国民党"伪法统"和"六法全书"，对新中国后来的法制建设是有负面影响的。当然，置身于历史事件的大背景下去考虑，绝对地否认废除"伪法统"和"六法全书"带来的负面影响实不可取，但更要看到其为人民司法制度建设彻底扫清前进障碍的雷霆之势、万钧之力，由此正式翻开中国司法制度史的新篇章，开启中国特色社会主义司法制度的漫漫征途，毫无疑问具有重大而深远的历史意义。

首先，废除国民党"伪法统"和"六法全书"，没有区分不同类型加以区别对

---

① 《董必武文选》，人民出版社1985年版，第407页。
② 蔡定剑：《历史与变革——新中国法制建设的历程》，中国政法大学出版社1999年版，第3页。

待,而是予以全盘否定,使得一些符合现代法治精神的法律原则也遭到批判和抛弃,事实上割裂了法律在上层建筑中的连续性地位。"客观来看,对旧法的全部否定还导致了新中国法律文化的中断,使得法律虚无主义长期盛行,社会主义法制道路因之多了几分坎坷。"①比如,对待国民党"六法全书",在否定其反动体系的基础上,其宪法作为国民党政府政权合法性和正当性的根据,必须予以废除。而民法、商法、民事诉讼法、刑法、刑事诉讼法等民事、刑事法律则更多是反映了社会发展的一般规律,具有很强的社会性,客观来看也的确是清末以来修律变法、引进西方法律文明成果、结合中国国情的法律创造成就的集大成,是几代中国法律人集体智慧的结晶。②在新中国成立之初,人民政权完全可以批判地吸收其中某些科学的、对人民民主法制有用的东西,犹如一幢旧的房屋被拆除后,剩下的一砖一瓦还可以利用一样,弃之不用,实属莫大浪费。

其次,废除国民党"伪法统"和"六法全书",实质上不仅要求与国民党法统决裂,而且要求与西方资本主义国家的一切法律和法律思想彻底划清界限。③新中国司法建设过分突出和强调了法律的阶级性,而忽视了法律的社会性、稳定性、延续性和继承性,虽然受益于苏联的社会主义法制理论,却也被隔离于世界法制现代化进程之外。实质上,法律的社会性、稳定性、延续性和继承性,同样是无产阶级法律和资产阶级法律之间的交替嬗变时的规律。④因此,每一场社会革命或变革,它所推翻和摧毁的旧法,只能是那些落后于社会发展和有违人民意愿的,与经济发展规律相悖的部分,而那些适应经济社会发展的、已经被法治实践证明具有普适性质的法律文明遗产,则是全人类的共同财富,是不会被推翻和摧毁的。⑤虽然"六法全书"的废除,促使国家制定了一批新的法律和法令,如1950年的《婚姻法》《政务院关于任免工作人员暂行办法》《高等学校专业规程》、1951年的《惩治反革命条例》,向全世界展示了新中国开创全新的人民法律制度的决心和能力,但在司法实践中一些必要的程序和必要的法律术语也被定性为"繁琐程序""资产阶级流毒"而被摒弃,旧司法机构中的

---

① 林乾、赵晓华:《百年法律省思》,中国经济出版社2001年版,第217页。
② 柳正权:《法治类型与中国法治》,武汉大学出版社2015年版,第224页。
③ 袁勤华主编:《司法人员管理体制研究》,中国法制出版社2016年版,第62页。
④ 高志刚:《司法实践理性论——一个制度哲学的进路》,上海人民出版社2011年版,第40页。
⑤ 何勤华:《论新中国法和法学的起步》,《中国法学》2009年第4期。

留用人员噤若寒蝉,不敢发声,以至于新中国成立之初有的地方用填表格的方式代替判决书,把传票改成通知书,①在如何对待旧司法遗产问题上出现很大的思想混淆和实践混乱。"实际上,我们已经和正在为我们过去的鲁莽付出代价……如果我们当初不全盘否定'六法全书',特别是'六法全书'中所包含的人类对如何管理自身的一般理解,不全盘否定其中所蕴涵的大陆法系国家经过若干年累积而成的关于法律的一般知识,今天的法治进程会怎么样? 因为历史的车轮不可能回转,但不问青红皂白,全盘抛弃一个我们摸索了若干年才找到的工具,至少是不经济的。"②总而言之,法的体系及司法制度的继承性和延续性,作为一项基本的法治规律,不能为任何国家、民族或地区所违背、抗拒。废除国民党"伪法统"和"六法全书",不仅没有推翻上述规律,反而进一步丰富了这一规律。

(二)继承革命根据地和解放区司法传统

新中国的人民司法制度,从中国共产党领导的新民主主义革命过程中的司法实践已见端倪,伴随中华苏维埃政权的建立,中华苏维埃司法制度自成体系,在革命战争的洗礼中不断前进,并历经抗日民主政权、解放区人民政权,逐渐发展出一套迥异于国民党统治区的司法制度。

"北伐战争时期,在中国共产党领导的工人运动和农民运动中即出现了人民司法机关的雏形,这是人民司法制度的萌芽阶段。"③在1925年香港广州工人大罢工运动中成立的"省港罢工委员会",被称作"工人政府雏形",就设有武装纠察队、军法处、会审处、特别法庭、监狱以及法制局等司法机关。④其中"会审处"是专门审判破坏罢工案件,制裁工贼和其他反革命分子的初审机关,并实行陪审、合议、公开审判、上诉等司法制度。1927年湖北、湖南农民运动进入高潮,"农民协会"不仅打碎了旧乡村政权,摧毁了地主的"私刑庭"和祠堂族长的刑罚,而且成为当时农村中"唯一的权力机关",相继成立"审判土豪劣绅委员会""审判土豪劣绅特别法庭"等审判机构,专门审判土豪劣绅和其他反革命案件,创造了群众大会"公审"等方式,充分显示了人民司法的本质特征和强

---

① 强世功:《法制与治理:国家转型中的法律》,中国政法大学出版社2003年版,第58页。
② 李龙、刘连泰:《废除"六法全书"的回顾与反思》,《河南省政法管理干部学院学报》2003年第5期。
③ 熊先觉:《中国司法制度简史》,山西人民出版社1986年版,第90页。
④ 马建兴主编:《中国法制史》,湖南人民出版社2003年版,第402页。

大生命力。这些初步的探索和经验,后来由于大革命的失败而夭折,但却成为人民司法制度最早出现的珍贵萌芽,也为土地革命时期苏维埃司法制度的正式建立和发展奠定了必要的基础。

自 1927 年"八一"南昌起义后,中国共产党先后在全国 14 个省 300 多个县的广大地区创建了江西中央革命根据地和湘鄂西、左右江、陕甘等 15 块革命根据地,并于 1931 年 11 月 7 日至 20 日,在江西瑞金召开中华苏维埃第一次全国代表大会,通过《中华苏维埃共和国宪法大纲》,宣告成立中华苏维埃共和国临时中央政府。中华苏维埃共和国的最高政权机关是全国苏维埃代表大会,在大会闭幕期间的最高政权机关是中央执行委员会。由于彻底否定了资产阶级的三权分立原则,实行党和政府对司法工作的统一领导。在这一体制下,中央执行委员会下设人民委员会和最高法院(最初叫临时最高法庭)。人民委员会是最高行政机关,最高法院是最高审判机关。根据当时条件,未设检察机关,而是采用"审检合一"制度,在审判机关内设专职的检察人员。这种相对分散的职能配置和机构设置,与当时革命斗争的需要以及地方司法资源匮乏、基层基础薄弱、司法条件不成熟等密切相关。由于大部分革命根据地尚未与中央苏区连成一片,因此各个根据地只能结合本地区的实际情况和革命斗争的需要,灵活设置司法机构。如,当时在各个根据地行使审判权的司法机关有革命法庭、裁判部和部队中的军事裁判所,此外肃反委员会和政治保卫局在一定程度上也拥有审判权。鄂豫皖区苏维埃政府革命法庭内,还出现了"国家公诉处"和"国家公诉员"的制度设置,[①]负责代表国家对犯罪进行指控。

"卢沟桥事变"爆发促成了抗日民族统一战线的形成和第二次国共合作的实现,中华苏维埃共和国历史正式结束,陕甘苏区更名为陕甘宁边区。由于各边区民主政府在名义上隶属于"国民政府",因而没有形式上的中国共产党领导的统一的民主政权。"1937 年 9 月 6 日,中央工农民主政府西北办事处及其司法部撤销后,各省、县、区的裁判部也随之撤销,建立了陕甘宁边区高等法院、延安市地方法院和各县裁判处。根据当时的具体情况,为了更好地发挥司法工作为政治服务的效能,关于司法机关与同级政府的关系,明确规定

---

① 见《鄂豫皖区苏维埃临时组织大纲》,载韩延龙、常兆儒编:《中国新民主主义革命时期根据地法制文献选编(第 2 卷)》,中国社会科学出版社 1981 年版,第 148 页。

为各级司法机关是同级政府的组成部分,并实行司法行政与审判'合一制'、'审、检合署制'。"①边区的最高司法机关名义上是南京国民党政府中央最高法院辖下的省级司法机构,但实际上则与国民党政府的最高法院没有任何关系。新中国成立之初最高人民法院在各大行政区划设分院的制度设计,其实就是始于陕甘宁边区高等法院在各分区专员公署所在地设高等法院分庭的做法,目的是尽量避免幅员辽阔、地域差异带来的中央对地方审判工作指导的疏漏。群众路线应用于司法实践,是抗日根据地司法制度的鲜明特色和成功经验。"早在延安时期,毛泽东就曾对时任陕甘宁高等法院院长的谢觉哉讲,司法也应大家动手,不要只靠专问案子的推事、裁判员,还有一条规律:任何事都要请教群众。"②著名的"马锡五审判方式"就是司法工作贯彻群众路线的崭新创造和一面旗帜。1944 年 3 月 13 日延安《解放日报》以《马锡五同志的审判方式》为题,发表社论,号召司法工作者认真学习。从此,"马锡五审判方式"在边区全面推广,不仅引领了抗日民主政权司法工作作风的大转变,而且对新中国司法制度产生了持续深远的影响。

解放战争初期,各解放区相对分割,基本上沿用抗日根据地时期行之有效的司法制度。此后随着解放战争的节节胜利,解放区迅速扩展,逐渐连成一片,华北、东北等大解放区人民政府相继成立,在新解放区内废除了国民党政府的司法制度,建立了新的人民司法制度,呈现出一些新的发展和特色,为新中国成立后在全国范围内建立人民司法制度奠定了坚实的基础。"随着大行政区的建立,司法机构分为大区、省(行署)、县三级,统一改称为人民法院,推事改为审判员,实行三级三审制,各级人民法院由同级政府统一领导。"③以成立最早的东北解放区为例,《东北各级司法机关暂行组织条例》规定,法院分为三级,即地方法院、高等法院、最高法院东北分院。④从领导关系来看,最高法院东北分院受东北行政委员会领导,高等法院以下各级法院受同级政府领导。1948 年 9 月,东北行政委员会作出决定,将各级司法机关改称人民法院,其中最高法院东北分院改为东北高级人民法院,各省高等法院改称省(特别市)人

---

① 熊先觉:《中国司法制度简史》,山西人民出版社 1986 年版,第 101 页。

② 谢觉哉传编写组:《谢觉哉传》,人民出版社 1984 年版,第 91 页。

③ 钱大群主编:《中国法制史教程》,南京大学出版社 1987 年版,第 517 页。

④ 武延平、刘根菊编:《刑事诉讼法学参考资料汇编(上)》,北京大学出版社 2005 年版,第 580 页。

民法院,各级地方法院及县司法科改为市(县)人民法院。继续实行"审检合署",在各级人民法院设检察人员,其中一人为首席检察官,基本由同级公安局长或公安机关其他负责人担任。

新民主主义革命时期,由于长期处于战争环境,人民司法制度没有也不可能自上而下系统建立起来,而是伴随着革命斗争的跌宕起伏,司法机构、职权划分、诉讼制度等都在不断发生着变化。受限于当时敌强我弱、艰苦卓绝的历史条件,各根据地建立的司法机关在组织上、业务上也很不健全,不可避免地带有时代的局限性,既没有出现统一适用的司法制度,也没有延续到新中国的司法制度,而是在不同的地区、不同的时期时有时无、断断续续。但必须看到,在中国共产党的领导下,人民司法制度历经风雨,薪火相传,始终以顽强的生命力生存着、前进着,并在不同的历史时期获得了发展,对巩固革命根据地,保卫人民民主政权,促进革命战争的胜利,起了重要作用。可以说,新民主主义革命时期的司法制度.不仅为全国胜利后在全国范围内普遍建立人民司法制度准备了条件,而且对此后社会主义司法制度的发展有着深远的影响,是新中国当代司法制度的直接渊源。

(三)学习借鉴苏联司法制度

第二次世界大战结束之后,铁幕之下"冷战"格局形成,历史的机缘与发展必然,使得新中国成为社会主义阵营的一员,"苏联老大哥"在政治、经济、军事、文化等各个方面均是社会主义毫无争议的标杆。1949 年 10 月 5 日,刘少奇在中苏友好协会总会成立大会上,就明确指出:"我们要建国,同样也必须'以俄为师',学习苏联人民的建国经验。苏联有许多世界上所没有的完全新的科学知识,我们只有从苏联才能学到这些科学知识。"①因此,应新中国政府的邀请,苏联派出一批法律专家来到中国,既帮助培训中国的司法干部,又积极为中国司法制度的建设出谋划策。如从 1949 年年底到 1950 年年底,苏联专家苏达尼可夫和贝可夫率先来到中国,作为中央政法干部学校的法律顾问,系统讲授马克思列宁主义的法学理论和苏联的各项法律制度。②通过"请进来""走出去"的方式,新中国司法工作者放眼看苏联,了解到苏联组织严密、体

---

① 中央教育科学研究所编:《中华人民共和国教育大事记》,教育科学出版社 1983 年版,第 4 页。

② 何勤华:《关于新中国移植苏联司法制度的反思》,《中外法学》2002 年第 3 期。

系完备、运转有序的司法制度，无一不心生向往，默默立志要把祖国建设得同样法制发达，因此在 20 世纪 40 年代末，国内掀起了一个学习和移植苏联司法制度的高潮。有学者就提出"在法制建设的理论和实践方面，几乎是全面照搬苏联老大哥的经验"。①这一说法有其合理之处，但却忽略了一点，即彼时的新中国"一穷二白"，在工业化和公有化等经济社会发展方面与苏联有着难以逾越的鸿沟，建国已有 30 多年的苏联物质基础和精神生活高度繁荣，公民的文化程度和整体素质也比我国人民群众的高得多。因此，在苏联推行得开的许多司法制度，在中国未必能实行。中央高层在学习苏联制度方面也不乏头脑清醒者，强调一切还是要从新中国的实际出发。比如，在政务院机构设置问题上，1949 年 9 月 7 日周恩来在政协会议上就提出："所以政务院下设有三十个单位。事实上苏联今天有六十个部，比我们更多，当然我们也不是要模仿苏联，一切还是由本身的需要出发。"②

新中国对国民党时期的司法制度作了全面否定，认为旧司法制度是反动阶级统治人民的工具，只能站在反动统治阶级的立场上面，镇压革命，压迫人民。它不但对共产党、对工人农民肆行血腥的残害，就是对一般人民也竭尽其欺凌的能事。③与此同时，新中国的政权刚建立不久，严重缺乏社会主义建设经验，短时间内无法建立较为完整系统的人民司法制度。在此背景之下，借鉴和移植苏联社会主义老大哥的司法制度模式，无疑是最为简便易行的方法。这在新中国成立初期建立人民检察制度的过程中表现得尤为明显。检察制度是苏联司法制度的重要组成部分，也是极具苏维埃特色的一项独特制度。检察机关不仅代表国家行使控诉职能，而且也监督法律的实施。新中国成立初期，人民司法制度仿照苏联确立了审检分立的体制，最高人民检察署与最高人民法院并列，一改此前国民党政权和根据地时期审检合署、检察机关附设于审判机关的制度设计，确立了其作为国家法律监督者的地位。当时，作为一项新生事物，国内对检察制度的认识分歧很多，是全盘照搬苏联检察制度，还是根据我国国情作适当改造，各有各的说法。

① 蔡定剑：《历史与变革——新中国法制建设的历程》，中国政法大学出版社 1999 年版，第 249 页。
② 《共和国走过的路（1949—1952 年）》，中央文献出版社 1991 年版，第 65—70 页。
③ 何勤华、李秀清：《外国法与中国法 20 世纪中国移植外国法反思》，中国政法大学出版社 2003 年版，第 517 页。

47

在检察权归属问题上，时任中央人民政府政务院政治法律委员会副主任的彭真，就曾根据中国国情与苏联专家发生过激烈争论：苏联专家认为检察系统应实行首长负责制，彭真主张我国实行首长负责制与检察委员会集体领导相结合，通过民主集中制来加强业务工作；苏联专家推崇检察系统内部的垂直领导，由最高人民检察署检察长领导全国检察工作，彭真则坚持我国适合上级检察院和同级人民代表大会的双重领导，以适应不同区域的工作特点。[①]虽然新中国成立之初的立法者兼顾了两方面的意见，采取了折中的处置办法，如明确最高人民检察署与下级人民检察署是领导与被领导的关系，地方各级检察署均独立行使职权，不受地方机关干涉，只服从最高人民检察署指挥；[②]但在内部组织形式上，却是采纳了彭真的观点，实行检察委员会会议与检察长负责制相结合的原则。这是因为单设检察机关在我国缺乏充分的实践经验，此前没有单设的检察机关，经过近二十年数次改革演变、并在1936年由斯大林宪法定型的苏联检察制度，自然成为建立人民检察制度的范本。[③]而民主集中制在中国革命实践中已焕发出了巨大威力，完全可以信赖。故而新中国的最高人民检察署，除设检察长之外，还设有检察署委员会议，《中央人民政府最高人民检察署试行组织条例》就规定，"最高人民检察署委员会议，以检察长、副检察长、秘书长与委员组成，以检察长为主席。如检察委员会议意见不一致时，取决于检察长"，[④]"议决有关检察之政策方针及其他重要事项"。故中国的检察署除由检察长主持工作之外，实行民主集中制，对重大事项系采取委员会负责制，而不是像苏联那样实行总检察长负责。

在检察职权问题上，如何引入和消化苏联检察机关"法律监督"职能定位，在最高人民检察署内部就存在不同认识。时任最高人民检察署副检察长李六如就提出"苏联检察的主要任务，除镇压破坏分子及一般刑事侦查和公诉之外，还参与民事诉讼。这不过是他们任务中几分之几而已。其最重要最广泛部分，则是在于法律监督"。但鉴于"苏联是已经没有了剥削与被剥削阶级，而

---

① 杨光：《彭真与建国初期司法制度的形成》，载中央文献研究室科研管理部编：《中共中央文献研究室个人课题成果集2011年（上）》，中央文献出版社2012年版，第512—513页。

② 朱孝清、张智辉主编：《检察学》，中国检察出版社2010年版，第58页。

③ 张丽、宋宏飞：《法律移植及本土化研究》，中国人民公安大学出版社2010年版，第70页。

④ 曾龙跃主编：《中国检察百科辞典》，黑龙江人民出版社1993年版，第470页。

中国则是阶级复杂的社会，而且解放不久，暗害分子还多。因此，刑事检举（察）在目前恐怕还占相当重要的地位。当然，由于国家的社会的人员成分很不一致，为了维护国家和人民的权益，法律上的监督，同样不应轻视"。①也就是说，新中国人民检察制度创建之初采取的是渐进的原则，并不提倡对苏联检察制度的照抄照搬和迅速推进，工作重点主要放在刑事检察，以利于巩固政权，而没有迅速向一般监督延伸。

在剧烈的社会变革进程中，苏联的司法制度与特殊的中国社会条件结合，形成新中国成立之初人民司法制度的许多特征，为之后的社会主义司法制度发展带来深刻的影响。应当说，学习苏联司法理论和经验是历史的必然，这对于重建人民司法制度起了重要作用。尽管一些有识之士提出过不可以"随便移植"，如时任最高人民检察署研究室秘书陈启育在其 1950 年 5 月出版的《新中国检察制度概论》中就指出："新中国的新民主主义检察制度，是随着中国新民主主义革命的胜利被提出来的。因此，它当然和资本主义国家，或者说与旧中国反动派统治下的检察制度根本不同；但也由于条件的不同，不能完全和社会主义苏联的检察制度相同；可以说是合乎中国人民民主专政国家需要的一种人民检察制度。因为要建立这一种制度，它不应该而且也不可能去凭空虚构，或者随便移植，而必须适应于当前的现实和一定的历史条件，才有可能使这种制度，发挥预期的效能；不然的话，它将是一种徒具外形的躯壳，而缺乏了它应有的实质……"②但非常遗憾的是，在这一以苏为师的过程中，盲目崇拜苏联法制模式的教条主义同样潜滋暗长，由此带来了一定的不良影响。比如，许多场合只死记硬背马克思列宁主义的一些词句，而不注意是否适合中国国情。功利化、政治化倾向明显，向苏联学习与否，学习什么，完全受当时的政治气候左右，③符合阶级专政的就吸收，不符合的就排斥；适合于强化阶级斗争理论的就吸收，不适合的就拒绝，从表面上看是轰轰烈烈、全面系统，学了不少，但在精神实质上却具有不完整性、不连续性，是一种零碎的、片面的移植，保留下制度建设和法律专业知识并不多。④

---

① 孙谦主编：《人民检察制度的历史变迁》，中国检察出版社 2009 年版，第 143—145 页。
② 闵钐编：《中国检察史资料选编》，中国检察出版社 2008 年版，第 851 页。
③ 何勤华、李秀清：《外国法与中国法 20 世纪中国移植外国法反思》，中国政法大学出版社 2003 年版，第 544 页。
④ 舒国滢主编：《法制现代化的理论基础》，知识产权出版社 2010 年版，第 273 页。

■ 第二节　系统地初建人民司法制度

制度草创难免举步维艰，历经半年多的披荆斩棘，人民司法事业已经取得了一些成绩，但是，从全国范围内的情况来看，仍远远落后于国家形势的需要。一是司法机构建立尚显滞后。除了东北、华北等老解放区基础较好，普遍建立了司法机构之外，其他新解放地区情况则不乐观，许多县市获得解放，但相应司法机构建设明显滞后于当地人民政权建设。即便已经建立了司法机构，其内部的组织和工作制度也不健全，尚处于摸索阶段，无法放开手脚正常运作。二是司法队伍量少质弱。对于旧法人员，中央的基本政策是"包下来、给出路、利用、改造"，留用人员占有相当比例，有的对新旧法律和新旧司法制度的区别认识不清，留恋旧法。尽管从军队、其他单位、青年学生中抽调了一批干部充实司法机关，但在思想观点上也存在许多错误认识，有的对司法工作的重要性认识模糊，不安心工作。三是司法办案难以满足需求。一方面是司法机关初创，人手不足、经验不足、威信不足，其形象和影响没有深入人心；另一方面是镇压反革命、打击犯罪、保护人民的任务繁重，大量案件涌入司法机关，许多地方特别是大城市积案现象严重。以上情况表明，人民司法制度建设在整个国家政治制度建设中还是一个明显薄弱的短板，已经影响到国家政权的有序运转和社会秩序的根本好转，进一步统一思想、调配资源，在全国范围内系统地建立人民司法制度，已经成为摆在党和国家面前的一项迫切而重要的任务。

一、召开第一届全国司法会议

针对社会各界进一步加强人民司法工作的强烈呼声，经中央人民政府批准，1950 年 7 月 26 日至 8 月 11 日，最高人民法院、最高人民检察署、司法部、法制委员会①四个中央司法机关在北京联合召开新中国第一届全国司法会

---

① 《中华人民共和国中央人民政府组织法》第十八条规定，政务院设法制委员会。根据《中央人民政府法制委员会试行组织条例》第二条的规定，法制委员会的任务是："秉承中央人民政府委员会的意旨，受政务院的领导及政务院政治法律委员会的指导，研究、草拟与审议各种法规草案并解答现行各种法规。"首任主任为王明。1954 年 10 月，经第一届全国人大常委会第二次会议批准，设立国务院法制局，中央人民政府法制委员会随即撤销。

议，讨论确立人民司法的基本原则和基本制度。出席会议的代表有233人，中央人民政府副主席朱德、刘少奇，政务院副总理兼政治法律委员会①主任董必武，政务院政治法律委员会副主任彭真在会上作了重要讲话。政务院政治法律委员会副主任兼法制委员会主任王明作了《关于目前司法工作的几个问题》的报告，最高人民法院副院长吴溉之作了《人民法院审判工作报告》，最高人民检察署副检察长李六如作了《人民检察任务及工作报告》，司法部部长史良作了《关于目前司法行政工作报告》。这次会议根据《中国人民政治协商会议共同纲领》第17条的原则，就建立统一的人民司法制度进行了充分讨论，主要内容是：(1)统一观点。即讨论清除国民党旧法影响，划清新旧法律和新旧司法制度的界限，树立革命的法律观点，画出了人民司法制度的轮廓，指出了人民司法工作的方针和任务。(2)明确政策。讨论了《刑法大纲》《中华人民共和国人民法院暂行组织条例》《各级地方人民检察署试行组织条例》《诉讼程序试行通则》《犯人改造暂行条例》《公司法》等草案，明确了审判刑、民事案件的基本政策观点。(3)布置任务。指出中心任务是镇压反革命势力的捣乱，保卫土地改革胜利完成，保障民主改革的顺利进行和社会生产的恢复与发展。布置了建立和健全司法机关组织机构、充实和提高干部、迅速清理积案等当时急需做的三项工作。

会议对于人民司法制度的重要组成部分人民法院制度进行了重点讨论，从三个方面画出了人民法院制度的初步蓝图：一是人民法院的工作任务是依法审判刑事案件，惩治反革命罪犯和一切危害国家利益和侵犯公民合法权益的罪犯，依法审判民事案件，调整公民之间的财产关系和人身关系，处理国家机关、国营企业、社会团体等相互间的纠纷；二是人民法院的组织制度表现为来自人民、属于人民和对人民负责，作为人民政权的组成部分，院长和审判员由人民代表机关或人民政府任免，并对其任免机关负责和报告工作；三是人民法院的审判制度表现为实行三级两审、上诉、复核、公开审判、陪审、巡回审判

---

① 《中华人民共和国中央人民政府组织法》第十八条规定，政务院设30个部、会、院、署、行，但政务院又不可能经常领导这30个单位，所以下面设四个委员会协助办理，其中政治法律委员会指导内务部、公安部、司法部、法制委员会和民族事务委员会的工作，有权对所属的三部两会和下级机关，颁发决议和命令，并审查其执行，是建国初期建设我国人民司法制度、主持各项政法工作的领导机构，首任主任为董必武。1954年10月，根据国务院《关于设立、调整中央和地方国家机关及有关事项的通知》，中央人民政府政务院政治法律委员会即遭裁撤。

与就地审判、调解、宣教等制度。①在人民检察制度发展方向上,学习苏联检察制度成为一种共识,提出人民检察机关不仅要在任务和组织制度方面,根据中国的实际情况来学习苏联检察制度的经验,而且要在检察工作方法、作风和方式上,也学习苏联检察人员的精神。同时,必须贯彻群众路线,人民检察机关应与人民政府机关、公职人员和广大群众建立必要的工作上的联系,以便实现监督守法和检举违法的重大任务。

作为新中国历史上第一次关于司法工作的专业会议,第一届全国司法会议在中国司法制度发展史上具有重要意义,不仅发扬了解放区人民司法工作的经验,还移植和借鉴了苏联司法制度尤其是检察制度的经验,从观点上、制度上解决了许多迫切的问题,推动了人民司法制度的各项建设。

第一,提高了司法人员的思想认识。何谓人民司法,这一问题虽然议论得很多,但司法工作者中相当多的一部分人员仍未弄得清楚。特别是在一部分旧司法人员当中,仍然保存着浓厚的旧"六法全书"的观点,认为"六法全书仍然不失为一部可用的法典"。会议对此类的错误观点作了彻底批判,提出要把马克思、恩格斯、列宁、斯大林的观点和毛泽东思想贯彻到司法工作中去,人民司法基本观点之一就是群众观点,即与群众联系,为人民服务,保障社会秩序,维护人民的正当权益。通过清理旧司法工作人员思想上的旧法观点,初步划清新旧法律的原则界限和新旧司法制度的本质区别,着力解决什么是人民司法的问题,为人民司法的思想建设打下了初步的基础。②正如董必武在总结这次会议的收获时说道:"这次会议解决了这一个最一般的基本问题。这个问题不能解决,其他的问题解决了也不能称作人民司法工作。我估计这次会议有收获,而且有不少收获,就是指对人民司法有了这样一致的认识说的。"③

第二,加快了司法机构的建立进程。长期的武装斗争的革命实践,使得建国之后许多同志不愿意从事司法工作,认为较之军事工作、党务工作,司法工作不受重视。会议重点阐述了夺取国家政权之后人民司法工作的重要性,提

---

① 何兰阶、鲁明健主编:《当代中国的审判工作(上)》,当代中国出版社 1993 年版,第 28—29 页。
② 董必武法学思想研究会组编:《共和国法治从这里启程 华北人民政府法令研究》,知识产权出版社 2015 年版,第 385 页。
③ 《董必武法学文集》,法律出版社 2001 年版,第 45—46 页。

出在国家恢复和平状态之后,司法工作和公安工作就成为镇压反革命,维持社会秩序最重要的工具。这次会议结束之后,1950 年 8 月 26 日《人民日报》发表了题为《系统地建立人民司法制度》的社论,这是新中国历史上首次就司法制度问题发表社论,表明了党中央对加快人民司法制度建设步伐的鲜明态度。鉴于当时一些地方建立检察署的进展不理想,1950 年 9 月 4 日,中共中央发出《关于建立检察机构问题的指示》,指出:"(一)限于本年内将各大行政区各省、市检察署全部建立和充实起来;(二)某些专区、某些大县选择重点建立;(三)1951 年普遍建立各县检察署;(四)调配一定数量的老干部作骨干,附以若干纯洁知识青年;(五)各级正副检察长必须有一能力较强、资望较高的老干部负责,切不可全是兼职,致同虚设,是为至要。"[1]这是新中国成立后中央作出的关于检察工作的第一个指示,体现了新中国成立初期党中央对于人民检察机关建设的基本认识和要求,这一指示发布后,大力推进了各级检察署的建立。"到 1950 年年底,重点建设人民检察署的工作计划基本完成,全国 50 个省、直辖市和省一级行政区有 47 个建立了检察机构,并在一些重点专区和市、县建立了人民检察署,调配干部 1 000 余人。"[2]

第三,建立了司法办案的基本制度。由于缺乏司法办案的规范性文件,各地司法机关在办案过程中出现了一些问题,主要表现为无法可依,对政策的理解不一致。会议强调人民司法必须联系群众、依靠群众,废除旧司法机构所遗留的繁琐、迟滞和扰民害民的诉讼程序,继承和发扬老解放区司法工作优良传统,建立便利人民、联系人民、便于吸收广大群众参加活动的人民司法制度。正因为现在的人民法院已经不收讼费,手续简便,还设有值日制或问事处,及时为群众处理纠纷,所以在全国范围内,完全有条件建立起便利人民又保护人民诉讼权利的审判制度和诉讼程序,基本采用三级两审的审级制度和保护上诉人上诉权利的上诉制度。为了发扬审判民主又教育人民,要继续坚持与完善公开审理制度、陪审制度、巡回审判与就地审判制度、调解制度、法纪宣教制度以及在群众中推行仲裁会、同志审判会等方式。这些会议成果勾画出了人民司法制度的大致轮廓,将使我国人民司法工作,全面地走上正轨。董必武当

---

[1] 最高人民检察院研究室编:《检察制度参考资料第一编(新中国部分)》,中国检察出版社 1980 年版,第 21—22 页。

[2] 孙谦主编:《人民检察制度的历史变迁》,中国检察出版社 2009 年版,第 168 页。

时就指出："就这一点来说,我认为这次会议有划时代的意义。"①同年 11 月 3 日政务院发布了《关于加强人民司法工作的指示》,将第一届全国司法会议的主要精神规定了进去,提出各级人民政府必须切实地领导和加强这一工作,并采取必要办法,使人民司法制度在全国范围内有系统地逐步地建立和健全起来,成为当时指导全国司法工作的重要文件。②

二、颁布司法机关新组织法规

在第一届全国司法工作会议召开之后,为了加快人民司法制度建设,在司法立法工作方面有新的进展,最高司法机关认真贯彻会议精神,继承根据地人民司法工作的优良传统,总结建国后近两年司法工作的经验,特别是吸收了第一届全国司法工作会议关于司法机关组织制度和工作制度的相关规定,研究起草了新的《中华人民共和国人民法院暂行组织条例》《最高人民检察署暂行组织条例》和《地方各级人民检察署组织通则》,并于 1951 年 9 月 3 日经中央人民政府委员会第十二次会议通过后颁布施行。

（一）《中华人民共和国人民法院暂行组织条例》

该条例分为总则、县级人民法院、省级人民法院、最高人民法院、人民法院与人民检察署的工作关系、附则六章内容。

1. 人民法院设置

规定:人民法院的组织体系为县级人民法院、省级人民法院和最高人民法院三级。各民族自治区域,依其具体情况,设立相当于各该级人民政府的人民法院。专门人民法院之设立与组织另定之。其中县级人民法院包括县(旗或其他相当于县的行政区、自治区)人民法院、省辖市人民法院、中央及大行政区直辖市的区人民法院;省级人民法院包括省(或相当于省的行政区、自治区)人民法院及其分院或分庭、中央及大行政区直辖市人民法院;最高人民法院包括在各大行政区或其他地区设立的最高人民法院分院、分庭。③

---

① 《董必武政治法律文集》,法律出版社 1986 年版,第 99 页。
② 《中央人民政府法令汇编》(1949—1950 年),法律出版社 1982 年版,第 220—221 页。
③ 国务院法制办公室编:《中华人民共和国法规汇编 1949—1952(第 1 卷)》,中国法制出版社 2005 年版,第 335 页。

2. 法院领导体制

规定:下级人民法院的审判工作受上级人民法院的领导和监督,其司法行政由上级司法部领导。各级人民法院(包括最高人民法院分院、分庭)为同级人民政府的组成部分,受同级人民政府委员会的领导和监督。省人民法院分院、分庭受其所在区专员的指导。明确了地方人民法院实行双重领导体制,即除受上级人民法院的领导和监督以外,同时受同级人民政府委员会的领导和监督。①

3. 法院审级制度

规定:人民法院基本上实行三级两审制,县级人民法院为基本的第一审法院,省级人民法院为基本的第二审法院(分为两种,即:省或相当于省的行政区、自治区的法院及其分院或分庭,中央及大行政区直辖市人民法院),一般以两审为终审。但在特殊情况下,得以三审或一审为终审。对于省级人民法院作出的重大或疑难案件的二审判决,如判决书内记明准许诉讼人提起第三审上诉,则可以上诉至最高人民法院进行第三审。对于最高人民法院管辖的一审案件,如全国性重大的侵害国家的、侵害公共财产的及其他特别重大的第一审刑事、民事案件,法令规定以最高人民法院为第一审的刑事、民事案件,中央人民政府交办的第一审刑事、民事案件,所作出的一审判决,均为终审判决。②

4. 审判办案组织

第一次明确在县级人民法院设立审判委员会,由院长或副院长、庭长(其设有审判庭者)及审判员组成;开会时并得邀请有关机关的负责人及原来参加有关案件的其他工作人员参加,审判员较多的法院,由院长指定若干审判员参加;审判委员会的职责是处理刑事、民事的重要或疑难案件,并为政策上和审判原则上的指导。省级人民法院也设审判委员会,其组织和职责准用关于县级法院审判委员会的规定。但并未规定最高人民法院是否必须设立审判委员会。县级人民法院实行独任审判制和合议制,原则上一般刑事、民事案件由审判员一人审判;遇有重要或疑难的案件,应由审判员三人合议审判(以其中一

---

① 余韬:《上下级法院关系研究——以〈宪法〉第 132 条为视角》,上海人民出版社 2018 年版,第38 页。

② 宋远升:《法院论》,中国政法大学出版社 2016 年版,第 119 页。

人为主任审判员),或由审判委员会决议处理。省级人民法院同样实行独任审判制和合议制,但却是原则上刑事、民事案件由审判员三人合议审判,以其中一人为主任审判员;但案件无须合议审判者,得由审判员一人审判。①

5. 审判基本制度

吸收自老解放区以来行之有效、新中国开创探索可行的新旧审判制度,纳入条例之中,以法律的形式固定下来,主要有公开审理、人民陪审、就地调查、就地审判和巡回审判、使用本民族语言等原则和上诉、再审程序以及人民检察院的抗诉程序。

《中华人民共和国人民法院暂行组织条例》第一次以国家法律的形式,统一了全国法院的组织体系、工作机制和审判制度。尽管受制于当时的历史条件,对法院制度规定得还不够完备,但毕竟是迈出了法律化、制度化、规范化的第一步,历史价值值得铭记。

(二)《中央人民政府最高人民检察署暂行组织条例》和《各级地方人民检察署组织通则》

基于各级检察机关起诉犯罪和检举违法的实际需要,新中国成立之初颁布的《中央人民政府最高人民检察署试行组织条例》和《各级地方人民检察署组织通则》不得不进行一系列的调整和修改,并以新的形式出现,丰富了人民检察制度的建设探索。

1. 检察机关设置

按照国家行政区划建立从中央到地方的检察系统,基本与各级人民法院的设置相对应。在县一级,设县(市)人民检察署;在省一级,设省(行署)及中央或大行政区直辖市人民检察署,省人民检察署得在专区设分署;在中央一级,设最高人民检察署,最高人民检察署得在大行政区或其他区域设分署。各民族自治区,依其具体情况,设立相当于各该级人民政府的人民检察署。②

2. 检察领导体制

原来的《最高人民检察署试行组织条例》中采取垂直领导原则,但因试行一

---

① 公丕祥:《法制现代化的挑战》,武汉大学出版社 2006 年版,第 482 页。
② 马昕:《检察业务概论资料选编(上)》,辽宁人民出版社 1989 年版,第 38 页。

年多的经验，有些滞碍难行之处。"各级人民检察署是一个新设立的机构，干部弱，经验少，尚需当地政府机关根据中央的方针计划，就近予以指导和协助。"[1]所以，此次修法调整了之前确立的垂直领导体制，首次在法律上确定了检察机关的双重领导体制，即地方各级检察署作为同级人民政府的组成部分，在受上级检察署领导的同时，受同级人民政府委员会领导，省人民检察署分署受所在区专员的指导。即使是最高人民检察署在大行政区或其他区域设立的分署，一方面作为派出机构，受最高人民检察署领导，另一方面仍属于同级人民政府的组成部分，同时受大行政区人民政府领导。

3. 检察机关职权

新中国成立不久，人民政权和国家事业仍面临着被推翻的敌人的威胁，所以人民检察署当前的头等大事是检察公诉反革命案件。为此在各级人民检察署的职权内，为明确当前的任务，特于检察一般刑事案件以外，增加检察反革命案件的规定，并且把反革命案件规定在一般刑事案件的上面，[2]突出了检察反革命案件的地位和作用。这与当时镇压反革命运动推向深入、中央人民政府颁布《惩治反革命条例》不久的特殊政治环境密切相关，保障《惩治反革命条例》的普遍和正确实施成为司法机关的主要任务，各级检察署主要是从检察角度保证镇压反革命斗争的质量，体现准确适用法律，不枉不纵。

总体来说，随着国民经济的恢复与发展，党和国家对司法工作提出了新的更高的要求，基于我国与苏联在国情上的巨大差异，完全没有必要全盘移植苏联的制度，而是应该坚持"与国情适应"的原则，灵活处理党政关系、中央—地方关系、条块关系这三大中国政治发展中的基本关系，适时优化制度设计，有力推进人民司法制度建设。所以，这三部法规的修改是与当时的政治形势和革命任务的发展变化相适应的，特别是检察领导体制的调整，强化了司法系统与行政系统之间的从属关系，标志着新中国成立初期司法机关从属于政府系统的体制基本确立。在新中国成立之初地区之间经济政治与社会发展存在着巨大差异，只有采取高度集中体制，在党的坚强统一领导下，人民司法制度才

---

[1]　李六如：《关于〈最高人民检察署暂行组织条例〉和〈各级地方人民检察署组织通则〉的说明》，《人民日报》1951 年 9 月 5 日。

[2]　最高人民检察院研究室编：《检察制度参考资料第一编（新中国部分）》，中国检察出版社 1980 年版，第 137 页。

能充分依托国家政权的整体聚合力量,获得源源不断的滋养,进而建立健全司法组织系统,解决司法工作中的复杂问题,有力地推动司法事业发展。

三、人民司法制度向前推进

借着三部法规修订颁布的东风,各地司法机关认真贯彻执行,巩固和发展了第一届全国司法会议的成果,标志着这一时期司法指导思想基本稳定下来,各项工作在相对稳定的环境中有序推进,使人民司法制度建设又向前推进了一步。

(一)司法机构基本健全

随着司法机关与政府关系的调整理顺,地方人民政权对司法工作倾注了更多的关注,调配了一批老干部作为司法队伍骨干,吸收了一大批新干部,经过鉴别、培训留用了一批旧司法人员,司法机关人、财、物保障水平显著改善。就最高司法机关而言,均在五大行政区成立了分院,分署,其中最高人民法院东北分院院长为高崇民、最高人民检察署东北分署检察长为汪金祥,均设在沈阳;最高人民法院西北分院院长为马锡五、最高人民检察署西北分署检察长为张宗逊,均设在西安;最高人民法院华东分院院长为刘民生、最高人民检察署华东分署检察长为魏文伯,均设在上海;最高人民法院中南分院院长为雷经天、最高人民检察署中南分署检察长为朱涤新,均设在武汉;最高人民法院西南分院院长为张曙时、最高人民检察署西南分署检察长为周兴,均设在重庆。此外,鉴于华北五省两市由中央直属,其行政与审判机关,均归中央直接领导,但其审判机关的刑事、民事上诉案件,在性质上与各大行政区的案件没有不同,最高人民法院大部分的人力与时间消耗在华北五省两市一般上诉案件的审判上,无法有效地执行领导与监督全国法院的任务,[①]故而经中央批准,于1952年成立了最高人民法院华北分院,负责审理华北五省两市的上诉案件,正式形成了最高人民法院东北分院、西北分院、华东分院、中南分院、西南分院、华北分院等6个大区分院的格局。

就地方司法机关而言,截至1953年年底,全国所有省级人民法院,2 000多个县、市、区的县级人民法院已经全部建立;全国所有省级人民检察署已全

① 北京日报理论部编:《史海新探》,北京日报出版社 2016 年版,第 273 页。

部建立,省辖市和专区人民检察署设立了 196 个,占应建立的 69％;县和市、区检察署建立了 643 个,占应建立的 29％,[1]部分未设人民检察署的县、市、专区则由公安机关代行检察权。至此,全国范围内的各级人民法院、人民检察署机构已经初具规模,为普遍建立司法机关和全面开展司法工作打下了基础。

（二）诉讼制度基本形成

虽然没有沿用国民党政府的"六法全书",加之新中国成立之初立法工作比较薄弱,导致当时的司法机关主要还是依靠政策、指示来办理案件。随着案件大量涌入司法机关,执法办案渐入正轨,如前文所述,一些实践中的成熟诉讼机制也被吸纳入新颁布的法令之中,搭建起新中国诉讼制度的基本框架。

1. 三级两审制

审判制度基本实行三级两审的审级制度,以县级人民法院为基本的第一审法院,省级人民法院为基本的第二审法院;一般以二审为终审,但在特殊情况下,得以三审或一审为终审。[2]当时之所以确立以两审终审制为原则,三审终审或一审终审为例外的审级制度,主要是因为"这样的规定既能保障人民的诉讼权利,又能及时地制裁反革命活动,而又防止了某些狡猾分子,故意拖延时间,无理取闹,造成当事人以及社会人力财力的损失。同时,这样的规定,又照顾了中国的实际情况:中国地域辽阔,交通不便,情况复杂,案件又多,三级三审,是使人民为诉讼长期拖累,耽误生产,所以我们采取了基本上的三级二审终审制,这是一种实事求是,为人民服务的审级制。另一方面,诉讼人如因原辖区人民法院不能公平审判而越级起诉或者越级上诉时,上级人民法院仍依法予以必要的处理"。[3]

2. 人民陪审制

相较于国民党政权的司法机构,新中国更加凸显司法机构的人民性,以审判机构为例,不仅从名称上改"法院"为"人民法院"、改"推事"为"审判员",而且还确立了人民陪审员参与诉讼的制度,从群众中选任陪审员,与审判员一起审判案件。规定:"为便于人民参与审判,人民法院应视案件性质,实行人民陪

<hr>

①　张进德、何勤华:《中国检察制度六十年》,《人民检察》2009 年第 10 期。

②　程荣斌主编:《刑事诉讼法概论》,中国长安出版社 2003 年版,第 305 页。

③　许德珩:《关于〈中华人民共和国人民法院暂行组织条例〉的说明》,《人民日报》1951 年 9 月 5 日。

审制。陪审员对于陪审的案件,有协助调查、参与审理和提出意见之权。"①当然,不是每个案件都必须由人民陪审员参加,而是根据案件性质的不同有选择性地安排陪审员参与案件审理。并且,即使是陪审员与审判员都参与案件审理,彼此享受的权利也是不一样的,陪审员依法享有的是协助调查、参与审理和提出意见的权利,而不享有表决权。

3. 公开审判制

人民法院作为人民民主专政的重要机构,掌握着很大的权力,关乎人民生命财产权益。为了切实加强对权力的监督,避免冤假错案,规定人民法院坚持"公开为常态、不公开为例外"的原则,即"除依法不公开者外,均应公开进行",对于依法应当公开审判的案件,在开庭审理前,在法律规定的期间,采取适当方式、方法向社会公布将要审理的案件的案由、被告人的姓名及开庭的时间和地点,允许公众旁听和新闻记者采访,从而密切法院同群众的关系,充分发挥审判的教育作用,增强审判人员的责任感,防止发生违法乱纪现象。由于当时并没有出台相应的法律解释,具体明确哪些情形可以依法不公开。因此,在具体操作中主要是对涉及国家机密、公共利益、当事人隐私的案件不公开审理,这也是对新中国成立初期地方司法实践的继承和肯定。如,1950 年《东北人民政府司法部关于诉讼程序的几个问题》在"人民法院的诉讼程序必须注意的几个基本事项"中要求:"审判公开,人人均可到庭旁听,但遇到特殊情形者(如有关国家军事、外交、财政、经济等机密事项,或有关当事人名誉以及对劳动人民无教育意义之事件),可不必公开"。②

4. 级别管辖制

与革命战争时期各个根据地彼此分割、没有连成一片不同,取得全国胜利后大陆范围内实行统一的司法制度,开始探索划分上下级法院之间受理第一审案件的分工和权限,建立规范的案件管辖制度。规定县级人民法院管辖:第一审的刑事、民事案件(另有规定的除外);调解民事及轻微刑事案件;刑事、民事案件的执行事项;公证及其他法令所定非讼事件;指导所辖区域内的调解工作。③省

---

① 章晨:《中国司法制度 中国特色社会主义政治制度集成》,中国民主法制出版社 2017 年版,第 170 页。

② 转引自倪寿明:《司法公开问题研究》,中国政法大学博士学位论文 2011 年。

③ 国务院法制办公室编:《中华人民共和国法规汇编 1949—1952(第 1 卷)》,中国法制出版社 2014 年版,第 337 页。

人民法院管辖：不服县、市人民法院第一审判决的刑事、民事上诉案件；全省性重大的第一审刑事、民事案件（是否全省性重大的案件，由省人民法院认定之）；省人民法院认为案情重大以自行审判为宜，或为其他原因，而提审的县、市人民法院第一审及省人民法院分院、分庭尚未判决的第一审、第二审刑事、民事案件；县、市人民法院申请移送审判，而经省人民法院认为有移送必要的第一审刑事、民事案件；法令规定以省人民法院为第一审的刑事、民事案件；省级以上人民政府、最高人民法院或最高人民法院分院、分庭交办的第一审刑事、民事案件；刑事、民事案件的执行事项。中央及大行政区直辖市人民法院管辖：不服区人民法院第一审判决的刑事、民事上诉案件；侵害国家及严重破坏社会秩序的第一审刑事案件；关于国营、规模较大的私营和公私合营企业、公共财产或劳资纠纷的第一审刑事、民事案件；涉及外侨或机关、团体的第一审刑事、民事案件；刑事、民事案件的执行事项；公证及其他法令所定非讼事件。①最高人民法院管辖：不服省级人民法院第一审判决的刑事、民事上诉案件及第二审判决准许上诉的案件；全国性重大的侵害国家的、侵害公共财产的及其他特别重大的第一审刑事、民事案件；法令规定以最高人民法院为第一审的刑事、民事案件；中央人民政府交办的第一审刑事、民事案件；提审各级人民法院（包括最高人民法院分院、分庭）未判或已判的刑事、民事案件；为领导、监督审判工作而向各级人民法院（包括最高人民法院分院、分庭）抽调审查判决确定的刑事、民事案件（如发现确定判决确有重大错误时，得依再审程序处理）。②

5. 审判组织形式

不同类型的案件审理难易程度不同、审判员专业水平不一，难免会使人民群众对审理的公正性产生怀疑。为了回应广大人民追求司法正义、保障当事人权利的关切，人民法院采取独任制、合议制和审判委员会制等三种审判案件的组织形式，以最大限度上保障审判人员不偏不倚、公正司法。规定县级人民法院，审判案件以审判员一人独任审判为常态，只有遇到重要或者疑难的案件，才由三位审判员组成合议庭审判或者提交审判委员会讨论处理。省级人

---

① 梁玥主编：《治安行政法典汇编 1949—1965》，山东人民出版社 2016 年版，第 38 页。
② 杨火林：《建政之初 1949—1954 年的中国政治体制》，东方出版中心 2011 年版，第 115 页。

民法院,审判案件以三名审判员组成合议庭审判为常态,只有案件确实无须合议审判的,才由审判员一人独立审判。虽然《中华人民共和国人民法院暂行组织条例》没有对最高人民法院的审判组织作出规定,但当年中央人民政府法制委员会代理主任委员许德珩在对该条例所作说明中专门提到:"省级和最高人民法院,均采取审判员三人合议审判制;但省级人民法院得视工作条件和案件情况分别处理,对于无须合议的案件,也可以由审判员一人审判。"也就是说最高人民法院必须由三名审判员组成合议庭审理案件,而不能像省级人民法院那样存在审判员一人审判。①当然,对于的确疑难复杂、社会影响大的案件,各级人民法院都可召开审判委员会讨论研究,开会时并得邀请有关机关的负责人及原来参加审判有关案件的其他工作人员参加。审判员较多的法院,由院长指定若干审判员参加,审判委员会处理刑事、民事的重要或疑难案件,并为政策上和审判原则上的指导。②

6. 检察人员出庭

无论是人民检察署提起公诉的案件,还是人民法院依法径行调查、审判的刑事案件或重要民事案件,检察人员都以国家公诉人(原告)的资格参加。其中,对于反革命及其他刑事案件,检察人员以国家公诉人身份出庭向法院提起公诉,对于重要民事案件,检察人员以原告身份代表国家公益,参加法院庭审。

7. 抗诉制度

人民检察署有权对各级审判机关之违法或不当裁判提起抗诉,具体而言,对其起诉或参加的案件,如认为人民法院的判决为违法或不当者,得提起抗诉,由原人民法院将抗诉书连同案卷,送上级人民法院审判;对人民法院的确定判决,认为确有重大错误者,得提起抗诉,请予依法再审。最高人民检察署对于最高人民法院的确定判决,亦得提起抗诉,请予依法再审。③

8. 退回重新检察制度

人民检察署侦查案件终结后,如认为证据足以认定被告有犯罪嫌疑,决定向人民法院提起公诉,应当提供载明被告及有关犯罪重要事实和证据的起诉书以及全部侦查案卷。人民法院接到人民检察署起诉的案件材料,如认为有

---

① 许德珩:《关于〈中华人民共和国人民法院暂行组织条例〉的说明》,《人民日报》1951 年 9 月 5 日。
② 胡夏冰、冯仁强:《司法公正与司法改革研究综述》,清华大学出版社 2001 年版,第 211 页。
③ 程湘清主编:《中华人民共和国国家机构通览》,中国民主法制出版社 1998 年版,第 711 页。

送回重行检察或补充检察资料之必要时，得将原案送回原检察署重行检察或请予补充检察资料。[1]

■ 第三节　推进人民司法制度建设

新中国成立后各级司法机关逐步建立，有关政策法令陆续出台，人民司法制度渐趋成型，对于巩固新的生产关系，增强人民内部团结，促进生产恢复发展，都起到了积极作用。但是面对接踵而来的土改、镇反、"三反"、"五反"等社会运动，各级司法机关暴露出了一些不容忽视的突出问题，引起了中央的关注和重视。

一、开展司法改革运动，整顿人民司法机关

解放之初，为了防止旧司法机构人员因失业流向社会造成混乱，同时兼顾解决新人民司法机关极度缺乏法律人才的困难，人民政权对没有劣迹恶习、拥护人民政权的旧司法人员采取"包下来"的政策。所谓包下来"一不是原职原薪，二不是原封不动，要同这些留用人员说明人民与政府的困难，适当降低待遇，三个人的饭五个人匀着吃，房子挤着住"，[2]目的在于使他们为人民司法服务。但随着"三反"运动的开展，各地司法机关（主要是各级法院，检察机关因系新建，留用人员极少）内部均不同程度地暴露了组织不纯、政治不纯和思想不纯的问题，究其根源，还在于有的地方没有严格按照"推检以上人员一律解职不用，执达员、法警原则上不用，书记官以下人员分别试用"的原则选用旧司法人员，而是将接管的留用人员不经学习和改造仍委以审判重任，于是一些反动分子得以混迹其中，窃取了人民的审判权，造成了严重的后果。"特别是在司法改革前，法院组织和作风方面还存在着极为严重的不纯现象，有些法院的若干环节并曾为坏分子所把持，因而不但总是存在着大量积案，并且还发现错判等情况，这是相当普遍而且相当严重的"，[3]受"法律超阶级、超政治论""旧法可用论""司法独立论""程序至上论""法律技术论"和"旧司法作风"等为代

---

① 程湘清主编：《中华人民共和国国家机构通览》，中国民主法制出版社 1998 年版，第 711 页。
② 薄一波：《若干重大决策与事件的回顾（上卷）》，中央党校出版社 1991 年版，第 16 页。
③ 《中央人民政府法令汇编》（1953 年），法律出版社 1982 年版，第 125—126 页。

63

表的旧法观点①所侵蚀,一些人在处理案件中敌我不分、是非不明,有意无意地按旧法办案。这引起了中央的高度警觉和重视,"旧人员不经改造就使用,对我们来说是等于自杀政策。把武器交给不可信赖的人(不管他有多大才能和学问),那是要犯错误的!"②提出必须通过司法改革以加强司法队伍建设,从而对各级司法机关进行彻底的改造和整顿,以确保人民的审判权,掌握在人民自己手中。

1952年6月20日,董必武同志先在政务院政治法律委员会第二十次委务会议上作了《关于整顿和改造司法部门的一些意见》的报告,后于当月24日在全国政法干部训练会议上作了《关于改革司法机关及政法干部补充、训练诸问题》的讲话,正式提出要批判旧法观点、清理旧司法人员、整顿司法机关,由此开启了司法改革运动的序幕。当年8月13日,政务院第148次政务会议批准了司法部部长史良提交的《关于彻底改造和整顿各级人民法院的报告》,同意"在各级人民政府的统一领导和有关部门的配合下,动员群众,从上而下地、有计划有步骤地开展一个反旧法观点和改革整个司法机关的运动"。③8月17日,《人民日报》刊发《坚决克服部分司法机关中的严重不纯现象,全国将展开司法改革运动》的报道,并配发了《必须彻底改革司法工作》的社论,强调这次运动的性质"是反对旧法观点和改革整个司法机关的活动";运动的目的是"彻底改造和整顿各级人民司法机关,使它从政治上、组织上和思想作风上纯洁起来,使人民司法制度在全国范围内能够有系统地准确地逐步地建立和健全起来,以便完全符合于国家建设的要求";④运动的基本要求是"进一步改善整个政法部门的工作,加强政法工作的思想和业务的领导,并由此肃清旧法观点在政法教育工作中的影响,彻底进行各大政法课程的改革,使它能够适应于今后培养大批政法干部的迫切需要"。⑤8月30日,中共中央发出了《关于进行司法改革工作应注意的几个问题的指示》,指出:"各级人民法院机构的改造和反对

---

① 刘风景:《司法理念的除旧与布新——以1952年司法改革对旧法观点的批判为素材》,《北方法学》2009年第1期。

② 董必武:《关于整顿和改造司法部门的一些意见》,《董必武政治法律文集》,法律出版社1986年版,第228—229页。

③ 周天度、孙彩霞:《史良》,群言出版社2013年版,第324页。

④ 邓正来主编:《重新发现中国:中国社会科学辑刊》,复旦大学出版社2010年版,第63页。

⑤ 《必须彻底改革司法工作》,《人民日报》1952年8月17日。

旧法观点是相互联系的,应将二者结合进行。但肃清资产阶级的旧法观点,乃是长期的思想斗争,而对法院的组织整顿,特别是清除那些坏的无可救药的旧司法人员,调换那些旧审检人员,代之以真正的革命工作者,则是可以在一次短期的运动中基本上解决问题的。所以这次司法改革运动,必须是从清算旧法观点入手,最后达到组织整顿之目的。”①在中央和地方党委政府的强有力领导下,各级法院首先学习有关文件,然后由领导干部带头检查和总结工作,并且广泛征求群众意见,集中暴露和批判旧法观点和旧司法作风的种种表现,进而开展组织整顿。经过九个多月的广泛动员、全面展开、扎实进行,至1953年2月底,司法改革运动取得了巨大成功,基本落下了帷幕。主要解决了四个方面的问题:

一是肃清旧法思想,基本树立马克思主义的国家观和法律观。贯彻改造思想与组织整顿相结合的方针,在司法机关内部开展逐人思想检查,在司法机关外部广泛发动群众揭发检举,肃清旧法观点,清查思想不纯,使全体司法人员受到一次深刻的思想教育。“法律面前人人平等”“既往不究”(实际上是“法不溯及既往”)“司法独立”“犯罪未遂”“年轻年老”(实际上是“刑事责任”)“推事主义”“不告不理”“无诉状不理”“证据不足不理”“当事人不适格不理”“管辖地区不合不理”“民事不管刑事”“刑事不管民事”“尊重诉讼程序”等观点都被定性为反动的、反人民的,这样的谬论全部遭到否定,从法学理论和实务两界被彻底清除出去。②

二是纠正旧司法作风,极大彰显司法机关的人民性。确认人民司法是巩固人民民主专政的一种武器,人民司法工作者必须站在人民的立场,③对照群众检举的旧法作风问题,逐项制定整改方案,改变过去单纯“坐堂问案”,总结人民司法优良传统,尽可能采取最便利于人民的方法解决人民司法诉求,建立相信群众、联系群众、依靠群众、为群众服务的司法举措和工作制度,全心全意运用人民司法这个武器,体现群众路线、体现群众观点的新的工作

① 张培田主编:《新中国法制研究史料通鉴》(第十卷),中国政法大学出版社2003年版,第12226页。

② 何勤华主编:《曲折 磨难 追求——首届中国法学名家论坛学术论文集(上)》,北京大学出版社2009年,第217页。

③ 董必武法学思想研究会组编:《共和国法治从这里启程 华北人民政府法令研究》,知识产权出版社2015年版,第236页。

方式。

三是清除旧司法人员，大量补充司法队伍新鲜血液。撤换堕落腐化、作风恶劣、坚持旧法观点的领导干部，清除旧法人员中危害人民、败坏法纪的坏分子，一些不称职的干部也调动转业。"少数反革命分子和贪赃枉法分子得到了严惩，一些不可改造的旧法人员被调出法院，思想和工作上表现较好的积极分子则予以留用。"①有学者依据中共中央政法委的文件数据，进一步统计出当时全国共计清理、调出旧司法人员6 179人。②董必武同志在1955年9月8日接见苏联法学专家时谈到了这一点："1952年在司法系统进行了司法改革运动，把审判队伍整顿了一下，除和我们早有工作联系的少数人（应该是指中共地下党员）外，占三分之一的旧人员全部调离审判工作岗位。"③与此同时，调进大批非法律出身的忠于革命、作风正派的老干部和工人、农民、青年中的积极分子从事审判工作，基本解决了过去组织不纯的问题。

四是发展政法教育，探索培养人民的司法专业人才后备军。由中央人民政府统一部署规划，在全国高等院校实行院系调整，合并相关高校的法律系、社会系、政治系等学科，陆续在各大区建立了北京政法学院、华东政法学院、中南政法学院、西南政法学院、西北政法学院。此外还在北京大学、中国人民大学、吉林大学、武汉大学等综合性大学相继设立和恢复了法律系，初步形成"五院四系"的法学教育格局，缔造了新中国"以政法院校为主体、以培养政法干部为目标"的法律教育模式。④

司法改革运动是新中国成立之初为了清除旧法遗毒和旧司法制度影响，重构真正体现人民属性司法制度而作出的一个重大决策，其意义重大而深远：

第一，确立了新中国的人民司法传统。当时的历史背景下，司法改革运动表面上看是解决旧司法人员、旧法作风的问题，但实质上却是对司法机关的彻底改造和整顿。人民司法工作经过司法改革运动和其他群众运动的历练，"进一步创造了并继续创造着'依靠人民、联系人民、便利人民'的组织形式和工作

① 林乾、赵晓华：《百年法律省思》，中国经济出版社2001年版，第223页。
② 董节英：《新中国法学教育的整顿与重构》，《中共中央党校学报》2007年第4期。
③ 董必武：《目前中国的法律工作概况》，载《董必武政治法律文集》，法律出版社1986年版，第438页。
④ 温乐群、陈坚：《当代中国政治》，五洲传播出版社2014年版，第134页。

方法。除各级人民法院创造了人民陪审制、集体调解、就地审判、巡回审判、问事处、人民接待室等群众路线的工作方法与制度外，特别值得赞扬的是在各种群众运动中建立起来的人民法庭"。①对此，有学者概括得更为精辟，提出"这次司法改革运动，全面确立了新中国的司法传统，而这一司法传统表现为三大特征：政法合一、非职业化和群众路线"，②人民司法制度真正成为实行人民民主专政、巩固人民政权以及维护革命秩序的有力工具，司法工作面貌焕然一新，对之后的司法制度建设产生了深远的影响。

第二，大力倡导推广便民利民诉讼制度。人民司法与旧司法的一个重要区别，在于人民司法注重方便人民群众诉讼，而旧司法则繁文缛节，手续复杂，不利于人民群众的诉讼。③司法改革运动强调要坚持司法工作为人民服务的正确方向，实践中涌现的陪审制、巡回审判制以及在法院设问事处、接待室等，都受到了人民的欢迎，只会"坐堂问案"，写些冗长陈腐的"判决"则被人民所唾弃。所以，司法改革运动后，建立便民诉讼的司法制度成为重中之重，各级司法机关努力把维护人民群众的合法权益、便利人民群众参与诉讼，作为人民司法的基本出发点，大力推行人民陪审制、巡回审判、普遍设立法院接待机构、简化诉讼手续，加强调解工作，人民司法工作出现了新的气象。④

第三，党对司法工作的领导步入制度化轨道。鉴于司法改革运动决不是简单的组织和人事调整，而是一场激烈的政治与思想斗争，早在司法改革启动之初，彭真在全国政法干部训练会议上就强调对法院进行彻底的改造和整顿，不仅要清除一切堕落蜕化和恶习甚深不堪改造的坏分子，而且应当加强党对司法工作的领导，并给各级人民法院调配一定数量的领导骨干。⑤所以当时在各级党委领导下成立了司法改革委员会，负责本地区整个运动的领导工作。1953 年 3 月 14 日，由彭真起草的政务院政治法律委员会党组向毛泽东并中共中央的报告，专门论及党的领导与司法工作的关系问题，强调要加强党对司法

---

①　史良：《三年来人民司法工作的成就》，载《中华人民共和国三年来的伟大成就》，人民出版社 1953 年版，第 47 页。

②　李龙主编：《新中国法制建设的回顾与反思》，中国社会科学出版社 2004 年版，第 118—121 页。

③　李林、冀祥德主编：《依法治国与深化司法体制改革》，方志出版社 2013 年版，第 393 页。

④　沈玮玮、叶开强：《人民司法——司法文明建设的历史实践 1931—1959》，中山大学出版社 2016 年版，第 86 页。

⑤　彭真：《论新中国的政法工作》，中央文献出版社 1992 年版，第 73—74 页。

各部门的领导,从根本上健全司法制度,①指出:"县以上各级党委,应加强对司法工作的领导和检查,并指定一个常委管理司法工作。司法机关负责同志应主动地及时地向党委反映情况,严格遵守请示报告制度,以取得党委的密切领导,党委讨论有关司法工作的问题时,应尽可能吸收司法部门的党员负责同志参加。对于司法公安系统中的反对官僚主义和反对违法违纪的斗争,党委尤应特别抓紧领导,并且不断地加以检查。"②同年 4 月 7 日,中共中央作出指示,原则批准政务院政治法律委员会党组的这个报告,并下发全党参照执行。"司法改革运动的展开……使各地党委对人民司法工作的思想领导和政策领导得到加强,形成人民法院向当地党委和政府的请示报告制度",③这对当代中国司法工作的长远建设产生了深刻的影响。

第四,全盘否定的态度也留下后遗症。人民司法制度是人民缔造的,但具体的执行和实施还是需要广大司法人员尽职尽责。为了纯洁人民司法队伍,此次运动从思想上对旧法观点予以批判和摒弃,从组织上吸纳新司法干部充实机关,在一定程度上忽略了司法工作固有的专业化属性和要求,影响了司法质量和效率。1954 年 1 月 14 日,在政务院第 202 次政务会议上,董必武在分析法院积案产生的原因时指出:"司法改革运动以后,各级法院干部的政治思想素质提高了,但许多人是从运动中的积极分子中提上来的,勇敢年轻,文化程度差,办案不熟练,所以积案没有减少许多。"④

二、召开第二届全国司法会议,健全人民司法制度

各级司法机关虽然经过司法改革运动,从思想上、组织上进一步明确了人民属性,但组织机构的健全、人员的进出调配难以短期内到位,以致司法工作中还存在许多问题没有彻底解决。例如,案件经常大量积压,已结案件中的一些错案来不及处理,等等。中共中央关注到司法领域的情况和问题,于 1953 年 4 月 7 日对如何加强司法工作作出重要指示,强调彻底消灭三大敌人残余

---

① 邓正来主编:《重新发现中国:中国社会科学辑刊(2009 年 12 月冬季卷)》,复旦大学出版社 2009 年版。

② 彭真:《论新中国的政法工作》,中央文献出版社 1992 年版,第 77 页。

③ 张培田、张华著:《近现代中国审判检察制度的演变》,中国政法大学出版社 2004 年版,第 90 页。

④ 董必武:《一九五四年政法工作的主要任务》,载《董必武法学文集》,法律出版社 2001 年版,第 117 页。

势力的社会改革运动已经大体结束,今后的人民民主专政工作必须用也可能用正规的革命法制来施行,并用以保障人民利益和国家建设事业的顺利进行;阐明处理当前存在的错捕、错押、错判问题的基本政策。①

在这样的情况下,1953 年 4 月 11 日至 25 日,政务院政治法律委员会召开第二届全国司法会议,根据中共中央关于今后必须用革命的法制施行人民民主专政的指示精神,讨论了今后的工作和司法建设问题。②政务院政治法律委员会主任董必武、司法部部长史良、最高人民法院副院长张志让作了关于司法工作的报告,总结了新中国成立以来司法工作的经验和教训,通过了《第二届全国司法会议决议》,明确回应了当时迫切需要解决的问题:

一是明确司法工作的中心任务。即继续同敌人的暗害破坏行为及其他一切违犯国家法令和危害人民群众利益的行为进行坚决的斗争,以进一步巩固人民民主专政;为国家的经济建设和自下而上进行的人民代表选举提供司法保障;积极清理和逐步减少积压的案件,认真检查和处理过去一个时期各级人民法院错捕、错押、错判的案件。③

二是明确司法机关的重点工作。即由县、市人民法院派出人民法庭专门受理有关选举的诉讼案件,防止和及时处理选举中可能发生的违法行为;区分是颠倒黑白的根本错判,还是仅仅在量刑上畸轻畸重的偏差,按照政策界限该平反的平反、该改判的改判、该总结教训的总结教训,在半年内大体处理完过去的积案。④

三是明确司法建设的主要领域。即有计划有重点地在鞍钢、玉门油矿、天津铁路局等工矿区和铁路、水运沿线建立专门法院,处理与工矿、铁路、水运有关的案件及责任事故;在县级普遍设立巡回法庭,在领导辖区内调解工作的同时,面向群众做好法纪宣传教育;开展民间调解工作,城市以派出所或若干街道为单位,农村以乡为单位,逐步建立调解委员会;普遍建立第一审程序的陪审制,或由地区选出固定的陪审员,或按案件性质由群众团体选派陪审员参加

① 信春鹰、李林主编:《依法治国与司法改革》,中国法制出版社 1999 年版,第 440 页。
② 康树华等主编:《犯罪学大辞书》,甘肃人民出版社 1995 年版,第 156 页。
③ 中共中央文献研究室编:《建国以来重要文献选编(第 4 册)》,中国文献出版社 2011 年版,第144 页。
④ 孙琬钟主编:《中华人民共和国法律大事典》,中国政法大学出版社 1993 年版,第 538 页。

审判；加强法院人民接待室和值日审判，及时处理人民来信、来访，及时处理简单案件；补充、培养和训练司法干部。①

第二届全国司法会议是新中国成立后司法战线的一次重要会议，适应国家政治、经济形势的发展，作出了加强司法工作、健全司法制度的决议，进一步明确了人民司法工作的发展方向，对新中国人民司法审判制度的建立与发展产生了重要影响。同年5月8日，政务院第177次政务会议批准了这个决议。8月31日，中央人民政府司法部发布了《关于执行第二届全国司法会议决议的指示》，在执行过程中，各级司法部门均派出检查组以决议各项规定为标准，切实检查执行情况，并由省、市以上司法行政机关将检查结果适时地报告司法部。总体来说，各级司法机关按照"一面作战、一面建军"的方针，自上而下认真贯彻执行决议，使新中国人民司法制度得到巩固和加强。

第一，贯彻人民司法路线，便民诉讼制度建设明显提速。贯彻第二届全国司法会议决议，推动县人民法院逐步普遍地设立巡回法院，到各区巡回审判，便于依靠群众，就地进行调查，使案件得到迅速和正确的处理，并免使当事人"劳命伤财"，有效克服人民法院残存的衙门作风。鉴于各大城市人口密集、案件繁多的特点，推动各大城市以一个区域或几个区为单位建立区人民法院，已建立而尚不健全者予以加强，省辖市人民法院如果案件过多或辖区较大者，则增设市人民法院分院，目的就是为了便利人民群众诉讼。②强调人民陪审员参加案件的审判，推动普遍设立一审案件的陪审制，人民陪审员在参加案件审判中和审判员有同等权利，如人民陪审员与审判员的意见不一致时，应提交人民法院审判委员会决定，这既是吸引人民参与国家管理的重要形式，也可使案件容易得到正确处理。各级人民法院特别是基层法院，普遍建立与加强人民接待室和值日审判工作，在院长直接领导下，解答人民疑难，处理人民来信，代写诉状，代录口诉，并且处理不甚复杂、无须很多调查当时即可解决的案件，密切法院与群众的联系。③

---

① 孙琬钟主编：《中华人民共和国法律大事典》，中国政法大学出版社1993年版，第538页。

② 汪世荣：《新中国司法制度的基石——陕甘宁边区高等法院1937—1949》，商务印书馆2011年版，第293页。

③ 中共中央文献研究室编：《建国以来重要文献选编（第4册）》，中国文献出版社2011年版，第150页。

第二,维护司法工作权威,积极稳妥处理各类错案问题。根据司法改革运动中广大人民群众对错判和冤枉的案件所提的意见,以及政法机关组织抽查的部分案件情况,在各级人民法院处理的 600 万件案件中,错案比例大约是10%。①各级司法机关从处理当事人申诉、查阅案件、清理监所入手,展开了大规模扎实细致的工作,经过半年多的努力,错捕、错押、错判的"三错"问题,已经基本上得到了纠正。凡属于无辜人民被错捕、错押的,都立即释放,被错判的都予以改判纠正,并且向当事人或其家属认错道歉,对于因冤狱遭受重大损失的酌情给予必要的补助。特别是在司法工作中严禁刑讯逼供,强调不能因为镇压反革命,以为哪一个人有一点反革命嫌疑就搞刑讯逼供,许多错案产生的原因主要还是由于不调查研究,偏听偏信,主观臆断,甚至刑讯逼供造成的。

第三,大规模清理积压的案件,探索从制度层面予以破解。新中国成立以来,尽管全国各级法院进行过清理,但是各地法院积案依然相当多。问题之所以如此严重又长期得不到解决,除了社会改革运动频繁,人民法院受案超出其实际工作能力之外,还有组织、思想、制度建设薄弱等方面的原因。第二届全国司法会议之后,全国范围内大规模展开了集中清案工作。各级司法机关一方面组织力量对 40 余万件未结案件进行清理,另一方面从组织上、制度上加强建设,尝试从根本上解决问题。经过半年多的努力,通过简化法院的办案手续,加强人民调解委员会的工作,在法院设立接待处,实行巡回审判制度,加强专业培训,提高办案人员的能力,打破了司法陈规,改进了司法作风,人民法院的审判质量与效率得到了比较好的改善。

三、人民司法制度初步建立,历史作用值得肯定

尽管新中国人民司法制度与新民主主义革命时期的司法制度不同,尚没有丰富的实践基础,但是其建立之初,在汲取新民主主义革命时期革命法制经验的基础上,仍然在较短的时间内依据马克思列宁主义法律观,尤其是以毛泽东思想为指导,进行了制度创建的卓越实践。作为国家制度的重要组成部分,初建的人民司法制度在宏观上遵循人民民主专政的政治设计,定位为在中国共产党领导下巩固和发展人民民主政权的重要国家机器,在微观上表现为服

---

① 《董必武法学文集》,法律出版社 2001 年版,第 152—153 页。

从和服务于党和国家在各个历史时期的工作大局,贯彻执行不同历史时期党的路线、方针、政策,彰显人民司法的基本精神、基本原则。正是伴随着人民司法制度的创建,人民司法机关在机构不健全、干部力量不足等困难条件下,坚持边建设、边工作,为党和国家工作大局服务,发挥了积极作用,为向社会主义过渡奠定了基础。

就法院工作而言,新中国成立之初,刑事、民事案件就大量涌入法院,而且逐年增加,折射出和平建设时期经济社会生活的复杂。从 1950 年至 1953 年,各级法院共审判刑、民事案件 900 多万件,其中判处反革命案件 104 万件,严厉惩办了一大批匪首、恶霸、特务、反动党团骨干和反动会道门头子;①审判各类刑事案件 255 万件,其中严重刑事犯罪案件 100 万件,严厉惩办了一大批杀人、抢劫、强奸、贩毒、贪污、盗窃等严重刑事犯罪和经济犯罪分子;②受理婚姻案件 327 万件,配合《婚姻法》的施行,保障男女合法的婚姻自由,对于废除旧的封建婚姻家庭制度,建立新的人民婚姻家庭制度发挥了重要作用;审判财产纠纷案件 230 万件,依据新中国的政策法令,妥善解决旧社会遗留的债务、房屋纠纷等问题,以及新中国建立后基于生产关系变革和新经济政策而产生的纠纷,较好地调整了财产关系和人身关系。③

就检察工作而言,由于对检察机关的性质、地位和作用有不同认识,人民检察署在各地的建立不是一帆风顺,而是经历了不少波折,1951 年秋冬发生的合署办公风波,就是新中国检察史上的第一次"取消风"。④尽管检察署机构的建设暂时放慢了步伐,但随着经济形势的好转和革命法制建设的需要,人民检察制度毕竟走上发展的道路。1954 年 4 月 10 日,《第二届全国检察工作会议决议》对新中国成立之初这一阶段的检察工作作了回顾,肯定了人民检察四年来结合中国实际,学习运用苏联检察工作的先进经验取得的初步成就。在机构建设方面,目前截至 1954 年年初,已建立各级检察机构 930 个,调配干部5 665 人。凡是在人民检察署已经建立了的地方,一般都从检察工作方面配合

---

① 刘练军:《司法要论》,中国政法大学出版社 2013 年版,第 40 页。
② 张金才:《新时期法制建设进程》,中共党史出版社 2009 年版,第 13 页。
③ 何兰阶、鲁明健主编:《当代中国的审判工作(上)》,当代中国出版社 1993 年版,第 37—38 页。
④ 鉴于国家正在进行抗美援朝战争,财政开支紧张,全国编制会议决定精简国家机关,提出让检察机关"名存实亡",只保留名义,不设机构,不配备干部,工作由公安机关兼办,导致筹建中的全国各级检察署受到挫折。董必武向毛泽东反映了此问题,陈述检察机关的作用和必要性,毛泽东最终决定保留检察机关。

了"镇反""三反""五反"等各项社会改革运动和司法改革运动，并结合国家在各时期的中心工作检察了不少危害国家和人民利益的违法犯罪案件，这对保障国家经济建设，保护人民民主权利，巩固人民民主专政起了相当的作用。同时也积累了初步的工作经验，锻炼和提高了干部的政策水平和业务能力。这些成绩为人民检察工作的进一步开展，奠定了基础。同时指出，由于政治思想领导薄弱，没有有计划有系统地切实抓住重点创造典型经验，培植出一批起基点作用的地方人民检察署，以系统地积蓄经验，建立成套的制度，并教育和提高干部，因而直到现在，还缺乏这样一套系统的切实可行的检察业务制度。这样就不能使人民检察署发挥它与违法犯罪现象作斗争的应有作用，同时也使检察工作在全国普遍展开遇到了困难。①

■ 第四节　根本大法确定人民司法制度

新中国成立后，中国共产党领导人民经过多年的奋斗，在政治、经济、社会等各方面取得了显著成就，为举行全国人民代表大会，制定宪法，正式确立国家政权架构创造了条件。1954 年 9 月 15 日，第一届全国人民代表大会召开。9 月 20 日，会议通过了《中华人民共和国宪法》（以下简称"五四宪法"），其第二章"国家机构"专设第六节"人民法院和人民检察院"，使新中国的人民司法制度得到了国家根本大法的确认，具有了最高的法律效力。同时还颁布了《全国人民代表大会组织法》《地方各级人民代表大会和地方各级人民委员会组织法》《中华人民共和国人民法院组织法》《中华人民共和国人民检察院组织法》，确立了从属于人民代表大会的"一府两院"的政制架构，这表明巩固人民民主的国家制度已进入新的发展阶段，亦即法制更加完备的阶段。

一、"五四宪法"搭建人民司法制度框架

"五四宪法"继承和发扬了《中国人民政治协商会议共同纲领》的正确原则，规定了国家的政治、经济、立法和司法制度，规定了人民法院和人民检察院的性质、任务、组织体系以及行使职权原则，这既是新中国的第一部社会主义

① 孙谦主编：《人民检察制度的历史变迁》，中国检察出版社 2014 年版，第 87 页。

宪法,也是中国社会主义法制建设的重大成果。根据"五四宪法"确立的"一府两院"政制架构,国家的司法权与行政权实行分立,审判机关与检察机关不再是人民政府委员会的组成部分,司法机关也不再实行双重领导制,即不再接受同级人民政府的领导,而是在总结建国以来司法工作经验的基础上,实现由司法与行政结合向司法与行政分离的历史转变:一是把司法机关纳入国家权力机关(人民代表大会及其常务委员会)的监督范围;二是突出检察机关的独特法律地位及其领导体制(尽管最高人民检察院对全国人民代表大会负责并报告工作,但检察机关实行垂直领导体制,这与法院不同);三是改变以往上级法院领导下级法院的体制,建立了法院内部监督体制,规定最高人民法院监督地方各级人民法院和专门人民法院的审判工作,上级人民法院监督下级人民法院的审判工作,如此较为合理地设定了司法机关在国家政权体系中的地位,统摄于人民代表大会之下,政府与法院、检察院并立的具有中国特色的人民司法制度框架基本定型。

(一)司法系统逐渐自成体系

"五四宪法"第八十条、第八十四条分别规定了人民法院、人民检察院与人大之间的关系,即最高人民法院、最高人民检察院对全国人民代表大会负责并报告工作;在全国人民代表大会闭会期间,对全国人民代表大会常务委员会负责并报告工作。换言之,最高人民法院、最高人民检察院与国务院一样,都由最高权力机关即全国人民代表大会产生,并对其负责。只是在地方层面,地方各级人民法院对本级人民代表大会负责并报告工作,县级以上的人民代表大会选举并且有权罢免本级人民法院院长。即地方人民法院与人民政府一样,都由权力机关即人民代表大会产生,并对其负责。而地方各级人民检察院则与本级人民代表大会没有法律上的关系,其只对上级人民检察院负责。自此,法院、检察院各自作为一个独立的系统存在,是我国司法制度史上的一大变革。

具体到地方各级人民检察院人员产生方式上,也与本地区人民代表大会没有关联,省、自治区、直辖市的人民检察院的检察长、副检察长、检察员和检察委员会委员,由最高人民检察院提请全国人民代表大会常务委员会批准任免。省、自治区、直辖市的人民检察院分院和县、市、自治州、自治县、市辖区的人民检察院的检察长、副检察长、检察员、检察委员会委员,由省、自治区、直辖市的人民检察院提请最高人民检察院批准任免。之所以将地方各级检察院检察人员的任免权收归中央，主要还是为了从制度上保证"五四宪法"第八十三条"地方各级人民检察院独立行使职权，不受地方国家机关的干涉"的规定能落到实处。因为我国幅员辽阔，地区发展极不平衡，如果地方各级检察院的人事任免权受制于地方党委政府，难免不为地方国家机关的意见所影响，只有真正实现人财物的上收统管，才能保证自身超然独立的地位，才能有效担负起对地方各级国家机关的一般监督职责。

（二）司法机关领导体制确立

"五四宪法"颁布之前，最高人民法院、最高人民检察院受中央人民政府委员会领导，各级地方人民法院、人民检察署既为同级人民政府组成部分，受同级人民政府委员会领导，也受各自上级法院、检察署的领导，这就是司法机关"双重领导"体制。尽管这里所说的"人民政府委员会"是广义上的，即全部政权机关之总和，是在人民代表大会产生前的特定历史时期的过渡性概念，其在国家政治框架中的地位应该更加类似于人大常委会，但毋庸讳言，其行政属性毫无疑问是第一位的，这也是新中国成立初期所谓司法结合于行政说法的溯源。"五四宪法"借重构国家政治架构之机，重新调整了司法机关的"双重领导"体制，加强了司法机关在国家机构中的地位。

鉴于"五四宪法"第七十八条规定"人民法院独立进行审判，只服从法律"，第八十条规定人民法院由人民代表大会产生对其负责，说明各级人民法院只接受同级人大的领导，无论级别高低，均独立进行审判，不受上级人民法院或其他国家机构的干涉，摆脱了过去上下级法院之间的领导关系。因此"五四宪法"第七十九条规定了上下级人民法院之间是监督关系，而不是领导关系，即"最高人民法院监督地方各级人民法院和专门人民法院的审判工作，上级人民法院监督下级人民法院的审判工作"。[①]

因为国家已进入计划经济时期，立法者认为学习苏联的检察领导体制的时机已经成熟，故而"五四宪法"恢复了曾在《最高人民检察署试行组织条例》中出现的垂直领导体制，第八十一条规定："地方各级人民检察院和专门人民

---

① 余韬：《上下级法院关系研究——以〈宪法〉第 132 条为视角》，上海人民出版社 2018 年版，第39 页。

检察院在上级人民检察院的领导下,并且一律在最高人民检察院的统一领导下,进行工作",①第八十四条规定:"地方各级人民检察院独立行使职权,不受地方国家机关的干涉。"当然,中央对于实行垂直领导可能带来的不服从同级党委领导的倾向存在高度的忧虑,反复强调不能因为检察机关的垂直领导体制而忽视本级检察机关在同级党委领导下工作。这可以从 1954 年 6 月 12 日中共中央批转《关于"第二届全国检察工作会议决议"及"高克林同志关于过去检察工作的总结和今后检察工作方针任务的报告"的批示》中得到佐证:"在《宪法》颁布后,检察机关将实行垂直领导,但是这里所说的垂直领导和双重领导,都是指国家组织系统中的领导关系而说的,决不能把这误解为地方党委对本级检察署的工作可以放弃领导,更不是说,各级检察署的党组和党员可以不服从本级党委的领导,或者检察署的党组也将实行垂直领导。相反地,今后各级党委对本级检察署党组的领导,不但不能削弱,而且必须加强。"②

(三)依法独立行使司法职权

国家的审判权只能由人民法院依法行使,国家检察权只能由人民检察院依法行使,其他任何机关、团体和个人都无权行使审判权、检察权,而且司法机关依法独立行使职权,不受任何非法干涉和外来影响,保证法律的统一实施。"五四宪法"第七十三条规定:"中华人民共和国最高人民法院、地方各级人民法院和专门人民法院行使审判权。"第七十八条规定:"人民法院独立进行审判,只服从法律。"第八十一条规定:"中华人民共和国最高人民检察院对于国务院所属各部门、地方各级国家机关、国家机关工作人员和公民是否遵守法律,行使检察权。地方各级人民检察院和专门人民检察院,依照法律规定的范围行使检察权。"第八十三条规定:"地方各级人民检察院独立行使职权,不受地方国家机关的干涉。"这里所说的司法机关依法独立行使职权,并不能等同于西方资本主义国家所奉行的三权分立下的司法独立。因为不同于西方政治体制下立法权、行政权、司法权彼此独立、地位平等、相互制衡,我国宪法规定实行议行合一的体制,全国人民代表大会是国家最高权力机关,在整个国家机构体系中,其地位是至高的。司法机关在处理具体案件时,尽管不受他人或其

---

① 任文松、王晓:《法律监督权研究——以法律监督权的发展历程为主线》,知识产权出版社 2010 年版,第 132 页。

② 孙谦主编:《人民检察制度的历史变迁》,中国检察出版社 2009 年版,第 233 页。

他机关的干涉，但并不是说司法机关不要领导和监督，也不能误解为各级党委对本级司法机关的工作可以放弃领导。相反地，各级党委对本级司法机关党组织的领导，没有削弱反而加强。

（四）被告人有权获得辩护

"五四宪法"高度重视保障人权，对于是否写明辩护权，还有一场争论。1954 年 5 月 29 日宪法起草委员会第四次全体会议讨论宪法草案，其中第六十九条规定"被告人有辩护权"。陈叔通认为："我主张保持原文。苏联写的是'被告人有权获得辩护'，上面还有'保证'两字。我们条件不够，没有律师，还是维持原文好。"刘少奇说："他说他不会讲话，到了法院说不清楚，要求法院里找个人把他要说的话说清楚。是不是给他找？不一定有律师。"邓小平说："照原文，好像我们的被告现在才有辩护权。写'有权获得辩护'比较庄重些。"刘少奇又说："困难是有的，但不能因有困难，这项权利就不要了，宪草要公布，全世界都可以看到，写'有权获得辩护'比较好些。叔老看怎么样？"陈叔通答："我并不反对这样写，就怕做不到。"邓小平接着说："找律师找不到，但可以自己辩护，也可以找别人替他辩护，也可以让法院找人给他帮忙，不一定非找律师。"①讨论的最后结果就是在第七十六条中写明"被告人有权获得辩护"，这从国家根本大法的高度赋予了被告人享有获得辩护的权利。《中华人民共和国人民法院组织法》第七条则明确了"辩护权"，规定："被告人除自己行使辩护权外，可以委托律师为他辩护，可以由人民团体介绍的或者经人民法院许可的公民为他辩护，可以由被告人的近亲属、监护人为他辩护。人民法院认为必要的时候，也可以指定辩护人为他辩护。"②这实质上是扩大了辩护人的范围，不仅有律师，还有人民团体介绍或法院许可的公民、被告人近亲属、监护人。除了被告人可以自行辩护，第一次在立法中提出了委托辩护和指定辩护，促进了辩护制度的丰富和发展。

（五）一审案件普遍实行陪审

"五四宪法"第七十五条规定"人民法院审判案件依照法律实行人民陪审员制度"，使得人民陪审制度在我国宪法上得到正式确立。《中华人民共和国

①　许崇德：《中华人民共和国宪法史》，福建人民出版社 2003 年版，第 205 页。
②　张世进等主编：《中华人民共和国法律规范性解释集成》，吉林人民出版社 1990 年版，第 887 页。

人民法院组织法》则将宪法关于人民陪审制度的规定进一步具体化,在第八条中明确规定:"人民法院审判第一审案件,实行人民陪审员制度,但是简单的民事案件、轻微的刑事案件和法律另有规定的案件除外。"[1]这表明人民陪审员制度是人民法院审理案件应当坚持的一项重要司法制度,案件实行陪审制是基本原则。第九条规定,人民法院审判的第一审案件,由审判员和人民陪审员组成合议庭进行,而那些简单的民事案件、轻微的刑事案件和法律另有规定的案件依旧不允许陪审员参与,而是由审判员独任审判或组成合议庭。但是,人民法院审判上诉和抗议的案件,由审判员组成合议庭进行,人民陪审员不得参与审理。为了充分在司法制度中体现社会主义民主,规定只要有选举权和被选举权的年满二十三岁的公民,都可以被选举为人民陪审员,但是被剥夺过政治权利的人除外。人民陪审员在执行职务期间,由原工作单位照付工资;没有工资收入的,由人民法院给以适当的补助。[2]至此,我国人民陪审员制度已经在法律上形成了较为完整的制度体系,成为人民司法制度的重要组成部分。

二、"两院"组织法勾勒人民司法制度轮廓

新中国成立之后立法工作发展长期滞后于司法实践需求,受法律虚无主义的影响,许多程序法和实体法没有出台,司法办案主要依靠政策和内部规定,呈现出缺乏法律支撑的尴尬局面。与"五四宪法"同日审议通过的《人民法院组织法》《人民检察院组织法》,在总结新中国成立初期人民司法工作经验以及借鉴苏联司法工作成功经验的基础上,分别对宪法关于人民法院和人民检察院的规定予以具体化,对司法机关的性质、任务、组织机构、职权配置、工作原则等作了专门规定,注重把实践中行之有效的工作制度吸收进去,用以指导和规范司法办案,与以前相比有了较大的变化和发展,标志着人民司法制度建设进入新的历史阶段。

（一）人民法院设置调整

此前全国设置最高人民法院、省级人民法院、县级人民法院,而最高人民法院、省级人民法院又可视需要设置分院,事实上形成三级法院、五层机构的

---

① 陈卫东主编:《2018 刑事诉讼法修改条文理解与适用》,中国法制出版社 2019 年版,第 205 页。
② 国务院法制办公室编:《法律法规全书(第 12 版)》,中国法制出版社 2014 年版,第 31 页。

局面，客观上增加了当事人的讼累。因此，《人民法院组织法》总结了这方面的经验教训，将人民法院的组织体系由三级改为四级，即设置基层人民法院、中级人民法院、高级人民法院和最高人民法院；其中最高人民法院是最高审判机关，高级人民法院包括省高级人民法院、自治区高级人民法院、直辖市高级人民法院；中级人民法院包括在省、自治区内按地区设立的中级人民法院、在直辖市内设立的中级人民法院、较大的市的中级人民法院、自治州中级人民法院；基层人民法院包括县人民法院和市人民法院、自治县人民法院、市辖区人民法院。《人民检察院组织法》规定检察院的组织体系不变，仍旧为三级：最高人民检察院、省级人民检察院、县级人民检察院；其中省级人民检察院可以根据需要设立分院作为派出机构，这与此前的规定是一致的。

（二）司法机关审级变更

按照1951年《人民法院暂行组织条例》的规定，全国法院实行基本的三级两审制，但是省人民法院和最高人民法院可以根据需要设分院或分庭，在其所辖区域内分别行使省人民法院和最高人民法院的职权。这样，不服省人民法院分院判决的上诉案件，大量集中到最高人民法院及其分院，往往造成积压的局面。有鉴于此，《人民法院组织法》第十一条规定："人民法院审判案件，实行两审终审制。"不过对于最高人民法院而言，仍旧执行一审终审制。但是对于死刑案件，鉴于人命关天，提出了一些特殊的措施，以防止草菅人命。依据《人民法院组织法》第十一条规定，中级人民法院和高级人民法院对于死刑案件的终审判决和裁定，如果当事人不服，可以申请上一级人民法院复核。基层人民法院对于死刑案件的判决和中级人民法院对于死刑案件的判决和裁定，如果当事人不上诉、不申请复核，应当报请高级人民法院核准后执行。[1]

（三）检察机关名称更改

在"五四宪法"颁布之前，各级检察机关均称"人民检察署"，颁布宪法将"人民检察署"更名为"人民检察院"，这是毛泽东的提议，得到一致赞同，名称就此确定并沿用至今。其实，"1954年起草检察机关组织法时，仍然沿用'检察署'的名称。同年9月，当中共中央政治局会议讨论人民检察署组织法（草

---

[1]　中华人民共和国司法部编：《中华人民共和国司法行政历史文件汇编（1950—1985）》，法律出版社1987年版，第613页。

案)时,毛泽东主席鉴于检察工作的重要性,提议将'检察署'的名称改为'检察院',经政治局讨论,一致同意毛泽东主席的意见。从此就在全国人民代表大会之下形成了'三院'的体制:即国务院、最高人民法院、最高人民检察院"。①据人民检察理论的奠基人王桂五回忆,1954 年 9 月 21 日凌晨 4 时,他被叫到彭真家里去,彭真说刚结束的中央政治局会议讨论了检察署组织法的情况,讨论到最后,毛主席说既然检察工作这样重要,为什么不把检察署叫作检察院呢? 对于毛主席的这一提议大家都很赞成,于是就把全国人大之下两院(国务院、最高法院)一署(检察署)的体制改为三院体制,在地方则为一府两院的体制。起草过程中前 20 稿都是沿用检察署的名称,中央讨论后的第 21 稿才改为检察院的名称。②此外更进一步的解释是"署"的名称带有较多的垂直体制和"总长制"色彩,而"院"的名称不带有这些色彩,且在院内设检察委员会作为会议组织,能够比较好地贯彻民主集中制度的原则。另外,在宪法体制上,检察机关和审判机关平行设置,形成"一府两院"的体制,检察机关和审判机关在名称上也更为对等。

（四）审查提起公诉

依据《人民检察院组织法》第十条的规定,人民检察院发现并且确认有犯罪事实的时候,应当提起刑事案件,依照法律规定的程序进行侦查或者交给公安机关进行侦查;侦查终结后,认为必须对被告人追究刑事责任时候,应当向人民法院提起公诉。③第十一条规定,公安机关提起的刑事案件,侦查终结后,认为需要起诉的,应当依照法律的规定移送人民检察院审查,决定起诉或者不起诉。④第十四条规定,人民检察院提起公诉的案件,由检察长或者由他指定的检察员以国家公诉人的资格出席法庭,支持公诉,并且监督审判活动是否合法。对于不经人民检察院起诉的案件的审判,检察长也可以派员参加并且实行监督。⑤相比较原来的《最高人民检察署暂行组织条例》和《各地地方人民检

---

① 李士英主编:《当代中国的检察制度》,中国社会科学出版社 1988 年版,第 74 页。
② 王桂五:《王桂五论检察》,中国检察出版社 2008 年版,第 433—434 页。
③ 顾永忠:《刑事诉讼程序分流的国际趋势与中国实践》,方志出版社 2018 年版,第 154 页。
④ 中共中央文献研究室编:《建国以来重要文献选编(第 5 册)》,中国文献出版社 2011 年版,第 489 页。
⑤ 国务院法制办公室编:《中华人民共和国法规汇编 1953—1955(第 2 卷)》,中国法制出版社 2014 年版,第 303 页。

察署组织通则》中关于公诉职能的表述,多了"支持公诉"一词。鉴于苏联法律中规定了检察长的职权之一就是"在法庭审理刑事案件时,支持公诉"。所以,我国将之吸收入新颁布的《人民检察院组织法》,从此"支持公诉"成为检察机关的一项重要职责,必须视审理需要派员出庭。

(五)审判监督制度

为了尽最大可能弥补审判疏漏,维护司法公正,《人民法院组织法》特别针对发生法律效力的判决和裁定,在第十二条规定了三类主体有权提起审判监督程序,依法重新审判。即各级人民法院院长对本院已经发生法律效力的判决和裁定,如果发现在认定事实上或者在适用法律上确有错误,必须提交审判委员会处理。最高人民法院对各级人民法院已经发生法律效力的判决和裁定,上级人民法院对下级人民法院已经发生法律效力的判决和裁定,如果发现确有错误,有权提审或者指令下级人民法院再审。最高人民检察院对各级人民法院已经发生法律效力的判决和裁定,上级人民检察院对下级人民法院已经发生法律效力的判决和裁定,如果发现确有错误,有权按照审判监督程序提出抗议。[1]这一法律制度使得法院已经生效的判决、裁定在确有错误的前提下,能够依照法定程序得以纠正,从而保证人民法院裁判的正确性和合法性,保护诉讼当事人的合法利益,维护国家法制的权威与统一。

三、移植与本土化:人民司法制度的选择

回顾近代中国法治进程中的重大转向,可以梳理出以下脉络:从清末到民国,几乎完全抛弃传统法律,转而一心向洋,大规模移植西方法律;从新中国成立到"五四宪法"颁布,则是全盘否定国民党旧法,摒弃西方资本主义法律,转而以苏联为师,同时兼顾继承发扬革命根据地时期的经验。在新中国成立之初中苏关系处于"蜜月期"的特定历史背景中,包括法律制度、政治制度、经济管理制度等方方面面,学习苏联经验可谓当时之风尚。深究学习苏联司法制度的原因和必然性:一是相同的意识形态;二是人民民主国家观的契合;三是所面临的相同的境遇和任务。[2]

---

① 刘本燕主编:《刑事诉讼法》,厦门大学出版社 2014 年版,第 350 页。

② 胡卫列:《论新中国检察制度及其法律监督定位的形成》,载《检察论丛》(第 13 卷),法律出版社 2008 年版,第 48—49 页。

新中国主要通过两种途径学习和借鉴苏联的司法制度:一种是学习列宁、斯大林有关社会主义法制和司法制度的理论,将此作为指导思想来建设新中国的人民司法制度;一种是接受苏联司法部门官员或法学家来华参与人民司法制度建构的现场指导。彼时党内高层对学习借鉴苏联制度并没有原则分歧,只是在对待如何学习借鉴的程度上,一些党的领导同志基于对中国国情的深刻认识和党领导全局工作的政治高度,强调中国国情与苏联存在很多不同,更加倾向于在学习借鉴苏联司法制度的同时,始终是有选择、有区别地对待苏联的经验,决不能原封不动和照抄照搬,而是要适合中国传统和国情,保持自己的特色,对相关司法制度的移植进行本土化改造。例如陪审制度,苏联宪法规定,除法律有特别规定者外,法院审理案件都由人民陪审员参加,既能保证法院与人民群众的联系,又可让公民受到法律教育。新中国的审判工作也采纳了陪审制度,人民陪审员的职权和苏联的一样,每年参与审判的时间和苏联一样,产生办法也基本相同。例如审判独立,苏联宪法第一百一十二条明确规定"审判员独立,只服从法律",突出的是审判员的独立性,倡导审判员的自由确信,而不是法院整体的独立。引进我国后有所发展,在"五四宪法"中表述为"人民法院独立进行审判,只服从法律",强调法院整体的独立性,强调发挥法院整体的功能。再如检察机关垂直领导,苏联宪法第一百一十七条规定"各检察机关独立行使职权,不受任何地方机关的干涉,只服从总检察长",突出的是总检察长的权威性。引进我国后作了改良,在"五四宪法"中表述为由最高人民检察院领导检察系统,而不是检察长个人。而且立法中倾向于贯彻民主集中制,在各级人民检察院建立起检察委员会制度,处理有关检察工作的重大问题,因此突出的是集体领导基础上的个人负责制。1962 年 11 月 12 日彭真在全国政法工作会议上回顾《人民检察院组织法》有关问题时,就说到"起草我国检察院组织法时,我们同苏联专家有过争论,他们不同意在检察院实行集体领导,我向他们提出问题,列宁在哪里说过集体领导不如个人呢? 他们也讲不出来。各级检察院都要实行集体领导"。[①]又如新中国成立初期,移植了苏联的三级二审制,但考虑到节约诉讼成本、及时审结积案,改为四级二审制,并一直沿用至今。

① 孙谦主编:《人民检察制度的历史变迁》,中国检察出版社 2009 年版,第 243 页。

尽管这些带有中国特色的经验，在新中国法制建设和发展中的评价不一，但就当时的政治经济形势而言，这些探索所取得的成就是与其所肩负的任务相联系的。能够使初创的人民司法制度逐步建立健全，满足打击犯罪、巩固政权、保障人权的基本需要，已经是一个奇迹，其历史贡献不可低估：第一，新中国成立后，仅仅用了 4 年的时间就建立起了一套完备系统的司法制度，使各项司法活动得以有序地进行，为国家的各项活动提供了基本的法制保障。第二，树立了马克思列宁主义、毛泽东思想的国家观和法律观在司法领域的统治地位，从根本上保障了人民司法制度与人民民主专政政权性质相统一。第三，初步建立了一支司法队伍，尽管专业水平有待提升，但凭借着坚定的政治立场和较高的政治觉悟，已经成为维护和巩固人民民主专政政权，保障社会安定有序的重要力量。

可见，从新中国成立之初直至 1954 年宪法颁布，人民司法制度走过了从初创到定型的探索之路。其中既有对革命根据地时期优秀司法传统的继承和发扬，也有对国民党政府时期司法制度的摒弃和反思，还有对苏联一些有益经验的吸收和借鉴，显然是不同于欧美国家"三权分立"体制下的司法制度，但是也不同于社会主义国家的苏联，而是具有中国特色的社会主义司法制度。

第五节　司法制度在徘徊中艰难前行

自"五四宪法"建立起富有中国特色的人民代表大会之下"一府两院"体制，确立国家审判权、检察权只能由法院、检察院分别依法独立行使的原则，从此审判、检察机关脱离了政府序列，成为独立设置的国家机关，各级法院、检察院被赋予与同级政府平行的地位，各自对本级国家权力机关负责。撤销各大行政区及其司法机关，与中央和地方的行政机构设置相对应，依法设立军事、铁路、水上运输等专门人民法院和专门人民检察院，基本搭起了今后数十年我国司法制度的基本框架。

一、司法制度被破坏荒废

司法制度作为上层建筑的组成部分，势必受到政治局势的影响。伴随着1957 年之后国家政治局势的变化，司法机关的地位和作用逐渐被质疑，国家辛苦初建的司法制度受到破坏。在 1958 年 8 月召开的第四次全国司法会议上,一些地方司法"大跃进"的做法受到肯定,如有的省市就把公、检、法三个机关合并为公安政法部,导致此后大量司法机关被合并或撤销①。1959 年 4 月召开的第二届全国人民代表大会第一次会议通过了《关于撤销司法部、监察部的决议》,原司法部主管的工作由最高人民法院兼管。"文化大革命"的爆发给我国司法制度建设带来了巨大损失。

从 1968 年起,人民法院、人民检察院均被军管,原有司法干部靠边站,被下放到五七干校或农村劳动,有些地方甚至还冒出"贫下中农高等法院"等荒唐事物,原有司法工作基本程序、原则和措施遭到破坏,司法工作出现混乱。

二、司法制度获得恢复发展

1976 年 10 月粉碎"四人帮"反革命集团之后,国家处于徘徊中前进的状态,直到 1978 年展开"实践是检验真理的唯一标准"的全国性讨论,整个发展形势才趋于明朗。1978 年 3 月 5 日第五届全国人大第一次会议通过、颁布了中华人民共和国第三部宪法,部分地纠正了 1975 年宪法"左"的色彩,在"国家结构"一章中设专节规定"人民检察院与人民法院",法条数量也由原来的 1 条增加为 3 条,并明确规定"最高人民检察院对于国务院所属各部门、地方各级国家机关、国家机关工作人员和公民是否遵守宪法和法律,行使检察权。地方各级人民检察院和专门人民检察院,依照法律规定的范围行使检察权",而不再由公安机关代为施行。伴随着检察机关的恢复重建,1979 年 9 月,第五届全国人民代表大会常务委员会第十一次会议通过设立司法部的决定,部分之前划归最高人民法院的司法行政职能回归司法部。

随着邓小平同志领导全国人民开启改革开放的伟大征程,在深入反思"文化大革命"教训的基础上,加强社会主义民主法制建设成为全国上下的普遍共识,1982 年 12 月 4 日第五届全国人大第五次会议通过、颁布了中华人民共和国第四部宪法(现行宪法),设专节规定了"人民法院和人民检察院",篇幅由 1978 年宪法的 3 条增加到 13 条,其中第 123 条明确规定"中华人民共和国

---

① 谭世贵主编:《中国司法改革理论与制度创新》,法律出版社 2003 年版,第 32 页。

人民法院是国家的审判机关"；第 129 条规定"中华人民共和国人民检察院是国家的法律监督机关"；第 135 条规定，人民法院、人民检察院和公安机关办理刑事案件应当分工负责，互相配合，互相制约，以保证准确有效地执行法律。

1983 年 4 月，中央根据加强社会主义法制的需要，开始探索政法工作体制的重大改革，决定把公安部管理的监狱、劳改、劳教工作划归司法部管理，增设海事等专门法院，健全审判机关的组织体系；设立国家安全部，并在检察院内部设立专门的反贪机构。此后，国家最高权力机关以《宪法》为根本，制定颁布了一大批法律法规，修改公布了《人民法院组织法》和《人民检察院组织法》，颁布了刑法、刑事诉讼法、民法通则、民事诉讼法等，依托立法重新确定了法律面前人人平等，人民法院和人民检察院依法独立行使职权，以事实为依据、以法律为准绳，公检法分工负责、相互配合、相互制约，被告人有权获得辩护等一系列基本的司法准则，夯实了司法制度发展的基础。随着社会主义市场经济的逐步建立，越来越多的利益矛盾进入司法途径，人民法院率先进行了审判方式改革，提高了审判效率和审判质量，许多法院设置了房地产、知识产权等专业审判庭；检察机关纷纷成立经济罪案举报中心和反贪污贿赂工作局。这些举措，促使我国司法制度基本稳定成型。

第六节　司法制度走向科学和完善

从十一届三中全会以来，是我国改革开放的四十多年，也是我国司法制度的重建和发展的四十多年。尤其是 20 世纪 90 年代以后，由于我国正处于经济迅速发展和社会体制转轨过程中，各类社会矛盾和利益冲突加剧，依靠社会主义法制的完善，达成全社会最大公约数，化解消弭发展中的问题，已经成为一条行之有效的改革攻坚闯关之路。同时，随着全社会文明程度的普遍提高，民众的民主法治思想逐渐觉醒，对维护司法公正和保障人权也提出了更高的要求。顺应社会呼声，20 世纪 90 年代以来，我国加快了立法步伐，特别是与司法制度息息相关的程序法获得极大发展，很多世界范围内科学的司法观念、司法经验被吸收进来，极大地丰富了我国司法制度的内涵和外延，为丰富和促进司法制度发展带来了新的动力和支撑。

一、三大诉讼法为司法制度提供法律支撑

刑事诉讼法素来有"小宪法"之称。我国的《刑事诉讼法》于1979年7月1日第五届全国人民代表大会第二次会议通过,同年7月7日由全国人民代表大会常务委员会委员长令第6号公布,自1980年1月1日起施行,其作为新中国首部刑事诉讼法,系统规定了刑事诉讼的各项基本制度,开启了中国刑事诉讼法治化历史进程的全新篇章。1996年3月17日,第八届全国人民代表大会第四次会议通过《全国人民代表大会关于修改〈中华人民共和国刑事诉讼法〉的决定》,对刑事诉讼法进行第一次修正,共110条,同日由中华人民共和国主席令第64号发布,自1997年1月1日起施行。这次修改是我国司法制度朝着科学化、民主化迈进的重要标志,是我国刑事诉讼法制发展史上的新里程碑。该次修改涉及的内容广泛,对刑事诉讼的任务和基本原则、刑事诉讼基本制度和具体程序等均有一定修改。例如,吸收无罪推定原则的精神,确立未经法院判决不得确定任何人有罪原则;规定了人民检察院依法对刑事诉讼实行法律监督原则;改革辩护制度,规定在侦查阶段犯罪嫌疑人即可以聘请律师提供法律帮助;完善强制措施,细化逮捕条件,废止收容审查;改革审查起诉制度,规定检察机关提起公诉实行"复印件移送主义",废除免予起诉;改革审判程序,将开庭前的实体审查改为程序性审查,扩大控辩双方对庭审程序的参与权,扩大法院受理自诉案件的范围;设立简易审判程序,强化诉讼分流,使一些轻微刑事案件得到迅速、及时处理;加强对刑事被害人的权利保障,赋予其当事人地位和相应的诉讼权利;改革死刑执行方法,规定死刑采用枪决或注射等方法执行;等等。

民事诉讼法是审理民事案件的基本法律。《中华人民共和国民事诉讼法(试行)》从1982年10月开始试行,历经9年民事审判工作实践证明,民事诉讼法(试行)规定的基本原则和诉讼制度是正确的,有关程序的具体规定总的也是切实可行的,在人民法院正确审理民事案件中发挥了很大的作用,但也暴露出有些条款不够完善,无法适应社会主义商品经济发展中出现的一些新情况、新问题。因此,在全国人大及其常委会陆续制定了民法通则等一批重要的民事法律和与民事有关的法律的基础上,1991年4月9日第七届全国人民代表大会第四次会议正式通过《民事诉讼法》,其修改补充的主要内容是补充了审理经济案件的一些规定;按照民法通则等实体法,相应地增加了程序方面的

规定；针对审判工作中存在的告诉难、争管辖、执行难等问题作了相应的规定。《民事诉讼法》分4编29章共270条，是当时条文最多的基本法律。第一编总则，规定了任务、适用范围和基本原则以及管辖、审判组织、回避、诉讼参加人、证据、期间、送达、调解、财产保全和先予执行、对妨害民事诉讼的强制措施、诉讼费用的内容；第二编审判程序，规定了第一审普通程序、简易程序、第二审程序、特别程序、审判监督程序、督促程序、公示催告程序、企业法人破产还债程序的内容；第三编执行程序，规定了一般规定、执行的申请和移送、执行措施、执行中止和终结的内容；第四编涉外民事诉讼程序的特别规定，规定了一般原则、管辖、送达、期间、财产保全、仲裁、司法协助的内容。作为规定人民法院、人民检察院和诉讼参加人在民事诉讼过程中的活动方式和程序的国家基本法律之一，该法的任务是保护当事人行使诉讼权利，保证人民法院查明事实，分清是非，正确适用法律，及时审理民事案件，确认民事权利义务关系，制裁民事违法行为，保护当事人的合法权益，教育公民自觉遵守法律，维护社会秩序、经济秩序，保障社会主义建设事业顺利进行。

　　我国的《行政诉讼法》于1989年4月4日由第七届全国人民代表大会第二次会议通过，同日由中华人民共和国主席令第16号公布，自1990年10月1日起施行。它的颁布扩大了行政诉讼受案范围，对保障人民的诉讼权利作了规定，明确了人民法院对行政案件的审判权，规定了诉讼参加人的权利和义务，规定了适合行政诉讼法律关系特点的诉讼程序，称得上是一部控权法、说理法、廉政法。作为新中国成立以来的第一部行政诉讼法，在中国数千年的封建制度历史背景下，在诉讼地位上首次实现了官员与原告公民之间的平等，开启了"民告官"的诉讼新时代，填补我国司法制度中的一项空白，是我国法制建设上一件历史性的大事。从现代法治发展潮流来看，从发达国家立法状况来看，注重对公权力的监督制约，赋予公民以抗争救济手段，是一个通行规则，也就是说不仅公民要守法，国家也要守法；不仅应有私法保护与私法救济，也应有公法保护与公法救济。行政诉讼法的主要特点说明，"它在现代民主与法治建设中占据着极为重要的位置。行政诉讼法是反特权反官僚主义的基本法，是保障公民权利的程序法，是法院主持正义的审判法"。[①]正是有了

---

① 龚祥瑞：《行政诉讼法的重大意义》，《群言》1989年第3期。

这部法律,政府的行政权力逐步纳入法治的轨道,依法行政不再是空谈,使得公民、法人或其他组织可以请求人民法院通过诉讼程序审查行政机关作出的具体行政行为的合法性,以此解决民众与政府之间产生的行政争议,对于造就一种政治机制,使政府走上合法、合理、廉洁、奉公的轨道,有着明显的促进作用,对保障公民合法权益和推进依法治国进程势必产生重大而深远的影响。

二、法制进步提升司法制度科学化水平

（一）诉讼构造发生变化,独立公正审判逐步得到保障

长期以来,我国司法在诉讼中奉行的是一种"职权主义"或"超职权主义"[①]的审判方式,其基本特征或主要弊端,在民事诉讼领域表现为法官职能过强、干预过多,当事方作用微弱,缺乏自主;[②]在刑事审判领域,刑事诉讼模式是不同刑事庭审方式的本质特征所构成的相互区别的诉讼类型,[③]在封建专制时期,我国长期奉行的是"不告也理",控告权、审判权集官吏一身的纠问式诉讼模式,审判者主动出击,寻找犯罪证据,找出罪犯并对其施以刑罚,[④]因此这一时期有罪推定、疑罪从有便成为必然。近代以来,我国逐渐改变诉讼模式,开始向为大陆法系国家普遍采用的职权主义诉讼模式靠拢,但控、审职能交错和辩护职能低弱等弊端不断凸显。为克服这些弊端,法学理论与实务界逐渐把眼光转向英美法系国家奉行的当事人主义诉讼构造,不断加以引进并本土化。以 1991 年的民事诉讼法为例,较之此前的民事诉讼法(试行),在审判方式上弱化了法官诉讼职能的同时,强化了当事人在诉讼中的地位和作用。例如,改变先前要求法院依法客观、全面地收集调查和审核证据的做法,确立了当事人的举证责任,即"谁主张、谁举证"的主导地位,且规定证据必须当庭出示,由当事人当庭质证;改变先前要求法院依职权进行调解为当事人自愿申请调解;等等。以 1996 年《刑事诉讼法》颁布施行为标志,我国刑事审判方式由职权主义向当事人主义转变,并不断在两大诉讼模式中各取所长,形成一种

---

① 田平安主编:《民事诉讼法原理》,厦门大学出版社 2015 年版,第 64 页。
② 张志铭:《审判方式改革再思考》,《法学研究》1995 年第 4 期。
③ 叶青:《案例刑事诉讼法学》,中国法制出版社 2013 年版,第 10—11 页。
④ 吕萍:《刑讯逼供产生原因及对策新解》,《人民检察》2000 年第 10 期。

全新的融合两大诉讼模式优点的刑事诉讼构造，这是我国司法制度重建以来取得的重要成果，奠定了审判中立、控审分离的坚实基础，为法院独立公正审判提供了制度保障。

（二）人权司法保障得到进一步体现

人权是每位公民生而为人享有的最基本的自然权利，是现代社会文明进步的重要标识。作为公民的自然权利，在实践中，人权理念通常由法律加以规定并予以保护，一个国家的人权保障体系是否完善决定着人权是否能得到真正意义上的实现。作为最强力的手段，司法是人权保障体系的核心所在，同时是维护社会稳定，实现公平正义的最后一道防线，对保障公民权利的实现具有重要意义。三大诉讼法的修改过程，始终贯穿着加强人权司法保障这一条主线，推动着我国的司法制度逐步向现代化、民主化发展。

一是惩罚犯罪与保障人权的导向不断强化。近代刑事诉讼的两大基本价值在于既惩罚犯罪又保障人权，不应片面强调一面而忽视另一面。1996 年全国人大以"促进刑事诉讼制度进一步民主化、科学化，在注意保持惩罚犯罪力度的同时强化人权保障"[①]为指导思想，对 1979 年《刑事诉讼法》作了一系列修改和完善，体现了刑事司法民主与保障人权的基本价值取向，在程序设置和具体规定中不断增加对有关人权司法保障的条款，既有利于充分地体现我国司法制度的社会主义性质，也有利于司法机关在刑事诉讼程序中更好地遵循和贯彻这一宪法原则。[②]例如，吸收无罪推定原则的基本精神，废除检察机关免予起诉的权力，确立未经法院判决对任何人不得确定有罪原则；改革刑事辩护制度，将律师介入诉讼的时间提前；完善强制措施，废除收容审查等。

二是便利当事人行使诉讼权利的导向不断强化。司法便民是社会主义法治的应有之义，其目的在于使百姓在实现诉讼目的的手段或参与过程中的成本更低，更为简单，更易于参与。在整个诉讼过程中，要更好地体现司法的人民性，除了保证司法公正，提高司法效率外，最好的、最直接的方式就是将诉讼过程便民化，即在保证实现目的的前提下，采取更多、更好的司法便民措施，使得整个诉讼过程对人民而言更为简单和易于参与。这一点在诉讼领域相关法

---

① 田文昌主编：《新刑事诉讼法热点问题及辩护应对策略》，中国法制出版社 2013 年版，第 191 页。

② 卞建林主编：《中华人民共和国刑事诉讼法最新解读》，中国人民公安大学出版社 2012 年版，第 1 页。

律的修改历程中便可见一斑。如行政诉讼法修改后规定对于普通公民,条件不允许的情况下可以"口头"提起行政诉讼,公民、法人等作为行政诉讼原告的起诉期限从三个月延长至六个月等。除此之外,对于诉讼法所规定的管辖、仲裁等制度,无不体现司法对当事人行使诉讼权利的不断便利化与保障。

三是被害人与被追诉人权利保护并重的导向不断强化。在刑事诉讼中,既要保护犯罪嫌疑人、被告人的权益,也要保护刑事被害人的权益,注重对两者关系的修复和矛盾化解。1996 年修改《刑事诉讼法》对被害人诉讼地位给予了充分关注,赋予被害人以当事人地位,并对其享有的诉讼权利作出规定。例如,对检察机关的不起诉决定进行申诉的权利;在部分案件中,被害人有证据证明犯罪嫌疑人侵犯自己人身、财产权利,且犯罪嫌疑人的行为应当依法追究刑事责任,但公安机关或人民检察院不予立案或不予追究,被害人可自行向人民法院提起自诉;出庭参加法庭调查辩论的权利;对地方各级人民法院第一审的判决不服的,请求人民检察院抗诉的权利;自诉案件当事人和解等。这些规定,都体现了刑事诉讼法在平衡被害人权利保护与被追诉人权利保护方面作出的努力,虽只是管中窥豹,但足以看出刑诉法修改背后我国司法制度的逐步改变。

(三)不断强化程序公正价值,坚持程序正义与实体正义并重

在刑事诉讼中,对公正价值的追求,包括实体公正与程序公正两个方面。实体公正,指案件实体的结局处理所体现的公正;程序公正,指严格执行诉讼程序本身体现的公正。实体公正以程序公正为前提,如果程序本身是不公正的,往往难以保证实体公正。长期以来,我国司法实践中存在"重实体、轻程序"的错误倾向。随着司法实践中暴露出来的问题越来越多,程序公正逐步引起立法者的重视。1979 年《刑事诉讼法》第一百三十八条规定了法院违反法定诉讼程序的后果。根据该条,对于二审法院发现一审法院违反法律规定的诉讼程序规定,可能影响公正审判时候,应当撤销原判,发回重审。1996 年修改《刑事诉讼法》,在制度上更加注重对程序公正价值的追求,进一步完善了违反法律程序后果的规定。根据 1996 年《刑事诉讼法》第一百九十一条的规定,违反法律规定的诉讼程序的情形包括:违反本法有关公开审判的规定的;违反回避制度的;剥夺或者限制了当事人的法定诉讼权利,可能影响公正审判的;审判组织的组成不合法的;其他违反法律规定的诉讼程序,可能影响公正审判

的。对于第一审人民法院的审理具有以上情形之一的，第二审人民法院应当裁定撤销原判，发回原审人民法院重新审判。

（四）始终彰显公正优先、兼顾效率的法治追求

公正与效率是司法的两大价值追求。一方面，受司法资源有限性的制约，两者在外在表现上存在一种此消彼长的关系；另一方面，两者也具有内在的协调一致性：迟来的正义非正义，简单案件的拖沓处理也会给当事人造成极大的精神和物质压力，因此，不讲效率的司法也不是公正的司法，司法必须做到公正优先，兼顾效率。以刑诉法修改为例，1979年《刑事诉讼法》将我国刑事程序分为公诉案件诉讼程序和自诉案件诉讼程序，公诉案件诉讼程序包括立案、侦查、审查起诉、审判和执行等阶段，自诉案件诉讼程序包括立案、审判和执行等阶段。1996年修改《刑事诉讼法》，扩大了自诉案件范围，并在1979年《刑事诉讼法》规定单一的普通审判程序的基础上，增设了适用于轻微刑事案件的简易程序。在实践中，办案机关可以区分不同案件适用不同的诉讼程序，从而使轻微刑事案件得以尽可能早地分流。可见刑事诉讼程序体系及分流机制逐步趋于完善，公正与效率价值的关系在我国刑事诉讼法的修改中都予以充分关注，在保证公正价值的同时，效率价值越来越得到体现。

第 二 章

抚今追昔：上海司法事业改革变迁之路

1949 年 5 月 27 日，随着上海全境解放，国民党政权土崩瓦解，上海从此回到人民的怀抱。中国人民解放军上海市军事管制委员会随即接管旧上海市的警察局、法院、法院检察处和监狱机关，废除旧法统，打破旧的国家机器，建立起上海人民政权的司法机构。上海的司法工作由此开始了新生，并伴随着上海这座社会主义国际化大都市的发展而发展，日益发挥着服务和保障城市发展的积极作用。

■ 第一节　上海司法事业变革进程

一、基本形成上海司法工作格局

中国人民解放军上海市军事管制委员会作为上海"军管时期的最高权力机关"，[1]在接管上海的同时，也建立起新的人民司法机构和司法制度。在这一过程中伴随着废止旧上海国民党政府的司法机构和制度，可谓"废中有立，立中亦有废"。[2] 1949 年 10 月 1 日新中国宣布成立，上海司法工作走上正轨，在历届中共上海市委、上海市政府及中央司法机关的领导下，尽管遭遇了"文化大革命"时期打烂"公、检、法"的厄运，但总体上保持了前进发展的势头，形成了相对完备的工作制度和工作体系，较好地惩治了违法犯罪行为，维护了广

---

① 中共上海市委党史研究室等编：《接管上海（上卷）》，中国广播电视出版社 1993 年版，第 78 页。
② 王立民：《上海法制史》，上海人民出版社 1998 年版，第 389 页。

大群众的合法权益。

（一）上海审判机关①

1949年5月28日，中国人民解放军上海市军事管制委员会（以下简称军管会）宣布成立，军管会政务委员会下设"法院接收处"，负责接管原国民政府司法系统在上海的各机构，汤镛为处长。7月9日上海市人民政府任命汤镛为上海市人民法院院长，法院内设置审判委员会、调解委员会、秘书室、研究室、法医研究所等组织机构，受理民刑事案件。8月11日公布《上海市人民法院办理民刑案件暂行办法》，法院开始实行管辖、回避、公开审判、公设辩护人、复核等制度，正式开始履行审判职责。根据9月制定的《上海市人民法院组织规程》，上海市人民法院并没有获得独立的法律地位，而是明文规定"隶属于上海市人民政府"，这与新中国成立之初国家政治体制有关，是全国人民代表大会正式召开之前的过渡性制度设计。1949年10月中央人民政府在北京成立后，政务院依法于1950年8月11日任命韩述之为上海市人民法院院长。至1952年年底，上海全市共成立20个市区、10个郊区人民法院。

根据1954年《中华人民共和国宪法》《中华人民共和国人民法院组织法》的规定，法院脱离政府建制，成为"一府两院"格局下的重要一极。1955年2月12日上海市第一届人民代表大会第二次会议召开，魏明被选为市高级人民法院首任院长。当年4月30日撤销上海市人民法院，成立上海市高级人民法院，同时成立第一、第二、第三3个中级人民法院。专门法院也依次组建，1955年7月成立上海水上运输法院，管辖西至汉口、南至宁波、北至连云港的水上运输刑事、民事案件；1955年4月成立上海铁路运输中级法院（后两院均于1957年10月撤销）。与此同时，上海市的法院审级由两级改为三级，实行两审终审制。部分法院案件审理试行公开审判、辩护、回避、上诉、再审制度。部分区、县法院试行一审人民陪审员固定轮值陪审制度、案件分片包干制度及公设律师制度。经过一段时间的调整、适应和磨合，上海三级人民法院转运逐渐步入正轨。

---

① 本章中关于上海审判机关的史料、数据均来自《上海审判志》编纂委员会编：《上海审判志》，上海社会科学院出版社2003年版；上海通志编委会编：《上海通志》，上海人民出版社2005年版。

（二）上海检察机关①

新中国成立后，根据中央人民政府关于按照行政区划自上而下地建立各级人民检察署的要求，上海于 1950 年 7 月开始筹建上海市人民检察署。经最高人民检察署华东分署批准，1 月 24 日上海市人民检察署成立，内设办公室、第一处（办理"反革命"案件）、第二处（办理刑事案件）、第三处（办理民事行政案件），干部 37 人。此前最高人民检察署已于 1 月 20 日同意上海市公安局副局长杨帆兼任上海市人民检察署检察长。此后政务院第 197 次政务会议于 1953 年 12 月 21 日任命上海市公安局副局长黄赤波兼任上海市人民检察署检察长。这一阶段的上海市人民检察署同样属于政府序列，不仅没有明确的独立地位，而且由于职能相对单一，依附于上海市公安局，主要承担处理"反革命"案件、普通刑事案件和民事案件职权。其职权范围是参与公安机关逮捕人犯时对案件的审查，参与审核决定逮捕人犯；选择重点刑事案件进行公诉；侦查刑事案件；对有关国家和人民利益之重要民事案件提起公诉，对人民法院确有错误的民事判决，提出抗告或者纠正意见；参与人民法院审理重大民事案件，对审判活动是否合法实行监督。重点是查办"反革命"案件、间谍破坏案件、毒品案件和国家工作人员贪污案件、不法资本家盗窃、侵吞、诈骗国家资财案件、盗窃国家经济情报案件、偷漏国家税收等案件。

根据 1954 年《宪法》《人民检察院组织法》的规定，检察署不仅改名为检察院，脱离了政府建制，而且与法院同时成为"一府两院"格局下的重要一极，其法律地位获得极大提升。1954 年 12 月 2 日上海市人民检察署改名为上海市人民检察院，最高人民检察院任命王范为上海市人民检察院首任检察长。1955 年 4 月 7 日第一届全国人民代表大会常务委员会第九次会议批准了这项任命，当年上海市人民检察院分院、各区、县人民检察院均告建立。专门检察院也依次组建，1954 年 4 月，上海铁路沿线专门检察署成立，隶属最高人民检察署华东分署，后更名为上海铁路沿线专门检察院，并划属上海市人民检察院；1955 年 7 月成立上海水上运输检察院（后两院均于 1957 年 9 月撤销）。与此同时，上海三级检察机关随着组织体系的健全，开始担负宪法和组织法规定

---

① 本章中关于上海检察机关的史料、数据均来自《上海检察志》编纂委员会编：《上海检察志》，上海社会科学院出版社 1999 年版；上海通志编委会编：《上海通志》，上海人民出版社 2005 年版。

的各项检察业务,普遍设立一般监督部门,对于国家机关的决议、命令和措施是否合法,国家机关工作人员和公民是否遵守法律,实行监督;设立侦查部门,对于国家机关工作人员,基层干部和企业职工中的贪污、侵吞公共财产,侵犯人身权利等犯罪案件进行侦查;设立刑事检察部门,对于公安机关提请逮捕人犯进行审查批捕;对于刑事案件提起公诉、支持公诉;对于侦查活动是否合法,实行监督,对于人民法院的审判活动是否合法,实行监督;设立劳改、监所检察部门,对于刑事判决的执行和劳动改造机关的活动是否合法,实行监督;设立民事检察部门,对于有关国家和人民利益重要民事案件提起诉讼或者参加诉讼。

二、组织开展上海司法改革运动

上海解放之初,对待旧司法机构是采取彻底打碎的态度,但对于旧司法人员却采取了包下来的政策。所谓包下来"一不是原职原薪,二不是原封不动,要同这些留用人员说明人民与政府的困难,适当降低待遇,三个人的饭五个人匀着吃,房子挤着住"。[1]目的在于防止这些留用人员因失业流向社会造成混乱,同时兼顾解决上海司法机关极度缺乏法律人才的困难,使他们为人民司法服务。尽管这一方针在一定程度上稳定了旧司法人员队伍,较快地使人民司法机关投入运转,但随着"三反运动"的开展,各地司法机关内部均不同程度地暴露了组织不纯、政治不纯和思想不纯的问题,引起了中央的高度警觉和重视。"三反运动中发现司法工作问题很严重,清理旧司法人员是必须解决的严重问题。人民的法律,是便于维护人民自身的权益和对敌斗争的锐利武器,不应操在不可信赖的人手中。"[2]因而自1952年6月至1953年3月,政务院政治法律委员会在全国范围发动了一场大规模的司法改革运动,提出要"在三反运动胜利的基础上,清除一切堕落蜕化和恶习甚至不堪改造的坏分子,肃清反动的司法作风残余"。[3]

司法改革一开始,上海就成立了上海司法改革运动委员会,并由上海市人民法院、上海总工会、上海市妇联、上海市公安局、上海市人民检察署等单位参与组成上海市司法改革运动办公室,负责具体事务;上海各个区均相应成立司

---

[1] 薄一波:《若干重大决策与事件的回顾(上卷)》,中央党校出版社1991年版,第16页。
[2] 《董必武法学文集》,法律出版社2001年版,第131页。
[3] 彭真:《论新中国政法工作》,中央文献出版社1992年版,第70页。

法改革运动办公室,由区人民政府、民政科、区法院、工会办事处、区妇联、公安分局等单位组成。上海司法改革运动自 1952 年 6 月上旬开始,至 1953 年 1 月 5 日召开司法改革工作总结会议,整个运动历时半年。在此期间,上海市人民法院开展了内部自我检讨和集体检查,以肃清旧法观点,同时结合思想批判,检查思想,发动群众,揭露少数法院人员违法乱纪的典型事例,并对潜伏在各级人民法院内部任职的反动党、团、特务骨干分子及其他违法乱纪劣迹昭著的犯罪分子,给予了严肃的处理,调进了大量新的忠实于人民事业的工、农干部担任人民审判工作,整顿与加强了人民法院的组织机构。上海市人民检察署在机关内部开展司法改革运动,纠正工作中存在的旧法观点、旧法作风和脱离群众等不良现象,抽调 22 名干部参加人民法院的司法改革,重点检察违法判决的案件。

经过司法改革运动,上海司法机关呈现出一些可喜的新气象:各级司法机关通过学习批判,基本划清了新旧法律的思想界限,一些危害人民、败坏法纪的坏分子被清除,一些不称职的干部也调动转业,基本解决了过去组织不纯的问题;建立或健全了相信群众、联系群众、依靠群众、为群众服务的司法举措和工作制度,建立了司法机关体现群众路线、体现群众观点的新的工作方式,改变了过去单纯"坐堂问案"的旧作风,社会主义司法机关的人民性属性得到极大彰显;司法机关内部的思想检查和外部群众的揭发检举工作,使全体司法干部受到一次深刻的思想教育,基本树立了马克思主义的国家观和法律观,使得正确的司法观念和法律理念真正成为政法意识形态的主流;由于各级司法机关重视发动群众的工作,因此群众就敢于检举司法机关中的坏分子和司法人员的旧法观点、旧司法作风,又勇于协助和监督司法机关的工作,人民司法机关的威信提高。①

总体上来说,从当时的历史背景下,上海的司法改革运动是成功的。尽管依靠群众运动也有它的局限性、简单化,片面强调群众路线,造成了法律权威的降低和法律虚无主义的滋生。但必须承认,这场司法改革运动在上海法制建设史上具有十分重要的历史地位,从此上海的司法工作焕然一新,彻底划清了与旧司法的界限,确立了上海人民司法的传统,对新中国成立后上海司法工

---

① 李东博:《上海司法改革运动研究》,上海师范大学硕士学位论文 2010 年。

作产生了深远的影响。时至今日,新中国成立初期的这场司法改革运动已离我们远去,但从司法现代化的历程来看,这场司法改革运动仍是上海司法改革的一个历史片断。

三、"文化大革命"期间上海司法工作倒退

1967 年 1 月开始,上海司法系统掀起一股造反夺权风,司法机关大多数领导干部被揪斗打倒,司法工作陷于瘫痪。直至当年 7 月 24 日,上海市革命委员会批转市政法指挥部《关于拘留、逮捕、判刑、劳教审批权限问题的暂行规定》,市政法指挥部取代市公、检、法职能。1968 年 1 月 25 日上海市革命委员会宣布成立上海市公检法军事管制委员会,大批司法机关干部被赶出司法机关,下放工厂、农村劳动。1971 年 11 月,上海市委正式成立上海市公检法领导小组,代行市公检法军管会职权,直到 1974 年 1 月撤销市公检法军管会名称,上海市高、中级人民法院恢复建制,各级人民法院与公安机关、检察机关分开办公。

四、改革开放后步入发展的正轨

1976 年 10 月,党中央一举粉碎"四人帮"企图篡党夺权的阴谋活动,全国人民欢欣鼓舞,宣告长达十年之久的"文化大革命"结束。1978 年 12 月党中央召开十一届三中全会,结束了 1976 年 10 月以来党的工作在徘徊中前进的局面,开始全面纠正"文化大革命"及其以前的左倾错误。从此,中国共产党掌握了拨乱反正的主动权,有步骤地解决了建国以来的许多历史遗留问题和实际生活中出现的新问题,进行了繁重的建设和改革工作,重新确立了发展社会主义民主和加强社会主义法制的战略方针,司法工作终于迎来了迟到的春天。

1978 年 1 月,上海市高、中级人民法院实行审级分开,4 月 9 日中共上海市委批复同意建立经济审判庭,4 月 18 日正式成立上海市高级人民法院经济审判庭。1979 年 4 月,根据 1978 年宪法和人民法院组织法的规定,上海市高、中级人民法院分设,12 月后,各级法院恢复对案件审判管辖和公开审判制度,取消各级法院向同级党委报批、审核案件的制度。1980 年,《中华人民共和国刑法》正式实施后,上海三级法院以公开审判为重心,全面执行陪审、辩护、回避、上诉、审判监督等各项审判制度及程序。同时依法设立专门法院,1981 年 12 月重建上海铁路运输中级法院,下辖上海、蚌埠、南京、杭州、南昌、福州铁

路运输法院,自 1982 年 5 月 1 日开始受理案件,主要是铁路运输系统公安机关负责侦破的刑事案件、与铁路运输有关的经济合同纠纷案件。1984 年 6 月成立上海海事法院,管辖第一审海事、海商案件(含涉外案件)。截至 1995 年,上海市高级人民法院设有刑事审判庭、民事审判庭、经济审判庭、行政审判庭、知识产权审判庭、执行庭、赔偿委员会办公室、告诉申诉审判庭等审判机构。1995 年 7 月 1 日,撤销上海市中级人民法院,设立上海市第一、二中级人民法院。两院分别设刑事审判第一庭、刑事审判第二庭、民事审判第一庭、民事审判第二庭、经济审判第一庭、经济审判第二庭、行政审判庭、告诉申诉审判庭、知识产权审判庭等。

1978 年 3 月 5 日第五届全国人民代表大会第一次会议通过的《中华人民共和国宪法》,规定重新设置人民检察院。8 月 20 日重建后的上海市人民检察院宣告成立,中共上海市委决定黄赤波任上海市人民检察院检察长。当年 8 月 9 日,中共上海市委发出《关于建立区、县人民检察院的通知》,至 1979 年 3 月,上海市人民检察院分院及 20 个区、县的人民检察院全部重建。重建后的上海检察机关仍设刑事检察、监所检察、控告申诉检察等检察业务机构,原来的侦查机构改为经济检察和法纪检察两个侦查部门。1988 年 6 月,上海市各级检察院成立控告检举贪污受贿罪案接待室,受理群众举报,破获的贪污、受贿等经济犯罪案件大幅度上升。同时,根据工作需要设立派出检察院,1985 年 3 月成立上海石油化工总厂地区人民检察院;1985 年 11 月成立上海市白茅岭农场区人民检察院、军天湖农场区人民检察院、四岔河农场区人民检察院、川东农场区人民检察院;1992 年 12 月,成立青东农场区人民检察院;1995 年 6 月成立浦东张江地区人民检察院。专门检察院也逐渐完善,1981 年 12 月成立全国铁路运输检察院上海分院,1987 年 6 月全国铁路运输检察院撤销,所属上海分院划归上海市人民检察院,易名为上海市人民检察院上海铁路运输分院,隶有上海、南京、蚌埠、杭州、福州、南昌 6 个基层铁路运输检察院。20 世纪 90 年代,随着《行政诉讼法》和《民事诉讼法》颁布实施,上海检察机关建立民事行政检察机构,对行政诉讼和人民法院的民事审判活动实行法律监督。1995 年,上海市人民检察院成立反贪污贿赂工作局,加强检察机关的反贪污贿赂工作。1995 年 6 月 30 日撤销上海市人民检察院分院,设置第一分院、第二分院,检察机关组织体系渐趋严密和完善。

■ 第二节　上海司法变迁历史价值

新中国成立之后，司法建设坚持以苏为师，逐步建立起社会主义司法制度。上海也不例外，在中央的领导下建立了地方司法系统，开创了上海社会主义司法建设的历史新纪元。此后的 70 余年，上海司法建设走过了一条不平坦的道路，其中交织着成功和失误，前进和后退，以及正面的经验和反面的教训等。鉴于此，要正确认识我国司法体制改革进程，首先应该了解此前中国司法制度曲折发展进程中上海经历的历程，唯有这样才能更好地理解如今在上海司法领域发生的体制机制改革流变，寻找其中蕴含的历史规律。

一、奠定上海司法领域改革基础

可以说，纵观 1949 年至今上海司法工作的曲折发展，直接反映了这段国家历史、城市历史的时代特征。因此，在上海社会主义城市法制诞生、成长、发展的共同环境中孕育的司法机关、司法工作、司法传统都是一脉相承的。

（一）上海审判机关机构设置逐步健全，审判职能作用充分发挥

在废除伪法统、摧毁旧的审判机构的基础上，上海在 1949 年 5 月组建了人民法院，承担审判职能。多年来，上海不断深化法院改革，运用法律武器，严厉打击危害社会治安的刑事犯罪，打击走私、金融诈骗、伪造货币等破坏社会主义市场经济秩序的犯罪，惩罚犯罪，打击敌人，保护人民；调整民事法律关系，制裁违法行为，维护社会经济秩序，保护公民、法人和其他组织的合法权益。

特别是改革开放以来，按照中共上海市委和最高人民法院的统一部署，充实加强审判机构，调整和精减其他机构，重建了上海铁路运输法院，成立了上海海事法院，审判交通运输、海事海商纠纷案件。至 1995 年年底，全市设有 1 个高级人民法院，2 个中级人民法院，上海海事法院、上海铁路运输中级法院等 2 个专门法院及铁中下属 6 个铁路运输法院。另有 14 个区人民法院，6 个县人民法院，112 个人民法庭。1949 年 8 月至 1995 年，伴随着上海法院机构的几经变动，全市法院人员已由最初 1950 年的 694 人，增长为 5 495 人，其中审判人员达 3 438 人，形成了一支年龄层次合理、学历结构科学、办案效率较

高的审判队伍。

随着 20 世纪 80 年代《民事诉讼法》《民法通则》《婚姻法》《继承法》《房地产管理法》以及上海地方法规的陆续颁布,上海各级人民法院改革审判方式,狠抓审判业务建设,加强审判监督,努力提高审判质量和审判效率,妥善处理新类型案件、集团诉讼案件、矛盾激化案件,保护公民和法人的合法权益,为治理经济环境,整顿经济秩序,巩固人民民主专政,保障社会主义物质文明和精神文明建设的顺利进行,发挥了审判职能作用。

上海人民法院建设尽管遭遇过严重挫折,但总的趋势是好的,这是国家政治文明建设不断深化发展的必然结果。不仅法院组织建设较快地从文革的低潮中走出,而且在新的历史时期获得了更快的发展,形成了三级法院与专门法院种类齐全、配置合理、运转高效的良好工作局面,既以显著的审判实绩赢得了各级党委、政府的认可和人民群众的赞誉,又为此后人民法院的继续发展打下了扎实的基础。

(二)上海检察机关历经废立反复波折,工作职能逐渐健全完备

上海市人民检察署在 1951 年成立初期,即承担起处理反革命案件、普通刑事案件和民事案件职权。尽管在当时的历史条件下,政治决策层对检察机关的法律属性和法律地位并没有一个清晰的界定和科学的认识,但上海检察机关仍旧坚持以工作成绩树立检察形象,积极参与查办反革命案件、间谍破坏案件、毒品案件和国家工作人员贪污案件、不法资本家盗窃、侵吞、诈骗国家资财案件、盗窃国家经济情报案件、偷漏国家税收等案件,在配合公安机关维护社会治安秩序的同时,始终不忘维护司法的公正和廉洁,切实纠正法院的不当判决,帮助涉诉群众维护合法权益。

1954 年《宪法》《人民检察院组织法》颁布后,上海检察机关的建设获得较快的发展,不仅完全从公安机关脱离,确定了独立的司法地位,而且依托逐步健全的组织体系,全面担负起宪法和组织法规定的各项检察业务,全市检察人员也由 1951 年时的 65 人,增至 1956 年的 877 人。在"左"的思想占统治地位的那段时期,上海检察机关成为司法系统的"重灾区"。幸而笼罩在上海上空的乌云毕竟被改革开放的春风吹去,上海检察机关在 1978 年得以重建后,队伍获得较快发展,全市检察人员由 1980 年时的 1 256 人,增至 1985 年的 2 639 人,此后 1990 年已有 3 338 人,1995 年更增加到 3 969 人。

从上海检察机关坎坷的命运中不难看出，是否具有宪法意义上的角色定位，一直是左右检察机关命运的无形之手。1982 年宪法终于明确赋予其法律监督机关的地位，上海三级检察院工作借助这股东风，获得蓬勃发展，工作职能逐步健全，越来越与"法律监督机关"的性质相匹配。可以说，这些年来上海检察机关不畏权势，不徇私情，依法对各种犯罪活动进行查处，参与平反了大量冤、假、错案，保护了公民的民主权利和公民、法人的合法权益，促进了安定团结政治局面的发展；依法"从重从快"打击严重刑事犯罪活动，"从重从严"打击经济领域中严重犯罪活动，依法查办贪污贿赂、渎职等国家工作人员职务犯罪，加强对刑事诉讼、民事诉讼、行政诉讼的法律监督，为服务和保障改革开放和经济建设，作出了积极的贡献。社会各界对上海检察机关依法职责的情况了解更加充分，认识更加深入，从根本上扭转了此前对于检察机关功能存在误解，地位存在偏见的状况，树立了检察机关鲜明的职业特色和司法形象，这也为上海检察机关进一步深化改革、拓宽监督范围，确保法律执行创造了良好的社会氛围。

二、提供上海司法领域改革启示

1997 年之前的上海司法变迁历史与 1997 年之后上海司法领域推进的体制机制改革，两者之间是一段连续的历史。研究 1997 年以来上海司法领域改革的历史，不能仅关注近 24 年来由上海司法领域发生的重大事件构成的历史，这种仅关注"断点"而不关注"连续"的思维方式，容易将经验连同教训一起抛弃。反之，对 1997 年之前上海司法变迁历史的回顾，更应该从国家发展进程延续性的角度予以重视和考量，这也正是加深对 1997 年以来司法体制改革进程中上海实践探索理解的基点。

（一）改革的方向正确与否，直接关系到司法机关履职效果

解放初期，面临着国民党政府溃逃留下的烂摊子和潜伏特务的疯狂破坏，在党中央和中共上海市委的正确领导下，上海不仅及时组建了人民的司法机关，而且迅速承担起工作职责。各级司法机关遵照市军管会、中共上海市委和上海市人民政府提出的"肃清残余敌人，建立革命秩序，保护人民自由，恢复生产"的指示，紧密依靠群众，会同人民解放军，开展收容散兵游勇、肃清特务、缉捕盗匪的斗争，旧上海遗留下来的混乱局面迅速改观，逐步建立起新的社会秩序。

就上海司法机关而言,随着工作的深入落实,犯罪案件逐年减少,而且在加强人民民主专政的同时,注意依靠群众力量,对各类犯罪分子实行监督改造,而不是单纯依靠司法手段作处理,社会治安秩序日趋稳定。1964 年上海检察机关共批准逮捕 1 772 人,比 1963 年的 5 098 人减少 65.24%;1965 年批准逮捕 904 人,又减少 48.98%,达到历史最低水平,曾被称为"犯罪乐园"的上海呈现发案少、治安好的安定局面。

(二)司法机关的地位是否独立,事关实现司法公正的重要变量

在上海司法系统初创之初,如何在党委的统一领导下,实现司法机关的相互制约,是一个引发决策者和社会各界思考的问题。尤其是在上海这样一个最早承接西方法治实践的沿海城市,自晚清设立租界始,数百年的近代法制建设带来了深厚的西方法制文明熏陶,社会主义司法制度的确立,必将迎来群众的比较和评价。上海司法机关在开创之初较好地体现了对权力的制约和平衡,根据侦查、起诉、审判分工的原则,机关、企业、团体直接向法院控诉和被害人自诉案件,犯罪情节严重的移送公安、检察机关侦查、起诉。诉讼中改变"肃反"运动初期"一竿子插到底"的办案程序。法院推广准备庭制度,对检察院起诉的一审案件,开庭前由检察院提出指控案件的事实和理由,审判员、陪审员作出是否受理的决定。对于案情清楚、证据确实的案件即受理;主要情节清楚,证据充分,次要问题不清,证据不完全的亦受理,但要起诉机关补充材料;主要情节不清,证据不足,退回起诉机关补充侦查;不构成犯罪的作出驳回起诉裁定或要求检察院撤回公诉。法庭审理前向被告人告知诉讼权利后,法庭经过调查核对事实、鉴别证据、辩护、被告陈述、合议庭评议后,当庭宣判或定期宣判,并向被告人交代上诉权利。这些做法较好地保护了当事人的权利,赢得了各界的称赞。

1978 年后上海各级法院的审判程序逐步恢复,法院对检察机关公诉的案件互相配合、互相制约。1980 年《刑法》实施后,取消党委审批案件制度。上海法院对检察机关公诉的案件,犯罪事实清楚,证据确实、充分,需追究被告人刑事责任的案件,决定开庭审判;对主要事实不清,证据不足的,退回检察机关补充、侦查;对不需要判刑的要求检察机关撤回起诉。

司法机关保持独立地位,是确保司法公正的制度要求。上海这些年来在保障司法机关独立办案方面进行了许多探索,开始重建符合法治规律的诉讼

秩序，这是非常值得肯定的举措。实践证明，执政党在宪法和法律框架内依法活动，是实现司法独立的政治保证。上海在推进改革的过程中，务必始终坚持在维护执政党的政治领导、思想领导、组织领导的同时，注重排除司法地方化、法官行政化倾向的不良干扰，逐渐形成一种新的司法运行规律，从而努力从制度层面保证司法公正的实现。

（三）是否尊重司法活动的规律，体现着城市的法治化发展水平

司法活动有其自身的规律，并且经历长期的发展，一些共性的规则受到世界各国的一直遵循。比如，诉讼中充分保障双方当事人地位的平等，赋予当事人司法救济的途径等。早在1949年8月，上海市人民法院就在审判委员会下设立辩护人和公证处，翌年辩护人改为公设律师室，公证处同时并入，公证人由辩护人兼任，逐步建立起人民律师、人民公证制度。1955年，上海市人民法院公设律师室、市区两级公证处划归上海市司法局领导，体现了对国际通行司法规律的顺应和接受。这充分说明，在上海司法系统完善发展的过程中，辩护、公证的地位受到肯定，不仅没有成为可有可无的"摆设"，反而随着社会主义法制的完善而获得发展，丰富了社会主义法律服务的形式和内容，也与上海这座国际性城市的地位相适应。

1956年以后，上海开始压缩辩护、公证机构，削减业务，甚至认为"经济公证已完成了历史使命"，"共产主义思想大解放，公民之间已不存在个人产权等民事法律关系问题"，1959年上海市律师协会筹备会、6个法律顾问处和上海市公证处一并被撤销，其后少数涉外公证归人民法院直接办理，新中国建立的律师制度宣告夭折。直到1979年恢复律师制度，1980年恢复重建上海市公证处，正式标志着正确司法工作路线回归发展，不仅丰富和充实了上海司法工作的内容，而且直接服务于经济建设和改革开放，填补了城市发展中所需多样化法律服务的空白，体现了城市法治水平的明显提高。

从上海70余年的司法领域变革历程来看，尽管有许多值得铭记的创新之举，但其中不乏摒弃甚至违背司法规律的败笔，比如律师、公证制度在上海的存废。法治规律历经数千年的法治实践而形成，自有其强大的生命力，并不可能为某一时间政治上的兴废而兴废。历史始终是在前进，那些曾经的失误，也逐步得到纠正。但这也提醒我们，任何改革创新之举，务必始终坚持遵循司法规律，体现当代司法发展的潮流和趋势，唯有如此，创新举措才能在新的历史

时期焕发出蓬勃生机和活力，才能为上海的城市法治化发展注入强劲动力。

三、确立上海司法领域改革先机

任何制度都有延续性，1997 年之前 48 年的司法工作曲折发展为此后司法体制改革在上海的实践扫清了理论、思想上的障碍，1997 年开始的上海司法领域改革包含着对此前 48 年上海司法工作曲折发展的自然延展与改良。梳理这 48 年的上海司法历史，上海在开创中国少年司法制度方面一直走在全国前列，不仅在全国最早建立少年司法机构，而且较早地形成了一套少年司法工作机制。这一方面体现了上海少年司法的工作水平，奠定了上海在全国少年司法领域的领先地位，另一方面也有效夯实了上海少年司法工作的基础，形成了一套行之有效的制度，以看得见的实践成效，检验了此前诸多相互纷争的创新观点，为 1997 年以来上海继续深化少年司法制度提供了非常厚重的土壤，更加清晰地指明了今后改革的方向，不愧是上海少年司法改革的宝贵历史财富。

所谓少年司法制度，它是为了治理和预防青少年违法犯罪而形成的一种与普遍刑事司法既相联系又有区别的法律制度。[①]20 世纪 80 年代中叶，上海步入改革开放的历史时期，在经济、社会高速发展的同时，刑事犯罪尤其是未成年人犯罪呈现出迅速攀升的态势，引起了社会各界的广泛关注。在这一背景下，1984 年 10 月，新中国司法史上第一个少年法庭在上海长宁区人民法院诞生。[②]在成立后的三年间，共审结未成年人刑事案件 27 件，被告 45 名；经回访考察，只发现重新犯罪一人，占 2.2%。由于成效显著，1987 年 6 月，全国法院工作会议肯定了长宁区法院的做法，认为"是对刑事审判制度的一项重要改革"，[③]并向全国推广上海市长宁区人民法院少年法庭的成功经验。此后天津、北京、福建、四川等地的人民法院相继建立了少年法庭，上海少年司法探索开始由地方性制度向全国性制度发展。1987 年上海市人大通过的《上海市青少年保护条例》以地方立法的形式，开拓性地确立了少年法庭的法律地位。到

---

① 康树华：《新中国少年司法制度的发展与完善》，《江西警察学院学报》2012 年第 2 期。

② 本报评论员：《立足国情　解放思想　总结经验　不断推进中国特色少年司法事业的发展》，《人民法院报》2009 年 11 月 3 日。

③ 上海市高级人民法院、长宁区人民法院编：《中国少年法庭之路》，人民法院出版社 1994 年版，第 202 页。

1988年7月，长宁区人民法院"少年犯合议庭"改建为审判业务庭一级建制的"少年刑事审判庭"，标志着中国少年司法制度的发展进入了一个新的阶段。①截至1990年年底，上海所有基层人民法院和中级法院均建立了少年法庭，实现了少年司法审理的上下衔接和全市性审判网络构建。

随着少年司法实践探索深入，上海司法机关进行了许多大胆尝试。上海市长宁区人民检察院于1986年6月率先在起诉科内设立了"少年起诉组"，承担未成年人刑事案件的审查起诉、出庭公诉以及犯罪预防等职责。②1992年8月，上海市虹口区人民检察院率先建立了集未成年人刑事案件的审查批捕、审查起诉于一体的独立建制机构——未成年人刑事检察科，③向少年司法机构的独立化运作迈出了重要的一步。这一改革得到上海市人大常委会的肯定，检察机关设立未检科作为一条明文规定，被修改后的《上海市青少年保护条例》所吸收，至1996年6月，全市所有基层检察院均成立了独立建制的未检部门，承担全市未成年人刑事案件的审查批捕、审查起诉、出庭公诉、诉讼监督以及未成年人犯罪预防工作。

作为一项崭新的审判事业，20世纪80年代至90年代的上海少年司法改革，是上海城市法治建设进程中涌现的一个新生事物，既缺乏与之相配套的完备法律加以规制，又没有可资借鉴的司法经验积累，是一项极具挑战性、开拓性和创造性的工作。上海司法机关始终坚持把本市实际作为谋划少年司法工作、开展制度创新的基本依据，同时注重吸收国外少年司法制度的有益成果和经验，逐步形成既独具上海特色又与国际规范接轨的一整套制度和做法。上海少年司法机构和队伍从无到有，不断发展壮大，少年司法工作获得了社会各界和人民群众的广泛认同，有力推动了中国特色少年司法制度的建立和完善，成为上海司法领域的一大亮点。可以肯定地说，正是因为有了之前十余年的深厚积淀，积累了非常宝贵的经验，才确立了1997年开始的上海司法领域改革先发优势，才得以为少年司法制度在上海的深入完善发展提供科学的论证和解决方案。

---

① 姚建龙：《长大成人：少年司法制度的建构》，中国人民公安大学出版社2003年版，第66页。

② 宋杰、施坚轩：《25年来上海检方积极完善未检体系开展跟踪帮教》，载《上海商报》2011年4月21日。

③ 张伯晋：《工作模式专业化："上海经验"的逻辑起点》，载《检察日报》2012年2月1日。

第 三 章

拉开序幕（1997—2002年）：司法体制改革探索阶段的上海实践

1989年4月《行政诉讼法》的颁布实施，标志着我国刑事司法、民事司法、行政司法三大司法体系的全面确立。但改革开放以来恢复重建的司法体系却面临着诸多的新的挑战与困境：诉讼案件迅速增多，法官的数量和素质均难以适应这种需要；律师的数量不足，职业道德滑坡；在刑事诉讼中，法官的庭前审查导致先入为主、审判不公；"关系案、人情案、金钱案"时有发生，执行难问题开始出现；等等。

迫于形势变化的压力和实行法治的推动，我国法院系统以诉讼证据制度改革为中心，率先开始旨在促进审判公正和提高审判效率的审判方式改革。从1993年年初起，上海法院就积极探索审判方式的改革，"高级法院成立了审判方式改革领导小组，并确定了一批试点单位。徐汇区法院探索的刑事案件抗辩式审判方式，为全国人大修改刑诉法提供了实践依据。南汇、黄浦等法院积极探索民事审判方式改革，受到最高法院的肯定"。①

上海三级法院大胆实践，认真贯彻实施修正后的《刑事诉讼法》，②强化庭审功能，强化合议庭的职能作用，正确适用简易程序，积极开展刑事审判方式改革；认真贯彻实施《民事诉讼法》③和《行政诉讼法》，④完善庭前准备，保证庭

---

① 胡瑞邦：《上海市高级人民法院工作报告（摘要）——一九九八年二月十六日在上海市第十一届人民代表大会第一次会议上》，《解放日报》1998年2月25日。

② 第八届全国人民代表大会第四次会议于1996年通过了修改后的《刑事诉讼法》。

③ 第七届全国人民代表大会第四次会议于1991年通过了修改后的《民事诉讼法》。

④ 第七届全国人民代表大会第二次会议于1989年通过了《行政诉讼法》。

审质量效率,强化当事人举证责任,探索设立调查令制度,强化庭审功能,注重提高开庭质量,探索简繁分流,正确适用简易程序,进一步深化民事、经济、行政审判方式改革;改革裁判文书,提高裁判文书制作质量;改革审判管理制度,立审分离,实行立案规范化,探索案件审理实行流程管理,建立规范化庭审机制,建立系统科学的审判监督运行机制,探索建立规范、科学、公正、高效的审判运行新机制。

1997年之前的上海法院审判方式改革,取得了很大的成效,提高了办案效率和质量,增强了法院审理案件的公开性和透明度,加强了办案人员的职责意识,积累了一定的经验。可以说是上海司法领域改革的先导,同时也为司法体制改革在上海开展奠定了实践基础。

■ 第一节　时代背景

一、国家启动司法改革

一个国家的法治发展状况,代表着这个国家政治文明的水准,影响着百姓生活的幸福指数。我国司法体制是根据宪法和法律设定的,符合人民民主专政的国体和人民代表大会制度的政体,总体上与社会主义初级阶段的政治经济制度和基本国情相适应。然而,随着社会主义民主法治建设的推进和社会主义市场经济的发展,司法环境发生了许多新变化,司法工作出现了许多新情况,人民群众对司法工作提出了许多新要求,现行司法体制暴露出一些不完善、不适应的问题,有法不依、执法不严和司法实践中裁判不公、处理不当、效率不高等问题在不同程度上存在。

(一)党和国家把司法改革摆上了工作日程

党中央及时倾听群众心声,广泛征求各界意见,着手把推进司法改革提上议事日程。1997年9月,中国共产党在北京召开了具有历史意义的第十五次全国代表大会。江泽民同志在这次会议上第一次向全党和全国提出了"依法治国,建设社会主义法治国家"的伟大号召,在所作政治报告第六部分"政治体制改革和民主法制建设"中谈及"加强法制建设"时,明确指出要"推进司法改革,从制度上保证司法机关依法独立公正地行使审判权和检察权,建立冤案、错案责任追究制度。加强执法和司法队伍建设"。①

随后,在1997年年底召开的全国政法工作会议上,江泽民同志从贯彻依法治国方略,落实践行法治的角度又作了更加具体的阐述,指出"党的十五大,明确把依法治国确定为党领导人民治理国家的基本方略,并把依法治国、建设社会主义法治国家作为政治体制改革的一项重要内容。这是一个重大的决策。实行和坚持依法治国,对保证国家经济生活、政治生活和社会生活的有序进行,对维护社会稳定和保障国家长治久安,对把建设有中国特色社会主义事业全面推向二十一世纪,具有重要而深远的意义。实行依法治国,建设社会主义法治国家,是一项复杂的社会系统工程,在立法、执法、司法和普法教育等方面都有大量的工作要做,需要付出艰苦的努力。要认真研究和分析实行依法治国所要解决的突出问题和矛盾,确定工作的重点,既立足于现实,又着眼于长远,扎扎实实地加以推进",并要求在三个方面加大工作力度,其中之一就是"要保证司法机关严格执法,坚决纠正有法不依、违法不究的现象。要在总结经验的基础上,有领导地加快司法改革的步伐,逐步形成有中国特色的司法体制。对执法中存在的地方保护主义和部门保护主义,对一些领导干部以言代法、干预司法部门独立办案的行为,对一些司法人员执法犯法、贪赃枉法的活动,要依照党纪国法严肃查处。同时,要继续建立和健全有关制度,从根本上保证严肃、公正执法"。②这些论述不仅深刻,而且具体,指明了司法改革作为贯彻依法治国方略的工作举措之一,意义非常重大;作为党和国家的一项重要工作,必须在各级党委政府的坚强领导下,保证司法机关依法履职,并在制度建设上有所作为,逐步形成有中国特色的司法体制。

党中央提出的重要决策部署,往往要通过法律途径上升为全国人民的意志,这也是依法治国的基本要求。李鹏同志在第九届全国人民代表大会常务委员会第一次会议上指出,"改革有一个不断深化的过程,改革的难点也是立法的难点。这就要求在立法中把握好一个恰当的'度'。既要坚持改革的方向,有利于深化改革,又要保证各方面的工作顺利进行;既要保持法律的相对

---

① 江泽民:《高举邓小平理论伟大旗帜,把建设有中国特色社会主义事业全面推向二十一世纪》(一九九七年九月十二日),载中央文献研究室编:《十五大以来重要文献选编(上)》,人民出版社2000年版。

② 江泽民:《在全国政法工作会议上的讲话》(一九九七年十二月二十五日),载中央文献研究室编:《十五大以来重要文献选编(上)》,人民出版社2000年版。

稳定性,又要随着改革的深化适时修改不相适应的法律;既要加快立法步伐,又要选择好法律出台的时机。要把实践证明是正确的做法用法律的形式肯定下来,以巩固改革的成果"。①随后,第九届全国人民代表大会第二次会议通过宪法修正案,正式将"依法治国,建设社会主义法治国家"载入了宪法。这是"党和国家在新的历史时期做出的又一重大战略决策,对于进一步推进我国改革开放的深化和发展,进一步加快我国民主化和法治化的进程,进一步实现国家的繁荣富强和长治久安,都具有重大的现实意义和深远的历史意义"。②至此,在正式确立了依法治国这一治国基本方略的法律地位之后,当代中国的司法改革被注入了强大动力,正式进入了全国人民的视野,开始成为国家政治生活中的一项内容,受到应有的关注和重视。

在此后党和国家通过的一系列重要政策文件中,对于司法改革均有相应的内容,提出了具体要求。2000年10月11日,中国共产党第十五届中央委员会第五次全体会议通过了《中共中央关于制定国民经济和社会发展第十个五年计划的建议》,其中就具体提道:"推进司法改革,完善司法保障,强化司法监督,依法独立行使审判权和检察权,严格执法,公正司法。"③2001年3月5日朱镕基总理在第九届全国人民代表大会第四次会议上作了《关于国民经济和社会发展第十个五年计划纲要的报告》,在该报告的第十部分《加强精神文明和民主法制建设,加强国防建设》中也要求:"深化司法改革,严格执法,公正司法。"④在这些如此重要的纲领性文件中反复提及司法改革,充分凸显了这项工作的重要地位,显示出党和国家的高度重视,既充分表明了党和国家推进司法改革的坚定决心,也赋予了有关部门尤其是司法部门沉重的压力。能否推进好这项改革,不仅已是社会各界关注的热点问题,激发起国民对司法公正和司法效率的新期盼,亦是摆在各级司法机关面前的一个重大课题,直接成为检

---

① 李鹏:《为加强社会主义民主法制,推进依法治国而努力工作》(一九九八年三月二十一日),载中央文献研究室编:《十五大以来重要文献选编(上)》,人民出版社2000年版。

② 沈德咏:《司法改革精要》,人民法院出版社2003年版,第3页。

③ 《中共中央关于制定国民经济和社会发展第十个五年计划的建议》(中国共产党第十五届中央委员会第五次全体会议二〇〇〇年十月十一日通过),载中央文献研究室编:《十五大以来重要文献选编(中)》,人民出版社2001年版。

④ 朱镕基:《关于国民经济和社会发展第十个五年计划纲要的报告》(二〇〇一年三月五日),载中央文献研究室编:《十五大以来重要文献选编(中)》,人民出版社2001年版。

验司法机关工作能力和成效的一块试金石。

（二）最高司法机关开始探索司法改革

自党的十五大提出司法改革以来，我国最高司法机关积极响应，在审判、检察领域规划并实施了一系列改革。

最高人民法院根据党的十五大关于推进司法改革的要求，于 1999 年 10 月制定了《人民法院五年改革纲要》（法发〔1999〕28 号），对 1999—2003 年全国法院的司法改革作了统一部署，确定这一时期人民法院司法改革的总体目标是"紧密围绕社会主义市场经济的发展和建立社会主义法治国家的需要，依据宪法和法律规定的基本原则，健全人民法院的组织体系；进一步完善独立、公正、公开、高效、廉洁，运行良好的审判工作机制；在科学的法官管理制度下，造就一支高素质的法官队伍；建立保障人民法院充分履行审判职能的经费管理体制；真正建立起具有中国特色的社会主义司法制度"，①并从进一步深化审判方式改革；建立符合审判工作规律的审判组织形式；科学设置法院内设机构；深化法院人事管理制度；加强法院办公现代化建设，提高司法效率和法院管理水平；加强制度建设，健全监督机制，保障司法公正廉洁；积极探索人民法院深层次的改革等七个方面提出了 34 项具体改革措施，明确了人民法院改革的方向，成为组织和动员全国各级人民法院推进司法改革的行动规划。

最高人民检察院为贯彻落实党的十五大提出的推进司法改革的任务，根据《检察工作五年发展规划》确定的检察改革的原则和重点，于 2000 年 1 月制定了《检察改革三年实施意见》（2000 年 1 月 10 日最高人民检察院第九届检察委员会第五十二次会议通过），作为 2000 年至 2002 年检察改革的指导性文件，提出"在三年内实现六项改革目标：改革检察业务工作机制，强化法律监督的职能和作用；改革检察机关的机构等组织体系，加强上级检察机关对下级检察机关的领导；改革检察官办案机制，全面建立主诉、主办检察官办案责任制；改革检察机关干部人事制度，调整人员结构，提高人员素质，实行检察官、书记员、司法警察、司法行政人员的分类管理，建立充满生机与活力的用人机制；改革检察机关内、外部监督制约机制，保证公正、廉洁和高效；改革检察机关经费

① 徐光明、唐亚南：《"一五纲要"：启动法院全面改革的行动规范》，《人民法院报》2008 年 2 月 25 日。

管理机制,实行科技强检,为检察机关依法履行检察职能提供物质保障"。①

纵观最高司法机关出台的一系列司法改革政策意见,一方面反映出此时的司法改革已上升为党和国家的意志,成为治国方略的重要组成部分和司法机关组织化程度更高、实施力度更大的一项重要司法事业;另一方面也为包括上海在内的各地方开展改革提供了理论指导和政策支撑,划定了改革的基本范围和目标任务,使得地方性的司法改革计划性、系统性更强,组织化程度也进一步提升。

二、上海推进依法治市

上海,是中国版图上的一颗璀璨的东方明珠。自从在中国近代崛起以来,上海这座汇聚东西文化精华、闪烁工业文明魅力的特大型城市,就成为中国的经济中心和近现代文明的象征。新中国成立以来,在中国共产党领导下,上海人民在建设新上海的历程中创下了令世人惊叹的辉煌业绩。

发展是硬道理,发展需要法治。上海要成为全世界发展最快的城市,必须成为文明法治的社会! 因为"改革开放二十年的经验和教训都已证明,社会转型期间的经济建设、政治民主、科学进步、文化中兴、道德昌明,都离不开法制。只有通过法制,才能保障这一文明持续地进步,从而使其得以凝固、升华为一种新的精神,融入中华文化,构成新的社会核心能力"。②为此,有学者提出,"上海市法制建设的目标和任务是要进一步促进以知识经济为代表的新生产方式的发展,深化各方面体制的改革,完善社会主义市场经济法律制度,推进社会主义民主政治建设,扩大对外开放,实现可持续发展,适应加入世界贸易组织的国际经济环境。为此,要通过公正、有效的立法、行政、司法活动,建立良好的并能得到普遍遵行的社会秩序,保障公民的合法权益,彰显法律权威和社会正义,提升全社会的法治观念,树立新型的社会伦理道德"。③这一观点比较深刻地揭示了法治在保障促进上海这座城市发展中的独特地位,既是新中国成立以来上海发展实践的经验所得,更是进一步保持快速发展势头的迫切

---

① 吴兢:《高检〈检察改革三年实施意见〉公布实施　主诉检察官责任制全面推行》,《人民日报》2000年2月18日。

②③ 杨新宇、赵卫忠、潘伟杰等:《上海法制建设战略研究》,上海科学技术文献出版社2001年版,第3页。

需求,代表了上海广大人民的一种普遍共识。

对于正处在实现跨世纪发展宏伟目标的重要时期的上海而言,加快城市法治建设,对于维护改革、发展、稳定的大局,促进社会主义现代化建设事业健康发展,具有十分重要的意义。中共上海市委、上海市政府把提升城市法治化水平视为上海贯彻依法治国方略的具体实践,提出上海依法治市的长远目标是"要与建立社会主义现代化国际经济中心城市相一致,建成社会主义法治城市",阶段性目标是"从建设社会主义现代化国际经济中心城市的需要出发,全面推进各项事业向依法规范、依法管理和依法运行转变,切实保障人民群众管理国家事务和社会事务的权利",①并对开展地方性司法改革,提升司法工作水平,服务和保障地方经济社会发展提出了非常具体的要求,从而有力地推动了上海司法领域改革的开展。

1997 年 12 月召开的中国共产党上海市第七次代表大会,是在全党和全国各族人民认真贯彻党的十五大精神,全面推进建设有中国特色社会主义伟大事业的新形势下召开的,是决定上海改革开放和现代化建设抓住新机遇、增创新优势、争取新发展的重要会议。黄菊代表中共上海市第六届委员会向大会作了报告,明确提出了到 20 世纪末上海的发展目标以及今后三年应当做好的主要工作,其中专门提及"要继续加强政法队伍建设,不断提高队伍的战斗力和执法、司法水平,确保严格执法,文明执法,公正司法,为人民群众安居乐业,为改革开放和经济建设提供坚强有力的保障",②正式开启了上海司法领域改革的航程,明确了改革方向。

1998 年 12 月,中共上海市委再次在一份重要文件《中共上海市委关于奋战 1999 年以两个文明建设的新成绩迎接新世纪的决定》中提出"要统一执法思想,加强执法监督,逐步推进司法改革,确保严格执法,公正司法",③对于上

---

① 黄菊:《贯彻依法治国方略 推进依法治市工作——在上海市依法治市工作会议上的讲话》,《上海人大月刊》1999 年第 9 期。

② 黄菊:《团结奋斗 开拓创新 夺取两个文明建设的新胜利 阔步迈进二十一世纪——在中国共产党上海市第七次代表大会上的报告》(一九九七年十二月二十一日),载《上海年鉴》编纂委员会编:《上海年鉴(1998)》,上海年鉴社 1998 年版。

③ 《中共上海市委关于奋战 1999 年以两个文明建设的新成绩迎接新世纪的决定》(1998 年 12 月 20 日中共上海市第七届委员会第三次全体会议通过),载《上海年鉴》编纂委员会编:《上海年鉴(1999)》,上海年鉴社 1999 年版。

海司法领域改革的重点方向予以进一步细化。

1999年8月16日，首次由中共上海市委召开的全市依法治市工作会议隆重举行，宣布成立上海市依法治市工作领导小组，从组织上保障依法治市工作的顺利推进，①标志着上海民主法制建设进入了一个新阶段。在这次会议上，中共中央政治局委员、上海市委书记黄菊代表上海市委作《贯彻依法治国方略，推进依法治市工作》的报告，专门针对司法工作指出，"本市的司法工作和司法队伍总体上说是好的，但我们应该看到，当前在整个执法环境、内部制约机制、队伍自身建设等方面同依法治市、公正司法的要求相比，还有一定差距"，要求"按照中央的部署和要求，进一步推进司法改革，探索建立确保司法公正的长效机制，加大审判执法力度，强化执法执纪检查，不断提高办案质量和效率，维护法律的尊严和权威。同时，要加强政法队伍建设，健全考核录用、资格考评、选拔任用和辞退等人事管理制度，加强思想政治教育、职业道德教育和专业知识技能培训，努力培养和造就一支政治坚定、业务精通、纪律严明、作风过硬、党和人民信任满意的高素质的政法队伍，努力树立公正廉明、恪尽职守、热情服务的司法形象"。②会后，中共上海市委正式印发了《上海市进一步推进依法治市工作纲要》(沪委〔1999〕7号)，在工作要求部分对"推进司法改革，维护司法公正"作了详细阐述，即强化司法机关惩治犯罪、调节经济和社会关系、保护国家和集体财产、维护公民法人和其他组织合法权益的职能作用，保障司法机关依法独立公正地行使职权，积极运用法律手段调节各种社会关系，为上海的经济、社会发展提供有力的司法保障和良好的法律服务。坚持程序公正、实体公正并重，严格执行诉讼法律制度，提高办案质量和办案效率，加大执行力度，维护法律的尊严与权威。积极推进司法改革，全面落实公开审判制度，建立符合审判工作规律、具有审判工作特点、适应审判工作需要、确保司法公正的长效机制，进一步提高审判质量和效率。逐步推行检察改革，实行主诉检察官办案责任制，不断完善检察委员会的工作运行机制。积极推进警务体制改革，加强基层基础建设，进一步完善快速反应机制。建立健全维护司法公正的各项监督制约机制。完善公开审判的相应措施，推进人民陪审员制

---

①　《上海"九五"实施依法治市迈大步》，《文汇报》2000年10月17日。

②　黄菊：《贯彻依法治国方略　推进依法治市工作——在上海市依法治市工作会议上的讲话》，《上海人大月刊》1999年第9期。

度,落实检务公开、警务公开制度。强化公、检、法、司分工负责、相互配合、相互制约的机制,充分发挥检察机关的法律监督职能。全面实行办案责任制、重点岗位权力分解制、案件复查制、执法违法的举报通报制、冤案错案责任追究制度。强化监察监督,充分发挥执法督察员和警风警纪督察员的作用。保障律师参与诉讼活动的权利,发挥其在维护当事人合法权益、促进司法公正中的作用。健全选拔任用、考核录用、资格考评、不称职人员辞退等人事管理制度。继续加强政法队伍的思想政治教育和专业知识、办案技能培训,全面提高队伍的政治业务素质,建设一支政治坚定、业务精通、纪律严明、作风过硬、党和人民信任满意的政法队伍。

2000 年 10 月,在研究制定上海市国民经济和社会发展第十个五年计划的过程中,中共上海市委通过的《中共上海市委关于制定上海市国民经济和社会发展第十个五年计划的建议》,仍旧不忘强调司法改革的重要性,继续在"建议"的第九部分"民主法制建设的主要任务"中规定要"积极稳妥地依法推进司法工作改革,确保司法公正"。[1]不久之后,中共上海市委在 2001 年年初召开七届八次全会,总结过去一年的工作,研究提出 2001 年的工作任务,在会议通过的《中共上海市委常委会工作报告》中,对于 2001 年的主要任务再次明确要"继续统一执法思想,坚持严肃执法,稳妥推进司法改革,坚决维护司法公正"。[2]

中共上海市委已经认识到,法治城市的最终形成,依赖于司法体系运行机制的健康,必须"形成和完善保护市民权利和制约公共权力的司法监督机制,确立起与深化司法改革需要相统一、与维护司法公正需求相和谐、与建立法治城市需求相一致的地方性司法运行机制",[3]因而对于推进司法改革抓得很紧,基本上在每年研究制定全市性、宏观性的文件中,均对司法改革有所涉及,

---

① 《中共上海市委关于制定上海市国民经济和社会发展第十个五年计划的建议》(2000 年 10 月 14 日中国共产党上海市第七届委员会第七次全体会议通过),载《上海年鉴》编纂委员会编:《上海年鉴(2001)》,上海年鉴社 2001 年版。

② 《锐意进取 乘势前进 为全面实现"十五"发展目标开好局——中共上海市委常委会工作报告》(2001 年 1 月 10 日中国共产党上海市第七届委员会第八次全体会议通过),载《上海年鉴》编纂委员会编:《上海年鉴(2002)》,上海年鉴社 2002 年版。

③ 杨新宇、赵卫忠、潘伟杰等:《上海法制建设战略研究》,上海科学技术文献出版社 2001 年版,第 213 页。

尤其是在涉及法律领域的专项政策文件中更是不惜笔墨进行详细论述。

对于上海这样一个工作千头万绪的大城市而言,中共上海市委能够在文件报告中作如此频繁和详尽的规定,具体勾勒出上海改革的基本蓝图,直接点出上海司法领域改革创新的着力点和主要方向,不仅说明了上海市委作为一级地方党委,担负着对中央负责和对上海司法改革实行全面领导的责任,而且表明了上海市委对这项工作的高度重视,是在开展非常深入的调查研究的基础上提出的成熟意见,营造了全社会关注重视司法机关改革的良好政治氛围,必将给有序推进上海司法领域改革带来巨大动力。

■ 第二节 改革内容

一、概述

自1997年到2002年10月党的十六大召开之前的五年,是司法体制改革探索阶段,同时也是上海司法领域改革的拉开序幕阶段。在最高司法机关的指导下,上海司法系统认真贯彻中央决策部署,按照《人民法院五年改革纲要》《检察改革三年实施意见》等相关文件的要求,全面落实上级机关布置的改革任务,紧紧围绕改革、发展、稳定大局的需要,不断健全和完善司法体制和工作机制,在工作体制、用人机制和内部运作机制等方面整体推进,各项干部人事制度改革、人员分类管理工作逐步推开。

与此同时,上海司法机关以维护人民利益为根本,以促进社会和谐为主线,以加强权力监督制约为重点,解放思想,实事求是,大胆探索,充分发挥"试验田""先行者"作用,从广大市民对司法工作的需求出发,在认真总结分析既有司法改革实践的得与失、优与劣的基础上,从理论和实践的角度出发,对改革的总体目标、步骤方法以及司法机关的体制机制设计等方面的问题进行系统的分析研究,努力结合地区的实际情况落实好中央关于司法改革的要求,着力以可行的理论服务于改革实践。

在中共上海市委、上海市政府的坚强领导下,五年来,上海各级法院加强审判方式改革,强化庭审功能,重视发挥审判委员会的职能,优化执行组织形式,提高执行工作效率;全面落实公开受理、公开审理和公开宣判的制度,庭审功能和合议庭职能作用得到发挥和完善。上海检察机关深化主诉检察官试点工作,通过公开任职条件、竞争上岗的方式,全面实行主诉检察官和主办检察官办案责任制;把告知制度落实到办案各个环节,实行部分不起诉刑案、刑事申诉案件、民事行政抗诉案件的公开审查制度。这些既符合中央政策要求,又切合上海实际情况的改革举措,不仅使社会主义优越性在司法领域得到了充分体现,而且为上海经济社会改革发展提供了有力的司法保障,为完善和发展中国特色社会主义司法制度作出了积极贡献。

二、上海审判改革

自最高人民法院第十七次全国法院工作会议以来,特别是最高人民法院《人民法院五年改革纲要》制定后,上海法院认真贯彻执行会议精神和《纲要》,以宪法和三大诉讼法为依据,立足当代中国实际,继承和发扬人民司法的优良传统,大胆吸收、借鉴人类社会创造的司法文明成果和当今世界各国的成功经验,循序渐进;注重结合上海实际,在总结之前全市审判方式改革经验的基础上,提出通过五年左右的时间,采取积极探索、稳定推进的方式,对全市法院的审判方式、审判管理、审判组织以及机构和人事制度等进行改革。

提出力争实现 1999—2003 年上海法院改革的总体目标:努力探索并初步建立与社会主义市场经济体制相适应的运行良好的审判工作机制;探索出一套体现公正、民主、高效的审判方式;探索出一套符合审判工作特点和规律的审判管理机制;法院内部机构设置趋于完善和科学,审判部门与司法行政管理部门人员的比例基本合理;逐步建立一套符合法院特点的科学的干部分类管理体制,建立一支适应审判工作需要的高素质的上海法官队伍;初步建立内部与外部相结合保证司法公正廉洁的审判制约机制;审判法庭、办公设施等物质装备进一步改善,形成与审判工作相适应,用现代化手段管理的物质保障体系。①

(一)遵照国家改革统一部署开展的实践

根据中央关于调整司法体制的决策部署,最高人民法院制定了《人民法院五年改革纲要》,对法院改革作了系统全面的部署。上海法院严格遵照执行,

---

① 本节内容主要参考滕一龙:《上海市高级人民法院工作报告(摘要)——2003 年 2 月 18 日在上海市第十二届人民代表大会第一次会议上》,《解放日报》2003 年 3 月 1 日。

成立改革领导小组,切实加强对改革工作的领导,因地制宜制定本地区法院改革的工作计划,对照上级要求推进了一系列改革举措,有效地促进和保障了上海法院依法独立审判。

1. 上海海事法院由交通部划归上海管理

政企不分是中国计划经济时代的典型特征。在国有经济占据统治地位,"单位本位"凌驾于公民社会之上,每个社会成员被束缚在"单位"的那个年代,很多大中型国有企事业单位,尤其是中央企业的内部,纷纷设置了公、检、法等工作机构,尽管其人员、经费等并没有脱离企业的范畴,但却具有相关国家公权力性质,在特定的范围内行驶着国家司法权。甚至,这曾经是中国传统企业的一大特色。我国的海事系统一度也设置了相应的公检法机构。1984年,全国范围内设置了6个海事法院,归属交通部领导,后来委托地方海事局代管。如上海海事法院虽属于专门法院,但人事、财务等均归属交通部领导,由上海海事局代管。长期以来,海事法院虽然审理海事案件,但是一直是按照事业单位来管理,不属于司法机关。

根据国务院的统一部署,自1999年6月起,全国所有的海事法院均脱离地方海事局的管辖,改制成为具有相对独立性的专业审判机构,和地方中级法院同等级别。截至2021年,包括上海海事法院在内,我国共有10个海事法院,[①]其设置已打破了行政区域界限。

就上海而言,1999年6月国家交通部和上海市政府签署《关于理顺上海海事法院管理体制有关问题的协议》,规定从7月1日起,上海海事法院将从交通管理部门成建制移交上海市高级人民法院和上海市政府,国家交通部副部长洪善祥、上海市副市长冯国勤出席交接仪式。这次上海海事法院正式纳入国家司法行政体系,有利于完善我国司法制度,从组织上保障司法公正。[②]自此,上海海事法院的院长、庭长和法官均由上海市人大常委会任免,经费也由上海市级财政保障。

---

① 　这10个海事法院分别为:广州海事法院(1984年10月1日开始受理案件)、上海海事法院(1984年10月1日开始受理案件)、青岛海事法院(1984年10月1日开始受理案件)、天津海事法院(1984年10月1日开始受理案件)、大连海事法院(1984年10月1日开始受理案件)、武汉海事法院(1987年8月16日开始受理案件)、海口海事法院(1990年3月10日开始受理案件)、厦门海事法院(1990年3月25日开始受理案件)、宁波海事法院(1993年1月1日开始受理案件)、北海海事法院(1999年7月1日开始受理案件)。

② 　杨泆:《上海海事法院划归上海管理》,《上海法制报》1999年6月23日。

2. 进一步深化审判方式改革

全面实行立审分立、审执分立、审监分立。根据最高人民法院全面实行立审分立、审执分立、审监分立的要求，上海各级法院从案件受理、审理、执行、申诉几个环节，进行全面改革，均独立设立了立案庭和审判监督庭，[①]明确了各自职责，使案件审判的每个程序相对独立，相互制约，确保程序公正。上海法院为缓解"执行难"，健全执行机构，1998 年即"全部设立了执行庭，结束了过去由审判庭兼管执行的审执合一局面，实行审执分工。充实执行队伍。全市法院执行人员已达 535 人，占法院总人数的 9.4%；其中大专学历以上 472 人，占执行人员总数的 88.2%"。[②]

实行以庭审排期为主要内容的审判案件流程管理制度。根据我国现行的法院审判体制，承办法官对于案件先办后办、如何办以及在审限内什么时候结案，都具有很大的自主权。为建立规则和制衡机制，减少案件受理过程中的人为因素，提高审判效率，在上海市第一中级人民法院案件审理流程管理试点的基础上，[③]上海各级法院普遍实施由立案庭法官对一、二审案件进行排期，确定承办人、开庭日期及结案日期，作庭前准备，使主审法官不单独接触一方当事人，并有专门部门对整个案件的流程情况实施监督、管理。案件从立案审查、文书送达、庭前准备、排期开庭、公开宣判至结案归档进行系统有效的管理，改变了长期以来形成的以行政管理模式管理审判业务的方式，规范了案件审理的操作程序[④]，使每一件案件的审判过程都处于有序有控状态，审判效率明显提高。"80%的案件能够按照排期确定的时间开庭审理，除重大、疑难、复

---

① 为健全法院自我约束监督机制，上海市高级人民法院在 1998 年成立了审判监督庭。

② 【采取措施缓解"执行难"】条，载《上海年鉴》编纂委员会编：《上海年鉴 1999》，上海年鉴社 1999 年版，第 424 页。

③ 上海市第一中级法院从 1998 年 9 月 1 日起开始以立案排期为主线的案件审理流程管理试点，审理流程管理规程规定，在案件受理后，由立案庭按科学的方法将整个审判流程有规律地组织起来，根据司法公正的原则和要求，对法官是否按期审结案件进行跟踪监督制约。审判庭的职责，是要按照庭期进行开庭审理，保证法官真正将工作重点放在法庭上。与此同时，进一步充分发挥合议庭的作用，使合议庭有职有权。除极少数特别重大疑难的案件必须由审委会决定外，绝大多数案件的决定权交由合议庭行使，并逐步提高当庭判决率，提高审判的效率。该院陈旭院长指出，探索由立案庭对案件进行排期，并对其流程跟踪管理，使案件的运作不是由承办人决定，而是围绕着科学合理的庭期这根"指挥棒"转。案件流程管理由立案庭为主，而质量管理由审判庭负责，相互制约，相互配合，从而达到有序管理的目的。杨泱：《排期法官：排除干扰　排出效率——记市第一中级法院案件审理流程管理试点》，《上海法制报》1998 年 9 月 21 日。

④ 陈忠仪、倪慧群：《告别暗箱操作有新举措——市高院要求全市法院实行审判流程管理》，《上海法制报》1999 年 6 月 23 日。

杂案件外,一审案件审理周期平均控制在 90 日以内,有效地解决以往少数案件任意超审限的问题。"①以上海市第一中级人民法院为例,"过去一个法官一个星期开不了几次庭,而现在一天开六七次庭已成普遍现象,刑一庭通过排期审理的案件平均审理周期比不排期的案件提前一星期结案"。②"从 1999 年开始,上海各级法院在受理案件持续增高的情况下,改变了多年来收案升高、结案升高、存案也升高的'三高状态',连续三年实现了案件审理的良性循环,呈现出收案升高、结案升高、存案下降的'两高一低'局面。"③

全面落实公开审判制度。严格执行最高人民法院 1999 年 3 月 8 日发布的《关于严格执行公开审判制度的若干规定》,上海法院坚定不移地坚持公开审判,做到证据、辩论、判决理由公开,允许公民凭身份证旁听庭审、查阅裁判文书。"审理一审案件除法律规定外,已全部实现了公开开庭;审理二审案件公开开庭超过 50%。"④部分法院还有选择地进行了案件庭审电视实况直播或转播。通过公开审判,很好地展示了上海法院公正司法的形象,进一步提高了司法的公信力。

完善复查听证制度。根据最高人民法院关于推行复查听证的规定,上海法院自 2000 年开始除了刑事公诉案件外,对当事人不服生效裁判,申请再审的案件试行复查听证制度,逐步总结经验,制定出了关于试行复查听证及其操作规程的若干规定。"复查案件听证中,双方当事人当庭陈述事实和理由,递交新的证据。经过听证,凡认为正确的裁判,法官从事实和证据上对当事人进行分析,耐心解释不能改判的依据;对于认为确有错误的裁判,依法进行再审;对疑难复杂案件,加强合议,慎重处理,保证再审案件审判质量。凡依法驳回申诉的案件,努力做好当事人的息诉工作。"⑤实践证明,实行复查听证制度增强了复查案件的公开性和透明度,提高了复查案件的质量和效率,既维护了公

①　【完善审判流程管理】条,载《上海年鉴》编纂委员会编:《上海年鉴 2001》,上海年鉴社 2001 年版,第 417 页。

②　杨泱、义钟:《流程管理出效率保公正——上海市第一中级法院审判方式改革连续报道之二》,《上海法制报》1999 年 5 月 12 日。

③　陈忠仪、李惟、许哲煜:《近年来,本市各级法院通过深化审判改革,强化审判监督　提高审判质量实现公正效率》,《上海法治报》2002 年 11 月 6 日。

④　滕一龙:《上海市高级人民法院工作报告——2000 年 2 月 17 日在上海市第十一届人民代表大会第三次会议上》,《解放日报》2000 年 2 月 24 日。

⑤　【实施复查案件听证】条,载《上海年鉴》编纂委员会编:《上海年鉴 2001》,上海年鉴社 2001 年版,第 417 页。

民的申诉权,有利于当事人息诉服判,又保持终审裁判的严肃性、稳定性。

进一步加大当庭认证的力度。上海法院通过当庭公开认证,避免双方当事人围绕某一节事实重复质证和辩论,保证庭审逐步深入,较好地把握庭审节奏;强化证人、鉴定人出庭作证;推进当庭宣判,对具备当庭宣判条件的案件提倡当庭宣判,对不具备当庭宣判条件的案件则及时定期下判。上海市第二中级人民法院还制定了《关于案件当庭宣判的规定(试行)》。通过推进当庭宣判,发挥了庭审功能,提高了审判效率和公信度,增强了审判的社会效果。

推进裁判文书改革。上海法院在裁判文书改革中,重点加强对质证中有争议证据的分析、认证,增强裁判文书的说理性,公开裁判理由,既防止裁判文书缺乏认证断理,又防止把比较简单案件的裁判文书写得冗长、复杂,逐步改变事实叙述过于简单,认证不清,说理不透的状况,加大了对认定事实的分析,增加了认证内容,增强了适用法律的说理。而对那些较为简单的案件,则采用简单明了的制作方法。裁判文书制作质量逐步提高,从而使裁判文书成为向社会公众展示法院公正司法形象的重要载体。

3. 推进执行工作改革

早在 1997 年,上海法院共受理各类执行案件 58 852 件,执结 57 273 件,同比分别增加 15.78% 和 20.09%,执行标的总金额 85.57 亿元。在执行工作中,坚持严肃执法,反对和抵制地方保护主义,优先办理外省市法院委托执行案件,大力协助外省市法院在沪的执行工作,受到外省市法院的好评和最高人民法院的肯定。最高人民法院专门下发了《关于印发上海市法院积极开展委托执行和协助执行工作经验材料的通知》,要求全国各级法院借鉴上海法院的经验,坚决克服地方保护主义。①

此后上海市高级人民法院认真贯彻《中共中央关于转发〈最高人民法院党组关于解决人民法院"执行难"问题的报告〉的通知》精神,成立了"疑难执行案件指导小组",对疑难执行案件的法律适用问题进行指导,下发《执行工作改革的指导意见》,"建立起对全市法院统一管理、统一部署、统一指挥、统一协调的执行工作新机制"。②

---

① 【最高法院发文推广上海执行工作经验】条,载《上海年鉴》编纂委员会编:《上海年鉴 1998》,上海年鉴社 1998 年版,第 409 页。

② 滕一龙:《上海市高级人民法院工作报告——2001 年 2 月 10 日在上海市第十一届人民代表大会第四次会议上》,《解放日报》2001 年 2 月 17 日。

　　改革执行组织，实行执行长负责制、合议制、执行听证制和复议制，市一中院、市二中院实行排期执行制、公告督促执行、招标整体转让等执行方法，[①]杨浦区法院实行悬赏举报执行办法，奉贤区法院、浦东新区法院实行司法协助执行网络，[②]闸北区法院实行执行风险预告机制[③]等。

　　完善执行组织内部运作，很多基层法院实行执行案件难易分流，对简易案件，由执行员直接执行；对执行难度大、情况复杂、牵涉面广、影响大的案件，组成执行合议庭执行，形成执行工作共同负责、相互制约的机制；改革执行方式，实行从分散执行为主向集中执行为主的转变。[④]全市法院普遍使用集中开庭执行方式和集中执行大会警示教育方法，有力地改变了执行工作的被动局面，提高了执行工作的质量。

　　4. 建立符合审判工作规律的审判组织形式

　　强化合议庭和独任审判员的职责。上海各级法院开展审判长和独任审判员的选任工作，2000年即"从全市优秀审判员中选任321名审判长和319名独任审判员"，[⑤]变过去临时组合合议庭为相对固定、动态管理的合议庭。如上海市第一中级人民法院成立27个固定合议庭，任命38位审判长，合议庭一般由4名法官组成，便于配合默契，提高效率，合议庭成员对案件质量包括差错

---

　　①　杨泱、潘已申：《为了杜绝"司法白条"——记市第二中级法院执行方式改革》，《上海法制报》1999年4月12日。

　　②　司法协助执行网络由浦东新区法院、浦东新区公安局、浦东新区司法局组成；法院的执行庭、公安局的治安支队和交巡警支队、各警署(派出所)，司法局的基层处等部门是负责执行或协助执行的职能部门。执行网络成员之间开通由专人负责的24小时联网电脑和电话，快速、及时地传递有关协助执行工作的信息。对群众举报的故意逃避执行的被执行人及其财产线索，法院通过网络使执行人员及时赶到现场，采取执行措施；对暴力抗法等突发事件，法院通过网络及时向公安、司法局提出协同配合要求，使突发事件得到迅速处置。详见杨泱：《充分挖掘司法资源　有效破解执行难题　浦东建立"司法协助执行网络"》，《上海法制报》2000年4月5日。

　　③　闸北区法院从2002年5月起实行执行风险预告机制，在执行立案时向申请执行人发放执行风险告知书。告知书共由四部分组成：首先，告知书告知当事人执行程序是诉讼程序的继续，当事人因自身举证不为、举证不能或因被执行人下落不明、无财产可供执行等客观原因造成无法执行的后果，应由申请执行人自行承担执行不能的风险，不能片面把责任归咎于法院。其次，指导当事人如何申请执行及举证。再次，告知当事人申请执行时不得违反诸如不得对人身申请强制执行等执行禁令性规定。最后，执行风险预告制度还告知了申请执行费的收取标准和收取方法。详见王霄岩：《闸北区法院在本市率先推出新举措　实行执行风险预告机制》，《上海法治报》2002年6月5日。

　　④　倪慧群：《上海法院执行工作改革研讨会提出：建立执行工作新机制》，《上海法制报》2000年10月27日。

　　⑤　【强化审判组织职责】条，载《上海年鉴》编纂委员会编：《上海年鉴2001》，上海年鉴社2001年版，第417页。

共同负责。①上海市高级人民法院还制定了合议庭评议规则，进一步强化合议庭职能，规范和完善审判长运作机制。除少数重大、疑难案件需由审委会讨论决定外，其余案件均由合议庭和独任审判员作出裁判。确立审判长在合议庭中的核心地位，审判长除自己主审案件外，负责组织指导案件的审理和审判管理，逐步形成合议庭分工负责，共同办案的机制，改变了过去合议庭只对事实负责而不对案件判决负责的状况。

规范案件繁简分流。上海各级法院会同检察机关探索刑事普通程序案件的简化审理，"规范民事、民商事案件繁简分流，对事实清楚、权利义务明确、争议不大的民事、民商事案件正确适用简易程序。对一些标的额较大以及其他需要快速审理的案件，只要双方当事人同意，也适用简易程序审理"。②相当一部分基层法院以及人民法庭成立简易案件审判组，③专门审理简易案件；有些法院还根据当前审判工作的特点和需要，对适用简易程序审理的案件在开庭方式、调解书和结案报告的制作等方面予以改革，④2002 年 8 月 1 日，上海市高级人民法院制定的《关于适用简易程序审理一审民事案件的若干操作规程》开始试行，⑤重点在于进一步细化诉讼程序操作，"一是严格控制庭前准备时间，规定庭前准备期自案件移送之日起一般不超过 20 个工作日，当事人不要求答辩期的，案件可以当天受理、当天开庭；二是合理控制庭审次数，强调辩论

---

① 杨泱、义钟：《让合议庭真正合议——上海市第一中级法院审判方式改革连续报道之一》，《上海法制报》1999 年 5 月 10 日。

② 【深入推进审判和执行工作改革】条，载《上海年鉴》编纂委员会编：《上海年鉴 2002》，上海年鉴社 2002 年版，第 415 页。

③ 如浦东新区人民法院在 2001 年 10 月成立民商事简易案件速裁组，一般的速裁案件在一周或 10 天的期限内就可以审裁完毕。万里：《浦东新区法院审判机制改革推出新举措 立案审查判决，一小时完成民商事简易案件速裁方式取得良好的社会效果》，《上海法治报》2001 年 11 月 2 日；许哲煜：《浦东新区法院有效化解审判力量不足的矛盾 速裁简易民商事案件》，《上海法治报》2001 年 12 月 5 日。

④ 如卢湾区法院在具体操作上采取了"二步分流法"，即立案阶段初步分流、庭前准备再次分流。详见张霞、尹学新：《分流案件 提高效率 卢湾区法院民事简易程序适用改革取得成效》，《上海法治报》2001 年 11 月 26 日。

⑤ 该《操作规程》主要内容有：(1)关于简易程序的适用范围。规定除"起诉时被告下落不明、发回重审或按照审判监督程序再审"等 6 类案件外，其他案件在立案时均可首先适用简易程序进行审理。(2)关于诉讼程序的简化。《操作规程》在不违反民事诉讼法规定的情况下，就有关程序性问题作了进一步具体规定。如对案件从立案至开庭审理期间等各环节之间衔接的期间作了相对于普通程序更加严格的规定；规定裁判阶段开庭一般以一次为限，同时也强调了当庭宣判。此外，创设了部分专门适应小额案件的更为简化的特别规定。详见《上海年鉴》编纂委员会编：《上海年鉴 2003》，上海年鉴社 2003 年版，第 386 页。

终结、当庭宣判；三是简化裁判文书的制作；四是实施诉讼文书送达地址确认制度，强调审判人员可要求双方当事人确认法律文书有效送达的方式和地址，按此方式与地点不能送达法律文书的，或者方式与地点变更而未及时通知法院，造成法律文书不能送达的，由确认一方的当事人承担不利后果"，[①]极大地提高民事审判工作的效率。"据市高院统计，目前上海法院适用简易程序的民事案件保持在80％左右，适用简易程序的刑事案件也在40％左右。"[②]

改变院长、庭长、副庭长对审判工作的管理方式。法院院、庭领导的审判管理方式有了改变，由过去以审批案件为主转变为对审判工作的宏观指导和对裁判的监督。副庭长担任合议庭的审判长，庭长不在时代行管理职责；庭长从过去听汇报审批案件转为直接参加合议庭担任审判长审理案件，同时还要对全庭的案件质量负责，每月要抽查本庭已审结案件的10％—20％，每季度写出审判质量报告，负责组织审判长联席会议讨论本庭的重大、疑难案件。院长担任审判长审理重大疑难和影响大的案件，参与对疑难案件的讨论，决定是否将案件提交审委会讨论。据统计，仅1999年，全市法院院、庭长参加合议庭开庭审理案件9 431人次，到现场指导执行案件6 655人次，参加旁听开庭1 121件次。[③]

完善审判委员会职能。上海市高级人民法院制定下发了《上海法院审判委员会工作规则(试行)》，明确界定了审委会的职责范围，审判委员会除讨论重大、疑难案件外，着重总结审判经验，指导监督审判活动，更好地对审判工作中带有根本性和全局性的问题进行指导；规定了审委会的议事程序，进一步加强审委会对审判工作的指导。

完善人民陪审员制度。2001年4月上海市高级人民法院制定下发《人民陪审员管理办法(试行)》，规定了人民陪审员的任职条件和产生程序，进一步明确了各级法院聘任人民陪审员的数量及其权利、义务。全市法院认真按照规定，畅通选任渠道，改变传统的产生和使用方式，从各机关团体、民主党派、

---

① 倪慧群：《本市法院进一步深化民事审判方式改革 适用简易程序案将增至九成》，《上海法治报》2002年7月12日。

② 陈忠仪、李惟、许哲煜：《近年来，本市各级法院通过深化审判改革，强化审判监督 提高审判质量 实现公正效率》，《上海法治报》2002年11月6日。

③ 【审判：强化合议庭、独任审判员职责】条，载《上海年鉴》编纂委员会编：《上海年鉴2000》，上海年鉴社2000年版，第402页。

企事业单位以及基层组织中聘任了512位人民陪审员。①人民陪审员作为合议庭组成人员,在法院履行职务期间,享有与审判员同等的权利。仅2001年即陪审案件12 715件。②

5. 科学设置法院内设机构

加强人民法庭规范化建设。1999年6月10日最高人民法院审判委员会第106次会议通过的《关于人民法庭若干问题的规定》,明确了人民法庭"便于当事人进行诉讼,便于人民法院审判案件"的原则。上海法院按照规范化、规模化的要求合理设置人民法庭,闵行、金山、宝山、嘉定、松江、南汇等区人民法院相继合并、撤销了一些小规模的人民法庭,原有的60多个人民法庭调整为33个,使人民法庭的设置更趋合理化、规范化,既方便当事人诉讼,又有利于法院公正审判案件,并对法庭管理和案件审理制定规范化措施。

上海法院结合机构改革和人员精简工作,建立了大民事审判格局,完善了刑事、民事、行政审判体系。撤销刑事审判庭,③设立刑事审判第一庭和刑事审判第二庭。撤销基层人民法院经济庭内知识产权专项合议庭,一审知识产权民事、经济案件基本由中级人民法院受理。

6. 深化法院人事管理制度改革

推行法院工作人员分类序列管理。上海法院通过探索,基本实现对书记员的集中统一管理,书记员由书记员办公室或立案庭调配,实行"审书分离",使书记员工作更加专业化和科学化。尝试打破书记员只能从事审判辅助工作的"框框",在书记员与法官之间设置过渡性职位,试行法官助理制。上海市浦东新区人民法院结合审判实际,提拔优秀的书记员担任法官助理,④主要职责是协助对口的合议庭或独任审判员完成与审判工作相关的部分程序性和实体性事务,如接收立案庭移交的当事人提供的证据材料、主持庭前证据交换、指

---

① 滕一龙:《上海市高级人民法院工作报告摘要——2002年2月24日在上海市第十一届人民代表大会第五次会议上》,《解放日报》2002年3月3日。

② 【完善人民陪审员制度】条,载《上海年鉴》编纂委员会编:《上海年鉴2002》,上海年鉴社2002年版,第415页。

③ 刑事审判第一庭管辖除经济类犯罪以外的其他普通刑事犯罪案件和高院管辖的刑事案件减刑、假释事宜;刑事审判第二庭管辖经济类犯罪案件,载《上海年鉴》编纂委员会编:《上海年鉴2003》,上海年鉴社2003年版,第385页。

④ 东亮:《改革人事制度 推出法官助理 浦东新区法院在书记员与法官之间设新职位》,《上海法治报》2001年6月27日。

导书记员做好开庭准备工作等；也可根据案件主审法官的要求，参加合议庭的评议、起草判决文书及代为宣判等。法官助理任期为一年，年度考核优秀、称职者，可以续任；其中特别优秀者，根据工作需要可任命为助理审判员。

完善审判人员违法审判责任追究工作制度。上海法院违法审判责任追究工作是在 1993 年上海市高级人民法院制定《上海法院错案责任追究办法（试行）》的基础上启动的，随着 1998 年最高人民法院《人民法院审判人员违法审判责任追究办法（试行）》和《人民法院审判纪律处分办法（试行）》的制定和下发，上海法院违法审判责任追究工作积极稳步发展，初步形成了领导重视、组织落实；职责明确，齐抓共管；完善制度，强化监督；严格纪律，落实追究的工作格局。上海各级法院从教育入手，夯实违法审判责任追究工作的思想基础；以建立完善工作机制为重点，抓好违法审判责任追究工作的制度保证；抓住落实责任追究这一关键，不断加大工作力度。上海市高级人民法院制定了追究违法审判行为的两种处理方式，即行政处分和组织处理，其中行政处分包括警告、记过、记大过、降级、撤职、开除六个档次，行政处理包括扣发奖金、警诫、通报批评、免职、限期调离、辞职六个档次，统一了全市法院的做法。"自 1998 年至 2001 年 8 月，全市法院追究违法审判责任给予纪律处分或组织处理的 9 人。对违法审判情节轻微的和案件审理有一般差错的 702 人给予行政处理。被追究的违法审判行为主要有办'关系案''人情案'，私自制作法律文书，审理案件无正当理由超审限；违反法院规定调解，无故拖延移送上诉案件，违法送达法律文书造成严重后果，在执行工作中违规使用警具、戒具，伤害群众等问题。"[1]

（二）根据地方司法实际自主开展的探索

尽管国家对推进司法改革予以了高度重视，制定出台了许多规范性文件，但由于整个改革工作千头万绪，涉及司法工作的方方面面，难以一言以概之，并没有一个现成的模式可以照搬照用，放之全国而皆准。因此，充分发挥地方司法机关的主动性和积极性，鼓励和提倡开展大胆探索，也成为整个改革的重要内容。

---

[1] 《本市法院不断完善有关机制维护司法公正　违法审判就要追究相应责任》，《上海法治报》2001 年 9 月 7 日。

1. 改革审判组织形式，合理调整内设机构

针对上海法院未成年人刑事案件案源少、审判力量分散、队伍发展不平衡的问题，上海市高级人民法院调整全市法院少年庭机构设置，1999年3月起在长宁、闵行、普陀、闸北四个区法院内设立少年刑事审判庭，各管辖五个区（县）的未成年人刑事案件，[①]其他各区、县法院的少年刑事审判庭予以撤销。少年庭机构设置改革后，"审判资源"得到了合理配置，有效提高了审判效率；少年庭法官队伍得到了相对稳定，确保了审判质量。

2. 改革审判管理模式，加强审判质量管理

上海市高级人民法院先后制定了《上海法院案件审判管理职责规定（试行）》《关于进一步加强审判庭长在审判工作中的管理职责的意见》等规定，成立案件质量评定委员会，由院长直接领导，指导协调和监督法院审判质量工作，开展"办案质量年"活动，[②]对审判工作中存在的质量问题进行讲评。各级法院都专门成立案件审判质量工作小组，建立了"案件检查情况通报制度""案件检查讲评制度"，明确审监庭在质量管理中的职责，作为办事机构具体负责日常工作。

2000年上海市高级人民法院下发《关于进一步完善上海法院案件质量内部监督制度的意见》，明确全市法院要形成内部横向监督、纵向监督的案件质量监督网络，构成以基层法院为基础，中院承上启下，高院统一组织、管理的案件质量全面监控体系。案件质量监督范围覆盖立案、审判、执行等各个环节，主要评查已结案件中的各类交办案件、人民群众反映强烈的案件、执法不统一的案件、有违法审判线索的案件、被二审改判和发回重审的案件共五类案件的质量。评查后发现原判有错误的案件，按照审判监督程序予以纠正；发现有违法线索的，协同监察部门作进一步审查；应承担差错责任的，按考核规定处理。[③]

3. 改革权力行使方式，保障诉讼各方权益

推行债权申请执行凭证制度。从2001年开始，上海两个中级法院和个别

---

① 王霄岩、沈玉青、吴颖华：《改革与配套——对目前本市法院少年庭运作情况的思考》，《上海法制报》1999年10月27日。

② 滕一龙：《上海市高级人民法院工作报告（摘要）——1999年2月4日在上海市第十一届人民代表大会第二次会议上》，《解放日报》1999年2月11日。

③ 倪慧群：《明确职能部门 健全工作制度 上海法院加大案件质量内部监督力度》，《上海法制报》2000年6月12日。

区县法院试点推行债权申请执行凭证制度，①2002年6月，上海市高级人民法院制定下发的《债权申请执行凭证管理规定(试行)》和《债权申请执行凭证管理操作规范(试行)》，②将该制度推广至全市法院。由于债权凭证的有效期限达20年，确认债权人对经法定期限执行后未受偿的债权享有继续追偿的权利，有效弥补了法定申请执行期限过短的欠缺。

进一步强化庭审功能。上海市高级人民法院于2000年4月制定了《调查令实施细则》，并在全市经济审判工作中予以初步试行，当事人遇到因客观原因无法自行收集证据的情况，可以向法院申请调查令，由当事人的代理律师凭调查令收集证据。③上海作为全国第一个试行调查令制度的地区，调查令制度的实施状况一直是上海市高级人民法院诉讼制度研究的一个重点。这一制度实施以来，提高了当事人依法取证的能力，使法官从繁忙的调查取证中解脱出来，把主要精力放在庭审和制作法律文书上。同时，也有助于确保法官居中裁判，避免了为一方当事人调查取证而可能产生的不公正。上海市律协副会长朱洪超也表示，"调查令制度在上海率先实施后，对减少法官调查性事务、提高诉讼效率起到积极作用，律师申请调查令的数量逐年提升，可见它已成为律师取证的有效手段之一"。④

4.改革人事管理制度，提升队伍总体素质

加大考核力度，完善考核办法，逐步建立"公平、竞争、择优"的干部任用新机制。上海市高级人民法院制定了《上海市各级人民法院中层以下领导任

---

①　债权凭证是为了增加被执行人的压力、维护债权人的利益而设计的，以债权人自愿申领为原则。发放债权凭证不同于"终结执行"，也有别于"中止执行后的申请恢复执行"，当发现被执行人有可供执行的财产时，债权人即可持债权凭证要求法院继续执行。这种再次启动执行的程序，迅速、便捷、无损债权人程序和实体上的权益。详见甄涛、王建平：《躲过初一，难逃十五——债权凭证制度赋予债权人享有继续追索权》，《上海法治报》2001年12月12日；张霞：《本市基层法院发放〈债权凭证〉给债务人吃定心丸　二十年内可凭证申请执行》，《上海法治报》2002年7月3日。

②　许哲煜：《本市法院破解执行难出新招　债权申请执行凭证效果好》，《上海法治报》2002年9月30日。

③　1996年，上海市第一中级法院开始试行调查令制度。1998年，长宁区人民法院召开民事诉讼调查令通报会，宣布正式试行调查令制度，以后，本市杨浦、徐汇、南汇等区县法院也相继开始试行调查令制度。2000年4月，上海市高级人民法院发出通知，决定在全市法院经济审判中全面试行调查令制度，试行期一年。2001年6月，上海市高级法院再次发出通知，决定在全市法院民事诉讼中正式实施调查令制度。详见池燕萍：《本市法院经济审判工作试行"调查令制度"　当事人取证难将成历史》，《上海法制报》2000年10月27日；王建平：《调查令　取证不再困难重重》，《上海法治报》2002年3月18日。

④　吕旋：《"调查令制度"尚需进一步完善》，《上海法治报》2007年10月12日。

职目标考核实施办法(试行)》《上海市高、中级人民法院部分职务等级选升制实施办法(试行)》和《上海市各级人民法院各类职务人员占编制数比例限额意见》等文件,①对中层以下领导职务人员,实行任职目标考核办法;对高、中级法院部分职务等级实行选升制,通过采用考核、竞争上岗的方式,实现干部能者上、平者让、庸者下的新机制。上海市高级人民法院还制定《上海市各级人民法院非领导人员岗位目标考核实施办法(试行)》,对非领导职务人员,全面推行岗位目标考核办法,实行续任上岗、离任试岗、解任下岗制度,使干警产生危机意识,树立竞争意识。进一步完善对审判长和独任审判员在职责、权限、奖惩和待遇方面的规定,加强了对审判长和独任审判员的考核、管理和监督。

加强教育培训工作。上海市高级人民法院制定了《2000—2004 年上海法院干部业务教育培训规划》,实现了以学历教育为主向岗位培训为主的转变,从应急性、临时性培训向制度化、规范化培训转变。逐年开展旨在提高法官职业素养、庭审驾驭能力、法律适用能力、裁判文书制作能力的全员轮训。五年来,共举办各类审判业务培训班 68 期,4 029 人次参加了培训。

三、上海检察改革

作为上海司法领域改革的重要组成部分,上海检察机关在坚决贯彻最高人民检察院提出的检察改革的原则、目标和具体实施部署的前提下,紧密结合上海实际,自 1999 年起每年召开全市检察机关深化改革工作会议,上海市人民检察院领导出席会议并作讲话,明确上海检察改革的任务、目标和原则,保障检察改革沿着正确的方向发展。②

1999 年,上海市检察机关提出今后一个时期检察改革的主要任务是:以

---

① 【深化干部人事制度改革】条,载《上海年鉴》编纂委员会编:《上海年鉴1999》,上海年鉴社1999年版,第425页。

② 1999年9月2日,召开全市检察机关深化改革工作会议,上海市人民检察院检察长吴光裕出席会议并讲话,副检察长罗发勤代表市检察院党组对开展检察改革进行了部署;2000年5月26日,召开全市检察机关改革工作会议,上海市人民检察院检察长吴光裕出席会议并讲话,副检察长唐周绍代表市检察院党组对《上海市人民检察院贯彻高检院〈检察改革三年实施意见〉的方案》作了说明,提出了具体要求;2001年5月31日,召开深化检察改革工作会议,上海市人民检察院检察长吴光裕出席会议并讲话,副检察长唐周绍代表市检察院党组作《上海市检察机关2000年改革情况和2001年改革任务》的书面报告;2002年5月14日,召开深化检察改革工作会议,上海市人民检察院党组副书记、副检察长邹传纪出席会议并讲话,副检察长余啸波代表市检察院党组总结两年检察改革工作,部署2002年改革工作。

邓小平理论和党的十五大精神为指导,以保障公正执法为核心,进一步加强法律监督,全面开展各项检察业务,努力造就一支高素质的专业化检察队伍,逐步建立健全适应社会主义市场经济体制和依法治国要求,符合检察工作特点和规律的管理体制、工作制度和工作运行机制,保证依法独立公正地行使检察权,提高办案工作质量和效率,不断完善有中国特色的社会主义检察制度。

规定开展检察改革必须坚持的原则①是:

(1) 必须在坚持有中国特色社会主义的基本政治制度和基本法律制度的前提下进行,以党的四项基本原则为指导,坚持改革的社会主义方向,决不能照搬照抄西方模式。通过改革,要更加有利于加强党对检察工作的领导,有利于加强人大及其常委会对检察工作的监督,有利于维护最广大人民群众的利益,为党和国家的工作大局服务。要把人民满意不满意,赞成不赞成,拥护不拥护作为检验检察改革成效的根本标志。

(2) 必须与社会主义民主法制建设发展相适应,积极推进依法治国、建设社会主义法治国家的进程,为实现上海依法治市的目标服务。任何一项检察改革措施的出台和实施,都必须着眼和立足于建设民主政治,加强法制建设,推进依法治国和服务依法治市。

(3) 必须围绕宪法和法律规定的检察机关的性质、职能和任务进行。通过加强制度建设、机制建设,强化检察机关作为国家法律监督机关的作用,保证检察机关公正执法,在党的领导下依法独立行使检察权,有效地维护国家法律的统一正确实施。

(4) 必须依靠和调动广大检察干警的积极性,提高检察机关的执法水平和工作效率。开展检察改革工作中涉及的机构设置、人事管理制度、业务工作方面的改革,都要真正能够起到调动广大检察人员的积极性,提高检察机关整体执法水平和工作效率的作用,有力地推进检察工作的开展。

(5) 必须立足国情,结合实际,合理借鉴国外有益做法。推进检察改革,必须从我国的国情和本市实际出发,坚持以往检察工作中的一切行之有效的经验和做法,在我国政治体制框架内根据形势的发展和需要,在实践中积极探

---

① 吴光裕:《吴光裕检察长在全市检察机关深化改革工作会议上的讲话》(1999年9月2日),载上海市人民检察院办公室编:《上海检察年鉴2000》,第418—419页。

索检察工作发展的特点和规律,从体制、机制、制度等方面,努力完善有中国特色的社会主义检察制度。同时,又要站在时代的高度,认真研究现代法制发展的潮流,大胆吸收和借鉴国外法制和司法制度中的先进经验和有益做法。

(6)必须有组织、有领导,积极稳妥地进行。凡是重大改革举措,都要先行试点,探索经验,再全面推行。对的就坚持,不对的赶快改,新问题出来就抓紧解决,避免由于工作不慎而产生负效应。

在认真研究了如何贯彻落实最高人民检察院《检察改革三年实施意见》,以及全国检察机关第四次政治工作会议上部署的九项改革内容后,结合上海检察工作五年发展规划,上海市人民检察院总结近几年上海检察工作特别是1999年检察改革经验,经过深入调查研究、广泛听取意见和多次考察论证,在2000年制定出具体实在、针对性和可操作性强的《上海市人民检察院贯彻高检院〈检察改革三年实施意见〉的方案》,作为上海检察机关2000—2002年三年改革的纲要,确保上海的各项检察改革有计划、有步骤地稳步推进,使具有上海特点的检察改革不断取得实质性的进展。

该《方案》规定上海检察机关三年改革的目标是:"紧密围绕社会主义市场经济的发展和建立社会主义法治国家的需要,进一步健全和完善上级检察院领导下级检察院的体制,形成上下一体、政令畅通、指挥有力的领导体制;进一步健全独立、公正、高效、廉洁、运行良好的检察业务管理和工作运行机制;进一步完善内外部监督制约机制,有效防范司法腐败,确保公正执法;进一步健全符合检察工作特点的干部人事管理制度,建立充满生机的用人机制,造就一支高素质的检察官队伍。"

同时提出了六项改革内容,"即进一步健全和完善市院对分院、基层院的领导体制;建立、健全符合检察工作规律的管理机制和工作运行机制;科学设置检察机关内设机构;健全和完善内外部监督制约机制;深化检察人事管理制度改革以及提高检察工作的科技含量"。①

(一)遵照国家改革统一部署开展的实践

根据最高人民检察院制定的《检察改革三年实施意见》,上海检察系统严格遵照执行,不仅各级检察院成立改革领导小组,由主要领导亲自挂帅,而且

---

① 林中明:《以公正执法为目的 市检察院推出检察改革方案》,《上海法制报》2000 年 5 月 31 日。

上海市人民检察院还制定了《上海市人民检察院贯彻高检院〈检察改革三年实施意见〉的方案》，稳步推进上海检察改革不断取得进展。

1. 改革检察业务工作机制，强化法律监督的职能和作用

全市建立了统一的职务犯罪大案要案侦查指挥中心。①上海市人民检察院职务犯罪大案要案侦查指挥中心的建立，把全市职务犯罪大要案侦查工作纳入了统一组织指挥、协调的工作格局，进一步加强上级检察院对下级检察院查办职务犯罪工作的领导，对保证公正执法、保障侦查工作依法开展起了积极作用，有力地推进了大案要案的查办工作。

逐步建立侦查骨干"人才库"。上海市人民检察院侦查部门成立渎职侵权大案要案侦查队，初步构建职务犯罪案件信息库及侦查骨干"人才库"，为办理跨地区的重大、疑难案件提供组织保障，在查大案、破难案方面发挥了积极作用。

建立健全有效的侦查协作机制。上海市人民检察院先后会同中共上海市纪委、政法委、司法、公安、法院、审计等机关，研究制定了《关于在查办党员和干部违纪违法案件中相互沟通案件信息、移送案件材料的通知》《关于建立经济犯罪、职务犯罪案件侦查工作联席会议制度的意见》《关于本市局级领导干部贪污贿赂犯罪案件管辖的补充规定》等规范性文件，形成了全市反贪查案的工作网络，增强了整体合力。

2. 改革检察机关的机构等组织体系，加强上级检察机关对下级检察机关的领导

启动机构改革。根据最高人民检察院和中共上海市委有关机构改革的精神和要求，按照有利于保障检察机关依照宪法和法律履行职能，有利于实现国家检察体系的统一，有利于加强检察机关上下级领导关系的要求，逐步推开机构改革，根据业务归口的原则，进一步调整检察机关业务部门的职责范围，部分机构更名，部分机构进行调整。此次检察机关内设机构的改革，并非仅仅是名称上的变更，而是体现了检察职能和工作重点上的变化。从 2001 年 10 月 1 日开始，上海检察机关将审查批捕处科更名为侦查监督处科，反映了检察机关在刑事案件审查批准逮捕环节上将更进一步突出对侦察活动的法律监督职能。法纪检察处科更名为渎职侵权检察处科，则从名称上更加突出了该部门专职侦查国家机关工作人员滥用职权、玩忽职守、徇私舞弊等渎职犯罪和利用

职权侵犯公民人身权利犯罪的检察职能。审查批捕处科改为侦查监督处科；法纪检察处科改为渎职侵权检察处科；审查起诉处科改为公诉处科；预防贪污贿赂检察处科（设在反贪局内）改为职务犯罪预防处科（独立建制）；市检察院第一、第二分院新成立反贪污贿赂局。①

深化检察委员会工作改革。检察委员会是检察机关讨论决定重大案件和其他重大问题的议事决策机构。上海检察机关通过完善检察委员会委员的组成结构，逐步配备专职委员，调整检委会成员，充实法律功底扎实、业务能力拔尖的干部，明确规范了检察委员会委员的任职资格条件、标准和选任程序，建立检察委员会通报制度和业务学习制度，加强检察委员会日常办事机构的建设。各级检察委员会在决策检察业务重大问题、重大复杂疑难案件上发挥了更为积极的作用，检察委员会业务指导权威性进一步增强。

3. 改革检察官办案机制，全面建立主诉、主办检察官办案责任制

规范主诉检察官制度建设。为改变长期以来办案工作环节多，权责不明晰、错案追究制难以落实的状况，在公诉部门进行了主诉检察官办案责任制试点。"主诉检察官办案责任制是在检察长领导下，检察官主持承办刑事案件的审查起诉、出庭公诉工作并全面负责的制度。"②上海市人民检察院先后制定了《上海市人民检察院主诉检察官办案责任制》及其《补充规定》和《市院主诉检察官办案责任制实施细则》等规定，规范了主诉检察官的任职条件、选任程序、权利责任，以及监督保障机制等。③又推出《主诉检察官办案责任制督导条

---

① 张霞、施坚轩：《体现检察职能和工作重点变化　本市检察机关部分机构更名》，《上海法治报》2001年9月28日。

② 吴光裕：《上海市人民检察院工作报告——2000年2月17日在上海市第十一届人民代表大会第三次会议上》，《解放日报》2000年2月24日。

③ 上海检察机关主诉检察官制度有三种模式：一是专家型主诉检察官。浦东新区检察院在开展试点以来，就确定培养专家型主诉检察官的目标，将受理审查起诉的案件按类型分为几个专题，如自侦案件、毒品犯罪案件、暴力犯罪案件，每位主诉检察官专门负责办理一类案件，并要求每年对所承办的一类案件进行经验总结，促使主诉检察官钻研专业知识，迅速成为办理一类案件的行家里手。二是等级主诉检察官制度。金山区检察院将主诉检察官办案责任制与试点中的等级公诉人制度有机结合，推出了等级主诉检察官制度，按照主诉检察官的业务能力、工作经历等，分为三个等级，规定了每个等级的工作要求及待遇标准，以拉开距离，鼓励竞争。三是审诉分离主诉检察官。杨浦区检察院区分主诉检察官和事务检察官，主诉检察官主持案件审理，并专司出庭公诉工作，事务检察官协助主诉检察官并专司案件审查。主诉检察官对案件的处理有决定权，事务检察官有建议权。见戴围城：《金山检察院大胆实施司法改革　首创主诉检察官等级制见成效》，《上海法制报》1999年8月9日；连瑞平：《为了公正执法——主诉检察官办案责任制在上海取得良好效果》，《上海法制报》2000年1月12日。

例》,实行主诉检察官评聘分离制度、预备主诉检察官制度、专业分类办案制度等,形成了对主诉检察官选任、人才储备、业务培训、监督管理的一整套工作机制。①这一改革打破了选任干部论资排辈,案件审批层次重叠的格局,一批政治好、业务精、能力强的年轻干部脱颖而出,挑起了大梁,办案人员的责任心、积极性和主观能动性进一步增强,提高了办案质量和效率。

以主诉制试点起步较早的长宁区人民检察院为例,主诉检察官的职责范围,特别是运作程序有明确的规范。如规定主诉检察官及其组员向人民法院提起公诉的一般案件,经主诉检察官批准后可直接向人民法院起诉;疑难复杂案件,改变侦查机关、部门起诉意见书中所适用的法律条款的案件,必须经组内讨论;主诉检察官难以把握的重大疑难复杂案件实行"三级制"运行模式,即可以提交科内讨论,讨论后由主诉检察官自主决定是否采纳他人意见并由其本人独立承担责任;如果主诉检察官听取科内意见后仍感难以把握的,也可上报分管检察长决定,但须提出个人倾向意见。分管检察长的决定与主诉检察官意见不一,按分管检察长的决定执行。若该决定有误,由分管检察长承担责任。该决定无误,主诉检察官的办案考核应当扣分;如果分管检察长认为有必要提交检委会讨论的案件,主诉检察官、科长、分管检察长应当提出书面意见,提交检委会讨论,并执行检委会讨论决定。如果该决定有误,属定性错误,由检委会负责,属事实证据错误,由主诉检察官负责。这一做法,既妥善处理了大胆探索与依法有序的关系,维护了检察一体的原则,又从真正意义上改变了过去那种表面上人人有责,而实际上又无法落实责任承担人的办案状况,辅之以配套的"错案责任追究制"及主诉检察官享有的相应待遇,基本上做到责权分明,奖惩有度。②

以上海最具代表性的杨浦区人民检察院审诉分离主诉检察官办案组织形式为例,鉴于修改后的刑诉法确立了控审分离、控辩对抗的庭审模式,对出庭

---

① 上海市人民检察院自 1998 年年底开始着手制定主诉检察官办案责任制规定,1999 年 4 月,最高人民检察院主诉制改革工作方案下发后,上海市人民检察院结合本市实际情况,反复推敲,研究制定了具体规定。这一过程历时八个月,共经历了上海市人民检察院起诉处 13 次修改,两次全市起诉部门讨论,两次全市政工会议讨论,两次区县、分院检察长修改,上海市人民检察院分管检察长也作了多次修改,最后经上海市人民检察院检委会多次讨论才作决定。

② 连瑞平:《为了公正执法——主诉检察官办案责任制在上海取得良好效果》,《上海法制报》2000 年 1 月 12 日。

公诉的检察官提出了更新更高的要求,杨浦区检察院在审查起诉科试行了以审诉分离为主要内容的主诉检察官的办案组织形式:主诉检察官主持案件审理,并专司出庭公诉工作,事务检察官协助主诉检察官并专司案件审查。主诉检察官对案件的处理有决定权,事务官有建议权。既可使检察机关内部的制约机制进一步强化,使干扰公正执法的案外因素更无机可乘,又可将一部分法学理论功底扎实,洞察、应变及雄辩能力较强的检察官推上公诉第一线,以确保出庭检察官的良好形象。同时,该形式使办案检察官能以多种思维方式和不同视角,对同一案件作全方位审查、分析和透视,因而使案件证据更为扎实,定性更为准确。①

推行主办检察官办案责任制,进一步促进了内部管理的优化。2001 年 6 月,上海市人民检察院制定了符合侦查工作规律和管理工作特点的《上海市检察机关反贪部门主办检察官办案责任制实施办法》。经过资格审查、业务培训、实绩评定、业务测试及能力测试,一批检察官取得主办检察官资格。主办检察官办案责任制推行以来,较好地克服了原管理体制中环节过多,层层审批,责任分散,效率不高的弊端,提高了工作效率,检察官的主观能动性和创造性也得到进一步发挥。控告申诉、监所和渎职侵权检察等部门均选择部分单位开展主诉(办)检察官办案责任制的试点,积极探索和实践管理方式的改革,取得了一定的成效。

4. 改革检察机关干部人事制度,调整人员结构,提高人员素质

推进检察队伍分类管理制度。上海检察机关对检察队伍按照检察官、检察行政人员、书记员、专业技术人员和司法警察进行分类,并进行相应职位配置、考评、晋升和分类培训等配套措施,将干部人事制度改革引向深入,建立充满生机与活力的用人机制。经中共上海市委组织部同意,上海市人民检察院选择了浦东新区人民检察院进行了职位及人员分类管理的试点,探索建立相应配套体制。

5. 改革检察机关内、外部监督制约机制,保证公正、廉洁和高效

深化检务公开。上海市检察机关贯彻最高人民检察院普遍推行检务公开

---

① 连瑞平:《为了公正执法——主诉检察官办案责任制在上海取得良好效果》,《上海法制报》2000 年 1 月 12 日。

的决定,通过向人大代表送资料以及广播、电视、报刊等,广泛地宣传人民检察院"检务十公开"①制度,不断拓宽"检务公开"的范围、方式和途径。在刑事诉讼中,普遍建立了办案过程中向犯罪嫌疑人及诉讼参与人公开告知权利的制度;对公诉案件试行不起诉案件公开审查制度,坚持案后回访制度;对申诉案件实行以公开听证为主要内容的公开审查制度;在民事行政检察中,实行受理、立案、结论"三公开、三告知"制度。②以公开促公正,密切检察机关与人民群众的联系,将检察工作自觉置于广大人民群众监督之下,促进执法水平的提高。检务公开的推行,对于增加检察活动的透明度,保证检察机关公正执法、依法办案,保障诉讼参与人的合法权益,发挥了积极作用。

(二)根据地方司法实际自主开展的探索

从《上海市人民检察院贯彻高检院〈检察改革三年实施意见〉的方案》来看,上海检察机关在确定改革的基本内容时,既贯彻最高人民检察院提出的改革意见,又从上海的实际情况出发,坚持上海特色、坚持检察规律、坚持改革属性。对于那些从全国范围来讲需要改革的,而上海基本解决的问题,如经费管理等问题,《方案》不再列入,而作为今后工作中不断改进和完善的方面;对一些需要进一步改革的,如案件质量保障体系等问题,上海检察机关则在最高人民检察院改革意见的基础上又作了深化和细化。经过此后数年的持续推进,上海检察改革呈现出整体规划、分头推进、积极稳妥、不断深化的良好态势,逐步构建起了一套适应上海区位特点、符合检察工作规律,涵盖业务、队伍全况、统筹内外监督制约、兼顾综合技术保障配套的管理新机制。

1. 构建符合公诉工作规律的管理和运行机制,促进办案质量和效率的提高

积极探索公诉方式改革,强化出庭公诉功能,提高公诉质量和效率。世界

---

①　"检务十公开"的内容是:(1)人民检察院的职权和职能部门主要职责;(2)人民检察院直接立案侦查案件的范围;(3)贪污贿赂、渎职犯罪案件立案标准;(4)侦查、审查起诉阶段办案期限;(5)检察人员办案纪律;(6)在侦查、审查起诉阶段犯罪嫌疑人的权利和义务;(7)在侦查审查起诉阶段被害人的权利、义务;(8)证人的权利、义务;(9)举报须知;(10)申诉须知。【实行检务十公开】条,载《上海年鉴》编纂委员会编:《上海年鉴1999》,上海年鉴社1999年版,第423页。

②　吴光裕:《上海市人民检察院工作报告(摘要)——2003年2月18日在上海市第十二届人民代表大会第一次会议上》,《解放日报》2003年3月1日。

各国在司法改革中,都在寻找一种经济、快速的审理方式。如美国有两种形式的简易程序,法官审理轻微犯罪程序和辩诉交易程序。上海检察机关自2000年起积极探索刑事案件普通程序简易化审理,对某些适用普通程序的刑事案件,在被告人作有罪供述的前提下,采取简化部分审理程序及内容,予以快速审结。"简化审"的建议一般由主诉检察官或预备主诉检察官在提起公诉的同时向人民法院提出,人民法院审查后再决定是否适用"简化审"。①上海市级检察机关在总结各区县院简易程序的基础上,自2001年9月起决定对刑事二审案件中事实清楚、证据确凿的简单案件,采取简化审程序。②这突破了上诉案的审查模式,也不同于依法由审判长独审的简易程序,而是在保障上诉人权益的前提下,对没有争议的原审事实和证据省略了审理步骤,仅对有争议的内容进行审理,提高了工作质量和效率。实际上,适用普通程序简化审与世界各国刑事诉讼中的快速审理具有趋同性。

2. 探索符合诉讼规律、法律监督特点的办案方式,提升内部管理科学水平

上海检察机关积极探索引导侦查取证,进一步规范适时介入侦查活动,充分发挥补充侦查提纲和提供法庭证据意见书两个法律文书在引导侦查取证中的作用,并以规范类案证据规格为抓手,确立引导侦查取证工作的标准,逐步形成了与公安机关既配合又制约的侦查监督工作新格局。

积极探索未成年人检察工作"捕诉防一体化"的办案模式,1997年10月14日制定了《上海市人民检察院未成年人刑事检察工作规定》,这是全国检察系统第一部未检工作规定,由于具有体系较为完整,内容较为全面和可操作的特点,使未检工作在机构任务、工作要求、审查程序和参与综治等方面更趋制度化、规范化。

积极构筑案件质量保障平台。上海检察机关立足于用诉讼规律和法律监督特点进行科学管理的要求,将现代管理方法和理念引入检察业务的管理,形成健全的办案质量保障体系,以使检察业务工作更具有规范性和稳定性。即内部规范化的操作流程或办案机制;案件质量考核、评估机制;办案制度和质量的监督、检查机制;新情况、新问题的迅速反馈和研究解决机制。"在检察工

---

① 张霞:《简化审 凸显司法效率》,《上海法治报》2001年9月10日。
② 曹小航、梁奋远:《市级检察机关简化程序审理上诉案》,《上海法治报》2001年8月20日。

作各个环节形成了以规范操作规程、确立考核标准、完善监督办法为主要内容的办案质量保障体系。"①如在案件质量考核、评估方面，根据法律规定和诉讼规律，及各项检察法律监督的特点，科学设定考核的内容、指标、方法以及评估案件的质量等级，并将质量责任目标分解到每个办案主体，落实个人应负的质量责任。2002年1月起推出"检察办案预警机制"，在对全市前几年的相关统计数据进行比较、分析之后，设定各类办案数据(如不捕率、不诉率等)预警指标，若达到预警标准，则会及时报警，启动调查研究程序，以便及时发现、解决工作中存在的问题，保障办案质量。②

3.稳妥推进检察机关人事制度改革，为检察工作的持续发展提供人才保障

全面推行中层干部职位任期制。"全市检察机关已全面实施了对处、科长的任期制和全员聘任上岗制。"③这一制度的建立，在转变"官本位"观念，推动干部能上能下，完善干部使用监督机制，激励优秀人才脱颖而出等方面发挥了积极作用。一些优秀年轻干部脱颖而出，走上了领导岗位，增强了各级领导班子的生机和活力。上海检察机关中层干部能力、年龄和文化结构更趋合理，逐步形成中层干部合理流动的激励机制和能者上、平者让、庸者下的选人用人的浓厚氛围。

实行非领导职务岗位双向选任制。上海市人民检察院自1998年9月起实行《上海市人民检察院机关干部职位选任办法》，通过职位选任，明确了岗位职责，精简了机构和人员。④实行对落选干部予以待岗、试岗、培训，打破了干好干坏一个样的陈规，干警的岗位意识和进取性有了深刻的变化，队伍结构和专业人员比例得到进一步优化，优胜劣汰机制得到全面推行，干警奋发向上的竞争意识得到深化，人员素质有了较大提高。

---

① 吴光裕：《上海市人民检察院工作报告(摘要)——2002年2月24日在上海市第十一届人民代表大会第五次会议上》，《解放日报》2002年3月3日。

② 张霞、施坚轩：《市检察机关推出两项办案新举措　强化监督预警和督查机制》，《上海法治报》2002年4月12日。

③ 倪鸿福：《上海市人民检察院工作报告(摘要)——一九九八年二月十六日在上海市第十一届人民代表大会第一次会议上》，《解放日报》1998年2月25日。

④ 【市检察院机关推行非领导干部职位选任制】条，载《上海年鉴》编纂委员会编：《上海年鉴1999》，上海年鉴社1999年版，第423页。

探索检察工作专门人才的选拔培养机制。上海市人民检察院制定启动了《上海市检察机关检察业务专门人才培养实施计划》，在全市检察机关确定了12名检察专家培养对象和154名检察专门人才培养对象，初步建立了培养、储备和使用检察专门人才的机制。不断完善"优秀公诉人""优秀侦查员"和"办案能手"的选评工作，一批优秀业务人才脱颖而出。2002年，上海市检察院评出了第一批7名检察业务专家。[①]

■ 第三节 配套改革

司法机关是诉讼过程的当然主体，但不能忽视的是侦查机关、律师、司法鉴定机构、公证机构、法律援助机构、监狱等均是整个诉讼活动的参与者，在整个诉讼过程中扮演着各种角色。为了配合上海司法领域改革的开展，上海公安系统、司法行政系统、法律服务行业等与司法机关关系密切的诉讼参与者，也根据公安部、司法部的统一部署，开展了相应的改革，以适应诉讼活动的需要，确保诉讼质量和诉讼效率得到提高。

一、上海公安刑侦改革

国家公安部针对变化了的犯罪形势和打击犯罪工作的需要，于1997年6月在河北石家庄市召开的全国刑事侦查工作会议上提出"刑事侦查部门是侦查破案主力军，承担全部破案责任，科学划分责任区，建立覆盖社会面的刑警队，实行侦审一体化，落实工作责任制，努力提高侦查破案水平，建立公安机关统一指挥、快速反应，各警种各地区密切配合、紧密协作的打击犯罪整体作战格局"的刑侦改革总体思路。[②]从此全国公安机关结合本地实际情况，克服了无数困难和问题，从四个方面开始推行刑侦改革："一是改革侦查、预审分设的工作机制，案件办理由刑侦部门独立完成，实行立案、侦查、审讯、提请逮捕、移

---

① 来自市人大法工委、市委宣传部、组织部、市人事局、市科委、政法院校等法学研究、人事管理方面的专家学者以及检察机关的有关领导组成的11人评审委员会，经集体评议表决，评出的首届检察业务专家是郑鲁宁、罗昌平、龚培华、季刚、周永年、刘国清、黄一超。施坚轩：《本市首批检察业务专家产生》，《上海法治报》2002年2月11日。

② 本报讯：《全国刑事侦查工作会议召开　部党委确定刑侦改革总体思路》，《人民公安报》1997年6月10日。

送起诉一体化；二是县、市、区公安机关刑侦部门承担绝大部分案件侦破任务，建立覆盖社会面的责任区刑警队；三是完善以'110'为龙头的诸警种联合作战的快速反应机制，提高侦查破案的快速反应能力；四是加强刑警业务培训，完善竞争激励机制。"①义无反顾、坚韧不拔地走上了刑侦工作体制机制改革创新之路。历经 5 年的不懈探索，时任公安部副部长白景富把刑侦改革的成效归结为八个方面，充分肯定中国警方的整体侦查破案能力和打击犯罪水平得到了大幅度提高。②

公安部"石家庄会议"结束后，上海公安机关根据公安部提出的"改革侦查预审分设的工作体制，实行侦审一体化"的总体思路，进一步统一思想认识，积极应对刑事犯罪的发展情势，以提高侦查办案水平和打击犯罪能力为中心，以建设一支责任明确、执法规范、运作高效、战斗力强的专业化侦查队伍为基础，按照"队伍建设专业化、侦查运作规范化、基础工作信息化"的要求，大力加强侦查机制的标准化、科技化、规范化、法制化建设，大大提高了刑侦部门打击犯罪的能力，刑侦工作的整体效能不断提升。

（一）在全市范围内组建责任区刑侦队，理顺刑侦体制

上海市公安局切实把责任区刑警队建设当作"一把手工程"来抓，在普陀、徐汇公安分局和青浦县公安局试点的基础上，到 1997 年年底上海公安机关在区县分局普遍组建责任区刑侦队，③落实驻地，添置必备的交通、通信工具；至 1998 年全市区县及有关单位的刑侦部门均已组建责任区刑侦队，队员人数占全市刑侦民警总数的近一半，④责任区刑侦队已覆盖全市，基本完成公安部提出的"建立覆盖社会面的刑侦队"的组建工作，"完成了刑侦体制和工作机制的历史性转变"，⑤为刑侦工作规范化建设，建立等级侦查员制度、优化搭档制、探组制、协作制等基层组织模式，提供了积极的保证。

在全市普遍组建责任区刑侦队的过程中，逐步实现责任区刑侦队垂直领

①　王守宽：《中国刑侦体制改革研究》，群众出版社 2009 年版，第 2 页。

②　吴黎明：《公安部副部长白景富：中国警方刑侦改革成效显著》，《新华每日电讯》2002 年 7 月 17 日。

③　《上海年鉴》编纂委员会：《上海年鉴 1998》，上海年鉴 1998 年版，第 405 页。

④　《上海公安年鉴》编辑部编：《上海公安年鉴(1999)》，中国人民公安大学出版社 1999 年版，第 30 页。

⑤　《上海公安年鉴》编辑部编：《上海公安年鉴(1998)》，中国人民公安大学出版社 1998 年版，第 24 页。

导。1997年底上海公安机关组建的责任区刑侦队,其中直属刑侦支、大队领导的约占一半,业务上受支、大队领导的占一半,到2000年年底,上海已有浦东、黄浦、长宁、普陀、卢湾、静安、闸北、虹口、闵行、松江、金山、青浦、嘉定分局和南汇、奉贤、崇明县局的刑侦支(大)队对责任区刑侦队实行了垂直领导,占责任区刑侦队总数的四分之三。①

着力解决责任区刑警队在地区立足扎根的问题,逐步探索由以"从案到人"为主向以"从人到案"为主的侦查方式的转变,妥善处理好责任区刑警队与当地派出所的关系,明确各自职责和权利义务,进一步完善打防协作机制,按照"明确职责、落实责任、科学考核、协同发展"的原则,建立起一套既有明确分工,又有协作配合的责任区刑警队与当地派出所协作机制。在实际工作中,责任区刑侦队充分发挥地区情况熟、紧贴实战第一线的优势,积极开展属地侦查一般刑案和部分大案的工作,取得了较明显的实效。虽然全市责任区刑侦队刑警人数占分县局刑警总数的60%,但打击破案数占各单位破案总数的82%。②

(二)确立刑侦工作中的新三级运作格局

上海公安机关结合刑侦部门的具体情况,重新调整了上海市公安局刑事侦查总队的机构和职责定位,明确其主要职责是"负责领导、规划全市刑侦工作,是全市刑事案件侦查的主管部门,对案件负有组织侦查、指导侦查、类案侦查指导和部分自侦攻坚的责任"。

规范了上海各分(县)局刑侦支(大)队的编制和内设机构,明确主要职责是"负责领导、规划本辖区内的刑侦工作,是所在区县案件侦查的管理部门,对案件负有自行侦查、组织、指导侦查和类案指导侦查的责任"。

明确基层责任区刑侦队的主要职责是"对辖区内所有现行案件都负有接报受理的责任;同时负责侦查辖区内除刑侦总队和分县局刑侦支大队侦办以外的常规性、多发性的盗窃、抢劫、诈骗、伤害、抢夺、毒品案件及由分县局规定侦查的案件。对属于自己管辖的案件,负责与刑技人员共同勘查现场和自行开展侦查;对属于上级刑侦部门管辖的案件,负有保护现场和协助开展调查访

① 《上海公安年鉴》编辑部编:《上海公安年鉴(2001)》,学林出版社2001年版,第25页。
② 《上海公安年鉴》编辑部编:《上海公安年鉴(2002)》,同济大学出版社2002年版,第106页。

问等有关侦查工作的责任"。①

这些职责的明确,科学划分了各级刑侦部门的破案责任和破案责任区域,基本确立了新的刑侦总队、各分县局刑侦支队、责任区刑侦队三级运作格局,加强刑侦协作,加强刑侦手段和基础业务建设,为刑侦队伍发挥破案主力军作用,逐步使刑侦系统承担全部刑案侦破任务奠定了基础。

（三）完成公安机关"侦审一体化"试点

自1997年开始刑侦体制改革,上海公安机关就把实行侦审一体化列为改革的重点,在普陀、徐汇、青浦两区一县进行试点。上海市公安局普陀分局将预审科主体划归刑侦支队,预审人员以警务区为单位整片融合于支队各探组中。在过渡期内,预审人员在办结遗留案件、受理对口派出所移交案件的同时,指导支队直属的侦缉探组人员锻炼培育从受理到移诉独立办案,强化办案能力,逐步推进"侦审合一"。

上海市公安局徐汇分局把预审科大部分人员直接分配到各责任区刑侦队和专业队,在办案过程中熟悉侦查工作,同时指导侦查员办案,在刑侦支队内组织预审能力较强的同志加强动态联络,专门对分局提请逮捕、移送起诉的案件进行审核把关,并指导承办人员提高办案质量。通过实战,强化人员素质,逐步达到"侦审合一"的要求。

上海市青浦县公安局把预审科主体划归刑侦支队,各责任区刑侦队中安排预审员,在磨合期内,预审人员参与出勤现场,对调查取证和法律文书制作提出意见,并负责对本队报捕、起诉和报批劳教案件质量把关。侦、审人员配对实行"跟案制",独立完成侦查办案。②

试点工作得到了相应地区检察、法院等部门的全力支持,及时制定相应配套措施,调整工作模式,同公安机关新的刑侦机制相衔接,确保"侦审一体化"改革试点工作顺利进行。侦审一体化改革于1997年11月全面推开,1998年第一季度基本完成,增强了办案效能,原预审民警加入刑侦队伍。③这一改革

① 《上海公安年鉴》编辑部编：《上海公安年鉴(2003)》,同济大学出版社2003年版,第82页。

② 《上海公安年鉴》编辑部编：《上海公安年鉴(1998)》,中国人民公安大学出版社1998年版,第26页。

③ 《上海公安年鉴》编辑部编：《上海公安年鉴(1999)》,中国人民公安大学出版社1999年版,第30页。

大大减少了刑事侦查中的重复劳动,提高侦查破案工作的效率,倒逼侦查人员具备侦、审两方面的素质和水平,"自觉在侦查中树立起证据意识、诉讼意识,自觉地加强对法律知识的掌握运用,从而成为现代意义上的刑警"。①

(四)确保刑侦改革配套措施的落地见效

为加强对全市刑事案件的受理、立案、破案信息的统一管理、审核、监督,上海市公安局下发了《关于刑侦部门实行刑事案件如实立、破案管理制度工作意见》等有关文件,明确立案权统一归口于刑侦部门,②规范了立案操作程序,对全市刑案立、破案件统一实行网络管理制度。

建立健全了办案监督机制,包括侦查分工协作机制、侦查责任机制、案件分级把关及案件质量专人把关制度等,确保刑事执法办案质量,使办案效率和办案质量明显提高。

严格落实刑侦部门政务公开要求,上海市公安局刑侦总队在1999年3月15日召开"刑侦部门政务公开"动员会进行推动。随后各分县公安局相继制定了"案件回访制度"和"刑侦人员勘验现场的制度规定",即刑侦部门受理杀人、伤害致死、放火、投毒、爆炸、拐卖人口、绑架、特大抢劫、重大强奸、入室盗窃、盗窃机动车、撬盗保险箱等刑事案件,经一个月立案侦查,暂无破案线索或嫌犯在逃暂时无法追捕的,按责任分工,分别由责任区刑侦队队长、刑侦支队领导、分管局长对被害人(家属)或被害单位进行回访,说明情况,征询意见,求得谅解。③

大力加强刑侦技术建设,上海市公安局刑侦总队先后建立了NEC指纹自动识别、DNA基因检验、现场勘查信息三大系统。指纹系统远程终端、活体指纹采集、倒查档系统及现场指纹远程查询工作均已投入使用,工作效率提高,破案率进一步提升。④

自2002年起改革上海公安教育模式,上海公安高等专科学校停止招收高中毕业生,转制为专门进行警察职业培训的学校,实现教育培训重心向职后教

---

① 丛书总编纂委员会编:《上海改革开放二十年·政法卷》,上海人民出版社1998年版,第79页。

② 《上海公安年鉴》编辑部编:《上海公安年鉴(2000)》,中国人民公安大学出版社2000年版,第26页。

③ 吴真生:《政务公开 案件回访 定时接待 本市刑侦部门自觉接受群众监督》,《上海法制报》1999年5月10日。

④ 《上海公安年鉴》编辑部编:《上海公安年鉴(2003)》,同济大学出版社2003年版,第83页。

育转移。注重加强对广大干警的教育培训，根据实战需求设置培训科目，改革师资构成，实行教官制度，从实战部门选拔优秀人才评聘为教官，到公安学校轮流执教。当年 343 名专、兼职教官聘任到位。①组织编写《警衔晋升培训教学训练大纲》和一批实用教材、讲义、多媒体课件，形成警种全员培训任职资格考试、警衔晋升培训 2 个教材库。开展警务技能训练和警种岗位培训，通过对全市刑侦支(大)队长和责任区(警署)刑侦队长开展以"侦审合一"为主要内容的业务培训，尽快提高基层刑警的综合素质，较好地完成了全局刑侦骨干的专业素质培训任务。

(五) 推进刑侦队伍正规化、专业化建设

适应刑侦体制改革对办案工作带来的新挑战，在刑侦干警中推进"主办侦查员""等级侦查员"改革试点，有效解决了在"驻所制"条件下，捆绑式工作模式中侦查员的个体责任不明确，部分侦查员仍然存在坐等分配办案等问题，提高了破案率和办案质量，明确了执法程序，调动了侦查员的工作积极性。

如上海市公安局金山分局在责任区刑侦队推行"驻所制"工作模式的基础上，于 2000 年起在全体侦查员中实施《刑事案件主办侦查员制度》。主办侦查员制度是以基层探组为实战单位，采取 2 至 3 名侦查员为搭档的形式，其中确定一名侦查员为某一案件的主办侦查员，其余搭档为协办侦查员，由主办侦查员主要负责对该案的侦查、取证、审讯、文书报告、对象处理、结案等任务，并承担其主要责任。主、协办侦查员由探长指定，由组内侦查员轮流担任。以目标考核为导向，采取计分制的形式对主办侦查员进行阶段性抽查分析评比和年终评定，并作为评先、晋级的重要依据。②

上海公安系统首批"等级侦查员"诞生在上海市公安局闵行分局，该局于 2001 年 7 月 27 日出台了《闵行公安分局刑事侦查员等级制试行办法》。办法划定了评定的等级：1—10 级，并引入竞争机制，设上限不设下限，定级后，还将根据工作实绩上、下，在评定的标准方面，对不同等级制定不同的评定标准，主要依据是学历、专业理论素养、逻辑推理、判断及应变能力、诉讼取证意识、审讯技巧的运用等。如对"一级侦查员"的评定，在业务上必须具备"统领侦破

---

① 《上海年鉴》编纂委员会编：《上海年鉴 2003》，上海年鉴社 2003 年版，第 382 页。
② 《上海公安年鉴》编辑部编：《上海公安年鉴(2001)》，学林出版社 2001 年版，第 259 页。

有重大影响的挂牌、疑难案件的才能,善于准确分析案情,迅速确定合理的侦查方案,在侦办案件过程中有突出的主动进攻能力,对有重大影响的侦破工作能起到核心作用"。《办法》还对侦查员的"优先晋升"和"等级下降"作了详尽的规定。并明确:侦查员的等级晋升将与行政职级晋升挂钩。①这一改革摆脱了唯资历排辈的传统观念,避免职称评定中的长官意志,激励了广大侦查员的事业心和进取心,标志着上海公安刑侦改革进入一个新阶段,也为探索适合大城市发展的刑侦现代警务运作机制提供了宝贵的经验。

二、上海司法行政改革

依法治国包括立法、司法、执法、法律监督、法制宣传和规范的法律服务。法律服务作为推进依法治国进程的一项重要内容,是不可缺少的一个环节。国家司法部大力推动公证、律师等与群众法律需求息息相关的法律服务行业改革,在组织形式、人员准入、管理模式、法律责任和运行机制等许多方面进行了一系列的探索。

针对1982年4月13日国务院颁布实施《中华人民共和国公证暂行条例》以来,公证实践已经远远突破了《条例》的内容,公证工作的诸多方面已经处于无法可依、无章可循的被动局面,中华人民共和国司法部总结近年来实践经验,在2000年7月31日经国务院批准,于2000年8月10日印发《司法部关于深化公证工作改革方案》,提出"积极、稳妥地整体推进公证工作改革,争取在2010年初步建成与社会主义市场经济体制相适应的具有中国特色的公证制度"。②"现有行政体制的公证处要尽快改为事业体制。改制的公证处应成为执行国家公证职能、自主开展业务、独立承担责任、按市场规律和自律机制运行的公益性、非营利的事业法人"。③后又于2002年5月10日印发《司法部关于当前公证工作改革和发展若干问题的意见》(司发通〔2002〕41号),进一步明确"改革的重点是尽快把现有行政体制的符合改制条件的公证处改为事业

---

① 赵进一、魏显军:《闵行公安分局探索现代刑警管理模式推出新制度 侦查员分等级》,《上海法治报》2001年12月21日。

② 《司法部关于深化公证工作改革的方案》(国务院2000年7月31日批准,司法部2000年8月10日印发)第一条"公证工作改革的指导思想、目标"。

③ 《司法部关于深化公证工作改革的方案》(国务院2000年7月31日批准,司法部2000年8月10日印发)第二条"建立与市场经济体制相适应的公证机构"。

体制。改制的公证处应成为执行国家公证职能、自主开展业务、独立承担责任,按市场规律和自律机制运行的公益性、非营利事业法人"。

此外,司法部还在2002年1月30日下发《司法部关于进一步推动律师工作改革的若干意见》(司发通〔2002〕10号),针对社会对法律服务的需求不仅数量增加且日趋多样化,单纯发展社会律师已不能满足社会需要的实际情况,明确提出积极开展公职律师、公司律师的试点,完善律师队伍结构;认真搞好律师继续教育工作;完善实习制度,严把律师队伍的入门关;完善律师事务所组织形式和运行机制,推动律师事务所的建设;加强对律师执业活动的监督,严厉查处违法违纪行为;建立律师执业责任保险制度;加强对律师事务所收费、税收和财务管理活动的管理;进一步整顿、规范法律服务秩序;履行入世的承诺,积极稳妥推进法律服务业的开放;加强律师工作宣传和律师文化建设等10条具体措施,主动适应"入世"后法律服务业面临的新形势,进一步推动律师工作的改革和发展。

由于九届全国人大常委会第22次会议在2001年6月30日通过了《法官法》《检察官法》修正案,确立了国家统一司法考试制度,明确由国务院司法行政部门负责实施。司法部于2001年10月30日正式发布《国家司法考试实施办法(试行)》,于2001年12月30日下发《关于做好2002年国家司法考试工作的通知》。在全国司法行政系统的共同努力下,第一次全国司法考试在2002年3月30日、31日两日顺利举行,共有36万余人参加考试,自此司法机关内部的初任法官、检察官考试和原公开的律师资格考试正式合并,"法律共同体"标准不一问题的解决步入正轨。

就上海司法行政工作领域而言,上海市司法局承担的工作职能非常繁杂,从监狱、劳教、律师、公证到人民调解、司法鉴定管理,从组织国家司法考试、进行法学研究到法律援助、法制宣传,多达十多个方面,基本涉及法律服务的方方面面,许多工作都属于司法制度的组成部分。为了贯彻中央决策,上海市司法局一方面按照司法部的统一部署,重点推进律师、公证管理制度改革,根据社会主义市场经济发展的迫切需要,不断升级法律服务能级;另一方面根据上海市情和实际需求,大胆探索法律援助、司法鉴定、人民调解等领域的改革创新,不断完善丰富上海法律服务的形式和内容,大力促进依法治市目标的实现。

（一）探索建立具有中国特色、上海特点的律师制度

律师制度是司法制度的重要组成部分，律师队伍历来是一支重要的社会政治力量，在为上海经济发展保驾护航、促进改革开放方面，在维护社会稳定、推进依法治市、依法行政，乃至在实现依法治国、建设社会主义法治国家的历史进程中，律师都将发挥愈来愈重要的不可替代的积极作用。

1997 年以来，上海的发展很快，人均国内生产总值达到 3 000 美元，城市面貌发生日新月异的变化。上海市司法局敏锐地把握到上海律师发展已经站在一个新的起点上，随着城市经济发展水平的飞跃，上海律师事业发展必将迎来黄金发展期。因此在 1998 年 10 月 9 日至 10 日，上海市司法局召开上海市律师工作会议，市委常委刘云耕、市政协副主席朱达人出席会议，市、区县司法局、市律协及各律师事务所负责人共 400 余人参加会议。

在这次会议上确定了《上海律师工作 1998—2003 年发展纲要》，提出今后3—5 年上海律师工作发展的指导思想、基本方向和跨世纪发展目标：建成一支整体素质好、总体规范有序、社会评价较高的律师队伍；十分之一以上的律师事务所跻身市、部级文明律师事务所行列；5 年内有 10 家律师事务所达到上规模、上层次，整体实力强的要求。①《发展纲要》确定上海律师工作跨世纪新一轮发展的指导思想是："从中国特色、时代特征和上海特点出发，努力遵循社会主义市场经济规律和律师工作发展规律，根据律师执业特点，进一步深化改革，大力提高律师队伍整体素质，改善律师执业环境，完善律师事务所内部运行机制，加强监督指导，推进律师事务所上规模、上层次，确保本市律师事业的健康、有序发展，为上海的社会主义物质文明和精神文明建设作出更大的贡献。"提出"通过 3 至 5 年坚持不懈的努力，全市律师总数力争达到 8 000 名，其中专职律师不低于 5 000 名；专职律师中本科以上学历的占 80％；重大工程和投资项目由律师参与法律服务的达到 90％以上；全市各级人民法院受理的刑事案件中律师辩护（代理）的参与率达到 90％以上"②等一系列总体目标。

上海司法行政机关严格按照律师法和有关规定的要求，先后制定《新批执

① 【上海律师确定跨世纪发展目标】条，载《上海年鉴 1999》编纂委员会编：《上海年鉴 1999》，上海年鉴社 1999 年版，第 426 页。

② 《上海律师工作 1998—2003 年发展纲要》，载上海司法行政年鉴编纂《上海司法行政年鉴（1996—1998）》，上海社会科学院出版社 2000 年版，第 430 页。

业律师的若干规定》《关于兼职律师分流的若干规定》《执业律师转所的若干规定》《外省市律师来沪执业的若干规定》《新批律师事务所的规定》《律师参与刑事诉讼辩护的若干规定》《关于加强律师队伍精神文明建设的若干规定》等规章制度,建立和完善科学合理的律师工作管理体制和律师事务所内部运行机制。制定《上海市关于本市合作律师事务所管理的若干规定》《上海市合伙律师事务所管理的若干规定》《上海市司法局关于律师事务所深化改革的若干实施意见》《上海市律师事务所财务管理办法》《上海市律师事务所会计制度》《上海市律师奖惩管理办法》等9个规范性文件,强化司法行政机关的行政管理。为落实《律师法》规定的过错责任赔偿制度,1998年12月起上海市开始推行律师执业责任统一投保工作,上海市司法局与平安保险公司上海分公司签约,以上海市司法局为代投保人,各律师事务所为被保人,参加保险。各律师事务所根据业务开展的规模和风险特征,可选择100—350万元保额。①上海此举在全国尚属首例,增强了上海律师行业抵御风险的能力。

重视保障律师合法执业权利,继1999年11月5日上海市公安局、上海市司法局联合下发《关于律师参与刑事诉讼活动的若干规定》《关于律师查阅户籍资料和治安案件材料的若干规定(试行)》(沪公发〔1999〕339号)之后,2000年2月29日上海市司法局会同上海市人民检察院联合下发《关于在检察机关侦查和审查起诉活动中保障律师执业权利的若干规定》(沪检发〔2000〕41号),2002年3月27日上海市司法局与上海市公安局联合下发《关于律师在看守所会见犯罪嫌疑人、被告人若干问题的通知》(沪司发〔2002〕6号),对律师会见犯罪嫌疑人、被告人需出具的证件,看守所安排合适的会见室等九个方面作出了详细规定。②这一系列的文件规定,为保障律师在参与刑事诉讼活动中依法履行职责的权利,规范律师的执业行为提供了制度化保证。2001年11月9日,上海市司法局和上海市物价局联合印发《上海市律师服务收费管理办法(试行)》和《上海市律师服务收费政府指导价标准(暂定)》,③全市律师事务

---

① 【上海律师推行执业责任保险】条,载《上海年鉴》编纂委员会编:《上海年鉴1999》,上海年鉴社1999年版,第426页。

② 上海司法行政年鉴编纂委员会编:《上海司法行政年鉴(2002)》上海辞书出版社2006年版,第81页。

③ 【颁发律师收费管理办法】条,载《上海年鉴》编纂委员会编:《上海年鉴2002》,上海年鉴社2002年版,第418页。

所在指导标准的幅度内制定各所具体的律师服务收费标准,减少了律师和当事人之间因缺乏统一收费标准而发生的纠纷,也结束了困扰律师因收费标准无章可循而带来的不便,有利于推进全市律师事业的发展。

推进律师管理工作开展,建立适应律师事业发展需要的律师管理体制和适应市场经济竞争需要的律师事务所内部运行机制,着力推进律师个人开业试点、扩大公职律师试点和允许非执业律师成为事务所合伙人。长期以来,三名专职律师是我国成立律师事务所在执业人数上的下限。而在一些律师制度发达的国家,既有数百乃至几千人规模的大型律师行,也有个人独自开业的律师事务所。为了适应法律服务市场多元化的要求,在经过半年左右的调研和听取律师意见的基础上,2002 年 7 月 8 日上海市司法局颁布《上海市司法局关于个人开业律师事务所管理的规定(试行)》(沪司发法制〔2002〕8 号),规定创设了由一名律师个人投资设立、财产归其个人所有,开业律师以其个人财产对事务所债务承担无限责任的律师执业机构的组织形式。①上海市司法局对个人开业的律师事务所不进行总量控制,只要符合开办条件的个人均可向市司法局提出开业申请,②上海翟建律师事务所成为上海第一个个人开业的律师事务所。③浦东新区在全市率先推出公职律师试点工作,上海市司法局自 2002 年起,结合司法行政和法律援助工作实际进一步扩大公职律师试点范围,逐步完善律师队伍组成结构。进一步完善律师合伙制度,"在不改变对外承担无限连带责任的前提下,律师事务所内部可以实行多级合伙人制度。同时,为了提升事务所管理水平,将允许非执业律师人员成为管理合伙人。管理合伙人的基本条件为经济管理或法学本科以上学历、三年以上管理经验、有较强的组织管理能力"。④此外,重点推进律师事务所上规模、上层次,鼓励事务所到境外、

---

① 上海司法行政年鉴编纂委员会编:《上海司法行政年鉴(2002)》,上海辞书出版社 2006 年版,第 81 页。

② 个人开业的律师事务所的名称将依次由上海、申请人姓名和律师事务所等三部分组成。申办个人条件:具有律师资格并能专职从事律师工作,具有从事专职律师工作 3 年以上或从事兼职律师工作 5 年以上的经历,执业信誉良好并未受过行政处罚和行业处分,具有本市户籍且年龄在 60 周岁以下。另外,必须经 3 名执业 5 年以上并担任合伙人的专职律师的推荐。申办开业条件:个人开业的律师事务所必须有自己的名称和章程,有不少于 80 平方米的办公地点和必要的办公设施,有 10 万元以上的资产和 20 万元以上的执业风险准备金,有三名以上的专职律师。高国垒:《8 月 8 日起 个人可申办律师事务所 总量将不受控制》,《上海法治报》2002 年 7 月 26 日。

③ 高国垒:《沪上首个个人律师事务所开业》,《上海法治报》2002 年 10 月 25 日。

④ 高国垒、施妍萍:《本市今年律师工作将有重大改革 个人可开律师行》,《上海法治报》2002 年 3 月 25 日。

外省市设立分所，先后诞生了上海首件法律服务注册商标，[①]中国首家在加拿大设立的法律服务机构，[②]中国首家律师集团事务所。[③]

充分发挥上海律师协会的自律作用、加强律师协会建设，实现司法行政干部全部退出律协理事会，积极探索并逐步建立"以司法行政部门的宏观管理为指导，行业自律管理为主体，律师事务所自我管理为基础，辅之以税收、物价等政府其他部门进行外部监管"[④]的管理模式。在 2001 年 9 月 22—23 日召开的上海市第六次律师代表大会上，经过 400 多位律师代表的民主选举，产生市律协第六届理事会，朱洪超当选会长。这是律协第一次由专职律师任会长，是律协历史上的一个很大变化，更有利于发挥律协的行业管理作用。

（二）实现上海公证机构由行政机关转制为事业法人

早在 1995 年 12 月 29 日，经上海市第十届人民代表大会常务委员会第二十四次会议通过，《上海市公证条例》自 1996 年 3 月 1 日起实施，以地方立法的形式保障了上海公证工作的健康发展。此后由于《行政处罚法》的颁布，基于下位法必须服从上位法的原则，1997 年 10 月 17 日，上海市第十届人民代表大会常务委员会第三十九次会议通过修改《上海市公证条例》的决定，依据《行政处罚法》对该条例的 3 个条款作了修改。1999 年 10 月 21—23 日，上海市司法局召开全市公证工作会议，指出要认清公证事业改革发展的新形势、新机遇，审时度势，整体推进公证体制改革，实现公证事业的新发展。

根据国务院批准的《关于深化公证工作改革方案》和《司法部关于贯彻〈关

---

①　1998 年 8 月 19 日上海第一家合伙制律师事务所万邦律师事务所所标获上海首件法律服务注册商标，蓝白相间的三角形标记，象征"团结、协作、争创一流"。该所标还入选国家工商局出版的《中国商标荟萃》一书。载上海司法行政年鉴编纂《上海司法行政年鉴(1996—1998)》，上海社会科学院出版社 2000 年版，第 44 页。

②　经司法部批准，加拿大律师公会许可，中国首家在加拿大设立的法律服务机构——上海市发展律师事务所多伦多分所于 1997 年 10 月 20 日举行开业仪式。中国驻多伦多总领事陈文照、上加拿大律师公会主席斯特朗斯伯格先生及当地法律界、商界人士参加开业仪式。上海市司法局副局长缪晓宝率上海律师代表团出席开业仪式。【上海发展律师事务所多伦多分所成立】条，载《上海年鉴》编纂委员会编：《上海年鉴1998》，上海年鉴社 1998 年版，第 411 页。

③　经司法部批准决定成立的国浩律师集团事务所，分别由北京、上海、深圳颇负盛名的张涌涛律师事务所、万国律师事务所和唐人律师事务所三家律师事务所共同组成，1998 年 6 月在北京人民大会堂举行开业仪式并挂牌。【中国首家律师集团事务所成立】条，载《上海年鉴》编纂委员会编：《上海年鉴 1999》，上海年鉴社 1999 年版，第 426 页。

④　上海司法行政年鉴编纂委员会编：《上海司法行政年鉴(2001)》，上海辞书出版社 2004 年版，第58 页。

于深化公证工作改革方案〉的若干意见》,2000 年 11 月下旬,上海市公证处率先启动公证体制由国家行政机关向事业单位转制的工作,自 2001 年 1 月 1 日起转为事业单位法人。2001 年 12 月 5 日上海市司法局向各区县司法局下发了《关于做好当前公证体制改革的若干意见》(沪司发公管〔2001〕21 号),明确本市公证机构在作为国家法律证明机构、公证员依法行使国家法律证明权、公证书的法律效力不变的前提下,由现有的行政体制改为事业体制,改为事业体制的公证处成为执行国家公证职能,自由开展业务、独立承担责任,依法按照市场规律和自律机制运行的公益性、非营利性的事业法人。改为事业体制的公证处,人员实行聘任制,公证处主任、副主任实行同级司法行政机关聘任或委任的任用制度。公证员由公证处领导集体研究后由主任聘任,并按规定报司法行政机关核准、备案。改制后公证处原则上改为非财政拨款事业单位,实行自收自支的财务管理。①

此后,2002 年 8 月 14 日上海市司法局印发《关于公证机构改制若干问题的实施意见》(沪司发公管〔2002〕20 号),至年底,全市 22 家公证机构全部改为"执行国家公证职能,自主开展业务,独立承担责任,按市场规律和自律机制运行的公益性、非营利性事业法人"。②各区县公证处普遍实行公证处主任负责制,开始试行全员聘用制。实行工效挂钩的工资制度,公证人员的工资由岗位工资和效益工资组成。收取的公证费由行政事业性收费转为经营服务性收费。

(三)建立科学、统一、高效的司法鉴定管理新体制

司法鉴定结论,作为诉讼活动中的证据之一,对认定罪与非罪、罪轻罪重、确定行为人有无行为能力和责任能力,作出正确裁决或处理具有重要作用。但是由于司法鉴定工作涉及的领域广,参与的机构多,缺乏权威统一的管理部门,重复鉴定、多头鉴定、结论不一的情况时有发生,影响了司法鉴定的公正性和权威性。为克服司法鉴定工作中存在的无序现象,经上海市政府同意,1998 年 6 月 18 日上海市司法鉴定工作委员会宣布成立,副市长冯国勤担任主任,市政府副秘书长易庆瑶、市司法局局长缪晓宝担任副主任,成员有市公、检、

---

① 《上海市司法局关于做好当前公证体制改革的若干意见》,载上海司法行政年鉴编纂委员会编:《上海司法行政年鉴(2001)》,上海辞书出版社 2004 年版,第 255 页。

② 《上海年鉴》编纂委员会编:《上海年鉴 2003》,上海年鉴社 2003 年版,第 387 页。

法、司和卫生局负责人。市司法鉴定工作委员会下设办公室，办公室设在市司法局，办公室主任由市司法局副局长杨全心兼任。[①]这是全国第一个成立的省级司法鉴定委员会。1999年3月16日上海市司法鉴定工作委员会召开第一次会议，明确了上海市司法鉴定工作委员会是全市司法鉴定工作指导、监督和管理机构；讨论通过了市司法鉴定工作委员会办公室工作职责；上海市从事精神疾病司法鉴定、上海市从事人身伤害司法鉴定的机构名单；市司法鉴定专家委员会工作制度等。[②]自正式开展工作以来，上海市司法鉴定工作委员会先后批准成立了精神疾病司法鉴定专家委员会、人身伤害司法鉴定专家委员会，[③]文检司法鉴定专家委员会，[④]司法会计鉴定专家委员会，[⑤]遵循"社会需要、条件成熟、可操作性"原则组建鉴定专家委员会承担司法复核职责，在实践中取得了很好的效果。

为进一步推进司法鉴定体制改革，2001年9月17日上海市司法鉴定工作委员会第三次会议讨论通过了《关于加强上海市司法鉴定管理的若干意见》（沪司鉴办字〔2001〕第6号），不仅对司法鉴定工作委员会的职责作了说明，"市司鉴委是全市司法鉴定工作统一管理和协调机构。主要职责：根据国家司法制度改革与发展的需要，研究制定本市司法鉴定工作改革与发展的规划；研究制定加强本市司法鉴定机构、司法鉴定人和司法鉴定工作管理的制度，负责

---

　　①　上海司法行政年鉴编纂委员会编：《上海司法行政年鉴(1996—1998)》，上海社会科学院出版社2000年版，第42页。

　　②　《上海年鉴》编纂委员会编：《上海年鉴2000》，上海年鉴社2000年版，第467页。

　　③　精神疾病、人身伤害司法鉴定专家委员会在1999年3月16日经上海市司法鉴定工作委员会第一次会议批准成立，当事人、代理人、辩护人对原司法鉴定结论有异议，可向办案的司法机关申请重新鉴定，由办案的区、县以上司法机关向专家委员会提出复核鉴定申请。专家委员会作出的鉴定结论在效力上高于其他鉴定机构，作为本市范围内终结性的结论，供司法机构采用。《本市成立精神疾病、人身伤害司法鉴定专家委员会》，《上海法制报》1999年4月5日。

　　④　文检司法鉴定专家委员会在2000年4月13日经上海市司法鉴定工作委员会第二次会议批准成立，是本市笔迹、印章、印文等鉴定的最权威的复核部门，将承担本市或外省市委托的由上海鉴定机构作初次鉴定的案件的复核鉴定，以及本市重大、疑难案件的鉴定工作。这标志着上海市司法鉴定管理职能进一步扩大。施妍萍：《市司鉴委昨举行仪式　文检专家委员会专家接受聘书》，《上海法制报》2000年4月26日。

　　⑤　司法会计鉴定专家委员会在2001年9月17日经上海市司法鉴定工作委员会第三次会议批准成立，由18名具有高级职称的会计工作专家组成。该委员会除承担对有争议的鉴定结论的复核和对重大、疑难案件的鉴定，还将加强对有关鉴定机构和人员的业务培训，制定工作规范，实现对司法会计鉴定质量的监管，为法院的审判和司法机关对案件的正确定性提供有力证据，促进司法公正。【司法会计鉴定专家委员会成立】条，载《上海年鉴》编纂委员会编：《上海年鉴2002》，上海年鉴社2002年版，第417页。

对本市各司法鉴定机构工作进行监督；根据本市司法鉴定实践的需要，确定组建本市各类司法鉴定专家委员会并指导其各项工作的开展；负责本市、本市与外省市及重大、疑难、争议等案件鉴定的协调工作；承担国家司法鉴定工作委员会交办的其他与司法鉴定有关的任务；负责司法鉴定的国际交流和合作"。①而且还规定"从 2002 年 1 月起对本市范围内已经和将要从事面向社会服务的司法鉴定机构进行设立登记管理。对符合条件的机构颁发国家司法部统一制作的《司法鉴定许可证》，并向社会予以公告。未经登记机关核准登记，任何单位不得从事面向社会服务的司法鉴定活动。同时，在全国对司法鉴定人职业资格和执业资格的考试、授予取得的规定没有出台之前，本市将对司法鉴定人员执业资格实行登记备案制度"。②2002 年上海市司法局首次开展面向社会包括公检法内设机构的司法鉴定机构、人员年检登记工作，全年共有 46 家司法鉴定机构、702 名司法鉴定人进行登记。③上海市的司法鉴定管理工作得到了国家有关部门的充分肯定，"司法部将上海司法鉴定管理工作中形成的以市司鉴委这一政府行政管理、监督和协调为主导，各职能部门共同参加、统一管理的模式形容为'上海模式'"。④这一模式，体现出了有利于上海市司法鉴定工作的统一管理、有利于加强各鉴定机构的协作、有利于集中本市司法鉴定的资源优势、有利于形成司法鉴定工作的合力等特点。

（四）在全国率先发展富有上海特点的法律援助工作

上海是中国最早建立法律援助机构的城市之一。继 1995 年 8 月浦东新区率先建立法律援助中心后，经上海市政府批准，上海市法律援助中心于 1997 年 6 月成立，并于同年 9 月试运行工作。1998 年 3 月正式挂牌对外服务。在上海市司法局领导下，上海市法律援助中心行使全市法律援助的组织实施、管理协调和指导监督职能，指导各区县法律援助中心根据统一受理、统

---

① 上海司法行政年鉴编纂委员会编：《上海司法行政年鉴（2001）》，上海辞书出版社 2004 年版，第 293 页。

② 施妍萍、高国磊：《上海市司法鉴定工作委员会第三次会议召开，讨论加强司法鉴定管理》，《上海法治报》2001 年 9 月 5 日。

③ 上海司法行政年鉴编纂委员会编：《上海司法行政年鉴（2002）》，上海辞书出版社 2006 年版，第 40 页。

④ 《副市长、市司法鉴定工作委员会主任冯国勤在市司法鉴定工作委员会第三次会议上的讲话》（2001 年 9 月 3 日），载上海司法行政年鉴编纂委员会编：《上海司法行政年鉴（2001）》，上海辞书出版社 2004 年版，第 25 页。

一审查、统一指派、统一监督的"四统一"原则，依法做好法律援助工作。至1998年年底，全市有15个区县建立了法律援助中心。由于被列入上海市政府2001年便民利民十大实事项目，当年全市20个规范的法律援助中心全部建成并通过上海市司法局的验收，[①]上海成为全国唯一的法律援助机构、编制、场所、制度"四落实"的省区市。

法律援助机构统一受理并组织实施法院指定的刑事法律援助案件，当事人也可向上海市法律援助中心提出申请，对符合条件者上海市法律援助中心将指派援助对象住所地的区县法律援助中心或有关律师事务所办理。此外，市总工会、老龄委等社会团体分别于1997年8月、1998年9月建立了法律援助服务机构，华东政法学院、复旦大学等院校也建立了学生法律援助服务中心，[②]法律援助的形式有解答法律咨询、代拟法律文书和刑事、民事、行政等诉讼代理、非诉讼代理等。

为贯彻法律面前一律平等原则，保障公民享受公正平等的司法保护，1997年8月28日上海市司法局印发《上海市司法局关于法律援助的若干规定(试行)》，对法律援助机构、法律援助条件及对象、法律援助的范围和形式、法律援助的程序、法律责任等作出详细规定，全市各律师事务所、公证处和乡镇、街道法律服务所等3支法律服务队伍，在本地区法律援助中心的统一协调安排下承办法律援助实务。经过几年的试行，上海市司法局于2002年正式印发了《上海市司法局关于法律援助工作的规定》，统一法律援助管辖规定，明确刑事案件中提前介入的范围，完善、健全法律援助的工作程序和法律责任。

上海市司法局加强与其他司法机关的联系沟通，陆续出台一系列工作文件，获得其他司法机关的大力支持，建立起规范的行之有效的法律援助运行机制，做到法律援助的每一个环节都有章可循。上海市司法局与上海市高级人民法院在2000年5月15日联合印发《关于办理指定辩护案件法律援助的暂行办法》，详细规定了法院应当或可以为其指定律师提供辩护的对象条件，法律援助的对应管辖，法院所需向法律援助机构提交的材料，法律援助的工作程

---

① 20个法律援助中心拥有办公场地4 000多平方米，人员编制138人，投入开办费800多万元。载《上海年鉴》编纂委员会编：《上海年鉴2002》，上海年鉴社2002年版，第416页。

② 上海司法行政年鉴编纂委员会编：《上海司法行政年鉴(1996—1998)》，上海社会科学院出版社2000年版，第87页。

序。2000 年 7 月 3 日上海市人民检察院、上海市司法局下发《关于认真贯彻执行最高人民检察院、司法部〈关于在刑事诉讼活动中开展法律援助工作的联合通知〉的通知》,9 月 5 日又再印发《上海市人民检察院 上海市司法局关于在检察阶段对未成年犯罪嫌疑人实施法律援助的办法》,建立起刑事诉讼阶段犯罪嫌疑人接受法律援助的操作性机制。2001 年 10 月 25 日上海市司法局、上海市公安局联合印发《关于在公安侦查阶段对犯罪嫌疑人实施法律援助的规定》,[1]对进一步规范公安侦查阶段的刑事法律援助起到积极的作用。

---

① 上海司法行政年鉴编纂委员会编:《上海司法行政年鉴(2001)》,上海辞书出版社 2004 年版,第 299 页。

第 四 章

第一轮改革（2002—2007年）：司法体制改革推进阶段的上海实践

自党的十六大以来，特别是《中共中央批转〈中央司法体制改革领导小组关于司法体制和工作机制改革的初步意见〉的通知》下发之后，我国的司法体制改革有了一系列动作。对涉及司法体制中的一些重要问题，如对死刑核准权限的收回，人民陪审员和人民监督员的选配等问题，最高司法机关纷纷出台改革项目，指导各地区进行了许多尝试。客观上讲，这些改革符合我国司法体制机制改革的大方向，实际中的效果都是好的，对我国司法制度完善也有一定的积极意义。

但在看到成绩的同时，一些不同的声音也陆续出现，不容忽视。如有的学者提出"由法院、检察院自己倡导的改革很可能是从法院、检察院的眼前需要和利益出发的，因此，很可能无助于问题的根本解决，反倒为未来的改革加大了成本。法院、检察院无疑应该是司法改革的积极参与者。但是，法院、检察院不能做自己本部门改革的设计师，和任何其他的机构一样，法院、检察院也不能超脱自身的局限性"。①这也客观反映出这一阶段司法体制改革中存在的某些问题，但从上海司法领域改革实践来看，此类问题的影响并不明显，表现出更多的是司法机关之间相互配合，在地方党委的统一领导下稳步推进司法体制改革。

---

① 陈文兴：《司法改革的目标与原则》，《中国司法》2004年第11期。

■ 第一节 时代背景

一、国家推进司法体制改革

进入 21 世纪以来，我国的司法体制改革迎来了又一个春天。"加入世界贸易组织，不仅给中国带来了一个全新的国际政治、经济与法律环境，而且有力地推动着当代中国司法制度的创造性转换。"①尽管党的十五大以来进行了一系列的司法改革，但主要是从制度层面强调保证司法机关依法独立行使职权，而且还暴露出改革的进程不平衡、改革的统一性和规范性还不够、司法改革与相对不完善的现行法律制度的冲突日益明显等诸多问题，真正能够适应社会主义市场经济基础的司法体制尚未建立。从 1997 年以来的改革实践可以看出，我国司法中存在的问题与司法体制的问题分不开。从党对司法机关的领导与司法独立的关系和方式，到司法、立法、行政间的关系以及司法自身的结构和权限划分，再到司法程序、制度、机制的结构与运作，均不同程度地存在体制方面的问题，必须认真反思研究。

（一）党和国家以司法体制改革统摄司法发展

2002 年 11 月 8 日，中国共产党第十六次全国代表大会在北京召开。江泽民同志在所作政治报告第五部分"政治建设和政治体制改革"中专门谈到"推进司法体制改革"，提出"社会主义司法制度必须保障在全社会实现公平和正义。按照公正司法和严格执法的要求，完善司法机关的机构设置、职权划分和管理制度，进一步健全权责明确、相互配合、相互制约、高效运行的司法体制。从制度上保证审判机关和检察机关依法独立公正地行使审判权和检察权。完善诉讼程序，保障公民和法人的合法权益。切实解决执行难问题。改革司法机关的工作机制和人财物管理体制，逐步实现司法审判和检察同司法行政事务相分离。加强对司法工作的监督，惩治司法领域中的腐败。建设一支政治坚定、业务精通、作风优良、执法公正的司法队伍"。②这是在党的纲领性文件

---

① 公丕祥：《中国司法改革的时代进程（下）》，《光明日报》2008 年 12 月 30 日。

② 江泽民：《全面建设小康社会，开创中国特色社会主义事业新局面》（二○○二年十一月八日），载中央文献研究室编：《十六大以来重要文献选编（上）》，中央文献出版社 2005 年版。

中第一次全面提出并阐述"推进司法体制改革"的战略决策，将司法体制改革作为贯彻落实依法治国基本方略的重大举措和政治体制改革的重要组成部分，作出了相应部署。显然，党中央已经敏锐把握到，站在21世纪的起点上，中国司法体制改革必须实现从传统型司法体制向现代型司法体制的革命性转变，进而实现我国司法体制的现代化，建设中国特色的社会主义司法制度。

随着党对司法功能认识的逐渐深入，司法机关传统意义上的无产阶级专政"刀把子"的色彩正在褪去，维护公正、促进和谐的制度设计初衷逐渐回归。可以说，党的十六大以来，中央对司法体制机制改革给予了更多的重视，在一系列重要会议和重要文件中均有所涉及，这在此前并不多见。

2004年9月19日，党的十六届四中全会通过了《中共中央关于加强党的执政能力建设的决定》，在第五部分"坚持党的领导、人民当家作主和依法治国的有机统一，不断提高发展社会主义民主政治的能力"中专门谈到"贯彻依法治国基本方略，提高依法执政水平"，反复要求"加强和改进党对政法工作的领导，支持审判机关和检察机关依法独立公正地行使审判权和检察权，提高司法队伍素质，加强对司法活动的监督和保障。以保证司法公正为目标，逐步推进司法体制改革，形成权责明确、相互配合、相互制约、高效运行的司法体制，为在全社会实现公平和正义提供法制保障"。[①]

2005年2月19日，胡锦涛同志在省部级主要领导干部提高构建社会主义和谐社会能力专题研讨班发表重要讲话，对"切实落实依法治国的基本方略"提出要求，"要落实司法为民的要求，以解决制约司法公正和人民群众反映强烈的问题为重点推进司法体制改革，充分发挥司法机关维护社会公平和正义的作用，促进在全社会实现公平和正义"。[②]

2005年10月11日党的十六届五中全会通过了《中共中央关于制定国民经济和社会发展第十一个五年规划的建议》，在涉及"加强社会主义民主政治建设"内容时提出，"推进司法体制和工作机制改革，规范司法行为，加强司法

[①]　《中共中央关于加强党的执政能力建设的决定》（二〇〇四年九月十九日中国共产党第十六届中央委员会第四次全体会议通过），载中央文献研究室编：《十六大以来重要文献选编（中）》，中央文献出版社2006年版。

[②]　胡锦涛：《在省部级主要领导干部提高构建社会主义和谐社会能力专题研讨班上的讲话》（二〇〇五年二月十九日），载中央文献研究室编：《十六大以来重要文献选编（中）》，中央文献出版社2006年版。

监督,促进司法公正,维护司法权威"。①

2006年3月14日十届全国人大四次会议表决通过了《中华人民共和国国民经济和社会发展第十一个五年规划纲要》,其第十一篇《加强社会主义民主政治建设》中第四十三章《加强社会主义民主政治建设》在第二节《全面推进法制建设》中规定:"推进司法体制和工作机制改革,规范司法行为,加强司法监督,促进司法公正,维护社会正义和司法权威。"②基本全盘接受了中共中央此前所提的建议。

2006年10月11日党的十六届六中全会通过了《中共中央关于构建社会主义和谐社会若干重大问题的决定》,在第四部分"加强制度建设,保障社会公平正义"中专门提及"完善司法体制机制,加强社会和谐的司法保障",具体要求是"坚持司法为民、公正司法,推进司法体制和工作机制改革,建设公正、高效、权威的社会主义司法制度,发挥司法维护公平正义的职能作用。完善诉讼、检察监督、刑罚执行、教育矫治、司法鉴定、刑事赔偿、司法考试等制度。加强司法民主建设,健全公开审判、人民陪审员、人民监督员等制度,发挥律师、公证、和解、调解、仲裁的积极作用。加强司法救助,对贫困群众减免诉讼费。健全巡回审判,扩大简易程序适用范围,落实当事人权利义务告知制度,方便群众诉讼。规范诉讼、律师、仲裁收费。加强人权司法保护,严格依照法定原则和程序进行诉讼活动。完善执行工作机制,加强和改进执行工作。维护司法廉洁,严肃追究徇私枉法、失职渎职等行为的法律责任"。③

可以看出,党中央在坚定不移地推进改革开放和现代化建设,积极推进经济发展和社会进步的同时,对司法机关的地位作用的认识也在不断深化,明确了司法体制改革在我国司法事业发展总体布局中的地位,在司法体制改革的第二个阶段,更深刻地认识到司法改革不突破体制上的障碍,结果只能是治标

---

① 《中共中央关于制定国民经济和社会发展第十一个五年规划的建议》(二〇〇五年十月十一日中国共产党第十六届中央委员会第五次全体会议通过),载中央文献研究室编:《十六大以来重要文献选编(中)》,中央文献出版社2006年版。

② 《中华人民共和国国民经济和社会发展第十一个五年规划纲要》,《新华每日电讯》2006年3月16日。

③ 《中共中央关于构建社会主义和谐社会若干重大问题的决定》(二〇〇六年十月十一日中国共产党第十六届中央委员会第六次全体会议通过),载中央文献研究室编:《十六大以来重要文献选编(下)》,中央文献出版社2008年版。

不治本。唯有真正触及司法领域的体制性层面的问题,才能推动改革趟入深水区。

为了贯彻党的十六大关于推进司法体制改革的战略部署,党中央在 2004 年专门成立了司法体制改革领导小组,具体负责领导和部署司法体制改革工作。这在党的历史上是第一次。在党中央的高度重视和直接领导下,该领导小组坚持从人民群众反映的突出问题和影响司法公正的关键环节入手,按照公正司法和严格执法的要求,组织有关方面深入调研论证,广泛听取意见,并报经党中央批准,在 2004 年年底,由中共中央转发了《中央司法体制改革领导小组关于司法体制和工作机制改革的初步意见》(中发〔2004〕21 号),提出了改革和完善诉讼制度,改革和完善诉讼收费制度,改革和完善检察监督体制,改革劳动教养制度,改革和完善监狱和刑罚执行体制,改革司法鉴定体制,改革和完善律师制度,改革和完善司法干部管理体制,改革和完善司法机关经费保障机制,改革有关部门、企业管理"公检法"体制等十个方面 35 项改革任务,成为新中国成立以来集中进行的一次重要司法改革。①

在 2004 年 12 月 7 日召开的全国政法工作会议上,中共中央政治局常委、中央政法委书记罗干在讲话的第五部分专门谈及"以保证司法公正为目标,积极稳妥地推进司法体制改革",指出"党中央十分重视司法体制改革工作,对推进改革及时作出了重要指示。各级党委、政府和政法部门要认真贯彻中央关于司法体制改革的重要指示精神,积极稳妥地组织实施好改革方案"。并具体提出了三项具体要求:

第一,统一思想认识,坚持司法体制改革的正确政治方向。在推进司法体制改革的过程中,我们既要认真总结新中国成立以来尤其是改革开放以来我国法制建设的经验,又要注意吸收人类文明创造的有益成果;既要全面推进司法体制改革,又要把握改革的重点是加强对司法权力的监督,维护司法公正,维护广大人民群众的根本利益;既要有紧迫感,又不能急于求成,超越我国社会政治现实。为此,在实施改革方案、推进改革的整个过程中,都要不断地统一思想认识。要深刻领会党的十六大、十六届四中全会和中央领导同志关于司法体制改革的要求和重要指示精神,领会中央关于司法体制和工作机制

---

① 《中国司法体制改革与人权保障——访中央政法委秘书长王胜俊》,《人权》2006 年第 2 期。

改革的初步意见,正确评估我国司法体制的现状,认清司法体制改革的重要性,认清改革的性质、任务、指导思想和原则,保证改革的正确政治方向,保证改革的健康顺利进行。

第二,统筹安排,精心组织实施。要充分发扬民主,坚持司法体制改革决策的科学化、民主化、法律化。对方案明确、条件成熟的改革举措,要抓紧推出。对条件尚未成熟的改革措施,继续组织论证,必要时先行试点。对那些涉及全局性问题的重大改革措施,更要广泛征询各方面的意见,充分进行协商和协调。对于专业性较强的改革事项,要认真进行论证。对于同群众利益密切相关的改革,要通过公示、听证等形式,扩大人民群众的参与度。尤其要注意的是,在改革和废止现行办法时,要及时出台新的措施,坚持破立并重,有破有立,保持工作的连续性,防止工作出现空档。有些改革措施会涉及干警的切身利益,要有针对性地加强思想政治工作,及时解决干警的实际问题,保持队伍的稳定。在推进司法体制改革的同时,要针对执法的各个环节尤其是涉法涉诉案件中反映出的问题,完善工作机制,规范执法行为,促进司法公正。

第三,加强领导和协调。司法体制改革是一项系统工程,不仅涉及政法部门,还涉及立法机关和党委、政府的职能部门。各级党委、政府要按照改革方案的要求,把司法体制改革工作纳入全党工作的大局,切实加强组织领导,重视和支持司法体制改革工作,及时研究解决改革中遇到的困难和问题。各有关部门要明确任务,相互配合,积极推进各项改革措施的实施。中央政法部门要加强对本系统改革的指导,密切部门之间的协调配合。继续深入调查研究,及时总结经验,改进工作。积极主动引导社会舆论,创造有利于司法体制改革的良好社会氛围。做好对群众的宣传解释工作,使人民群众真正理解和支持改革。因势利导,使推进司法体制改革的过程成为进行法制教育、增强法制意识、认识司法规律的过程。需要强调的是,各项改革措施的实施都要以宪法和法律为依据。凡与现行法律法规有冲突的,或需要通过立法加以规范的,都应该提请有关机关修改、制定有关法律法规后组织实施。①

2006年4月11日罗干出席全国社会主义法治理念研讨班,针对司法领域

---

① 罗干:《为全面建设小康社会创造和谐稳定的社会环境和公正高效的法治环境》(二〇〇四年十二月七日),载中央文献研究室编:《十六大以来重要文献选编(中)》,中央文献出版社2006年版。

改革中暴露出的一些问题,深刻指出"多年来,同国外法律制度和思想的接触,一方面使我们有效地借鉴吸收了其有益的成分,促进了我国立法和执法水平的提高。但另一方面,西方国家各种法治思想的消极影响也不可忽视。在执法实践中,有的简单套用外国的一些'法律术语',造成执法思想和执法活动的混乱;有的不从我国国情出发,片面崇尚外国的法律思想和制度,主张全盘照搬照用。也有一些别有用心的人,企图打着依法治国的幌子否定党对政法工作的领导,打着司法改革的旗号否定社会主义制度,利用个案炒作诋毁政法机关和政法队伍形象,企图在政法意识形态领域制造混乱和影响,以实现其政治图谋。在警惕西方法治思想负面影响的同时,也要清醒地看到'左'的以及封建思想残余的影响依然存在"。①

2006年11月27日在全国政法工作会议上,罗干指出"要根据保障社会公平正义的要求,谋划当前和今后一个时期的司法体制改革,重点谋划审判权、检察权、侦查权、执行权等司法权的科学划分和合理配置,以及如何加强人财物保障和执法监督等方面的改革措施"。②

中共中央政治局常委、中央政法委书记罗干作为中央领导集体的成员,直接负责政法工作,他的一系列讲话,不仅仅是代表中共中央政法委员会,其实也代表着党中央的看法,表明中央领导集体对于司法体制改革有着清醒的认识,并没有因为盲目乐观而对存在的问题视而不见,而是深刻认识到其中的艰巨性和复杂性,在重要会议上不厌其烦地进行再动员、再部署、再推进,不仅周到细致,而且操作性强,从思想上、政治上、组织上采取了更加强有力的举措,有利于全党进一步统一思想认识,正确坚持司法体制改革的正确政治方向,稳步推进改革工作向前发展。

为了进一步加强党对司法工作的领导,确保司法机关的政治本色,中共中央先后下发了《关于进一步加强和改进党对政法工作领导的意见》(中发〔2005〕15号)、《关于进一步加强人民法院、人民检察院工作的决定》(中发〔2006〕11号)等两个专门文件,这是我国民主法治建设中的一个大举动,对于

---

① 罗干:《深入开展社会主义法治理念教育,切实加强政法队伍思想政治建设》(二〇〇六年四月十一日),载中央文献研究室编:《十六大以来重要文献选编(下)》,中央文献出版社2008年版。

② 罗干:《政法机关在构建社会主义和谐社会中担负重大历史使命和政治责任》(二〇〇六年十一月二十七日),载中央文献研究室编:《十六大以来重要文献选编(下)》,中央文献出版社2008年版。

进一步统一全党对司法工作的认识，进一步优化司法环境，具有十分重大的意义。

尤其是 2006 年 5 月 3 日下发的《关于进一步加强人民法院、人民检察院工作的决定》（中发〔2006〕11 号），文中第四部分即是"推进司法体制改革，保障在全社会实现公平和正义"。首先强调推进司法体制改革的重要意义，指出"推进司法体制改革，是贯彻党的十六大精神、落实依法治国基本方略的重大举措，是政治体制改革的重要组成部分，事关人民民主专政的政权建设，事关发展社会主义民主政治，事关国家安全和社会稳定。积极稳妥地推进司法体制改革，不断健全完善司法工作机制，对于加强党的执政能力建设，提高司法机关的司法能力，为构建社会主义和谐社会创造良好的社会环境和提供更加有力的司法保障，具有十分重要的意义"。

其次是对各级党委提出要求，"各级党委要充分认识司法体制改革的重大意义，认真组织实施中央关于司法体制和工作机制改革的方案，以保障在全社会实现公平和正义为目标，以解决制约司法公正和人民群众反映强烈的问题为重点，加强法律监督，维护司法公正，逐步建立健全权责明确、相互配合、相互制约、高效运行的司法体制"。

最后是对人民法院、人民检察院提出要求，"人民法院、人民检察院要坚持以邓小平理论和'三个代表'重要思想为指导，认真总结我国司法工作的实践经验，按照中央关于司法体制和工作机制改革的要求，完善司法机关的机构设置、职权划分和管理制度，不断深化人民法院、人民检察院工作机制改革，更好地维护人民群众的合法权益，维护社会公平和正义。推进司法体制改革，必须在党中央的领导下，坚持科学决策、民主决策、依法决策，更好地实现党的领导、人民当家作主和依法治国的有机统一。司法体制改革的措施必须符合我国人民民主专政的国体和人民代表大会制度的政体，有利于加强和改进党对政法工作的领导，有利于促进社会主义制度的自我完善，有利于维护国家统一、民族团结和社会稳定，有利于促进经济发展和社会全面进步。要从我国国情出发，同时重视借鉴国外司法工作的有益成果，进一步建立和完善中国特色社会主义司法体制。司法体制改革是一项长期的任务，要充分考虑我国经济社会发展的实际情况，积极稳妥地推进。各级人民法院、人民检察院的重大改革事项，都要报经各级党委批准后方可实施。改革的各项措施要以宪法和法律为依据,凡与现行法律法规有冲突的,有的可先行试点,在修改有关法律法规后正式实施"。①这是一份当前和今后加强法院、检察院工作的战略性、纲领性文件,其中关于司法体制改革的内容非常全面,要求非常实际,对于如何在党的领导下积极稳妥地推进司法体制改革非常具有指导性。

(二)最高司法机关加快司法体制改革的步伐

党的十六大以来,在党中央的坚强领导下,最高司法机关和有关部门共同努力,在神州大地上展开了一场气势恢宏、前所未有的司法体制改革大实践。

最高人民法院根据党的十六大关于积极稳妥地推进司法体制改革的要求,结合中共中央转发的《中央司法体制改革领导小组关于司法体制和工作机制改革的初步意见》,经过3年多的调查研究、广泛征求各方意见,在2005年10月26日发布了《人民法院第二个五年改革纲要》,确定2004—2008年人民法院司法改革的基本任务和目标是:改革和完善诉讼程序制度,实现司法公正,提高司法效率,维护司法权威;改革和完善执行体制和工作机制,健全执行机构,完善执行程序,优化执行环境,进一步解决"执行难";改革和完善审判组织和审判机构,实现审与判的有机统一;改革和完善司法审判管理和司法政务管理制度,为人民法院履行审判职责提供充分支持和服务;改革和完善司法人事管理制度,加强法官职业保障,推进法官职业化建设进程;改革和加强人民法院内部监督和接受外部监督的各项制度,完善对审判权、执行权、管理权运行的监督机制,保持司法廉洁;不断推进人民法院体制和工作机制改革,建立符合社会主义法治国家要求的现代司法制度。②并且提出了涉及八个方面的50项改革措施。③其中最为引人注意的就是改变目前授权高级人民法院行使部分死刑案件核准权的做法,将死刑核准权统一收归最高人民法院行使。根据我国现行刑法和刑事诉讼法规定,死刑案复核权应该由最高人民法院行使。但从20世纪80年代中期起,出于"严打"需要,部分案件(主要是危害社会治安的严重刑事犯罪案件)被下放到省级高级人民法院。这造成了死刑复核程

---

① 《中共中央关于进一步加强人民法院、人民检察院工作的决定》(二〇〇六年五月三日),载中央文献研究室编:《十六大以来重要文献选编(下)》,中央文献出版社2008年版。

② 新华社电:《〈人民法院第二个五年改革纲要〉昨日发布》,《楚天都市报》2005年10月27日。

③ 陈永辉:《人民法院启动新一轮全面改革 50项措施将司法改革推向新阶段 最高法院发布二五改革纲要》,《人民法院报》2005年10月27日。

序和二审程序合二为一的局面,导致各地对死刑案件的判决标准不统一,为防止错杀而设立的复核程序在实践中徒有虚名。《人民法院第二个五年改革纲要》是继 1999 年《人民法院五年改革纲要》之后,最高人民法院发布的第二个综合性改革文件,启动了人民法院新一轮的全面改革,是司法体制改革涉入"深水区"的标志之一。

党的十六大作出推进司法体制改革的战略决策后,检察改革日渐成为检察工作的强音。最高人民检察院于 2005 年 8 月制定了《关于进一步深化检察改革的三年实施意见》(2005 年 8 月 24 日经最高人民检察院第十届检察委员会第三十八次会议讨论通过),以保障在全社会实现公平和正义为目标,以解决制约司法公正和人民群众反映突出的问题为重点,以强化法律监督职能和加强对自身执法活动的监督制约为主线,确定了今后三年检察改革的总体目标是:"通过不断深化改革,重点解决当前制约检察工作发展的体制性、机制性问题,努力做到检察体制更加合理,检察工作机制更加完善,检察工作保障更加有力,检察人员素质进一步提高,全面增强检察机关法律监督能力,发展完善中国特色社会主义检察制度。"①并且从检察系统组织体系、经费保障、人员管理、业务创新等六个方面提出了 36 项具体改革任务。这是继 2000 年年初发布第一个《检察改革三年实施意见》之后,最高人民检察院第二次下发类似的文件。相比前一个文件,此次意见更多涉及现行检察体制一些深层次问题,引起各方关注。

纵观最高司法机关出台的一系列司法体制改革政策意见,不难看出,在这一阶段,党中央的统一领导在推进司法体制改革中的作用至关重要。在中央司法体制改革领导小组的统筹协调之下,根据中共中央转发《中央司法体制改革领导小组关于司法体制和工作机制改革的初步意见》,最高司法机关与相关部门协调配合,司法体制改革迎来了加速期和特别繁忙的阶段,一系列的改革举措不断出台,直接推动了全国范围内司法体制改革的展开。就上海等各地方而言,一些改革试点经验得到肯定,被推广至全国。同时,地方也必须遵照中央的部署,认真抓好改革措施的贯彻实施,及时研究解决改革中出现的各项问题,及时总结改革经验。对改革中遇到的重大问题,及时向相关中央司法机

① 《最高检察院启动检察改革 司法体制改革有望提速》,《21 世纪经济报道》2005 年 10 月 1 日。

关请示汇报,确保改革顺利进行。

二、上海加快城市法治建设

进入 21 世纪以来,上海的发展进入一个新的历史时期。就经济发展而言,贯彻"三、二、一"产业发展方针,国民经济在产业结构调整和优化的基础上保持快速健康发展,经济增长的质量和效益不断提高,2002 年实现国内生产总值 5 408.76 亿元,产业结构趋向合理,第三产业持续快速发展,占国内生产总值的比重超过一半,金融、商贸、房地产等产业迅速崛起成为新的支柱产业,综合经济实力明显增强。就城市建设而言,按照"建管并举、重在管理"的方针,以重大基础设施和环境建设为重点,不断推进城市现代化建设,加强城市管理,城市面貌发生巨大变化,城市现代化建设和管理取得重大进展。就改革开放而言,坚持统筹协调、综合配套,分阶段、有重点地推进各项改革,货币、证券、外汇、技术、人才、产权等要素市场的服务功能进一步拓展,审计、会计、资产评估、法律服务等市场中介组织快速发展,市场配置资源的基础性作用和要素市场的辐射功能明显增强;坚持以浦东开发开放为龙头,积极推动多领域、多形式、多层次的对内对外开放,全方位开放格局基本形成。可以很确定地说,跨入 21 世纪的上海,正在以前所未有的速度快速发展,正在焕发出耀眼的魅力,迅速向着建设世界一流的国际化大都市目标迈进。

在看到上海发展面临的良好态势的同时,必须看到上海正处在加快推进社会主义现代化建设新的发展阶段,改革和发展中的深层次矛盾依然存在;特别是加入世界贸易组织将使我国在更大范围和更深程度上参与国际经济竞争与合作,这既为上海的发展提供了新的机遇和空间,也提出了新的挑战和要求。上海要建设社会主义现代化国际大都市和"四个中心",一定要不断提高国际化、信息化、市场化和法治化水平,其中法治化是重要的制度保障。

中共上海市委、上海市政府充分汲取国外超大型城市治理的成功经验,坚持发展,加快发展,用发展解决前进中的问题,视公正的司法环境为城市软环境和综合实力的重要内容,高度重视贯彻依法治国基本方略,稳步推进依法治市工程,加大地方立法工作力度,有序推进了社会主义民主法制建设,依法行政、公正司法成效显著,社会政治环境和治安秩序稳定良好,有效地保证了加快社会主义现代化国际大都市和国际经济、金融、贸易、航运中心之一的建设步伐。

2002 年 5 月 24 日，中国共产党上海市第八次代表大会召开，这是上海进入 21 世纪后召开的第一次党的代表大会，是一次承前启后、继往开来的重要会议。黄菊代表中共上海市委第七届委员会作题为《奋发有为，与时俱进，把上海改革开放和现代化建设提高到新水平》的报告。在谈及"今后五年的奋斗目标和主要任务"时，在第七部分"深入开展依法治市工作，不断加强社会主义民主法制建设"中专门提出，"不断推行司法改革，健全法律监督制度，支持司法机关依法独立行使检察权和审判权，确保司法公正，切实提高司法的权威"。①正式打响了 21 世纪上海司法体制改革的发令枪，奠定了 21 世纪上海司法体制改革追求司法公正、提高司法权威的基调。

2004 年 2 月 11 日，中共上海市委召开由全市党政负责干部参加的上海市促进司法公正维护司法权威会议，贯彻落实中央精神，对促进司法公正、维护司法权威，加快上海城市法治化建设进程作出部署。会议指出，从当前上海改革发展稳定的实践看，法治建设面临的一个重要新课题，就是如何促进司法公正，维护司法权威。维护司法权威，不是简单地维护司法部门的权威，而是要通过促进司法公正增强法律权威，真正把依法治国基本方略落到实处。当前和今后相当一段时期，上海推进政治文明建设的一项重要任务，就是要动员全党、社会各界和全市人民，促进司法公正，维护司法权威，以司法权威保障法律权威；在全社会传播法律知识、弘扬法治精神、倡导法律意识，引导大家按法律、按规则办事，从而促进经济有序发展、社会稳定和谐、人民安居乐业，加快现代化建设的步伐。会议着重指出促进司法公正、维护司法权威的关键是加强队伍建设，提高司法水平，明确要求"要积极创造体制条件，按照中央关于司法体制改革的指导思想和原则，逐步健全权责明确、相互配合、相互制约、高效运作的司法体制"。②

这是中共上海市委在进入 21 世纪后召开的第一次规格高、参与广的全市性法治会议，会上，市委常委、市委政法委书记吴志明，市委常委、市委宣传部

---

① 黄菊：《奋发有为　与时俱进　把上海改革开放和现代化建设提高到新水平》（2002 年 5 月 24 日），载《上海年鉴》编纂委员会编：《上海年鉴 2003》，上海年鉴社 2003 年版。

② 赵翔、陈忠仪：《上海市委召开全党政负责干部大会提出　促进司法公正　维护司法权威》，《人民法院报》2004 年 2 月 12 日。

长王仲伟,市人大常委会副主任包信宝,市政协副主席俞云波,市高级人民法院院长滕一龙,中共徐汇区委书记茅明贵作了专题发言,市领导龚学平、蒋以任、罗世谦、殷一璀、王安顺出席会议,市委副书记刘云耕主持会议,市委主要领导讲话,均表明了上海把促进司法公正、维护司法权威放到战略高度去认识,充分发挥党的政治优势,发挥各级党委的领导核心作用,支持和推动司法战线各部门、各单位独立负责、步调一致地开展工作,坚决按照中央的精神,把握发展的形势和上海的实际,一切在大局下思考,一切在大局下行动,不断提高上海的法治化水平。

会后,中共上海市委印发了《关于促进司法公正维护司法权威加快上海城市法治化建设进程的意见》。2004 年 12 月 16 日中共上海市委八届六次全会讨论通过了《中共上海市委常委会 2004 年工作报告》,其中第四部分“以加强社区党建和社区建设为重点,促进政治文明建设和社会和谐稳定”中就对当年工作简要概括为“加强和改进党对政法工作的领导,制定《关于促进司法公正维护司法权威加快上海城市法治化建设进程的意见》,支持司法机关依法独立行使审判、检察职能,保证司法公正”。①

2005 年 12 月,在研究制定上海市国民经济和社会发展第十一个五年计划的过程中,中共上海市委通过的《中共上海市委关于制定上海市国民经济和社会发展第十一个五年计划的建议》,依旧再次对推进司法体制改革提出要求,在第十二部分《团结起来为实现“十一五”规划而努力奋斗》中第四十四条建议“加强社会主义民主政治建设。推进司法体制和工作机制改革,促进司法公正,维护司法权威”。②

从这些内容不难发现,中共上海市委已经把上海地区推进司法体制改革的目标,界定为促进司法公正,维护司法权威,这不仅是对中央精神的理解和演绎,更是对上海市情的把握和升华,已经成为这一阶段指导上海开展司法体制改革工作的指导性思想。正如中共上海市委常委会回顾当年工作时所概括

---

①　《中共上海市委常委会 2004 年工作报告》(2004 年 12 月 16 日),载《上海年鉴》编纂委员会编:《上海年鉴 2005》,上海年鉴社 2005 年版。

②　《中共上海市委关于制定上海市国民经济和社会发展第十一个五年计划的建议》(2005 年 12 月 9 日中国共产党上海市第八届委员会第八次全体会议通过),载《上海年鉴》编纂委员会编:《上海年鉴(2006)》,上海年鉴社 2006 年版。

的那样,"进一步加强党对全市政法工作的领导,积极开展'规范执法行为,促进执法公正'专项整改活动,支持政法部门依法公正独立地行使职权,推进各项司法改革的先行试点,进一步促进司法公正、维护司法权威"。①

上海要建设社会主义现代化国际大都市,实现建成经济、金融、贸易和航运中心的国家战略,需要创造和谐稳定的社会环境和公正高效的法治环境,这已成为全市上下的共识。维护社会公平和正义,是一切司法活动的出发点和落脚点。司法公正和司法权威是法治环境的重要构成。中共上海市委、上海市政府清醒地认识到促进司法公正,维护司法权威是当前乃至今后相当一个时期加快上海城市法治化建设进程的重要内容,应该而且必须成为全市各级党政领导干部、各级党政机关、各级司法机关和全社会的共同任务。

在此种良好的政治氛围之下,上海各级党委政府自觉而坚定地维护法律权威,大力支持和监督司法机关依法独立公正地行使司法权,坚决排除地方保护主义和部门本位主义对司法活动的干扰,为上海司法机关创造良好的工作环境,从维护人民群众的根本利益出发,从群众反映最强烈的、制约司法公正的关键环节入手,集中解决最突出的问题,推进公正执法,为推进司法体制改革提供了必要的政治保障,保证了法律的统一实施。各级司法机关把方便群众诉讼、从制度上保证依法独立行使职权和加强司法监督、确保司法公正等作为重点,逐步健全权责明确、相互配合、相互制约、高效运行的司法体制,确保司法公正,增强司法公信,赢得司法权威。

■ 第二节　改革内容

一、概述

自 2002 年年底到 2007 年 11 月党的十七大召开之前的五年,是司法体制改革的推进阶段,也是上海司法领域改革的全面开展阶段。自《中共中央转发〈中央司法体制改革领导小组关于司法体制和工作机制改革的初步意见〉的通

---

① 《中共上海市委常委会 2005 年工作报告》(2005 年 12 月 7 日),载《上海年鉴》编纂委员会编:《上海年鉴 2006》,上海年鉴社 2006 年版。

知》下发以来,中共上海市委高度重视,把司法体制改革纳入全市工作大局,加强领导与协调,采取有力措施积极推动各项改革实施工作,高度关注和认真研究司法体制改革过程中遇到的新情况新问题,切实做好督促检查工作,保证中央政法各部门部署的改革措施落到实处。

上海各级司法机关认真贯彻中央决策部署,按照《人民法院第二个五年改革纲要》《关于进一步深化检察改革的三年实施意见》等司法体制改革相关文件的要求,在法律框架内采取有效措施,稳步推进,全面落实上级机关布置的改革任务,结合上海司法实践,组织实施了一系列改革项目,取得了阶段性进展。主要表现在:司法机关内部管理机制不断创新,司法规范化和司法公信力建设取得明显进展;贯彻落实宽严相济刑事政策的监督协调机制更加健全,解决诉讼难、执行难、超期羁押、刑讯逼供等人民群众反映强烈的突出问题取得新成效;政法保障机制不断完善,司法队伍建设和基层基础建设水平明显提高。

在中共上海市委、上海市政府的坚强领导下,五年来,司法体制改革在上海取得了显著的进展,可以概括为以下几个方面:

一是改革和完善诉讼制度取得了新进展。配合死刑核准制度改革,根据由最高人民法院统一行使死刑核准权的改革要求,上海市高级人民法院不断强化死刑案件审判质量管理,逐步做到开庭审理死缓案件,制定统一法律适用标准的《刑事审判量刑指南》,注重发挥典型案例的指导作用,出台《死刑案件审判规程》。改革执行工作体制,2004年6月上海市高级人民法院设立执行局以来,初步形成了全市法院统一管理、统一部署、统一指挥、统一协调的执行工作新机制,建立了以有关职能部门信息查询与执行配合为特征的社会协助法院执行长效机制,为法院在查控财产等方面提供了便利。完善审判委员会、检察委员会制度,各级审判委员会工作重点在讨论决定重大、疑难、复杂案件,总结审判经验,监督法官的审判活动,研究类案的法律适用及普遍性问题方面;各级检察院认真落实检察长或检察长委托副检察长列席同级法院审判委员会制度,完善检察委员会委员组成结构,规范委员任职条件、标准和选任程序。改革审判监督制度,上海市高级人民法院规定对于检察机关提起抗诉的案件,一律开庭审理,推出申诉、申请再审告知等七项审判监督工作制度,对同一案件只再审一次,除公诉案件外,申请再审的案件均试行复查听证。

二是完善司法公开制度取得了新进展。上海司法机关着力推进司法活动的公开化和透明化,以公开促公正,法院坚持公开受理、公开审理和公开宣判,扩大公开透明度;检察机关健全主动公开和申请公开制度,提高了检务公开的及时性和实效性,从2004年10月起上海检察机关推行人民监督员制度,促进了办案质量和效率的提高。

三是改革和完善检察监督体制取得了新进展。健全诉讼监督管理和运行机制,上海市人民检察院在2004年会同全市14家单位建立行政执法与刑事司法相衔接工作机制,积极探索和完善社区矫正新模式下监外执行罪犯检察制度,建立监(所)内外跟踪反馈衔接机制。完善自侦管理和内部制约机制,2005年起市级以下检察院对职务犯罪案件拟作处理须报上一级院批准及备案审查,首次讯(询)问12小时还必须全程录音录像。

四是司法干部管理工作改革取得了新进展。法院、检察院工作人员实行分类管理,推进聘任制书记员单独序列管理,规范司法警察管理体制,试行聘任制,改革司法行政人员管理制度,形成区别于法官管理的模式。改革初任法官和检察官选拔、任用制度,坚持上一级法院、检察院的法官、检察官从下一级院的优秀法官、检察官中选拔。

五是探索人民调解与诉讼调解衔接机制取得了新进展。上海司法机关在推动人民调解与诉讼调解相衔接上下功夫,着力探索多元纠纷解决路径,积极探索体现时代特色的诉讼调解新模式,相继推出民事纠纷委托人民调解、轻伤害案件委托人民调解等规定,减少通过诉讼途径解决纠纷,尽量减少对簿公堂。

二、上海审判改革

中央提出关于司法体制改革的初步意见后,特别是最高人民法院《人民法院第二个五年改革纲要》制定后,上海市高级人民法院研究部署了上海法院的具体贯彻落实意见,提出所有改革措施都遵循以下原则:

一是必须坚持党对司法工作的绝对领导,在党的领导下,在宪法和法律的框架内,对法院工作中不适应时代和人民要求的体制和机制进行自我完善;二是必须有利于提高党的执政能力,巩固党的执政基础,这是检验法院改革是否成功的首要政治标准;三是必须坚持人民代表大会这一根本政治制度不动摇;

四是必须立足国情,合理制定各项改革目标和措施;五是必须坚持遵循司法工作规律,充分尊重司法工作的程序正当性、公开性、中立性和终局性等本质特征。

遵照既定的改革原则,上海各级法院一方面严格遵照中央统一部署和要求,围绕理顺完善法院内部管理体制、科学设置诉讼程序、有效监督司法裁判、切实解决执行难、规范法官职业行为等主题加以推进;另一方面又立足地方法院特色,在总结经验、巩固成果的基础上,稳步推进了富有上海特色的审判机制和工作机制改革。

(一)遵照国家改革统一部署开展的实践

1.改革和完善诉讼程序制度

提高死刑案件办案质量。随着最高人民法院从2007年1月1日起全部收回死刑案件核准权,刑事审判工作前所未有地成为公众注目的焦点。从1997年新《刑法》和《刑事诉讼法》实施以来,上海市高级人民法院死刑二审案件的开庭率达到100%,而且无一起冤错案件发生。上海法院死刑案件的质量得到全国同行的尊敬。[1]为进一步确保死刑案件质量,进而全面提升刑事审判工作水平,上海法院出台了一系列配套制度措施,以杜绝死刑冤错案,全面提高刑事案件办案质量。

上海市高级人民法院会同上海市人民检察院、上海市公安局和上海市司法局,共同制定《关于重大故意杀人、故意伤害、抢劫和毒品犯罪案件基本证据及其规格的意见》,明确所谓"重大"就是指涉案犯罪嫌疑人、被告人论罪可能被判处死刑的案件,对于死刑案件,必须坚持"事实清楚,证据确实充分"的裁判原则,对于证据"确实充分"提出明确的标准,细化了规范证据审查的举措。[2]以最基本的身份情况证据为例,该"意见"明确犯罪嫌疑人的户籍证明只要显示他作案时年龄在20周岁以下,"侦查机关应当同时收集该犯罪嫌疑人的医院出生证明。无医院出生证明或者非医院接生的,应当搜集该犯罪嫌疑人父母和兄弟姐妹之户籍证明、犯罪嫌疑人出生时接生人和犯罪嫌疑人父母及犯罪嫌疑人户籍地居(村)委会干部就犯罪嫌疑人出生日期问题所做的陈述

---

① 洪卫林:《"生死判官"回首死刑二审案件》,《上海法治报》2006年12月1日。

② 刘海:《市高院已为最高法统一行使死刑案件核准权做好准备　立五项措施防死刑错案》,《上海法治报》2006年12月1日。

笔录、犯罪嫌疑人原就读学校提供的犯罪嫌疑人入学登记表等其他证据材料。'户籍证明'或'其他证据材料'无法取得的,侦查人员应当制作《工作情况记录》说明经过和原因"。①即使户籍证明显示犯罪时年龄已经超过 20 周岁,根据该规定,只要"犯罪嫌疑人、被告人对其户籍证明提出异议,声称自己作案时实际年龄不满 14 周岁或不满 18 周岁的,侦查机关、检察机关也应按前述规定收集'其他证据材料'"。

对重大刑事案件庭审全过程进行录像。根据最高人民法院的部署,从 2006 年 7 月 1 日起,全国各高级人民法院对所有死刑二审案件开庭审理,并要对死刑案件二审开庭的全过程进行录音录像,坚决杜绝冤错案件的发生。2006 年 6 月上海市高级人民法院下发《关于对重大刑事案件庭审全过程进行录像的通知》,规定从 2006 年 7 月 1 日开始,上海高、中级法院必须对被告人可能被判处死刑的一审案件和原审被告人已被判处死刑的二审案件的庭审全程进行录音录像,以弥补庭审笔录作为反映法庭审理过程唯一一载体的不足。②"法院启动重大刑案庭审录像机制,有利于被告人诉讼权利的充分行使,也有利于二审审查委员会全面审查一审判决认定的事实和适用的法律,充分体现了对于死刑的谨慎和对于生命的珍重。"③录音录像资料将随死刑案件其他材料一起报送最高人民法院,为最高人民法院依法准确行使死刑核准权提供参考。

制定重大刑事案件证人、被害人、鉴定人出庭制度。上海市高级人民法院会同上海市人民检察院、上海市公安局和上海市司法局,共同制定《关于重大刑事案件证人、被害人、鉴定人出庭的若干意见(试行)》,体现了上海司法各部门联手推动这一举措的决心。④明确规定所谓重大刑事案件,是指中级法院根据起诉书指控被告人的犯罪事实,有关的法律规定和司法实践,认为被告人有可能被判处死刑等重大复杂的一审案件和高级法院审理的重大复杂的二审案件。即以死刑案件为主,但不限于死刑案件。此类案件中,只要遇到对证人证

---

①④　刘海:《上海:确保死刑案件审判质量——解读上海市高级人民法院五项配套机制》,《上海法治报》2006 年 12 月 1 日。

②　朱勇:《7 月 1 日起　上海法院死刑案件庭审将全程录音录像》,《新闻晨报》2006 年 7 月 2 日。

③　刘海:《首例死刑二审全程录像庭审目击　录像资料将为最高法院行使死刑核准权提供参考》,《上海法治报》2006 年 7 月 14 日。

言、被害人陈述有异议,而证言、陈述又对定罪量刑有重大影响,或者对鉴定结论有异议、鉴定程序违反规定或者鉴定结论明显存在疑点等情况,作为控辩双方的任何一方,包括被告人及其辩护人都可以要求相关证人、被害人、鉴定人出庭,合议庭也可以依职权直接通知上述相关人员出庭。为了保证某些特殊证人、鉴定人、被害人也能出庭作证,明确规定允许证人通过法庭提供的视频传输系统,或者在与被告人之间有遮隔的屏障后作证,明确这样的作证效力等同于当庭作证,减少了证人出庭作证顾虑,保证了作证安全。

建立调审适度分工、以审前调解为主和在法官主导下适度社会化的诉讼调解新机制。自2004年起长宁、普陀、黄浦法院开展诉讼调解社会化试点。[①]一是重视立案前调解。在立案前征得当事人同意后,将一些民事纠纷,先由人民调解委员会进行调解。二是做好庭审前委托调解。在双方当事人自愿的前提下,由法院委托人民调解委员会进行调解。三是审理中由人民调解员或其他专业人员以陪审员身份参与诉讼调解。通过试点,取得了初步经验,为下一步推广打下了基础。2004年,全市法院一审民、商事案件的调解撤诉率达到61.4%。[②]此后进一步探索调解工作的方式和方法,依法引入社会力量协助法院调解。

2006年2月6日上海市高级人民法院、上海市司法局在总结近两年来民事纠纷委托人民调解试点经验的基础上,联合印发《关于规范民事纠纷委托人民调解的若干意见》,[③]明确了民事纠纷委托人民调解工作的目的和宗旨,对委托调解的原则、范围、要求等作出了具体规定和要求,法院在民事纠纷受理前、受理后开庭审理前以及审理过程中,在征得双方当事人同意后,可将纠纷委托人民调解委员会进行调解,保障人民调解与诉讼调解及民事审判工作的合法、有效衔接。"这项工作推行后,上海部分基层法院出现一审民事案件受理量同比大幅下降的现象。"[④]

---

① 滕一龙:《上海市高级人民法院工作报告(摘要)——2004年1月14日在上海市第十二届人民代表大会第二次会议上》,《解放日报》2004年1月21日。

② 滕一龙:《上海市高级人民法院工作报告——2005年1月20日在上海市第十二届人民代表大会第三次会议上》,《解放日报》2005年1月26日。

③ 《上海市高级人民法院　上海市司法局关于规范民事纠纷委托人民调解的若干意见》,载吴志明主编:《大调解——应对社会矛盾凸显的东方经验》,法律出版社2010年版,第220—222页。

④ 吴志明主编:《大调解——应对社会矛盾凸显的东方经验》,法律出版社2010年版,第45页。

2006 年 5 月 12 日上海市高级人民法院、上海市人民检察院、上海市公安局、上海市司法局联合印发《关于轻伤害案件委托人民调解的若干意见》,①贯彻宽严相济刑事政策,对于一些已经进入或者可能进入刑事诉讼程序、由民间纠纷引发的轻伤害案件,在征得当事人同意后,通过委托人民调解委员会进行调解,促成当事人和解,达到不立案、撤案、不起诉、免予或减轻刑事处罚等处理结果。

2. 改革和完善审判指导制度与法律统一适用机制

规范司法审判尺度。上海高、中级人民法院通过向全市法院公布对处理同类案件具有指导意义的典型案例,帮助审判人员更准确地理解立法原意,进一步提高适用法律能力。对审判中出现的新情况、新问题,及时组织力量加强调研指导,正确把握法律适用尺度。②加强审判指导,制定刑事审判量刑指南,规范一审民事、商事案件的审理程序。同时,注重发挥典型案例的指导作用,进一步提高法官审理疑难案件的能力。③结合实践继续修订刑事审判量刑指南、民事办案要件等操作性规范。在上海市高级人民法院统一部署下,全市法院还组织专门人员,对有关审判、管理方面的规章制度,进行逐项检查、清理和汇编。

3. 改革和完善执行体制与工作机制

上海法院根据中央的要求,在中共上海市委的领导和最高人民法院的指导下,以执行工作机制建设为重点,按照对内抓执行规范,对外促执行环境的总体思路,强化对执行权的分权制约,将裁决权与实施权相分离,探索执行机制改革创新,力求使上海法院执行工作在程序上更加公开、公平、公正,实体上更加合法、合情、合理,达到执行工作公正、效率和效果的统一。

建立统一管理执行工作机制。为加强对全市法院执行工作的监督、指导和协调,进一步推进上海法院执行工作,自 2004 年 6 月 14 日起,上海市高级

---

① 《上海市高级人民法院 上海市人民检察院 上海市公安局 上海市司法局关于轻伤害案件委托人民调解的若干意见》,载吴志明主编:《大调解——应对社会矛盾凸显的东方经验》,法律出版社 2010 年版,第 223—227 页。

② 滕一龙:《上海市高级人民法院工作报告——2006 年 1 月 18 日在上海市第十二届人民代表大会第四次会议上》,《解放日报》2006 年 1 月 25 日。

③ 滕一龙:《上海市高级人民法院工作报告——2005 年 1 月 20 日在上海市第十二届人民代表大会第三次会议上》,《解放日报》2005 年 1 月 26 日。

人民法院执行庭更名为执行局,执行局内设协调处、执行处、综合处。①根据最高人民法院《关于高级法院统一管理执行工作若干问题的规定》,2005年5月上海市高级人民法院结合上海实际,以高院设立执行局为契机,进一步理顺以基层法院为基础、以高中院为主的统一协调机制,②制定《关于加强本市高、中级法院对执行案件统一管理的若干意见(试行)》,分执行案件管理的主要内容、执行案件指导、执行案件协调、执行案件监督4个部分,逐步完善"以高中院为核心,以基层法院为基础"的统一管理执行工作机制,明确上海市高级人民法院案件管理和指导的重点是落实最高法院关于执行案件的指导性意见和要求;组织全市性的执行活动;指导重大、疑难案件的执行等9项工作;案件协调的重点是提请市有关部门或根据上级要求协调市内法院重大、疑难执行案件;协调全市法院与其他机关和公益性企业、组织之间的协助执行事项等6个方面。高、中院执行案件监督的重点是督查辖区法院执行案件的质量、效率和作风;审理下一级法院执行复议案件等5个方面。同时还规定上海市两个中级人民法院在执行监督中遇到重大、疑难的案件和事项,可以提出处理意见,报请高级法院决定。高级法院认为确有必要的,可以将执行监督的事项交市中级人民法院办理。③

创新破解执行工作难题的新路径。上海市高级人民法院针对全市法院强化执行工作管理,执行效率方面存在的突出问题,制定了《关于加强本市各级法院指定执行、提级执行工作的意见》,具体明确了指定、提级执行案件的类型、案件的发现方式和案件上报备案三项内容,提出无合理合法情形,超过9个月未执结的案件,一律提级或指定执行;受不当干扰,无法顺利执行的案件,

---

① 协调处主要协调全市法院执行异议的裁决事项及不服下级法院执行裁决的复议,裁定下级法院执行案件的提级执行、指定执行,负责组织全市法院的集中执行、专项执行和其他重大执行活动,处理来信来访,监督下级法院的执行工作等。执行处负责接受外省市法院委托案件的执行,负责全市法院委托外地法院执行案件的统一管理,执行市高级人民法院作出的生效法律文书和法律规定由高院管辖的生效法律文书等。综合处负责全市法院执行工作的情况调研,起草各类综合性报告和总结材料,组织全市法院执行条线的业务培训等。【市高级人民法院执行局成立】条,载《上海年鉴》编纂委员会编:《上海年鉴2005》,上海年鉴社2005年版,第361页。

② 滕一龙:《上海市高级人民法院工作报告——2005年1月20日在上海市第十二届人民代表大会第三次会议上》,《解放日报》2005年1月26日。

③ 【实行高、中级法院执行案件统一管理】条,载《上海年鉴》编纂委员会编:《上海年鉴2006》,上海年鉴社2006年版,第357页。

一律提级或指定执行；上级法院督办案件，超过规定期限的，可以提级或指定执行；加强对超执限案件的监督，对超过 9 个月未执结的案件，除特殊原因外，由高、中院提级或指定执行，①以提高执行效率，节约执行成本，排除各种干扰，确保胜诉的当事人的合法权益及时得以实现。此外，还制定了《关于继续贯彻落实执行工作"九要九不要"的若干意见》《关于规范和统一本市基层法院执行案件流程管理的通知》《本市基层法院执行工作质量效率效果达标单位考评办法》等规范性措施，不断完善行之有效的执行工作制度，全面实行执行案件流程管理，提高执行工作管理水平。②

建立社会协助配合执行机制。根据 2007 年 1 月最高人民法院与中央综治办联合下发的《关于将法院执行工作纳入社会治安综合治理目标考核范围的意见》，2007 年 8 月上海市高级人民法院与上海市社会治安综合治理委员会办公室联合出台考核意见，建立起全市范围内的协助执行网络，动员工商、房地、税务、公安等各协助执行相关部门和各乡镇、街道的司法所、派出所、村委会、居委会等基层组织的力量，协助法院发现被执行人的行踪或财产线索，查控被执行人财产，配合做好当事人思想工作等，从而使法院的执行工作在社会各界的支持配合下，实现对"执行难"的综合治理。③上海市高级人民法院与上海市社会治安综合治理委员会办公室联合下发《关于将协助法院执行工作纳入社会治安综合治理目标考核范围的实施意见》，明确在市、区县两级分别建立由综治办、公检法司、工商、税务等单位负责人参加的解决执行难问题联席会议制度；各区县，街道乡镇以现有的社会治安综合治理网络为基础，建立由公安、检察、司法、工商、税务等组成的协助法院执行网络。④公安、司法、地方基层组织等协助执行网络成员在法院执行案件过程中，应当协助维持现场秩序，协助做好当事人及群众的思想工作，协助化解相关矛盾，协助处理突发

① 滕一龙：《上海市高级人民法院工作报告——2006 年 1 月 18 日在上海市第十二届人民代表大会第四次会议上》，《解放日报》2006 年 1 月 25 日。

② 滕一龙：《上海市高级人民法院工作报告（摘要）——2004 年 1 月 14 日在上海市第十二届人民代表大会第二次会议上》，《解放日报》2004 年 1 月 21 日。

③ 刘海：《协助执行"天罗地网"覆盖全市 协助法院执行网络成员"不作为"将遭一票否决》，《上海法治报》2007 年 8 月 28 日。

④ 刘海：《市高级法院和市综治办联合发文明确，协助执行是综合考核目标》，《上海法治报》2007 年 9 月 3 日。

案件。司法、地方基层组织等协助网络成员在法院执行案件过程中,应当协助见证法院留置送达法律文书和实施强制执行措施;公安、检察、法院等协助执行网络成员应加强协作配合,共同打击拒不执行判决裁定和暴力抗法妨碍公务犯罪等行为。对于逃避、阻碍、干预及拒不协助法院执行的单位,不得评为社会治安综合治理先进单位。对于发生严重危害社会稳定,造成恶劣影响的抗拒执行案件、重大群体性事件的地区、单位及部门采取一票否决。"到2007年年底,全市19个区县已全部建立了遍及辖区各相关部门和街镇社区的基层协助执行网络,在全国率先实现了协助执行网络的全覆盖。"①

4. 改革和完善审判组织与审判机构

发挥审判委员会和院、庭长监督管理作用。各级法院不断完善审判委员会议事和表决规则,定期听取承办法官或合议庭的汇报,讨论重大、疑难、复杂案件,总结审判经验,监督法官审判活动。进一步强化院长、副院长、庭长、副庭长的审判职责,明确其审判管理职责和政务管理职责,院、庭长加强了对审判工作和案件流程的管理,坚持每月抽查一定比例的案件,从而发现问题,实施有针对性的监督。

5. 改革和完善司法人事管理制度

严格法官的任命审核制度。一律从通过国家司法考试取得任职资格的人员中择优遴选法官。从提高审判质量水平,加快上海法官队伍职业化建设步伐的高度出发,依据最高人民法院《法官培训条例》,结合上海法院干部教育培训五年规划,于2006年5月制定下发《关于预备法官培训的暂行规定》,编写、制定了培训方案和实习大纲,规定上海法院的初任法官必须经一年的培训,并经考核合格,才具备法官任职资格。

《暂行规定》明确,上海市高级人民法院受国家法官学院委托,组织全市法院预备法官培训工作。参训学员培训时间为一年,分授课、实习、总结三个阶段。授课时间为一个半月,集中培训法官职业素养与审判技能。实习时间为九个半月,安排学员到指定法院的刑事、民事(民商事)、行政审判、立案信访接待等部门实习,由具有丰富审判实践经验和扎实法学理论功底的带教法官指

---

① 刘海:《"老赖"遁形难逃公安火眼金睛 市高级法院与市公安局进一步完善执行联动机制》,《上海法治报》2008年7月30日。

导学员进行审判专业的学习,并评定实习成绩。预备法官培训的考核由实习成绩和结业考试成绩两部分组成。考核总成绩中,实习成绩占 60%,结业考试成绩占 40%。实习成绩和结业考试成绩均及格者,才被视为培训合格,并颁发由最高人民法院政治部和国家法官学院联合验印的预备法官培训合格证书。培训考核不合格的,经本人申请和有关部门批准,方可参加一次补考。《暂行规定》还对带教法官的聘用、职责、任期等内容进行了具体的规定。①

6. 改革和完善人民法院内部监督与接受外部监督的制度

严格依法依纪规范法官的行为。针对部分法官在言行举止、作风形象上存在的问题,注重从细节上加以规范,促使养成公正文明的司法习惯。贯彻最高人民法院制定的 93 条《法官行为规范》,2006 年上海市高级人民法院推出了《上海法院违反〈法官行为规范〉处理办法》,采取累计积分制,并通过自查、互查、抽查等多种形式,及时处理并通报问题,将事后的扣罚诚勉,转为事前的警示防范。②为进一步贯彻落实最高人民法院和司法部联合发布的《关于规范法官和律师相互关系 维护司法公正的若干规定》,2004 年 7 月上海市高级人民法院党组结合上海法院实际,制定了八项禁止性规定,③进一步规范法官和律师在诉讼活动中的相互关系。

落实人民检察院检察长或者检察长委托的副检察长列席同级人民法院审判委员会的制度。认真接受检察机关的法律监督,全市法院高度重视检察机关的法律监督,按照"分工负责、互相配合、互相制约"的宪法原则,依法约请各级检察院的检察长列席同级法院审判委员会会议,对于检察机关提起抗诉的案件,一律开庭审理。④

---

① 高远:《法官任职前须经一年培训 上海市高级法院正式启动预备法官培训》,《上海法治报》2006 年 6 月 6 日。

② 滕一龙:《上海市高级人民法院工作报告——2007 年 1 月 31 日在上海市第十二届人民代表大会第五次会议上》,《解放日报》2007 年 2 月 7 日。

③ 具体为:一、严禁法官接受当事人及其律师的请吃、请托、钱物及其他形式的财务支付;二、严禁向当事人及其律师泄露合议庭评议内容、审判委员会讨论案件的结果和尚未宣判的裁判内容;三、严禁违反回避制度规定,审理与案件当事人及其律师有亲戚、朋友、同学师生、同事等关系的案件;四、严禁参加由律师组织的各种非公务性活动;五、严禁为当事人介绍律师和为律师介绍代理案件;六、严禁私自单独会见当事人及其律师;七、严禁向当事人及其律师借用通讯工具;八、严禁向当事人及其律师借用交通工具。高远:《市高级法院制定"八项禁令" 隔离法官与律师》,《上海法治报》2004 年 7 月 14 日。

④ 滕一龙:《上海市高级人民法院工作报告——2006 年 1 月 18 日在上海市第十二届人民代表大会第四次会议上》,《解放日报》2006 年 1 月 25 日。

7. 继续探索少年司法体制改革

最高人民法院"二五改革纲要"要求"完善审理未成年人刑事案件和涉及未成年人权益保护的民事、行政案件的组织机构,在具备条件的大城市开展设立少年法院的试点工作,以适应未成年人司法工作的特殊需要,推动建立和完善中国特色少年司法制度"。上海法院在少年审判组织模式探索上始终走在全国前列,不仅早在1984年就创设了全国第一个少年法庭,1999年又率先建立了四个指定管辖少年法庭,负责审理全市未成年人刑事案件。"最高法院充分肯定了上海的创新,认为上海指定管辖集中审判模式是少年法院的雏形,并且倡导全国法院少年法庭学习这一审判组织模式。"[①]但是,由于试点少年法院工作涉及资源配置,北京、天津、广东、江苏、河北、河南等省市少年法庭工作各有特色。因此,上海市高级人民法院并没有因此而止步不前,而是一直致力于进一步加强少年司法工作。

启动未成年人案件综合审判庭试点工作。按照最高人民法院和上海市高级人民法院的有关规定,2007年7月上海市第一中级人民法院被确定为全国未成年人案件综合审判庭试点单位,上海市长宁区人民法院、闵行区人民法院少年审判庭为配合试点单位,上海市高级人民法院设立少年审判合议庭,专门下发关于开展未成年人案件综合审判庭试点工作的意见,确定"以依法办事为前提,以刑事审判为基点,相对扩大受理一部分管辖比较清晰的涉少民事和行政案件"的原则,并明确各少年审判庭(合议庭)可以跨庭约请有关审判人员参加对未成年人刑事、民事、行政案件的审判。试点法院和试点少年审判庭今后将仅受理涉及未成年人权益的抚养关系纠纷、抚养费纠纷、一般人身损害赔偿纠纷民事、行政案件以及未成年罪犯的减刑、假释案件。[②]

司法审判中体现对未成年人的区别对待。2005年,上海市高级人民法院和上海市人民检察院联合制定了《关于对未成年人和成年人共同犯罪的案件实行分案起诉、分案审理的意见》,这一程序安排有效地保障了未成年被告人的诉讼权利和合法权益。探索推出未成年人刑事案件快速审理的"绿色通道"。在未成年人司法审判中,对事实清楚、案情简单、证据确凿充分、被告人

---

① 刘海:《让失足少年走出心灵泥淖》,《上海法治报》2006年6月23日。
② 《上海年鉴》编纂委员会编:《上海年鉴2007》,上海年鉴社2007年版,第363页。

认罪的未成年人刑事案件,在立案、逮捕、侦查、起诉、审判等各阶段,在法律规定的期限内快捷办案,以有效减少未成年人的羁押时间。①

少年法庭实行圆桌审判形式。2005 年上海市高级人民法院少年法庭指导工作小组下发《上海法院少年法庭"圆桌审判"方式操作规范》,就"圆桌审判"的具体工作程序作详细规定,并为全市四个少年法庭设置了专用的圆桌审判庭。"圆桌审判"是为更好地查明犯罪事实,更好地进行庭审教育,根据未成年人的生理和心理特点设计的法庭形式。②开庭审理时通过法官、公诉人、被告人、法定代理人、辩护人等同处一张圆桌,有助于减轻未成年被告人的恐惧与抵触心理,更利于贯彻少年法庭"寓教于审、惩教结合"的原则,体现对未成年被告人的司法人文关怀。少年审判实践证明,圆桌审判确实缓和了未成年被告人的紧张心理,有利于有罪的被告人接受法庭教育认罪悔罪,效果良好。③

(二)根据地方司法实际自主开展的探索

1. 创新丰富诉讼中的新制度

建立行政案件协调和解制度。上海市高级人民法院于 2007 年 4 月制定了《关于加强行政案件协调和解工作的若干意见》,明确行政案件协调和解工作是人民法院在审理行政案件过程中,以合法性审查为基础,以维护公平正义,促进社会和谐,化解行政争议为目标,组织各方当事人及其他相关部门和个人进行协商,推动当事人在法律规定的处分权限范围内达成和解,依法稳妥解决行政争议的重要审判机制。④针对《行政诉讼法》中审理行政案件不适用调解的规定,在不违反法律条文的前提下,上海法院开创性地以"坚持合法审查,促进执案完善,依法规范撤诉,力求案结事了"为协调和解的原则,明确行政案件协调和解的八大范围,⑤依法促成和解后,由当事人向法院申请撤诉,

---

①② 刘海:《让失足少年走出心灵泥淖》,《上海法治报》2006 年 6 月 23 日。

③ 《上海年鉴》编纂委员会编:《上海年鉴 2006》,上海年鉴社 2006 年版,第 357 页。

④ 《上海年鉴》编纂委员会编:《上海年鉴 2008》,上海年鉴社 2008 年版,第 365 页。

⑤ 上海法院对下列情形之一的行政诉讼案件可以进行协调:(1)被诉具体行政行为违法,但撤销该具体行政行为将会给国家利益、公共利益或者他人合法权益造成重大损失的;(2)被诉行政行为合法,但存在合理性问题的;(3)法律规定不明确或者法律规定与相关政策不一致的;(4)涉及行政机关对平等主体之间民事争议所作的裁决,或者其他以当事人生活、生存权为基本内容的行政行为。(5)涉及农村土地征用、城市房屋拆迁、劳动和社会保障、企业改制、资源环保等矛盾易激化,可能引起群体性利益冲突,或者对国家利益、公共利益和社会稳定可能造成影响的;(6)不履行法定职责的;(7)行政相对人的诉讼请求难以得到法院支持,但又确实存在亟待解决的实际困难的;(8)其他依法可以进行协调处理的情形。刘海:《上海"民告官"推开"和解"门 行政案件协调和解机制七问》,《上海法治报》2007 年 4 月 6 日。

法院依法进行审查,符合规定的裁定准许撤诉。行政机关为了换取与原告的和解,可以改变具体行政行为,但必须在其法定职权范围内,必须不侵害国家利益、公共利益和他人合法权益。①司法实践中越来越多的当事人在核算诉讼成本和诉求利益之后,增强了协商解决行政争议的意愿。正如上海市高级人民法院副院长张海棠所说:"近几年,随着政府职能转换,社会矛盾和利益冲突引发的行政争议相当一部分以诉讼的形式反映到行政诉讼中来,行政诉讼的价值愈发凸显,群众在行政行为面前有了更强的维权意识,这是社会成熟,法治进步的表现。在当前形势下,行政诉讼协调和解,作为一种全新的思维模式和工作方式,有利于更好地化解行政争议、促进社会和谐。"②

切实增强执行工作的透明度。2006年4月上海市高级人民法院向全市法院下发了《关于实施〈案件执行情况告知书〉、〈案件委托执行情况告知书〉和〈案件提级(指定)执行情况告知书〉的通知》,规定:今后凡超过执行期限无法执结的案件,均要通过《告知书》将原因向当事人公开。执行中采取查封、扣押、冻结、拍卖、变卖财产等强制措施后,也要及时向申请执行人告知。对于委托外省市法院执行的案件,要及时跟踪了解受托法院的落实及案件受理的情况,在知道受托法院接受委托后的3个工作日内,应及时告知申请执行人具体受托执行法院及联系方式。案件被上级法院提级执行或者指定执行的,原执行法院在办理案件移送手续后的3个工作日内,向申请执行人告知提级执行或者被指定执行的法院及联系方式。实行"三告知"制度,最大程度地保障了当事人的权利,可以让执行当事人了解超过执行期限案件未能如期执结的原因和将采取的措施,使执行工作更公开,切实保障执行当事人的知情权、参与权和监督权。凡超过执行期限无法执结的案件,均要通过《告知书》将原因向当事人公开,法院执行法官和当事人之间将更加互动,当案件无法执行下去的时候,执行法官会告知当事人是否掌握其他相关信息或线索,以便法院继续执行。③

建立执行工作威慑机制。上海市高级人民法院早在2004年就与上海资

①　刘海:《协调和解不是"捣糨糊"》,《上海法治报》2007年4月6日。

②　刘海:《上海"民告官"推开"和解"门　行政案件协调和解机制七问》,《上海法治报》2007年4月6日。

③　刘海:《上海法院实行执行案件"三告知"制度》,《上海法治报》2006年4月18日。

信公司达成协议,把所有超过 6 个月未执结案件中的被执行人信息纳入上海征信系统。之后,上海市高级人民法院又与中国人民银行、中国银联公司等达成了数个协助执行的纪要或共识,法院负责向人民银行、银联公司提供民事被执行人以及经济犯罪人员的信息,以制约其在贷款、信用消费等方面的行为。经与人民银行协调,解决了过去始终没有突破的被执行人银行账户的综合查询问题。自 2007 年起上海法院向人民银行提供被执行人的个人身份证或法人代码证等资料,人民银行应将被执行人所有开户银行以及个人信用卡发卡银行等信息提供给法院。而银联公司根据法院提供的被执行人信用卡卡号,协助法院查询该信用卡的交易情况,对该信用卡今后一段时间出现的交易,以即时发送手机短信的形式通知法院,以便法院能及时有效地了解和限制被执行人的高消费,而且还可以以此为线索找到被执行人。①针对法院执行工作案多人少、查控工作分散在各个承办人员手里的实际情况,自 2007 年 6 月起,上海各级法院执行庭均将设置不少于 2 名的专职调查人员,实行专人查控制度。②即指在办理各类执行案件中,需对不同被执行人的基本信息、财产及财产线索采取调查、控制(解除)措施,以及需对被执行人采取限制(解除)出入境措施的,指定专人集中办理相关手续的制度。这一制度可以使以往分散在各承办执行人员手中的调查事项集中一处,以打"歼灭战"的方式加以解决,整合了执行资源,提高了执行效率。执行案件在立案后的第一时间就能启动调查程序,启动后的 5 个工作日内一般就能完成调查事项,为案件下一步的执行到位打下基础。查控人员完成查控后,一般在 2 个工作日内将查控结果交给承办法官签收。③

探索未成年人刑事案件非刑罚处罚。2002 年上海市长宁区人民法院借鉴国外相关少年立法,结合少年法庭审判工作实际,在全国首次对未成年刑事

---

① 刘海:《协助执行"天罗地网"覆盖全市 协助法院执行网络成员"不作为"将遭一票否决》,《上海法治报》2007 年 8 月 28 日。

② 专人查控所涉及的协助单位范围,除了银行、工商部门之外,还包括记载户籍资料和机动车登记的公安机关,记载社保金缴纳、养老金发放等相关信息的社保中心,有价证券账户查询中国证券登记结算公司上海分公司以及对出入境限制、解除限制的出入境管理部门等。刘海:《本市全面推行执行案件专人查控财产制度 老赖隐匿财产逃债有专人查控》,《上海法治报》2007 年 6 月 8 日。

③ 刘海:《本市全面推行执行案件专人查控财产制度 老赖隐匿财产逃债有专人查控》,《上海法治报》2007 年 6 月 8 日。

案件试行"社会服务令"制度。"社会服务令"是指人民法院在审理未成年人刑事案件中,对已构成犯罪的未成年涉罪对象,责令其至一场所,完成一定期限无偿社会服务劳动的探索性的矫治措施。"社会服务令"是一种非刑罚处置方法,是对未成年涉罪对象采取的一种矫治措施,是无偿的公益性服务劳动。为了规范实施,上海市长宁区人民法院还制定了《关于实施社会服务令的暂行规定》,并在少年法庭特设了专职考察法官,由考察法官对未成年涉罪对象进行考察,并作出考察报告。在实施"社会服务令"期满后,将报告递交承办法官,作为对暂缓判决案件未成年被告人的量刑依据及免予刑事处罚、缓刑案件未成年涉罪对象的考察依据。①

　　2. 改革审判工作和管理机制

　　制定《上海法院死刑案件审判规程(试行)》。这是一部凝聚上海刑事审判法官集体智慧和实践经验的近20万字的死刑案件规范操作程序,汇聚了上海高、中两级法院众多资深刑事法官,前后几易其稿。正如此规程制订课题组的负责人上海市高级人民法院刑一庭庭长赵旭明所言,"不同法官的突出经验可能体现在不同方面,大家共同完善之下,目前这部规程不但在全国来说是一项创举,质量上应该也是经得起推敲的"。②其中包含了指导思想、证据的审查与判断、死刑的裁量与适用、附带民事诉讼审判要求、审判死刑案件的工作机制等内容,有效地规范审判程序、工作机制、证据审查与死刑适用等工作,为刑事法官提供了死刑案件审判规范指导,进一步提高了死刑案件审判质量。最高人民法院已经要求上海市高级人民法院提供规程文本,作为今后制订类似规程的参考。

　　如该《规程》规定,为防止错杀,可能被判处死刑的被告人如对刑事责任年龄有异议,而现有户籍资料又未能准确反映真实情况,必须想尽一切办法查清,并参考由侦查机关委托有关单位进行的骨龄鉴定。这一制度就是在防止冤错案的审判实践中形成的。2004年6月27日下午,上海曲阳路某小区发生了一起血案。魏某在朋友的指认下,向被害人智某的胸部及背部各猛刺一刀,导致智某不治身亡。一审法院以故意杀人罪判处魏某死刑。魏某以量刑过重

---

① 张霞、郑闻文:《长宁区人民法院少年庭探索未成年人刑事案件非刑罚处罚　"社会服务令"矫治少年犯》,《上海法治报》2003年8月4日。

② 刘海:《上海:确保死刑案件审判质量——解读上海市高级人民法院五项配套机制》,《上海法治报》2006年12月1日。

为由提出上诉。就在二审开庭两天前,正在阅卷的承办法官陆亚哲突然接到了辩护律师的电话,称魏某无意中提及,自己曾修改过户籍资料,作案时还未满18周岁。是否成年直接关系到能否适用死刑,岂能有误? 陆法官迅速赶赴魏某的原籍所在地广东汕头。当地派出所历经三次变迁,部分材料已经遗失;4本户口本、3个曾用名、2份户口底,核查过程困难重重。陆法官费尽周折终于查明真相:魏某当年为了找工作,的确向公安机关虚报了两岁。为慎重起见,上海市高级人民法院随后又对魏某进行了骨龄鉴定,并最终确认他作案时不满18岁,不能对其判处死刑。①

全面推广"判后答疑"工作。为进一步加强释明工作,促使当事人息诉罢访,2007年全市法院结合实际开展"判后答疑"工作。在对案件作出裁判后,当事人对证据采集、事实认定、法律适用等仍不理解,存在疑惑时,有针对性地说明与解释,具体做法是将原审合议庭作为答疑的责任主体,一般情况下安排原审承办法官实施答疑。如果当事人对承办法官意见较大或情绪严重对立,则由审判庭安排合议庭其他成员或其他合议庭答疑。判后答疑一般在终审之后的3个月内酌情安排,启动的依据是当事人提出申诉或提出再审申请,凡已经申诉复查或3个月以后再提出申请的一般不再安排"判后答疑",将答疑工作与信访接待有机结合,由答疑法官和立案接待人员共同参与,答疑法官负责对案件证据认定和法律适用等问题作出解释,信访工作人员主要听取意见、掌握情况,便于落实化解息诉工作。②

转变结案方式实行归档报结。上海法院从2006年二季度起全面推行归档报结,也就是案件在审理、执行结束后,先将案件材料按要求整理归档,归档日期即为报结日期,改变以往结案后三个月归档的做法,消除超期不归和移送上诉案卷延迟等隐患。全市法院上诉案件移送时间明显加快,平均移送天数加快了15.1天。在一个地区三级法院同步推行归档报结,尚属首创,得到最高人民法院充分肯定,在全国法院系统推广。③

---

① 洪卫林:《"生死判官"回首死刑二审案件》,《上海法治报》2006年12月1日。
② 【全面落实"判后答疑"工作】,载《上海年鉴》编纂委员会编:《上海年鉴2008》,上海年鉴社2008年版,第365页。
③ 滕一龙:《上海市高级人民法院工作报告——2007年1月31日在上海市第十二届人民代表大会第五次会议上》,《解放日报》2007年2月7日。

3. 探索强化审判监督新举措

在继续依法严格执行各项监督制度的同时,上海市高级人民法院积极研究、探索更加符合司法活动客观规律,符合法官职业特点,更为有效地加强监督、接受监督的渠道和方式,使监督机制最大程度发挥防止和惩戒少数司法人员违法违纪的作用,同时维护法院依法独立行使审判权。

运用质量效率评估体系强化审判管理。2003年上海法院系统在全国法院系统率先建立审判质量效率评估体系,依托信息技术,通过定期发布、分析和讲评,有效实现对办案质量效率的动态管理,充分发挥规范审判的导向和监控作用。[1]通过发布全市法院的均衡结案率、人均结案率、存案工作量、改判发回重审率、执行标的到位率等10余项质量效率指标,呈现全市法院审判质量效率的量化统计数据。同时,建立与该指标体系配套的通报分析和讲评制度。审判质量效率指标体系运行以来,基本解决了日常案件积存多了搞集中突击的情况,使全年各月、季都能较均衡地审结案件。[2]在开发应用审判流程管理软件基础上,完善质量效率评估系统,实现各项数据即时生成,并自动进行统计、排序。通过定期发布、分析和讲评有关数据,实现对质量效率的动态管理,有效督促改进审判、执行中的薄弱环节。同时根据需要适时调整评估数据,比如新增了"改判发回重审原因"的数据分析,对法官和案件的评估更加客观。[3]制定质量监督检查实施细则,明确检查范围、方式及差错认定标准,坚持常规与专项检查并重,针对发现的问题,及时通报评析。

全面落实公开审判原则。坚持依法、及时、全面三项公开原则,落实审判和执行全程公开的各项措施。在允许公民旁听案件审理的基础上,2003年起上海法院提高涉外案件审理"透明度",尝试允许外国人旁听。[4]为了方便群众了解法院工作,对法院工作实施监督,上海法院加快法院信息化建设,特别是

① 滕一龙:《上海市高级人民法院工作报告——2008年1月26日在上海市第十三届人民代表大会第一次会议上》,《解放日报》2008年2月4日。

② 滕一龙:《上海市高级人民法院工作报告(摘要)——2004年1月14日在上海市第十二届人民代表大会第二次会议上》,《解放日报》2004年1月21日。

③ 滕一龙:《上海市高级人民法院工作报告——2007年1月31日在上海市第十二届人民代表大会第五次会议上》,《解放日报》2007年2月7日。

④ 陈忠仪、高万泉:《最大限度公开审判执行环节 上海法院实行裁判公开文书、向外国人开放旁听席等动态透明举措,以公开促公正,以公正促公信》,《上海法治报》2003年3月31日。

完善法院互联网站建设,逐年增加法律文书上网公开数量,试行民事案件当事人网上查询审理、执行进度。①自 2004 年 7 月 1 日起,国际互联网用户只要登录上海法院互联网站,就可以查到上海各级法院作出的生效再审判决书。根据上海市高级人民法院制定的《生效再审判决书上互联网操作规程》规定,全市各级法院审判监督庭 7 月 1 日后作出的生效再审判决书,原则上均须上互联网,但判决书涉及历史老案、国家秘密、商业秘密、个人隐私等上互联网后会产生负面影响的除外。②2006 年已在互联网上公开各类生效裁判文书 1 万余篇,③目标就是最终做到除涉及国家机密、个人隐私和国家法律规定不宜公开的裁判文书外,裁判文书一律公开。

规范司法委托工作。2004 年上海市高级人民法院与上海市经济委员会、上海市工商行政管理局、上海市财政局等部门联合下发《上海市司法委托拍卖工作试行办法》,对涉案拍卖事项进行集中委托、统一管理。当年 11 月,上海市高级人民法院又出台了《上海法院委托拍卖工作操作规程》,从加强权力制约、保障廉政机制、提高司法委托拍卖质量出发,将司法委托拍卖的委托、管理权统一归口市高级法院负责,最大限度地在法院与拍卖机构之间构筑起防腐倡廉的"隔离带"。④2005 年 12 月又制定《上海法院司法鉴定委托工作规则(试行)》,对案件审理、执行中的财务审计、工程审价、资产评估和房地产评估实施统一管理、集中委托。规定涉案司法鉴定委托实行鉴定人名册制度。各级法院所需司法鉴定均应在名册内确定具体鉴定机构。需要委托司法鉴定的,由相关法院移送市高级人民法院立案庭。市高级人民法院立案庭定期通过电脑配对随机方式确定鉴定机构并办理委托手续。鉴定机构接受委托事项后,如认为受托事项需适用回避原则、需要暂停或确实无法进行的,应及时向相关法院提出。情况属实的,报送市高级人民法院办理。当事人申请司法鉴定的,相关部门应告知其有与对方当事人协商,在法院司法委托鉴定人名册内选择鉴

① 滕一龙:《上海市高级人民法院工作报告——2008 年 1 月 26 日在上海市第十三届人民代表大会第一次会议上》,《解放日报》2008 年 2 月 4 日。

② 高远:《本市法院系统推出新举措 生效再审判决书上网》,载《上海法治报》2004 年 7 月 9 日。

③ 滕一龙:《上海市高级人民法院工作报告——2007 年 1 月 31 日在上海市第十二届人民代表大会第五次会议上》,《解放日报》2007 年 2 月 7 日。

④ 高远:《从源头上构筑反腐倡廉的"隔离带" 司法拍卖归口市高级法院》,《上海法治报》2004 年 11 月 3 日。

定机构的权利,协商选择事项应由各方当事人和被选择的鉴定机构共同签订协议书,在1周内提交相关部门。各级法院对鉴定机构完成的受托事项,应当进行质量与效率评估,报市高级人民法院备案。市高级人民法院将在听取相关行业协会和各级法院意见的基础上,对鉴定人进行动态考核调整。①

制定办案差错责任追究制度。2004年上海市高级人民法院制定《上海法院案件内部监督检查实施细则》,并于2004年8月1日起施行,以进一步加强上海法院案件质量内部监督检查工作,促进案件审判质量的提高。该《细则》明确了案件质量内部监督检查的范围、案件质量差错的认定及责任承担、案件质量内部监督检查的工作制度,并对案件质量差错的分类及认定标准作了规定。《细则》明确案件质量差错是指在案件办理过程中存在的程序、实体、法律文书等方面的错误。差错责任人员对于案件办理过程中存在的程序、实体、法律文书等方面的差错应承担相应责任。②

4. 加强法官队伍职业化建设

积极开展法院干部分类管理试点。2003年8月上海市高级人民法院组织力量专题调研,确定将法院人员分为法官、法官助理、书记员、司法行政人员和司法警察五大序列管理的框架。在浦东、黄浦、静安、长宁、虹口5个法院的7个审判业务庭,开展审判分工模式改革试点,着重探索法官与法官助理的比例构成、职能权限分工、运作模式等。③探索人员分类管理,根据审判工作需要和法院不同岗位的职业特点,逐步建立以法官为中心的人民法院工作人员分类管理制度。④在浦东、黄浦、静安、长宁、虹口等区法院进行"法官＋助理＋书记员"的运行模式试点,着重探索法官助理与法官的比例构成、职能权限分工、运作模式等。推进书记员单独序列管理,完善聘任制书记员的管理,严格控制在人员编制数以内招聘,明确其审判事务性辅助人员的身份,确定职责和权限,逐步建立一支稳定的书记员队伍。探索司法行政人员的管理制度和方法,

---

① 【制定全市法院司法鉴定委托规则】条,载《上海年鉴》编纂委员会编:《上海年鉴2006》,上海年鉴社2006年版,第357页。

② 高远:《追究办案差错者责任　市高级法院制定相关实施细则》,《上海法治报》2004年7月21日。

③ 【进行法院干部分类管理试点】条,载《上海年鉴》编纂委员会编:《上海年鉴2004》,上海年鉴社2004年版,第374页。

④ 滕一龙:《上海市高级人民法院工作报告——2007年1月31日在上海市第十二届人民代表大会第五次会议上》,《解放日报》2007年2月7日。

逐步形成符合司法行政工作特点、有利于调动积极性、又区别于法官管理的模式。规范司法警察管理体制,改革司法警察的任用制度,试行部分司法警察聘任制,进一步理顺司法警察的进出渠道。

探索公正、公开的法官遴选机制。上海市高级法院制定了《关于进一步规范上海法院初任法官遴选工作的实施意见》,明确规定全市法院初任法官必须按照统一标准,经统一考核测试,并由市高级法院统一审核把关,择优遴选,在全市法院高筑法官职业准入"门槛",实现法官素质的同质化,力争案件无论在哪一级法院都能得到有质量保证的审理,避免不同的法官对相同案件作出截然相反的裁判结果,以促进司法公正,树立司法权威。按照《法官法》及最高人民法院关于法官职业化所规定的法官遴选标准,在初任法官遴选统一考核方面作出探索尝试,建立起适合上海实际的初任法官遴选范围。

第一,统一标准。按照审判人员与书记员 2∶1 至 3∶1 的比例确定初任法官遴选数额,遴选条件上,除了必须具备《法官法》第九条规定的法官任职条件,必须通过国家统一司法考试、市高级法院组织的统一书面考试、各级法院组织的综合考核外,还必须具备一定的专业知识以及职业技能,包括驾驭庭审、判断证据、适用法律和制作裁判文书等各项司法技能。

第二,统一测试、考核。遴选程序包括自愿报名、资格审查、书面考核、综合考核、遴选审核等。其中,业务考试由市高级法院聘请专家统一命题、统一集中考试、统一组织阅卷、统一公布成绩;综合考核,旨在对被考核者近年来工作能力、专业技能、勤奋程度、政治思想品德等方面的审查。通过公开、公平、公正的法官遴选程序,确保准入的人员具有良好的条件,较高的司法素质,确保不合格人员当不了法官。为了保证初任法官的政治、业务素质的同质化,法官遴选的审核统一由市高级法院政治部组织实施。审核包括:法官准入条件、遴选操作程序。要求各级法院在办理初任法官任命法律手续之前,必须报市高级法院经审核合格后方可办理任职手续。一旦发现违规操作,或超定额、降低准入标准、违反程序等情况,督促不再办理该项任命。①

实施聘用制书记员制度。经上海市人事局批准,2005 年起上海法院系统

---

① 高万泉:《上海法院对初任法官遴选工作实行"三个统一" 当法官的门槛抬高了》,《上海法治报》2003 年 8 月 22 日。

首次招考聘任制书记员共 261 名。法院新招聘的书记员,实行聘任制和合同管理。双方订立聘任合同,在合同有效期内,法院与受聘人双方履行合同规定,聘任制书记员享受公务员基本工资待遇和其他福利待遇,聘任合同解除或终止后,双方即解除聘任关系,受聘人不再具有国家工作人员身份,不再履行书记员职责。新聘任书记员有一年试用期,试用期满考核合格的,参照《新录用国家公务员任职定级暂行规定》和《上海市人民法院聘任制书记员招聘和管理工作实施意见(试行)》的规定确定职级。因为单独序列管理,如聘任制书记员转任审判工作人员、司法行政人员等岗位,须重新参加国家公务员录用考试。[①]

推行辅助文员制度。为进一步缓解繁重任务与审判任务紧缺的矛盾,提高法院审判工作的质量和效率,经上海市人事局批准,2007 年 9 月,首批 494 名辅助文员经过考试、体检、政审、公示和录用,于 9 月中旬全部到岗使用。在基层法院实行辅助文员制度,是上海法院改革人事用工制度的一次新尝试。法院辅助文员主要从事与审判工作有关的不具有审判职权的事务性工作。首次招录的辅助文员的岗位主要有立案事务助理、审判事务助理、执行事务助理和警务事务助理 4 个岗位。辅助文员不占用法院行政编制,通过统一招录、统一薪酬、统一监管和政府购买服务的形式,按照劳动合同制和派遣制相结合的要求,委托人才服务机构向法院实施人才派遣。[②]

三、上海检察改革

2003 年上海市人民检察院专门召开深化检察改革工作会议,顺应司法改革的发展趋势,从上海检察工作实际出发,积极研究推进检察机关自身工作运行和内部管理方面的改革举措。[③]认真贯彻《最高人民检察院关于进一步深化检察改革的三年实施意见》,研究制定《上海检察机关 2006—2007 年检察改革

---

① 陈欢:《书记员可成为终生职业 从今年起,本市首次公开向社会招考聘任制书记员,从此,书记员序列也有初级、中级、高级之分,书记员将不再是担任法官之前的过渡职业》,《上海法治报》2004 年 11 月 15 日。

② 《2007 年市高级法院大事记》,载上海法院网 http://www.hshfy.sh.cn/shfy/gweb/xxnr.jsp?pa=aaWQ9NzI4MzkmeGg9MQPdcssPdcssz,2008 年 6 月 16 日。

③ 吴光裕:《上海市人民检察院工作报告(摘要)——2004 年 1 月 14 日在上海市第十二届人民代表大会第二次会议上》,《解放日报》2004 年 1 月 21 日。

实施方案》,并在 2005 年制定《关于进一步加强和规范检察改革工作的意见(试行)》,提出上海检察机关加强和规范检察改革的指导思想是"以邓小平理论、'三个代表'重要思想为指导,树立和落实科学发展观,全面贯彻中央关于司法体制和工作机制改革的精神和高检院关于深化改革的工作要求,从适应构建社会主义和谐社会和提高检察机关法律监督能力的实际出发,把解决制约本市检察机关工作发展的体制性、机制性的突出问题作为重点,进一步推进全市检察工作的发展";明确加强和规范上海检察改革工作应坚持四项原则,"坚持党的领导,接受人大监督和社会监督的原则;坚持立足国情,结合上海实际,借鉴有益经验,探索检察工作规律,促进司法公正的原则;坚持统一领导,依法进行,分步实施,有序推进的原则;坚持务实创新,突出重点,明确责任,在现有法律框架内稳妥实施的原则"。

上海检察机关以维护司法公正、实现社会公平正义为目标,以强化法律监督为核心,以提高办案质量与效率为重点,按照"整合、推进、提升"的要求,坚持在法律的框架内积极稳妥地推进检察改革。深入推进人民监督员制度试点工作,不断完善规范执法行为的长效机制,扎实推进检察业务、队伍和信息化"三位一体"机制建设,努力形成对执法办案活动和执法办案人员全过程、全方位的监督,使执法水平和办案质量不断提高。坚持打击犯罪与保障人权并重,深化检务公开,严格执行告知制度,充分尊重犯罪嫌疑人、被告人的人格尊严,加强司法人文关怀,保障案件当事人充分行使法定权利。[①]

(一)遵照国家改革统一部署开展的实践

1. 改革和完善对诉讼活动的法律监督制度,切实维护司法公正,保障人权

制定下发排除非法证据的相关细则。根据最高人民检察院《关于检察机关公诉部门审查案件排除非法证据的若干规定》,上海市人民检察院于 2005 年 4 月制定《上海市检察机关公诉部门非法证据排除规则的实施细则(试行)》,以实事求是为原则,积极探索排除非法证据的程序和规格,进一步完善公诉证据标准体系,对确系严重侵权或严重影响司法公正的证据予以排除,对经转换、补救等措施可以补充完善,或虽不能补充完善,但经审查有其他证据

① 吴光裕:《上海市人民检察院工作报告——2008 年 1 月 26 日在上海市第十三届人民代表大会第一次会议上》,《解放日报》2008 年 2 月 4 日。

印证,且与客观事实相符的证据可以作为指控犯罪的根据,加强对证据合法性的审查,加大对侦查活动的监督力度,为依法有效排除刑讯逼供、暴力取证或威胁、引诱、欺骗等非法手段获取的证据,防止冤假错案,保护诉讼参与人的合法权益提供制度保障,以确保惩罚犯罪与保障人权并重、执行实体法与执行程序法并重原则的实行。①

监所检察部门参与社区矫正工作。根据2003年7月10日最高人民法院、最高人民检察院、公安部、司法部下发的《关于开展社区矫正试点工作的通知》,2004年上海市人民检察院下发《上海检察机关参与社区矫正工作试点办法》,承担试点任务的上海市闸北区、普陀区、浦东新区、徐汇区和长宁区的基层检察院,主动与社区矫正组织建立工作联系制度,互通情况,积极履行检察机关在社区矫正工作中的职能作用,进一步探索和完善"政府主导、社团运作"社区矫正新模式下的监外执行罪犯检察制度。对社区矫正组织接受矫正对象、监督管理活动、期满和变更执行宣布等工作实行监督,发现刑期或考察期满不如期宣布、脱管、漏管等现象的依法提出纠正意见。给予社区矫正组织必要的业务指导,配合执行机关和社区矫正组织对矫正对象进行法制教育。制定检察机关参与社区矫正工作的细则,明确与社区矫正组织关系,建立监(所)内外跟踪反馈衔接机制,有效拓展工作视野和监督途径,加强监外罪犯执行的监督。

深化侦查工作改革。继续深化职务犯罪侦查一体化工作机制,建立侦查监督、公诉、反贪污贿赂、反渎职侵权、控告申诉检察、民行检察等业务部门之间的信息沟通机制,拓宽发现司法工作人员违法犯罪行为的渠道,规范侦查工作,健全司法工作人员渎职案件的查办和移送机制,制定上海检察机关渎职犯罪案件线索内部移送、配合的操作实施细则。

2. 完善检察机关接受监督和内部制约的制度,保障检察权的正确行使

开展人民监督员制度试点工作。根据最高人民检察院的统一部署,2003年6月起,上海市徐汇区人民检察院、嘉定区人民检察院开展人民监督员制度试点工作。2003年10月起,在全市绝大多数检察机关探索试行"下管一级"的监督模式。2004年8月,上海市人民检察院成立以吴光裕检察长为组长的

① 《上海年鉴》编纂委员会编:《上海年鉴2006》,上海年鉴社2006年版,第356页。

人民监督员制度试点工作领导小组,制定《上海市检察机关试行人民监督员制度工作方案》《上海市检察机关人民监督员选任办法(试行)》《上海市人民检察院关于人民监督员制度的实施意见(试行)》《上海市检察机关人民监督员办公机构工作规则》,规定被逮捕的犯罪嫌疑人如若不服逮捕决定、检察机关拟撤销的案件、拟不起诉的案件——毫无例外,都必须经过人民监督员的监督,人民监督员有权利旁听讯问犯罪嫌疑人、询问证人、有权利听取有关人员陈述或者听取律师的意见;检察长若不同意人民监督员的表决意见,应当提请检察委员会讨论决定。当多数人民监督员对检察委员会的决定有异议时,可以要求上一级检察院复核,并在 15 天内由检察长或检察委员会作出是否变更的决定。①这是在现行法律框架内,为建立和完善查办职务犯罪案件的有效外部监督制约机制而进行的一项重要改革探索,目的在于加强对检察机关查办职务犯罪工作的外部监督,从制度上保障检察权的正确行使。人民监督员由机关、团体和企事业单位推荐产生,主要对检察机关查办职务犯罪案件中,拟作撤案、不起诉以及犯罪嫌疑人不服逮捕决定的案件实行监督。②

2006 年起,上海市人民检察院又将人民监督员的外部监督与检察机关的内部办案制度结合起来,主动接受人民监督员对检察机关执法工作的监督。人民监督员的监督范围从"三类案件"向"五种情形"拓展。同时,还通过召开座谈会、通报工作情况、送阅简报信息等方式,听取人民监督员的意见和建议,不断拓宽接受监督的途径。③截至 2007 年年底,共有 174 件案件或情形提请人民监督员监督,人民监督员不同意拟定意见 12 件,经检察委员会研究,决定采纳 7 件。对没有采纳的,依据事实和法律及时向人民监督员作出解释。④

3. 创新检察工作机制,规范执法行为

全面开展量刑建议工作。为提高量刑的公开性,实现诉权对审判量刑裁量权的有效制约,上海人民检察院会同上海市高级人民法院在多年探索基础

---

① 王霄岩:《本市首批人民监督员上岗》,《上海法治报》2004 年 10 月 11 日。
② 吴光裕:《上海市人民检察院工作报告——2005 年 1 月 20 日在上海市第十二届人民代表大会第三次会议上》,《解放日报》2005 年 1 月 26 日。
③ 吴光裕:《上海市人民检察院工作报告——2007 年 1 月 31 日在上海市第十二届人民代表大会第五次会议上》,《解放日报》2007 年 2 月 7 日。
④ 吴光裕:《上海市人民检察院工作报告——2008 年 1 月 26 日在上海市第十三届人民代表大会第一次会议上》,《解放日报》2008 年 2 月 4 日。

上，2004 年又根据最高人民检察院《人民检察院量刑建议试点工作实施意见》的要求，在全市检察机关全面开展量刑建议试点工作，探索将量刑建议工作与起诉书改革相结合，强化对量刑情节事实的叙写，增强法定情节与酌定情况相结合的说理和论证；将量刑建议工作与人大代表、政协委员、业务专家"听庭评议"活动相结合，评议中专设量刑评议环节，不断提高公诉人的量刑建议工作能力和水平。此后，上海市人民检察院又制定了《关于本市检察机关公诉部门全面推行量刑建议工作的指导意见(试行)》，专门对量刑建议的形成方法、适用规则等予以统一，推动形成"定量分析与定性分析相结合"的科学方法，确保量刑建议的质量。经过一段时间的实践，上海检察机关量刑建议的适用呈现出"两高一低"的态势，即提出率高、采纳率高，因量刑建议未被采纳而提出抗诉率低。

深化内部管理机制改革。进一步完善检察委员会制度，规范议事程序，强化市级检察院检察委员会对下级检察院检察委员会的指导作用，加大对检察委员会决策事项的督办力度。建立健全"三位一体"长效管理工作机制，着手建立检察办案、案件管理及质量监控；检察队伍、绩效考核及教育培训；网上办公、检务保障及综合管理；检务公开、法制宣传及信息共享四大应用平台。修订完善《检察实务手册》，进一步规范业务流程，初步形成一套制度完备、程序严密、标准具体、责任明确、考评科学的检察业务管理体系。

4. 完善检察机关组织体系

成立反渎职侵权局。根据最高人民检察院要求地方各级人民检察院渎职侵权检察机构统一更名为"反渎职侵权局"的通知要求，从 2006 年 12 月 1 日起，上海各级检察机关渎职侵权检察处(科)正式更名为"反渎职侵权局"，并统一启用新印章。一方面，这一名称能体现职责和名称的一致性，与检察机关内设的反贪污贿赂局一致起来，更能显示检察机关两大侦查职能，与反贪污贿赂局形成"双剑合璧"作用，进一步加大对贪污贿赂、渎职侵权职务犯罪的打击力度，全面履行法律监督职责；另一方面，这一名称更加符合法律规定，同时也有利于加强这一职能部门的机构和相关队伍建设。这次更名，是上海检察机关切实加大惩治和预防渎职侵权犯罪的力度，加大对司法权和行政执法权的监督，促进公正司法和依法行政的需要。新成立的反渎职侵权局将负责查办涉及 42 项罪名的渎职侵权类案件，主要依法承担国家机关工作人员滥用职权、玩忽职守、徇私舞弊等渎职犯罪;国家机关工作人员利用职权实施的非法拘禁、刑讯逼供、报复陷害、非法搜查等侵犯公民人身权利的犯罪,以及侵犯公民民主权利的犯罪等案件的侦查工作。同时开展对渎职侵权犯罪的预防工作。①

成立检察院司法警察管理机构。根据《人民检察院司法警察暂行条例》的规定,上海市人民检察院司法警察总队于2003年7月正式宣告成立。上海市检察院第一、第二分院、各区县人民检察院相应分别成立司法警察支队和法警队。司法警察将依法参与各项检察活动,主要职责是保护由人民检察院直接立案侦查案件的犯罪现场;配合执行传唤与检察机关侦查案件的搜查;执行拘传;协助执行其他强制措施;协助追捕逃犯;参与跨区域的重大警务活动和处置各类突发事件等。②

5. 改革和完善检察干部管理体制,建设高素质、专业化检察队伍

积极探索检察官职业准入标准和退出机制。按照检察机关人员分类管理的要求,探索并深化检察人员分类招录、考核、培训等方法。推出了检察干警行政职级、法律职务逢晋必考制度,制定实施检察员、主诉检察官、主办检察官三考合一制度。同时为加强上海检察机关干部交流力度,不断优化市级检察院机关干部结构,提高市级检察院业务指导的权威,上海市人民检察院制定并实施了上级检察院从下级检察院遴选干部的办法。该项工作在全国处于领先地位。还实施了市、分检察院干部到基层检察院锻炼制度。

不断完善培训考核激励制度,优化人才队伍。完善检察业务专家管理制度,统一专门人才及"三优一能"(优秀公诉人、优秀侦查员、优秀侦查监督员、办案能手)的评选办法和配套规定,通过选拔培养本市检察业务专家以及优秀公诉人、优秀侦查员、优秀侦查监督员等检察专门人才,努力建设上海检察人才高地。2006年最高人民检察院首次评选出42名全国检察业务专家,上海检察机关有3人位列其中;③探索法学专家、学者到检察机关挂职工作制度。

---

① 林宇丹:《上海检方成立反渎职侵权局　负责查办涉及42项罪名的渎职侵权类案件》,《上海法治报》2006年12月6日。

② 施坚轩:《市检察院司法警察总队成立》,《上海法治报》2003年7月18日。

③ 吴光裕:《上海市人民检察院工作报告——2007年1月31日在上海市第十二届人民代表大会第五次会议上》,《解放日报》2007年2月7日。

健全检察官职业教育和培训体系,研究制定检察人员培训条例,逐步规范新进人员到办案一线岗位实习和军转干部专门培训的办法。

6. 改革和完善检察机关经费保障体制,加大基层人民检察院经费保障力度

中央在加强"两院"工作的决定中明确要求逐步建立和完善检察院经费保障机制。2006 年年底,上海市人民检察院会同上海市财政局联合制定了《本市基层人民检察院公用经费保障标准》,出台了具体的实施意见。保障标准从无到有的制定出台,体现了市、区县两级党委对检察工作的重视支持,这是贯彻中央司法改革精神,保障基层人民检察院依法履行职责的一项重大举措。

这一政策的出台,不仅有利于提高基层检察院的经费保障水平,解决现实中存在的经费困难问题,而且也有利于逐步实现基层检察院所需经费的合理保障,有效保障和规范保障,为从长远上、体制上解决基层检察院经费保障问题创造了有利条件。

(二)根据地方司法实际自主开展的探索

1. 探索检察机关履行法律监督职能的新路径

建立行政执法与刑事司法相衔接工作机制。为了纠正行政执法机关与司法机关在查处经济违法犯罪中存在的认识不统一、线索移送不规范、查处力度不理想、以罚代刑等问题,2004 年 8 月 23 日由上海市人民检察院牵头、14 家单位联合签署的《关于建立行政执法与刑事司法相衔接工作机制的办法》正式出台,加强立案和侦查监督工作,规定行政执法机关在依法查处违法犯罪行为过程中,发现涉嫌构成犯罪的,依法要追究刑事责任的,应当及时向同级公安机关移送,并抄送同级人民检察院备案;公安机关对于行政执法机关移送的涉嫌犯罪案件作出立案或不立案决定,都必须同时抄送同级人民检察院;行政机关对于公安机关不予立案决定或不予立案的复议决定持有异议的,人民检察院应依法进行立案监督;对行政执法人员徇私舞弊不移交刑事案件或贪污受贿、玩忽职守、滥用职权等职务犯罪情节严重的,人民检察院应当立案查处,依法追究刑事责任。[①]

此后 2005 年 6 月上海市浦东新区人民检察院会同新区行政执法机关,成

---

① 王霄岩、施坚轩:《密织查处经济犯罪法网 〈行政执法与刑事司法相衔接办法〉昨出台》,《上海法治报》2004 年 8 月 24 日。

功开发全国首个行政执法与刑事司法信息共享平台,辟通与行政执法部门的信息渠道,设置案件移送、案件查询、监督管理、执法动态等 12 个功能模块,要求各行政执法机关对涉嫌犯罪的案件必须在 24 小时内上网移送,对决定不移送的,必须说明理由并在网上公布;公安机关接受行政执法机关移送涉嫌犯罪案件后,15 日内必须作出立案或不立案的决定,对决定不立案的,必须说明理由并上网公布。信息平台还根据工作职能,为检察机关设置专门的监控窗口,对各行政机关移送的案件和公安机关立案的情况,检察机关可以通过查询进行实时监控,一旦发现该移送不移送、该立案不立案等不严格执法的情形,可以根据系统设置的监督程序,发出建议移送或立案的指令信息。通过实现案件线索的网上移送与办理,及时提供法律服务,动态进行案件诉讼流程信息的跟踪和反馈,对丰富案源线索,掌握刑事立案监督工作的主动权,稳准狠地打击犯罪起到了积极的作用,确保了涉嫌犯罪案件及时进入刑事司法程序。①当年 9 月 21 日,上海市整顿规范市场经济秩序办公室、上海市人民检察院在浦东举行现场会,要求全市各行政执法部门和检察机关推广应用浦东新区检察院开发的"行政执法与刑事司法信息共享平台"。②

试点推行行政执法裁量权基准制度。2005 年 6 月开始,上海检察机关针对行政法律不完善,执法过程中有较大的自由裁量空间的情况,通过建议行政执法机关将行政处罚自由裁量幅度标准控制在法律规定的范围内,细分处罚幅度标准,缩小自由裁量空间的方法,与部分行政执法机关试点推行行政执法裁量权基准制度。行政执法机关依据自由裁量基准制度,细化法定权力,防止行政执法人员滥用职权,有效预防职务犯罪,避免由于现行的自由裁量标准设置过于原则,量罚幅度权限过于宽泛,容易造成行政执法人员执法难和执法人员掌握处罚幅度的随意性而产生漏洞,导致职务犯罪在这一环节中滋生。③

2. 完善检察机关行使职权的监督制约制度

规范当事人权利义务告知制度。制定保障律师执业权利、被害人诉讼权利等制度,切实落实诉讼权益保障措施;进一步完善律师会见犯罪嫌疑人以及在侦查、审查逮捕、审查起诉过程中听取当事人及其委托的人意见的程序。

---

①③ 《上海年鉴》编纂委员会编:《上海年鉴 2006》,上海年鉴社 2006 年版,第 356 页。
② 至 2008 年年底,上海市、区两级联网信息共享平台已经全面建成,全市检察机关与各行政执法机关联席会议、案件研讨、执法情况通报会等多种工作机制也逐步建立起来。

2004年8月18日上海市人民检察院、上海市司法局联合下发《关于保障律师在审查起诉阶段依法执业的规定(试行)》,进一步明确律师在审查起诉阶段的会见权和通信权,规定在审查起诉期间,辩护律师可以持本人合法有效证件会见在押的犯罪嫌疑人,会见时间、次数不限,会见时检察机关不派员在场;辩护律师可以就与案件有关的问题和犯罪嫌疑人通信。《规定》对律师查阅、摘抄、复制案件材料的权利以及具体程序进行规定,明确在审查起诉中,检察机关公诉部门应当允许有关律师查阅、摘抄、复制本案的诉讼文书、技术性鉴定材料,各级检察机关都要设立律师接待室,负责受理律师查阅、摘抄、复制案件的诉讼文书、技术性鉴定材料的申请,并在规定期限内将有关事项办理完毕。还对律师收集、调取证据的权利和主诉检察官办公室听取律师意见,以及接待律师、处理律师对办案人员的投诉等其他事项作具体规定。①

编织自身办案监督制约网络。制定了《上海市检察机关初查工作规则》和办理贪污、受贿案件的取证要求,建立健全证据参考标准,强化证据意识,进一步规范了办案工作,提高了办案水平和办案质量。②在全国率先实行初查工作规则基础上,制定下发《依法规范主动发现涉案线索工作规定》,在全国尚属首创;制定具体的侦、捕、诉制约配合的规定。③建立办理直接受理立案侦查的案件中实行首次讯(询)问12小时全程录音录像制度,严格规范侦查讯问活动,加强对检察机关自身执法办案的监督,保障依法、文明办案。④此项工作被最高人民检察院肯定,并在扩大适用范围基础上全国推广。运用监所网络化监督手段,强化对服刑人员的权利保障;积极探索不起诉案件公开审查。⑤

3. 创新各项检察机关工作机制

建立行贿犯罪档案查询系统。为构建长效防控行贿类犯罪体系,营造公平竞争的市场经济环境,上海市人民检察院于2006年1月建立全市检察机关行贿犯罪档案查询系统并对社会免费提供查询。查询范围为全市检察机关自

---

①　【下发保障律师在审查起诉阶段依法执业规定】条,载《上海年鉴》编纂委员会编:《上海年鉴2005》,上海年鉴社2005年版,第363页。

②⑤　吴光裕:《上海市人民检察院工作报告——2008年1月26日在上海市第十三届人民代表大会第一次会议上》,《解放日报》2008年2月4日。

③　吴光裕:《上海市人民检察院工作报告(摘要)——2004年1月14日在上海市第十二届人民代表大会第二次会议上》,《解放日报》2004年1月21日。

④　吴光裕:《上海市人民检察院工作报告——2007年1月31日在上海市第十二届人民代表大会第五次会议上》,《解放日报》2007年2月7日。

1997 年以来立案侦查的并经人民法院生效裁判认定构成犯罪的,发生在建设、金融、医药卫生、教育行业和政府采购部门的个人行贿罪、单位行贿罪、介绍贿赂罪的有关情况。①这一制度在此后几年的实践中取得了较好的实际效果,2012 年 3 月上海市正式出台《上海市政府采购和建设工程招投标领域行贿犯罪档案查询制度实施办法(试行)》,规定"在本市申请参加政府采购、工程建设招投标都需经行贿犯罪档案查询",这在全国省级地区尚属前列。《实施办法》规定:供应商申请加入本市政府采购供应商库的,应及时声明无行贿犯罪记录;如经查 3 年内有行贿犯罪记录,将不予入供应商库,已入库的须定期复查,如有行贿犯罪记录 3 年内不得参加政府采购;参加建设工程公开招标、邀标的企业和相关人员,2 年内有行贿记录的取消参与投标资格。上海市政府这一《实施办法》依托的行贿犯罪档案查询系统,就是上海检察机关结合查办职务犯罪案件所建立的行贿犯罪数据库,现已实现全国检察机关联网,并在闸北、闵行等区试点中取得良好效果。②

不断完善案件质量保障体系。进一步完善以案件督导督查、办案预警、评估考核和效能管理为主要内容的案件质量保障机制,规定统一的信息化办案软件,保证执法流程规范、质量保障规范、跟踪考评规范、责任追究规范。③将绩效考核、效能管理与信息化建设相结合,构筑了以评估、考核、督导、预警为主要内容的案件质量保障平台。④

这些举措一方面能够保证办案人员对各个办案环节的具体要求都有一个清晰认识和准确把握,做到步步有规定、事事有标准,使办案工作始终处在规范监管之下。另一方面,从程序上设置发现问题的途径,堵塞可能出现的漏洞,实现以标准化、规范化促进公诉案件质量的目标。

4. 探索未成年人检察制度发展

深化"捕、诉、防"一体化办案机制。由于现行法律规定更多是以成年人为对象设定的,无法体现对未成年犯罪嫌疑人轻刑化、非监禁化的原则。过去,

---

① 《上海年鉴》编纂委员会编:《上海年鉴 2007》,上海年鉴社 2007 年版,第 362 页。

② 吕蕾:《在本市申请参加政府采购、工程建设招标须经行贿犯罪档案查询 "行贿犯罪档案查询制度实施办法"实施》,《上海法治报》2012 年 3 月 2 日。

③ 吴光裕:《上海市人民检察院工作报告——2007 年 1 月 31 日在上海市第十二届人民代表大会第五次会议上》,《解放日报》2007 年 2 月 7 日。

④ 吴光裕:《上海市人民检察院工作报告——2006 年 1 月 18 日在上海市第十二届人民代表大会第四次会议上》,《解放日报》2006 年 1 月 25 日。

取保候审的适用很大程度上是由司法人员自由裁量。上海检察机关于 2007 年在全国首创并实施了非羁押措施风险评估机制,通过量化综合评估未成年犯罪嫌疑人的犯罪行为、个人及家庭情况、保障支持条件,对低风险对象作出不批捕决定,建议警方采取非羁押措施继续侦查或移送检察机关审查起诉;对中风险对象慎重对待,酌情处理;对高风险对象作出批捕决定。风险评估并非一味从宽,发现高风险行为,可对已被采取非羁押措施的嫌疑人重新羁押。通过建立未成年人取保候审风险评估机制,提供一套可以量化的体系和相对稳定的标准,使取保候审具备了一定确定性和可预期性。[1]

　　率先启动"合适成年人"制度。针对司法实践中由于种种原因,一些涉罪未成年人的父母、法定代理人或老师无法前来,通知法定代理人成为了一纸空文,2007 年起上海市公安局浦东分局、浦东新区人民检察院、长宁区人民法院联手率先启动合适成年人参与未成年人刑事诉讼制度,将"合适成年人"参与制度延伸至公安机关的侦查阶段,更全面、全程化地保障涉罪未成年人的诉讼权益。该制度规定,对于涉罪犯罪嫌疑人是外来未成年人,无法通知其法定代理人或老师,或法定代理人是同案嫌疑人、被害人、证人,以及父母本身是限制行为能力或无行为能力人的,在征得未成年犯罪嫌疑人同意后,"合适成年人"就将在讯问、审判等司法环节中全程参与,成为"代理人"。[2]由于形成公、检、

---

　　① 林宇丹:《本市检方全国首创非羁押措施可行性评估机制显成效　86 名失足少年经"风险评估"未被逮捕》,《上海法治报》2007 年 8 月 17 日。

　　② 同一案件的不同诉讼阶段,一般应由同一名"合适成年人"参与前后各阶段的诉讼活动。公安机关、检察机关在办案中,在遇到涉罪未成年人的法定代理人或老师无法出席的情况下,在征得未成年犯罪嫌疑人的同意下,通知"合适成年人"参与讯问,并填写《合适成年人参与刑事诉讼征求未成年犯罪嫌疑人意见书》。据悉,"合适成年人"有权从司法机关了解涉罪未成年人涉嫌罪名、身心特点、兴趣爱好、家庭情况、教育条件、日常表现、成长轨迹等基本情况。在参与讯问或庭审前,"合适成年人"会与未成年人当面会谈,了解未成年人的健康状况、权利义务知晓情况、合法权益有无遭受侵害等情况。在讯问或庭审结束后,"合适成年人"有权阅看讯问笔录或庭审记录,对笔录中所记载内容的正确性、完整性提出意见,并在讯问笔录、庭审记录上签字。在参与讯问过程中,如果未成年人不配合司法机关的讯问时,"合适成年人"可以向其解释有关法律规则,说明相应的法律后果。如果司法人员在讯问时,有逼供、诱供或其他侵犯未成年犯罪嫌疑人合法权益的不当讯问时,"合适成年人"将提出异议。同时,"合适成年人"还将配合司法机关对涉罪未成年人进行法制宣传教育、认罪悔罪教育和思想道德教育。市高级法院的有关负责人向记者表示,"合适成年人"在整个诉讼过程中,有三大作用。首先是缓解压力,未成年犯罪嫌疑人由于心智还不成熟,在讯问时由于恐惧紧张,可能导致心理扭曲。而"合适成年人"作为第三方,在审讯中起着缓冲的作用。其次,"合适成年人"还能在诉讼过程中起到协调沟通的作用。因为有些涉罪未成年人对司法人员情绪抵触,而"合适成年人"在讯问过程中,适时地解释法律规定,成为两者间的沟通桥梁。最后,同步制约,制约司法人员在讯问中发生非法行为,防止逼供、诱供或其他侵犯未成年犯罪嫌疑人合法权益的行为发生。陈颖婷:《本市在未成年司法保护上又有创举——"合适成年人"全程参与未成年人案件》,《上海法治报》2007 年 9 月 12 日。

法前后联动模式,这个制度则标志着集侦查、批捕、起诉、审判、矫正未成年人犯为一体的司法保护工作体系将正式贯通。"合适成年人"的人选由专业社会工作者、学校青保老师、共青团干部及其他符合条件的社会志愿者组成,需经司法机关任前培训合格并授予任职资格证书后才可担任。①

试行未成年人刑事污点限制公开制度。未成年人犯罪呈现出鲜明的人群特征——身心发育尚不健全,容易受到社会环境的影响。因此我国对涉罪未成年人一向采取以教育挽救为主的刑事政策。但是现行法律法规体系中存在大量与教育挽救、"给出路"相冲突的规定。据不完全统计,我国有160多部法律、法规、部门规章对受过刑事处罚的公民在民事权利、从业资格等方面作出了限制性规定,以致涉罪未成年人复学、升学、就业受到歧视限制。对于犯罪的未成年人而言,刑罚本身或许并不是最严厉的惩罚,最令他们感到痛苦的是这个人生污点可能将伴其一生,给他们日后的生活带来无穷障碍。有学者就指出"这是一种持续的精神痛苦,这些孩子被永远贴上了一种'社会标签',因为生活在这样的阴影中,他们或自卑或自暴自弃、放纵自我,以致酿成新的犯罪隐患。这非常不利于未成年罪犯的改造和矫正,特别不利于对未成年犯的教育和挽救,不利于其正常回归社会"。②为了使涉罪未成年人顺利回归社会,自2004年起上海市长宁区人民检察院未检部门就开始了未成年人刑事污点限制公开制度探索。2006年,上海检察机关逐步推广试点"探索未成年人案件刑事污点限制公开"制度,即在对涉案未成年人作相对不诉处理后,其《不起诉决定书》可以不进入人事档案,保存于司法机关,并予以有条件的封存,非经批准不得向外披露。对象一般为检察机关作出不起诉决定、法院判处三年以下有期徒刑的未成年人。③经历数年的实践,这一探索取得了很好的实践效果。"2004年,上海开始试行'未成年人刑事污点限制公开',迄今91人无一重新犯罪,这一改革成果被刑诉法修正案草案吸纳,设计为'未成年人轻罪记录封存制度'的特别诉讼程序。"④

---

① 陈颖婷:《本市在未成年人司法保护上又有创举——"合适成年人"全程参与未成年人案件》,《上海法治报》2007年9月12日。

②③ 谢东旭:《让犯轻罪的未成年人"无痕迹"回归社会 本市检察机关探索有"前科"未成年人重返社会制度获首肯 专家:建立未成年人轻罪有条件消灭制度有法可依》,《上海法治报》2009年6月15日。

④ 姚丽萍、马亚宁、薛慧卿:《上海试行"未成年人刑事污点限制公开"无一重新犯罪》,《新民晚报》2012年3月9日。

以杨浦区人民检察院办理的第一例此类个案为例,2001年,刚刚上高一的陈某某因为看不惯同班同学张某平时的作风,纠集了几个朋友在放学的路上对张某一阵拳打脚踢。临走前,陈某某又随手拿走了张某的手机。随着严打斗争的深入,公安机关在进一步排摸时接到了举报,此案被立案侦查。此时离陈某某作案时已相隔两年,陈某某已经是高三学生,即将面临高考。在这两年中,陈某某各方面的表现都很好,如果被追究刑事责任,其前途将毁于一旦。为此,陈某某万分懊悔,来到杨浦区检察院未检科寻求帮助。未检科的检察官了解情况后告诉陈某某,"每个人都得为自己的行为负责,何况是犯罪行为"。针对这起特殊的案件,未检科的检察官与法院和公安等部门进行了沟通,取得了他们的配合。前期准备工作完成后,未检科开始积极着手实施"去除污点"方案。承办检察官深入陈某某所在的社区、学校了解情况,据被访者反映,陈某某这两年各方面表现都很不错,而且学习成绩优异,老师还对他寄予报考重点大学的希望。检察官将情况反馈给了审理此案的杨浦区人民法院,并建议对陈某某酌情减轻处罚。法院审判委员会专门就此案进行了讨论、研究,综合衡量后,最终判处陈某某拘役4个月,缓刑4个月。法院判决书送达的当天,正好是陈某某收到大学录取通知书的日子,如果将判决书直接送至陈某某所在大学或居委会,他的大学梦将就此终结。于是,未检科又建议法院将这份判决书交由检察机关暂时封存,让陈某某能像"正常"孩子一样在大学学习。同时,承办检察官和陈某某签订了入学后的帮教协议,视其改过情况再决定判决书是否公开。顺利进入大学后,陈某某格外珍惜这个机会,积极参加学校内的各项活动。在学校举行的校干部竞聘选拔活动中,他得到了学校师生的认可,被聘为了大一年级学生干部。2004年的大年夜,经过半年的帮教,鉴于陈某某的良好表现,检察机关解除了对陈某某的帮教,他的"污点"也将被永远地封存。①

■ 第三节　配套改革

司法体制改革,不仅为法院、检察院的工作带来了变化,而且对整个诉讼

---

① 谢东旭:《让犯轻罪的未成年人"无痕迹"回归社会　本市检察机关探索有"前科"未成年人重返社会制度获首肯　专家:建立未成年人轻罪有条件消灭制度有法可依》,《上海法治报》2009年6月15日。

活动产生了深远的影响,国家公安部、司法部根据中央司法体制改革总体部署,相继出台了配套改革文件,对本系统的改革工作进行部署。上海公安机关、司法行政机关一方面遵照上级要求,稳步推进各项改革任务落实,另一方面也结合上海司法领域改革实际,积极探索富有上海特点的改革创新举措。

一、上海公安刑侦改革

国家公安部坚持贯彻刑侦改革既定方针,针对刑侦战线侦查办案有些方面不规范的问题,狠抓部门规章制度的建设,规范侦查破案工作,提高执法办案水平。2005年,公安部刑侦局组织全国刑事执法办案专家修订编制了《刑警办案须知》,从谁来做、做什么、怎么做、做到什么程度、做完后怎么办等方面入手,明确侦查办案要求,细化执法程序,规范刑事执法,涵盖侦查破案的整个过程,从受案、立案、侦查、采取强制措施、破案到提请逮捕、移送起诉,每一步的工作要求、程序要求、法律要求都有具体规范,一目了然。

2005年8月起,全国刑侦部门全面实行"办案公开制度",①公安机关接受刑事案件后,要向报案人送交《接受刑事案件回执单》,随时接受报案人查询案件侦破工作进展;公安机关破获命案等严重的刑事案件后,要向被害人送达《破案告知书》,告知破案结果以及追缴赃款赃物等情况,对于未破杀人等重大刑事案件,公安机关还应当定期向被害人或其家属告知主要工作进展;公安机关第一次讯问犯罪嫌疑人、询问被害人、证人时,要向其送达《诉讼权利义务告知书》。

2005年12月30日公安部印发《公安部关于建立派出所和刑警队办理刑事案件工作机制的意见》(公通字〔2005〕100号),建立起派出所与刑警队办理刑事案件的分工负责机制、协作配合工作机制和考核奖惩机制,再次重申刑警队是公安机关侦查破案与打击犯罪的主力军,要充分发挥专业队作用,主要侦办管辖区内的大案要案、形成突出治安问题的系列性刑事案件和需要专业侦查手段侦办的刑事案件;派出所负责办理辖区内发生的因果关系明显、案情简单、无需专业侦查手段和跨县、市进行侦查的简单刑事案件。从制度层面破解

① 《刑侦部门推行执法责任制情况综述》,载中央政府门户网 http://www.gov.cn/gzdt/2006-09/25/content_397669_3.htm,2006年9月25日。

一些地方派出所与刑警队在办理刑事案件时职责分工不够明确，协作配合不够密切，领导协调不够有力，奖惩机制不够合理的现实问题。

在注重建章立制的同时，公安部强调以推进命案侦破工作作为积极推进刑侦工作改革创新，全面加强刑侦队伍建设的有效途径。公安部负责人指出，深入推进侦破命案工作，是公安机关实践"三个代表"重要思想，坚持立党为公、执政为民的本质要求，是加强党的执政能力建设，构建社会主义和谐社会的必然选择，是有效维护社会治安稳定，提高驾驭社会治安局势的能力的重要举措，是积极推进刑侦工作改革创新，全面加强刑侦队伍建设的有效途径。各级公安机关要以侦破命案为龙头，严厉打击各种刑事犯罪活动，切实在加强领导、明确责任，大力加强推进刑侦队伍专业化建设，加强科技手段、推进刑侦工作信息化，建立健全考核奖惩机制，发挥整体作战合力，发挥社会各界的力量等六个方面上下功夫。①

2006年4月25日至26日，公安部在河南郑州召开全国公安机关侦破命案工作现场会，深入总结近几年侦破命案工作成效，部署全国公安机关继续强化侦破命案工作，不断提高打击犯罪的能力和水平。公安部在会议上提出了侦破命案工作要努力实现"两个确保"，要"确保不因办案质量问题不能定罪、确保不出一起冤假错案"，从每一起案件抓起，从执法办案的每一个环节每一个细节抓起，努力提高办案质量，力争把每一起命案都办成经得起法律检验、经得起历史检验的"精品"和"铁案"。②

根据公安部刑侦改革的要求，上海公安机关刑侦部门按照侦审合一的原则，自上而下实行了队建制，以责任区刑侦队规范化建设为抓手，带动整个刑侦队伍的规范化建设，逐步建立了以责任区刑警队为基础的刑侦部门整体作战体系。责任区刑警队更接近群众，更接近现场，实战功能更强，基础工作更扎实，刑侦专业化建设不断加强。上海责任区刑警队警力已占刑侦部门警力的50%以上，责任区刑警队的破案数已占公安机关破案总数的60%以上，成为名副其实的侦查破案主力军。

---

① 《公安部负责人要求全国公安机关深入推进侦破命案工作》，载公安部门户网 http://www.mps.gov.cn/n16/n1252/n1687/n2317/124803.html，2006年2月22日。

② 《全国公安机关侦破命案工作现场会要求　实现命案侦破"两个确保"》，载公安部门户网站 http://www.mps.gov.cn/n16/n1252/n1687/n2317/126907.html，2006年4月27日。

（一）加强刑侦工作专业建设

2006 年上海市公安局刑侦总队制定了《上海公安责任区刑侦队规范化建设三年纲要（2006—2008 年）》，加强基层刑侦队建设，全面推进了责任区刑侦队的正规化建设和规范化管理，加强功能用房建设，完善各项管理措施，明确工作职责，提升战斗力。截至 2005 年，全市所有责任区刑侦队中九成多实现规范化建设达标，积极推进基层技术室等级评定工作，17 家一级责任区刑侦队通过了公安部专家组评定验收。①全市探索成立了"打击街面犯罪侦查队"和审理队，至 2006 年年底，通过便衣警力共抓获各类现行违法犯罪嫌疑人 1 万余人，成为打击和防控街面各类违法犯罪活动的主力军。②

建立所、队协作机制。上海市公安局在闵行公安分局进行试点，上海市公安局闵行分局制定了《上海市公安局闵行分局关于建立派出所和刑侦支队办理刑事案件工作机制的实施意见（试行）》，明确所、队的职责分工、办案流程，建立所、队协作配合机制，加强了所、队对重点人群、复杂场所、收销赃渠道、犯罪籍贯地等阵地联管共控工作，进一步提高了侦查破案效率和打击犯罪能力。③

探索新建刑侦支队审理队。2005 年 4 月 15 日，上海市公安局黄浦分局成立刑侦支队审理队。该队以刑侦支队审核室为基础，又从刑侦支队抽调了有预审工作经验的民警充实队伍。下设综合、审核、审理 3 个探组，承担重大案件审理、刑事案件审核以及刑事情报分析等工作。审理队试运转后，上海市公安局黄浦分局研究制定了工作目标及 11 项工作制度和运作规范，明确了受案范围以及与侦查工作的衔接流程。2005 年 9 月 1 日，上海市公安局黄浦分局又制定下发了《关于进一步推进刑事案件审理和基层打击破案工作机制建设的实施意见（试行）》，并在全局范围内公开招聘，扩充审理队人员，全面履行全局刑事案件的审理、审核及情报分析等职能。④

（二）深化完善刑侦工作机制

上海市公安局刑侦总队自 2003 年起建立市公安局、公安分县局两级分析

---

① 《上海公安年鉴》编辑部编：《上海公安年鉴（2006）》，同济大学出版社 2006 年版，第 106 页。
② 《上海公安年鉴》编辑部编：《上海公安年鉴（2007）》，同济大学出版社 2007 年版，第 93 页。
③ 《上海公安年鉴》编辑部编：《上海公安年鉴（2007）》，同济大学出版社 2007 年版，第 366 页。
④ 《上海公安年鉴》编辑部编：《上海公安年鉴（2006）》，同济大学出版社 2006 年版，第 315 页。

研讨制度,进一步加大对全市严重暴力性犯罪案件的侦破工作力度。①以上海市公安局案(事)件信息系统的运用为抓手,进一步规范信息采集要素、上报流程,实行严格的网上分类检测,明确了情报信息管理的权限,并在全市公安机关刑侦部门认真执行刑侦信息网上通报、情报信息质量监督制度,增强了各级刑侦部门维护、运用信息的意识,规范了案件、抓获人员、在逃人员、涉案物品特别是手机串码等情报信息的采集和录入工作,刑事情报信息工作步入良性发展轨道。②2004年上海市公安局刑侦总队又制定下发了《刑侦部门多发性侵财案件信息导侦工作规定》,突出情报导侦能力建设,不断创新犯罪情报信息分析应用技术、信息查询和检索方法,情报信息实战应用能力逐步得到提高。③

基层公安刑侦部门成立"未成年人案件审理组",通过制定"非羁押措施可行性评估",对未成年人案件进行取保候审风险评估,尽量减少对未成年人的羁押,同时对成年人、未成年人的共同犯罪进行分案侦查、报捕、起诉及审理,减少"交叉感染";着力提高未成年人案件的侦查审理速度,建立"绿色通道",以减少未成年人被羁押的时间。未成年案件专审组的成立,不仅改变了公安机关长期以来没有专门办理未成年人案件机构、人员的局面,还在上海形成了一个由案件专审组、未检科、少年庭、未成年管教所、各种社会帮教机构组成的司法保护工作体系,使对未成年人特殊司法保护贯彻刑事诉讼全过程。④

(三)实行队伍分类管理制度

试行"等级侦查员制度"。根据《人民警察法》和公安部《刑事侦查员任职条件暂行规定》,上海市公安局自2003年起设立等级侦查员制度。当年内,该制度在上海市公安局闵行分局和上海市公安局刑侦总队进行试点。市局刑侦总队一至八支队已取得刑侦岗位任职资格,并在刑侦岗位上直接从事侦查工作的现行政职级为科员以上的民警成为首次评定对象。⑤

全面试行公安机关文职制度。2003年起,上海市公安局浦东分局率先向

---

① 《上海公安年鉴》编辑部编:《上海公安年鉴(2004)》,同济大学出版社2004年版,第107页。
② 《上海公安年鉴》编辑部编:《上海公安年鉴(2004)》,同济大学出版社2004年版,第109页。
③ 《上海公安年鉴》编辑部编:《上海公安年鉴(2005)》,同济大学出版社2005年版,第91页。
④ 李欣:《本市警方将设专门机构办理未成年人案件 未成年人司法工作"绿色通道"将全面贯通》,《上海法治报》2007年6月13日。
⑤ 《上海公安年鉴》编辑部编:《上海公安年鉴(2004)》,同济大学出版社2004年版,第106页。

社会公开招聘150名文职雇员,2004年4月正式上岗。此举标志着一项新的公安人事制度改革已经起步。公安文职雇员从上海35周岁以下的优秀青年中招聘,在非公安执法岗位上从事技术保障、辅助管理和行政事务三类辅助性岗位工作,为公安机关的内部运作提供专业化、职业化服务。[1]从2005年3月起,上海市公安局进一步扩大文职制度试点,在8个分局和11个直属单位实施文职制度,即在非执法岗位上招聘使用文职人员,实行派遣制和劳动合同制相结合的用人方式,适用《劳动法》,文职人员与人事代理机构签订劳动合同,接受派遣到公安机关文职岗位工作,人事代理机构为文职人员提供劳动人事方面的代理服务,公安机关负责具体使用。在岗期间由公安机关进行日常管理和考核,年度考核合格者经双方同意,可以续聘。对于考核不合格、违法违纪以及符合其他合同终止和解除条件的文职人员,由公安机关退回人事代理机构办理相关手续。文职人员不属于国家公务员,不享受民警的有关待遇,不参加警务培训,不发给警服和警用装备,不具有对公众直接行使公安执法权力和对执法民警行使指挥、管理、监督职能。

文职人员文职岗位分为技术保障、辅助管理和行政事务三大类,技术保障类岗位主要从事科技含量较高的技术服务、设备维护工作,对工作人员有一定专业技术资格的要求;辅助管理类岗位主要从事对人、财、物的管理工作,要求工作人员具有一定的综合素质和管理能力;行政事务类岗位主要从事设备操作、接待咨询等事务性工作,要求工作人员具有较为熟练的操作技能。政府以购买服务的方式为公安机关实行文职制度提供保障。文职人员的薪酬和单位应缴纳的"四金"由政府财政保障。[2]

2006年起,上海市公安局全面推行文职制度,除国保、行技、信安、文保等涉密程度较高的单位外,全局19个分县局和包括上海市公安局刑侦总队在内的18个直属单位都实施了文职制度,当年面向社会招聘1300名文职人员,全局文职人员总数达到近2500人。[3]与此同时,严格执行1∶1置换标准落实民

① 杨烨:《上海公安机关试行文职雇员制度 公开招聘150名文职雇员》,《上海法治报》2003年12月26日。

② 胡克群:《公安机关文职人员并非公务员 市公安局就文职人员用工制度、招聘程序、薪酬福利答记者问》,《上海法治报》2005年3月30日。

③ 缪国庆:《"突破性尝试"之旅——上海公安机关推行文职制度记事》,《人民警察》2011年7月专刊《上海公安首届"十佳文职人员"》,第2页。

警转岗方案,文职岗位置换出的民警全部充实到一线执法岗位。如上海市公安局刑侦总队刑技中心、各分县局刑侦支队就引入文职人员承担实验助理、指纹比对、信息录入等辅助性工作,依托社会人力资源,实现警力的"无增长改善",有效地缓解了上海刑侦队伍警力不足的现实困难,使得宝贵的警力退出各类辅助性岗位,转而投向刑侦专业岗位,增进了刑侦队伍的专业化建设。

(四)创办公安第二专科教育

早在2002年,上海市公安局就对所属上海公安高等专科学院招生分配制度进行了改革,在全国率先创办了招收学历高起点、专业多科类的全日制高职高专及以上学历的高校毕业生,再进行公安专业教学的第二专科人才培养新模式。[①]经过几年的探索和实践,第二专科教育已成为上海公安机关录警(包括刑警招录)的主渠道,毕业生入警率为100%。第二专科教育模式得到公安部、教育部的充分肯定,在全国公安院校中起到引领和示范作用。2007年11月,教育部正式确定该校为国家级示范性高等职业院校立项建设单位,成为全国唯一入选的公安院校。

第二专科教育实行"按岗位招录、分岗位施训、定岗位使用"的"订单式"培养模式,为适应公务员录用政策,学校招生坚持专科生起点入学标准、公务员招考标准和人民警察录用标准,将公务员录用考试与高校入学考试同步进行,学员入学后接受为期一年半的公安专业教育,毕业后颁发全日制普通高等教育第二专科文凭,并由上海市公安局统一分配工作,其中就包括全市刑侦部门的各个岗位。学校培养人数对应公安进人计划,专业设置对应警种岗位需求,培养质量对应岗位用人标准。每年招生前,由上海市公安局根据各区县警力编制情况,确定招生岗位和人数,并分别报市人事局和市教委批准。学员在录取时即确定工作岗位,学校按警种岗位定向实施专项训练,培养的学员符合未来岗位应用型人才标准。学校瞄准警务活动中最常用、最基本、最重要、最实用的业务知识和技能,推进岗位核心能力教学改革,实现教学从"学科本位"向"能力本位"、从"课堂为中心"向"现场为中心"、从"懂不懂"向"会不会"的"三

---

① 上海公安高等专科学校课题组:《走上海公安教育改革之路　创建公安院校教育新模式——公安高等专科学校公安专业第二专科教育训练模式研究报告》,《上海公安高等专科学校学报》2003年第1期。

个转变"，使教学更加符合未来岗位用人和公安实战需要。①

第二专科教育的创办，开辟了一条"社会培养打基础、行业挑选再加工"的公安人才培养新路，在全国公安院校乃至普通高校中均属首创。第二专科学员的大学基础教育任务在入学前已经完成，公安院校可以不再承担国民教育的基础教学任务，集中精力和优势资源做大做强做精公安专业，强化公安专业教学，真正办出公安特色。如针对已确定刑侦岗位的学员，学校充分依托第二专科学员入学前已经接受过高等教育的效能平台和知识储备，突破过去"先基础后专业"的教学模式，在一年半的时间内，坚持"划分层次、分级培训、突出重点、重在实效"的原则，按照"缺什么、补什么"方针，深入组织形式多样的刑侦业务教学训练，着重培养学员将来在日常从事刑侦工作中最常用、最基本、最重要、最实用的岗位业务知识技能，从而在源头上提高上海刑侦队伍的实战能力，也帮助学员今后能尽快适应刑侦工作岗位需要，使第二专科教育真正贴近刑侦办案单位的需求。

二、上海司法行政改革

国家司法部自 2003 年起在全国部分省市开展了监狱体制改革和社区矫正工作试点，②在中共中央转发《中央司法体制改革领导小组关于司法体制和工作机制改革的初步意见》之后，司法部进一步梳理了自身涉及的改革项目和任务，于 2005 年 3 月 25 日下发《司法部关于司法体制和工作机制改革分工方案具体组织实施意见的通知》（司发通〔2005〕20 号），明确国家司法体制改革分工方案中司法部各项改革任务，提出司法部牵头实施的加大法律援助和司法救助工作力度，完善律师收费制度，监狱体制改革，建立和完善社区矫正工作法律制度，改革司法鉴定体制，改革和完善律师制度这 6 项改革工作，是司法行政工作的重点改革任务。

为确保司法行政体制和工作机制改革取得实质性进展，司法部又于 2006 年 3 月 21 日经司法部第 9 次部长办公会议研究通过《司法部关于进一步推进司法行政体制和工作机制改革二年实施意见》（司发〔2006〕4 号），明确 2006

---

① 幽兰、景达：《上海公安高等专科学校探索创新民警培养体制》，《人民日报（海外版）》2009 年 11 月 26 日。

② 傅双琪：《司法部部长：中国司法体制改革将"提速"》，《新华每日电讯》2004 年 1 月 5 日。

年至2007年改革的指导思想是:坚持以邓小平理论和"三个代表"重要思想为指导,全面落实科学发展观,根据中央关于司法体制和工作机制改革的统一部署,从提高党的执政能力、维护国家长治久安出发,从群众反映的突出问题和影响司法公正的关键环节入手,按照公正司法和严格执法的要求,进一步推进监狱体制改革、完善刑罚执行制度,总结社区矫正试点经验、建立和完善社区矫正工作法律制度,改革司法鉴定制度,改革和完善律师制度,加大法律援助工作力度和积极参与与司法行政工作有关的改革,逐步健全司法行政体制和工作机制,完善中国特色的司法行政制度,推动司法行政事业又快又好地发展,为构建和谐社会和全面建设小康社会提供更加有效的法律服务和更加有力的法律保障。

同时,提出司法行政机关改革的主要目标是:通过按照"全额保障、监企分开、收支分开、规范运行"的要求,积极稳妥地推进监狱体制改革,建立和完善公正、廉洁、文明、高效的监狱体制。通过总结社区矫正试点经验,建立和完善社区矫正工作法律制度。通过推动司法鉴定体制改革,建立统一的司法鉴定管理体制。通过改革和完善律师的组织结构和组织形式,加强律师管理,改善执业环境,建立适应中国特色社会主义的律师制度。通过明确法律援助对象、范围、形式,完善经济确有困难当事人证明制度和具体操作程序等,加大法律援助工作力度。通过积极参与与司法行政工作有关的其他改革工作,特别是直接涉及司法行政人、财、物管理和保障等方面的改革工作,为司法行政工作改革发展创造良好的条件。

上海市司法局深刻认识司法体制改革的重大意义,克服大量的困难,在没有现成经验可借鉴的情况下,做了大量的课题调研、方案制定等工作,较好地将中央、司法部的改革精神与上海司法行政工作的实际相结合,按既定目标不断推进各项改革工作。在各项改革任务落实过程中,多次积极主动地与上海市各有关方面进行沟通和协调,最终在诸多重大问题上达成了共识,从而积极、稳妥地推进司法行政系统改革工作。

(一)开展监狱体制改革

按照《国务院批转〈司法部关于监狱体制改革试点工作指导意见〉的通知》(国函〔2003〕15号)要求,上海市作为第一批开展监狱体制改革试点工作的六个省市之一,按照监狱体制改革部际联席会议批复同意的《上海市人民政府关于报送上海市监狱体制改革试点实施方案的函》(沪府函〔2003〕82号)精神，开展了以"全额保障、监企分开、收支分开、规范运行"为目标的监狱体制改革试点工作。经过两年的不懈努力，到2004年年底，上海监狱体制试点工作的各项任务基本完成。在此基础上，2005年8月19日上海监狱体制改革工作座谈会在市监狱管理局召开，①中共上海市委副书记刘云耕出席会议并讲话。上海申岳企业发展(集团)有限公司正式挂牌成立，正式建立了监企协调运行新模式，初步实现了监狱体制改革的目标。

加大监狱经费保障力度。落实经费保障是监狱体制改革试点工作的前提和关键，直接关系到监狱体制改革的成败。上海市司法局按照《上海市人民政府关于报送上海市监狱体制改革试点实施方案的函》(沪府函〔2003〕82号)明确的"在确保监狱经费不低于目前实际支出、监狱干警实际收入不低于本市政法系统干警实际收入平均水平的前提下，由市财政对监狱经费给予全额保障"的规定，制定了《上海市监狱管理局干警工勤工资外收入分配方案》，按照"规范有序、公平公开"的分配原则，改变了过去监狱以经济效益为主的分配方法，组织开展津贴补贴清理工作，统一和规范了全局干警工资外收入发放标准和科目，明确不得在核定数以及财政平台以外发放任何现金和实物，确保干警的工作重点放在对罪犯的改造工作上。②结合上海监狱实际情况，在上海市财政局的大力支持下，按照《财政部、司法部关于印发〈监狱基本支出经费标准〉的通知》(财行〔2003〕11号)，制定了《上海市监狱基本支出经费标准》，根据"超过国家标准的予以保留，缺少的或低于国家标准予以补齐"的原则，对上海市监狱管理局现有经费结构进行了调整，将干警工资、罪犯改造经费、罪犯生活费、狱政设施经费及专项经费全部纳入，切实保障监狱执法经费，完善了监狱经费保障机制，提高了监狱经费保障力度。③

强化监狱刑罚执行功能。监狱体制改革的重要目的之一就是要强化监狱刑罚执行功能，提高罪犯教育改造质量。按照《国务院批转〈司法部关于监狱

---

① 上海司法行政年鉴编纂委员会编：《上海司法行政年鉴(2005)》，上海辞书出版社2009年版，第29页。

② 李丽：《监狱改革走上快车道　我国已初步建立监狱经费全额保障制度》，《中国青年报》2010年3月3日。

③ 倪晓：《全国监狱工作会议上各地经验展示　上海：监狱管理体制进一步完善》，《法制日报》2007年4月6日。

体制改革试点工作指导意见〉的通知》中有关"建立新的监狱管理体制和运行机制"的要求,上海市司法局紧紧围绕司法部提出的监狱工作法制化、科学化、社会化的建设要求,调整和加强刑罚执行机构,上海市监狱管理局对内设机构进行了调整,增设刑务部和后勤保障部,撤销了原狱政一处、狱政二处,成立了刑罚执行处、狱政管理处,以进一步强化监狱本职功能。[①]为进一步提高服刑人员回归社会的能力,2004 年年初,上海市监狱管理局提出市内监狱通过 3 年、皖南两监狱通过 5 年,使服刑人员释放时取得由国家劳动部门颁发的以及其他社会认可的职业技术证书的人数,达到应参加技术教育人数的 95% 以上的目标。上海市司法局和上海市劳动和社会保障局联合颁布《关于本市服刑、劳教人员参加职业技能培训予以政府经费补贴的实施意见》,为加强服刑人员的职业技能培训,提供经费保障。继续完善上海市监狱管理局、监狱、监区三级培训体系,充分发挥集中教育的优势,建立培训基地,开设实用技术职业技能培训,突出以劳动生产为主的培训内容,注重走社会化培训道路,充分利用社会教育资源,提高技能培训质量,将原岗位培训、狱内发证转变为技能培训、社会发证的罪犯技能培训模式。[②]

　　理顺监狱和企业、社区的关系。认真分析上海监狱企业的特点和情况,从有利于监管改造,有利于生产经营,有利于队伍建设出发,以探索"规范运行"为重点,上海市监狱管理局将负责生产经营管理工作的生产管理处分离出来,于 2003 年组建由上海市监狱管理局投资的上海申岳企业发展(集团)有限公司,主管监狱企业;各监狱同时将负责监狱生产经营管理工作的机构分离出来,组建子公司,为罪犯改造提供劳动岗位和劳动手段。按照财政部、司法部《监狱体制改革试点单位财务管理暂行办法》,上海市司法局和上海市财政局联合制定《上海市监狱财务管理暂行办法》,实现监狱经费与企业收入、社区经费的分开。监狱企业每年的全部收入,上交市财政的专门账户。监狱、企业、社区的收支和资金实行分户运行、分开核算、分别结算。遇有预算外的监狱设施和设备维修,从监狱劳务加工企业上交的资金收

---

　　① 倪晓:《全国监狱工作会议上各地经验展示　上海:监狱管理体制进一步完善》,《法制日报》2007 年 4 月 6 日。
　　② 【市监狱系统加强服刑人员技能培训】条,载《上海年鉴》编纂委员会编:《上海年鉴 2005》,上海年鉴社 2005 年版,第 363 页。

入中支出。①由于上海有两个监狱地处安徽省宣城地区，经过长期的发展已形成了较具规模的农场，具有社区管理的职能，上海市司法局根据监社分开的原则，将社区管理职能从监狱剥离出来，由上海市政府委托上海市司法局暂时管理，经上海市民政部门和市编办的批准，成立上海市白茅岭农场社区管理委员会和上海市军天湖农场社区管理委员会，按照"精干、高效、实用"的原则配置社区领导和一般工作人员，具体负责农场社区各项事务的日常管理工作，积极稳妥落实社区与监狱在区域、人员和资产方面的"三个分开"。

（二）推进社区矫正试点

上海自2002年开始在全国率先开展社区矫正试点工作，2003年7月10日最高人民法院、最高人民检察院、公安部、司法部下发《关于开展社区矫正试点工作的通知》，决定在包括上海在内的6个省市开展社区矫正试点工作。依据现行法律的相关规定，上海的社区矫正工作确立了以公安机关为执法主体，司法行政机关为工作主体，人民法院、人民检察院积极参与的工作模式。

建立社区矫正专门工作机构。司法部要求上海开展社区矫正先行试点工作，中共上海市委、上海市政府高度重视，迅速成立以中共上海市委政法委牵头协调，公、检、法、司等相关部门参加的上海市社区矫正工作领导小组及办公室，作为非常设机构具体承担组织开展社区矫正试点工作。为进一步推进社区矫正试点工作，经上海市编办批准，2003年上海市司法局增设副局级机构——上海市社区矫正工作办公室，负责领导和管理全市社区矫正工作；全市区县司法局中均设置矫正科（处），基层司法所落实矫正工作专职干部，形成了上海市司法局牵头组织全市开展社区矫正试点工作、区（县）司法局负责承担本区（县）社区矫正试点工作的组织推进、街道（乡镇）建立健全司法所（科）并有专人负责社区矫正日常管理的工作格局，为社区矫正试点工作的顺利推进、健康发展提供组织保证。

明确司法部门的工作职责。2003年上半年，上海市高级人民法院出台《上海法院参与社区矫正工作的若干意见（试行）》，上海市人民检察院出台《上海检察机关参与社区矫正工作的试行办法》，上海市公安局治安总队向试点区

---

① 李丽：《监狱改革走上快车道　我国已初步建立监狱经费全额保障制度》，《中国青年报》2010年3月3日。

公安机关下发《公安派出所社区矫正工作规范(试行)》,上海市监狱管理局出台《上海监狱推进假释工作的实施办法》,上海市司法局下发《关于开展社区矫正工作试点的意见》,制定《社区矫正工作流程(试行)》,对公、检、法、司各部门参与社区矫正工作的基本职责作了明确界定。2003年11月6日上海市司法局制定下发《市司法局关于贯彻落实市委"构建预防和减少犯罪工作体系"的总体部署,进一步推进社区矫正试点工作的意见》,着重明确了各级司法行政机关的工作职责和工作要求,并明确要求积极培育扶持社团组织参与试点工作。这些规范性文件的出台和实施,初步形成了司法机关密切配合、共同推进社区矫正试点工作的格局。

规范社区服刑人员的日常管理。在社区矫正尚未形成法律制度的情况下,为了确保试点工作的顺利开展,在以公安机关为执法主体、维持现行法律框架不变的前提下,调整充实力量,以街道(镇)司法所(科)为工作主体,具体负责社区矫正的日常管理工作,从而避免了不必要的争论,确保试点工作在较短时间内顺利推进。2003年上海市高级人民法院会同上海市人民检察院、上海市公安局、上海市司法局,联合下发《关于社区矫正对象法律文书转递工作的规定》,商定由公安机关派员参加社区矫正对象的法庭宣判,并在接到法律文书后宣布实施社区矫正;人民法院、监狱管理局作出决定缓刑、管制、假释、监外执行的法律文书,最迟应在5日内送达公安机关;人民法院在宣判缓刑、管制或单处剥夺政治权利的罪犯时,应当通知户籍地公安机关或者由公安机关委托的社区矫正机构派员参加;定期宣判的,法院应当在宣判当天将判决书送达公安机关;人民法院裁定假释的,应适当提前通知市社区矫正工作领导小组办公室;假释之日应当通知户籍地公安机关派员参与,并将假释罪犯带回社区;监狱管理局批准暂予监外执行(保外就医)的,应当提前5日通知市社区矫正领导工作小组办公室和犯罪户籍地公安机关,批准后应当派干警将罪犯送交户籍地公安机关,同时送达有关法律文书;对于已经在监狱医院外治疗的罪犯批准监外执行的,监狱应当在批准后5日内,将法律文书送达罪犯户籍地公安机关,并告知罪犯去向;对被附加判处剥夺政治权利的罪犯、裁定减去余刑但仍需执行剥夺政治权利的罪犯,应在刑满释放和减余刑释放后5日内送达公安机关;公安机关接到法院和监狱管理局送达的法律文书后,对矫正对象宣布实施社区矫正,同时还应当将法律文书复印两份,交由社区矫正机构和人民检察院监所监察部门。社区矫正机构收到法律文书复印件后,应当立即建立一人一档,纳入矫正范围。①此后,2006 年上海市司法局与上海市高级人民法院、上海市人民检察院、上海市公安局等联合下发《关于本市社区矫正人员违反社区矫正规定的处置办法(试行)》(沪司发法制〔2006〕7 号),明确社区服刑人员违反社区矫正规定给予警告、记过、治安管理处罚和撤销缓刑、假释、暂予监外执行的具体适用条件,设置对社区服刑人员的处置建议上报、决定、备案等程序。②在全国首次用制度的形式,对严重违反社区矫正管理规定的社区服刑人员如何从严管控进行了规范。③

增强司法部门之间的工作协调。建立公检法司社区矫正职能部门联席会议制度,由上海市高级人民法院刑一庭庭长、上海市人民检察院监所处处长、上海市公安局治安总队副总队长、上海市监狱管理局刑务部部长、上海市社区矫正办主任及有关人员组成,上海市社区矫正办主任担任召集人。会议由召集人组织召开,每半年 1 次,会议的主要任务是通报工作情况,交流工作信息,研究有关措施。在会议召开前,召集人向各成员提供会议议题。联席会议成员的职责包括:督办、落实会议确定的涉及本部门的各项工作,及时通报在工作中遇到涉及社区矫正的重大问题。④

协调法院在相关裁判文书上增加"诫勉语"。从 2002 年开始在徐汇等最早试点的区,尝试在相关法律文书上增加诫勉语,督促社区服刑人员服从职能部门的监督管理,从 2005 年开始,上海法院系统在相关裁判文书上全面推广诫勉语,较好地发挥了法律文书的教育作用,增强了社区矫正的执法严肃性。

协调相关司法部门适度扩大非监禁刑适用范围。2007 年 6 月 25 日,上海市司法局与上海市高级人民法院、上海市人民检察院、上海市公安局及相关职能部门联合召开本市刑罚执行工作座谈会,形成《关于本市减刑、假释工作若干问题座谈会纪要》,强调要积极推进假释工作,注重考察罪犯的犯罪行为及人身危险性,慎重选择假释对象。特别是对于丧失作案能力的老残犯;过失

---

① 陈忠仪、高万泉:《本市政法机关联手规范社区矫正对象法律文书转递期限 相关法律文书应 5 日内送达警方》,《上海法治报》2003 年 6 月 4 日。

② 《上海年鉴》编纂委员会编:《上海年鉴 2007》,上海年鉴社 2007 年版,第 365 页。

③ 上海司法行政年鉴编纂委员会编:《上海司法行政年鉴(2006)》,上海辞书出版社 2009 年版,第 77 页。

④ 《上海年鉴》编纂委员会编:《上海年鉴 2006》,上海年鉴社 2006 年版,第 359 页。

犯;因丧偶或丈夫被判刑等,有未成年人子女需要抚养的女性罪犯;因民间矛盾引发的犯罪,能积极赔偿,取得被害人谅解的罪犯,符合法定假释条件的,应当及时予以假释。规定法院在审理刑事案件过程中,对可能判处被告人缓刑的,可以在判决前将《关于被告人社会表现情况调查表》发至被告人居住地的区、县社区矫正工作职能部门听取意见。①上海市社区矫正工作办公室和市监狱管理局也联合下发了《关于试行监狱(所)上报假释案件前征求社区矫正工作职能部门意见的通知》,鼓励各区县建立"法院缓刑判决前征求社区矫正工作职能部门意见"的制度,规定监狱在上报提请罪犯假释材料前,应当向罪犯实际居住地所在区县司法局告知情况并征求意见,区县司法局应在 10 个工作日内对罪犯的家庭环境、犯罪对社区的影响,相关部门对办理假释的认同情况及被害人情况展开调查,并向监狱反馈罪犯《情况调查表》,②既有助于积极稳妥地扩大假释面,也有助于工作人员提前了解相关服刑人员的情况,建立良好的专业关系。

大力探索科学矫正方法。2007 年 1 月 19 日上海市司法局、上海市公安局印发《上海市社区服刑人员分类矫正规定》(沪司发法制〔2007〕2 号),共五章 26 条,包括分类矫正的原则、社区矫正的一般管理规定、分阶段分级矫正、奖励制度等内容,将社区矫正分为初期矫正、分级矫正和期满前矫正等三个阶段,明确各个阶段的时间划分和矫正措施,并规定三种矫正级别以及划入各个级别的条件和矫正措施。③以现行法律关于五种社区服刑人员的管理规定为基础,对五种社区服刑人员分别从书面报告活动情况、教育学习、公益劳动、奖惩等方面规定了不同的管理办法,上海公安机关与司法行政机关首次统一明确了对社区服刑人员的区别处遇办法,为加强社区矫正日常管理提供了有力的抓手。上海市、区县司法局均与公检法等部门会签社区矫正工作的文件,着力探索心理矫正工作、风险评估工作和个性化教育矫正工作。2005 年 3 月 14 日上海市社区矫正工作办公室先后制定了《社区服刑人员心理矫正工作暂行

---

① 高院刑一庭:《创新理念与方法　大力推进社区矫正工作——上海法院参与社区矫正工作情况综述》,《上海审判实践》2009 年第 2 期。

② 上海司法行政年鉴编纂委员会编:《上海司法行政年鉴(2006)》,上海辞书出版社 2009 年版,第 339 页。

③ 《上海年鉴》编纂委员会编:《上海年鉴 2008》,上海年鉴社 2008 年版,第 357 页。

办法》(沪司社矫办发〔2005〕6号)《社区服刑人员个性化教育暂行办法》(沪司社矫办发〔2005〕5号)等文件。①

（三）规范司法鉴定管理

认真贯彻落实中央关于司法鉴定体制和工作机制改革精神及全国人大常委会《关于司法鉴定管理问题的决定》，上海积极稳妥推进司法鉴定体制改革，依法管理，规范管理，使司法鉴定工作健康运行、有序发展。

完成司法鉴定人和司法鉴定机构重新审核、登记工作。为贯彻落实《全国人大常委会关于司法鉴定管理问题的决定》，2005年10月10日上海市司法局根据司法部《关于统一开展编制和公告〈国家司法鉴定人和司法鉴定机构名册〉工作的通知》(司发通〔2005〕72号)要求，完成对已取得《司法鉴定人执业证》《司法鉴定许可证》的司法鉴定人和司法鉴定机构的重新审核、登记工作。全市原有司法鉴定机构55家，重新登记的司法鉴定机构48家，不予登记的6家(其中公安局3家、检察院1家、法院1家、安全局1家)，注销登记的1家，重新审核登记的司法鉴定人460名，不予登记的182名，②保证了司法鉴定工作的正常运转和《全国人大常委会关于司法鉴定管理问题的决定》的顺利实施。

司法机关鉴定机构退出面向社会司法鉴定服务。上海市司法局下发《关于启用司法鉴定人和司法鉴定机构审核章的通知》，对全市已取得《司法鉴定人执业证》和《司法鉴定许可证》的司法鉴定人和司法鉴定机构进行重新审核、登记工作。上海司法机关下设的6家鉴定机构(其中公安局3家、检察院1家、法院1家、安全局1家)已基本退出面向社会司法鉴定服务。

统一规范管理，加大对司法鉴定管理工作力度。《全国人大常委会关于司法鉴定管理问题的决定》赋予司法行政机关统一管理司法鉴定工作的职责，上海市司法局严格执行《行政许可法》，规范司法鉴定登记审批工作。2005年10月1日之后司法部《司法鉴定机构登记管理办法》《司法鉴定人管理办法》正式施行，上海市司法局同时实施《关于印发办理行政许可内部工作流程的通知》，严格按照司法鉴定人、司法鉴定机构的登记、设立条件，严格按照"受理与审批

---

① 上海司法行政年鉴编纂委员会编：《上海司法行政年鉴(2005)》，上海辞书出版社2009年版，第225页。

② 《上海年鉴》编纂委员会编：《上海年鉴2006》，上海年鉴社2006年版，第359页。

分离"的要求，凡申请设立、登记的由上海市司法局行政许可受理中心负责受理，再由业务主管部门负责审批。凡新审批设立的司法鉴定机构和新审批的司法鉴定人，经核准后，均在上海市司法行政网站和东方法治网站上公告，以接受社会各界的监督。

（四）改革公证管理工作

建立公证赔偿制度。为促使公证机构依法为社会提供优质的公证法律服务，上海市司法局根据《上海市公证条例》及司法部有关规定，于2003年制定出台《关于公证赔偿的规定》，作为我国首项公证赔偿制度，对公证机构改制后办理的公证事项中因过错致使公证当事人、利害关系人遭受直接经济损失应当依法承担民事赔偿责任及承担赔偿责任的范围、方式、途径等一系列重要问题作出具体规定，公开对社会承诺实行公证过错赔偿制度，对提高公证机构的信誉和公信力产生了积极影响。

公证有过错，当事人可求偿：[①]第一种是出具错误公证文书，公证机构未查明当事人的非法行为，出具了内容不实的公证，导致经济损失，应当承担赔偿责任；第二种是公证文书证词中文字或数字出现差错，公证文书证词中缺少必备要素或用语不当，公证文书制作不符合规定；第三种是公证人员违反回避规定、违反管辖规定、违反审查规定、违反期限规定等办理公证事项；第四种是公证人员存在其他违反公证法规、规章的行为。如何进行索赔：因公证过错造成自己经济损失的当事人申请公证赔偿，必须在法律、法规规定的期限内向原办理公证事项的公证机构提出书面赔偿申请并提供损失凭证和必要的证明材料。赔偿申请书应写明申请人基本情况、申请赔偿的具体要求、事实依据和理由、申请日期。并由申请人签名、盖章。被要求赔偿的公证机构，应在收到赔偿申请书后30天内给予申请人书面答复。对于属于公证赔偿范围内的申请，公证机构将就过错责任、赔偿条件、赔偿金额、赔偿方式等与申请人充分协商后签订公证赔偿协议。对经调查不属于公证赔偿范围的，公证机构也应给予

---

① 五种情况公证机关不用担责：《上海市公证条例》规定，有下列五种情形的公证机构不承担赔偿责任：1.因公证机构的公证人员行使与公证职务无关的个人行为致使损失发生的；2.因当事人或第三人的行为致使损失发生的；3.因不可抗力或意外事件造成损失的；4.因行政行为或司法行政致使损失加重的；5.法律、法规、规章规定不应由公证机构承担赔偿责任的。施妍萍《赔偿制度　让公证更公正——〈上海市司法局关于公证赔偿的规定〉日前出台》，《上海法治报》2003年6月30日。

明确的书面答复。①

调整公证机构设置。2006 年 3 月 1 日《公证法》正式实施,明确了公证机构是法定证明机构,行使专属的公证证明权,独立承担民事责任。同时,还明确了公证机构不再以行政区划层层设立。按照"遵照法律规定、结合上海实际、着眼于公证事业长远发展"的原则,在深入调研的基础上,上海市司法局拟定《上海市公证机构设置调整方案》,主要对公证机构的设立层级、执业区域等问题提出了调整意见,具体内容包括:一是在市级层面设立公证机构,原市属、区(县)属公证处全部保留,调整为由市统一设立,统一按"上海市+字号+公证处"方式更名;二是调整后的公证机构以上海市为执业区域。该《方案》还明确了公证机构事业单位登记主管部门、国有资产管理关系维持现状不变,区(县)司法局继续依法对原所属公证机构进行日常管理。该方案经上海市委、市政府同意后上报司法部。②在司法部批准后,上海市司法局在 2007 年 2 月 2 日下发《上海市司法局关于做好本市公证机构名称变更工作的通知》(沪司发公管〔2007〕3 号),明确各区县公证处统一调整为在市级层面设立。全市 22 家公证处统一按"上海市+字号+公证处"的方式进行更名。③由于前期准备工作十分繁重,此项工作直到 2008 年才正式付诸实施。

(五)促进法律援助发展

积极推动立法,促进上海法律援助事业的发展。2006 年 4 月 26 日经上海市人大常委会第二十七次会议审议通过《上海市法律援助若干规定》,并于 2006 年 7 月 1 日起施行。该《规定》根据上海的实际情况,对国务院《法律援助条例》进行了补充和细化:共 19 条,主要对援助事项的补充范围、受援对象的经济困难标准、法律援助的中止和终止、帮助法律援助申请、先行援助、见义勇为的法律援助等问题作出规定;④明确法律援助对象经济困难的标准,应当高

---

① 施妍萍:《赔偿制度 让公证更公正——〈上海市司法局关于公证赔偿的规定〉日前出台》,《上海法治报》2003 年 6 月 30 日。

② 上海司法行政年鉴编纂委员会编:《上海司法行政年鉴(2006)》,上海辞书出版社 2009 年版,第 41 页。

③ 上海司法行政年鉴编纂委员会编:《上海司法行政年鉴(2007)》,上海辞书出版社 2010 年版,第 287 页。

④ 高国垒:《〈上海市法律援助若干规定〉7 月 1 日起施行 受援情形新增三种 受援标准高于低保》,《上海法治报》2006 年 5 月 10 日。

于上海市最低生活保障标准的数额,并规定"本市根据经济社会发展状况和法律援助事业的需要,逐步扩大受援范围";明确拓宽法律援助事项范围包括:在签订、履行、变更、解除和终止劳动合同过程中受到损害,主张权利的;因工伤、交通事故、医疗事故受到人身损害,主张权利的;因遭受家庭暴力、虐待、遗弃,合法权益受到损害,主张权利的等。公民因见义勇为导致诉讼需要法律援助的,法律援助机构应当提供法律援助,无需审查其经济状况。[①]《上海市法律援助若干规定》的颁布实施,为更好地维护本市困难群众的合法权益,不断满足全市法律援助的社会需求,促进全市法律援助事业的发展,提供了基本的法律依据和制度保障。

增加财政投入,保障法律援助事业与经济、社会协调发展。《上海市法律援助若干规定》规定"市和区、县人民政府应当将法律援助经费纳入政府财政预算,对符合规定的各种法律援助事项提供经费保障。经费保障的具体办法,由市司法行政部门会同市财政部门确定。法律援助经费应当专款专用,并接受财政、审计部门的监督"。2006 年 8 月上海市政府确定了"上海市法律援助对象经济困难标准",明确"本市法律援助对象困难标准确定为城乡居民最低生活保障标准的 1.5 倍。以后,将根据情况再适当调整"。2006 年 10 月上海市司法局和上海市财政局联合下发《关于规范法律援助经费保障和办案补贴标准的通知》(沪司发办〔2006〕98 号),[②]进一步明确"各级法律援助机构的法律援助经费由同级财政部门全额保障,纳入预算管理",确保了各级财政对法律援助经费的全额保障。

坚持便民利民为民,积极发挥法律援助职能作用。在全市范围内推行律师代理法律援助申请制度,即律师在平时接待咨询和办案过程中,发现当事人符合法律援助条件,可按照有关规定指导当事人申请法律援助,或者接受当事人的委托,代理当事人向法律援助中心申请法律援助,经法律援助中心审批后指派法律服务人员实施法律援助。实践证明:推行律师代理法律援助申请的新机制,扩大了法律援助案源,使法律援助进一步贴近群众,对方便群众,更好

---

① 【发布实施《上海市法律援助若干规定》】条,载《上海年鉴》编纂委员会编:《上海年鉴 2007》,上海年鉴社 2007 年版,第 365 页。

② 上海司法行政年鉴编纂委员会编:《上海司法行政年鉴(2006)》,上海辞书出版社 2009 年版,第 334 页。

地维护当事人的合法权益,维护社会稳定大局起到了积极作用。此外,推出《十一项便民措施》,①公开向社会承诺加强开展免费法律咨询服务,午休时间继续安排专人值班接待;对 12348 专线电话咨询中一时难以解答的问题,实行电话预约服务;案件受理实行首问责任制;对年满 80 岁以上的老人、肢体残缺行动不便或身患重病卧床不起的申请人提供上门服务等,进一步为群众获得法律援助提供方便。

---

① 【上海市法律援助中心推出便民利民服务新举措】条,2004 年,上海市法律援助中心推出加强法律援助接待受理工作的 11 项便民利民措施,主要内容有:在午休时间安排专人值班,开展免费咨询服务,进一步加强"12348"专线免费法律咨询服务;受理、审查法律援助申请实行首问责任制,做到一次告知清楚、二次受理立案;安排值班人员引导来访人员申请法律援助或咨询,在接待场所设立意见箱,工作人员和值班律师实行挂牌服务,接受群众监督;法律援助中心在收到设在街镇(社区)"司法信访综合服务窗口"的法律援助工作站或者律师代理当事人申请法律援助的材料的 3 个工作日内,作出审批决定,并及时答复申请人;对老弱病残及存在影响社会稳定因素等特殊申请人提供及时便捷的上门服务;对批准给予法律援助的,在 3 个工作日内指派律师事务所落实承办律师,一周内检查律师落实承办案件的情况;对不符合法律援助条件或范围的事项,耐心做好疏导说服工作,引导、帮助当事人到相关部门解决;对受援当事人的投诉,及时进行核查,在 5 个工作日内将核查结果和处理意见答复投诉人等。载《上海年鉴》编纂委员会编:《上海年鉴2005》,上海年鉴社 2005 年版,第 363 页。

第 五 章

第二轮改革(2007—2012年):司法体制改革深化阶段的上海实践

深化司法体制改革是党的十七大作出的重大战略决策,是深入实施依法治国基本方略、加快建设社会主义法治国家的重要举措。五年来,在党中央的高度重视和正确领导下,在中央司法体制改革领导小组的统筹协调下,各地区各部门从我国法治建设的实际出发,自上而下,先易后难,突出重点,整体推进,紧紧抓住人民群众反映强烈、制约司法工作发展进步的突出问题,深入调研论证,积极探索实践,锐意改革创新,做了大量认真细致、卓有成效的工作,呈现出整体推进、扎实有序、举措频出的良好态势,不断推动司法体制改革向纵深发展。

■ 第一节　时代背景

一、国家深化司法体制改革

由于司法体制改革涉及司法权力与其他国家权力的关系,涉及审判、检察机关,涉及审判、检察、侦查职能的合理划分,涉及司法机构设置的独立科学,涉及管理制度的严格规范,不可避免地会出现职能的重新调整问题。党的十六大报告中对于司法权力究竟如何配置,尤其是司法权在政治体制中的地位界定未予明确。因此,之后的司法体制改革多停留在研讨论证过程之中,具体的改革则由司法机关自我探索,也为司法体制改革的深化提出了一系列值得反思的问题。

（一）党和国家反复强调深化司法体制改革

2007 年 10 月 15 日，中国共产党第十七次全国代表大会在北京召开。这是在我国改革开放进入关键阶段召开的一次十分重要的会议。胡锦涛同志在所作政治报告第六部分"坚定不移发展社会主义民主政治"中专门提出"深化司法体制改革，优化司法职权配置，规范司法行为，建设公正高效权威的社会主义司法制度，保证审判机关、检察机关依法独立公正地行使审判权、检察权"。[①]显然，从党的十五大提出"推进司法改革"，到党的十六大进而提出"推进司法体制改革"，实现了从司法改革向司法体制改革的重要转变。在此基础上，党的十七大作出"深化司法体制改革"的重大战略部署，并且把"建设公正高效权威的社会主义司法制度"作为深化司法体制改革的总体目标，把"优化司法职权配置，规范司法行为"作为深化司法体制改革的两大重点，把"保证审判机关、检察机关依法独立公正地行使审判权、检察权"作为深化司法体制改革的基本要求。这清楚地表明，与以往相比党中央推进司法体制改革的目标更远，方向更明，决心更大。

随后，在 2007 年 12 月召开的全国政法工作会议期间，胡锦涛同志与出席会议的大法官、大检察官和会议代表座谈，强调"要深入贯彻落实党的十七大关于深化政治体制改革的指导思想，在总结经验的基础上，从我国国情出发，注意借鉴国外有益做法，继续积极稳妥地推进司法体制改革。要以满足人民群众的司法需求为根本出发点，从人民不满意的问题入手，以加强权力制约和监督为重点，优化司法职权配置，规范司法行为，推进司法民主和司法公开，努力建设公正高效权威的社会主义司法制度"。[②]

2007 年 12 月 24 日，中央政法委负责人出席全国政法工作会议，并在讲话的第六部分专门谈及"牢牢把握维护社会公平正义的重大任务，进一步推进司法体制和工作机制改革"，提出"要紧紧围绕提高政法机关的执法能力、保障社会公平正义、建设公正高效权威的司法制度这一目标，在巩固已有改革成果的

---

① 胡锦涛：《高举中国特色社会主义伟大旗帜，为夺取全面建设小康社会新胜利而奋斗》（二〇〇七年十月十五日），载中央文献研究室编：《十七大以来重要文献选编（上）》，中央文献出版社 2009 年版。
② 孙承斌、李薇薇：《胡锦涛同全国政法工作会议代表和全国大法官、大检察官座谈时强调 扎实开创我国政法工作新局面》，《法制日报》2007 年 12 月 26 日。

基础上，不断深化改革，突破重点难点，确保改革取得实效。在改革的原则上，要坚持党的领导，从我国国情出发，依照宪法和法律规定稳妥进行。改革的各项措施要以宪法和法律为依据，凡与现行法律法规有冲突的，应当按照法定程序提请立法机关修改相关法律法规后实施。在改革的方向上，要不断满足人民群众的司法需求、解决人民群众不满意的问题。切实解决执法不严、执法不公的顽症，切实解决诉讼难、执行难的问题，切实克服司法机关行政化的倾向。在改革的标准上，要以人民是否满意来检验。改革必须体现人民意志、反映人民愿望，必须鼓励人民参与、倾听人民呼声，必须主动接受人民监督、自觉接受人民评判。在改革的部署上，要一手抓现有改革措施的完善和落实，一手抓深化改革措施的研究和实施。在改革的方式上，要坚持积极稳妥，循序渐进，自上而下，总体规划，分步推进。要优化司法职权配置。以建设公正高效权威的社会主义司法制度为目标，合理配置侦查权、检察权、审判权、执行权，确保司法机关既互相配合又互相制约，完善监督制度。要改革劳动教养制度。要理顺司法机关的纵向关系。按照宪法和法律的规定，正确处理各级司法机关之间的领导关系、指导关系和监督关系。要改革完善政法队伍的人员招录和教育培训制度。积极推进政法院校的教育改革，并扩大在职教育规模，使之真正成为我国法官、检察官、人民警察及律师等专门人才的教育培训基地。要采取切实有效措施，解决政法队伍编制不足和西部地区基层法官、检察官人才断档问题。要改革完善司法机关经费保障体制"。①

　　这一系列重要论述，代表着以胡锦涛同志为总书记的党中央领导集体对深化司法体制改革的基本态度，不仅反复强调了深化司法体制改革的目标和重点，而且对改革的原则、改革的标准、改革方式等基本问题进行了非常详尽的阐述。由此可见，中国的司法体制改革正在进入一个深化发展的新时期。通过深化司法体制改革，将会有效满足人民群众日益增长的司法需求，建设公正高效权威的社会主义司法制度，充分发挥中国特色社会主义司法制度的优越性。

　　此后党和国家通过的一系列重要政策文件中，对于深化司法体制改革均

①　《高举中国特色社会主义伟大旗帜，努力开创政法工作新局面》(二〇〇七年十二月二十四日)，载中央文献研究室编：《十七大以来重要文献选编(上)》，中央文献出版社2009年版。

有相应的内容,提出了具体要求。2008 年 3 月 5 日温家宝在第十一届全国人民代表大会第一次会议上所作的政府工作报告第八部分"加强社会主义民主法制建设,促进社会公平正义"中,专门提到"改革和完善司法、执法财政保障机制"。①

2008 年 10 月 9 日胡锦涛在党的十七届三中全会第一次全体会议上作了工作报告,第三部分"积极发展社会主义民主政治"中回顾了过去一年的工作,指出"深化司法体制改革,优化司法执行权配置,规范执法行为,努力解决执行难问题,完善审判工作监督机制和检察机关监督机制,促进司法公正。加强政法队伍建设,深入开展社会主义法治理念教育,在全国政法系统开展大学习、大讨论活动,重点就坚持中国特色社会主义政治方向、充分发挥社会主义司法制度优越性等重大理论和实践问题进行深入研讨,增强做中国特色社会主义事业建设者、捍卫者的自觉性和坚定性"。②

2008 年 12 月 18 日胡锦涛在纪念党的十一届三中全会召开三十周年大会上的讲话中回顾总结了三十年来积累的"十个结合"宝贵经验,其中之一就是"必须把推动经济基础变革同推动上层建筑改革结合起来,不断推进政治体制改革,为改革开放和社会主义现代化建设提供制度保证和法制保障。我们坚持科学立法、民主立法,建立和完善中国特色社会主义法律体系,树立社会主义法治理念,坚持公民在法律面前一律平等,尊重和保障人权,推进依法行政,深化司法体制改革,推进国家各项工作法治化,维护社会公平正义,维护社会主义法制的统一、尊严、权威"。③

这些中央领导在不同场合的重要讲话都清晰地表明,党和国家已经把司法体制改革作为政治体制改革的重要内容之一,列入全局工作之中,并在采取多种措施予以深化推进,更加突出满足人民群众的司法需求,更加强调解决人民群众不满意的问题,更加强化对权力的制约和监督,更加注重解决影响司法公正的体制性、机制性、保障性障碍成为党的十七大以来司法体制改革的鲜明特点。

---

① 温家宝:《政府工作报告》(二○○八年三月五日),载中央文献研究室编:《十七大以来重要文献选编(上)》,中央文献出版社 2009 年版。

② 胡锦涛:《在中共十七届三中全会上的工作报告》(二○○八年十月九日),载中央文献研究室编:《十七大以来重要文献选编(上)》,中央文献出版社 2009 年版。

③ 胡锦涛:《在纪念党的十一届三中全会召开三十周年大会上的讲话》(二○○八年十二月十八日),载中央文献研究室编:《十七大以来重要文献选编(上)》,中央文献出版社 2009 年版。

在 2004 年 12 月中央提出司法体制机制改革的 35 项任务的基础上，2008 年 12 月，中共中央转发《中央政法委员会关于深化司法体制和工作机制改革若干问题的意见》(中发〔2008〕19 号)，围绕优化司法职权配置、落实宽严相济刑事政策、加强政法队伍建设、加强政法经费保障 4 个方面，提出 60 项改革任务。提出深化改革的目标是"从人民群众司法需求出发，以维护人民利益为根本，以促进社会和谐为主线，以加强权力监督制约为重点，紧紧抓住影响司法公正、制约司法能力的关键环节，进一步解决体制性、机制性、保障性障碍，优化司法职权配置，规范司法行为，建立公正高效权威的社会主义司法制度，为保障社会主义市场经济体制顺利运行，为中国特色社会主义事业提供坚强可靠的司法保障和和谐稳定的社会环境"。①这一重要文件的出台，指明了当前和今后一个时期我国司法体制改革深化的重点，意味着"新一轮"司法体制改革的正式启动，必将把司法体制机制改革推向新阶段，更加坚定了走中国特色社会主义法治道路的信心和决心。

2011 年 3 月 14 日十一届全国人大四次会议表决通过的《中华人民共和国国民经济和社会发展第十二个五年规划纲要》，在第十三篇"发展民主 推进社会主义政治文明建设"中第五十五章"全面推进法制建设"专门谈及深化司法体制改革，要求"加强宪法和法律实施，维护社会主义法制的统一、尊严、权威。完善行政执法与刑事司法衔接机制，推进依法行政、公正廉洁执法。深化司法体制改革，优化司法职权配置，规范司法行为，建设公正高效权威的社会主义司法制度。推进司法体制和工作机制改革。必须加强司法监督，包括检察机关对审判工作的监督，以及人大、政协和人民群众对司法机关的外部监督，保障实现司法公正。认真总结我国司法实践经验，贯彻落实公正司法、严格执法和文明执法的要求，形成职责明确、相互配合、相互制约、高效运行的司法体制和工作机制，维护社会公平和正义"。②这也更加肯定了司法体制改革在整个国家政治生活中的重要地位，彰显了党和国家对于深化司法体制改革，促进实现社会公平正义的迫切渴望。

---

① 孙春英：《从满足人民群众新期待新需求出发　积极推进司法体制和工作机制改革——专访中央政法委副秘书长鲍绍坤》，《法制日报》2009 年 12 月 18 日。

② 《中华人民共和国国民经济和社会发展第十二个五年规划纲要》，载《新华每日电讯》2011 年 3 月 16 日。

（二）最高司法机关全力深化司法体制改革

党的十七大以来，在党中央的坚强领导下，最高司法机关始终把握正确方向，坚持与时俱进，积极稳妥推进司法体制改革向纵深发展，走出了一条具有鲜明中国风格的社会主义司法改革道路，使中国特色社会主义司法制度焕发出蓬勃的生机与活力。

为贯彻党的十七大精神，落实中央关于深化司法体制改革的总体要求，最高人民法院在 2009 年 3 月 17 日发布《人民法院第三个五年改革纲要（2009—2013）》，针对中国当下司法体制中存在的主要问题，系统部署 2009—2013 年法院改革各项措施，共提出 30 项改革内容，涉及 132 项具体改革任务，涵盖法院审判、执行、人事管理、经费保障等各个层面。[①]

该《改革纲要》提出深化人民法院司法体制改革的指导思想是：高举中国特色社会主义伟大旗帜，坚持以邓小平理论和"三个代表"重要思想为指导，深入贯彻落实科学发展观，牢固树立社会主义法治理念，贯彻从严治院、公信立院、科技强院的工作方针，从满足人民群众司法需求出发，以维护人民利益为根本，以促进社会和谐为主线，以加强权力制约和监督为重点，从人民群众不满意的实际问题入手，紧紧抓住影响和制约司法公正、司法效率、司法能力、司法权威的关键环节，进一步解决人民群众最关心、最期待改进的司法问题和制约人民法院科学发展的体制性、机制性、保障性障碍，充分发挥中国特色社会主义司法制度的优越性，为社会主义市场经济体制的顺利运行，为中国特色社会主义事业提供坚强可靠的司法保障和和谐稳定的社会环境。

该《改革纲要》提出深化人民法院司法体制改革的目标是：进一步优化人民法院职权配置，落实宽严相济刑事政策，加强队伍建设，改革经费保障体制，健全司法为民工作机制，着力解决人民群众日益增长的司法需求与人民法院司法能力相对不足的矛盾，推进中国特色社会主义审判制度的自我完善和发展，建设公正高效权威的社会主义司法制度。最高人民法院"三五"纲要确立了深化改革阶段的改革目标和实施步骤，具有宏观性、权威性与导向性，是改革者意志和意图的集中体现。

---

① 王斗斗：《新一轮司法改革纲领性文件出炉　透析人民法院三五改革纲要 10 个关键词》，载《法制日报》2009 年 3 月 26 日。

中共中央转发《中央政法委员会关于深化司法体制和工作机制改革若干问题的意见》(中发〔2008〕19号)以来，最高人民检察院高度重视，将改革工作作为重要的政治任务来抓，成立了检察改革领导小组，把检察改革工作摆上重要议事日程。并于2009年2月27日制定下发了《关于贯彻落实〈中央政法委员会关于深化司法体制和工作机制改革若干问题的意见〉的实施意见——关于深化检察改革2009—2012年工作规划》及工作方案。

该《工作规划》从群众反映的突出问题和影响司法公正、制约监督能力的关键环节入手，提出今后一段时期深化检察改革的重点是：强化人民检察院的法律监督职能和加强对人民检察院自身执法活动的监督制约。

该《工作规划》提出五个方面深化检察改革的任务：优化检察职权配置，改革和完善法律监督的范围、程序和措施，加强对诉讼活动的法律监督，切实维护司法公正；改革和完善人民检察院接受监督制约制度，规范执法行为，保障检察权依法、公正行使；完善检察工作中贯彻落实宽严相济刑事政策的制度和措施，创新检察工作机制，增强惩治犯罪、保障人权、维护社会和谐稳定的能力；改革和完善人民检察院组织体系和检察干部管理制度，进一步提高工作效能，加强检察队伍建设；认真落实中央关于改革和完善政法经费保障体制的总体部署，为检察事业发展提供更加坚实有力的经费和物质保障。[①]

该《工作规划》提出深化检察改革的总体目标是：落实中央关于深化司法体制和工作机制改革的部署，优化检察职权配置，完善法律监督的范围、程序和措施，健全对检察权行使的监督制约，加强检察队伍建设，规范检察执法行为，提高检务保障水平，增强依法独立公正行使检察权的能力，建设公正高效权威的社会主义司法制度。[②]

纵观最高司法机关出台的一系列司法体制改革政策意见，不难看出这一阶段在党中央的统一领导下，根据中共中央转发《中央政法委员会关于深化司法体制和工作机制改革若干问题的意见》(中发〔2008〕19号)的总体部署，最高司法机关强化组织领导，积极制定工作细则，完善衔接配套机制，认真落实各项改革措施。在有关部门的大力支持和密切配合下，经过各级司法机关的

[①] 宋伟：《最高检深化检察改革2009—2012年工作规划下发施行》，《人民日报》2009年3月2日。

[②] 隋笑飞：《高检院下发深化检察改革2009—2012年工作规划》，《新华每日电讯》2009年3月1日。

共同努力,司法体制改革呈现重点突破、整体推进、扎实有序、成效明显的良好局面。各地区把握总体工作进程,通过全面落实司法体制改革的各项任务,注意总结和推广好的经验和做法,协调解决困难和问题,建立完善与当地经济社会发展相适应、运行科学高效、资源配置合理的司法工作体系,保证各项改革任务的顺利完成。

二、上海改善城市法治环境

党的十六大以来,上海全面贯彻落实科学发展观,努力构建社会主义和谐社会,经济社会发展站在一个新的历史起点上。就经济建设而言,上海把坚决落实中央宏观调控措施与加快经济结构调整、转变经济增长方式紧密结合起来,优先发展现代服务业,优先发展先进制造业,加快发展现代农业,产业结构进一步优化,投资和出口结构继续优化,努力保持速度与结构、质量、效益相统一,全市生产总值年均增长 12.2%,连续 15 年保持两位数增长,实现经济持续平稳健康发展。在城市建设方面,枢纽型、功能性、网络化重大基础设施建设加快推进,上海国际航运中心建设取得重大进展,洋山深水港区一、二期工程建成投入运营,上海港集装箱吞吐量跻身世界第三;轨道交通基本网络建设全面推进,运营线路总长从 2001 年的 62.9 公里增加到 2007 年的 230 公里,成为首个拥有 200 公里以上轨道交通线路的中国城市,跨入世界先进行列;上海航空枢纽加快发展,一批高速公路和黄浦江越江通道等重要交通设施相继建成,城市建设与管理取得新进展。在深化改革方面,积极应对我国加入世界贸易组织后的新变化,利用外资结构继续优化,对外贸易快速增长,口岸功能显著增强,2007 年上海口岸进出口总额达 5 209 亿美元;政府、企业、市场、社会整体改革稳步推进,浦东综合配套改革试点有序展开,实施了一大批重点领域的改革试点,服务政府、责任政府、法治政府建设迈出实质性步伐,国有控股公司和大企业集团改制重组取得新进展,本地上市公司股权分置改革基本完成。在科学发展的道路上,作为我国改革开放的先行地区,上海努力率先转变经济增长方式、率先提高自主创新能力、率先推进改革开放、率先构建社会主义和谐社会,"四个中心"建设取得显著进展、经济社会发展水平显著提高、人民生活显著改善、国际竞争力显著提升,开创了上海国际经济、金融、贸易、科创中心和社会主义现代化国际大都市建设的新局面。

在看到上海城市发展辉煌成就的同时，不容忽视的是尽管处于前所未有的发展关键期和黄金机遇期，但经济社会发展中仍然存在一些瓶颈和难题，一些制约经济发展的深层次体制机制障碍尚未突破。在城市发展日益摆脱粗放型模式束缚的背景下，如何提升城市的软环境、增强城市的综合竞争力，成为摆在面前的现实课题。上海要以加快推进"四个率先"为主线，全面推进经济建设、政治建设、文化建设、社会建设，努力把"四个中心"和社会主义现代化国际大都市建设推向新阶段，就必须坚定不移地走中国特色社会主义政治发展道路，坚持四项基本原则，把坚持党的领导、人民当家作主和依法治国有机统一起来，不断巩固和发展上海民主团结、生动活泼、安定和谐的政治局面。中共上海市委、上海市政府以全面推进依法治市为抓手，认真贯彻依法治国基本方略，维护宪法和法律的权威，坚持法律面前人人平等、制度面前没有特权、制度约束没有例外，不断提高运用法律手段推动创新转型、加强社会管理、化解社会矛盾、维护公平正义的能力，坚决支持司法机关依法独立公正行使司法权，防止以各种形式干扰司法活动，维护司法权威，依靠法律和制度加强对权力运行的监督和制约，提高了城市法治化水平，努力把上海建设成为全国法治环境最好的行政区之一。

2007年5月24日，中国共产党上海市第九次代表大会召开，这是在上海发展的关键时期召开的一次重要会议。习近平代表中共上海市第八届委员会作了题为《坚定走科学发展之路　加快推进"四个率先"　努力开创"四个中心"和社会主义现代化国际大都市建设的新局面》的报告。在谈及"今后五年的指导思想和奋斗目标"时，在第四部分"加强社会主义民主政治建设"中专门提及"全面推进依法治市，提高城市法治化水平"，要求"支持审判机关和检察机关依法独立公正地行使审判权和检察权，加强政法队伍建设，促进司法公正，维护司法权威。拓展和规范法律服务，完善法律援助和司法救助制度"。"深入推进干部人事制度、司法体制和工作机制、行政审批制度、财政管理制度、投资体制、金融体制、政府采购管理体制等方面的改革，形成严格依法行使权力的程序体系，保证权力沿着制度化、法制化的轨道运行。"①旗帜鲜明地突

① 习近平：《坚定走科学发展之路　加快推进"四个率先"　努力开创"四个中心"和社会主义现代化国际大都市建设的新局面——2007年5月24日在中国共产党上海市第九次代表大会上的报告》，载《上海年鉴2008》，上海年鉴社2008年版。

出了上海坚决支持司法机关依法独立公正行使司法权,防止以各种形式干扰司法活动,切实通过制度、法制约束权力的司法体制改革主题,有力地推进了依法治市各项工作,有助于创造公正、高效、权威的法治环境。

中共上海市委按照党领导立法、带头守法、保证执法的要求,强力推进深化司法体制改革,并把这项工作列入年度工作计划之中,体现出中共上海市委的高度重视和统一领导。在《中共上海市委常委会 2008 年工作报告》中第二部分"全面推进经济社会发展和党的建设各项工作"中对当年相关工作概括为"深化司法体制和工作机制改革,努力适应人民群众日益增长的司法需求。准确把握宽严相济的刑事政策,在坚持严厉打击严重刑事犯罪的同时,积极推进社区矫正和轻微刑事案件和解工作。加强和改进执行工作,建立特困当事人司法救助制度,彰显法制公信力和司法人文关怀。加强律师、公证、司法鉴定等行业的执业监管,不断优化法律服务市场秩序"。[1]《中共上海市委常委会 2009 年工作报告》在第二部分"着力推进社会主义民主政治建设,保障社会公平正义"中则将当年相关工作概括为"有序推进司法体制和工作机制改革,加快落实监督制约机制等重点改革任务,进一步提升公正执法、司法水平"。[2]《中共上海市委常委会 2010 年工作报告》在第三部分"积极发展社会主义民主政治"中将当年相关工作概括为"稳妥推进司法体制和工作机制改革,探索实行法院案件管辖、检察案件集中管理等机制,推出裁判文书上网、庭审网络直播、在线诉讼服务等司法公开和便民举措"。[3]这充分说明中共上海市委不仅把深化司法体制改革列入每年工作日程,而且每年有重点,每年有创新,保证上海司法领域深化体制机制改革工作的有序、逐项推进。

上海市第九次党代会提出建设经济更加繁荣、社会更加和谐、创新更加活跃、生态环境更加友好、民主法制更加健全、城市文明更加进步、人民生活更加殷实的社会主义现代化国际大都市的奋斗目标。上海城市发展到目前阶段,影响社会和谐稳定的因素明显增多,的确需要更加注重依靠法治来解决社会

---

① 《中共上海市委常委会 2008 年工作报告》(2008 年 12 月 28 日),载《上海年鉴 2009》,上海年鉴社 2009 年版。

② 《中共上海市委常委会 2009 年工作报告》(2010 年 1 月 9 日),载《上海年鉴 2010》,上海年鉴社 2010 年版。

③ 《中共上海市委常委会 2010 年工作报告》(2010 年 12 月 20 日),载《上海年鉴 2011》,上海年鉴社 2011 年版。

矛盾、协调利益关系，保障社会的公平正义。因此，在研究制定上海市国民经济和社会发展第十二个五年计划的过程中，中共上海市委提出的《中共上海市委关于制定上海市国民经济和社会发展第十二个五年规划的建议》，对于继续深化司法体制改革提出了明确要求，在第十二部分"充分发挥党的领导核心作用，团结全市人民为完成'十二五'规划而奋斗"第五十一条中建议"加强社会主义政治文明建设。深化司法工作机制改革，保证审判机关、检察机关依法独立公正地行使审判权、检察权，促进司法公正，加强法律监督，维护司法权威和社会公平正义，维护人民群众合法权益"。①此后2011年1月21日上海市第十三届人民代表大会第四次会议批准的《上海市国民经济和社会发展第十二个五年规划纲要》充分吸收了上述建议，在第十四章"争当改革攻坚的排头兵"中明确规定"维护司法权威，促进司法公正。自觉履行人民法院的生效判决和裁定，认真对待司法建议和检察建议"。②在上海"十二五"规划这样重要的文件中对深化司法体制改革提出明确要求，充分表明高度重视司法在服务保障经济社会发展中的重要作用已经成为上海社会各界的普遍共识。深入推进上海司法领域改革，对于进一步提高党依法执政的能力、更好地履行执政为民的宗旨和实现执政方式的现代化，对于上海增强制度软实力、重塑发展新优势，具有非常重要的意义。

2011年9月14日，中共上海市委召开深入推进依法治市工作大会。市委书记、市依法治市领导小组组长俞正声在会上就指出，依法治市是城市发展之基础、人民幸福之基本。上海要着眼于创新驱动、转型发展和服务民生的大局，着力推进依法执政、依法行政、依法治理和依法办事。要坚持用法治的思维和方法克服前进中的各种困难，大力推进法治建设，不断改善上海的法治环境，推动上海依法治市工作在全国率先取得新的进展。③

他还指出，法治是经济健康发展的基础，也是社会和谐的重要基础。要更加注重司法公正，维护法律的权威和尊严。"公正司法、一心为民"是社会和人民群众的期盼，理应成为司法机关的价值追求和必须坚守的底线。如果不能

---

① 《中共上海市委关于制定上海市国民经济和社会发展第十二个五年规划的建议》，《解放日报》2011年1月13日。

② 《上海市国民经济和社会发展第十二个五年规划纲要》，《解放日报》2011年1月24日。

③ 《上海将深入推进依法治市》，《东方早报》2011年9月15日。

做到这一点,不仅直接影响公众对法律的信仰和敬畏,而且本应定纷止争的司法,反而会成为纷争的源头。要公正司法,一是司法机关要坚持依法独立办案,任何组织和个人都不能非法干预。要坚持法律面前人人平等、制度面前没有特权、制度约束没有例外,特别是对行政诉讼要坚持公平公正,不能袒护政府工作中的错误。各级党委要坚决抵制和克服地方保护主义和部门利益对司法活动的干扰,杜绝以权压法、以言代法现象的发生;各级人大要坚持集体监督的原则,防止个人监督;各级行政机关要尊重和服从司法审判和检察,依法参与诉讼活动,自觉履行生效裁判。二是要坚持司法公开,保持司法活动的适度开放性,勇于向社会公开一切依法应该公开、能够公开、可以公开的内容,主动接受来自人大、政协、社会等各方面的监督,真正做到以公开促公正,以公正立公信,以公信树权威。针对目前社会上不时存在的通过某种方式影响司法判决的种种言论,司法机关既要勇于接受来自外部的监督,又要敢于拒绝以舆论声势和不专业评判形成的外界干扰。①这一系列言论,都显示出上海在推动创新驱动、转型发展的发展中,已经视依法治市为重要保障。

在宝贵的发展机遇与严峻的发展形势并存的情况下,上海要加快发展,就必须抓住急需解决的突出问题,有的放矢,循序渐进,不断提高各项工作的法治化水平,努力创造全社会依法共融、和谐共进的法治环境。就必须更加注重深化司法体制改革,不断提高司法机关的公信力和执行力,坚决支持司法机关依法独立公正行使司法权,防止以各种形式干扰司法活动,维护司法权威。

第二节　改革内容

一、概述

自 2007 年年底到 2012 年 11 月党的十八大召开的五年,是中国司法体制改革的深化阶段,也是上海司法领域改革深入推进阶段。自《中共中央转发〈中央政法委员会关于深化司法体制和工作机制改革若干问题的意见〉》的通

---

① 卫建萍:《上海召开"深入推进依法治市工作大会"俞正声要求司法机关　坚持依法办案　坚持司法公开》,《人民法院报》2011 年 9 月 21 日。

知》下发以来,中共上海市委、上海市政府高度重视司法体制改革工作,组织开展专题调查研究,多次听取相关改革实施情况报告,确保了司法体制改革在上海的顺利推进。在坚持自上而下统一实施的基础上,依照《人民法院第三个五年改革纲要(2009—2013)》《关于深化检察改革2009—2012年工作规划》等司法体制改革相关文件的要求,上海各级司法机关通过调研先行、试点探索、制定细则、规范管理和总结评估等方式,不断推进改革的深入和发展,取得明显成效。

在中共上海市委、上海市政府的坚强领导下,五年来,司法体制改革在上海取得了显著的进展,可以概括为以下几个方面:

一是丰富完善检察机关的法律监督的形式和内容。上海市人民检察院与上海市公安局会签《刑事案件适时介入、捕前协商工作的若干意见》,完善检察院对侦查取证活动实施法律监督的范围和程序;制定《关于对公安派出所执法监督的办法(试行)》,启动在长宁、杨浦、宝山、奉贤、崇明等区县检察院设立街道(乡镇)检察室试点工作,探索对公安派出所执法监督机制。改革和完善审查逮捕制度,上海市人民检察院制定《上海市检察机关立案侦查的案件审查决定逮捕工作细则(试行)》《关于重大案件审查逮捕讯问犯罪嫌疑人的暂行办法》,规范职务犯罪案件逮捕权上提一级后的审查逮捕工作,健全审查逮捕时讯问犯罪嫌疑人、听取申辩和委托律师意见的制度;与上海市公安局会签《关于轻微刑事案件审查逮捕适用条件的若干意见(试行)》和《关于审查逮捕实施双向说理的办法》,明确轻微刑事案件的逮捕适用条件,规范提请逮捕和不(予)批准逮捕的说理工作。进一步健全检察机关对看守所的监督机制,上海市人民检察院会同上海市公安局制定《贯彻高检院、公安部〈关于人民检察院对看守所实施法律监督若干问题的意见〉的实施细则》,为看守所自觉接受监督、驻所检察室依法履职提供制度保障;研究并推进人民监督员制度法制化,2010年1月起上海统一实行由上级检察院统一选任和管理人民监督员的工作模式,2011年又把原由铁检分院自行组织监督的方式纳入全市统一的监督模式之中。

二是探索将量刑纳入法庭审理程序。上海市高级人民法院制定《〈人民法院量刑指导意见(试行)〉实施细则(试行)》和《未成年人刑事案件量刑指导意见实施细则(试行)》,全面推广应用量刑规范化办案系统。上海市人民检察院确定 4 个案件类型及人均案件数量不同的区级公诉部门进行试点,探索细化量刑纳入法庭审理的模式选择、操作规程、举证规则、答辩要求。

三是完善人民法院审判委员会讨论案件的范围和程序。2009 年上海市高级人民法院制定《上海市高级人民法院审判委员会工作规则》,明确审判委员会是对审判工作实行集体决策的最高审判组织,并对审判委员会讨论案件的范围、程序、顺序作出规定。

四是改革和完善民事、行政案件执行体制。上海市高级人民法院与上海六家主要商业银行建立"点对点"集中查询工作平台,与上海市公安局会签《公安协助法院执行的若干意见》,将不履行义务的被执行人名册纳入上海相关征信系统。运用民事诉讼法有关强制措施的规定,及时采取拘留措施,加大对抗拒执行行为的打击力度。

五是建立刑事被害人救助制度。2009 年由中共上海市委政法委牵头,上海市司法部门及上海市民政局、上海市财政局、上海市人力资源和社会保障局联合制定《上海市开展刑事被害人救助工作的若干意见》,进一步明确刑事被害人救助金额标准以及给付范围等内容。此后,上海市高级人民法院、上海市人民检察院分别制定了刑事被害人救助工作实施细则,明确救助对象、条件、细化案件办理及资金审批的流程,落实专项救助基金。

六是完善司法公开、公开听证制度。2010 年上海市高级人民法院制定《上海法院着力推进司法公开的实施意见》,最高人民法院王胜俊院长批示予以肯定,市高级法院、第一、第二中级法院、浦东新区法院还被确定为全国司法公开示范法院。上海市人民检察院扩大检务公开范围,实现 12309 举报电话、网上举报、来信、来访"四访合一",丰富了"检务公开"载体。审判机关对影响较大的申请再审案件、司法赔偿案件、严重犯罪分子的减刑假释案件、涉及当事人或者案外人重大权益的案件等进行听证,并公告听证事由、时间地点、听证人员及听证参加人的权利义务,社会公众可以参照旁听庭审的程序进行旁听。

二、上海审判改革

上海各级法院严格遵守中央和最高人民法院关于司法体制机制改革的工作要求和总体部署,认真学习贯彻落实各项司法改革文件,及时总结司法工作经验,不断完善体制机制改革和创新,积极稳妥构建配套措施及衔接,切实保障各项改革任务规范有序推进,取得了较好的效果。

（一）遵照国家改革统一部署开展的实践

1. 上海铁路法院移交属地管理

铁路系统单设检、法机关,是我国在新中国成立初期模仿苏联建制而设,专司管理铁路沿线发生的案件,并对铁路所属工厂、企业、专属铁路居民生活区、铁路院校等发生的法律纠纷享有管辖权。铁路运输法院、检察院审判人员、检察人员的任免,需由相关铁路党组进行审批,两院办案经费、工资等一切经费开支也由铁路局承担。财权、人事权的不独立,使得铁路司法演变成了"儿子审老子",长期以来引发了铁路系统司法公正性的诟病。

根据2009年7月8日中央机构编制委员会办公室发布的《关于铁路公检法管理体制改革和核定政法专项编制的通知》和2010年12月7日中央编办、最高人民法院、最高人民检察院、财政部、人力资源社会保障部、铁道部联合发布的《关于铁路法院检察院管理体制改革若干问题的意见》,上海铁路运输法院启动改制工作,将与铁路运输企业分离,整体纳入国家司法管理体系,一次性移交上海市高级人民法院,实行属地管理。①中共上海市委、铁道部党组高度重视上海铁路法院的移交工作,上海铁路局与上海市高级人民法院等部门密切协调配合,按照"机构、人员、资产整体移交;依法操作;保证平稳过渡;力求各方满意"的原则,在2010年进入全面实施阶段,按时启动,有序推进铁路法院移交,系统编制内人员统一划转地方。在划归公务员序列前进行身份过渡,分为两种类型,一种是考核过渡,一种为考试过渡。其中,符合公务员法、法官法、人民警察法规定条件的法官,已授警衔的司法警察等人员实行考核过渡。其他人员则一律实行考试过渡。经过考试、考核合格的,采取政法专项编制进行身份转换。

2012年6月5日,上海铁路法院、检察院移交协议签字仪式在上海举行。中共上海市委常委、政法委书记丁薛祥,上海铁路局党委书记黄殿辉出席仪式并讲话。上海铁路局局长安路生与上海市高级人民法院院长应勇签署移交协议,标志着上海铁路运输中级法院、上海铁路运输法院正式移交上海实行属地

---

① 《上海年鉴》编纂委员会编:《上海年鉴2011》,上海年鉴社2011年版,第344页。

管理,同时也标志着上海铁路法院管理体制改革工作取得重大阶段性成果。[①]自此,上海铁路运输中级法院、上海铁路运输法院正式从铁路系统剥离,财权、人事权划归地方,实行属地化管理,纳入上海法院体系。9月,上海市编委正式批准上海铁路两级法院的机构和人员编制;10月,法院干警公务员身份过渡完成;11月,铁路两级法院院长、庭长和审判员法律职务接受了上海市人大常委会的任命,上海市十三届人大常委会三十七次会议任命许一新[②]为改制后的首任上海铁路运输中级法院院长,韩耀武[③]为改制后的首任上海铁路运输法院院长。[④]这一系列工作的结束,标志着上海地区铁路两级法院管理体制改革基本完成。

2. 优化人民法院职权配置

推进量刑规范化改革的试点。2008年9月1日,作为全国量刑规范化改革工作首批试点的八家基层法院之一,上海市浦东新区人民法院开始试行量刑规范化改革工作。[⑤]2009年,上海市高级人民法院确定一中院、二中院、浦东法院、长宁法院、金山法院、黄浦法院、普陀法院等七家法院为上海推进量刑规范化试点单位,促进量刑标准统一和程序规范,保障量刑公正。[⑥]自试点工作开展以来,上海各试点法院均以最高人民法院的规定为基础,结合自身实际,对最高人民法院《量刑指导意见》和《量刑程序指导意见》的规定予以细化,制定了各具特色的量刑规范化工作指导意见。2010年年初上海将试点工作逐步推广到全市法院。当年2月在深入调研、全面总结试点工作的基础上,按照刑法、刑事诉讼法及《人民法院量刑指导意见》《人民法院量刑程序指导意见》

---

① 李燕、郑法玮:《上海铁路法院、检察院移交地方》,《东方早报》2012年6月6日。

② 许一新此前任上海市青浦区人民法院院长。

③ 韩耀武此前担任移交前的上海铁路运输法院院长。

④ 王海燕、简工博:《市人大表决通过4项法规 表决通过有关人事任免》,《解放日报》2012年11月22日。

⑤ 浦东新区法院的试点工作经历了三个阶段:第一阶段为准备和初步试点阶段,对最高人民法院规定的五个罪名进行试点并积极调整量刑规范;第二阶段为扩大试点阶段,经过调研后新增10个常见罪名为量刑规范试点罪名;第三阶段为全面深入开展量刑规范阶段,将量刑规范试点罪名扩大至28个。两年中,此项改革覆盖了28个罪名、3 207起案件、4 200余名被告人,以量刑不公为由的信访案件和公诉机关的抗诉案件为零。卫建萍、严剑漪:《上海浦东新区法院量刑规范化改革试点工作纪实》,《人民法院报》2010年9月28日。

⑥ 应勇:《上海市高级人民法院工作报告——2010年1月29日在上海市第十三届人民代表大会第三次会议上》,《解放日报》2010年2月5日。

的规定,根据上海刑事审判工作实际,上海市高级人民法院制定下发《上海法院量刑指导意见》和《上海法院量刑诉讼程序指导意见》,除原有七家试点法院按照既定部署,对最高人民法院规定的十五个罪名进行试点外,全市其他法院均按照最高人民法院以及上海市高级人民法院的规定,对原有交通肇事、故意伤害、抢劫、盗窃、毒品犯罪等五个罪名进行试点。量刑规范化使量刑趋于科学化、公开化、精确化,既规范了法官的自由裁量权,又能让辩护人充分阐述量刑的具体意见,使法官考虑得更全面,避免一个人一个判法,保证法律统一正确实施。量刑活动的逐步规范,极大地提高了法院的公信度,也促进了审判质量的提高。自开展量刑规范化工作后,不少当事人及家属纷纷表示对法院的判决"看得懂、搞得清"了,法官们也可以排除案外因素的各种干扰,使量刑更加公开透明、客观公正。

在推进量刑规范化改革过程中,上海市高级人民法院始终高度重视加强与相关部门的信息沟通和密切配合,在改革的每一重大节点,均及时向党委、人大进行汇报,向上海市人民检察院、上海市公安局、上海市司法局进行通报,争取他们的支持、配合。为了解决制约量刑规范化改革中的一些瓶颈问题,2010年上海市高级人民法院与上海市人民检察院专门召开检法联席会议,研究部署量刑规范化试行工作,明确规定要切实保障量刑程序的相对独立,促进量刑过程的公开、公正;人民检察院提出量刑建议,一般应在提起公诉时以量刑建议书的方式一并提出,如案件具体情况确有必要的,可以在公诉意见书中提出,但对于适用简易程序审理的案件,应当以量刑建议书的方式提出;人民检察院建议适用管制、拘役和有期徒刑的,量刑建议应有一定幅度;建议判处死刑、无期徒刑的,应当慎重;建议适用附加刑的,只建议刑种种类;人民法院在裁判文书中,应对是否采纳人民检察院量刑建议中的量刑情节、建议适用的刑种和执行方式予以说明。由于采取了上述举措,自量刑规范化改革试点工作在上海法院全面推开以来,基本实现了平稳过渡,量刑没有出现大起大落的现象。

规范审判委员会的工作规则,制定《上海市高级人民法院审判委员会工作规则》。强化审判管理,修订完善审委会工作规则,强化审委会的管理、监督、指导功能。2009年2月上海市高级人民法院制定《上海市高级人民法院审判委员会工作规则》,规定审判委员会是法院对审判工作实行集体决策的最高审

237

判组织,①讨论受理的重大、疑难、敏感及新类型一、二审案件;死刑或者宣告无罪的案件;重大涉外、涉港澳台案件;拟对本院已经发生法律效力的判决和裁定提起再审的案件;中级人民法院审判委员会讨论决定向本院请示的案件或者本院需要向最高人民法院请示的重大、疑难案件;其他需要讨论的案件。审判委员会的决定,必须在遵循一人一票的基础上获得全体委员过半数同意方能通过。少数委员的意见应予保留并记录在卷。表决人数相等,则留待下次会议复议。合议庭对审判委员会作出的决定应当执行,不得擅自改变。如有异议或发现新的情况,审判庭须报经院长或院长委托的副院长决定是否需要重新提交审判委员会复议。

推行当事人申请审委会委员回避制度。2009年12月最高人民法院下发《关于司法公开的六项规定》,明确"审判委员会委员的基本情况应当公开,当事人依法有权申请回避"。2010年7月最高人民法院制定的《司法公开示范法院标准》中也强调建立审判委员会委员回避制度。上海市第二中级人民法院作为全国司法公开示范法院,将"审委会委员回避"纳入制度性规范并正式实施,属全国首家,为该项制度的真正落实打下基础。2011年3月上海市第二中级人民法院出台《关于当事人对审判委员会讨论决定案件提出回避申请的办法(试行)》,规定该院审理的案件,如需提交审委会讨论,须在此前告知当事人,当事人可以申请审委会委员回避;详细规定了当事人申请审委会委员回避的基本程序,并制作了《申请审判委员会委员回避权利告知书》及《回避申请书》,向案件可能经过审委会讨论的当事人告知、发放。登陆上海市第二中级人民法院门户网站,该院审判委员会委员的基本个人信息,包括姓名、职务、照片、法官等级等已上网。具体案件中,如有关当事人及其辩护人、代理人申请了解审判委员会成员更加详细的个人信息,只要该信息可能影响该成员是否构成回避的情形,法院也会向该当事人提供。②按照我国诉讼法的规定,当事人在诉讼中可以申请与案件有利害关系的法官回避,但是参与讨论、决定重大疑难案件的审判委员会委员的回避制度并没有明文规定。上海市第二中级人

---

① 应勇:《上海市高级人民法院工作报告——2010年1月29日在上海市第十三届人民代表大会第三次会议上》,《解放日报》2010年2月5日。

② 陈琼珂、吴玲:《上海二中院在全国率先创新法官回避制度 法官回避,审委会委员不能"例外"》,《新闻晨报》2011年3月23日。

民法院这一做法，填补了这项审委会委员回避的司法空白，有助于推动审判委员会断案公开。

为建立执行联动机制提供组织保障。"执行难"问题不仅仅是法院一家的事，近年来已成为社会比较关注的话题。"法律打白条"的现象不仅使司法部门的权威受到严重挑战，而且也严重损害了国家法律的尊严。上海市高级人民法院认真贯彻最高人民法院印发的《关于进一步加强和规范执行工作的若干意见》，以及最高人民法院与中央19个部委联合制定的《关于建立和完善执行联动机制若干问题的意见》，结合上海实际，立足个案公正、促进类案统一，进一步加强对审判执行权的管理监督制约，深化立审执兼顾、异议反馈等机制，推进实体裁量权规范工作，确保执法尺度统一。[1]2008年11月上海市解决人民法院执行难联席会议成员单位会签《联席会议工作制度》，明确联席会议的工作原则和主要工作职责，联席会议办公室设在上海市高级人民法院执行局。近年来，中共上海市纪委、市监察局、市综治办、市检察院、市公安局、市司法局、市房地部门、人民银行上海分行、证券登记结算上海分公司、市工商局等部门先后与上海市高级人民法院签订了执行联动协作纪要或意见。

3. 完善知识产权案件审判机制

2008年国务院《国家知识产权战略纲要》提出"研究设置统一受理知识产权民事、行政和刑事案件的专门知识产权法庭"，即逐步改变目前知识产权民事、行政和刑事案件由知识产权庭、行政审判庭和刑事审判庭分别审理的状况，统一由知识产权庭审理。随后，上海市高级人民法院制定《上海市高级人民法院关于实施〈国家知识产权战略纲要〉的意见》，从六方面提出28条具体举措，包括依法严惩侵犯知识产权犯罪，充分发挥刑罚惩治和预防侵犯知识产权犯罪的功能；进一步加强调解，完善多元化纠纷解决机制；进一步完善知识产权专业化审判体制。

2008年8月上海市高级人民法院决定在全市基层法院知识产权庭全面推广由知识产权庭统一审理知识产权民事、行政、刑事案件的"三合一"审判模

---

① 应勇：《上海市高级人民法院工作报告——2010年1月29日在上海市第十三届人民代表大会第三次会议上》，《解放日报》2010年2月5日。

式。以往知识产权审判庭只审理侵犯知识产权引起的民事纠纷,但鉴于知识产权案件专业性强、受害人举证比较困难、触犯刑律需要准确定罪量刑等情况,"三合一"审判模式将涉及知识产权的行政、刑事案件统一由知识产权审判庭审理,通过整合现有司法资源,加大审判力度,促进社会公众树立保护知识产权的意识,依法打击各类侵犯他人知识产权的违法行为,从而有利于统一知识产权侵权和违法案件的司法标准。①为了规范该审判模式的运作,上海市高级人民法院制定《关于基层人民法院知识产权审判庭统一审理知识产权民事、行政和刑事案件若干问题的规定(试行)》,对基层法院受理的各类知识产权案件的范围、审判组织的确定、案号的编制等问题作了具体规定,自 2008 年 12 月 1 日起试行,②通过整合现有司法资源,加大审判力度,促进社会公众树立保护知识产权的意识,依法打击各类侵犯他人知识产权的违法行为。

以杨浦区人民法院知识产权审判庭首例"三合一"案件为例,2006 年 4 月,余远生与妻子钱幼素作为合伙股东,共同申请成立了余姚市鼎铃门窗配件有限公司,实际经营地在上海宝山区一处租赁房内,钱幼素担任公司法定代表人,余远生担任总经理。公司创业之初主要经营小型汽车遮阳伞,由于无名无牌产品销路不畅,为维持公司运作,获取更大收益,2007 年间,余远生与妻子钱幼素经商量决定改做建筑上广泛使用的各种规格的门窗滑撑铰链生意。在上海市场上虽有多家公司生产门窗滑撑铰链,但广东某建筑有限公司生产的"山牌"和佛山市某实业公司生产的"合和"牌门窗滑撑铰链不仅质量好,而且销路畅,在建筑行业有一定的知名度。为摆脱公司生产困境,主管公司业务的余远生竟动起了歪脑筋,决定采取"狸猫换太子"方式直接假冒"山牌"和"合和"商标。于是,余远生至上海市某建筑市场,以低价购进生产门窗滑撑铰链的材料运至老家,以每根 0.15 元的价格请人在材料上用冲压机床刻上"山牌"或"合和"商标,在完成其他生产装配等工序后,以假冒他人生产并注册商标的"山牌"和"合和"门窗滑撑铰链,在沪出售给 3 家建筑公司,非法经营共计 18 万余元。杨浦区法院按照市高级法院关于知识产权审判庭统一审理知识产权民事、行政和刑事案件的若干规定,首次由负责审理知识产权民事案件及刑事

---

① 李欣、束培民:《杨浦法院知产审判庭首试"三合一"审案 侵犯知识产权者犯"假冒他人注册商标罪"被判刑》,《上海法治报》2009 年 4 月 17 日。

② 刘海:《上海法院知识产权庭统一审理民、行、刑案》,《上海法治报》2008 年 11 月 28 日。

案件的法官共同组成合议庭审理后认为,被告单位余姚市鼎铃门窗配件有限公司未经注册商标所有人许可,在同一种商品上使用与注册商标所有人相同的商标且假冒两种以上注册商标,非法经营数额达18万余元,属情节严重,构成假冒注册商标罪。鉴于被告人余远生有自首情节,认罪态度较好,遂依法从轻作出判决:余姚市鼎铃门窗配件有限公司犯假冒注册商标罪,被判处罚金9.1万元;余远生被判处拘役6个月,缓刑6个月,处罚金9 000元。①

2009年3月起上海市高级人民法院与公安、检察、司法行政部门联合制定知识产权刑事案件集中管辖规定,在全国法院率先推行知识产权民事、行政、刑事"三合一"审判跨区域指定管辖制度,全方位加强知识产权保护。②上海市高级人民法院确定全市基层法院管辖的知识产权民事、行政和刑事案件均集中在设立知识产权庭的浦东、黄浦、杨浦和卢湾四家基层法院审理,实行跨区划片集中指定管辖,以发挥知识产权审判集中管辖、集约审理的作用,进一步提升上海知识产权司法保护的水平。

4. 健全司法为民工作机制

推进审判工作公开机制建设。上海法院坚持从审判工作规律和特点出发,深化改革举措,推进审务公开,严格规范管理,将司法公开原则贯穿于立案、审判和执行的各个环节,提高开放、透明、信息化条件下的司法公信力,努力让老百姓打一个明白、公正的官司。"2010年高院、一中院、二中院和浦东新区法院被最高法院确定为全国司法公开示范法院。"③

建立健全司法公开规章制度。上海法院以制度建设为前提,确保司法公开工作规范开展。制定《上海法院立案接待窗口规范化建设的实施意见》《关于上海法院进一步实施执行公开的若干意见》《上海法院公开执行保障制度》等规范性文件。2011年在深入调研的基础上,上海市高级人民法院制定了《上海法院着力推进司法公开的实施意见》,向社会公开一切依法应当公开、能够公开、可以公开的内容,以公开促公正。2011年高、中院二审开庭率为

---

① 李欣、束培民:《杨浦法院知产审判庭首试"三合一"审案 侵犯知识产权者犯"假冒他人注册商标罪"被判刑》,《上海法治报》2009年4月17日。

② 应勇:《上海市高级人民法院工作报告——2010年1月29日在上海市第十三届人民代表大会第三次会议上》,《解放日报》2010年2月5日。

③ 应勇:《上海市高级人民法院工作报告——2011年1月19日在上海市第十三届人民代表大会第四次会议上》,《解放日报》2011年1月26日。

56.7%，同比上升 17.9 个百分点。①最高人民法院王胜俊院长、沈德咏常务副院长分别批示予以充分肯定，称上海法院司法公开的 35 条意见内容全面，符合实际，并要求最高法院相关部门将上海法院经验向全国推广。

探索信息化环境下的公开新途径。随着信息化时代逐步迈进，有更多民众选择通过网络与法院进行联系。上海法院主动适应形势发展，建立裁判文书上网工作的有效机制，将所有经审批的生效裁判文书上传至上海法院信息网外网，增强司法透明度，方便公众查阅，社会公众可通过上海法院法律文书检索中心查阅裁判文书。截至 2011 年年底已有 37 万余篇生效裁判文书上互联网。从 2008 年 4 月起，逐步做到每周选择一案通过互联网直播庭审，使审判活动更直观、完整地展现在公众面前。②加强庭审装备标准化、信息化建设，对所有案件的庭审实现同步录音录像，实现庭审网络直播常态化，③提高庭审质量，强化对庭审的监督。在原有网上立案审查、④网上信访、袁月全信箱、社会公众查阅电子诉讼档案等网上诉讼服务的基础上，针对诉讼活动的需求和特点，新增"材料收转""文书送达""联系法官""办案进度查询"等栏目，并将各项功能进行整合和扩展，在 2010 年 8 月建立起一个贯穿诉讼过程始终，并由三级法院同步实施的在线服务综合平台，标志着上海三级法院的审判工作已发展到因特网环境下的诉讼事务处理阶段。⑤实现公众查阅诉讼档案网络化，

① 应勇：《上海市高级人民法院工作报告——2012 年 1 月 14 日在上海市第十三届人民代表大会第五次会议上》，《解放日报》2012 年 1 月 20 日。

② 应勇：《上海市高级人民法院工作报告——2009 年 1 月 15 日在上海市第十三届人民代表大会第二次会议上》，《解放日报》2009 年 1 月 21 日。

③ 2008 年 4 月 7 日，上海市第二中级人民法院开庭审理英国雷茨饭店有限公司状告上海黄浦丽池休闲健身有限公司商标侵权纠纷一案，首次通过人民网将庭审情况传播到千家万户。刘海、管文飞：《上海法院首次视频直播庭审》，《上海法治报》2008 年 4 月 9 日。

④ 从 2008 年 12 月 1 日起，上海在全市法院范围内试行网上立案审查制度。三级法院同时开通网上立案审查，在全国法院系统中还是第一家。上海网上立案审查的范围，是案件事实比较清楚、法律关系较为明确、证据材料翔实的一审普通民事、民商事及知识产权案件。对于刑事案件、行政案件、国家赔偿案件以及疑难复杂、新类型等民商事案件，目前暂不适用网上立案审查。当事人可登录相关法院的网站或上海法院网(http://www.hshfy.sh.cn)主页，点击"网上立案审查"栏目，正确填写相关信息，输入起诉状及上传有关的证据材料供立案审查。各相关法院在收到当事人申请立案的信息和诉讼材料后五个工作日内进行审查并给予回复，告诉当事人需要补交哪些证据材料，是否同意立案，免去了当事人到法院立案的奔波之苦。刘海、陈颖婷：《上海法院全面试行网上立案审查 有台电脑，你就可向法院起诉》，《上海法治报》2008 年 12 月 2 日。

⑤ 刘海：《上海法院在线服务平台开通》，《上海法治报》2010 年 8 月 13 日。

2010 年 3 月 31 日上海法院开通"社会公众远程查阅电子诉讼档案"服务平台，实现全市 22 家法院社会公众电子阅卷室的联网服务。案件当事人和诉讼代理人可以任意选择就近的法院，通过远程申请查阅其他法院相关案件电子卷宗，特别使郊区群众不再为查阅诉讼档案而到市区法院来回奔波，有效降低群众的诉讼成本，提高诉讼效率。该平台是全国法院系统唯一能提供三级法院联网查阅电子诉讼档案的服务系统，至 2010 年年底，共接待社会公众远程查阅电子诉讼档案 1.2 万余件次。[①]自 2011 年起全面开通法院微博，加强与公众的互动交流，使法院"微博"成为宣传法院的平台，沟通法院与公众的桥梁，通过"微博"关注民生，体察民意，不断提升上海法院司法为民形象。

建立法院刑事被害人救助制度。2009 年 3 月 9 日中央政法委、最高人民法院等 8 部门联合下发《关于开展刑事被害人救助工作的若干意见》，标志着刑事被害人救助工作在全国范围全面展开。随后，由中共上海市委政法委牵头，上海司法部门及市民政局、市财政局、市人力资源和社会保障局联合制定《上海市开展刑事被害人救助工作的若干意见》，对司法系统开展刑事被害人救助工作作了原则性、框架性的规定。为贯彻中央、最高人民法院以及上海有关规定的要求，确保法院系统刑事被害人救助工作的顺利开展，2009 年 4 月 19 日上海市高级人民法院制定《上海法院刑事被害人救助工作实施细则(试行)》，进一步明确了刑事被害人救助工作的受理、审批、归档、救助金发放等问题，对刑事被害人救助工作的审批流程作了明确规定，主要适用于上海高、中级法院办理的刑事案件的被害人及其近亲属；考虑到各区县财政状况存在差异，以及基层法院尚未建立专门的刑事被害人救助制度等情况，规定区县法院救助资金使用存在困难时，市级刑事被害人救助资金可以用于协助基层法院开展救助，以保证救助工作均衡开展。[②]上海市财政在现行司法救助资金之外，另向上海市高级人民法院拨付一定的资金，纳入部门预算，专项用于救助刑事被害人生活面临的急迫性困难。对刑事被害人救助以一次性救助为主。救助金额包括基本医疗费用和基本生活费用，酌情在五万元人民币以内确定。

---

① 【开通"社会公众远程查阅电子诉讼档案"服务平台】条，载《上海年鉴》编纂委员会编：《上海年鉴2011》，上海年鉴社 2011 年版，第 376 页。

② 李恩树：《刑事被害人救助工作"落地"　两年地方司法机关执行给力　17 个省出台刑事被害人救助办法》，《法制日报》2010 年 2 月 10 日。

上海市高级人民法院每年向中共上海市委政法委、上海市财政局报告救助资金的使用情况,并接受财政、审计部门的监督。

(二)根据地方司法实际自主开展的探索

1. 开展执行社会联动机制建设

公安机关与法院建立协助执行工作机制。法院案件执行作为一项社会性很强的工作,一直面临着人难找、财产难寻等困难,有时直接导致赢了官司的当事人不能及时实现权益。而这些困难的解决,有赖于社会各方的协作和配合。2008 年上海市高级人民法院与上海市公安局联合签署《关于依法加强和规范协助执行若干问题的意见》,共有九个部分 42 条,对公安机关协助人民法院执行工作机制进行了明确和规范,进一步完善、加强和规范双方在执行和协助执行中的操作程序,以更为有效地解决协助执行中遇到的问题。具体包括对案件被执行人或相关人员协助查找、控制,协助实施限制出境;协助冻结、迁移户口;协助查扣涉案车辆;重大案件协助出警;协助实施司法拘留以及依法打击拒不执行判决裁定犯罪等方面。凡属公安部门工作范围的,法院在执行过程中遇到困难或阻碍时,都可寻求公安机关的协作和帮助。

在"关于协助实施限制出境方面",上海市高级人民法院与上海市公安局作出规定:人民法院对被执行人或者相关人员(港澳台居民、外国人除外)实施不准出境通报备案或者撤销通报备案的,应当及时向市公安局出入境管理局送达《法定不准出境人员通报备案通知书》或者《撤销法定不准出境人员通报备案通知书》。公安机关出入境管理部门应当及时办理交接手续,限制其申领出国(境)证件,或者撤销交接手续。

在"关于协助冻结、迁移户口方面",上海市高级人民法院与上海市公安局规定:公安机关在协助办理迁移的过程中,《协助执行通知书》明确具体迁入地的,迁入地公安派出所凭《协助执行通知书》直接办理户口迁移手续;《协助执行通知书》未明确迁入地的,户口所在地公安派出所凭《协助执行通知书》直接将该户口另行立户进行空挂。而采取户口空挂方式迁移户口后,人民法院应当告知申请执行人、被执行人及房屋买受人有关户口空挂的情况。

在查扣车辆方面,上海市高级人民法院与上海市公安局规定,人民法院请求协助查扣车辆的,应当向公安机关送达《裁定书》和《协助执行通知书》,提供需要协助查扣车辆的车牌号码,并明确协助查扣请求及联系人、联系方式。公安机关收到《裁定书》和《协助执行通知书》后，应当在车辆年检、过户、事故处理及进出本市道口等环节予以协助查扣，并在扣押车辆后及时通知人民法院。人民法院接到通知后应当及时与公安机关办理交接手续。①

正是由于得到职能部门的大力支持，上海法院运用各种行之有效的执行措施，切实加大执行力度，确保有条件执行的案件都能有效执结。尤其是对有履行能力而拒不履行的被执行人，充分运用好新民诉法规定的强制申报财产、限制出入境等各项措施，让其付出更大的经济成本和信用代价，不使被执行人因不履行裁判而得到好处。

完善网络环境下执行协助查询制度。2009年以来，通过人民银行上海总部和上海银监局，上海市高级人民法院与全市工商银行、农业银行、中国银行、建设银行、交通银行、上海银行等六大国有商业银行及其他27家国有或民营商业银行签订协议，以电脑网络专线连接的方式，对被执行人的银行账户信息进行"点对点"集中查询，基本实现执行法官不出办公室，就可以查询到不履行义务被执行人的银行账户及其存款余额，从而大大提高了执行的质量和效率。其中，被执行人的查询范围从最高人民法院和中国人民银行总行文件规定的"自然人"扩展到"企业法人"。全市法院通过这个系统查询相关银行账户信息110万条，4 105件执行案件的被执行人信息纳入相关征信系统。②

地方立法支撑法院强化民事执行工作。2011年9月，上海市十三届人大常委会第二十九次会议审议通过的《关于加强人民法院民事执行工作的决议》，从地方立法高度，不仅对法院民事执行工作改进与加强，而且对相关部门和社会各界协助执行提出了明确要求。上海市高级人民法院随后下发《上海法院关于贯彻落实〈上海市人民代表大会常务委员会关于加强人民法院民事执行工作决议〉的若干意见》，要求全市法院改进和加强执行工作，决定从2011年10月到2012年6月，集中开展以"清积案、反规避、护民生"为主题的专项执行活动，全面清理、有效化解一批涉执行信访积案，全面强化反制规避执行的措施手段，全面落实保障民生案件优先执行、有力执行的长效机制，全

---

① 刘海：《"老赖"遁形难逃公安火眼金睛　市高级法院与市公安局进一步完善执行联动机制》，《上海法治报》2008年7月30日。

② 姚丽萍：《"执行中止"并非欠债一笔勾销　本市法院用技术手段防范"老赖"危害法律权威》，《新闻晚报》2012年11月24日。

面提升了上海法院执行工作的社会满意度和司法权威。①2012年4月,上海市人大常委会召开主任会议,听取了上海市高级人民法院《关于贯彻市人大常委会会议对全市法院民事执行工作审议意见和决议精神的情况报告》,上海市高级人民法院在报告中提出,在上海市第一中级人民法院、上海市第二中级人民法院等探索成立执行事务中心的基础上,2012年要在全市法院全面推进执行事务中心建设,有条件的法院都应建立执行事务中心,没有条件的法院也要在接待大厅设立执行接待专窗。设立执行事务中心或执行接待专窗,通过设立"执行引导""审查调解""绿色通道""案款收发""信访咨询""固定接待"等窗口,并制定执前督促、涉民生案件快速执行和执行法官固定接待等配套制度,能够促进执行的公开化,措施的透明化以及执行流程的规范化,"确保每一个执行当事人在工作日到法院都能有执行法官接待;当事人提出的每一个执行问题都能在一定期间得到承办执行法官的回应;当事人反映的每一项执行投诉都能及时得到执行法院的处置"。②

以杨浦区人民法院执行事务中心为例,中心设置信息调查、复执审查、收发款项、执前督促、执行信访、案件查询等窗口,融信息调查、案件查询、复执审查、信访接待、案款收发、执前督促等八大功能为一体。除了处理日常的执行信访接待和案件督办工作外,还可以代收申请执行立案材料和恢复执行案件材料,代收并代为送达相关执行文书材料,代为收取或发放执行代管款等。如遇当事人来访而案件承办法官不在的,中心工作人员还可帮助其取得联系,或简单告知一些案件执行的进展情况。申请执行人因被执行人转移、隐匿财产等特殊情况,申请要求立即采取紧急执行措施的,中心工作人员将立即受理有关材料,报送审查并及时采取相应措施。③

2. 率先推出法官配偶为律师的"一方退出"机制

法官亲属从事律师职业的现象,法官亲属尤其是配偶担任律师,这种"黄金搭档"容易成为影响司法公正的口实,给当事人的"合理怀疑""合理想象"留

---

① 刘海:《反规避执行,将"老赖"逼到死角 上海法院创新机制,形成对规避执行的有效反制》,《上海法治报》2012年1月13日。

② 丁孙莹:《法院"清积案、反规避、护民生"两次专项行动已执结民生案件4 002件 全市三级法院有望统一设立执行局化解执行难》,《上海法治报》2012年4月10日。

③ 吕蕾:《杨浦区法院成立执行事务中心》,《上海法治报》2012年4月6日。

下相当大的空间,客观上对法院司法公信和司法权威造成的负面影响不言而喻。绝大多数律师也迫切希望能够从制度上规范律师与法官的关系,实现律师之间的公平竞争、有序服务。上海法院为实现司法公正、提升司法公信,从杜绝法官与一方律师有亲属关系的现象入手,构筑"隔离墙"机制,在全国率先推出法官配偶为律师的一方退出机制。

2009年1月上海市高级人民法院党组出台《上海法院司法廉洁十条纪律》,明确规定:"凡法官的配偶是律师的,该法官不能担任本市各级法院的院级领导和审判委员会委员,原则上也不能担任审判、执行等业务部门领导,并探索建立一方逐步退出机制。"随后,上海市高、中级法院以及静安等区级法院,开始全面推行这一"隔离墙"制度。尽管在实施过程中引发了一些争议。如有的学者就提出,这项举措直接关涉到一些法律人群体的择业与发展,可能会对作为"未来法律人"的在校法科大学生的恋爱、择偶、从业方向构成间接的影响。对律师正面形象的塑造与提升,以及构建真正完整意义上的"法律职业共同体",多少也会带来负面影响。①但上海法院在坚持方向不改变,决心不动摇的同时,也非常注重人性化操作,在人员、时间、形式上不搞"一刀切",各级法院可根据本院情况稳妥推进。如静安区法院在开展"一方退出"工作的2个月中,已经有多名法官等司法工作者的律师家属放弃了自己的律师执照。②到2010年9月,上海法院院、庭领导及审判执行岗位配偶为律师的94名法官已全部实现一方退出。中共上海市委、最高人民法院主要领导对此予以充分肯定。③最高人民法院借鉴上海法院"一方退出"的经验,于2011年2月印发《最高人民法院关于对配偶子女从事律师职业的法院领导干部和审判执行岗位法官实行任职回避的规定(试行)》(法发〔2011〕5号)。

为配合开展好"一方退出"工作,2009年1月上海市高级法院与上海市司法局联合制定发布《关于规范法官与律师相互关系的若干规定》,对法官与律师在立案、审判、执行、业外活动等各个环节,如何处理好相互关系作出明确规

---

① 游伟:《上海司法界"一方退出机制"的忧思》,《上海法治报》2009年11月16日。

② 管文飞:《预防司法腐败促司法廉洁 静安法官家属放弃当律师》,《上海法治报》2009年3月30日。

③ 应勇:《上海市高级人民法院工作报告——2011年1月19日在上海市第十三届人民代表大会第四次会议上》,《解放日报》2011年1月26日。

范;明确法官与律师违反本规定的,按照情节较重、是否构成违纪违法、是否涉嫌犯罪等情况由主管部门或相关职权部门作出相应处理;强调人民法院、司法行政部门,应当强化对法官和律师的教育、管理和监督,明确管理权限、落实监督责任,建立健全法官与律师关系和交往情况的报告备案制度,建立规范法官和律师相互关系信息交流机制。①

此外,上海市高级人民法院还明确今后全市法院新提拔的审判、执行部门领导,都不得有配偶担任律师的情况。各级法院在招录或调入工作人员时,都要释明"一方退出机制"刚性规定的有关内容,把好"进口关"。

3. 进一步加大司法救助的力度

规范诉讼费用缓交、减交、免交。为保障经济确有困难的当事人打得起官司,上海市高级人民法院在 2008 年 11 月发布《关于对经济确有困难的当事人实行诉讼费用缓交、减交、免交的若干意见》,对诉讼费用的缓交、减交、免交工作进行详细规范。明确可以申请缓交、减交、免交诉讼费用当事人的具体情形,主要包括:享受城市低保的孤寡老人、孤儿;农村特困户、"五保户"人员;没有固定生活来源的残疾人或患有严重疾病的人员;追索赡养费、扶养费、抚育费、抚恤金人员;国家优抚安置人员;见义勇为人员;社会公共福利单位等。符合上述情形的人员或单位在提出书面申请时,应当提供相关证明。

同时,确定了法院内部相关部门对当事人申请的审批权限。当事人在立案阶段提出申请的,由负责立案的审判人员或合议庭审查处理;若在审理阶段提出申请的,由审理案件的独任审判员或合议庭审查处理。此外,还要求法院裁判明确当事人对诉讼费用的负担。案件经审理裁判当事人承担全部或部分民事责任,应当同时按案件诉讼费用总额,明确当事人依责任比例承担相应诉讼费用;已经获准减交或免交诉讼费用的当事人,仍按已减交或免交诉讼费用的决定执行;案件裁判文书应载明诉讼费用减交、免交及负担的情况。②仅在 2008 年,上海法院共缓、减、免收诉讼费 1 296 万元,同比增加 50.5%③。

---

① 【规范法官与律师关系的若干规定发布】条,载《上海年鉴》编纂委员会编:《上海年鉴 2010》,上海年鉴社 2009 年版,第 425 页。

② 【发布《关于对经济确有困难的当事人实行诉讼费用缓交、减交、免交的若干意见》】条,载《上海年鉴》编纂委员会编:《上海年鉴 2009》,上海年鉴社 2009 年版,第 345 页。

③ 应勇:《上海市高级人民法院工作报告——2009 年 1 月 15 日在上海市第十三届人民代表大会第二次会议上》,《解放日报》2009 年 1 月 21 日。

实现司法救助与法律援助"无缝衔接"。此前,欲打官司而又经济困难的当事人在申请诉讼费缓交、减交、免交等司法救助,或向法律援助机构申请法律援助过程中,需分别向法院和司法局提供经济确有困难的证明材料,并由两家分别审查其是否符合规定。由于它们是两个独立的申请审查程序,所要求的具体条件和手续有所不同,申请人为获得批准,将不得不在两个部门之间来回奔波。这既影响了司法援助和法律救助两项制度的功能发挥,也影响了对经济困难群众权益切实有效的维护。

为向相关当事人提供更加高效、便利、经济的法律服务,上海市高级人民法院主动与上海市司法局联手,在经过黄浦区法院与区司法局合作试点的基础上,于2008年8月联合制定发布《关于加强司法救助与法律援助衔接工作的若干意见(试行)》,①规定可视相关当事人的经济状况实行审查互免。当事人可依据法律援助机构准予法律援助的书面决定向法院申请司法救助,法院对符合规定情形的,可直接作出准予缓交诉讼费用等决定;当事人可依据法院准予缓交、减交、免交诉讼费用的书面决定向法律援助机构申请法律援助,法律援助机构对符合规定情形的,可以不再审查其是否符合经济困难的标准,直接作出准予法律援助的决定。同时,要求加强法院和法律援助机构间的协调联动。法律援助机构受理重大、群体性、敏感性纠纷案件法律援助申请后,应及时与法院沟通情况。法院受理重大、群体性、敏感性纠纷案件,认为宜由法律援助机构给予当事人援助的,应及时与法律援助机构沟通。②

4. 落实宽严相济刑事政策

试水未成年人刑事案件"赔偿前置"机制。民事赔偿在未成年人侵害案件中一直是个大问题。依照现有的法律规定,被害人一般都是通过刑事附带民事诉讼或刑事案件结束后单独提起民事诉讼获得赔偿款,既增加了司法成本,也容易增加刑事被告人与被害人或其家属的矛盾。自2009年起,为了更好地保护未成年人刑事案件中被害人的合法权益,同时也为了更好地挽救犯罪嫌

---

① 刘海:《一个机构审查批准,另一个机构对申请人的经济状况将不再作实质性审查 上海实现司法救助与法律援助"无缝衔接"》,《上海法治报》2008年9月19日。

② 【市高院与市司法局就加强司法救助与法律援助衔接工作制定规范性意见】条,载《上海年鉴》编纂委员会编:《上海年鉴2009》,上海年鉴社2009年版,第326页。

疑人，上海市普陀区人民法院与上海市公安局普陀分局、上海市普陀区人民检察院达成合作协议并出台《关于办理未成年人刑事案件被害人损害赔偿工作的意见（试行）》，提出未成年人刑事案件的犯罪嫌疑人若在案件开庭审理前，已对被害人进行赔偿或及时退赃的，可以获得法院的从宽处理。明确规定"检察机关在审查起诉阶段，若未成年犯罪嫌疑人已进行赔偿或及时退赃的，检察机关在对该案提起公诉时，应在向法院建议量刑时在文书中充分体现"，"在不违反法律规定、充分保障被害人合法权益的情况下，被告人积极主动赔偿被害人损失并取得被害人谅解的，法院可以作为量刑情节考虑，对被告人从宽处理"。①这既提供了适当从轻的法律依据，也符合宽严相济的刑事政策。事实上将赔偿的外延从法院向其他司法机关进一步扩展，以解决以往过分注重惩罚性，而忽视救济性和恢复性统一的问题。

试行未成年犯与成年犯"三分开"制度。2009年上海市高级人民法院和上海市人民检察院出台了《关于未成年人与成年人共同犯罪案件的分案起诉分案审理若干规定》，其中对未成年人与成年人的共同犯罪案件作出了"分案起诉"和"分案审理"的"两分开"规定。为了进一步体现出对未成年人的特殊司法保护，2010年起，上海市浦东新区人民法院与上海市公安局浦东新区分局、上海市浦东新区人民检察院携手在全市率先推出未成年犯与成年犯"三分开"制度。在办理未成年人与成年人共同犯罪案件时，浦东新区从公安机关"分案移送"、检察机关"分案起诉"、法院"分案审理"三个环节，把未成年人与成年人分开处理。为更好地保护未成年人权益、节约司法资源、预防往返提押过程中的安全问题，上海市浦东新区的法院、检察院、公安局还将对未成年犯与成年犯分别羁押、审理，对未成年犯实行"集中羁押"，在教育和生活上给予适当的照顾。②

尝试未成年人刑事案件暂缓判决制度。为更好地教育挽救涉罪未成年人，上海市长宁区人民法院少年庭在经过多方论证、不违反现行法律的前提下，对初犯、偶犯、轻微犯罪且涉及未成年人的案件，谨慎采用暂缓宣判的做法。案件暂缓宣判在法律上并无明文规定，这是上海市长宁区人民法院少年

---

① 李欣、叶辛：《普陀区试水"赔偿前置"》，《上海法治报》2009年4月24日。

② 陈颖婷：《浦东在上海首推未成年犯与成年犯"三分开"制度 浦东新区法院少年庭昨揭牌》，《上海法治报》2010年9月10日。

庭的一项工作创新。实践中所探索的暂缓判决,一般是指法院少年法庭在刑事诉讼活动中,经过开庭审理,对构成犯罪并符合一定条件的未成年被告人,先定罪名,暂不判处刑罚,设置适当的考察期,让其在社会中继续学习和生活,不离开监护人的监管,依靠社会力量进行帮教矫治,再结合悔罪表现予以判决的一种探索性审判方法。①一般而言,法院作出暂缓判决决定后,未成年被告回到社会接受为期两个月的考察,如果考察期间表现良好,在各方面均有明显悔改表现,考察期满后由少年庭对其减轻处罚判决。

例如长宁区人民法院首例适用暂缓判决制度的未成年人刑事案件。未成年人胡小可(化名)家住长宁区,闲暇之余,他在社会上结识了一些不良青年。2008年3月,经过预谋,胡小可在几个"兄弟"的带领下来到浦东新区金口路某弄的一个居民小区,共同从被害人陈某某的家中窃得价值2.2万余元的财物。不久,警方破获了这起盗窃案件,胡小可等人被抓获。到案后,胡小可协助警方抓获了其他犯罪嫌疑人。庭审中,胡小可表示自愿认罪,并退赔了被害人的经济损失。少年审判庭法官了解到,胡小可作案时未满18周岁,随后有立功表现。同时,案发前胡小可没有违法记录,他长期和一些社会上的不良青年交往,误入歧途。如果现在判刑,可能会影响胡小可的成长和改造,为了教育挽救胡小可,法院决定对胡小可适用暂缓判刑制度,依法取保候审,让胡小可在其帮教小区接受为期两个月的考察,如果考察期间表现良好,可获大幅减刑,甚至可以"定罪免刑"。在两个月的考察期内,胡小可深刻认识到自身行为的错误,听从法定代理人的教育,自觉接受所在小区考察帮教,在各方面均有明显悔改表现。据此,长宁区人民法院少年审判庭对胡小可盗窃案作出判决,从轻判处其拘役6个月、缓刑6个月,并处罚金2 000元。

三、上海检察改革

上海检察机关高度重视深化检察改革,在坚持自上而下统一实施的基础上,通过调研先行、试点探索、制定细则、规范管理和总结评估等方式,不断推进司法体制改革的深入和发展。《最高人民检察院关于贯彻落实〈中央政法委员会关于深化司法体制和工作机制改革若干问题的意见〉的实施意见》下发

---

① 谢东旭:《挽救罪错少年首用"缓判"》,《上海法治报》2008年12月25日。

后，上海市人民检察院制定了《上海检察机关 2009—2012 年深化检察改革实施意见》，指导全市检察改革工作深入推进，确保了上海检察改革工作的顺利推进，并取得了明显成效。

（一）遵照国家改革统一部署开展的实践

1. 逐步完善对自身执法活动的监督制约机制

强化检察机关执法办案内部监督制约机制建设是本轮深化检察改革的重点之一。根据党的十七大报告提出的决策权、执行权、监督权既有效协调又相互制衡的原则，上海检察系统按照最高人民检察院的改革部署，推出一系列强化自身监督制约的改革措施。

推进职务犯罪案件逮捕权上提一级制度改革。坚持将强化自身监督放到与加强法律监督同等重要的位置，加强自身监督，在全市各级检察院建立案件管理中心，实行案件集中管理，加强对办案流程和案件期限监控。2009 年 9 月 2 日最高人民检察院印发《关于省级以下人民检察院立案侦查的案件由上一级人民检察院审查决定逮捕的规定（试行）》，明确规定省级以下（不含省级）检察院立案侦查的案件，需要逮捕犯罪嫌疑人的，应当报请上一级检察院审查决定。将侦查权与决定逮捕权分离，完善检察机关自身监督制约。[①]据此上海市人民检察院制定下发了《上海市检察机关立案侦查的案件审查决定逮捕工作细则》，自 2009 年 9 月起，上海检察机关立案侦查的案件一律由上一级人民检察院审查决定逮捕。各级检察院侦监部门与同级院内自侦部门、上级检察院侦监部门均建立了对口联系制度，成立了专业办案科（或小组），选调办案骨干充实专业办案力量，并加强办案装备、技术力量的支持，从而确保了改革工作平稳、有序、健康推进。当年市院和各分院共受理下级院报请逮捕的职务犯罪案件 54 件 58 人，经审查，决定不予逮捕 5 人。[②]

此后，上海市人民检察院又制定了《上海市检察机关立案侦查的案件审查决定逮捕工作细则（试行）》，规范职务犯罪案件逮捕权上提一级后的审查逮捕工作；制定了《关于重大案件审查逮捕讯问犯罪嫌疑人的暂行办法》，健全审查

---

① 【职务犯罪案件审查逮捕权上提一级】条，载《上海年鉴》编纂委员会编：《上海年鉴 2010》，上海年鉴社 2010 年版，第 390 页。

② 《上海市人民检察院工作报告——2010 年 1 月 29 日在上海市第十三届人民代表大会第三次会议上》，《解放日报》2010 年 2 月 5 日。

逮捕时讯问犯罪嫌疑人、听取犯罪嫌疑人申辩和委托律师意见的制度。改革实施以来,上海检察机关办理的职务犯罪案件不捕率与改革前相比,有了明显的上升,而捕后撤案率、不起诉率、无罪判决率均有所下降。实践证明,这项改革强化了对职务犯罪侦查活动的监督制约,促进了执法规范化和侦查模式的转变,使职务犯罪案件逮捕质量明显提高,在切实保障犯罪嫌疑人合法权利的同时,也优化了基层检察院执法环境。

积极拓展检务公开的新形式、新内容。检务公开是法治建设工作中的一项重要内容,能让老百姓更方便地分享检察信息资源,能让当事人更好地维护自身合法权益,对促进司法公正有着非常重要的作用。根据最高人民检察院印发的《关于进一步深化人民检察院"检务公开"的意见》,为增加检察工作透明度,2011年10月上海市人民检察院制定了《上海检察机关检务公开的实施意见》,进一步规范了检察人员执法身份明示、当事人权利告知、加强法律释明和法律文书说理等23项举措。①采取有效措施,积极创新"检务公开"的具体内容、方式和途径,不断增强执法办案的透明性和公开性。

扩大检务公开范围。实行诉讼参与人权利义务告知,上海检察机关办案部门全面实行第一次讯问犯罪嫌疑人或者对其采取强制措施时,告知其依法享有的权利和履行的义务;在决定依法延长或者重新计算羁押期限时,将法律根据、羁押期限等书面告知犯罪嫌疑人;对询问的证人、要求会见在押犯罪嫌疑人的律师、聘请的鉴定人员和翻译人员都告知权利和义务。在告知的方式上,以口头方式进行为原则,如已将有关权利和义务印制成书面材料,在书面告知的同时,还需口头告知,并要求被告知的人在告知书上签名或者盖章。告知书等履行告知义务的记录都要归入案卷材料之中,以备考核检查。此项制度包括录音录像等,保障了诉讼当事人的合法权益,成为监督检察机关依法文明办案的重要措施。②

整合检察服务资源。为强化执法为民宗旨,加强控申接待窗口规范化建设,推动各级检察院建立集接待受理、案件查询、法律咨询、情绪疏导、信访答

①　《上海市人民检察院工作报告——2012年1月14日在上海市第十三届人民代表大会第五次会议上》,《解放日报》2012年1月20日。

②　吕蕾:《邀请人民监督员、案件评审员监督检察院办案　〈上海检察机关检务公开的实施意见〉正式出台　多种形式提高检务公开力度》,《上海法治报》2011年10月19日。

复等功能为一体的接待窗口，①实现 12309 举报电话、网上举报、来信、来访"四访合一"，确保人民群众及社会各界的来信来访限时答复，件件有回应。各级检察院还普遍组织"检察开放日"等活动，邀请市、区两级人大代表、政协委员、社区检察室联络员及媒体记者等实地参观检察机关，向群众展示案件管理系统、职务犯罪侦查同步录音录像系统、行政执法与刑事司法信息共享平台等检察工作，了解监督检察工作。②

丰富"检务公开"载体。完善在办案件当事人查询系统，建立案件当事人电话和电子查询案件的信息系统，相关人员如需要，直接到检察机关控告申诉接待窗口申请，便可查询到全市检察机关正在办理的各类案件的可公开信息。利用网络平台开大监督之门，探索建立虚拟的"网上检察院"，开发服务功能，开展网上申诉、网上预约接访、网上提交申办资料、案件受理状态查询等检察业务，方便群众办理涉检事务，为深化检务公开提供便利，以进一步推进上海"阳光检察"。

2. 逐步健全贯彻落实宽严相济刑事政策工作机制

开展检察机关对刑事被害人救助工作。2009 年中央政法委、最高人民法院等 8 部门联合下发《关于开展刑事被害人救助工作的若干意见》，随后由中共上海市委政法委牵头，上海司法部门及市民政局、市财政局、市人力资源和社会保障局联合制定《上海市开展刑事被害人救助工作的若干意见》，对司法系统开展刑事被害人救助工作作了原则性、框架性的规定。为贯彻中央以及上海有关规定的要求，确保检察系统刑事被害人救助工作的顺利开展，上海市人民检察院于 2010 年 3 月制定《上海市检察机关刑事被害人救助工作实施细则》。③上海市人民检察院、第一、第二分院专门设立刑事被害人救助工作领导小组，负责对刑事被害人救助资金的审批、监督。上海各区县检察院也相继建立了符合本地区工作特点的刑事被害人救助机制，将因遭受暴力犯罪或其他

---

① 《上海市人民检察院工作报告——2012 年 1 月 14 日在上海市第十三届人民代表大会第五次会议上》，《解放日报》2012 年 1 月 20 日。

② 吕蕾：《邀请人民监督员、案件评审员监督检察院办案 〈上海检察机关检务公开的实施意见〉正式出台 多种形式提高检务公开力度》，《上海法治报》2011 年 10 月 19 日。

③ 详见《普陀区院积极开展刑事被害人救助工作》，载上海检察机关门户网 http://www.shjcy.gov.cn/jcxw/201202/t20120215_7806.htm，2012 年 2 月 15 日。

刑事不法行为致被害人伤亡的案件作为重点，通过特定的救助程序，对确有实际困难的刑事被害人或近亲属，给予适当的经济资助，达到缓解被救助人生活困难，促进受损情绪修复，促进社会稳定的作用。刑事救助以一次性救助为主，救助金包括基本医疗费用和基本生活费用，救助数额一般在5万元人民币以内，特殊情况最高不超过本市上一年度职工月平均工资的36倍。上海各级检察院根据具体情况向市、区两级财政部门申请刑事被害人救助资金的拨款额度，将之列入本院的预算，并实行专款专用制度，不得予以侵占或挪用，确保了资金使用规范、有序。

以上海市松江区人民检察院及时启动刑事被害人救助机制，帮助被害人刘某家人渡过难关为例。方某和刘某同为一家饮料厂的员工，方某是驾驶员，刘某是装卸工。2011年9月7日，刘某先是用叉车把成箱的饮料装进货车车厢，然后爬上货车准备包上防雨布。这时，方某开始倒车准备掉头，不料将未有准备的刘某卡在汽车后部一幢楼房底部的横梁处。发现事故后，方某即刻将刘某送往医院，刘某因胸腹部多处受伤，经抢救无效死亡。松江区检察院以过失致人死亡罪对方某提起公诉。此外，刘某一家提起刑事附带民事诉讼，要求方某赔偿经济损失和精神损害。2012年上半年，松江区法院判处方某有期徒刑1年2个月，同时判决方某赔偿死者刘某的家属民事赔偿金31万元。之后，方某给付了3万元的民事赔偿款。2012年6月，刘某家属因为赔偿款项没有全部到位，前来松江区检察院申诉且情绪激动。松江区检察院控申科检察官耐心地接待了刘某妻子，详细了解事情缘由。原来，刘某妻子患有严重的腰椎间盘突出、高血压、心脏病等多种疾病，常年服药，其父母年近九十，生活不能自理，自刘某死亡后，一家人失去经济来源，原本贫困的家庭现在雪上加霜，陷入严重困境。为了尽快解决问题，化解当事人的怨气，承办该案的检察官约见了方某的妻子。检察官调查发现，方某家庭经济本就不宽裕，拿出3万元赔偿款已是竭尽所能。方某妻子目前打工工资每月仅一千多元，还要抚养两个孩子，暂时确实没有能力履行更多的赔偿义务。方某妻子一再表示，等丈夫出狱后，两人愿意共同努力，尽快赔偿钱款给刘某家人，希望刘某家人谅解。调查核实情况后，松江区检察院经耐心疏导和反复协调，最终促成双方当事人签订了分期还款民事赔偿协议书和谅解书，化解了双方的矛盾纠纷。同时，考虑到刘家的实际困难,该院启动刑事被害人救助机制,及时向刘某妻子和父母送上 5 000 元救助款,缓解了他们的燃眉之急。①

3. 深入推进检察机关组织体系和干部管理制度改革

上海铁路检察院整体纳入属地化管理。由于历史的原因,铁路检察院业务由上级检察院领导,但人财物管理仍在铁路部门企业,管理体制上与司法属性不相适应、与法制建设不相协调的弊端也逐步凸显。继 2009 年 7 月 8 日中央机构编制委员会办公室发布《关于铁路公检法管理体制改革和核定政法专项编制的通知》,2010 年 12 月 7 日中央编办、最高人民法院、最高人民检察院、财政部、人力资源社会保障部、铁道部联合发布《关于铁路法院检察院管理体制改革若干问题的意见》之后,2011 年 1 月最高人民检察院下发《最高人民检察院关于铁路检察院管理体制改革的实施意见》,进一步明确了铁路两级检察机关划归属地管理之后的人员身份置换、案件管辖等问题。上海铁路运输检察院根据上述文件启动了改制工作,将与铁路运输企业分离,整体纳入国家司法管理体系,一次性移交上海市人民检察院,实行属地管理。②中共上海市委、铁道部党组高度重视上海铁路检察院的移交工作,上海铁路局与上海市人民检察院等部门密切协调配合,按照"机构、人员、资产整体移交;依法操作;保证平稳过渡;力求各方满意"的原则,在 2010 年进入全面实施阶段,按时启动,有序推进铁路检察院移交,系统编制内人员统一划转地方。在划归公务员序列前进行身份过渡,分为两种类型,一种是考核过渡,一种为考试过渡。其中,符合公务员法、检察官法、人民警察法规定条件的检察官,已授警衔的司法警察等人员实行考核过渡。其他人员则一律实行考试过渡。经过考试、考核合格的,采取政法专项编制进行身份转换。

2012 年 6 月 5 日,上海铁路法院、检察院移交协议签字仪式在上海举行。中共上海市委常委、政法委书记丁薛祥,上海铁路局党委书记黄殿辉出席仪式并讲话。上海铁路局局长安路生与上海市人民检察院检察长陈旭签署移交协议,标志着上海铁路运输检察分院、上海铁路运输检察院正式移交上海实行属地管理,同时也标志着上海铁路检察院管理体制改革工作取得重大阶段性成

① 陈颖婷、张爱玉:《赔偿款未到位　刑事被害人家庭陷困境》,《上海法治报》2012 年 8 月 15 日。
② 《上海年鉴》编纂委员会编:《上海年鉴 2011》,上海年鉴社 2011 年版,第 344 页。

果。①自此，上海铁路运输检察分院、上海铁路运输检察院正式从铁路系统剥离，财权、人事权划归地方，作为市级检察院派出机构，由上海市人民检察院直接管理，行使对铁路交通领域的专门法律监督职责。9月，上海市编委正式批准了上海铁路两级检察院的机构和人员编制；10月，检察院干警公务员身份过渡完成；11月，铁路两级检察院院长、庭长和审判员法律职务接受了上海市人大常委会的任命，上海市十三届人大常委会三十七次会议任命苏华平②为改制后的首任上海市人民检察院上海铁路运输分院检察长，谈信友③为改制后的首任上海铁路运输检察院检察长，④这一系列工作的结束，标志着上海地区铁路两级检察院管理体制改革基本完成。

严格规范检察人员与律师的交往行为。检察官与律师在诉讼过程中有不同的分工，检察机关要依法支持和维护律师诉讼权益，同时，检察人员与律师都应依法办事，共同创造良好的执法环境。为此上海检察机关对规范检察人员与律师交往行为进行了一系列探索。根据《检察官法》和最高人民检察院的相关规定，2009年5月上海市人民检察院制定《关于规范检察人员在办案中与律师交往行为的试行规定》，禁止市、分院处级以上领导干部的配偶、子女在分管工作范围内从事涉检律师业务，禁止现任检察人员的配偶、子女担任其所在检察机关的案件辩护人和诉讼代理人，规范了离任检察人员从事涉检律师业务。⑤这是上海检察机关首次对此类行为作出明确细化规定。通过制度性安排，规范检察人员的履职行为，保持与律师正常交往关系，避免可能影响司法公正性、廉洁性的交往行为，树立检察人员公正廉洁的执法形象。

《关于规范检察人员在办案中与律师交往行为的试行规定》中明确，办案中检察人员接待律师应为两人以上，未经批准不得在律师接待室以外的其他场所会见律师；检察人员不得擅自单独与律师交谈案情。对于应律师的要求违反规定帮助调查、收集证据、提供案件咨询意见、隐瞒、涂改证据材料、托关

---

① 李燕、郑法玮：《上海铁路法院、检察院移交地方》，《东方早报》2012年6月6日。

② 苏华平此前担任移交前的上海市人民检察院上海铁路运输分院检察长。

③ 谈信友此前担任移交前的上海铁路运输检察院检察长。

④ 王海燕、简工博：《市人大表决通过4项法规　表决通过有关人事任免》，《解放日报》2012年11月22日。

⑤ 《上海市人民检察院工作报告——2010年1月29日在上海市第十三届人民代表大会第三次会议上》，《解放日报》2010年2月5日。

系、打招呼或打听案情、通风报信、泄露检察机关内部审查、讨论意见等八种行为,也对检察人员作出禁止性条款规定。强调,检察人员在办案中不得收受或借用律师的交通、通信工具以及其他财物,不得接受律师宴请或其安排的娱乐、旅游、健身以及其他消费活动,不得利用办案为本人或者他人谋取利益:以交易、赌博等方式收受律师的财物、婚丧喜庆和节日等时机索取或收受律师财物、要求或接受律师为特定关系人安排工作、给予特定关系人财物、要求或者接受律师安排宴请、要求律师支付或者通过律师报销各种费用。明确,除当事人的近亲属或监护人以外,检察人员的配偶、子女不得担任该检察人员所任职检察院办理案件的诉讼代理人或者辩护人;市检察院和分院处级以上领导干部的配偶、子女不得在分管工作的范围内从事涉检律师业务;离任检察人员二年内,不得以律师身份担任诉讼代理人或者辩护人;离任检察人员不得担任原任职检察院办理案件的诉讼代理案件的诉讼代理人或者辩护人。检察人员的配偶、直系亲属、兄弟姐妹及其他亲属担任律师的,应当及时向监察部门报告备案。对检察人员违反禁止情形情节较轻的,应当视情节给予批评教育、诫勉谈话、责令检查、通报批评或相应组织处理;构成违纪的,应当依照《检察人员纪律处分条例》给予相应的处理;涉嫌犯罪的,按司法程序处理。[1]

(二)根据地方司法实际自主开展的探索

1. 统一检察机关人民监督员的工作模式

上海自 2004 年 10 月 1 日起正式试行人民监督员制度。根据人民监督员制度在上海的实施情况,2010 年 1 月起上海市人民检察院在全市检察系统统一实行由上级检察院统一选任和管理人民监督员的工作模式,上海市人民检察院统一选任市、分院人民监督员,实行下管一级的模式,加强对全市检察机关查办职务犯罪活动的监督。[2]原自行选任人民监督员自行组织监督的徐汇区、嘉定区人民检察院不再单独试点,这两个区检察院接受人民监督员监督的工作分别由上海市人民检察院第一、第二分院人民监督员办公室组织实施。

---

① 谢东旭、施坚轩:《市检察院出台规定,办案检察人员不得向当事人推荐介绍律师》,《上海法治报》2009 年 6 月 1 日。

② 《上海市人民检察院工作报告——2010 年 1 月 29 日在上海市第十三届人民代表大会第三次会议上》,《解放日报》2010 年 2 月 5 日。

2011 年,根据铁路检察机关体制改革和最高人民检察院全面实施人民监督员制度的精神,原由上海铁路运输检察分院自行组织人民监督员开展工作的方式纳入全市统一的监督模式之中,上海铁路运输检察分院需要提交人民监督员监督的案件,由上海市人民检察院人民监督员办公室组织监督。这些举措确保上海人民监督员制度的有序顺利开展,取得了较好的成效。2011 年年初,最高人民检察院通过了《关于实行人民监督员制度的规定》,正式向全国检察机关推行人民监督员工作"下管一级"的监督方式,"上海模式"因而推向全国实行。①

2. 完善检察机关对侦查活动的法律监督

规范检察机关对公安机关的侦查监督机制。上海世博会的举办和上海建设"两个中心",对司法机关规范执法行为提出更高的要求。为进一步依法加强配合监督,主动应对新情况、新问题,2009 年 9 月 27 日上海市人民检察院、上海市公安局举行联席会议,通过了《关于轻微刑事案件审查逮捕适用条件的若干意见》《关于刑事案件适时介入、捕前协商工作的若干意见》《关于加强经济犯罪案件情况通报及监督协商的意见》和《关于建立刑事执法数据通报和监督核查机制的若干意见》等 4 份规范性文件,对公安、检察机关办理刑事案件适时介入侦查、经济犯罪案件通报监督、轻微犯罪案件逮捕条件等刑事诉讼环节的监督配合机制作出具体规定,以进一步细化规范检察机关与公安机关监督配合机制。其中《关于轻微刑事案件审查逮捕适用条件的若干意见》,对轻微刑事案件审查逮捕的条件、程序等作了详细规定,对轻微犯罪案件中犯罪嫌疑人在本市有相对固定的居所或者相对稳定的工作,能够提供保证人或者交纳保证金,且具有在校生、70 周岁以上老人、残疾人、犯罪预备、如实供述犯罪事实、有明显悔罪表现、取得被害人谅解等七种情况之一的,可认为无逮捕必要。检察机关对轻微犯罪案件建立"无逮捕必要可行性评估"制度,并制作《非羁押措施可行性评估表》,作为逮捕必要性的参考依据。《关于刑事案件适时介入、捕前协商工作的若干意见》,对适时介入、捕前协商工作的适用范围、职能分配、适用程序等进行了具体规定,以进一步加强打击犯罪合力,确保准确、高效办案。对危害国家安全、黑社会性质组织犯罪、故意杀人、涉案金额巨大、

---

① 谢东旭、曹小航：《人民监督员制度出台"上海模式"推行全国》,《上海法治报》2011 年 1 月 7 日。

社会关注等九类重大、疑难复杂案件,检察机关应及时指派检察官介入侦查、引导公安机关取证,履行检察机关法律监督职能,以确保诉讼证据的合法性,防止侦查活动中的违法行为。《关于加强经济犯罪案件情况通报及监督协商的意见》和《关于建立刑事执法数据通报和监督核查机制的若干意见》,要求对涉案金额特别巨大、可能影响社会稳定的涉众型犯罪等七类经济犯罪案件,公安机关应在立案并抓获犯罪嫌疑人后,及时向检察机关通报。对于公安机关决定不予立案、撤销案件等四类案件,检察机关可适时启动监督程序,提出监督意见。①

开展对公安派出所刑事执法活动监督试点。近年来,上海检察机关把对侦查机关采取搜查、扣押、冻结等侦查活动的监督纳入对侦查活动合法性监督的整体工作之中,通过探索完善"介入侦查、引导取证"、公检联席会议和捕诉衔接等机制,监督侦查机关严格依法采取搜查、扣押、冻结等侦查措施。2010年起,上海市人民检察院探索通过社区(街镇)检察室对公安派出所监督的形式,加强立案监督。2010年7月23日,上海检察机关首批社区(街镇)检察室挂牌,在长宁、杨浦、宝山、奉贤、崇明等区县选择部分街道或乡镇开展试点,设立了11家派出检察室。②社区检察室是区县人民检察院派驻社区(街镇)的工作窗口,主要负责对公安派出所立案、侦查、刑罚执行等刑事诉讼活动,以及监外执行裁决和街镇社区矫正活动进行监督,与公安派出所、司法所、社区矫正机构建立相关工作机制,定期通报和交换执法数据,确保法律监督工作的有效开展。同时,通过受理群众控告申诉和举报、接受违法犯罪人员自首,将控申关口前移,及时为群众提供检察环节的司法救济。③上海市人民检察院与上海市公安局还会签了《关于本市开展对公安派出所监督工作的实施意见》,明确了监督的原则、范围、方式和工作要求。2010年全年,针对公安派出所在刑事案件受理、留置室使用、强制措施变更等执法不规范问题,提出检察建议并会同市公安局共同进行督查规范,取得了较好的效果。④截至2011年年底,上海

---

① 谢东旭、施坚轩:《本市公安、检察机关通过4份文件加强配合监督 对检方适时介入刑案作具体规定》,《上海法治报》2009年9月28日。

②④ 《上海市人民检察院工作报告——2011年1月19日在上海市第十三届人民代表大会第四次会议上》,《解放日报》2011年1月26日。

③ 【启动社区检察室试点】条,载《上海年鉴》编纂委员会编:《上海年鉴2011》,上海年鉴社2011年版,第389页。

全市设置了 21 个社区检察室,加强对基层执法活动的监督,注重对群众反映强烈的问题以及执法办案的重点环节开展监督,对一些派出所审讯监控录像不到位、立案手续不完备、扣押物品不规范等问题提出监督意见,并协同公安派出所建立长效机制。[①]这些制度的建立,突破了立案监督工作的"瓶颈",使得上海检察机关逐步掌握了刑事立案监督工作的主动权,取得了突破性的进展。

3. 进一步完善检察机关的法律监督机制

为了贯彻党中央关于全面落实依法治国的基本方略和加快建设社会主义法治国家的战略决策,监督和支持人民检察院依法履行法律监督职责,2009年 10 月 22 日,经上海市第十三届人民代表大会常务委员会第十四次会议通过,上海市人大常委会发布《上海市人民代表大会常务委员会关于加强人民检察院法律监督工作的决议》,有力地推动了上海检察机关依法履行法律监督职责。上海市人民检察院以此为契机和动力,及时召开全市检察机关贯彻落实《决议》推进会,制定下发《上海检察机关关于贯彻落实市人大常委会〈决议〉进一步加强法律监督工作的意见》,提出增强监督意识、完善监督机制、加强监督能力建设、自觉接受党委领导、人大和社会各界监督等五方面 25 条贯彻意见,明确把人民群众反映的突出问题、司法腐败行为、公安派出所刑事执法和法院民事执行等十个方面作为监督重点;根据《决议》的要求,上海市人民检察院还先后制定了《贯彻"两减少、两扩大"精神的意见》《加强行政执法与刑事司法衔接工作的意见》《加强检察建议工作》等规定,确保《决议》落实到位。[②]为进一步完善法律监督机制,上海市人民检察院与上海市高级人民法院、上海市公安局、上海市司法局分别签订了加强监督配合的工作意见,就加强立案监督、强制措施的监督、刑事和民事审判监督、刑罚变更执行监督、推进公安派出所执法活动监督等作出了规定。[③]

上海市公安局、上海市人民检察院联合签署《上海公安机关、检察机关关

①　《上海市人民检察院工作报告——2012 年 1 月 14 日在上海市第十三届人民代表大会第五次会议上》,《解放日报》2012 年 1 月 20 日。

②　《关于贯彻落实市人大常委会〈关于加强人民检察院法律监督工作的决议〉情况的报告》,《上海市人民代表大会常务委员会公报》2012 年第 6 期。

③　《上海市人民检察院工作报告——2010 年 1 月 29 日在上海市第十三届人民代表大会第三次会议上》,《解放日报》2010 年 2 月 5 日。

于进一步加强监督配合机制的若干意见》。2009 年 4 月 9 日上海市公安局、上海市人民检察院联合签署《上海公安机关、检察机关关于进一步加强监督配合机制的若干意见》,提出针对执法办案中的新问题、带有普遍性的问题,每年协商确定重点推进项目,促进检察工作和公安执法;共同对一些重大问题开展调查研究,有效应对日益开放的执法环境,对重大敏感案件检察机关适时介入,加强对案件处置的监督,为公安机关的执法活动提供支持,确保法律效果、政治效果和社会效果的统一。同时,明确了检察机关的 7 个监督重点。即:加强对经济犯罪案件立案和财产处置环节的监督;加强对复杂疑难及命案等重大有影响案件的监督;加强对宽严相济刑事政策贯彻落实的监督和引导;加强对可能影响诉讼的侦查活动的监督;加强对看守所羁押活动合法性的监督;加强对公安民警行使权力的监督和制约;探索对公安派出所的法律监督。明确要严厉打击暴力袭警等妨害公务和损害司法活动的行为,切实维护司法权威和公安民警的合法权益。提出要建立和完善检察引导侦查机制、规范和完善适时介入和捕前协商机制、建立和完善信息通报和监督核查机制、建立和完善重大问题共同调研机制、规范和完善公检联席会议工作机制。①

上海市人民检察院、上海市司法局联合签署《关于进一步加强监督配合机制的若干规定》。为了促进法律监督机关与司法行政机关进一步配合协作,加强对防范和处置罪犯等羁押人员死亡事件的监督,确保监控设施全面覆盖有效运行,同时,加强对律师会见权、法庭豁免权等权利的检察,确保律师执业活动依法进行,2009 年 8 月 27 日,上海市人民检察院和上海市司法局总结以往的成功做法和创新互相配合监督的方法,就加强监督配合机制会签《关于进一步加强监督配合机制的若干规定》,分 14 条,分别就完善相关协调沟通机制、完善预防和惩治监管人员职务犯罪等提出操作规范和具体工作规定。要求检察机关与司法行政机关要加强监狱、劳教所监管执法活动和监督,严厉打击被监管人员重新违法犯罪,严防恶性案件和重大事故的发生;要落实对监外刑罚执行、监管考察、矫正帮教和法律监督的衔接机制,共同纠防监外执行罪犯脱管、漏管,预防和减少重新犯罪;要加强防范和处置罪犯、劳教人员和强制隔离

---

① 陈颖婷:《乐于和善于在检方监督下正确行使职权 市公安局与市检察院签约进一步加强监督配合》,《上海法治报》2009 年 4 月 10 日。

戒毒人员死亡事件工作和监督,建立新收人员健康检查和伤情调查档案等,促进提高监管改造和教育矫治质量。明确检察机关和司法行政机关应建立定期交流工作的制度,相互通报情况,对刑罚、劳动教养执行和社区矫正等工作中带有普遍性的问题,要专题通报,提出解决或整改意见、建议。检察机关与司法行政机关要进一步加强案件查处和预防工作的协作配合,健全对监管民警职务行为的监督机制,定期开展执法活动检查分析,互通情况,及时发现问题隐患和防范漏洞,确保文明执法,维护司法公正。规定加强对律师会见权、阅卷权、调查取证权、法庭言论豁免权的检察,确保律师执业权利在诉讼活动中的充分行使、依法进行。检察机关要建立完善现行刑事诉讼法和律师法相衔接的工作制度,保障律师执业权利,保障刑事诉讼活动依法正常进行;司法行政机关要强化律师执业监督和指导,共同改善和优化律师执业环境,确保律师执业权利的依法实现。①

上海市高级人民法院、上海市人民检察院联合签署《关于人民法院、人民检察院依法加强法律监督工作的若干意见》。为依法加强法律监督,促进司法公正,共树司法权威,增强"两院"司法合力,全面提高"两院"执法能力和水平,上海市高级人民法院和上海市人民检察院在多次共同研究、讨论的基础上,于2009年10月9日共同签署《关于人民法院、人民检察院依法加强监督的若干意见》,对"两院"落实分工负责、互相配合、互相制约原则,加强法律监督,共同致力提高司法能力和水平,促进司法公正,明确了具体的操作规程。15条意见中,包括建立工作交流机制,加强法律适用问题的研究与监督,加强服判息诉配合工作,健全刑事、民事、行政审判监督工作机制,加强对民事督促起诉的探索,推进知识产权案件审判体制改革,推进网络信息交换平台建设等方面。②具体明确人民法院对人民检察院依法提起的民事、行政抗诉案件,应当依照法定程序及时审理,原裁判确有错误的,要依法及时纠正;对人民检察院建议再审的,应及时审查,符合再审条件的,要依法再审;不符合再审条件的,应及时将审查意见函复人民检察院。加强知识产权的司法保护,对推进知识

---

① 谢东旭:《市检察院与市司法局会签〈关于进一步加强监督配合机制的若干规定〉 确保律师执业权利充分行使》,《上海法治报》2009年8月28日。

② 卫建萍、朱铁军:《落实分工负责、互相配合、互相制约原则 上海"两院"共同明确法律监督操作规程》,《人民法院报》2009年10月23日。

产权案件审判体制改革作出探索性规定，明确人民检察院应积极配合经授权审理知识产权案件的基层人民法院统一审理知识产权民事、刑事、行政案件的改革，全面履行知识产权刑事案件的公诉和审判监督职能。为保障检、法监督、配合的执行，对相关的保障机制作出规定，将进一步完善检察长列席审判委员会制度、刑事审判监督工作机制、刑罚执行监督工作机制等，为人民检察院加强对审判活动的监督提供制度保障。[①]

4. 促进未成年人检察工作制度创新

健全未成年人司法保护组织体系。上海市检察机关加强对未成年人的司法保护，立足教育、感化、挽救的方针，推进市政协社会和法制委员会对来沪未成年人犯罪预防调研成果的转化，2009 年在全市 13 个区推动建立了涉罪未成年人社会观护体系，[②]落实涉罪未成年人帮教矫正工作，与有关社会团体、学校、社区和企事业单位合作组建了 50 个考察帮教基地，实现社会观护工作的全覆盖。[③]在有关部门支持下，上海市人民检察院、第一、第二分院设置了未成年人刑事检察机构，[④]在全国检察机关中率先完善了未成年人刑事检察工作的组织体系。

出台《加强未成年人检察工作的意见》。2011 年 8 月上海市人民检察院总结多年来上海未成年人检察工作经验，依据"少捕慎诉""加强监督""寓教于审""延伸职能"等工作原则，研究制定了《加强未成年人检察工作的意见》，明确规范深化各项未成年人特殊检察制度的要求，提出专业化、规范化和优化外部环境的具体要求，以最大限度地降低涉罪未成年人的羁押率、起诉率和监禁刑率，并将教育挽救工作落实到每个诉讼环节，避免"不教而罚"和"不教而宽"。这在全国检察机关还是首次。该《意见》共有二十款条文，对办理涉案未成年人在羁押审查、到场监护、法律援助、刑事和解、不起诉、分案处理、简案快

---

① 陈静：《上海法院、检察院联合出台措施加强审判监督》，《新华每日电讯》2009 年 10 月 9 日。

② 《上海市人民检察院工作报告——2010 年 1 月 29 日在上海市第十三届人民代表大会第三次会议上》，《解放日报》2010 年 2 月 5 日。

③ 《上海市人民检察院工作报告——2011 年 1 月 19 日在上海市第十三届人民代表大会第四次会议上》，《解放日报》2011 年 1 月 26 日。

④ 2010 年年初全国首家省级未成年人刑事检察专门机构——上海市检察院未成年人刑事检察处成立，至此全市形成区县、市检察分院和市检察院三级专门工作机构，成为全国首个未成年人刑事检察机构全覆盖的省级城市。谢东旭：《让"生病"的孩子看"儿科门诊"》，《上海法治报》2010 年 1 月 18 日。

审、品格证据、污点封存、观护工作、综合治理等都作了具体规定。规定对未成年人接受讯(询)问或审判时,法定代理人到场监护,法定代理人无法到场或不宜到场的,应当通知合适成年人到场,保障未成年人诉讼权利。规定建立全程化的未成年人案件快审机制,严格控制补充侦查和延长审查期限,在确保办案质量和落实特殊政策的前提下,缩短诉讼时间等,确保法律规定的未成年人特殊诉讼权利落到实处。[①]如2011年4月嘉定区公安机关查获一起地下工厂制造芝华士、伏特加等假洋酒案件,随父母到上海打工的17岁的小王,因参与制假一同被抓获。嘉定区人民检察院审查认为,案件涉及生产销售冒用13种注册商标的品牌洋酒,现场查获的假洋酒成品价值达27万余元,情节特别严重,涉案人员均涉嫌构成假冒注册商标罪。根据嘉定司法机关办理未成年人犯罪案件的相关规定,小王的法律援助律师及时介入了案件审查逮捕程序,提出小王具备不需要逮捕的条件,并将这一意见与相关证据材料提供给了承办检察官。嘉定区人民检察院采纳了律师的意见,对小王作出了不批准逮捕的决定,而其余3人被依法批准逮捕。此后,小王被取保候审,并在嘉定区检察院的安排下来到涉罪未成年人社会观护点接受考察帮教。

推广合适成年人参与刑事诉讼的制度。由于未成年人心智发育尚不成熟,我国《刑事诉讼法》与《未成年人保护法》均规定了未成年人在被讯问和审判时享有法定代理人到场的权利,但在司法实践中,不少未成年人尤其是流动人口中的未成年人的法定代理人有时不愿或不能及时到场。为了切实保障涉案未成年人的合法权益,2010年4月19日上海市人民检察院、上海市高级人民法院、上海市公安局、上海市司法局联合会签了《关于合适成年人参与刑事诉讼的规定》,规定在未成年人刑事犯罪案件中,如未成年人的法定代理人无法或不宜到场,应通知负有未成年人保护责任的机关、团体选派的成年人代表到场,行使法定代理人的部分诉讼权利,并履行监督、沟通、抚慰、教育等职责,即"合适成年人"帮助行使诉讼权利。明确"合适成年人"不得兼任涉罪未成年人的辩护人;规定公安机关、检察院办案人员进行讯问或法院开庭审理前,发现涉罪未成年人的法定代理人存在无法通知到的、有碍侦查的、身份不明的、

已亡故或下落不明的、监护能力丧失或不足的、无法及时到场等情形,应当向涉罪未成年人送达《合适成年人参与刑事诉讼告知书》,并作必要的口头解释,由办案机关确定并通知合适成年人参与诉讼。①

5. 引进专家学者挂职基层检察机关常态化

上海检察机关将与高校法学研究机构保持密切联系与交流,作为推动检察业务、队伍发展的重要渠道。自 2007 年以来,定期接受上海高校、科研院所推荐的专家学者,安排挂职基层检察院副检察长,为期一般为一至两年,具体分管几项主要检察业务,通过列席党组会、出席检委会等,参与基层检察机关重大事项和重大案件的民主决策,在分管的检察业务过程中做到依法履职、"有职有权",加强对新类型、疑难、复杂案件的研究,把最新的法律理论研究成果运用到基层检察院办案实践,帮助把好案件质量关,充分发挥了挂职专家学者的专业学术背景作用。法学专家学者在基层检察机关挂职,加强法学理论与检察实务的联系,在为检察执法办案提供理论支持帮助的同时,也促进了法学理论研究成果的及时转化,取得了检察工作和法学理论研究"双赢"的效果。上海近五年来先后有 21 名来自高等院校、科研院所的优秀中青年法学专家学者,被引进检察机关挂职领导岗位。②截至 2012 年 10 月,仍在检察分院、区县基层检察院挂职检察长助理、副检察长等职务的有 11 名,对提升检察队伍整体法律素养,促进检察工作创新发展发挥了积极作用。③

以 2011 年至 2013 年任上海市闸北区人民检察院挂职副检察长的杜文俊为例,他是上海社会科学院法学研究所刑法研究室副主任、法学博士、副研究员、硕士研究生导师,自 2011 年挂职任闸北区检察院副检察长以来,分管办公室、研究室和未检科等业务,有力提升了该院理论研究水平和未检工作创新,在法学所科研人员的参与下,该院首次参与最高人民检察院理论课题研究,还首次与法学所互聘 5 名兼职研究员和检察员,推进基层检察基础理论和实务研究,使该院多项检察业务工作有明显提升。

---

① 谢东旭:《为切实保障涉罪未成年人诉讼权利,上海全面启动——"合适成年人"参与刑诉制度》,《上海法治报》2010 年 4 月 20 日。

② 林中明:《上海检察机关发挥挂职专家作用 提升办案水平》,《检察日报》2012 年 10 月 26 日。

③ 施坚轩:《本市基层检察机关引进"智囊"助推检察工作 21 名专家学者挂职提升理论研究水平》,《上海法治报》2012 年 10 月 26 日。

■ 第三节　配套改革

上海司法领域改革的持续深入，为上海的司法工作带来了许多新气象，整个诉讼活动步入了追求公正与效率并重的发展轨道，这也为上海公安机关、司法行政机关带来了无形的压力。能否适时调整既有的工作模式，及时跟上上海法院、检察院的改革步调，成为考验上海公安、司法行政机关的一个现实问题。由于上海公安系统、司法行政系统的许多工作直接参与诉讼过程或者服务于诉讼过程，因此唯有坚持同步改革，才能配合上海司法机关的改革，实现整个司法诉讼文明的进步。

一、上海公安刑侦改革

国家公安部根据中央关于深化司法体制改革的总体部署，重点推进刑侦改革的深化发展。2007年12月3日国务委员、公安部部长孟建柱对加强刑侦工作作出重要批示，强调，破案是硬道理。群众看公安，首先看破案。刑侦部门作为公安机关打击犯罪的主力军，既要破大案，又要多破案。要坚持严打方针不动摇，认真贯彻宽严相济的刑事政策，加强理念创新、机制创新，不断研究新情况、解决新问题，进一步增强打击工作的针对性、实效性、科学性。要全面推进刑侦"三基"工程建设，大力加强刑侦基层力量建设、刑事科学技术建设、刑侦信息化建设。要坚持实施人才战略，不断发现和培养刑侦专家和破案能手，着力提高队伍的专业素质，努力打造一支"政治强、业务精、作风硬、执法严、特别能战斗"的刑侦队伍，树立"人民群众最亲、犯罪分子最怕"的新时期刑警形象。[①]

随后2007年12月8日至9日，公安部在安徽省合肥市召开全国公安机关深化刑侦改革座谈会，全面总结十年刑侦改革取得的成效和经验，深入分析当前刑侦工作面临的形势和存在问题，研究部署当前和今后一个时期的刑侦工作，推进刑侦工作不断迈上新台阶。[②]公安部副部长张新枫在会上指出，十

---

① 张玉光：《公安部长：破案是硬道理　坚决铲除黑恶势力　孟建柱对加强刑侦工作作出批示》，《新华每日电讯》2007年12月10日。

② 《公安部召开全国公安机关深化刑侦改革座谈会》，载公安部门户网 http://www.mps.gov.cn/n16/n944931/976843.html，2008年4月10日。

年刑侦改革取得了打击犯罪能力、攻坚克难能力、执法办案水平等"三个明显提升"的巨大成效,十年刑侦改革给刑侦工作带来了刑侦体制、工作机制、侦查手段、破案模式、队伍素质等"五个深刻转变";十年的改革实践,加深了对做好刑侦工作的认识,积累了十分宝贵的经验,刑侦工作必须坚持严打方针,必须坚持改革创新,必须坚持科学技术是第一破案力,必须坚持走专业化的发展道路,必须坚持专门工作与群众路线相结合,必须坚持加强刑警队伍建设。强调,各级公安机关要深刻认识、准确把握社会发展的新要求和人民群众的新期待,进一步增强深化刑侦改革的责任感、紧迫性,要在巩固十年改革成果的基础上,继续发扬"解放思想、与时俱进、勇于变革、勇于创新"的精神,用科学的思想、科学的精神、科学的方法研究新情况、解决新问题,推动刑侦工作迈上新台阶。要着力提高"六个水平":一要坚持严打方针不动摇,切实提高新形势下公安机关落实严打方针的工作水平。二要创建"打击犯罪新机制",提升全国公安机关打击犯罪整体水平。三要尽快建设强大的刑事科学技术队伍,切实提高现场勘查能力和检验鉴定水平。四要加强实战应用,不断提高刑侦信息化水平。五要加强执法制度建设和创新,切实提高刑事执法工作水平。六要坚持不懈地加强责任区刑警队建设,切实提高基层刑侦队伍专业化建设水平。[①]

针对我国已迈入信息社会时代的现实情况,公安部在 2011 年提出要充分认识信息化条件下公安机关打击犯罪面临的新挑战,牢固树立"情报信息主导侦查"的理念,紧紧把握当前公安信息化建设发展机遇,充分发挥情报信息的引领作用,实现打击犯罪与信息化的有机融合,加快推进由传统刑侦工作向现代刑侦工作的转变。要切实提高信息化条件下的刑事案件侦查指挥能力,增强信息观念,拓宽信息视角,提高指挥员个人素质,加强上级业务部门的对口支援与指导,发挥公安机关整体作战能力,实现由个人指挥向集体指挥,由部门指挥向合成指挥,由传统经验性指挥向科学决策、科学指挥的转变。[②]

为贯彻落实公安部"合肥会议"精神,2008 年 4 月 3 日上海市公安局下发

---

① 张新枫:《以改革创新精神推动刑侦工作迈上新台阶——在全国公安机关深化刑侦改革座谈会上的讲话》,《中国刑事警察》2008 年第 1 期。

② 本report讯:《张新枫在全国刑侦部门执法规范化教官培训班上强调 树立"情报信息主导侦查"理念 实现刑侦工作新跨越》,《人民公安报》2011 年 6 月 9 日。

《关于进一步深化刑侦改革工作的意见》，部署并启动深化刑侦改革工作。要求在坚持"三个不变"(即坚持刑侦改革发展方向不变、坚持专业化规范化要求不变、坚持责任区刑侦队基本建设标准不变)的前提和原则下，通过深化"三个变革"(即变革责任区刑侦队设置、变革刑侦办案工作模式、变革打防目标考核机制)，实现刑侦专业优势和派出所基础优势的有机结合，实现公安基层"打、防、管、控"的一体化运作。[①]其核心内容就是侦查重心将继续下沉并向基层转移，一般刑事案件的侦查将下放由责任区刑队或基层派出所承担，形成"一所一队"或"二所一队"的格局；[②]派出所各区县公安局刑侦支、大队下都将成立案件审理队，确保人员力量配备到位，进一步深化和完善"侦审合一"体制。

（一）调整强化公安派出所的侦查办案职能

根据上海市公安局《关于进一步深化刑侦改革工作的意见》的规定，基层公安派出所承担办理普通刑事案件的职责，包括重大案件的现场维护和协助侦查，简单刑事案件的侦办、取保候审和监视居住强制措施的执行。上海市公安局选择了部分区公安分局开展责任区刑队入所试点。如上海市公安局黄浦分局按照关于刑侦体制改革的部署和要求，率先实施责任区刑侦队编入派出所，实行由"属地化"落实打击破案任务新机制。将分局刑侦支队下属责任区刑侦队侦查员编制及日常管理权限，分别划转至派出所，与派出所原有治安警力整合，组建执法办案队，形成了派出所"三队两室"(执法办案队、社区队、巡逻队、综合室、监控室)运作框架。派出所执法办案队在承担原刑事案件侦办的基础上，增加治安案件查办和治安查禁管理任务，其打击破案、刑侦基础工作和治安管理、查办治安案件工作分别受分局刑侦支队和治安支队指导、检查和评估。通过理顺人员和工作关系，调整和完善派出所执法办案、基础工作、教育培训等内部运作机制，使派出所执法办案队工作形成良性循环。责任区刑侦队入所后，各派出所打击、防范效能得到提升。[③]

为进一步加强派出所执法办案队的规范化建设，上海市公安局还下发了《关于开展内设执法办案队派出所相关基础设施规范建设达标工作的实施方

---

① 《上海公安年鉴》编辑部编：《上海公安年鉴(2009)》，同济大学出版社2009年版，第148页。

② 上海市虹口区人民检察院课题组：《强化公安派出所执法检察监督的原因与方法》，《法学》2010年第12期。

③ 《上海公安年鉴》编辑部编：《上海公安年鉴(2009)》，同济大学出版社2009年版，第349页。

案》,截至 2008 年年底,涉及体制改革的 9 个分局,已完成人员调整工作,并按照各自制定的所、队职责任务分工和案件审理工作规范以及调整后的目标考核进行运作。[①]

（二）开展公安机关对刑事被害人救助工作

2009 年中央政法委、最高人民法院等 8 部门联合下发《关于开展刑事被害人救助工作的若干意见》,随后由中共上海市委政法委牵头,上海司法部门及市民政局、市财政局、市人力资源和社会保障局联合制定《上海市开展刑事被害人救助工作的若干意见》,对司法系统开展刑事被害人救助工作作了原则性、框架性的规定。在市级层面,刑事被害人救助专项资金由上海市财政局统筹安排,并列入上海市公安局的部门预算。对于刑事被害人因严重暴力犯罪造成严重伤残或死亡,其本人或近亲属无法通过诉讼及时获得赔偿且生活困难的,由救助专项资金给予救助,金额一般不超过万元。该项制度的实施,将有助于上海公安机关化解社会矛盾,促进社会和谐。

（三）探索完善对刑事立案的外部监督机制

根据 2010 年 10 月 1 日起试行的《最高人民检察院、公安部关于刑事立案监督有关问题的规定（试行）》,2010 年 12 月,上海市公安局与上海市人民检察院共同制定了《上海市人民检察院、上海市公安局关于刑事立案监督的若干意见（暂行）》,建立和强化了"刑事案件信息通报""监督立案案件跟踪""重大案件立案协商"等制度,进一步加强和规范上海刑事立案监督工作。

为切实提高刑侦工作的透明度,2010 年上海市公安局制定《上海公安机关刑事案件受案、立案工作规范》,保障报案群众对公安机关受理、立案等信息的知情权;进一步明确了立案审查的时限,有效地解决了全市公安机关执法办案中立案不及时等方面问题。另外,首推立案查询制度,报案人可以通过电话查询立案情况。这些规章制度均在各派出所、责任区刑侦队和其他具有接受刑事案件报案职能的窗口单位上墙公开,使公安机关的受理、立案工作处于社会的监督之下。

（四）增强刑事科学技术服务侦查破案能力

随着"科技强警"战略的推进,侦查破案的科技含量不断提高,现场勘查工

---

① 《上海公安年鉴》编辑部编:《上海公安年鉴(2009)》,同济大学出版社 2009 年版,第 148 页。

作不断规范,技术室评定工作不断推进,NEC 指纹自动识别系统、DNA"前科库"、现场勘查信息系统得到升级和完善,科技强警、技术强侦的作用不断凸现。

上海市公安局刑事侦查总队自 2009 年起开展省、部共建现场物证国家重点实验室培育基地筹建,进一步充实 DNA、指纹等现场勘查信息系统,查询比对的效能进一步提高。①全市刑事办案部门从领导到普通办案民警,在实战中主动运用网络查询、比对、检索、开展并串的意识明显增强。

经过不懈的努力,上海刑事科学技术取得了长足的进步,整体实力不断增强。2007 年 6 月以来,设在上海市公安局刑侦总队内的上海市公安司法鉴定中心已有 65 类 165 项通过中国合格评定国家认可委员会实验室认可,系全国省厅级公安机关第一个全专业获得认可的单位。中心建有全国第一批公安部重点实验室之一——"法医物证学现场应用技术公安部重点实验室",并在 2010 年 2 月获科技部批准建立上海市现场物证重点实验室——省部共建国家重点实验室培育基地。中心具有健全的组织结构、完善的实验室质量管理体系和专业化的技术队伍。设有法医室、毒化室、声像室、痕检室(含文检专业)、指纹室、理化室(含心理测试专业)、生物物证室、警犬队和综合室 9 个科室。共有技术人员 176 人,管理人员 18 人,文职人员 50 人;技术人员中高级职称 68 人(有 7 人获得国务院政府特殊津贴),中级职称 50 人。中心在现场勘验、法医病理学检验、法医临床鉴定、法医物证检验、理化分析检验和痕迹检验鉴定等专业领域具有一定的优势,并具备重大疑难案件和重大事件的现场取证和研判能力、检验鉴定各类疑难物证的能力和为其他鉴定机构复核疑难案件的能力。因此,2010 年 10 月在中央政法委统一领导,司法部会同最高人民法院、最高人民检察院、公安部、国家安全部、科技部严格遴选公布的首批 10 家国家级司法鉴定机构名单中,上海市公安司法鉴定中心榜上有名。②

二、上海司法行政改革

国家司法部在中共中央转发《中央政法委员会关于深化司法体制和工作

---

① 《上海公安年鉴》编辑部编:《上海公安年鉴(2010)》,同济大学出版社 2010 年版,第 126 页。
② 卢杰、周斌:《10 家国家级司法鉴定机构公布据称将促进司法公正》,《法制日报》2010 年 10 月 22 日。

机制改革若干问题的意见》(中发〔2008〕19号)下发之后,结合承担的具体任务,于2009年12月制定了《2009—2012年深化司法行政体制和工作机制改革规划》,围绕国家司法体制改革的整体要求,提出了司法行政系统今后一个时期深化改革的工作目标、原则和任务。

明确司法行政机关深化改革的指导思想是,高举中国特色社会主义伟大旗帜,以邓小平理论和"三个代表"重要思想为指导,以科学发展观为统领,以满足人民群众对司法行政工作的新要求、新期待为根本出发点,切实把握党和国家关于深化司法体制改革的目标要求,坚持解放思想,开拓创新,在已有工作的基础上,对影响和制约司法行政工作科学发展的深层次矛盾和问题进行研究剖析,重点破解体制性、机制性、保障性的障碍。

明确司法行政机关深化改革的工作目标是,要推动发展法律从业规范,落实法律服务领域的各项改革,进一步优化司法考试组织管理,完善中国特色社会主义律师制度建设,扩大法律援助服务民生作用,规范司法鉴定,努力提升法律服务的质量和水平,在促进法律正确实施,营造良好法制环境上实现跨越式的提高。要着眼于确保安全稳定,提高改造质量,落实监狱、劳教和社区矫正工作的各项改革,完善管理体制与各项工作机制,创新教育改造方法,降低重新违法犯罪率,在提高改造、挽救和矫正质量,实现持续安全稳定上取得更突出的成绩。要着眼于队伍建设和提高能力,落实队伍建设与物质保障方面的各项改革,进一步夯实司法行政的工作基础,在提升司法行政履职能力、全面推进依法行政、公正执法和为民服务方面取得更大的进步。

《改革规划》对当前和今后一个时期深化律师制度改革、司法考试制度改革、监狱体制改革、社区矫正试点、司法鉴定管理体制改革、法律援助制度改革等共九个方面的改革任务和28项具体改革项目作了规划和部署,是一份司法行政机关深入推进司法体制改革、实现司法行政工作科学发展的重要指导性文件。

2010年3月,中共上海市委办公厅、上海市政府办公厅印发《关于进一步发挥律师在法治政府、法治社会建设中重要作用的若干意见》(沪委办发〔2010〕16号),就突出律师在法律服务市场中的主体地位,加大对法律服务市场的规范管理力度作出规定。上海市司法局根据司法部和上海市相关要求和部署,深入开展调查研究,积极加强与相关部门的沟通协作,研究制定具体实施方案,努力推进各项配套改革任务按期完成。

（一）改革完善上海律师工作管理机制

2008年6月1日实施修订后《律师法》及随后颁布施行的《律师执业管理办法》《律师事务所管理办法》,对律师制度作了新的补充、修改和完善。上海市司法局结合上海律师发展实际,全面贯彻实施修订后的《律师法》,完成了行政许可受理权下放、行政处罚机制调整、合作所转制、直属律所管理权移交等工作,努力研究解决上海律师发展"瓶颈"问题,出台了《进一步加强律师工作促进上海律师业又好又快发展的意见》。

加强律师执业权利保障机制建设。修订后的《律师法》实施后,为了保障律师执业权利的实现,上海各级司法行政机关做了大量卓有成效的工作。上海市司法局与上海市人民检察院、上海市公安局等部门作了多次沟通,形成了《公检司座谈会纪要》,就贯彻执行《律师法》,保障律师会见权、阅卷权等执业权利形成了共识。[①]2010年,上海市司法局与上海市公安局联合下发了《关于提讯、会见看守所在押犯罪嫌疑人、被告人、罪犯的若干规定》,进一步保障律师的会见权。与此同时,上海各级司法行政机关也全力支持和指导上海市律师协会开展维护律师执业权利活动,上海市律协也与上海法院、检察机关建立了定期和不定期的业务交流沟通机制,保障律师在司法活动中的执业权利。

理顺市、区(县)两级律师行政管理体制。2008年5月上海市司法局先后发布《市司法局关于贯彻修订后的〈律师法〉做好对律师和律师事务所执业许可有关工作的通知》[②]《市司法局关于贯彻修订后的〈律师法〉做好对律师和律师事务所投诉查处有关工作的通知》[③]《市司法局关于贯彻修订后的〈律师法〉

[①]　市司法局律师工作管理处:《进一步促进上海律师业健康发展若干问题研究》,载上海市司法局编:《推动经济社会发展视野下的司法行政工作》,法律出版社2010年版,第195页。

[②]　《上海市司法局关于贯彻修订后的〈律师法〉做好对律师和律师事务所执业许可有关工作的通知》(沪司发律管〔2008〕51号),明确了上海司法行政机关实施律师和律师事务所执业许可权限和工作职责,办理律师和律师事务所执业许可工作机制和流程。上海司法行政年鉴编纂委员会编:《上海司法行政年鉴(2008)》,上海辞书出版社2010年版,第254页。

[③]　《市司法局关于贯彻修订后的〈律师法〉做好对律师和律师事务所投诉查处有关工作的通知》(沪司发律管〔2008〕50号),明确了区县人民政府司法行政部门对律师和律师事务所执业活动的监督管理职责,以及市司法局、区县司法局、律师协会、律师事务所投诉查处工作职责,投诉举报的查处、投诉查处基本工作制度、对重大疑难投诉举报案件的处理。上海司法行政年鉴编纂委员会编:《上海司法行政年鉴(2008)》,上海辞书出版社2010年版,第250页。

做好合作律师事务所改制有关工作的通知》①《市司法局关于贯彻修订后的〈律师法〉做好直属律师事务所移交区司法局管理有关工作的通知》②等 4 个规范性文件，依法进行行政许可受理权下放、行政处罚机制调整、合作所转制、直属律所管理权移交等工作。6 月 1 日起，全市 19 个区县司法局均依职权进行律师类行政许可受理以及相应投诉查处和行政处罚工作。③上海市司法局进一步从微观管理中退出，转而注重加强对上海律师业的宏观战略研究和政策规划。区县司法局按照修订后的《律师法》关于区县司法行政机关对律师和律师事务所监管职责的规定，逐步完善工作机制，规范行政许可，履行对律师、律师事务所执业日常监管的职责。

加强律师协会的自律管理职能。上海律师协会围绕实现"组织体系完整、职能定位清晰、规章制度健全"的目标，依法履行好律师法规定的八项职责，不断提高自律管理水平。通过加强律协理事会、秘书处的队伍建设、作风建设和制度建设，将律师协会党组改组为律师协会党委，积极探索适合律师协会自身特点的运行机制，特别是建立健全科学合理的决议机制，增强管理决策的针对性、科学性和实效性。在全市所有区县成立上海律师协会区县工作委员会，在市、区县两级司法局的指导下，明确了区县律师工作委员会的人员编制、经费保障、管理职责，进一步发挥区县律师工作委员会的作用，逐步完善行业管理职能，促进区县层面的"两结合"管理，④为上海构建"市、区县司法行政部门以资质管理、政策引导、市场监管为主，律师协会以规范自律、民主管理、服务指

① 《上海市司法局关于贯彻修订后的〈律师法〉做好合作律师事务所改制有关工作的通知》（沪司发律管〔2008〕48 号），规定上海全市现有的合作律师事务所应当在 2008 年 12 月 31 日前依法改制或者终止，改制为合伙律师事务所或个人律师事务所，改制方式主要有整所改制、合并改制、分立改制。上海司法行政年鉴编纂委员会编：《上海司法行政年鉴（2008）》，上海辞书出版社 2010 年版，第 246 页。

② 《市司法局关于贯彻修订后的〈律师法〉做好直属律师事务所移交区司法局管理有关工作的通知》（沪司发律管〔2008〕49 号），严格执行律师法关于司法行政机关对律师和律师事务所监督、指导职能的层级配置的规定，依法规范上海两级司法行政机关对律师和律师事务所的行政管理权限，明确移交工作的指导思想、内容、方式、期限、步骤以及工作要求。市区两级有关部门相互配合，6 月 16—19 日，顺利完成 41 个直属律师事务所行政管辖权和党组织关系的移交工作，参照目前区属的隶属关系，即按照纳税地为行政管辖地，明确相关区司法局对现有直属律师事务所的行政管理关系。载上海司法行政年鉴编纂委员会编：《上海司法行政年鉴（2008）》，上海辞书出版社 2010 年版，第 248 页。

③ 上海司法行政年鉴编纂委员会编：《上海司法行政年鉴（2008）》，上海辞书出版社 2010 年版，第 36 页。

④ 市司法局律师工作管理处：《律师法新修订后律师管理工作机制研究》，载上海市司法局编：《推动经济社会发展视野下的司法行政工作》，法律出版社 2010 年版，第 203 页。

导为主，司法行政部门的行政管理、律师协会的行业管理分工明确、各司其职、相互配合、齐抓共管"①的律师业监管格局奠定了坚实基础。

(二)公证机构统一更名打破区域垄断

根据《中华人民共和国公证法》、司法部《公证机构执业管理办法》和《上海市公证机构设置调整方案》有关规定，自2008年3月1日起，上海市区域内的1家市属公证处、21家区属公证处的名称统一变更为挂"上海市"头衔的市级名称，其执业范围打破了原来的市级、区级分别，每个公证处均可在全市范围内办理公证业务，不再局限于其注册地的区县范围，市民可以自由选择公证机构办理公证。②如上海市公证处原是市属公证处，更名为上海市东方公证处，上海市浦东新区公证处原为区属公证处，更名为上海市浦东公证处。原先"级别"分明的两家公证处，更名后不论是在字面上还是实质上，都实现了平等竞争。

上海公证机构更名的方式，是按"上海市＋字号＋公证处"的标准进行。除原先的"上海市公证处"更名为"上海市东方公证处"，"上海市黄浦区第二公证处"更名为"上海市新黄浦公证处"，"上海市金山区第二公证处"更名为"上海市国信公证处"外，其余都是将原来的区级公证处名称中的"区"字去除。③公证处更名后，由市级司法行政部门统一管理。此举的目的在于引入市场竞争机制，打破行业垄断、区域垄断，促进上海公证机构的规模化、专业化建设，实现公证机构之间公平、有序、适度的竞争，为广大群众提供更便捷、更优质的公证法律服务。④

打破区县的垄断，引入竞争机制后，上海各个公证处的收费是统一的。为了确保市民不因错误的公证遭受损失，上海市公证员协会建立了一个完整的赔偿体系，不但用全市公证费用的3‰建立了公证赔偿基金，还向保险公司购买了公证赔偿保险。市民一旦与公证处发生纠纷，可以先向上海市公证员协会申请赔偿，如不服协会的裁决，可以到法院起诉。在法院判决公证处需担责

---

① 市司法局律师工作管理处：《律师工作"十二五"规划研究》，载上海市司法局编：《维护社会稳定视角下的司法行政工作》，法律出版社2012年版，第176页。

② 【全市公证机构更名】条，载《上海年鉴》编纂委员会编：《上海年鉴2009》，上海年鉴社2009年版，第419页。

③ 陈轶珺：《上海22处公证处打破区县垄断》，《青年报》2008年2月21日。

④ 刘丹、杨金志：《上海公证机构统一更名》，《新华每日电讯》2008年2月22日。

后,公证处须根据判决进行赔偿,最高的赔偿额甚至可达公证费的千倍。同时,对附有相关责任的公证员,也将采取退出机制,永不录用。

(三)巩固发展上海监狱体制改革成果

在基本完成监狱体制改革任务的基础上,上海市司法局继续巩固发展监狱体制改革的成果,凸现监狱刑罚执行机关的本质职能,实施聚焦教育改造主战略,不断创新教育改造的内容、形式和手段,完善和改进罪犯教育改造工作质量,突出对罪犯的思想教育和改造,提高教育改造的针对性和有效性。

移交监狱系统企业。根据 2008 年 12 月 10 日上海市政府召开的监狱、劳教企业移交专题会议决定,上海市监狱管理局成立企业移交工作领导小组。2009 年 3 月 19 日和 4 月 1 日,上海市监狱管理局分别与宝山区和南汇区政府联合召开企业移交会议。原属上海市监狱管理局的上海久安实业有限公司和上海平板玻璃厂分别由宝山区和南汇区全面接收并负责管理。①

依法规范狱政管理活动。上海市监狱管理局自 2008 年 6 月 1 日起启用"监狱假释人员承诺书""罪犯假释告知书",即各监狱执行罪犯假释裁定时,应当责成假释人员当场签署"监狱假释人员承诺书";上海市各区(县)司法所应当于假释人员报到之日起 5 个工作日内将"罪犯假释告知书"回执联送达该假释人员原服刑监狱。②相继印发《上海市监狱管理局罪犯入监教育工作规定》《上海市监狱管理局提请减刑、假释和暂予监外执行评审委员会评审规则(试行)》和《监狱提请减刑、假释和暂予监外执行评审委员会评审规则(试行)》,③进一步完善相关规章制度,加强罪犯就业技能的培训,提高其刑释后融入社会的能力,依法规范罪犯减刑、假释、暂予监外执行等工作,提高监狱执法的透明度和公正性。

构建监狱现代警务机制。面对着由体制改革带来监狱工作重点战略转移的新任务,在 2008 年提出监狱现代警务机制建设的目标,坚持理念引领、观念更新、创新驱动,推进一系列体制机制改革创新,朝着"集约型、矫治型、专业

---

① 【市监狱管理局向两区政府移交局管企业】条,载《上海年鉴》编纂委员会编:《上海年鉴 2010》,上海年鉴社 2010 年版,第 490 页。

② 【市监狱管理局启用"监狱假释人员承诺书"、"罪犯假释告知书"】条,载《上海年鉴》编纂委员会编:《上海年鉴 2009》,上海年鉴社 2009 年版,第 499 页。

③ 上海司法行政年鉴编纂委员会编:《上海司法行政年鉴(2008)》,上海辞书出版社 2010 年版,第221—222 页。

型"的转型发展方向迈出了坚实有力的步伐,"规范化、信息化、集约化"三大理念逐步取得共识,"决策、执行、保障、评估"四个功能板块日趋明晰,而警务理念现代、资源集约、运作一体、行为规范、装备标准、评估科学、管理正规、改革常态的"八大特征",更成为引领和指导上海监狱警务改革的行动指南和评判标准,到2012年上海监狱现代警务机制框架基本成型。

上海监狱将"矫治"这一"首要标准"作为监狱警务改革的价值追求,致力于达到"把罪犯改造成为能够自食其力、适应社会、远离犯罪的守法公民"的改造目标。整体设计上,确立新收、常押、出监的罪犯"三段"改造规划,全面调整监狱功能定位,为深化"三分"工作奠定基础。同时,注重从物质、制度、行为、精神四个层面加强民警执法文化、罪犯监禁文化的对比和运用,发挥文化的引领和熏陶作用。刑罚执行上,创新计分考评"当家制度",一项基本制度、三项配套制度、一项保障制度构成一个较为完整的体系,突出罪犯认罪悔罪,促进公正执法,并与法院、检察院等政法部门多领域合作。教育管理上,综合运用文化教育、技能培训、劳动改造、心理矫治等多种方式,将开放教育引入大墙,探索推进"五评估一手册"、个别化矫治等多样性方法,并争取社会优质资源多方面支持。[1]

上海监狱将变革运作模式作为监狱警务改革的突破口,致力于全方位提升监狱管理的科学化。传统监狱管理模式在管理形态上是"监狱—监区—分监区"的三级架构,自2009年始,上海监狱摒弃了以往的模式,建立起"监狱—监区"两级管理平台。在两级管理模式下,监狱内部结构更多地采取自上而下和横向协调方式;监狱、监区和民警之间除了管理与指导之外,更多体现为指导、服务、赋权的关系,不仅使更多的民警充实到管理工作的第一线,推动了监狱工作重心下沉,实现了警力的无增长改善,而且明确了职能的专业分工,提高了工作效率,保证了警务机制的运作顺畅。2010年以来,上海市所有监狱全面实行"7天×24小时"警务运行模式,建立了"指挥中心、监区、现场"三级警戒框架。所有监狱实现每周7天警力的全覆盖和1天24小时的全天候有效控制,采取"错时轮休"等符合实战需要的作息方式,充实双休日、节假日警

---

① 刘建:《现代警务机制推进监狱工作创新转型 对话上海市司法局党委书记郑善和》,《法制日报》2012年11月29日。

力,确保监管场所警力的科学、有效分布,实现了警务运作模式由静态向动态、由机关化向实战化的转变。①

上海监狱将民警主体作为监狱警务改革的根本,致力于促进民警队伍职业发展和监狱工作专业价值建设。搭平台,推行两级管理体制改革。体制是本源,在实施"三定"工作,推动警力下沉的基础上,撤销124个分监区,重新打造88个监区。伴随着民警基本职责和专业职责的重新厘清,时空安排的合理规划,以及专业警务组团队的建立,为专业发展创造了有利条件。建轨道,重塑再造警务流程。如运用"二八原理"明确严管专控罪犯,狱情犯情分析走向常态和深入;突出"实用、管用、真用",信息化平台应用成为每个民警的"必修课";出台《内务管理规定》,推进民警工作场所规范化、执法标准化、内务示范点建设……这些工作逐步走上标准规范的轨道,成为专业成长的基础。提能力,打造职后教育体系。探索民警分类管理、资格准入、职业进阶、专业拓展、激励机制等方面的新途径、新方法,发掘警力优势和潜能;深化"教管合一"的运行模式,引入教官制和轮训轮值新模式,改革警衔晋升方式,形成了从"要我训"到"我要训"转变的新局面。②

(四)开创司法鉴定行业管理的新模式

《关于司法鉴定管理问题的决定》实施之后,上海市司法鉴定事业获得了迅速的发展。截至2008年10月31日,上海司法鉴定机构从《关于司法鉴定管理问题的决定》实施时核准的48家发展到88家,新增司法鉴定机构40家,三年内增长了83%;执业司法鉴定人从《关于司法鉴定管理问题的决定》实施时核准的460人,发展到1 212人,新增加752人,三年内增长163%。③总体看,上海司法鉴定机构发展较快、从业人员整体素质较高,司法鉴定管理工作平稳有序。但是,由于上海司法鉴定机构类别众多,在管理上也存在一些问题。

上海市司法局在开展广泛调研的基础上,形成共识,认为对于司法鉴定机

---

① 刘建、何信:《现代警务机制建设为上海监狱带来深刻变化(下)》,《法制日报》2012年11月29日。

② 刘建:《现代警务机制推进监狱工作创新转型 对话上海市司法局党委书记郑善和》,《法制日报》2012年11月29日。

③ 市司法局司法鉴定管理处:《司法鉴定机构规范化管理的思考》,载上海市司法局编:《推动经济社会发展视野下的司法行政工作》,法律出版社2010年版,第289页。

构的管理,除了司法行政机关的指导管理、监督管理,司法鉴定机构的内部管理、自我完善,司法鉴定行业管理也是规范化管理的重要方式。只有"三管齐下",三者有机结合好,才能使规范化管理收到实效。因此,在2008年,上海市司法局对成立上海市司法鉴定行业协会开展调研,结果显示74%的鉴定机构认为可在近期成立鉴定行业协会。①因此,上海市司法局在2009年年初制定了"探索建立司法鉴定行政管理与行业协会自律管理相结合管理制度"的工作目标,②启动上海市司法鉴定协会筹建工作。

2010年6月4日,上海市司法鉴定协会成立大会暨第一届第一次会员代表大会召开。大会通过了《上海市司法鉴定协会章程》《上海市司法鉴定协会会费收缴、使用办法》和《上海市司法鉴定协会第一届理事会理事选举办法》。会上,当选会长、上海市司法局副局长蔡永健对协会工作作了明确,一是规范司法鉴定,促进司法公正;二是努力服务会员,维护会员合法权益;三是不断加强协会自身建设,推进协会工作机制体制创新;四是成为广大会员与司法行政机关和其他司法机关之间的桥梁和纽带。③自此,上海开启了加强司法鉴定行政管理与行业协会自律管理相结合管理新模式。

经过一段时间的运作,上海市司法鉴定协会陆续出台了《上海市司法鉴定协会表彰奖励规定》《上海市司法鉴定协会教育培训规定》《上海市司法鉴定协会专业委员会工作规定》等制度,设置3个工作委员会和8个专业委员会,先后举办了关于精神疾病、法医临床、法医物证、文检等专业内容的教育培训和业务研讨活动。通过逐步实现规范化、制度化的协会服务职能,上海市司法鉴定协会以深化行业规范化建设为切入点,逐步建立司法鉴定质量检查评估体系、司法鉴定诚信体系、司法鉴定奖惩体系,建立和完善行业自律机制,初步形成司法鉴定"两结合"管理体制,用制度规范全面提升司法鉴定行业的服务水平。

---

① 市司法局司法鉴定管理处:《司法鉴定机构规范化管理的思考》,载上海市司法局编:《推动经济社会发展视野下的司法行政工作》,法律出版社2010年版,第293页。

② 上海司法行政年鉴编纂委员会编:《上海司法行政年鉴(2009/2010)》,上海辞书出版社2012年版,第52页。

③ 上海市司法鉴定协会秘书处:《上海市司法鉴定协会成立大会顺利召开》,载东方法治网 http://law.eastday.com/dongfangfz/2010dffz/sfjd/ula50135.html,2010年11月16日。

第 六 章

第三轮改革(2012—2017年):司法改革先行试点阶段的上海实践

我国司法制度总体上与我国国情和发展要求相适应,但也需要在改革中不断发展和完善。1978年党的十一届三中全会召开,我国开始拉开改革开放序幕,法制与司法机构也由此进入恢复和重建的历史新时期。随着改革开放的不断深入,经历了15个年头,司法工作机制、队伍建设、基层基础工作都取得了一定成绩,但基本是在既有司法体制框架下的工作机制改革,民众对司法不公的意见似乎有增无减,司法公信力仍然有待提高。这固然与媒体更加发达、民众权利意识更加强化有关,但更深层次的原因是,一些制约司法事业长远发展的问题如司法机关人财物受制于地方、司法人员行政化管理、司法责任制不健全等没有得到根本解决,造成法律不能统一正确实施、司法机关在民众心目中的权威不强。这些问题都涉及机构组织的政治体制问题。虽然司法改革在持续不断地发展,但前三轮司法改革措施多集中于司法工作机制的调整和工作方法的优化,真正触及司法体制的改革有限。尤其是前两轮改革每次都会强调"保证审判机关、检察机关依法独立公正行使审判权、检察权",但真正落实的具体措施相当有限,司法机关地方化、行政化问题越来越突出。

从执法司法中暴露出的一些问题来看,很多与司法体制和工作机制不合理有关。比如,司法机关人财物受制于地方,司法活动容易受到干扰;司法行政化问题突出,审者不判、判者不审、司法责任制落不到实处;司法人员管理等同于一般公务员管理,不利于提高专业素质、保障办案质量;司法不公开、不透明,为暗箱操作留下空间;等等。这些问题不仅影响司法应有的权利救济、定纷止争、制约公权的功能发挥,而且影响社会公平正义的实现。解决这些问题,就要靠深化司法体制改革。鉴于司法改革是一项牵一发而动全身的系统工作,不仅涉及各级司法机关,还涉及很多职能部门。为了确保改革的稳妥推进,始于2012年的新一轮司法体制改革,采取了"中央顶层设计、地方试点先行、总结经验推广、适时修法固化"的"中央—地方—中央"的改革推进模式,地方司法机关在整个改革进程中扮演着前所未有的重要角色,被寄予了更大的期望和更多的自主权。由于地方司法改革试点工作任务非常重,时间非常紧。各省、自治区、直辖市党委、政府高度重视司法改革试点工作,将其纳入重要工作议程,专题进行研究部署,加强指导协调。在司法改革试点的目标、方向、途径已经明确的前提下,在同级党委政法委的主导下,各省级司法机关把组织实施司法改革试点作为当前和今后一个时期工作的重中之重,加强领导,精心组织,整体部署,确保司法改革试点积极稳妥推进。

■ 第一节　时代背景

我国的司法体制改革从来都不是一个新命题,而是一个主要自上而下进行的、渐进的历史过程。2012年党的十八大审时度势,提出"进一步深化司法体制改革",要求"坚持和完善中国特色社会主义司法制度,确保审判机关、检察机关依法独立公正行使审判权、检察权"。为了解决我国司法中存在的问题,重建司法威信,让人民群众都能在个案审判中感受到公平正义,2013年召开的中共十八届三中全会审议通过的《中共中央关于全面深化改革若干重大问题的决定》,提出全面深化司法体制改革的口号,对深化司法体制改革作出全面部署,回答了"司法体制改革往何处走"的问题,新一轮的司法体制改革由此拉开序幕。这是中央在全面深化改革的框架下统筹规划和主导推动的,作为全面深化改革的重要组成部分,不仅直接涉及司法体制层面,而且关乎政治体制改革,意义十分重大。习近平总书记在中央政法工作会议上强调,"司法体制改革是政治体制改革的重要组成部分,对推进国家治理体系和治理能力现代化具有十分重要的意义",[1]中央决策要求加强领导,协力推动,务求实

---

① 人民网北京1月8日电:《习近平出席中央政法工作会议并发表重要讲话》,《人民日报》2014年1月9日。

效,充分彰显了中央对司法改革的关注和重视。党的十八届三中全会对司法体制改革作出重大部署,表明了中央对司法体制改革的高度重视。60项宏大的改革举措中,司法体制改革的内容有3项,分别从确保依法独立公正行使审判权检察权、健全司法权力运行机制、完善人权司法保障制度三个方面作了原则性要求,成为全面贯彻落实依法治国、推进法治中国建设的重要内容。

一、国家顶层设计重新布局司法体制改革

改革是大势所趋。我国社会主义司法制度是中国特色社会主义制度的重要组成部分,是中国特色社会主义事业的司法保障。树立必胜信心,坚定不移推进司法体制改革试点,已然成为全党上下贯彻落实中央决策部署的一致共识。党的十八届三中全会通过的《中共中央关于全面深化改革若干重大问题的决定》对深化司法体制改革提出了明确要求,党的十八届四中全会则进一步部署了推进司法体制改革的具体任务。中央全面深化改革领导小组第二次会议审议通过的《关于深化司法体制和社会体制改革的意见及贯彻实施分工方案》,回答了"司法体制改革如何分步走"的问题。中央全面深化改革领导小组第三次会议审议通过的"框架意见"和"上海试点方案",回答了"司法体制改革如何付诸实践"的问题。这几次重要会议都研究了司法改革,足以见得司法改革是深化改革的重要组成部分。这一系列决策部署紧锣密鼓地相继推出,表明中央深化司法改革的决心坚定不移。在全面推进依法治国、加快建设社会主义法治国家的国情下,在人民群众司法需求日益增长的背景下,在司法队伍总体素质逐步提升的条件下,党中央下决心开展司法体制改革,顺应了时代潮流,回应了人民期待,对于建设公正高效权威的社会主义司法制度,具有十分重要的意义。因此,必须进一步坚定推进司法体制改革试点的信心和决心,充分运用好改革的机遇、舞台和条件,锐意进取、求真务实,坚定不移地把司法体制改革推进好、落实好。

（一）处理好中央顶层设计与地方实践探索的关系

司法体制改革是我国政治体制改革的重要组成部分,具有很强的政治性、政策性、法律性。只有正确处理好中央顶层设计与地方实践探索的关系,才能确保改革沿着正确方向前进。在落实各项改革措施过程中,首先必须从党和国家事业发展全局出发,按照中央统一部署,加强总体谋划,切实把中央确定

的政策意见落到实处,体现到改革试点各项工作中;其次从地方实际情况出发,尊重基层首创精神,不等不靠,在具体制度设计上积极探索,确保改革试点不入歧途、不走弯路,确保始终随法治建设的步伐不断推进,始终与人民群众对公平正义的呼唤同步深化。因此,必须正确地认识、把握、遵循和运用司法规律,每一项制度设计都必须遵循司法规律,体现权责统一、权力制约、公开公正、尊重程序、高效权威的要求,各项试点工作既要严格按照目标要求,加快进度,又要防止急功近利,草率行事,坚持成熟一个、推进一个,稳步推进,决不搞一刀切,也不片面追求进度,做到走小步、不停步,逐步实现改革目标。

早在2013年3月,中共中央组织部分别与最高人民法院、最高人民检察院联合印发了《人民法院工作人员分类管理制度改革意见》《人民检察院工作人员分类管理制度改革意见》,加快推进司法队伍正规化、专业化、职业化建设。2014年起,司法改革的方案陆续出台。2014年2月,中央全面深化改革领导小组第二次会议审议通过的《关于深化司法体制和社会体制改革的意见及贯彻实施分工方案》,进一步明确了深化司法体制改革的目标、原则,规定了改革的基本遵循、主要内容、路径方法和时间要求。方案提出要加快建设公正高效权威的社会主义司法制度,维护人民权益,让人民群众在每个司法案件中都感受到公平正义;要坚持党的领导,坚持于法有据,以法治思维和法治方式推进司法体制改革;要将健全司法权力运行机制和司法管理体制并重,从制度创新的高度加强对司法运行权力结构性调整;要根据各项改革举措的优先顺序,重点难点,轻重缓急等要求有序推进,先选择若干试点省市,由点及面,由局部到整体,待司法改革试点经验积累成熟后再全国推开。这表明中央已经明确提出了新一轮司法改革的时间表和路线图。中央全面深化改革的时间设计是7年,司法体制改革的时间表无疑也应在这一时限内。2015年4月,中办、国办印发《关于贯彻落实党的十八届四中全会决定进一步深化司制和社会体制改革的实施方案》,就进一步深化司法体制和社会体制改革圈定84项改革措施,为改革划定路线和时间表,特别就司改中社会各界尤为关注的如何防范司法"打招呼"、如何启动错案倒查问责、如何建立立案登记制等方面问题进行部署分工。8月,中央全面深化改革领导小组通过《关于完善人民法院司法责任制的若干意见》和《关于完善人民检察院司法责任制的若干意见》,确立案件质量终身负责制。2016年6月,中央全面深化改革领导小组第25次会议审议通过《关于推进以审判为中心的刑事诉讼制度改革的意见》。2017年1月，中央政法工作会议对政法工作作出全面部署，指出中国司法体制改革已经进入决战之年，2017年将通过深入推进以审判为中心的诉讼制度改革、设立跨行政区划法院检察院等举措推动司法改革向纵深发展。

（二）重点推进四项涉及面广、政策性强的改革项目

2014年6月，中央全面深化改革领导小组第三次会议审议通过《关于司法体制改革试点若干问题的框架意见》和《上海市司法改革试点工作方案》，提出了对法官、检察官实行有区别于普通公务员的管理制度等七大政策导向。7月，最高人民法院公布《人民法院第四个五年改革纲要（2014—2018）》，明确了未来法院改革的总体思路，即以"让人民群众在每一个司法案件中感受到公平正义"为目标，坚持司法为民、公正司法，着力解决影响司法公正和制约司法能力的深层次问题，确保法院依法独立公正行使审判权，加快建设公正高效权威的社会主义司法制度。10月，四中全会《决定》以"建设中国特色社会主义法治体系、建设社会主义法治国家"为总体目标，明确了完备的法律规范体系、高效的法治实施体系、严密的法治监督体系、有力的法治保障体系、形成完善的党内法规体系五大体系的总体布局，提出了完善法律体系、推进依法行政、保证公正司法、增强全民法治观念、加强法治队伍建设、加强和改进党的领导全面推进依法治国的六个重任。

2014年，以《上海市高级人民法院司法体制改革试点工作实施方案》和《上海检察改革试点工作实施方案》通过为基础，中央政法委正式试点法官员额制、司法官遴选（惩戒）委员会、司法职业保障、全市法检经费统一管理、主审法官、主任检察官办案责任制等多项改革在上海铺开。广东、吉林、湖北、海南、青海以及后增的贵州6个省市先后制定各改革试点的工作实施方案获得中央政法委批复同意，相继启动，就完善司法人员分类管理、完善司法责任制、健全司法人员职业保障、推动省以下地方法院检察院人财物统一管理四项涉及面广、政策性强的改革内容进行先行试点。2016年7月，中央政法委在吉林省长春市召开了全国司法体制改革推进会，明确全面推开司法责任制改革。

（三）探索建立与行政区划适当分离的司法管辖制度

党的十八届三中全会通过的《中共中央关于全面深化改革若干重大问题的决定》，部署了深化改革各项重点工作，明确提出"探索建立知识产权法院"

"探索建立与行政区划适当分离的司法管辖制度"。党的十八届四中全会通过的《中共中央关于全面推进依法治国若干重大问题的决定》,进一步明确了"探索设立跨行政区划的人民法院和人民检察院,办理跨地区案件""合理调整行政诉讼案件管辖制度"的改革任务。为了切实把事关司法体制改革的重大部署落到实处,2014年6月6日,中央全面深化改革领导小组第三次会议审议通过了中央政法委《关于设立知识产权法院的方案》,明确在北京、上海、广州分别设立知识产权法院,其中上海知识产权法院按中级法院组建,与上海中级法院合署办公,要求在2014年年底前挂牌成立。由于知识产权法院系专门法院,依法需全国人大常委会决定批准设立,因此全国人大常委会8月31日作出《关于在北京、上海、广州设立知识产权法院的决定》,为设立上海知识产权法院提供了法律依据。12月2日,中央全面深化改革领导小组第七次会议又审议通过了中央政法委《设立跨行政区划人民法院、人民检察院试点方案》,确定在北京、上海进行试点,其中明确上海依托现有铁路中级法院、检察分院,加挂市第三中级人民法院、市人民检察院第三分院牌子,作为跨行政区划人民法院、人民检察院,先行试点,在年底前挂牌办公。

配合中央深化司法体制改革的决策部署,全国人大常委会回函明确支持中央政法委关于在现有铁路法院、检察院基础上探索设立跨行政区划法院、检察院的思路;最高人民法院陆续下发《关于北京、上海跨行政区划人民法院组建工作指导意见》《关于开展铁路法院管辖改革工作的通知》《关于同意组建上海市第三中级人民法院、上海知识产权法院等有关事项的批复》《知识产权法院法官选任工作指导意见(试行)》《关于同意上海知识产权法院法官选任工作方案的批复》;最高人民检察院下发了《关于同意设立上海市人民检察院第三分院的批复》,分别从内设机构设置、案件管辖范围、干部人事管理、法律职务任免等多个方面给予明确政策支撑,指导、支持上海落实好中央司法改革试点任务,有效保障上海市第三中级人民法院、上海知识产权法院和市人民检察院第三分院及时组建。2016年11月,中央全面深化改革领导小组第29次会议审议通过《关于最高人民法院增设巡回法庭的请示》,同意最高人民法院在深圳市、沈阳市设立第一、第二巡回法庭的基础上,在南京市、郑州市、重庆市、西安市增设第三、第四、第五、第六巡回法庭,至此,六个巡回法庭的整体布局尘埃落定。

（四）以问题为导向倒逼司法改革

我国司法体制和工作机制在工作实践中总体是好的，为维护社会稳定、化解社会矛盾、促进社会公平正义作出了重要贡献。但是，也要看到，司法体制还存在一些不适应、不协调的问题。比如，管理模式过于行政化，束缚了司法队伍活力；缺乏专门保障制度，制约了法官、检察官的专业化、职业化发展；现行工作模式及运行机制不尽符合司法规律，办案责任制尚不能完全落实；案多人少矛盾突出，办案业务骨干流失现象有所加剧。对这些现实问题，各方面越来越形成了改革的共识，那就是非改不可，晚改不如早改。要通过推进司法体制改革试点，不断拓展司法体制改革的广度和深度，不断提高司法公信力，努力让人民群众在每一起案件中都能感受到公平正义，让司法真正成为维护社会公平正义的最后一道防线。

长期以来，由于对司法职业特殊性的认识不够，司法人员实行与普通公务员基本相同的管理模式，无论是法官、检察官、书记员或法警，均对应一定行政级别，执行一样的管理制度和工资标准，没有建立起适应法官、检察官职业特点的分类管理和保障制度。这不仅与司法职业的司法属性不尽相符，影响到法官、检察官的职业荣誉感和职业素养，也明显不适应司法人员专业化、职业化发展的趋势，制约了优秀法官、检察官的培养与成长。

1. 管理模式过于行政化，束缚司法队伍活力

法官、检察官等级的评定，主要采取"工龄＋行政职级＋法律规定"的评定标准，相比较法律职务的提升，司法人员更加看重行政职务的升迁。保障待遇与"行政职级"绑定，带有明显的"官本位"导向，不少业务骨干离岗进入管理部门，在一定程度上形成"优秀法官、检察官不再办案，办案法官、检察官不安于办案"的现象，客观上不利于执法办案质量和水平的提高。同时，司法人员混岗现象普遍存在，少数法官、检察官从未从事办案工作，却享受法官、检察官待遇，稀释了法官、检察官的职业价值。

2. 缺乏专门保障制度，制约法官、检察官的专业化、职业化发展

法官、检察官职业与一般公务员有较大的区别，依法独立公正地行使审判权、检察权，对个人素质有着更高的要求。但现状是法官、检察官与司法辅助人员、司法行政人员基本适用同样的制度规则，"混同化"的管理考核制度，不符合法官、检察官的法律职业特点。司法人员工资福利套用公务员的工资福

利标准,法官、检察官的政治待遇、物质待遇,不与从事司法工作的实效和水平挂钩,均由行政级别和工作年限决定,行政级别的晋升成为解决法官、检察官待遇的主要出路。因司法机关内设机构偏少、各部门人数较多,相应职级的职数较少,在一线从事办案的法官、检察官行政职务晋升压力很大,不仅待遇上不去,而且影响工作积极性。

3. 现行工作模式及运行机制不尽符合司法规律,办案责任制尚不能完全落实

从实践来看,司法行政化问题突出,由于存在信访、舆情、执行等案件安全风险,以及重大敏感案件处理程序的要求,合议庭还存在提请院庭领导、审判长联席会议及审委会讨论的情况,院庭领导批示、协调、签发案件仍然存在,合议庭依法独立行使审判权的意识和能力有待提高。现行检察机关科层式机构设置和"三级审批制"办案方式,不仅影响办案效率、难以适应新的诉讼要求,还对工作长远发展带来负面影响。

4. 案多人少矛盾突出,办案业务骨干流失现象日趋加剧

随着经济社会的发展,越来越多因利益关系引发的矛盾,以案件的形式进入司法途径,上海司法机关受理案件总数逐年攀升,而司法人员编制增长有限,"案多人少"的矛盾日益突出。法官、检察官面临的工作要求越来越高,但未与此匹配提高职业待遇,不仅难以提升司法人员的职业荣誉感和成就感,而且也在一定程度上削弱了面对各种利益诱惑的自律能力,不利于法官、检察官队伍的长期健康发展。工作负荷高、职业风险大、职级职务晋升空间小、收入水平偏低、生活压力较大,职业保障与实际从事工作的性质、强度极不对应,已经成为许多法官、检察官提前离职离岗或离开司法队伍的重要原因。近年来,上海法院每年平均流失法官67人,2013年达到74人,流失的大多是40—50岁之间的骨干成员,长此以往,势必影响队伍稳定和办案效率。此外,少数不适应审判办案岗位的法官、检察官,受现行干部人事制度所限,也存在着出口不畅的问题。

二、司法改革试点成为上海全面深化改革的新突破

司法权是中央事权,新一轮司法体制改革必须在党中央的正确领导下,坚持遵循司法规律和从中国国情出发的原则,只有充分遵循中央顶层设计与地

方实践探索相结合的方针,上海司法改革才有可能按照可复制、可推广的要求,推动司法制度创新,解决影响司法公正、制约司法能力的深层次问题,实现完善和发展有中国特色的社会主义司法制度的预期目标。根据中央关于重大改革事项先行试点的要求,上海被列入首批 7 个先行试点省市,并成为全国第一个经中央批准进行司法改革试点的省市,承担为全面推进司法改革破冰探路的重任。

(一)司法改革先行先试是上海必须承担的政治责任

当好全国改革开放排头兵、科学发展先行者是中央交给上海的一项关乎全局和长远发展的历史使命,司法改革先行先试是上海必须承担的政治责任。上海经济社会经过 30 余年改革开放的快速发展,尤其是浦东开发开放以来,在改革开放的力度、广度以及深度上较以往有了更大超越,各方面取得了巨大的成就。2014 年年初,上海市委书记韩正在《求是》杂志载文,指出"上海实现前所未有的历史性跨越,靠的是先行先试、改革开放"。然而,随着内外发展环境日趋复杂,依法治市的力度和执法、司法公信力不高,社会矛盾集聚多发,城市运行安全受到考验,制约上海经济社会发展瓶颈现象日益凸显。解决问题的答案在哪里,上海市委书记韩正指出"上海已经到了没有改革创新就不能发展的阶段"。在同年 4 月 9 日召开的区县、大口党委书记情况通报会上,韩正进一步明确指出,扎实推进各项改革工作,首先要抓好国家交给上海的重大改革任务,包括自贸区建设,司法体制、教育体制和深化营改增改革。①可见,全面深化改革已经成为解决上海一揽子矛盾问题,破除城市发展瓶颈,再次引领上海走上又快又稳发展征程的必由之路,而推进司法改革试点难度之大前所未有,必须坚决贯彻落实党中央的要求,严格按照中央的顶层设计,立足上海司法工作实际,锐意革新,破冰探路,努力实现改革的预期目标。

(二)中央选择上海作为司法改革试验田

2014 年 4 月 16 日,中共中央政治局委员、中央政法委书记孟建柱在上海就深化司法体制改革、开展改革试点工作深入调研,与基层政法干警、政法单位和有关部门负责人、法学专家和律师代表进行座谈,了解当前司法实践需要

---

　　① 缪毅容:《重视远虑近忧　提质增效升级　韩正、杨雄出席区县、大口党委书记情况通报会》,《解放日报》2014 年 4 月 10 日。

解决的重点难点问题,征求司法改革意见建议。①中共中央政治局委员、上海市委书记韩正,最高人民法院院长周强,最高人民检察院检察长曹建明参加调研。陪同调研的领导干部几乎涵盖各个中央和国家司法部门。诸多司法部门领导陪同孟建柱调研上海,体现"中央有关部门要支持司法体制改革工作,帮助地方解决试点中遇到的难题,确保改革部署落到实处"的要求,在这次会议上,听取了上海关于司法改革试点拟订方案情况的汇报,还邀请了部分政法干警、律师、专业法律工作者一起座谈,听取意见和建议。中央领导和有关部门的同志对上海方案给予充分肯定,同时也提出了一些修改意见。中央对上海司法改革试点工作的重视,可见一斑。

2014年5月27日,中央政法委召开全体委员会议,审议了中央政法委提出的司法改革试点框架意见和上海试点方案。中央各有关部门对上海试点方案原则上予以充分肯定,对一些文字表述提出了修改意见。同日,上海市委常委会专题审议了上海试点方案,原则同意市委政法委提出的上海试点方案及其分工方案。根据中央政法委、市委常委会审议的意见,上海市委政法委又与中央政法委进行了一系列研究讨论,对一些技术性表述作了修改完善。2014年6月6日,中央全面深化改革领导小组第三次会议审议通过中央政法委提交的司法改革试点框架意见和上海试点方案,习近平总书记就开展司法改革试点工作提出具体工作要求。根据中央的要求,上海作为首批司法改革试点省市之一,具体承担五项改革试点任务。对上海而言,既是压力,更是动力。2014年7月9日,上海市委深改组召开第二次会议,专题听取全市司法改革试点工作汇报,审议并原则通过了市委政法委制定的试点工作方案实施意见。7月12日,上海市委、市政府召开全市司法改革先行试点部署会,部署在市第二中级法院、市检察二分院及徐汇、闵行、宝山区法院、检察院等8个单位,开展为期半年的先行试点工作,为第二年全市全面推开司法改革先行探路、积累经验。7月31日,市高级法院、市检察院分别召开司法改革试点动员大会,对本系统司法改革试点作出具体安排。8个先行试点单位制定完善了本单位的具体改革方案,已经市司法改革试点推进小组办公室审批同意,先行试点工作正

---

① 《孟建柱在上海调研司法改革试点工作时强调:紧紧抓住司法责任制这个关键 扎扎实实抓好司法改革各项任务落实》,载东方新闻网 https://news.cctv.com/2014/04/19/VIDE1397902800093511.shtml, 2014年4月19日。

式步入实施阶段。9月5日,上海召开首批法官助理、检察官助理任命大会,举行颁证和宣誓仪式,289名法官助理、检察官助理接受任命。这是新中国成立以来产生的首批法官、检察官助理。这项人员分类管理改革举措是上海积极推进司法体制改革先行试点工作的重要一步。上海市委批准成立市司法改革试点推进小组及其办公室,由市委分管领导任组长,市委组织部、市委政法委、市高级法院、市检察院、市编办、市财政局、市人力资源社会保障局、市公务员局、市机管局等各有关职能部门负责同志参与,统一组织推进司法改革试点工作,加强统筹协调和督促指导。全市各级司法机关均相应成立司法改革工作推进小组及其办公室,由各单位主要领导任组长,制定时间表和任务书,明确各项工作要求和工作责任,并落实到分管领导、业务部门和具体人员,切实加强司法改革试点工作的组织领导。对这次改革试点,上海司法系统首先确立了一个正确的认知和态度,尤其是要把握好个人利益与整体利益的关系。新一轮改革不是针对某一个人或某一部分人,而是为了摒弃现行司法体制中尚不合理、不科学、不符合司法规律、不利于调动广大司法人员积极性的因素,着力解决影响司法公正、制约司法能力的深层次问题,以更好地激发司法队伍整体活力,更好地促进社会公平正义。

(三)改革试点有利于维护司法机关良好形象

这些年来,上海司法系统面对案多人少的繁重压力,在年人均办案数为全国法院人均办案数两倍的情况下,司法公正指数连续五年位列全国法院第一,为树立上海政法队伍良好形象、建设良好的城市法治环境作出了积极贡献。但长此以往,如果不采取有效措施予以改善,势必难以持久。据统计,2013年上海法院受案总数达48.6万件,法官年人均办案131件,其中受案数最高的浦东新区法院,法官年人均办案达229件。而比较国外法官办案数据,2010年全美地方法院系统共有法官30 319名,该年度地方法院系统共受理案件103 480 348件,法官年均办案3 413件。实际上,美国法官年均3 413件的办案量在较大程度上是"统计学意义上"。从案件构成看,有54%的交通违章案件,这类案件在我国属于治安案件,并未纳入法院的管辖范围。更为重要的是,此类案件审理极快,几分钟就可以审理一件。因此在美国的司法部的报告中在计算法院工作量的时候也往往会去除这部分案件。扣除之后美国法官年均办案数将只有1 570件。然而1 570仍然不是美国法官的真实工作量。因为美国法官有大量的辅助人员协助办案，此类人员被统称为法官助理和书记员。美国地方上诉法院(不是联邦法院)法官为例，每个法官基本都会"标配"有两名法官助理和两名书记员，此外还有其他一系列辅助人员，因此一个上诉法官的身后将有 6—7 名辅助人员协助工作。所以，上海市高级法院、市检察院提出要根据各级司法机关的功能定位、任务安排和实际情况，以司法人员分类管理改革为突破口，在员额总额度内指导各级司法机关逐一核定本单位法官检察官、司法辅助人员、司法行政人员的岗位设置、工作职责和部门分布详表，研究细化现有工作人员过渡套改方案，逐步推行严格的分类管理制度，不断优化法院、检察院队伍结构。

随着改革开放的深入，各种利益关系错综复杂，司法干部接触社会各色人等，难免不被影响、渗透和腐蚀。这对新形势下带好司法队伍提出了更高的要求，有关不良案件的发生，容易引发社会各界对上海法院工作、政法工作乃至法治环境的负面评价，很可能带来整体执法司法环境恶化。对此，上海司法机关有着充分的思想准备，引以为戒，举一反三，及时查找队伍建设中的薄弱环节和问题隐患，不仅要整改查处，更要堵塞漏洞，研究建立欠缺的规章制度，严格执行各项廉政规定。为了正确对待群众的批评和不满，以实际行动挽回负面影响，赢得群众好评，重塑上海政法系统的公正形象，上海紧紧抓住司法改革试点契机，发挥好司法改革试点主体作用，认真对照中央框架意见和上海试点方案，逐条研究吃透，积极回应干警普遍关心的重点问题，聚焦司法权运行机制、主审法官、主任检察官办案责任制、案件质量考核等重点工作，着力破解改革试点中可能遇到的疑难问题，并有针对性地研究提出应对方案和破解之策，尽快制定形成本系统改革试点行动计划及主要配套制度，抓紧制定形成制度，为全市司法改革积累经验，进一步集聚公正司法的正能量，充分发挥司法职能作用，展示上海司法系统促进司法公正，树立司法公信的坚定决心和正面形象。

■ 第二节　改革内容

一、概述

总体而言，新一轮的司法体制改革可以用"一个目标""两去""四化"来概括。"一个目标"是指加快建设公正高效权威的社会主义司法制度,让人民群众在每一个司法案件中都感受到公平正义。"两去"是指去司法地方化和去行政化。"四化",一是推进司法公开化;二是推进人权司法保障法治化;三是推进司法职权配置科学化;四是推进司法职业化。①主要围绕以审判为中心的诉讼制度改革、司法去行政化、去地方化和司法人员精英化四大核心任务展开。

（一）以审判为中心的诉讼制度改革

党的十八届四中全会提出,推进以审判为中心的刑事诉讼制度改革,确保侦查、审查起诉的案件事实证据经得起法律的检验。②这是党中央高层在全面推进依法治国背景下作出的重大司法改革战略部署,事关依法打击犯罪、切实保障司法人权,是保证司法公正、提高司法公信力的重要举措,对刑事诉讼制度改革创新具有基础支撑作用。推进以审判为中心的诉讼制度改革是一个系统工程,涉及整个刑事司法体制,影响整个刑事诉讼过程,包括多项诉讼制度的健全完善和试点创新,其中实行讯问同步录音录像、落实非法证据排除、推进庭审实质化等是实现刑事诉讼以审判为中心的关键性改革措施。

1. 讯问同步录音录像制度

讯问犯罪嫌疑人实行同步录音录像制度,是以审判为中心的诉讼制度改革的一项重要内容,反映了审判中心地位和庭审实质化的要求。该制度在我国经历了一个"由点到面,由试行到推广的渐进过程"。③从最初 2005 年最高人民检察院出台文件规定"讯问职务犯罪案件嫌疑人时对讯问全过程实施不间断的录音录像"到 2014 年公安部规定"公安机关讯问犯罪嫌疑人,在文字记录的同时,利用录音录像设备对讯问全过程进行音视频同步记录",并在《刑事诉讼法》第一百二十一条的基础上,明确了讯问特殊群体犯罪嫌疑人如未成年人,盲、聋、哑人,尚未完全丧失控制自己行为能力的精神病人等必须全程录音录像。可以说该制度在运行中取得了巨大的进步,讯问同步录音录像制度的实施,不仅是为了解决侦查机关部门执法规范性的问题,更是与无罪推定、不得强迫自证其罪等刑事诉讼基本原则和国际刑事司法准则对应而生的举措。

① 张文显:《全面推进法制改革,加快法治中国建设——十八届三中全会精神的法学解读》,《法制与社会发展》2014 年第 1 期。

② 贺珊珊:《以审判为中心的诉讼制度改革的检察应对》,《中国检察官》2015 年第 3 期。

③ 沈德咏、何艳芳:《论全程录音录像制度的科学构建》,《法律科学》2012 年第 2 期。

实施讯问同步录音录像制度，从根本上说是对我国过去以获取口供为工作重心的侦查模式的变革，要求侦查人员将着眼点放在客观证据的获得上，减少对供述等言辞证据的依赖。也唯有如此，才能在刑事诉讼中更好地实现打击犯罪与保障人权价值的平衡。

2. 非法证据排除制度

排除非法证据体现了审判的中心地位，体现了审判对于侦查取证行为的制约，推进以审判为中心的诉讼制度改革，必然要求严格实施非法证据排除规则。2017年6月，最高人民法院、最高人民检察院、公安部、国家安全部、司法部联合出台《关于办理刑事案件严格排除非法证据若干问题的规定》。该文件在"两高三部"2010年出台的有关非法证据排除两个规定的基础上，针对司法实践特别是近年来纠正的冤假错案中反映出来的突出问题，从实体和程序两个方面入手进一步加以完善。如在证据搜集获取方面，明确了非法取证方法的认定标准，规定刑讯逼供后重复性供述一并排除规则及其例外情形；在重大案件中，建立了侦查终结前对讯问合法性进行核查的制度；对检察机关证据收集合法性调查核实职责予以了强化；庭前会议阶段，完善了对证据收集合法性争议处理机制；庭审阶段，完善了对证据收集合法性的审查与调查程序，以及二审中对证据收集合法性的调查和处理程序等。为推进以审判为中心的诉讼制度改革、进一步严格规范刑事案件取证活动，提供了更加明确的遵循和依据。两个证据规定及新刑事诉讼法对非法证据排除制度的确立，是我国刑事诉讼制度尤其是证据制度发展的重要里程碑。

3. 以庭审实质化为核心的庭审制度改革

经济社会发展推动司法文明进程。1996年刑事诉讼法修改，以"更好地加强庭审，发挥控辩双方的作用"为目标，对原庭审制度进行了较大幅度的修改，推动了我国庭审方式的巨大转变。2012年修改的刑事诉讼法对我国刑事庭审制度作了进一步修订，主要包括恢复庭前证据全卷移送模式，为保障辩护律师的知情权、先悉权，保障辩护人在法庭审理中有效发挥作用；增设庭前会议制度；丰富和完善证人、鉴定人出庭制度，合理确定了证人、鉴定人应当出庭的情形，并规定了强制到庭和不到庭处罚等保障性措施；扩大法律援助在刑事诉讼中的适用范围，将强制辩护适用对象扩大至限制行为能力人及可能被判处无期徒刑而没有委托辩护人的情形；适当调整了简易程序适用范围，修改后的刑事诉讼法将简易程序审判的案件范围扩大到案件事实清楚、证据充分的，被告人承认自己所犯罪行，对指控的犯罪事实和适用简易程序没有异议的基层人民法院管辖的案件，并规定适用简易程序审理公诉案件，人民检察院应当派员出席法庭。实现庭审实质化，对于优化公检法的配合制衡、化解以侦查为中心的诉讼模式弊端，防范冤假错案等均具有深远意义。实现以庭审为中心，需要控、辩、审三方彻底转变观念，首先应从卷宗中心向庭审中心的观念转变，其次应从证据卷宗依赖向时刻保持"合理怀疑"观念转变，最后应从证据调查搜集在庭审之外向当庭举证、质证甚至交叉询问转变。庭审实质化改革的关键在于彻底改变依赖案卷笔录定案的审判方式，当庭查明事实、采信证据，严格限制案卷笔录的证据资格，真正贯彻直接言词原则，根据被告人、被害人、证人、鉴定人等诉讼参与人的当庭举证质证对被告人定罪量刑，使法院判决真正形成于庭审。

（二）司法"去行政化"改革

司法行政化是长期以来影响我国司法独立的主要问题。当前，我国现行的司法体制行政化色彩浓厚，呈现出行政化司法审判体制，这一问题在我国主要表现为法院机关地位的行政化、法官制度的行政化、法院内部运作方式的行政化、法院审级关系的行政化以及法院职能的行政化倾向。[1]行政化的司法体制存在诸多的弊端。首先，其是对国家权力系统运行的破坏。国家权力分为立法、行政、司法（国家监察体制改革后，国家权力还应包含监察），三者在各自的职权范围内行使权力。司法行政化就意味着行政权力可以渗透到司法领域，那司法在运行过程中的独立性、专业性就会被大幅度地削弱，这从根本上影响了国家权力的分配。其次，其导致司法独立性遭到破坏、司法公信力受损。再次，司法行政化导致在司法实践中出现权责不一致、司法进程效率低下、司法腐败滋生等问题，因此司法去行政化必然成为新一轮司法体制改革主要解决的问题。

1. 司法责任制改革

司法责任制改革是新一轮司法体制改革的"牛鼻子"，是司法去行政化改革的重心，也是新一轮司法体制改革最大的亮点。十八届三中全会通过的《中

① 杨小军：《法治中国视域下的司法体制改革研究》，《法学杂志》2014 年第 3 期。

共中央关于全面深化改革若干重大问题的决定》提出"健全司法权力运行机制"，并把"完善主审法官、合议庭办案责任制，让审理者裁判、由裁判者负责"①作为健全司法权力运行机制的重大举措。这是党中央官方文件首次对司法责任制的内涵和司法责任制改革的重大意义作出直接阐述。2015年8月18日，中央全面深化改革领导小组审议通过了《关于完善人民法院司法责任制的若干意见》和《关于完善人民检察院司法责任制的若干意见》，标志着司法责任制在全国范围内普遍推进。关于建立和完善司法责任制的意义，习近平总书记指出：完善司法责任制，"在深化司法体制改革中居于基础性地位，是必须牵住的'牛鼻子'"；②推进司法体制改革，"要紧紧牵住司法责任制这个牛鼻子，凡是进入法官、检察官员额的，要在司法一线办案，对案件质量终身负责。法官、检察官要有审案判案的权力，也要加强对他们的监督制约"，③"保证法官、检察官做到'以至公无私之心，行正大光明之事'"。④中共中央政治局委员、中央政法委书记孟建柱同志在2016年7月18—19日召开的全国司法体制改革推进会上也指出，"司法责任制改革作为司法体制改革的基石，是建设公正高效权威的社会主义司法制度的必由之路，对提高司法质量、效率和公信力具有重要意义"，"各级政法领导干部要从全局和战略高度，深刻认识司法责任制改革的重要性、紧迫性，进一步把思想和行动统一到党中央精神上来，坚定信心和决心，当好改革的促进派和实干家"，"司法责任制改革是司法领域一场深刻的自我革命，改的是体制机制，动的是利益格局，'伤筋动骨'在所难免"。⑤司法责任制的改革成果如错案责任倒查问责制、办案质量终身负责制、领导干部干预过问案件留痕制等正逐步落地。

2. 错案责任倒查问责制

司法是社会最后一道防线，这道防线如果破了，那么整个社会就会陷入失衡状态，人们就会陷入霍布斯所说的"战争状态"。⑥从这个意义上说，建立错

---

① 卞建林主编：《中国诉讼法治发展报告2014》，中国政法大学出版社2015年版，第2页。

② 习近平：《在中央政法工作会议上的讲话》，载《习近平关于全面依法治国论述摘编》，中央文献出版社2015年版，第102页。

③④ 《习近平：以提高司法公信力为根本尺度坚定不移深化司法体制改革》，《人民日报》2015年3月26日。

⑤ 参见孟建柱：《坚定不移推动司法责任制改革全面开展》，《法制日报》2016年10月20日。

⑥ 宗会霞：《办案质量终身负责制的实施路径研究》，《热点透视》2017年第7期。

案责任倒查问责制在保证社会秩序,保障司法正义方面起到的作用不容小觑。2014年12月25日,呼格吉勒图案再审被宣告无罪,该宗距案发已经整整过去十八年的错案,经过漫漫九年申诉长路,终于得以昭雪,真可谓是迟来的正义。呼格吉勒图案被改判无罪后,当年所有参加此案的办案人员都受到了内蒙古公检法三大部门随即成立的专项调查组的调查。在等待一年多之后,内蒙古新闻网于2016年1月31日深夜发布消息称,有关部门对该案负有责任的内蒙古公检法系统共27人进行了追责,除时任副局长冯志明因涉嫌职务犯罪,依法另案处理外,其他26人均获党内警告、行政记大过等处分。这一追责结果引发网民热议,"处理过轻""走过场"等质疑声不断,如何让追责机制更完善等问题不断引发追问。①近些年来,随着公民法治意识的提升,新媒体的盛行,很多像呼格案这样沉寂了多年的错案得以沉冤昭雪,这些案件不仅对社会公众带来了极大的震撼,同时也对我国现有的司法体系带来了强烈的撞击。为及时回应社会对司法工作的种种疑虑,2014年10月四中全会《决定》明确提出"实行办案质量终身负责制和错案责任倒查问责制",②规定"谁办案谁负责",让每个案件都能落实到人。在我国司法改革中也有相应的配套措施,例如其中针对法官、检察官和主办侦查员等主要司法机关工作人员的改革,就是要在落实法官员额制以及全面推进人员分类管理改革后,实现办案质量责任制与错案倒查问责制的有机统一,进而实现国家法治建设和社会公正。2015年9月,最高人民法院和最高人民检察院分别出台了司法责任制的相关意见,意见指出在其职责范围以内法官和检察人员应当对案件质量终身负责任。最高人民法院出台的意见指出,人民法院推进司法责任制改革,目的就是为了确保司法独立和公正,通过设立终身责任制和错案追责制,对审判者的权力进行约束,使得法官在审理具体案件时能够严格依法办案,确保审判严谨和公平,也能让公众切身感受到司法活动的公平公开。由此可见,司法对于错案的追责将成为今后的常规工作,错案责任倒查问责制的构建以司法体制改革为新基点已经正式迈上康庄大道。随着该制度的建立和逐步完善,相信我们将会看到更多的社会公平正义,而非一系列冤假错案的发生,使得"迟到的正义,也

① 新华社:《"呼格案追责结果"引三大追问》,《北京青年报》2016年2月2日。
② 段秋关:《中国现代法治及其历史根基》,商务印书馆2018年版,第98页。

还是正义"。

3. 领导干部干预过问案件留痕制

司法地方化、行政化是司法实践中长期以来的痼疾，部分地方党政领导或出于收受贿赂，或出于部门利益乃至平息民愤维护社会稳定的需要，为涉案当事人开后门，以打招呼、批条子等方式直接干预案件的审理过程，以职级优势强迫司法机关进行改判；部分司法人员为谋取私利，利用职务便利打探消息、请托说情甚至阻碍办案等现象均时有发生。2015年2月27日，中央深改组第十次会议审议通过《领导干部干预司法活动、插手具体案件处理的记录、通报和责任追究规定》。会议指出，建立领导干部干预司法活动、插手具体案件处理的记录、通报和责任追究制度，是党的十八届四中全会提出的一项重要改革举措，主要目的是通过创新制度、加强监管，制约领导干部违法违规干预司法活动、妨碍司法公正的行为，对促进司法公正、抑制司法腐败具有制度性意义。[1]上述《规定》明确对领导干部的行为进行了规范，明令禁止领导干部干预司法活动，且首次提出要保护如实记录干预司法行为的法官，该规定对领导干部是一种威慑，更为法官依法独立公正行使职权提供了制度保障。随后，中央政法委出台了《司法机关内部人员过问案件的记录和责任追究规定》。为深入贯彻落实中央文件规定，最高人民法院于2015年8月份发布《人民法院落实〈领导干部干预司法活动、插手具体案件处理的记录、通报和责任追究规定〉的实施办法》和《人民法院落实〈司法机关内部人员过问案件的记录和责任追究规定〉的实施办法》两份文件，两个《实施办法》对中央规定进行了细化并结合实际对《规定》的贯彻落实提出了可行的方案并要求各级法院认真贯彻执行。2016年7月28日，中共中央办公厅、国务院办公厅印发了《保护司法人员依法履行法定职责规定》，并发出通知要求各地区各部门遵照执行。该《规定》将单位党政领导干部过问或干预司法活动的记录、责任追究制度的适用范围进行了扩大，包含任何单位或个人，并明确规定任何单位或个人均不得要求检察官、法官从事超越其自身法定职责的事务。人民检察院、法院对于任何单位或个人安排检察官、法官从事超越法定职权事务的要求均有权直接拒绝。该《规

---

① 中共中央办公厅、国务院办公厅印发《领导干部干预司法活动、插手具体案件处理的记录、通报和责任追究规定》，载中央政府门户网 http://www.gov.cn/guowuyuan/2015-03/30/content_2840521.htm，2015年3月30日。

定》的出台，对保护司法人员依法履职在制度层面进一步进行了保障，对于检察权、审判权的依法独立公正行使也起到了良好的保护作用。

4. 司法人员职业保障制度改革

随着经济社会的发展，社会矛盾集中突出，法官、检察官每天面对大量矛盾问题和各类违法犯罪，压力大、任务重。同时，由于司法从业人员工作强度大、案多人少压力大、待遇低、保障少、晋升通道狭窄、司法权责不清、职业尊荣感不足等原因，从 2015 年开始，我国基层法院出现法官"离职潮"现象，近年来各大高校法学专业毕业生报考公检法的热度也慢慢降温。[1]为体现法官职业特点和职业风险，按照责任权利相统一的原则，在严格司法人员任职条件、强化司法人员办案终身责任制的同时，有必要为其依法公正行使职权提供充分的保障，扫除法官依法履职的后顾之忧。2014 年 6 月 6 日，中央全面深化改革领导小组第三次会议审议通过《关于司法体制改革试点若干问题的框架意见》（以下简称《框架意见》）。《框架意见》提出，健全与法官、检察官司法责任相适应的职业保障制度。[2]2014 年 10 月 23 日，党的十八届四中全会通过《中共中央关于全面推进依法治国若干重大问题的决定》。该《决定》提出，建立健全司法人员依法履行法定职责保护机制。非因法定事由，非经法定程序，不得将法官、检察官调离、辞退或者作出免职、降级等处分。[3]2016 年 7 月，中共中央办公厅、国务院办公厅联合印发《保护司法人员依法履行法定职责规定》，针对近些年来屡屡曝光的司法工作人员因正常履职行为受到非法报复侵害问题，制定了保护司法人员人身安全及惩处非法报复侵害司法人员行为人的具体举措，具体概括为"四个延伸"：一是依法保障的对象主体从原有的法官延伸至案件的所有承办人员，包括司法辅助人员；二是在人身、财产保障方面将范围从原有的司法工作人员延伸至其近亲属；三是在保障的时间上，将原有的依法履职保障只在法庭延伸至法院以及工作时间之外，对司法人员正常履职进行全时段保护；四是在保障范围上将原有的保障司法人员人身财产安全延伸至相关的职业权益，如休息权、休假权、享受与职业风险相匹配的保障权利等。司

---

[1] 王涵：《如何完善司法职业保障系统工程?》，载民主与法制网 http://www.mzyfz.com/index.php/cms/item-view-id-1250248? verified＝1，2017 年 2 月 8 日。

[2] 周登谅：《中国刑事诉讼理论与实践》，华东理工大学出版社 2015 年版，第 22 页。

[3] 张保生：《中国司法文明指数报告 2015》，中国政法大学出版社 2016 年版，第 12 页。

法职业保障制度的最终目的并不是为司法人员个人或群体谋求特殊的福利待遇及权力，而是通过一系列的保障措施，使司法人员有效排除干扰、依法行使司法权和履行法定职责，从而维护司法活动的独立性和公正性。所以，完善的司法职业保障制度是新一轮司法改革目标的题中应有之义，也是推进司法体制机制改革的基础和保障。

（三）司法"去地方化"改革

司法地方化是影响司法独立的最主要的问题。在我国，司法地方化主要表现为地方法院与同级权力机关隶属关系的地方化、司法管辖区与行政区划的一致性、司法经费和人事任免的地方化以及司法运作中的地方保护主义。[①]在此情形下，司法机关在实践操作中，难免不会受制于地方行政机关，真正依法独立行使审判权可谓困难重重。司法是社会公平正义的最后一道防线，一旦失守，正义将不复存在，法治信仰和依法治国也将成为空谈。新一轮司法体制改革的重要任务之一就是拔除长期以来阻碍司法公正的地方化恶疾。

1. 跨行政区划司法管辖制度改革

跨行政区划司法管辖制度是指一国根据自身实际状况和国内法律规定，除最高司法机关以外将不同行政区域的法律事务交由特定司法机构处理的制度。[②]在跨行政区划制度运行体制下，司法机关的案件管辖在事实上可以与行政区划适当分离，案件的审理在一定程度上摆脱地方行政机关的影响。此外，管辖的案件也具有特殊性，该行使跨行政区划司法管辖权的国家机关主要管辖不同行政区域的法律事务，具体而言是指在不同行政区域发生的民事、刑事和行政案件，即案件的行为发生地、结果发生地、当事人所在地、标的物所在地等均不在同一行政区划内。党的十八届三中全会提出，要探索建立与行政区划适当分离的司法管辖制改革构想，包括异地管辖、相对集中管辖和跨区域审判机构的设置等内容，[③]在具体改革措施方面，主要包含最高人民法院设立巡回法庭、探索设立跨行政区划的人民法院和人民检察院以及设立专门法院等几项。

[①] 杨小军：《法治中国视域下的司法体制改革研究》，《法学杂志》2014 年第 3 期。

[②] 李卫平：《关于司法管辖区制度的几点思考》，《河南社会科学》2004 年第 4 期。

[③] 中华人民共和国最高人民法院行政审判庭：《行政执法与行政审判 2012 年》，中国法制出版社 2013 年版，第 193 页。

（1）最高人民法院设立巡回法庭

党的十八大提出"进一步深化司法体制改革"的要求，我国的司法改革步伐大步向前，成为社会主义事业建设中的重要环节，深入到具体司法体制的层面，改革在当前阶段所遇难度前所未有，受到重重阻力，因此从各个角度对司法体制改革进行研究探索对我国的司法建设很有意义，作为司法体制改革"重头戏"的巡回法庭的制度研究是司法体制改革研究中不可忽视的一部分。巡回法庭是最高人民法院派出的常设审判机构，代表最高人民法院，负责审理跨行政区域重大行政和民商事案件。设立巡回法庭是全国范围内逐步推行司法"去地方化"的一项重要举措，也是一项重要的司法体制改革工作。2014 年 11月，党的十八届四中全会详细地论述了关于依法治国的重要方略，会议将十八大提出的"进一步深化司法体制改革"落实到更为具体的实处，通过《中共中央关于全面推进依法治国若干重大问题的决定》将司法体制改革中遇到的现实性问题进行详细的安排规定，在设计司法职权与资源配置的方面，第一次明确规定了"最高人民法院设立巡回法庭，审理跨行政区域重大行政和民商事案件"。①紧接着 2014 年 12 月，中央全面深化改革领导小组通过《最高人民法院设立巡回法庭试点方案》，全国人大常委会对巡回法庭的庭长等有关人员进行了任命。最高人民法院在 1 月 28 日发布《最高人民法院关于巡回法庭审理案件若干问题的规定》，至此巡回法庭的地位、受案范围、辖区等一系列问题有了法律明确具体的规定和实施细则，巡回法庭制度有了一个基本的框架。最高人民法院第一巡回法庭于 2015 年 1 月 28 日在广东省深圳市正式挂牌成立，第二巡回法庭于 2015 年 1 月 31 日在辽宁省沈阳市挂牌成立，标志着巡回法庭的正式运营，巡回法庭制度的设想得到了实践落实。2016 年 12 月 19 日，最高人民法院审判委员会第 1704 次会议通过《最高人民法院关于修改〈最高人民法院关于巡回法庭审理案件若干问题的规定〉的决定》，这次修改额外增加了四个巡回法庭，调整了巡回法庭的数量和辖区，新增的巡回法庭也于 2016年年底相继挂牌成立、投入办公，巡回法庭制度进一步发展。从十八届三中全会提出司法权和行政管辖的适当分离的构思、十八届四中全会明确提出建立最高人民法院巡回法庭，到最高人民法院拿出具体的改革方案和实施细则，再

---

① 最高人民法院：《中国法院司法改革年鉴 2015 年卷》，人民法院出版社 2018 年版，第 176 页。

到巡回法庭的正式投入办公,历时之短,落实迅速,是一项迅速推出的自上而下改革的制度,由中央层面拍板,最高人民法院牵头实施,体现了中央对最高人民法院巡回法庭的强烈支持和重视,同时巡回法庭自身也处在不断的改革和完善的过程中。

《最高人民法院关于巡回法庭审理案件若干问题的规定》第三、第四条从肯定、否定两个方面对巡回法庭的受案类型进行确定和排除,用列举的方式把巡回法庭的受案类型和范围同最高人民法院本部的受案范围相区分。可以看到巡回法庭的受案范围是在遵守和符合人民法院组织法,符合各类诉讼法的规定的前提下,从最高人民法院原本的受案范围内分离出来的一部分案件。[1]具体而言第一类是一审、二审以及再审的民商事案件和行政案件,这部分案件是属于巡回区内本应该由最高人民法院本部审理的案件,是原本最高人民法院常规的受案类型,现如今是巡回法庭负责办理的最主要案件类型;第二类案件类型是刑事申诉案件,出于落实司法改革关于平反冤假错案的精神,方便人民群众及时到巡回法庭告诉的目的,将刑事申诉案件分配由巡回法庭负责办理;第三类由巡回法庭负责的案件是一些程序性案件以及程序性措施的办理,如指定管辖、高级人民法院向最高人民法院申请延迟案件审理期限等问题,这类案件由于对于司法技术含量的要求不高、较为简便,容易查清并且对时效的要求性高所以需要及时办理,因而这一部分案件也分配给巡回法庭处理;第四类案件是涉港澳台民商事案件和司法协助案件,第一巡回法庭地缘位置靠近港澳台地区,具有地理优势和对港澳台法律制度和经济文化更加便于了解沟通,处理起来相比最高人民法院本部更为适宜。但是巡回法庭毕竟只是最高人民法院的派出法庭,巡回法庭工作人员数量有限,机构精简,对于案件证明力和其他司法技术要求更加严格的案件仍然要求最高人民法院本部办理,比如全国范围内具有重大影响力的一审刑事案件以及不服高级人民法院判决上诉的刑事案件仍然由最高人民法院本部办理,而某些专业性领域的案件,巡回法庭在处理起来仍然具有人员或者客观条件的局限,比如知识产权、海事海商,具有涉外因素的其他案件仍然要求最高人民法院本部受理。

---

[1]　参见贺小荣、何帆、马渊杰:《〈最高人民法院关于巡回法庭审理案件若干问题的规定〉的理解与适用》,《人民法院报》2015年1月29日。

习近平总书记在《关于〈中共中央关于全面推进依法治国若干重大问题的决定〉的说明》中对于巡回法庭的设立提出如下期许："有利于审判机关重心下移、就地解决纠纷、方便当事人诉讼,有利于最高人民法院本部集中精力制定司法政策和司法解释、审理对统一法律适用有重大指导意义的案件。"①该项改革措施实施至今,在司法实践中已取得良好成效,期待在不久的将来,巡回法庭在便民、亲民诉讼,实现司法去地方化以及科学配置最高人民法院职能方面能取得更加丰硕的成果。

(2) 探索设立跨行政区划的人民法院和人民检察院

十八届三中全会《决定》提出:"探索建立与行政区划适当分离的司法管辖制度,保证国家法律统一正确实施。"②四中全会《决定》又提出:"探索设立跨行政区划的人民法院和人民检察院,办理跨地区案件。"③根据四中全会《决定》的上述部署,2014 年 12 月 2 日中央全面深化改革领导小组第七次会议审议通过了《设立跨行政区划人民法院、人民检察院试点方案》。随后,2014 年 12 月 26 日,北京市第四中级人民法院在北京市铁路局运输中级法院"加挂牌子"成立;2014 年 12 月 28 日,上海市第三中级人民法院依托上海铁路运输中级法院成立(与"上海知识产权法院"一起实行"三块牌子一个机构"),标志着我国跨行政区域司法机构改革试点正式拉开序幕。同月,上海、北京在依托铁路运输检察院的基础上,先后设立上海市人民检察院第三分院和北京市人民检察院第四分院,开展跨行政区划检察院改革试点工作。2015 年 2 月 26 日,最高人民法院发布《关于全面深化人民法院改革的意见》,文件指出以科学、精简、高效和有利于实现司法公正为原则,探索设立跨行政区划法院,构建普通类型案件在行政区划法院受理、特殊类型案件在跨行政区划法院受理的诉讼格局。④将铁路法院改造为跨行政区划法院,主要审理跨行政区划案件、重大行政案件、环境资源保护、企业破产、食品药品安全等易受地方因素影响的案件、跨行政区划人民检察院提起公诉的案件和原铁路法院受理的刑事、

---

① 习近平:关于《中共中央关于全面推进依法治国若干重大问题的决定》的说明,载新华网 http://cpc.people.com.cn/n/2014/1028/c64094-25926150.html,2014 年 10 月 28 日。

② 袁勤华主编:《司法人员管理体制研究》,中国法制出版社 2016 年版,第 192 页。

③ 杨俊一主编:《依法治国的理论与实践创新研究》,上海社会科学院出版社 2015 年版,第 131 页。

④ 最高人民法院著:《中国法院司法改革年鉴 2015 年卷》,人民法院出版社 2018 年版,第 43 页。

民事案件。[①]试点之后,全国其他地方法院也都积极探索并建立跨行政区划司法机构。从设置与运行来看,通过建立由地方设立的跨行政区划法院集中受理行政诉讼案件的机制,不仅能够破解司法的地方保护主义,确保地方利益重新配置的合理化,也能够促进地方政府依法行政,推动地方法治政府建设,取得的效果良好。

(3)设立专门法院

《中共中央关于全面深化改革若干重大问题的决定》中提出:"加强知识产权运用和保护,健全技术创新激励机制,探索建立知识产权法院。"2014年8月31日,十二届全国人大常委会第十次会议表决通过《全国人大常委会关于在北京、上海、广州设立知识产权法院的决定》。在北京、上海、广州设立知识产权法院,是我国加强知识产权运用和保护,健全技术创新激励机制,支撑科技创新及其升级转型的重大举措,也是探索司法去地方化的关键举措,彰显了我国加强知识产权保护、尊重知识产权权益的对外形象与国际影响。

我国现有的一些专门法院,如铁路法院、海事法院、油田法院设置已有相当的时间,在司法实践中亦发挥了极大作用,这些法院在管辖上一般立足于所受理案件的性质划分司法管辖区,与行政区划的联系较为疏远。这些法院的设置机制,可以为探索设置跨行政区划法院提供一些经验和思路,更可以立足于已有的专门法院体制上,建立完善跨行政区划法院的设置。有学者提出,针对专业案件集中化、专门化审理的方向,完善海事法院设置,扩大知识产权法院设置,总结行政诉讼案件管辖审理经验探索设立行政法院,适应社会发展需要和诉讼特别程序要求探索设立少年法院,随着形势发展还可以探索设立金融法院、环境法院、家事法院等专门法院,同时,应建立相应的检察机关开展法律监督。[②]

2. 省以下地方法院、检察院人财物统一管理

司法权是中央事权,其人财物理应由中央统一管理。党的十八届三中全会提出"推动省以下地方法院、检察院人财物统一管理"的改革举措后,国家采取了一系列措施:首先,宣布在上海、广东、吉林、湖北、海南、青海、贵州等7个

① 《最高人民法院关于全面深化人民法院改革的意见——人民法院第四个五年改革纲要(2014—2018)》,载中国法院网 http://www.chinacourt.org/law/detail/2015/02/id/148096.shtml,2015年2月4日。

② 江国华主编:《司法文明年度报告2015》,中国政法大学出版社2016年版,第96页。

省份进行试点；然后，在中央全面深化改革领导小组第三次会议上审议通过了《关于司法体制改革试点若干问题的框架意见》和《上海市司法改革试点工作方案》；后来，又陆续审议通过了其他省份的《司法改革试点工作方案》。

作为一项体制、机制性改革，省以下法院、检察院人财物统一管理不仅具有牵一发而动全身的影响力，而且意味必须和原有的体制、制度、模式决裂，建立一种全新的管理和运转模式。这其中既有新旧体制的对撞，又有新体制、机制的自身磨合，因此矛盾与争议不可避免，甚至可能出现反复。司法机关的职能活动离不开地方党委、政府和人民群众的支持、协助、参与和互动。司法民主和司法公开更需要司法机关保持与当地群众的血肉联系，不断从中吸取各种先进的社会价值观和公序良俗等社会营养。无论司法活动、司法作风和司法效果都必须受到地方经济、社会发展和广大人民群众的检验评价。因此省以下地方检察院、法院人财物统一管理，更重要的是建立防止地方党政机关及其领导干部非法干预司法活动以及将司法机关作为维护地方利益的工具的制度机制。例如，完善司法人员职务遴选和权力保障、监督、制约制度，探索建立司法经费独立预算制度、禁止领导干部非法干预司法个案，等等，而不能单纯追求司法机关摆脱地方关系。

"统一提名，党委审批，分级任免"的法官、检察官遴选制度这一机制的主要内容是在省一级设立法官、检察官遴选委员会，从专业角度提出法官、检察官人选，然后由组织人事、纪检监察部门在政治素养、廉洁自律等方面考察把关，最后由人大依照法律程序任免。[1]司法机关的财务管理体制方面，最高人民法院发布的《改革意见》中提出："配合中央有关部门，推动省级以下地方法院经费统一管理机制改革要严格'收支两条线'管理，地方各级人民法院收取的诉讼费、罚金、没收的财物，以及追缴的赃款赃物等，统一上缴省级国库。"[2]据此理解，这种"财物收支两条线"的财物统一管理体制的最大特点就是司法机关的财务收入和经费支出实行单独的管理方式，不可将司法机关的收入直接作为支出。一方面，司法机关收取的诉讼费、罚金、没收的财物，以及追缴的赃款赃物等都需要统一上交省级财政部门，由省级财政部门进行管理和分配，

---

[1]　张先明：《坚持顶层设计与实践探索相结合，积极稳妥推进司法体制改革试点工作——访中央司法体制改革领导小组办公室负责人》，《人民法院报》，2014 年 6 月 16 日。

[2]　刘蓉：《司法改革省以下统管人财物的再审视》，《渭南师范学院学报》2017 年第 12 期。

司法机关不可私自使用这些财物;另一方面,司法机关所需要的各项支出需要通过制定预算的形式报各省级人大批准,然后由各省级财政部门按照预算的规定向各级司法机关统一划拨经费。

实行省以下地方法院、检察院人财物统一管理是彰显司法权中央事权属性的需要,同样也是恢复司法权核心地位的需要。此外,实行省以下地方法院、检察院人财物统一管理,也符合宪法关于司法机关地位和性质的规定,使人民法院、人民检察院作为国家司法机关的宪法地位和国家属性得到进一步彰显。但司法的中央事权并不是一个一蹴而就的过程,不能搞"一刀切"。相比较,行政层级较少、区域内经济、社会发展差别不大的地区(例如一些直辖市)等省级区域内,此项改革较易推进和实现统一管理;而一些行政层级较多、经济社会发展水平差异较大、地方法院、检察院数量较多的较大省份或民族自治区域司法机关管理体制的改革必须稳妥推进,防止发生矛盾和冲突。中央政治局委员、中央政法委书记孟建柱在《深化司法体制改革》一文中指出:"考虑到我国将长期处于社会主义初级阶段的基本国情,将司法机关人财物完全由中央统一管理,尚有一定困难。应该本着循序渐进的原则,逐步改革司法管理体制,先将省级以下地方人民法院、人民检察院的人财物由省一级统一管理。"[1]由此可以看出,司法机关人财物统一管理的实现将是本轮司法体制改革在该领域的最终目标,目前实行省级以下司法机关人财物统一管理只是一个过渡阶段,最终提升到中央统一管理仍需要更加周密的顶层设计和制度规范,对此中央正在稳步推进。

(四)司法人员精英化改革

新一轮的司法体制改革提出了"建设高素质法治专门队伍"的口号和"推进法治专门队伍正规化、专业化、职业化,提高职业素养和专业水平"[2]的目标,并通过一系列配套改革逐步提升司法工作队伍的专业化与精英化。

1. 司法人员员额制改革——以法官员额制改革为例

司法人员员额制改革是新一轮司法体制改革中司法人员分类管理改革的核心,与司法体制改革相伴相生。十八届三中全会提出,要进一步推进司法人

---

① 孟建柱:《深化司法体制改革》,《人民日报》2013年11月26日。
② 顾永忠:《推进法治专门队伍正规化专业化职业化》,《人民法院报》2016年6月27日。

员的分类管理,加强司法人员职业保障。十八届四中全会提出,加强法制工作队伍建设需要"建设高素质法治专门队伍","推进法治专门队伍正规化、专业化、职业化,提高职业素养和专业水平"。2015年2月,人民法院《四五纲要》提出推进法院人才队伍的"三化"建设,"助推法院人员分类管理制度改革","推行法官员额制度","根据法院辖区经济社会发展状况、人口数量(含暂住人口)、案件数量、案件类型等基础数据,结合法院审级职能、法官工作量、审判辅助人员配置、办案保障条件等因素,科学确定四级法院的法官员额"。①2014年6月,上海、广东等七个省市作为第一批试点迈开了改革的步伐;2015年云南等十一个省被确定为第二批试点,"接过改革的接力棒";2015年年底,江西等14个省份作为第三批改革试点,继续引领司法改革的热潮;2016年,员额制改革的试点在全国范围内推开。这里选取法官员额制作一剖析。

所谓法官员额制是指在法院现有政法编制系统内,综合考量法院的案件数量、整体审判工作任务量、辖区人口数量与分布、社会与经济发展状况等多重因素来确定法官的员额比例,并且通过公平公正的选拔制度,比照实际的选拔标准,综合审判级别、审判工作量、辅助人员的配备情形以及其他的保障机制等因素,优中选优,遴选出入额法官,作为法院审判工作的中坚力量,同时通过人员的分类管理最终形成以员额法官为核心、以辅助人员为协助、以行政人员为保障的运行机制。②实行法官员额制的内容主要包含两个方面:一是将法院内的人员进行分类管理,"以类分岗,以岗定额";二是严格遴选入额法官,从法官队伍建设的末端提升法官职业素养,保证审判队伍的专业化、精英化。司法人员在司法机关工作人员中所占比例的大小称为员额比例,在首批的改革试点中,上海市指导性地提出,法官员额比例应占33%,从事辅助与行政事务人员分占52%以及15%,③广东省将人员所占比例确定为39%、46%、15%,其他省份也陆续出台规定,划定了三者间的比例,总体来看和上海广东基本都所差无几。由此观之,各地在试点改革中都把将近80%人员分配至审判活动中。从改革后的人员分配情况看,人民法院正在逐步将工作重点向案件审理方向倾斜,通过合理划分司法人员及法院内部行政人员的比例,发挥整体之下

---

① 江国华主编:《司法文明论坛2015年卷》,武汉大学出版社2016年版,第7页。
② 白彦:《司法改革背景下我国法官员额制度问题研究》,《云南社会科学》2016年第2期。
③ 潘铭方、李清伟:《论法官员额制的制度构建》,《法学杂志》2018年第1期。

部分的结合优势，优化整体人员结构，进而起到提升效率的效果。这一系列的改革措施都凸显了以审判为中心的根本目标。此外，合理制定入额法官、检察官遴选机制也是本轮员额制改革的重要一环。从各个试点法院、检察院的实践情况来看，基本上围绕"考察＋考试"的主线进行。具体而言，入额法官的遴选流程大致为：申请报名—入额基本条件审查—入额考核—入额考试—法官遴选委员会表决—审议确定。考核主要针对的是法官的审判业绩、业务能力、政治素养，考试则主要针对法官的专业知识、理论素养及文书撰写能力。司法人员员额制改革，推动了法官检察官的职业化与精英化，增强了法官检察官的职业吸引力和职业尊荣感，对于集中优势审判资源、提高审判效率、促进公平正义更好地实现都具有积极意义。

2. 法律职业资格制度改革

党的十八届四中全会审议通过的《中共中央关于全面推进依法治国若干重大问题的决定》明确提出"推进法治队伍正规化、专业化、职业化，完善法律职业准入制度"，①司法行政部门把现行的司法考试制度调整为国家统一法律职业资格考试制度，是贯彻落实中央重要决策部署的具体行动，其背后折射出的是对法律职业人员培育规律的遵循、尊重和回归，同样，也是从制度层面体现了对司法人员精英化的积极追求。根据2015年中共中央办公厅、国务院办公厅印发的《关于完善国家统一法律职业资格制度的意见》，2017年是司法考试的最后一年，有着16年历史的国家司法考试，迎来一系列重大变革。该《意见》对获取法律职业从业资格的学历条件进行了限定，将获得从业资格后的执业范围进行了扩大，并从名称上将现行的司法考试调整为国家统一法律职业资格考试；同时该《意见》要求建立法律职业人员统一职前培训制度、法律职业资格档案管理、信息发布制度及法律职业资格暂停、吊销制度。各项改革措施于2017年年底落实到位。

全国律师资格考试于1986年开始实行，后标准化考试改为两年一次。2001年，随着《法官法》《检察官法》的修改，国家统一的司法考试制度开始确立。建立全国统一的司法考试制度对于选拔专业法律从业人才、提升司法队伍整体职业素质、促进形成法律执业共同体的形成具有明显的推动作用，但也

---

① 廖爱清：《推进法治工作队伍专业化》，《人民政坛》2015年第1期。

暴露出一系列问题。如在考试准入门槛方面,并未限制考生自身专业,导致一部分"半路出家"的考生凭借出色的法条记忆能力就进入司法队伍,但其法律思维与法学素养均有待提高;在考试内容方面,重法条记忆,考查的内容和形式单一,难以满足司法实践的需要;此外,对高校的法学教育也产生了一些负面影响,司法考试成为法学生学习的指挥棒,导致学生思维固化严重。从律考到司法考试再到国家统一法律职业资格考试,意味着法律职业资格制度再次升级,对司法人才的培养和选拔也将更加精准和优化。

二、上海率先试行

司法权是中央事权,司法改革必须遵照中央顶层设计稳步推进。中央政法委交办上海的五项改革试点任务,都是司法体制改革的基础性、制度性措施。上海司法改革试点确定的总体思路,是坚持从我国国情出发,贯彻执行中央意图,在法律框架内开展,按照权责利一致原则,科学遵循司法规律,通过制度性变革优化司法体制机制,同时适当增加投入,探索司法人员分类管理、完善司法责任制、健全司法人员职业保障、推动省以下地方法院检察院人财物统一管理,更好地凸显职业特点、优化权力配置、提高队伍素质、减少外部干扰、建立分类科学、结构合理、权责明晰、管理规范、保障有力的司法人员管理制度,提升司法队伍专业化、职业化水平,增强法官、检察官的职业荣誉感和使命感;形成权责一致、管理有序的司法权力运行机制,提高司法效能和办案质量,体现权责统一、权力制约、公开公正的要求,有效确保法院、检察院依法独立公正地行使审判权、检察权,为全面深化司法体制改革先行探路、积累经验。在研究制定上海试点方案的过程中,上海司法机关始终坚持问题导向,深入开展调查研究,细致梳理意见建议,围绕5项试点任务,探寻体制机制创新之策,努力确保试点方案统筹兼顾、切实可行,改革措施有力有效、有机衔接。

(一)完善司法人员分类管理制度,建立以法官、检察官为核心的人员分类管理体系,实现司法机关各类人员分类管理,促进队伍的专业化、职业化发展

针对司法机关普遍存在的人员混岗、职责模糊的问题,建立符合司法工作规律和特点的人员分类管理制度。上海试点方案紧紧抓住司法人员分类管理这个牛鼻子,逐步推行严格的分类管理制度,全市各级法院、检察院不再任命

助理审判员、助理检察员,增加司法辅助人员并赋予相应职责,建立法官助理、检察官助理和书记员单独职务序列分级管理制度,打通职业发展通道,严格法官、检察官任职条件,设置五年过渡期,通过相应制度安排,稳步实现部分不适应办案要求的法官、检察官的有序分流和退出,不断优化法院、检察院人员结构。总的导向就是让法官、检察官真正从繁杂的非审判、办案事务中解脱出来,专心钻研法律、熟悉办案业务、提高司法效率,全身心地专注于依法行使审判权、检察权,逐步累积形成司法的权威和司法职业的尊荣,更好地维护社会公平正义。

划分人员类别。突出法官、检察官在司法工作中的主体地位,将司法机关工作人员分成法官(检察官)、司法辅助人员、司法行政人员三大类。其中,法官是指依法行使国家审判权的审判人员,包括法院正副院长、审判委员会委员、正副庭长、审判员;检察官是指依法行使国家检察权的检察人员,包括检察院正副检察长、检察委员会委员、检察员。司法辅助人员是协助法官、检察官履行审判、检察职责的专门工作人员,包括法官助理、检察官助理、书记员、专业技术人员、司法警察。司法行政人员是指在司法机关从事行政管理的工作人员。

实行法官、检察官员额制。主要考虑辖区经济社会发展、人口数量(含暂住人口)和案件数量,以及实际在审判、办案岗位上的法官、检察官人数,以队伍总数(即2013年年底司法机关编制数+核定文职人员数)为测算基数,安排85%的司法人力资源直接投入办案工作,设定法官(检察官)、司法辅助人员、司法行政人员分别占队伍总数33%、52%、15%的员额控制目标。

实行法官、检察官单独职务序列管理。法官、检察官主要从法官助理、检察官助理中择优选任。法官助理、检察官助理任职满五年,符合条件可选升法官、检察官。上级司法机关的法官、检察官原则上从下级司法机关法官、检察官中择优遴选。明确在各级司法机关员额限度内,符合任职条件的,四级法官、检察官至三级高级法官、检察官按期晋升,二级高级法官、检察官和一级高级法官、检察官择优选升,每晋升一级一般不少于4年。市高级法院、市检察院、中级法院、检察分院不担任领导职务选升的一级高级法官、检察官,以及基层法院、检察院不担任领导职务选升的二级高级法官、检察官,员额各不超过3人,让更多的法官、检察官能够在一线办案岗位上安心工作、成长发展和发挥作用。法官、检察官也可从优秀的律师和具有法律职业资格的法学学者等法律职业人才中公开选拔或调任,通过专门考试,符合条件的律师可依法任命为法官、检察官。

(二)健全法官、检察官及司法辅助人员职业保障制度,建立有别于普通公务员的司法人员职业保障体系,增强法官、检察官的职业荣誉感和使命感

针对司法人员长期套用普通公务员工资福利标准的问题,健全法官、检察官及司法辅助人员职业保障制度。上海试点方案全面统筹三类人员公平合理的福利待遇,同时适度加大对司法机关投入,为司法干警严明职业操守、增进职业良知提供可靠制度保障。总的导向就是提供坚强有力的制度保障,让法官、检察官真正优其酬、重其责,让司法辅助人员、行政管理人员归其类、尽其才,充分汇聚整个司法队伍的正能量,为推动司法工作的健康长远发展贡献智慧和力量。

建立以专业等级为基础的法官、检察官工资待遇保障机制。打破长期以来与行政职级挂钩的工资标准,探索率先建立以专业等级为基础的法官、检察官工资待遇保障机制,争取形成可复制、可推广的方案。法官、检察官单独职务序列的配套薪酬制度,由市委政法委会同市高级法院、市检察院、市人社局、市财政局研究提出方案,报中央政法委、人力资源和社会保障部、财政部同意后实施,实现收入的适当增长。

建立分级管理的司法辅助人员薪酬制度。法官助理、检察官助理及书记员实行单独职务序列分级管理,其中法官助理、检察官助理分为五级,按照现行工资收入+岗位津贴的方式确定薪酬;法院、检察院书记员分为五级,按照文职人员工资收入+能级岗位津贴的方式确定薪酬,适当提高司法辅助人员和司法行政人员的收入水平,更好地调动工作积极性。

细化法官、检察官延迟申领养老金办法。为了把真正擅长办案、经验丰富的资深法官、检察官留在一线岗位上,经本人申请、组织同意,符合条件的基层女法官、女检察官可延迟5年至60周岁领取养老金;符合条件的高中级法院、市检察院及分院不担任领导职务选升的一级高级法官、检察官可延迟3年至63周岁领取养老金;符合条件的基层法院、检察院不担任领导职务选升的二级高级法官、检察官可延迟2年至62周岁领取养老金,有效保持办案骨干队伍的整体稳定。过渡期内,延迟领取养老金人员可不计入法官、检察官员额。

（三）科学划分内部办案权限,突出主审法官、主任检察官在办案中的主体作用,形成权责明晰、权责统一、管理有序的司法权力运行机制

针对行政化色彩较强的传统办案模式,力推主审法官、主任检察官办案责任制。上海试点方案认真落实"让审理者裁判、由裁判者负责"的改革原则,积极探索更加符合司法规律的办案责任制,充分保障法官、检察官的职业尊严和依法履职。大力推进司法机关"去行政化",精简办案组织层级,真正让办案法官、检察官的权责相符、权责更明晰。大力加强对司法权力的制约监督,加强人大法律监督和党委政法委执法督查,强化权力行使的监督制约和办案质量的全程管控,坚决杜绝简单放权、监督缺失可能带来的权力失控倾向,努力做到敢于放权和善于管权的有机统一,该放的一定放到位,不隔靴搔痒,该管的一定管到位,决不放任自流,确保行使职权独立而不恣意,办案责任到位而不缺位,形成权责一致、管理有序的司法权力运行机制。

推行主审法官、主任检察官办案责任制。主审法官是指独任审判案件和主持合议庭的法官。在现有法官中选择优秀、资深者担任主审法官,保障主审法官依法独立办案。在适用简易程序审理案件中,由主审法官带领法官助理、书记员组成办案小组办理案件,主审法官依法对案件审理全程、全权负责;在合议庭审理案件中,主审法官主持案件审理工作,承担除应当由合议庭其他成员共同担责部分之外的所有责任。对合议庭成员意见有较大分歧的案件,主审法官可以提请召开主审法官联席会议进行讨论,讨论意见仅供合议庭评议时参考;对法律适用存在重大疑义的案件,主审法官可以提请院长决定提交审判委员会讨论决定。各级法院院长、副院长、审委会委员、庭长、副庭长应当担任主审法官参加合议庭审理案件。完善检察官责任制,推行主任检察官制度,副检察长、检委会委员均应当编入办案组织担任主任检察官,主任检察官作为办案组织的负责人,在检察长依法授权内,依法行使检察办案权和案件管理权等相关职权,对作出的案件处理决定承担办案责任。

实现办案组织专业化、扁平化。改革审判委员会制度,强化其总结审判经验、讨论决定审判工作重大问题、实施类案指导等方面的职能,限缩讨论案件的范围,一般仅讨论合议庭对法律适用有较大分歧意见的重大疑难复杂案件,大幅减少个案指导。科学划分检察机关内部执法办案权限,精简办案组织层级,逐步整合办案部门内设机构设置,在业务部门分设若干主任检察官办案

311

组,在主任检察官负责下依法行使检察权,进一步完善检察机关执法办案责任体系。

加强对司法权力的制约监督。探索建立法院、检察院办案人员权力清单制度,既明确必须由院长、检察长决定的重大事项,又明确应当由主审法官、主任检察官行使的司法权力,并明确各项权力行使的相应责任。加强司法机关内部办案监督工作机制建设,强化权力行使的监督制约和办案质量的全程监控,对主审法官、主任检察官执法办案实施专门监督,建立执法档案,确保对办案质量终身负责,并严格执行错案责任追究。充分发挥律师在诉讼中的作用。加强人大法律监督和党委政法委执法督查,定期组织开展听取和审议专项工作报告、执法检查、案件评查等专项监督工作。更多运用信息化手段,加强和规范对司法活动的监督,加大司法公开力度,全面推行办案工作全程录音录像、生效裁判文书上网、在线诉讼服务公布平台等工作,有效提高司法透明度,保障社会各界的知情权、参与权、监督权,确保社会监督落到实处。

(四)通过对现有法官、检察官管理制度的改革,形成"统一提名、党委审批、分级任免"的管理新格局,有效减少外部干扰,提高司法公信力

针对现有法律规定与改革方向尚不统一的问题,探索建立省以下法院、检察院的法官、检察官省级统一管理的体制。上海试点方案秉承"于法有据、法无禁止"的原则,将中央试点要求与现行法律制度相结合,构建"统一提名、党委审批、分级任免"的法官、检察官省级统管新格局,即在坚持党管干部原则的前提下,组建社会公信力强的法官、检察官遴选、惩戒委员会,从专业角度提出法官、检察官人选,并由各级法院院长、检察院检察长按照法定程序提请同级人大常委会依法任免。总的导向就是通过"统一提名、党委审批",加强市高级法院、市检察院党组对全市法官、检察官队伍的管理,实现人才资源的整体开发和合理配置;而通过"分级任免",保障区县人大依法行使相关职权,保证改革试点不突破法律,彰显出恪守法定权限、尊崇法治原则的鲜明特征,为可复制、可推广奠定法理基础。

组建法官、检察官遴选(惩戒)委员会。由市委政法委、市纪委、市委组织部、市人大常委会、市公务员局、市高级法院、市检察院分管领导和审判(检察)业务专家、律师代表、法学学者代表(法学学者应占相当比重并建立法学学者库),共同组成市法官、检察官遴选(惩戒)委员会,负责统一制定各级法官、检

察官任职标准，根据缺额情况定期组织法官、检察官拟选工作；对法官、检察官的违法违纪行为组织核查，认定责任，提出惩戒意见；组织各级法院、检察院定期对法官、检察官的履职情况、业务水平及职业操守等进行专业考核，统一向市高级法院、市检察院党组提出拟选任人选、等级评定、晋级的建议。考虑到目前干部管理体制的现状，法官、检察官遴选(惩戒)委员会暂在市高级法院、市检察院分设遴选(惩戒)工作办公室，承担日常事务工作。

落实"统一提名、党委审批、分级任免"的制度安排。坚持党管干部原则与遵循司法规律相结合，明确各级法院、检察院及其工作部门或者内设机构领导成员按照党政领导干部有关规定进行管理。区县法院、检察院领导干部由市高级法院、市检察院党组提名，市高级人民法院、市人民检察院政治部会同区县党委组织部、政法委共同推荐考察并征求区县党委意见后，按干部管理权限和地方组织法、法官法和检察官法规定的程序依法任免。其他法官、检察官的法律职务由市高级法院、市检察院党组根据遴选(惩戒)委员会提供的建议名单统一审批提名，并由各级法院院长、检察院检察长按照法定程序提请同级人大常委会依法任免。

（五）由市级管理部门统一管理全市司法机关财、物，理顺三级司法机关工作人员收入分配格局，为司法机关依法独立公正行使司法权提供可靠保障

针对各级司法机关经费保障水平不一的问题，探索建立省以下法院、检察院经费省级统一管理的机制。上海试点方案在落实法院、检察院经费省级统一管理方面，坚定推行市级职能部门统一管理全市司法机关财、物的机制，即由市财政局、市发改委、市机管局根据各自职能，分别负责区县法院、检察院经费、资产的统一管理。总的导向就是既体现省级统管的要求，使司法机关的"财、物"不再由区县保障，又避免由市高级法院、市检察院直接统管带来系统内部过于"行政化"的倾向，以回应部分业界人士对影响审级独立的质疑和忧虑。

建立经费统一管理机制。将各区县法院、检察院作为市级预算单位，纳入市级财政统一管理。原财政预算经费基数由区县财政划转至市级财政，经费由市级财政统一予以保障，并结合全市法官、检察官职务序列和薪酬制度改革，统筹考虑、逐步到位。落实"收支两条线"管理，市、区县法院收取的诉讼费、罚金、没收的财产，以及市、区县法院、检察院追缴的赃款赃物，全额上缴市

级国库。

建立资产统一管理机制。集中清查登记各区县法院、检察院的土地、办公和业务用房、办公和办案设备等各类资产,做到账账相符、账实相符,由区县划转市相关部门统一管理。今后区县法院、检察院基础设施建设投资项目统一由市发改委审批管理,并纳入市级财政予以保障。

逐步统一同类同级人员收入。考虑到基层司法机关干警收入相对高于市级司法机关干警收入的现实,按照维持存量、做好增量的要求,通过过渡逐步统一。

(六)推进铁路法院、检察院体制改革,创造跨行政区划案件管辖的上海模式,为全国提供可复制可推广的机制制度

自 2012 年铁路法院、检察院与铁路企业分离移交属地管理以来,上海铁路法院、检察院一直面临着传统案源萎缩、案件类型单一、人员流动不畅等诸多问题,客观上制约了铁路法院、检察院审判、办案职能的有效履行,造成了司法资源的闲置。究其根源,在于铁路货运集装箱化运输的普及,加之高铁、动车日益成为铁路的主流运输方式,铁路运营环境大为改善,涉及铁路货运、客运的盗窃、治安案件明显减少。如,2014 年 1—10 月,铁路中院审结案件数仅为 500 余件,而同期市第一中级人民法院、市第二中级人民法院审结案件数分别达 1.7 万、1.4 万余件。铁路检察分院年均受理审查批捕案件 15 件,受理移送审查起诉案件 15 件,受理上诉、抗诉案件 29 件,立案侦查贪污贿赂犯罪案件 7 件。由于案件数量少,重大案件、要案更少,缺乏司法实践,法官、检察官司法能力提升受限,严重制约了司法人才队伍建设。铁路法院、检察院的改革势在必行。

党的十八届四中全会提出,探索设立跨行政区划的人民法院和人民检察院。这一重大改革举措,对保障法院、检察院依法独立公正行使审判权、检察权,构建普通案件在行政区划法院审理、特殊案件在跨行政区划法院审理的诉讼格局,有着十分重要的意义。中央决定在上海设立知识产权法院,试点设立跨行政区划的法院、检察院,既是对上海的信任,也是对上海司法工作的厚望。上海市委高度重视组建市第三中级人民法院、上海知识产权法院和市人民检察院第三分院,市委常委会数次听取专题汇报,市委政法委会同市委组织部、市编办、市人大法工委、市财政局、市人社局、市公务员局等部门多次专题研究

解决具体问题,研究形成组建市第三中级人民法院、市人民检察院第三分院集中管辖各类跨行政区划案件,知识产权法院与市第三中级人民法院合署的改革方案,既着眼于适应跨行政区划司法管辖改革的趋势,也立足于精简机构的要求,着力促进审判、办案组织专业化、扁平化管理,也为今后深化司法体制改革预留空间。

在前期筹建工作顺利推进的基础上,中央编办经征求全国人大和最高人民法院、最高人民检察院等部门的意见,下发《关于设立上海知识产权法院等有关中级法院和检察分院的批复》(中央编办复字〔2014〕130号),同意设立上海市第三中级人民法院,在上海铁路运输中级法院加挂牌子;同意设立上海知识产权法院,按中级法院组建,与上海市第三中级人民法院合署办公。同意设立上海市人民检察院第三分院,在上海市人民检察院铁路运输分院加挂牌子。2014年12月13日,上海市委印发《关于设立上海市第三中级人民法院、上海知识产权法院和上海市人民检察院第三分院的批复》(沪委〔2014〕1226号),为上海承担好中央赋予的司法改革试点任务,启动设立知识产权法院和跨行政区划法院、检察院,提供了坚强的组织保障。12月25日,上海市十四届人大常委会举行第十七次会议,根据市委安排,上海市委常委、市委政法委书记姜平向市人大常委会报告了市第三中级人民法院、上海知识产权法院和市人民检察院第三分院的组建工作情况,会议审议并表决通过了有关市第三中级人民法院、知识产权法院和市人民检察院第三分院人事任免事项,为三家新成立的法院、检察院依法开展工作提供了法制保障。2014年12月28日上午上海市委隆重召开上海市第三中级人民法院、上海知识产权法院、上海市人民检察院第三分院揭牌会议。中共中央政治局委员、上海市委书记韩正,最高人民法院院长周强,最高人民检察院检察长曹建明为三家新成立的法院、检察院揭牌并讲话。这不仅标志着上海法治建设增添了新的重要力量,也标志着我国第一个跨行政区划人民检察院、人民法院的诞生,在中国司法制度发展乃至法治建设史上具有十分重要的意义。

为真正实现铁路法院、检察院体制改革和跨行政区划司法管辖改革"双赢"的目的,根据中央政法委关于知识产权法院按中级法院组建并与中级法院合署办公的要求,上海知识产权法院最初设立方案是计划与上海市第一中级人民法院合署,并形成了基本成熟的筹建方案。筹备期间,中央又决定在京沪开展设立跨行政区划人民法院、人民检察院的试点，且要求以城市中级法院及检察分院顺序号命名新设的法院、检察院。考虑到中央后续可能还会出台有关专门管辖的改革举措，上海不可能成立一系列的法院、检察院，因此，选址浦东建立市第三中级人民法院和市检察院第三分院，集中审理包括知识产权案件在内各类跨行政区划的案件，上海知识产权法院与市第三中级人民法院合署设立，就是最优的方案，既较好地顺应了新一轮司法改革的发展趋势，契合市第三中级人民法院作为专门管辖跨地区案件的功能定位，又有利于严格精简人员机构，优化审判资源整体配置，最终在上海形成三个中级法院、三个检察分院各司其职、各有侧重、案件数量相对均衡的司法资源科学配置格局。

一是在现上海铁路运输中级法院的基础上组建"上海市第三中级人民法院"。机构规格为正局级。负责审理市高级人民法院指定管辖的跨地区的行政诉讼案件；跨地区的重大民商事案件；跨地区的重大环境资源保护案件、重大食品药品安全案件等；跨行政区划人民检察院提起公诉的案件和公益诉讼案件；市高级人民法院指定管辖的其他特殊案件。同时，继续管辖原铁路中院受理的刑事、民事案件。

二是按直辖市中级法院规格组建"上海知识产权法院"，与"上海市第三中级人民法院"合署。知识产权法院审判业务和审判管理工作依法保持独立，设置独立的审判业务部门。负责审理有关专利、植物新品种、集成电路布图设计、技术秘密等专业技术性较强的第一审知识产权民事、行政案件；不服全市区级法院第一审著作权、商标等知识产权民事和行政判决、裁定的上诉案件；上级法院指定管辖的其他案件。管辖调整后，现市第一、第二中级人民法院不再受理知识产权民事、行政案件。

三是在现上海市人民检察院铁路运输分院的基础上组建"上海市人民检察院第三分院"。机构规格为正局级。负责办理除管辖原有的涉铁路运输、轨道交通案件外，经市检察院指定管辖下列案件：一是市第三中级人民法院管辖的行政诉讼监督案件；二是市第三中级人民法院管辖的跨地区重大民商事监督案件；三是上海知识产权法院管辖的知识产权类诉讼监督案件；四是上海海事法院管辖的海事诉讼监督案件；五是上级人民检察院指定管辖的跨地区重大职务犯罪案件；六是跨地区的重大环境资源保护和重大食品药品安全刑事案件；七是民航、水运所属公安机关侦查的重大刑事案件、海关所属公安机关侦查的刑事案件;八是上级人民检察院指定管辖的其他重大案件。

三、改革难点亮点

司法改革是牵一发而动全身的系统工程,不仅涉及各级司法机关,还涉及很多职能部门。上海在筹备司法改革试点之初,就坚持通盘考虑,先从统一思想、达成共识入手,重点调动司法机关和职能部门这两个方面的积极性。因为,法、检两家作为改革主体,直接承担攻坚克难的重任,如果没有"开弓没有回头箭"的决心和勇气,改革难以深入;组织、社保、财政等职能部门,具体负责人、财、物的管理,如果没有"众人拾柴火焰高"的觉悟和气度,改革寸步难行。为了既保证改革试点目标的实现,又充分调动各方的积极性,上海着力处理好四对关系,找准四个平衡点,努力确保试点方案统筹兼顾、切实可行,改革措施有机衔接、同频共振。上海试点方案是经过中央和地方方方面面听取意见、历经多次修改而形成的,不仅充分体现了中央改革的总体要求,也符合上海司法工作的实际,是指导开展先行试点的基本文件。就上海试点方案而言,其中难点问题有四个:

（一）如何设定和控制员额

员额制是实行司法人员分类管理的基础,也是推进司法体制改革试点中绕不过去的"拦路虎"。在全国司法机关法官、检察官人数普遍偏多的背景下,上海设定法官和检察官、司法辅助人员、司法行政人员的员额控制目标分别占队伍总数的33%、52%、15%。这个队伍总数由中央政法专项编制数和本市核定文职人员数两部分构成。截至2013年年底,上海法院系统法官占队伍总数的49%,检察系统检察官占队伍总数的65%,各级司法机关普遍存在法官、检察官人数偏多的问题。经过科学研究与反复论证,根据辖区经济社会发展、人口数量(含暂住人口)和案件数量及实际在审判办案岗位上的法官、检察官人数,以2013年年底队伍总数为基数测算出了三类人员的控制目标。需要说明的是,即使扣除经严格核定、统一招录的1 400名文职人员,上海法官、检察官员额也仅占政法专项编制的36.5%,仍低于中央明确的39%的入门线和底线。上海的目的是,通过设置合理员额,优化内部人员结构,确保85%的人力资源直接投入办案,促使办案力量大幅增加。然而,要实现33%的法官、检察官员额控制目标难度很大。因为改革后意味着近一半的法官和一多半的检察官将被分流安排到司法辅助、司法行政工作岗位上,法官、检察官员额能否最终控制在33%以内?这对落实分类管理是极大的考验。

上海33%的员额目标设定看似过低,实际这里有地区差异的因素。具体来说,一是编制数空缺情况不同。上海全市法检系统的编制数一直没有用满,始终保持约10%的空额,而外省市绝大多数法检系统人员编制都处于满编甚至超编状态。二是测算基数结构不同。上海的测算基数由两部分组成,即:机关编制数+核定文职人员数,总量相应较大;而外省市基本没有文职人员,仅以政法编制内的司法人员为测算基数,总量相对较小。综合以上两方面因素,可以说上海33%的法官检察官员额与外省市的40%比,实质相差无几。面对实行法官检察官员额制问题,上海坚持合理规划改革路径,稳步实现员额管理控制目标。既考虑对老同志的关切,也充分考虑青年骨干的成长,不是简单把实际承担大量办案任务的助理审判员、助理检察员排除在员额之外,防止影响司法工作和队伍稳定。通过设立5年过渡期,根据全市各级法院、检察院的功能定位以及核定的员额数量,分别确定各单位法官、检察官在本单位各部门的职位分布,然后将现有法官、检察官与岗位匹配,稳步实现部分不适应办案要求的法官、检察官的分流、退出。在实际操作中,能否纳入员额管理以能力和实绩考核为主,全程严格把关,谁更适合谁进,倡导公平竞争,既保证始终不突破33%的法官、检察官员额控制底线,又保证了队伍的整体稳定。主要采取"三个一批"的办法:

一是双向选择,自愿转岗一批。一部分有法官、检察官职务但长期不在审判办案岗位上的同志,考虑到改革后办案任务加重、责任追究严格,可自愿选择转岗。部分曾经办过案但目前已有合适岗位的人员,出于求稳怕变的心态也可选择退出。

二是竞争上岗,退出一批。通过设置办案岗位条件,加强办案绩效考核,让不适应办案岗位要求、不适合办案的人员按照规定退出办案岗位。如规定5年内未实际办案的法官、检察官,未通过考试遴选不得入额。

三是内部调整,调出一批。对辅助部门的法官、检察官员额进行科学核定,把法官、检察官主要配置在各级院的审判办案业务部门;行政综合部门不配备法官、检察官,业务部门的综合业务岗位也不配备法官、检察官。

具体而言,经过测算,设立5年过渡期,稳步实现部分不适应办案要求的法官、检察官的分流、退出，再加上5年内全市约有400余名法官、检察官自然退休，有条件在5年后实现全市法官、检察官33％的员额控制目标。

（二）如何解决法官、检察官数量"减少"与案件数量持续增加的矛盾

近年来，上海司法机关受理案件总数逐年攀升，在司法人员编制增长困难的客观条件下，案多人少的矛盾比较突出，如2014年上海法官人均办案量约160件，居全国第二。加上受社会价值多元、职业发展空间有限、职业待遇不高等因素的影响，确有部分法官、检察官转岗辞职，特别是一些优秀人才的流失对司法队伍形成一定冲击。改革后，一方面是法官、检察官员额被限定在33％以下，业内和外界都有一种担心，承担审判办案职责的法官、检察官数量"缩减"了，另一方面随着经济社会发展，特别是立案登记制的实施，司法机关受案数量势必会迎来新的增长，在此情况下，司法机关办案效率及质量还有保障吗？这是检验我们改革试点实效的试金石。

面对案多人少的问题，上海坚持多措并举充实一线办案力量。案多人少的矛盾与是否实行员额制并无因果关系，主要与真正在一线、能办案的人员不足密不可分。通过实行司法人员分类管理和优化队伍结构，确保法官、检察官在办案岗位上的人数实际只增不减，不仅绝对数量增加，而且能力素质得到优化。

一是通过建立单独职务序列，引导法官、检察官及司法辅助人员走职业化、专业化道路，把真正有能力办案的业务骨干留在办案岗位上，确保个个顶用、管用，不仅能够最大限度发挥其作用，而且还有利于克服人浮于事的弊端，淘汰不适应办案工作的人员，完善法官、检察官退出机制。如业务能力强的法官、检察官只要安心办案，即使没有行政职务，通过逐级晋升和择优遴选，也可以成为高级法官、检察官，并得到相应的待遇保障。

二是增加法官助理、检察官助理等司法辅助人员并赋予相应职责，明确司法辅助人员承担案前调解、证据交换、法律文书起草等辅助性工作，逐步剥离现有法官、检察官承担的大量辅助性、事务性工作，让法官、检察官能从繁杂的事务中解脱出来，在辅助人员的帮助下，专注于审判办案核心业务，集中精力办理好重大疑难复杂案件，进一步提升司法效率和质量。

三是规定纳入员额管理的法官检察官必须在核定入额的部门及岗位工作，使得原二线岗位和非审判业务部门纳入员额的法官、检察官充实到一线

办案。

四是积极推动司法机关行政领导回归审判办案角色,遴选进入员额的院长、庭长、审委会委员、检察长、科处长、检委会委员都编入合议庭或办案组,按照统一标准亲自办案,对办案质量终身负责,此举直接增强了办案力量。比如,2014 年 7—12 月,闵行区法院院长、庭长参与审理案件 3 524 件,同比上升 70.9%;先行试点以来,徐汇区检察院检察长、副检察长及检委会委员直接办理各类案件达 111 件。

五是通过建立配套薪酬制度,使三类人员在各自序列内实现职业良性发展。由于建立了更加清晰、宽阔的职业通道,大家不会都挤在行政序列一根独木桥上,而是各得其所、各尽其能,有利于司法队伍的长期稳定。

实行司法人员分类管理和员额控制,不仅充实了一线办案力量,有利于解决案多人少问题,更重要的是优化了队伍结构和素质能力,带动了司法工作质效的整体提升。比如,2014 年上海全市法院共受理各类案件 55.03 万件,审结 54.5 万件,同比分别上升 13.2% 和 14.6%。其中,92.5% 的案件经一审即息诉,经二审的息诉率为 99%,最高人民法院通报的全国法院案件质量综合指数,上海法院位居前列。

(三)如何回应社会合理质疑,做到放权与放心相统一

司法体制改革的核心是对司法权力的重新配置,改革后,赋予法官、检察官较改革前更多的权力,突出了法官、检察官在办案中的主体地位,以期改变目前层层请示、层层审批行政管理办案模式。由于改革力度较大,有的同志担心,原先层层审批把关,还难以杜绝冤假错案,改革后法官、检察官权力更大了,如何确保司法公正?如何做到既放权又放心?这是必须直面的社会各界的合理质疑。

面对加强司法权监督制约的问题,上海坚持扎紧制度的笼子,确保既放权又放心。完善司法权力运行机制,落实司法责任制,是司法体制改革的核心任务,也是提升司法公信力的根本途径。改革试点最终成效如何,能否取信于民,这是最关键的环节和最现实的检验。上海不简单地把司法权的"独立"行使等同于"孤立"行使,把"去行政化"等同于"去管理",而是通过建立全市规范有序的审判权、检察权运行机制,让办案的法官、检察官权责相符,对所办案件终身负责,不断提高司法工作质量、效率和社会公信力。

一是落实办案责任制。研究制定法官检察官执法档案管理、法官检察官办案绩效评价等一系列制度措施，合理划分内部办案权限，既要放好权、又要用好权、更要管好权，真正让司法权在制度的笼子里运行，推动实现让审理者裁判，由裁判者负责。明确主审法官、主任检察官在所在办案组织中承担特定办案职责。如主审法官参与合议庭审理案件时，与其他合议庭成员权力平等，但负有主持案件庭审、控制审判流程、组织案件合议、避免程序瑕疵等岗位职责。

二是推进司法公开、司法民主。阳光是最好的防腐剂。更加注重依托信息化手段，切实加强审判流程公开、裁判文书公开、执行信息公开等平台建设，全面推行办案工作全程录音录像、生效裁判文书上网、在线诉讼服务公布等工作，完善人民陪审员制度、特邀监督员制度，有效提高司法透明度和公信力。同时，进一步加强人大法律监督和党委政法委执法督查。

三是从严管理法官、检察官。从执法办案中最容易出现问题的关键环节、人民群众反映最强烈的突出问题、可能影响司法公正的制约因素入手，颁布实施了《上海法官、检察官从严管理六条规定》，要求法官、检察官及其助理承诺签约、严格遵守。这一规定明确了六种禁止性情形，厘清了模糊空间，提升了处理规格，增强了制度刚性，体现了中央和市委对政法队伍"严肃教育、严明纪律、严格监督、严惩腐败"的要求。

（四）如何避免司法行政工作受到较大影响

人员分类定岗改革实施以来，由于综合部门行政岗位不设法官检察官员额，具有法律职务的行政岗位人员大多主动选择并经考核或考试进入员额，充实到一线办案。在后续人员一时难以招录、培养到位等情况下，司法行政管理部门的工作难免受到一些影响。就上海而言，这一问题在市高级法院、市检察院、市中级法院、市检察分院可能会更为突出。因为相较基层院，高、中级院的审判办案任务较轻，而行政管理工作任务则较重，加之改革后入额法官检察官的薪酬又高于行政人员，因此高、中级院具有法律职务的行政岗位人员很可能会选择离岗入额，由此会给司法行政工作带来一定影响。

面对司法行政工作受到影响的问题，上海坚持研究出台配套政策，保障司法行政工作平稳有序。大力加强思想政治工作，积极正面解读司法改革试点方案，把所有的政策和道理向干警说明白，帮助建立合理预期，防止触发误判误解，深入基层面对面地与干警沟通，加强调查研究，掌握情况动态，及时释疑解惑，强调讲政治、讲大局、讲纪律，引导和统一广大干警对改革试点的认识和预期，全面准确地把握改革的目的、走向和方式，尤其是把握好个人利益与整体利益的关系，理解和支持司法改革试点工作。针对改革后司法机关行政管理工作面临的实际困难，会同相关部门认真研究论证管用的解决方案及制度措施，最大限度地降低因改革带来的影响，着力保持司法行政工作平稳运行。比如，研究推动适当提高司法辅助人员、司法行政人员的薪酬待遇，有效防控司法机关人员岗位收入差距拉大引发的矛盾。考虑行政职级晋升向综合管理部门倾斜，如参照国外做法设置行政副院长等，拓宽司法行政人员的职业发展通道。在把握各自序列内交流的总体原则基础上，积极稳健探索根据工作需要，有条件、有流向的跨序列及系统外交流的机制，保持稳定与激发活力相结合，整体推动司法队伍建设。

同时，及时总结推广基层改革实践中的有益做法。比如，上海检察系统规定实行检察官研修制度，检察官每五年以在职离岗方式参加一次集中研修，结合实践完成课题研究及指定研修科目，并提交研修成果，经评审合格记入检察官执法档案。此举不仅有利于增强检察官的理论素养和课题研究的实践性，而且改变了以往主要由研究室等综合管理部门负责科研的局面，有利于这些部门减负前行。又如，闵行法院探索过渡期内，在综合管理工作中引入"项目制管理"模式，在审判业务部门选任"政治工作联络员"，与综合管理部门的专职人员对接协调，共同完成适用项目化管理的工作，弥补了司法行政人员一时不能补充到位的缺口。

这里需要特别指出的是，对照中央政法委修改并报 2014 年 6 月 6 日中央全面深化改革领导小组第三次会议审议通过的上海司法改革试点工作方案，其中对 2014 年 5 月 27 日上海市委常委会原则同意的上海试点方案中的两处地方作了删减。经请示中央政法委同意，在由市委办公厅、市政府办公厅正式印发的上海试点方案中，对这两处删减地方仍作了保留。

一是"划分人员类别，核定法官、检察官员额"问题。考虑到其他省市司法机关没有实行文职人员制度，从可复制、可推广的要求出发，中央政法委删减了"（即 2013 年底司法机关编制数加核定文职人员数）"这一关于"队伍总数"的界定内容。但是，中央政法委指出上海可以根据方案政策导向，结合地方实际具体细化。上海推进文职人员制度已经多年,市编办对法院、检察院文员实行严格的额度管理,而且试点方案明确现有公务员身份的书记员符合条件的可以转任法官助理、检察官助理,书记员工作逐步统一由文职人员担任。作为司法辅助人员重要组成部分的文职人员将制度性地在司法机关中承担大量辅助、事务性工作,有必要将其纳入员额管理的总体框架,以期逐步优化司法机关队伍结构,尽早实现法官检察官、司法辅助人员、司法行政人员分别占队伍总数33％、52％、15％的员额控制目标。因此,市委办公厅、市政府办公厅印发的上海试点方案中,保留了关于"队伍总数"的界定内容。

二是"细化法官、检察官延迟申领养老金办法"问题。考虑到其他省市司法机关人员编制管理的复杂性,从可复制、可推广的要求出发,中央政法委删除了"在过渡期内,延迟领取养老金人员可不计入法官、检察官员额"这一过渡期内特殊政策措施。但是,中央政法委指出上海司法人员编制管理规范,可以在平稳实现人员套改上积极探索,出台地方性特殊政策。考虑到一方面法官、检察官实行严格的员额管理,部分不适应办案要求的法官、检察官需要逐步离开办案第一线;另一方面为了满足办案需要,现有助理审判员、助理检察员需要有序转为审判员、检察员,此外还需从法官助理、检察官助理中择优选任审判员、检察员。为了尽可能将真正擅长办案,经验丰富的资深法官、检察官留在一线岗位上,又不影响年轻、优秀办案骨干的发展空间,防止优秀人才流失,明确延迟领取养老金人员不计入法官、检察官员额,可以有效保持办案骨干队伍的整体稳定。因此,上海市委办公厅、市政府办公厅正式印发的上海试点方案中,保留了"在过渡期内,延迟领取养老金人员可不计入法官、检察官员额"这一过渡期内特殊政策措施,以有序实现司法队伍的新老交替、保持工作活力。

中央明确这次司法改革试点的总体考虑是,坚持顶层设计与实践探索相结合,既要从党和国家事业发展全局出发,加强总体谋划;也要从实际出发,尊重基层首创精神,鼓励各地在机制改革上进行积极探索,为全国逐步推开试点积累经验、创造条件。上海司法改革试点的目的就是按照中央统一部署,立足全国大局,结合上海实际,遵循司法规律、凸显职业特点,建立分类科学、结构合理、权责明晰、管理规范、保障有力的司法人员管理制度,确保司法机关依法独立公正行使司法权,努力形成可复制、可推广的经验,为推进我国司法事业

科学发展提供科学的制度保障。为了实现这一目的,上海推出了多项全国首创举措,其中特别对司法改革试点产生深远影响的有两项:

1. 组建上海市法官、检察官遴选(惩戒)委员会

法官、检察官的工作是实践性很强的工作,不仅需要具备良好的法律专业素养和司法职业操守,还要具有丰富的实践经历和社会阅历。为了切实改变当前法官、检察官准入门槛不高、素质参差不一的状况,迫切需要建立全市法院、检察院的法官、检察官市级统一管理的体制,提高法官、检察官任职标准,确保队伍政治素质和专业能力,以有效减少外部干扰,提高司法公信力。

秉承"于法有据、法无禁止"的原则,上海将中央试点要求与现行法律制度相结合,市委办公厅、市政府办公厅于 2014 年 7 月 7 日下发的《上海市司法改革试点工作方案》及《贯彻实施〈上海市司法改革试点工作方案〉分工方案》(沪委办发〔2014〕23 号),提出构建"统一提名、党委审批、分级任免"的法官、检察官市级统管新格局,在坚持党管干部的前提下,组建社会公信力强的法官、检察官遴选(惩戒)委员会,负责统一制定各级法官、检察官任职标准,定期组织法官、检察官拟选工作,从专业角度提出法官、检察官人选;市高级法院、市检察院党组根据法官、检察官遴选(惩戒)委员会提供的建议名单统一审批提名,并由各级法院院长、检察院检察长按照法定程序提请同级人大常委会依法任免。组建法官、检察官遴选(惩戒)委员会由上海市委政法委牵头,市委组织部、市纪委、市人大常委会、市公务员局、市高级法院、市检察院、市司法局、市法学会等参与。由于法官、检察官遴选(惩戒)委员会是个新生事物,此前没有先例,上海市委政法委成立了起草小组。起草小组在调研的基础上于 2014 年 7 月中旬形成了《上海市法官、检察官遴选(惩戒)委员会组建框架意见》。7 月 22 日,上海市委常委、政法委书记、市司法改革试点推进小组组长姜平主持司法改革专题会议对上述框架意见逐条进行了研究,提出明确的要求。根据会议精神,起草小组于 8 月初完成了《章程》初稿。此后,起草小组将《章程》先后提交上海市委政法委专题会议、市司法改革试点推进小组办公室会议等进行讨论,征求市委组织部、市纪委、市人大内司委、市公务员局、市高级法院、市检察院、市司法局、市法学会的意见。在吸收各家意见的基础上,形成了较为成熟的《章程》上报中央政法委审核。中央政法委对此非常重视,这一地方性的《章程》征求了中央有关部门的意见,正式函复上海市委政法委原则同意上报

的《章程》，并要求上海市委政法委按照《章程》，尽快组建遴选(惩戒)委员会，启动法官、检察官遴选工作，并将实施情况及时报告。

(1)制定《上海市法官、检察官遴选(惩戒)委员会章程》

上海决定把组建上海市法官、检察官遴选(惩戒)委员会作为落实"法官、检察官市级统管"试点任务的重要抓手。2014年12月3日，上海市法官、检察官遴选(惩戒)委员会第一次全体会议讨论通过《上海市法官、检察官遴选(惩戒)委员会章程》，共六章24条，主要明确了总则、组织机构、工作职责、工作制度、工作纪律和附则等基本内容。

第一章总则共3条。第一条明确上海市法官、检察官遴选(惩戒)委员会成立的依据，即《关于司法体制改革试点若干问题的框架意见》《上海市司法改革试点工作方案》。第二条规定了法官、检察官遴选(惩戒)委员会的制度定位，核心是坚持党的领导和法官、检察官专业化职业化发展方向，落实"统一提名、党委审批、分级任免的制度安排。第三条规定法官、检察官遴选(惩戒)委员会的工作性质和工作目的。

第二章组织机构共5条。分别规定：遴选(惩戒)委员会委员由专门委员和专家委员组成(第四条)；专门委员与专家委员的来源和委员的聘任(第五条)；遴选(惩戒)委员会委员主任、副主任的推选(第六条)；法官、检察官遴选(惩戒)工作办公室的设立及职责定位(第七条)；法学专家库的组成和聘任(第八条)。

第三章工作职责共2条。分别规定了遴选(惩戒)委员会和法官、检察官遴选(惩戒)工作办公室的工作职责。

第四章工作制度共7条。分别规定：遴选(惩戒)委员会全体会议制度(第十一条)；遴选(惩戒)委员会决议表决制度(第十二条)；遴选(惩戒)委员会专家咨询会议、专项检查、专项研究、听取咨询意见和工作建议等各项制度(第十三条)；遴选(惩戒)委员会惩戒意见的提出和公开谴责制度(第十四条)；专家库专家参与遴选工作的制度(第十五条)；法官、检察官遴选和择优选升制度(第十六条)；专家库专家参与惩戒工作的制度(第十七条)。

第五章工作纪律共5条。分别规定：遴选(惩戒)委员会委员工作纪律(第十八条)；回避的情形(第十九条)；回避决定的程序(第二十条)；遴选(惩戒)委员会委员资格的终止(第二十一条)；列席人员的纪律(第二十二条)。

第六章附则共 2 条。分别规定了章程的解释(第二十三条)和实施的时间(第二十四条)。

综合来看,在上海市委政法委的主导下,起草和制定《上海市法官、检察官遴选(惩戒)委员会章程》过程中始终贯彻了以下八点要求:

一是坚持党的领导和推进法官、检察官专业化、职业化相结合。十八届四中全会决定明确提出,坚持党的领导是社会主义法治的根本要求。党的领导和社会主义法治是一致的,社会主义法治必须坚持党的领导,党的领导必须依靠社会主义法治。作为社会主义法治的重要组成部分,法官、检察官队伍建设必须要坚持党的领导,同时要重视法官、检察官法律职业的专业性特点,把坚持党的领导与推进法官、检察官专业化、职业化建设统一起来。为此,《章程》第二条明确规定,遴选(惩戒)委员会坚持党对司法工作的领导,坚持法官、检察官专业化、专业化发展方向,按照"统一提名、党委审批、分级任免"的制度安排,统一提出法官检察官遴选、惩戒意见,由市高级法院、市检察院党组按干部管理权限和法定程序办理。必须明确,遴选委员会的遴选只是法官、检察官选任制度的专业把关环节,解决的是法官、检察官的统一提名问题,法官、检察官的选任最终还要按照干部管理权限和法定程序办理。

二是坚持中央明确的改革方向和体现上海特色相结合。坚持中央深化司法体制改革的总体方向是上海司法改革应当遵循的重要原则,上海在《章程》的制定中全面贯彻落实了中央明确的改革方向。同时结合上海实际,在一些具体制度设计上体现上海特色。比如,优化遴选(惩戒)委员会委员的组成方案,在发挥职能部门工作优势的同时,积极引入法学专家与学者,体现遴选(惩戒)委员会的代表性、专业性、权威性。又如,《章程》第四条规定,遴选(惩戒)委员会由专门委员和专家委员组成。再如,完善过渡期遴选工作的范围,确保现有法官、检察官选任制度向遴选制度的平稳过渡。《章程》第十六条中规定,在过渡期内,确认现有审判员、检察院纳入员额管理的人选;从现有助理审判员、助理检察员中遴选纳入员额管理的审判员、检察员。

三是坚持试点探索和司法实际相结合。国外法官遴选工作的制度设计各不相同。有的由司法委员会主持法官的遴选工作,例如法国、荷兰;还有的由司法大臣负责法官的遴选,例如英国;而美国联邦法官由总统提名,经律师协会法官评审常务委员会评议后,交参议院审核通过。上海在遴选工作的制度安排与遴选委员会的建立中,遵循我国社会主义司法活动的客观规律,以社会主义法律制度的自我完善和自我发展为目标,结合当前的司法实际,脚踏实地地推进试点探索。现有的法官、检察官选任工作在法院、检察院党组的领导下实施。根据试点探索的要求,《章程》第七条规定,在市高级法院设立上海市法官遴选(惩戒)工作办公室、在市检察院设立上海市检察官遴选(惩戒)工作办公室,分别承担法官、检察官遴选、惩戒的日常工作。法官、检察官遴选(惩戒)办公室与法检的政治部将合署办公,由其拟定候选法官、检察官人员名单提请遴选(惩戒)委员会差额确定遴选结果。在遴选与惩戒工作中,遴选(惩戒)委员会与法院、检察院分工负责,既不把遴选(惩戒)工作全部推向遴选(惩戒)委员会,又要通过制度安排充分发挥法院、检察院做好遴选(惩戒)日常工作的主体作用。又比如,由于遴选(惩戒)委员会是新生事物,成立之后如何履行职责、发挥作用还处于探索阶段。因此,对遴选(惩戒)委员会定期召开会议暂不作硬性规定,由遴选(惩戒)委员会根据工作需要自行决定召开,讨论决定重大事项。

四是坚持广泛性与专业性相结合。法官、检察官遴选要坚持广泛性的原则,主要体现在参与遴选工作的人员其身份、来源的多元化上。根据《章程》第五条,委员会专门委员包括上海市委政法委、市委组织部、市纪委、市人大内司委、市公务员局、市高院、市检察院等7个单位的分管领导。成员单位广泛。同时,根据《章程》第四条、第八条的规定,建立由资深的法学专家、审判业务专家、检察业务专家及律师代表共20人左右组成的法学学者专家库。遴选(惩戒)委员会的专家委员从上述专家库中推选8名专家学者组成。上述规定不仅体现了广泛性的原则,还充分体现了专业性的特点。专家库专家均是本市乃至全国相关法律研究和司法业务的权威,通过他们的工作,对遴选对象的专业能力和司法品行进行严格的审查把关,以确保上海遴选工作的专业水平,进而推动上海法官、检察官职业化建设。

五是坚持总体把握与分工负责相统一。遴选(惩戒)委员会的职责是领导、组织、监督遴选(惩戒)总体工作。根据《章程》第九条的规定,年度法官、检察官遴选名额及差额比例由遴选(惩戒)委员会审议核准;遴选结果的审议和建议由遴选(惩戒)委员会完成;对法官检察官的惩戒意见由遴选(惩戒)委员会提出;《章程》由遴选(惩戒)委员会制定或批准、修改、完善。根据《章程》第十条的规定,法官、检察官遴选(惩戒)办公室主要负责遴选惩戒的具体工作。遴选(惩戒)委员会与法官、检察官遴选(惩戒)办公室关系是:遴选(惩戒)委员会监督、指导法官、检察官遴选(惩戒)办公室的工作。形成了由遴选(惩戒)委员会总体把握与法官、检察官遴选(惩戒)办公室分工负责的工作格局。

六是坚持程序保障和决策民主相结合。遴选(惩戒)是司法民主的重要组成部分。完善遴选(惩戒)工作的程序保障,确保决策民主是体现遴选(惩戒)工作公正性的必然要求。《章程》第十二条对决议表决制度作出规定,要求会议决议应由三分之二以上委员出席,过全体委员半数通过有效。根据《章程》第九条的规定,建立差额遴选的制度(考虑按照1:1.2的比例),确保遴选工作的实际效果。

七是坚持遴选与惩戒并重。完善司法责任制是司法改革的一项重要内容,通过改革形成权责明晰、权责统一、管理有序的司法权力运行机制。遴选(惩戒)委员会不仅要根据缺额情况定期组织法官、检察官拟选工作,还要对法官、检察官的违纪违法行为组织核查,认定责任,提出惩戒意见。重要的是,从维护法官、检察官职业形象和司法权威的角度出发,《章程》规定,遴选(惩戒)委员会对法官、检察官重大违纪行为,造成严重负面影响的,除提出惩戒意见外,还可以在一定范围内对违纪法官、检察官予以公开谴责。所有这些规定都体现了遴选与惩戒的并重。

八是坚持制度保障和严格工作纪律并举。《章程》通过第二章的组织机构、第四章的工作制度等规定,为遴选(惩戒)委员会开展各项工作提供了制度保障。《章程》第五条规定,由上海市委政法委向遴选(惩戒)委员会委员、专家委员颁发聘任书。由于上海市委政法委是中共上海市委领导和管理政法工作的职能部门,这一设计体现了市委对这项工作的高度重视。同时,考虑到为确保遴选、惩戒工作的公平、公正,《章程》设专章对工作纪律作了明确规定,其条文数占总条文近21%。特别是考虑到可能出现的利害关系,第十九条专门规定了回避制度以确保公正性。

(2)上海法官、检察官遴选(惩戒)委员会发挥专业把关作用

根据中央和市委的部署要求,按照上海市司法改革试点工作方案的规划,由上海市委政法委牵头组织,2014年年底上海成立了法官、检察官遴选委员会,运转顺畅,各项机制日臻完善,遴选工作有序进行。

一是准确定位，组建专业遴选团队。建立法官、检察官遴选制度是司法队伍建设的需要，是司法体制改革中的创新之举。过去，司法队伍是按照公务员管理的，审判员、检察员职数有限，尽管职数很紧张，可仍有一些办案能力不甚强或不想办案的法官、检察官占着职数。这对合理配置人力资源，调动广大司法人员积极性是不利的。司法体制改革中，法官、检察官按有别于公务员管理，实行员额制，并建立了法官、检察官遴选制度，严格法官、检察官职业准入管理，这对提高司法队伍素质、提升办案质效、促进司法公正，提高司法公信力具有重要意义。上海市法官、检察官遴选委员会共有15名委员，其中7名专门委员由市委、市人大、市政府、市纪委相关职能部门及市高级人民法院、市人民检察院分管领导担任；8名专家委员经过全市各大高校、法学研究机构、律师协会等层层推荐选拔产生，都是资深的法学专家，其中教授6名，研究员1名，律师1名，平均年龄56岁。此外，还有12名专家库成员。上海市社联党组书记、专职副主席沈国明被推选为首届遴选委员会主任。

二是创设程序，统一适用遴选标准。为了让遴选出来的法官、检察官都能胜任工作，遴选委员会坚持专业上统一标准，从严把关。其一，遴选程序设定体现公平务实精神。法官、检察官入额遴选方式，特别是助理审判员、助理检察员如何遴选，司法人员十分关心，全社会也很关注，因此，程序设计事关重大。由于没有现成经验可借鉴，只能自己创设。刚开始时，对要不要面试、要不要申请者全员面试、要不要实行差额遴选等问题意见分歧较大，这些分歧的背后，反映出来的问题是遴选委员会到底是做虚还是做实。经多次讨论，反复权衡，逐渐酝酿出了遴选的程序，主要环节是让每一位申请入员额的人当面做陈述，回答遴选委员会成员的问题。设置这样的程序，工作量很大，但是，对每个申请人是公平的，而且，把遴选工作做实了，避免遴选"走过场"。其二，遴选标准体现司法改革真谛。遴选标准有导向作用。鼓励司法干部到一线办案、提高队伍素质是司法体制改革的应有之义。为此，遴选委员会和"两院"在设定遴选标准时，把办案实绩放在突出位置。遴选委规定，"两院"遴选办公室也以此标准掌握：检察官虽在办案部门工作但不直接承担检察办案职责，或者近3年平均办案量较低，或者近5年来未从事过检察办案工作等情形的，暂不确认入额；法官办案数量未达到结案数量要求的，暂不能入额。遴选委把法律专业素养放到重要位置。由"两院"组织对所有申请入额的审判员、检察员、助审员、助检员先行专业考试、业绩考核,确定合格以上等次才能参加遴选委员会的最终遴选。遴选不能忽略职业操守。遴选委明确规定,在司法作风、职业操守方面有瑕疵的,不予入员额;在案件质量评查中,被发现存在严重差错的,不予入员额。其三,遴选环节分工体现遴选委与"两院"各司其职。遴选分设初选和终选两个环节:初选主要由"两院"遴选办承担,包括受理个人申请、资格审查、业绩考核、书面考试、审委会(检委会)面试、民主测评、党组审议、推荐候选人等。终选由遴选委员会组织,包括确定入员额数量和比例、听取两院遴选办的工作汇报、审核遴选候选人材料、面试、审议表决等。两大环节分工明确,各机关各司其职,环节间紧密衔接,保证了遴选工作取得预期效果。

三是认真履职,不负各方充分信任。上海市法官、检察官遴选委员会是改革的产物。能够得到司法人员和社会各界的普遍认可,得益于四方面因素。其一,市委领导充分信任。遴选委员会成立时,上海市委书记韩正亲自为每位委员颁发聘书,对遴选委员会的工作寄予厚望,让各位遴选委员深知自己的责任。其二,相关部门全力支持和配合。"两院"党组高度重视遴选工作,给予了全方位支持。先行试点单位及"两院"遴选办做了大量基础性工作,为提高最终遴选的效率创造了条件。相关职能部门和基层法院、检察院也都鼎力支持配合。其三,全体委员尽心尽责。各位委员本着对司法体制改革负责、对每名候选人负责的态度,认真履职慎重对待每一位遴选对象,认真审核书面材料,仔细聆听遴选对象陈述,适时提问,综合考量,慎重投票,整个遴选工作各方都给予较高评价。对从律师中遴选法官更是慎之又慎,最终,所选出的律师是在业界有广泛好评的。其四,工作环节公开透明。为确保客观公正,委员们主动提出遴选实行记名制投票,面试全程录音录像,以促使自己所做的工作经得起时间的检验,经得起来自各方的检验。

(3) 首次向社会公开选任高级法官、高级检察官

根据公开选任高级法官、高级检察官实施方案,上海市高级人民法院、市人民检察院分别计划公开选任市第二中级人民法院刑事类三级高级法官1名,市人民检察院第二分院公诉处三级高级检察官(刑事)1名,徐汇区人民法院民事类四级高级法官1名,徐汇区人民检察院公诉科四级高级检察官(刑事)1名。2015年4月16日至30日,上海市高级人民法院、市人民检察院通过多家媒体发布了公开选任高级法官、高级检察官公告,并在"21世纪人才

网"和"上海市公务员局网"进行网上报名。截至报名结束共有21人报名，其中9人报考高级法官，12名报考高级检察官。经资格审查，法院系统通过资格审查5人，检察院系统通过资格审查9人。5月9日，市法官遴选(惩戒)工作办公室、市检察官遴选(惩戒)工作办公室对通过资格审查的报考人组织笔试。经笔试，5名报考高级法官岗位、4名报考高级检察官岗位的人员笔试合格。5月31日，市法官、检察官遴选(惩戒)委员会召开第四次全体会议，对9名笔试合格的人员进行面试。经面试，有3名人员合格，其余人员均不合格。随后，遴选(惩戒)委员会对3名面试合格人员进行投票表决，最终北京大成律师事务所律师商建刚、[①]复旦大学法学院副教授白江[②]分别作为三级高级法官、三级高级检察官的建议人选，由遴选委员会向市高级人民法院、市人民检察院致函推荐；四级高级法官、四级高级检察官建议人选均空缺。

为了确保首次公开遴选高级法官、高级检察官工作顺利推进，相关部门各司其职，围绕遴选相关环节，指定专人跟进，明确工作内容、时间节点和工作责任，首次公开遴选高级法官、高级检察官各项工作有条不紊。主要做法：

一是扎实做好前期调研工作。上海市委政法委、市高级法院、市检察院等单位到相关职能部门了解公开遴选高级法官、高级检察官的政策依据、用人单位需求、社会法律人才的意愿、意向人选等，并依此制定了遴选规范性文件。

二是大力宣传、广泛动员。上海市委政法委协调有关网站、报纸等媒体，通过多种渠道宣传公开选任工作，引导本市法律工作者积极报考，大力参与司法体制改革。上海市委政法委、市高级法院、市检察院、市司法局政治部，加大宣传动员力度，加强与相关律师、高校教师的沟通联系，组织发动报名，甚至发动机关有关干部在社会关系中动员法律工作者报名，每日汇总分析报名情况上报有关领导。上海市高级人民法院、市人民检察院设立咨询电话，对考生的咨询进行耐心、细致的解答，指定专人负责资格审核等工作，保障后台顺利运

---

① 商建刚，男，1976年7月生，汉族，湖北黄梅人，法律硕士，1994年9月奥赛保送至复旦大学数学系，后转至法律系，1999年7月参加工作。曾任上海市得勤律师事务所创始合伙人、北京大成(上海)律师事务所分所高级合伙人，2015年7月，成为上海市第二中级人民法院法官(三级高级法官)。

② 白江，男，1974年1月出生，民革党员，博士研究生，复旦大学法学院副教授。2002年至2005年在德国留学并获法学博士学位，从2005年至2015年在复旦大学法学院从事法学研究和教学工作，曾在上海市长宁区检察院挂职锻炼1年(担任检察长助理)，2015年7月，成为上海市人民检察院第二分院三级高级检察官。

转;针对报名中发现的"超龄报名"等问题,与有关部门积极协商沟通,最大限度地拓展报名人选范围;上海市高级人民法院还通过律师服务平台向律师事务所定点推送选任公告。市委组织部专门研究"实施办法""公告",提出了若干修改意见。市公务员局协调 21 世纪人才网等网站,抓紧设计报名系统,提供技术支撑。

三是精心组织笔试、面试。指定专人命题,命题内容既包括法学理论和法治理念素养,也包括实体法和程序法,同时也包括对相关社会热点现象的分析。指定专人做好试题保密工作。对考试时间、考试地点的安排尽量人性化,方便考生参加考试。对监考、巡考、阅卷、面试准备、提问、答辩、投票等环节都精心设计。

四是科学设计遴选方案。由于报考高级法官、高级检察官人员的法律实践履历和工作实绩法律差异较大,如果按照原先的报考岗位来遴选的话,将导致有的岗位人才浪费,有的岗位没有合适的人选。考虑到市法官、检察官遴选(惩戒)委员会是一个统一平台,遴选标准一致,对同样等级的高级法官、高级检察官的要求也一致,因此,符合选任条件的报考同级别不同岗位的高级法官、高级检察官的人员可以相互调剂,没有符合选任条件的人员的岗位则予以空缺。根据这一思路,上海市委政法委与市高级法院、市检察院反复沟通,不断优化遴选方案,最终确定的方案保证了遴选工作的圆满成功。

公开选任高级法官、高级检察官是推进司法改革,建设"专业化、职业化、精英化"队伍,高标准、高起点选人用人的重要举措。首次公开选任的成功,起到了"风向标"引领的作用。其主要经验有:

一是各方高度重视,确保遴选工作推进有力。上海高度重视从社会选任高级法官、高级检察官工作,强调要充分认识这项工作的重要意义,把首次遴选作为建立优秀法律人才良性流动机制来对待,各单位要充分发动、积极宣传、加强组织领导,把真正优秀的法律人才招纳进法院、检察院。市高级人民法院、市人民检察院也都将从社会公开选任高级法官、高级检察官作为重要工作来抓,坚持从大局出发,做实做细基础工作,积极配合市委政法委、市法官、检察官遴选(惩戒)委员会工作。相关职能部门积极履职、密切配合,市委组织部、市公务员局加强政策解读和各项支持,相关媒体加大宣传力度,21 世纪人才网加强技术保障,等等,形成了工作合力。正是有了各级领导和各级组织的高度重视,首次从社会公开选任高级法官、高级检察官的遴选工作得到有力有序推进,并取得了圆满结果。

二是各方统一认识,确保遴选工作方向不偏。从社会公开选任高级法官、高级检察官的工作一开始,相关方面就意识到,法官、检察官队伍整体学历层次和能力素养较高,如果选任的高级法官、检察官不具备精湛高超的法律素养技能,很难获得普遍认同,也不符合司法体制改革方向,因此遴选的目标必须是优秀法律工作者。但在现有的司法体制以及司法人员保障体制下,能否吸引和动员一些法律高级人才放弃原有的工作环境、高薪收入和相对较为自由的职业来到法院、检察院工作,在把握性上又不太高。对此,各级领导和相关部门在三个方面统一了思想认识:首先,把握好严格遴选条件和推动制度建设的关系。上海作为司法体制改革先行试点地区,首次开展高级法官、高级检察官的遴选,其意义不仅仅在于从社会上招录多少高层次法律人才,更重要的是建立优秀法律人才良性流动机制。在首次选任时,一些优秀法律人才可能对这种全新机制不了解、不熟悉,出现各种顾虑而没有报名参加首次选任。但不能就此认为高级法官、高级检察官对这些优秀法律人才没有吸引力。只有把这次遴选工作做好,才能体现出司法机关真心诚意广纳优秀法律人才的决心,才能提升社会对法律工作的尊崇,才能最终真正建立优秀法律人才良性流动机制。其次,把握好示范效应和内部平衡的关系。首次公开遴选法官、检察官,既要重视遴选候选人选的执业能力,也要重视候任人选的工作经历;既要有切实的举措将法律人才吸引到司法干警队伍中来,又要避免现有司法干警产生心理落差。通过遴选引导社会舆论树立法官、检察官的职业地位,体现法官、检察官不仅仅是收入较高的公务员,更是具有较高社会地位、能为社会公平公正作出较大贡献的法律专业人士。只有这样,才可以吸引高学历、高社会声望法律人才放弃高收入而加入法官、检察官这一职业。最后,把握好先遴后选和先选后遴的关系。在首次公开遴选高级法官、高级检察官中,不应遵循入额法官、检察官先遴后选的模式。虽然这一模式在程序上是体现了公平、公正,但由于首次公开选任工作经验不足、可挑人选的范围不大,完全用先遴后选的模式操作出现意外的可能性较大。因此,采取先选后遴的方式,这样既可以体现党管干部的原则,又能充分体现党委政法委引导遴选委员会的遴选工作,确保选好人。正是基于以上三个认识,市法官、检察官遴选(惩戒)委员会坚持遴选标准不降低，宁缺毋滥，最终成功遴选了 1 名三级高级法官、1 名三级高级检察官，而原计划遴选的四级高级法官、四级高级检察官则由于报考人条件尚未达到遴选标准而予以空缺。

三是加强制度设计，确保遴选工作有章可循。从社会遴选高级法官、高级检察官没有先例可循，建立和完善一套可复制、可推广的制度既是中央和市委的要求，也是这项改革的题中应有之义。从 2014 年 7 月起，上海市委政法委牵头承担起公开选任高级法官、高级检察官的制度设计、组织实施等工作。为确保制度设计符合实际，市委政法委先后召开 5 次座谈会，听取市委组织部、市公务员局、市高级法院、市检察院、市司法局、市法学会，以及律师等法律工作者意见建议。在此基础上，经反复研究讨论、修改完善，并征求各方意见，由上海市委政法委政治部起草形成了《上海市向社会公开选任高级法官、高级检察官实施办法（试行）》《2015 年上海市向社会公开选任高级法官、高级检察官公告》，市委政法委综合协调处、研究室起草形成了《关于首次向社会公开选任高级法官、高级检察官有关遴选工作的意见》并经市法官、检察官遴选（惩戒）委员会第二次主任会议审议通过，为做好公开遴选工作打下了扎实基础、提供了制度保障。

2. 颁布实施《上海法官、检察官从严管理六条规定》

司法体制改革的核心是对司法权力的重新配置，上海试点方案赋予法官、检察官较改革前更完整的权力。为深入贯彻党的十八届四中全会精神，落实从严管理法官检察官的指示，全面推动司法改革试点，上海市委政法委会同上海市高级人民法院、上海市人民检察院认真梳理现有规章制度，按照更加集中、更加明确、更加严格和管用、易记、便做的起草思路，从执法办案中最容易出现问题的关键环节、人民群众反映最强烈的突出问题、可能影响司法公正的制约因素入手，研究起草了《上海法官、检察官从严管理六条规定》（以下简称《六条规定》），共有 6 条。

（1）制定依据

主要根据《关于司法体制改革试点若干问题的框架意见》，以及中央政法委、最高人民法院、最高人民检察院、中共上海市委关于法官、检察官从严管理的有关规定精神，进一步提炼、明确了六种禁止性情形，加以重申和强化，凸显司法权运行的底线，不能碰、更不能破，以完善权力监督制约机制，确保司法权力的正确使用。这六种禁止性情形,在《法官法》《检察官法》《法官行为规范》《法官职业道德基本准则》《检察官职业道德基本准则(试行)》《上海法院法官业外活动行为规范及监督管理规定(试行)》《检察人员八小时外行为禁令》《上海法院司法廉洁十条纪律》《上海检察机关关于检察官配偶、子女从事律师职业实施任职回避的规定》等法规文件中有相关具体规定。

(2) 处罚原则

现有法律、法规和法院、检察院工作规范均对法官、检察官从业行为作了详尽规定,并制定了相应的罚则,区分不同情形追究党纪政纪或法律责任。《六条规定》在此基础上,重点明确了六种禁止性情形,一旦违规不仅要按照现有规定追究相应责任,而且贯彻从严管理的精神,提请免去法官、检察官的法律职务。上海市高级人民法院、上海市人民检察院针对各自系统不同的审判、办案业务特点,研究制定具体实施细则。此举在开展司法改革试点、实行人员分类管理的背景下,大大增加了法官、检察官违法违纪成本,有利于维护法官、检察官的职业形象。

(3) 职业回避

上海法院、检察院已在全国率先实行法官、检察官配偶为律师的"一方退出"机制。《六条规定》在此基础上,规定法官、检察官配偶在本市从事律师、司法审计、司法拍卖职业的,应当实行一方退出。鉴于各级法院、检察院领导班子成员较之普通法官、检察官拥有更多的管理权,具有更大的职务影响力,对他们提出了更严的要求,配偶、子女在本市从事律师、司法审计、司法拍卖职业的,同样应当实行一方退出,以体现领导带头、从我做起,权责相符、权责一致的改革精神。这是职业回避范围的进一步延伸,能够有效避免公众对法官、检察官公正廉洁办案产生合理怀疑,充分回应社会各界对司法公正的关切。此举对最大限度地堵塞重点领域、关键环节可能存在的廉政风险漏洞极为重要。

对象范围。《六条规定》适用于本市所有法官、检察官。各级法院、检察院领导班子成员其职权职务影响更大,为此不仅执行本规定,而且规定其子女适用第六条关于职业回避的规定。鉴于法官助理、检察官助理在案件办理过程中承担了大量职责,且是未来法官、检察官最主要的后备队伍和来源。因此,《六条规定》明确法官助理、检察官助理参照执行,一旦违规也将免去其助理职务,使之不再有可能从事法官、检察官职业。这是从源头上严把法官、检察官入口关,提高准入门槛,严肃司法人员纪律作风,维护司法机关良好形象的重要举措。

（4）组织处理

市法官、检察官遴选（惩戒）委员会是改革司法人事管理制度的一大创新,其职责之一就是根据法官、检察官违法违纪线索,及时查清事实,从专业方面提出惩戒意见。因此,《六条规定》明确法官、检察官一旦违规,由市法官、检察官遴选（惩戒）委员会提出惩戒意见,法院、检察院按法定程序提请免去相关人员的法律职务,并追究相应责任,以更好地发挥正风肃纪的作用。

司法机关承担着维护社会公平正义的艰巨使命,既要支持法官、检察官依法独立办案,排除各种干扰,确保司法公正;又要依法加强监督,杜绝滥用职权,严防司法腐败。这是改革中不可偏废的两个方面。《六条规定》就是为了加强对司法权力的制约监督,营造"有权就有责、用权受监督、失职要问责、违法必追究"的权责观。

第一,关于导言部分。

启动司法改革试点以后,不仅党对司法公正的要求更高,而且人民群众对公平正义的期待、社会公众对司法工作的关注度也会更高。根据司法改革"优其薪、严其责、明其律"的要求,上海认为,法官、检察官不仅要严格遵守现有法律法规、党纪政纪和工作规范,而且还应该进一步对法官、检察官的从业行为进行规范,从严要求,从严管理,以体现改革的要求、党和人民的期盼,这也符合责权利相统一的原则要求。

第二,关于主体内容部分。

首先,从格式的表述上采取了"严禁"的直接表述。考虑到内容要鲜明、文字要简练,且要便于相关人员记忆、执行、检查、监督,没有采取正面要求的表述方法,而是直接用"严禁"的表述,表明了禁令的严肃性和刚性。其次,在内容上从严管理"六条禁令"有着严谨的内部逻辑。"六条禁令",其内在的逻辑结构是由大到小、由外到内、由抽象到具体、由一般到特殊,对法官、检察官的行为底线、外部活动、办案、法官检察官之间以及法官检察官配偶、子女的职业和行为进行规范。具体来说:

第一条禁令是规范法官、检察官行为的总的要求,即"严禁有违反政治纪律的言行及擅自发表有损司法权威的言论"。凡是违反现有关于法官、检察官职业管理规定，或者违反公共秩序、善良风俗的，都属于严禁的行为。这是因为，司法是守护社会公平正义的最后一道防线，法官、检察官作为社会公平正义的守护神，不仅要严格遵守法官、检察官职业操守，而且应该做践行社会主义核心价值观的楷模，成为普通大众日常行为的表率和道德模范。只有这样，才符合社会公众对司法公正的期待，也才能胜任公平正义守护神的角色。近些年来，少数法官、检察官虽然没有违反法律法规的规定，但由于违反了社会的公序良俗，造成了极大的负面影响，损害了法官、检察官的职业形象，因此，有必要予以强调。这也符合中央关于依法治国和以德治国相结合的原则要求。同时，该条也是覆盖性条款，毕竟职业操守、公序良俗的内容十分宽泛，条文不可能穷尽，且随着时间的变化，其外延和内涵也可能有所变化，为防止禁令内容的挂一漏万，该条的内容规定弹性较大，凡是其他条款没有涉及的内容，以及随着形势发展职业操守、社会公序良俗内容发生变化的，其所指向的可能有违司法公正的行为和活动也在严禁之列。

第二条禁令是关于法官、检察官日常社交活动的规定，即"严禁私下与案件相关人员接触、往来"。在司法实践中，发现有些法官、检察官为了不当利益，私自主动接触、联系案件相关人员，包括案件当事人、代理人、律师、公证员、鉴定人员等，甚至其他部门办案人员、工作人员，以施加影响，最终作出不当裁决。这些行为理应禁止。上海一直强调执法司法要公开，只有最大程度地公开，才能最大程度地接受监督。法官、检察官需要接触、联系案件相关人员，完全可以公开地、在执法办公场所光明正大地接触、联系，完全没有必要私下去接触、联系。如果能公开地接触、联系却偏要私下去接触、联系，就有让人充分质疑的理由。为了避免这些合理怀疑，需要在制度上扎紧篱笆。需要说明的是，如果是案件相关人员主动地联系法官、检察官，则法官、检察官应注意工作纪律和廉洁要求，让案件相关人员于工作时间、办公场所进行接触、联系。正常的工作联系当然不在禁止之列。

第三条禁令是规范法官、检察官行为底线的规定，即"严禁打探案情，泄露办案秘密，干预他人办案"。由于法官、检察官的工作内容特定，相互之间关系密切，如果互相之间有打听、插手、影响、干预案件办理的行为，今天我欠你一个人情，明天我还你一个人情，这样一来，不仅影响到个案的公正办理，而且还将破坏整个司法制度。因此，必须予以严厉禁止。需要指出的是，有人可能会

337

问,只是打听一下案情,又不影响案件办理,也会影响司法公正、也要严厉禁止吗?其实,打听案情,一来为办案纪律所不允许,二来政法机关对案件性质的判定、案件办理的进度等信息的泄露,必然影响到案件相关人员的行为选择,从而影响案件办理,最终影响司法公正。事实上,现在很多时候,法官、检察官虽然只是打听案情,并没有明显的直接干预办案,但这种风气会严重影响到司法机关办案的严肃性和公正性。因此,有必要对法官、检察官的合规行为边界作出规定。至于正常的内部案件办理管理、讨论、评议等行为,不在此限定之列。

第四条禁令是规范法官、检察官工作纪律的规定,即"严禁接受职务职权影响范围内的吃请、送礼及其他任何形式的利益输送"。任何利益往来,都有可能影响法官、检察官的主观判断,从而影响司法公正。这也是当前司法腐败、司法人员违法乱纪的主要形式,因此有必要从严规定。需要强调的是,这里的利益输送,不仅仅局限于物质利益,也包括其他各种非物质利益,如考察、旅游、健身、娱乐、读书、报酬畸高的讲课、权色交易以及子女的入学、就业机会等也都在禁止之列。因此,上海强调了"任何形式的"利益输送。条文中的"他人"是指亲属之外的人。至于亲属间正常的礼尚往来,则不属于禁止之列。但如果有证据表明,亲属间的送礼行为超出了正常礼尚往来的范围,且有利用法官、检察官职务职权影响嫌疑的,也应禁止。

第五条禁令是规范法官、检察官工作行为的规定,即"严禁涉足夜总会、会所及其他与职业身份不符的娱乐休闲场所"。无数案例表明,很多影响司法公正的行为往往不是有事需要帮忙时才开始找法官、检察官,而是往往通过"期权"行为,先从一些看起来不起眼的小事入手,通过诸如宴请、高档场所娱乐或其他施之以小恩小惠等活动,与法官、检察官套近乎,拉拢与法官、检察官的感情,让法官、检察官逐渐丧失警惕,一旦需要法官、检察官的时候,再提出要求。这时,法官、检察官往往抹不开情面,或因为前期说不清道不明的物质联系,最终只能成为别人的俘虏。如果一开始就直接找法官、检察官,法官、检察官的警惕性也相对较高,犯事的可能性反而较小。同时,从实践来看,法官、检察官涉足高档奢侈娱乐场所、参与由律师召集的所谓法律论证会等新问题,均引发了社会公众和业内对司法公正的合理质疑,已经对司法公信造成了实质性损害。为此,根据中央"八项规定"、上海市委"三十条"关于厉行勤俭节约、严格遵守廉洁从政的规定精神,对法官、检察官接受宴请和出入场所作了规范。这样做,既是为了防微杜渐,防止"吃人家的嘴软、拿人家的手短"以及"温水煮青蛙"现象的出现,从而保护法官、检察官的职业生涯,而且司法权的被动属性,也要求法官、检察官慎独。当然,作为一个社会人,法官、检察官的正常社交活动也应予以保障,如亲属聚餐、公务接待,家人、朋友自费到量贩式KTV唱歌,不在禁止之列。

第六条禁令是规范法官、检察官亲属的规定,即"严禁法官、检察官配偶从事律师、司法审计、司法拍卖等可能影响公正司法的职业,子女等其他直系亲属不得在本市从事前述职业"。配偶、子女从事法官、检察官职权影响范围内相关职业,如诉讼律师、司法鉴定,以及相关活动,如诉讼代理、介绍案子等诉讼掮客活动,都有足够的理由让人质疑审判的公正性。事实上,大量案例表明,司法腐败行为的发生,与法官、检察官的配偶、子女有密切的关系,因为作为一个社会人,其配偶、子女与自身是天然的利益共同体。为了最大限度保证司法廉洁公正,最大限度地保护法官、检察官的职业生涯,有必要进一步筑牢配偶、子女与法官、检察官之间的职业和相关活动的隔离墙。近年来,上海市法院系统所实施的一方退出机制受到社会广泛好评,也说明了建立这一制度的必要性。

最后,兼顾了法官、检察官正常活动的权利。在设计禁令内容时,既体现改革精神,从严要求,又注重从实际出发,以保证禁令内容绝大多数法官、检察官都能自觉做到。如第二条,对宴请限定了"职务职权影响范围内"的条件,对场所限定了"与职业身份不符"的条件;第六条,限定了"职务职权影响范围内"的条件,等等。因此,从总体上,"六条禁令"既体现了从严要求的精神,又从实际出发,使得禁令的落地具有可操作性。

第三,关于结尾部分。

在结尾部分对违反"六条禁令"的后果、实施细则、适用对象作了规定。为体现禁令的严肃性、执行的刚性,没有设计降级的内容,也是为了避免禁令出台后,引起社会"高高举起、轻轻放下"的诟病,明确规定法官、检察官违反从严管理若干规定的,由法院、检察院依法依规免去法律职务,并追究相应责任。由于禁令的规定内容比较原则,因此,需要由法官、检察官的所属部门市高级人民法院、市人民检察院制定内容更为详尽、更具有操作性的实施细则,以将禁令内容落地。考虑到法官助理、检察官助理在案件办理过程中承担了大量

339

职责,对案件的办理影响也极为重大,且是法官、检察官最主要的后备队伍和来源,规定禁令内容也应适用于法官助理和检察官助理。

■ 第三节　配套改革

党的十八大以来,习近平总书记从坚持和发展中国特色社会主义全局出发,提出并形成了全面建成小康社会、全面深化改革、全面依法治国、全面从严治党的战略布局。随着中国经济社会的快速发展,随着社会动态化、信息化带来的巨大变化,公安和司法行政工作出现一些不适应的问题。这些不适应,既有思想理念上的滞后,也有能力素质上的差距,既有体制机制上的制约,也有警务保障上的不足。要破解这些长期困扰和影响工作发展进步的难题,必须迎难而上、改革创新。

一、上海公安刑侦改革

党的十八大以来,习近平总书记等中央领导同志多次听取公安工作汇报、研究公安工作,并就深入推进公安改革、进一步加强和改进新形势下的公安工作和公安队伍建设作出重要指示。在中央全面深化改革领导小组的领导下,在中央司法体制改革领导小组的指导下,公安部全面深化改革领导小组,经深入调研论证、广泛征求意见,研究起草了建议稿。习近平总书记先后主持召开中央全面深化改革领导小组会议、中央政治局常委会议予以讨论,2015 年 2 月,中央正式审议通过《关于全面深化公安改革若干重大问题的框架意见》及相关改革方案,明确了全面深化公安改革的指导思想、目标任务、基本原则、政策措施和工作要求。其中全面深化公安改革的总体目标是:完善与推进国家治理体系和治理能力现代化、建设中国特色社会主义法治体系相适应的现代警务运行机制和执法权力运行机制,建立符合公安机关性质任务的公安机关管理体制,建立体现人民警察职业特点、有别于其他公务员的人民警察管理制度。到 2020 年,基本形成系统完备、科学规范、运行有效的公安工作和公安队伍管理制度体系,实现基础信息化、警务实战化、执法规范化、队伍正规化,进一步提升人民群众的安全感、满意度和公安机关的执法公信力。七个方面的主要任务:一是健全维护国家安全工作机制,二是创新社会治安治理机制,三是深化公安行政管理改革,四是完善执法权力运行机制,五是完善公安机关管理体制,六是健全人民警察管理制度,七是规范警务辅助人员管理。改革聚焦在三个方面:一是着力完善现代警务运行机制,提高社会治安防控水平和治安治理能力,提高人民群众的安全感。二是着力推进公安行政管理改革,提高管理效能和服务水平,从政策上、制度上推出更多惠民利民便民新举措,提高人民群众的满意度。三是着力建设法治公安,确保严格规范公正文明执法,提高公安机关执法水平和执法公信力,努力让人民群众在每一项执法活动、每一起案件办理中都能感受到社会公平正义。[①]

为了适应时代新发展和人民新期待,全面深化公安改革不仅是促进社会公平正义、维护社会和谐稳定的必然要求,更是激发公安队伍生机活力、提升公安机关战斗力的必然要求。上海被公安部确定为全国4个省级公安改革综合试点地区之一。2014年,上海市公安局成立由副市长、局长白少康任组长的全面深化改革领导小组,精心制定《关于上海全面深化公安改革的实施意见及责任分工方案》《关于上海公安机关全面深化改革的实施意见及责任分工方案》,明确改革任务书、时间表、路线图、责任状,完成上海全面深化公安改革的顶层设计。既狠抓推进"规定动作",又创新推进"自选动作",提出将全面深化公安改革,七大方面60个改革项目将在两年内全部完成。

(一)应对超大型城市面临的治安风险

作为一座国际化的特大型城市,如何以有限的精力维护其安全运行,是上海面临的课题。自2015年以来,上海公安先后推出涉及治安管理、出入境管理、交通管理、刑事侦查等方面的43项服务经济社会发展的新政策,以全面"升级"的现代警务机制破国际都市治理之题。安全是超大型城市面对的首要难题。上海公安按照反恐标准,精心打造治安巡逻防控网、武装应急处突网、群防群治守护网"三张网",创新完善立体化治安防控体系,狠抓反恐能力"升级",护航城市安全。各分(县)局均组建全副武装、屯兵街面的特种机动队,快速处置突发案事件;在全国率先开展路地公安联合武装巡逻,与驻地铁路公安机关建立一体化联勤机制。作为"三张网"的重要组成部分,上海公安特种机

[①]　周栋梁:《关于全面深化公安改革若干重大问题的框架意见及相关改革方案已经中央审议通过》,《人民公安报》2015年2月16日。

动队是中国大陆首创的独立建制专门应对暴力恐怖袭击和个人极端暴力破坏活动的专业队伍。上海市公安局治安总队副总队长何明介绍,截至 2016 年,上海 16 支公安特种机动队常设执勤车组 142 个。成立以来,这支队伍屯兵街面、动中备勤,参与各类大型活动安保 1 800 余起,成功处置各类突发案(事)件 200 余起。[①]

（二）夯实公安工作的基层治理

2015 年,上海市公安局制定《上海公安机关社区民警工作规范(试行)》,要求以居(村)委为单位划分警务区,每个警务区均设置社区警务室(社区民警工作站),对于规模较小、治安平稳的警务区,按照"一居(居委会)一警"的要求配置社区民警,相邻警务区联勤加强配合,并鼓励党员社区民警在居(村)委党组织中兼职。数个地域相邻的警务区联合为一个责任区,责任区内的民警信息共享。同时,对同一片区内的社区、治安、巡逻民警实行捆绑式考核。截至 2015 年,全市公安机关共设置派出所警务区 4 161 个、警务责任区 781 个。[②]上海市公安局积极为民警深度融入社区公共服务、充当公共安全主力军创造条件。通过分管社区治安防范、社会矛盾纠纷调解,参与居(村)委党组织重大事项的研究和决策,让社区民警真正沉进社区,为发动群众参与社区治理搭建了工作平台。截至 2015 年 7 月,上海公安机关已有 93 名派出所所长兼任镇党委职务,938 名社区民警在居(村)委兼职,有效推动了社区警务与社区治理工作融合衔接,完善了基层党组织牵头的社区多元共治机制。上海公安让社区民警兼任地区党组织副书记、积极参与基层治理,使社区警务工作融入基层组织、融入社区群众,通过社区警务的现代化,赋予传统社区警务新的内涵,积极构建适应现代治理体系的现代社区警务模式。2016 年 10 月,全市已基本完成社区民警"一居一警、一村一警"的配置要求,达标率为 96.9%;全市已投入运作的社区警务室(社区民警工作点)共 5 084 个;全市居(村)委治保主任专职化程度已达 81%。[③]通过以加强公共安全管理为切入点,坚持专门工作与群

---

① 李姝徵:《上海公安全面"升级"破国际都市治理之题》,载中国新闻网 https://www.chinanews.com/sh/2016/10-17/8033935.shtml,2016 年 10 月 17 日。

② 吴艺:《上海:积极推动社区民警参与基层治理》,载中国警察网 http://news.cpd.com.cn/n12021581/n12021584/c29616063/content.html,2015 年 7 月 24 日。

③ 徐程:《力推 43 项便民新举措 上海打造升级版警务机制》,载东方网 http://city.eastday.com/gk/20161017/u1a12169163.html,2016 年 10 月 17 日。

众路线相结合建立健全制度规范,积极推动社区民警参与社区治理工作,进一步夯实公安基层基础,努力提高警务工作效能、促进社会公平正义,促进了上海现代警务机制升级更新。

(三)创新警务运行模式

作为国际化大都市,外来人员聚集的城乡接合部的基层警力配备长期处于紧张状态。城乡接合部的流动人口数量大、地区不稳定因素较多,110接处警也相应增加。派出所大部分警力被调解纠纷、办理案件所牵制,主动开展警务工作的空间被压缩。因此,上海公安机关一直致力于创新社区警务运行模式,以优化中心城区警力结构,充实城乡接合部地区警力。首先是警力配置向城乡接合部,尤其是大型居住社区倾斜。近年来,上海市公安局为加强城乡接合部地区的治安管理工作,通过资源整合、内部挖潜,先后为城乡接合部地区增设管理机构、增加人员编制,充实治安管理力量。在深入调研的基础上,上海市公安局报请市委、市政府批准,在人口导入量大、治安状况复杂的大型居住社区增设10个派出所,实现了对大型居住社区治安管理工作的全覆盖。积极申请为闵行、嘉定、奉贤、崇明等9个区县公安机关增加公安专项编制,并多方协调,连续组织3批针对城乡接合部地区的新警专项招录。此外,上海公安机关还针对中心城区人口集中流出的情况,采取警力"梯度转移"方式,组织开展中心城区民警分流、置换工作,在优化中心城区警力结构的同时,进一步充实城乡接合部地区警力。据悉,2012年至2015年三年期间,城乡接合部所在的闵行、嘉定、奉贤、崇明等9个区县公安机关的警力增长14.11%。[1]人口导入量大、城市化发展快速、城乡接合部特征明显的地区警力增幅更大,基层基础建设不断夯实,网格化管理力量得到加强。

(四)打造"大数据实战应用平台"

伴随着信息技术的迅速发展,电信诈骗犯罪日益猖獗,正成为严重危害群众财产安全的"毒瘤"。面对艰巨挑战,上海公安积极打造"大数据实战应用平台",通过整合内外部海量数据资源、实现大数据深度应用,进一步提升打击精度与防范水平,有效遏制电信网络诈骗发案态势。上海设立了打击治理电信

---

① 吴艺:《上海:积极推动社区民警参与基层治理》,载中国警察网 http://news.cpd.com.cn/n3559/c29616011/content.html,2015年7月24日。

网络新型违法犯罪工作联席会议,并由市公安局牵头通信、金融监管等部门共同组建上海市反电信网络诈骗中心,实行防范、打击、治理一体化运作的实战机制,构筑保护群众财产安全的"防火墙"。自 2016 年 3 月 21 日试运行以来,中心已关停涉案电话号码 2 800 余个,封堵涉案有害网站 988 个,冻结涉案资金折合人民币 7 900 余万元,成功劝阻 3.5 万余人次。2016 年 1 月至 8 月,申城电信网络诈骗案件案值同比下降 20.6%。①

（五）树立"互联网＋"理念

根据中共中央办公厅、国务院办公厅 2016 年印发的《关于深化公安执法规范化建设的意见》,上海公安机关按照全面深化公安改革的部署要求,以"阳光警务"建设为引领,全面推进法治公安建设,努力提升上海公安机关执法公信力,提升人民群众的安全感与满意度。具体而言,就是在公安机关现代警务模式中引入"阳光警务"理念,做到以公开为原则、不公开为例外,真正让公平正义以看得见的方式实现。2015 年 11 月,上海市公安局在网上开通"阳光警务大厅"。截至 2016 年 10 月,大厅内可供查询的案件总量已突破 139.3 万件,公开率为 96.2%,群众已通过平台查询案件 7.6 万余次,满意率为 87.3%。对于群众提出的意见建议,承办单位均会进行回复说明。随后上海公安机关对"阳光警务大厅"进行了全面升级改造,建成了"市局—分局—基层派出所"三级"阳光警务"群,通过"互联网＋执法公开"新模式,实现线上、线下深度融合和双向互动。②其中,市公安局"阳光警务大厅"共设"警务信息、权责清单、办案公开、行政审批、便民服务、互动交流、网上 110"等 7 大功能模块,包含 61 项子栏目,基本实现了"一窗式公开、一网式办事、一站式服务",最大程度向市民群众公开公安机关职权范围、执法依据、执法过程和结果,真正做到让权力在阳光下运行。除了提供案件查询,该系统还全面公开公安机关"权力清单"、行政处罚案件结果、行政复议法律文书和刑事复议复核案件结果等信息,集中公开与群众日常生活息息相关的法律法规、司法解释、规范性文件等各类公安执法依据。③

①② 徐程:《力推 43 项便民新举措　上海打造升级版警务机制》,载东方网 http://city.eastday.com/gk/20161017/u1a12169163.html, 2016 年 10 月 17 日。

③ 简工博:《上海以"阳光警务"引领法治公安建设》,《解放日报》2016 年 10 月 11 日。

二、上海司法行政改革

司法行政制度是为国家司法活动和法治建设提供服务和保障的一项法律制度,是中国特色社会主义司法制度的重要组成部分。我国司法行政机关履行监狱执法、强制隔离戒毒管理、社区矫正、法治宣传教育、律师、公证、法律援助、人民调解、司法考试、司法鉴定和司法协助与外事等职能,在推进法治中国建设,服务人民群众、维护社会和谐稳定、保障经济社会发展中具有重要的地位和作用。党的十八大以来,以习近平同志为核心的党中央对司法行政工作非常重视,习近平总书记专门对司法行政工作作出重要批示。党的十八届三中全会通过的《中共中央关于全面深化改革若干重大问题的决定》,对全面深化改革作出了重大部署,其中提出将深化司法行政体制改革纳入全面深化改革的总体布局,明确了废止劳动教养制度、健全社区矫正制度、完善法律援助制度、完善律师执业权利保障和违法违规执业惩戒制度等。中共中央办公厅、国务院办公厅印发的《中央有关部门贯彻实施党的十八届三中全会〈决定〉重要举措分工方案》(中办发〔2014〕8号),中央《〈关于深化司法体制和社会体制改革的意见〉及其贯彻实施分工方案》(中办发〔2014〕24号)均对深化司法体制和社会体制改革作出了具体部署,对深化司法行政改革提出了明确要求。2014年,司法部成立了深化司法行政体制改革领导小组及办公室,设立了6个改革专项小组,制定印发了关于深化司法行政体制改革的意见及分工方案,积极稳妥地做好健全社区矫正制度、改革律师制度、完善法律援助制度、深化狱务公开、做好废止劳动教养制度后续工作、完善对社区服刑人员、戒毒人员、刑满释放人员的救助管理措施等6项牵头改革任务,以及参与推进的33项改革任务,先后制定出台12个改革文件,司法行政体制改革取得重要成果。

机遇面前,上海司法行政工作认真贯彻习近平总书记关于政法工作的重要指示,积极落实中央政法工作会议精神,将"防控风险、服务发展"作为司法行政工作的基本遵循,履行好加强风险防控,维护社会稳定的第一责任,完成好主动服务经济社会发展的第一要务,运用好法治思维和法治方式的第一准则,坚持好服务基层和改善民生的第一追求。将改革创新和方法优化作为破解难题、补齐短板的关键所在,注重体制机制的改革创新,注重资源整合的优势发挥,继续坚持标准化、信息化助推工作。将全面增强效能作为推进工作的

345

重要抓手,在做实基础工作的同时,通过项目化方式,集中优势和力量抓好重点工作。

(一)抢抓机遇,探索社区矫正集中执法模式

随着2011年刑法修正案(八)的颁布实施,特别是2012年3月,"两院两部"联合下发《社区矫正实施办法》,司法行政机关成为社区矫正的执法主体,社区矫正进入一个全新的发展阶段,即从试点阶段、探索阶段,正在走向集中执法探索的新阶段。2012年2月28日,在《社区矫正实施办法》正式实施的前一天,上海市高级法院、市检察院、市公安局、市司法局召开社区矫正工作联席会议,该会议纪要就明确提出社区矫正"在区(县)社区矫正中心尚处于推进阶段的过渡时期,区(县)司法行政机关指定地点暂为各区(县)街道、镇(乡)司法所。待区(县)社区矫正中心建成后,由区(县)社区矫正中心集中办理法律文书和人员的交接、报到工作"。社区矫正初期集中执法思路仅仅是办理法律文书和人员的交接、报到,但是,这毕竟是在《社区矫正实施办法》实施之初,上海已前瞻性地提出了集中执法的概念和思路。2014年8月,上海市社区矫正工作会议明确提出:"通过加强社区矫正中心建设,建立符合上海特点的集中执法模式,让区县司法行政机关切实承担起社区矫正的执法职责,司法所和社区主要从事日常监管和适应帮扶工作,并以此为基础,切实提高本市社区矫正规范化水平。"

上海市司法局提出构建"1+5+5"社区矫正集中执法模式,即以区县社区矫正中心为平台,建立执法衔接、监督管理、教育矫正、应急处置和社会资源整合等五项工作机制,实现队伍的专业化、执法的规范化、帮教的社会化、管理的信息化、运作的两级化等五方面工作目标。《本市社区矫正中心管理运行规定(试行)》明确,社区矫正中心是区县司法行政机关组织实施社区矫正工作的执法平台,承担执法衔接、监督管理、教育矫正、应急处置、社会力量整合等功能。上海自2011年开始就按照统一名称、统一标牌、统一用色、统一设施、统一功能"五个统一"试点推进社区矫正中心建设,除公共区域外,全部建立监管矫正、教育矫正、心理矫正三大功能区,每个功能区下设若干功能室。历经三年多时间的建设,全市16个区县共建成社区矫正中心22个,每个社区矫正中心面积在800 m²左右,为有力推进社区矫正工作创造了条件、搭建了平台。自2014年开始,市社区矫正管理局先后选择静安区(原)、闵行区,历经两年的时

间,试点开发了社区矫正"移动执法仪"软硬件系统,并于2016年在全市全面推广,建立纵向的市、区(县)司法局、街道乡镇司法所的三级社区矫正管理信息平台,实现了社区服刑人员基本数据信息的动态管理,并且把电子实时监控网络与信息平台相整合,实现了对监控对象的全程实时动态跟踪管控。同时,积极推进横向上与法院、检察院、监狱管理等部门的信息互通和数据共享渠道建设,初步形成了社区矫正执法的信息化网络,为构建社区矫正集中执法模式奠定了重要基础。在区县及街道、镇层面,过去,从事社区矫正工作的主要力量是专职干部、社工和志愿者,俗称"一体两翼"。2014年,上海认真贯彻落实中央关于"废止劳教制度"和"健全社区矫正制度"的决定,选派218名戒毒民警参与社区矫正工作,使社区矫正队伍从原来的"一体两翼"变为"四位一体"。

(二)依法依规,充分保障律师执业权利

上海市司法局深入查找、解决在保障律师执业权利方面存在的突出问题,充分保障律师在辩护代理中所享有的知情权、申请权、会见权、阅卷权、收集证据权和庭审中质证权、辩护辩论权等执业权利。结合本市实际,推动出台贯彻落实中央政法单位联合制定的《关于依法保障律师执业权利的规定》的相应文件。市人大、市委政法委和市级政法机关注重加强监督检查,确保法律规定的律师执业权利落到实处,保障和支持律师依法执业。建立健全律师执业权利保障配套工作制度机制。建立健全侦查、起诉、审判各环节充分听取、认真采纳律师辩护、代理意见的制度机制。侦查阶段,律师如提出当面反映意见或提交证据材料的,侦查机关依法办理,并制作笔录附卷;审查起诉阶段,对律师提出的犯罪嫌疑人无罪、罪轻、证据合法性存在问题等意见,检察机关认真审查核实,并在案件审查报告中对是否采纳及其理由作出说明;审判阶段,法官充分尊重律师,依法保障律师的发问权、质证权、辩论权等诉讼权利,并在裁判文书中列明律师依法提出的辩护、代理意见,并对是否采纳及其理由加以说明,有力落实了相关单位和工作人员在保障律师执业权利方面的责任。

完善便利律师参与诉讼的机制。市司法局推动各级法院建立和改善诉讼服务中心、立案大厅和律师会见室、阅卷室、休息室、专门通道等接待服务设施,方便律师办理立案、会见、阅卷、参与庭审等事务。充分利用现代信息技术,建立网上预约、自助查询、电子卷宗、网上阅卷、视频开庭等网络信息系统和律师服务平台,探索推行律师网上立案、办案。全市各级政法机关进一步畅通律师投诉、申诉、控告等渠道,及时处理侵犯律师执业权利的违法行为,并将处理情况书面答复律师。检察机关严格履行保障律师依法执业的监督职责,确定专门机构处理律师申诉、控告,对侵犯律师执业权利的违法行为依法严肃处理。司法行政机关和律师协会建立侵犯律师执业权利事件快速处置和联动机制,对侵犯律师执业权利的问题及时进行反映和协调,对律师因依法执业受到威胁、侮辱、报复、人身伤害的,要协调有关部门依法及时制止和处理,并对律师采取必要保护措施,相关部门均予以积极配合。切实加强律师执业日常监督管理。司法行政机关切实履行指导监督的法定职责,健全对律师执业的日常监督管理机制。律师协会履行好行业自律管理职能,监督律师严格遵守执业纪律和职业操守,及时受理对律师的投诉、举报,并对有关违规行为予以惩戒。律师事务所认真落实对本所律师执业活动的直接管理职责,加强对本所律师执业活动的日常监督和管理,强化事务所负责人、合伙人的管理责任,及时发现和纠正存在的问题。

(三)顺应形势,进一步健全公共法律服务体系

公共法律服务是政府公共服务体系的重要组成部分,也是司法行政机关的基本职责任务。加强公共法律服务平台建设,将公共法律服务网络延伸至基层,是深入贯彻中央全面依法治国实践的重要举措。根据司法部提出"以公共法律服务体系建设为总抓手,统筹推进司法行政各项工作"的思路,上海市司法局建立运行由司法行政综合法律服务窗口、"12348"公共法律服务热线、网上政务大厅及公共法律服务微信和 App 构成的公共法律服务网络。制定印发了《关于建立司法行政综合法律服务窗口的指导意见》《关于深化本市司法行政 12348 公共法律服务平台建设工作总体方案》《上海市公共法律服务平台建设实施方案》,明确任务书、时间表、路线图。16 个区司法局积极争取区委区政府大力支持,快马加鞭、卓有成效地开展了公共法律服务中心的建设,2017 年底,16 个区级实体平台全部建成,居村(社区)法律顾问实现全覆盖。搭建"四纵三横"普惠型公共法律服务网络,在纵向上,建立以市公共法律服务中心为龙头,区公共法律服务中心为枢纽,街镇公共法律服务工作站以及居村公共法律服务工作室为延伸的四级平台。在横向上,坚持以网络服务为主、电话服务为辅、窗口服务为支撑的建设思路,着力搭建了资源高度融合,集合线下(实体窗口)、线中(电话热线)、线上(智能网络)为一体的公共法律服务网络

体系，大力推进服务点的全覆盖、服务链的全贯通。[①]

　　优化整合各类资源，实现公共法律服务综合性、一站式。充分发挥职能优势，对跨部门、跨行业的法律服务资源进行配置、激活和有机融合，取得 1＋1 大于 2 的效果。整合律师、公证、司法鉴定、人民调解、司法考试、基层法律服务、社区矫正、行政审批等多种群众日常所需的法律服务资源，在平台上统一提供法律服务。2016 年 1 月，上海市公共法律服务中心投入运行，所有区均建成线下实体公共法律服务中心，牵头组建了由 16 个区司法局和市律师协会、市公证协会、市司法鉴定协会、市人民调解协会共同参与的 21 支志愿者队伍，共有 1 000 多名法律服务志愿者，基本涵盖了行政审批及辅助服务、法律援助、法治宣传教育、人民调解以及以提供法律咨询为主要内容的公共法律服务。工作方式创新上，充分运用"互联网＋"，突出"公开、查询、办事"三大功能，全面打造包括电脑端、移动端、自助服务端的"上海司法 12348 网上服务平台"，2017 年 11 月上线"12348 上海法网"，包括网站、App 和微信号，使用同一个名称，方便群众检索，同时，还开通了"上海市司法局"微信号，同步提供各类服务，全面梳理现有的服务事项，形成了公共法律服务项目清单向社会各界公布。12348 公共法律服务热线线中平台完成扩容升级。将 12348 法律援助咨询热线升级改造为面向社会公众提供公共法律服务的 12348 公共法律服务热线，已开通法律咨询、行政审批办理及司法考试咨询、公证咨询、狱务公开、戒毒所务公开共五项服务。2017 年来，共完成 27.6 万次服务，服务总时长近 2.4 万小时。[②]

---

　　①　陆卫东：《2017 年 11 月 29 日市政府新闻发布会：上海公共法律服务体系建设有关情况》，载上海市人民政府新闻办公室网 http://www.shio.gov.cn/sh/xwb/n790/n793/u1ai15061.html，2017 年 11 月 29 日。

　　②　郭美宏：《上海司法：聚力打造公共法律服务"升级版"》，载中国长安网 http://www.chinapeace.gov.cn/chinapeace/c53712/2016-08/18/content_11612935.shtml，2016 年 8 月 18 日。

第 七 章

第四轮改革(2017—2022年)：司法体制综合配套改革阶段的上海实践

党的十八大以来,司法机关深入推进司法体制改革,啃硬骨头、涉险滩、闯难关,"四梁八柱"性质的改革主体框架基本确立,做成了想了很多年、讲了很多年但没有做成的改革,革除弊端破解司法机关多年的沉疴旧疾,公检法机关以崭新的面貌呈现在公众面前,增加了全社会对法治的信心和希望。党的十九大报告明确指出:"深化司法体制综合配套改革,全面落实司法责任制,努力让人民群众在每一个司法案件中感受到公平正义。"这是综合配套改革在司法领域的首次权威表述,主要目的是以试点地区为载体,把改革和发展有机结合起来,把解决本地实际问题与攻克面上共性难题结合起来,以实现重点突破与整体创新,进而为全国其他地区深化司法体制改革起示范作用。

▇ 第一节　时代背景

党的十九大以来,习近平总书记对司法体制改革作出了一系列重要指示,提出了一系列新理念、新思想、新战略,标志着我们党对司法体制改革规律性认识实现了新飞跃,为全面深化司法体制改革提供了根本遵循。我们要遵照习近平总书记关于"坚定不移将改革进行到底"的重要指示,进一步把思想和行动统一到党的十九大关于深化司法体制改革的决策部署上来,把司法体制改革看作一个整体,避免改革举措各自为战,使改革的思路和方案能够全面涵盖司法体制机制的各个领域和主要环节,使改革的触角能够深入到司法体制机制运行的各个方面,统筹协调各项改革举措相互配合、相互促进、有机融合,增强各方面、各领域、各层次改革的协调联动。通过协同配套、整体推进形成合力,进一步增强改革的体系化、精细化和适应性,切实防止改革走偏、半途而废,激发出司法体制改革的"联动效益"和"共生效应",确保各项改革举措真正落地见效。

一、国家开启综合配套改革

综合配套改革试点是 2005 年以来在经济领域出现的新生事物,具体指国家根据发展改革的实际需要,选择一些符合条件的地区开展综合配套改革试点工作,解决试点地区经济社会发展的突出矛盾和问题,同时通过局部示范、以点促面,为有效解决面上共性问题提供借鉴。之所以在司法改革领域引入这一概念,在于司法改革在国家法治建设中"牵一发而动全身",随着法治国家的深化,司法体制改革仍需深入推进,迫切需要通过整合、提炼司法体制改革现有成果,"查漏洞,补短板",侧重解决以往改革中存在的不顺畅、不合理、不科学等问题,构建司法体制改革的整体框架,进而解决法院、检察院及相关司法行政机关各自改革所带来的协同性难题,增强司法机关内部、各政法部门之间、政法部门与其他部门及社会组织之间改革的协调性、联动性和配套性,实现从点的突破到面的推进,从而把司法体制改革引向深入,促成各领域改革的协调、衔接、融合,同时有效链接司法体制改革和国家监察体制改革,促成两者形成叠加效应,不断解决司法领域及相关领域中的一些痛点难点堵点问题。从这个意义上讲,综合配套改革也是为司法体制创新发展赋予新动能、打造升级版。

早在 2017 年 8 月 29 日,中央全面深化改革领导小组第 38 次会议审议通过了《关于加强法官检察官正规化专业化职业化建设全面落实司法责任制的意见》和《关于上海市开展司法体制综合配套改革试点的框架意见》,表明司法改革仍旧是国家最高层面关注的改革重点,并且循例先选取地方开展试点,待形成经验后再向全国推广。2017 年 11 月 20 日,习近平总书记主持召开了十九届中央全面深化改革领导小组第一次全体会议,强调过去几年来改革已经大有作为,新征程上改革仍大有可为。各地区各部门学习贯彻党的十九大精神,要注意把握蕴含其中的改革精神、改革部署、改革要求,接力探索,接续奋斗,坚定不移将改革推向前进。可以说,"司法体制改革已全面展开,各方面都取得了巨大成就,但司法制度本身乃是一个整体,司法体制改革最终的效果要取决于各项改革之间的'综合配套'。所以,十九大报告特别强调深化司法体制'综合配套改革'"。①

2018年1月22日至23日,中央政法工作会议在京召开,列举了六个关键词来概括2018年司法工作的重点。其中关键词二就提到了深化司法改革,强调一张蓝图干到底,提出新年度全面深化司法体制改革的多项任务,其中包括"深入推进司法责任制""深入推进诉讼制度改革""深入推进公安改革和司法行政改革"等,确保综合配套改革取得重大进展。②2018年7月25日,中央政法委在深圳召开了全面深化司法体制改革推进会,这是党的十九大后政法系统召开的第一次司法体制改革推进会,也是在改革开放40周年之际召开的司法体制改革推进会,目的就是深入学习贯彻党的十九大和十九届二中、三中全会精神,研究部署新时代司法体制改革工作,进一步统一思想行动、坚定信心决心,推动形成全方位深层次司法体制改革新格局。中央政治局委员、中央政法委书记郭声琨在会上强调,要准确把握新时代、新阶段、新任务,科学谋划、统筹推进司法体制改革,加快构建总揽全局、协调各方的党领导政法工作体系,系统完备、科学合理的司法机构职能体系,权责统一、规范有序的司法权运行体系,多元精细、公正高效的诉讼制度体系,联动融合、实战实用的维护安全稳定工作机制体系,普惠均等、便民利民的司法公共服务体系,约束有力、激励有效的职业制度体系,为维护社会稳定、促进公平正义、服务人民群众提供完备体制机制保障。③正如习近平总书记所说过的那样,改革已走过了千山万水,还需要跋山涉水。政法领域改革也正处在船到中流浪更急、人到半山路更陡的关键时期。只有以更坚定的意志、更高的政治站位、更深化的改革理念,全面拓展改革格局、落实改革任务、创新改革方法,才能释放改革的红利,增进人民福祉、促进社会公平正义。④

---

① 付子堂:《建设新时代中国特色社会主义法治体系》,《学习时报》2017年12月22日。

② 张子扬:《中央政法工作会议:加强网络治理维护网络安全》,载中国新闻网 https://www.chinanews.com/gn/2018/01-23/8431464.shtml,2018年1月23日。

③ 李阳:《从全面深化司法体制改革推进会看司法体制综合配套改革着力点》,载搜狐网 https://www.sohu.com/a/243233102_117927,2018年7月25日。

④ 评论员:《奏响新时代法治中国平安中国建设新乐章》,《法制日报》2019年1月15日。

2019年1月15日至16日，中央政法工作会议在北京召开。习近平总书记出席会议并发表重要讲话，强调要优化政法机关职权配置，构建各尽其职、配合有力、制约有效的工作体系。要推进政法机关内设机构改革，优化职能配置、机构设置、人员编制，让运行更加顺畅高效。要全面落实司法责任制，让司法人员集中精力尽好责、办好案，提高司法质量、效率、公信力。要聚焦人民群众反映强烈的突出问题，抓紧完善权力运行监督和制约机制，坚决防止执法不严、司法不公甚至执法犯法、司法腐败。要深化诉讼制度改革，推进案件繁简分流、轻重分离、快慢分道，推动大数据、人工智能等科技创新成果同司法工作深度融合。①1月25日，中共中央政治局委员、中央政法委书记郭声琨主持召开中央政法委员会全体会议，学习贯彻习近平总书记在中央政法工作会议上的重要讲话精神，要求认真落实《关于政法领域全面深化改革的实施意见》及其分工方案，推出更多实实在在的举措，增强群众获得感、幸福感、安全感。

2020年1月17日至18日，中央政法工作会议在北京举行，首次提出中国特色社会主义政法工作体系。会议特别指出，要着力健全司法权监督制约体系，认真贯彻落实《关于深化司法责任制综合配套改革的意见》《关于加强司法权力运行监督管理的意见》，加快构建权责一致的司法权运行新机制。进一步完善政法系统司法监督政策措施，加强政法单位内部监管和问责。进一步健全与政法干警职务序列相配套的待遇政策。要着力强化检察机关法律监督职能，完善刑事、民事、行政检察监督和公益诉讼检察案件办理机制。加强对民事案件审判的检察监督机制建设。积极推进在市、县公安机关执法办案管理中心派驻检察机制改革。着力构建多层次诉讼制度体系。推动律师辩护全覆盖，健全完善证人、鉴定人、侦查人员出庭作证制度。贯彻执行《关于适用认罪认罚从宽制度的指导意见》，完善速裁程序运行机制。加强诉源治理机制建设，加快推进民事诉讼程序繁简分流改革试点。建立长效机制，巩固基本解决执行难成果。②

---

① 《习近平出席中央政法工作会议并发表重要讲话》，载新华网 http://www.xinhuanet.com/politics/leaders/2019-01/16/c_1123999899.htm，2019年1月16日。

② 《中央政法工作会议召开！首次提出坚持和完善中国特色社会主义政法工作体系》，载中国长安网 http://www.chinapeace.gov.cn/chinapeace/c54219/2020-01/18/content_12316944.shtml，2020年1月18日。

2021年1月9日,中央政法工作会议在北京举行。受新冠肺炎疫情影响,一年一度的政法工作会议压缩了议程,减少了规模,近年来一直收到通知参会的各政法大学及主要综合性大学法学院负责人未能参会。会议对新的一年政法工作进行了部署,提出要以抓好基础性和具有重大牵引作用的改革举措落地为着力点,确保政法领域全面深化改革取得人民满意的成果。重点推进:(1)深化执法司法制约监督体系改革和建设。进一步完善优化协同高效的政法机构职能体系;完善四级法院审级职能定位,强化程序制约和审级监督功能;加强检察机关法律监督工作,健全依法启动民事诉讼监督机制,探索扩大公益诉讼案件范围。(2)深化办案运行机制改革。健全正、负面权力清单和履职指引制度,加强以法官检察官为中心的办案团队建设,因地制宜优化办案团队功能,完善案件分配机制,健全院庭长办案机制,构建权责统一的司法权运行新机制。(3)深化诉讼制度改革。深化以审判为中心的刑事诉讼制度改革,统一常见多发刑事案件基本证据标准,推进律师辩护全覆盖试点,发挥审判对侦查起诉的制约引导作用。健全认罪认罚从宽制度,完善诉源治理等预防性法律制度,积极推进民事诉讼程序繁简分流改革试点,推动相关立法工作。(4)深化履职保障体系建设。深化政法干警分类管理制度和招录培养机制改革,完善员额动态调整、跨地域遴选、递补和退出等机制,建立助理分层培养机制,推进辅警管理制度改革。完善法官检察官单独职务序列管理制度,探索建立警务管理职级序列,健全政法职业荣誉制度,完善因公伤亡干警特殊补助政策,推动修订《人民警察抚恤优待办法》。①

纵观党的十九大以来历次政法年度会议,均对新一轮司法体制改革作出部署,揭示出在前一轮司法体制改革试点成功,确立司法体制改革主体框架之后,接下来的主要任务是进行内外部"精装修",要在"综合配套,整体推进"上下功夫。司法体制综合配套改革既与此前以司法责任制为核心的司法体制改革一脉相承、相互衔接,更是对此前司法体制改革的优化完善、纵深拓展。由于在内容上点多面广,涉及诸多重大利益调整和重要关系变更,仅仅依靠某项改革"单兵突进"难以破解,所以在推进方式上不能再如此前渐进纵深和单项

① 《中央政法工作会议召开!今年政法工作重点抓这7件大事》,载中国长安网 http://chinapeace. gov.cn/chinapeace/c100007/2021-01/10/content_12436514.shtml,2021年1月10日。

推进为主的方式,而应当采取"整体"推进(重在集大成)和"协同"推进(重在形成合力)的方式,同步推进一些依存度高、耦合性强、相互关联的改革举措,补齐影响改革整体效果的短板,完善相关制度安排,强化工作衔接配合,着力避免客观上在一定程度上存在碎片化的倾向,力求通过系统集成来提高整体性能,通过综合性配套改革破除掣肘改革进展的一些因素,解决改革过程中的一些难题,最终形成科学完善的司法体制机制。

二、全面推开监察体制改革

党的十八大以来,中央始终保持对反腐的高压态势,但从依然严峻复杂的反腐败斗争形势来看,行政监察体系不能完全适应形势要求。首先从监察范围看,原有体制的监察范围过窄。行政监察属于政府机关内部对各部门及工作人员开展的监督方式,对于行政机关之外行使国家公权力的公职人员则无法适用。中国共产党纪律检查委员会的规制对象为共产党员,对于其他非党内人员约束力较轻,而检察机关的反贪污、渎职部门职能对触犯刑事法律的国家机关工作人员进行查处,三者规制的对象一方面有部分重合,另一方面又无法达到所有公职人员的全覆盖监督。其次从权力配置上看,反腐败力量过于分散,无法形成合力。行政监察、党纪调查与职务犯罪侦查三者各司其职,分别规制不同的违法违纪情形,只有为数不多的情形下三者权力进行交叉配合,整体合力不足,且不同部门间经常进行重复性工作,严重影响办案效率。为了建立集中统一、权威高效的国家反腐败机构,保障反腐败沿着法治化道路前进,党中央决定推开监察体制改革,对国家政治体制、政治权力、政治关系进行较为明显的调整,其根本目的在于加强中国共产党对反腐败工作的集中统一领导,实现党的主张向国家意志转变,把改革成果固化为法律制度,更好地以法治思维和法治方式惩治腐败。

2017年党的十九大报告指出,"深化国家监察体制改革,将试点工作在全国推开,组建国家、省、市、县监察委员会,同党的纪律检查机关合署办公,实现对所有行使公权力的公职人员监察全覆盖"。[①]2017年10月24日,十九大党章修正案规定,"党必须保证国家的立法、司法、行政、监察机关,经济、文化组

---

① 程同顺:《新时代大国治理》,湖北教育出版社2018年版,第162页。

织和人民团体积极主动地、独立负责地、协调一致地工作"。①2017 年 10 月,中共中央办公厅印发《关于在全国各地推开国家监察体制改革试点方案》,部署在全国范围内深化国家监察体制改革的探索实践,完成省、市、县三级监察委员会组建工作。2017 年 10 月 31 日,十二届全国人民代表大会常务委员会第三十次会议审议了关于在全国各地推开国家监察体制改革试点工作的决定草案。草案对监察委员会的设立及其产生、监察对象及监察委员会的职权和措施、暂时调整或者暂时停止适用有关法律的规定等事项作出规定。2017 年 11 月 3 日,十二届全国人民代表大会常务委员会举行委员长会议听取关于在全国各地推开国家监察体制改革试点工作的决定草案审议结果的报告等,张德江委员长主持会议。2017 年 11 月 4 日,全国人民代表大会常务委员会第三十次会议通过了《关于在全国各地推开国家监察体制改革试点工作的决定》。2017 年年底至 2018 年年初,全国省市县三级监察委密集组建,2018 年 2 月初,全国 31 省份省级监察委主任全部产生,2 月底,全国省市县三级监察委全部组建完成。2018 年 3 月 11 日,第十三届全国人民代表大会第一次会议通过《中华人民共和国监察法》《中华人民共和国宪法修正案》,在宪法第三章"国家机构"中专门增加第七节"监察委员会",确立监察委员会作为国家机构的宪法地位,原来由人民代表大会领导下的"一府两院制度"被"一府两院一委制度"所取代。宪法对国家监察委员会和地方各级监察委员会的性质、地位、名称、人员组成、任期任届、领导体制和工作机制等作出规定,为国家监察体制改革和反腐败斗争提供了根本法治保障。根据宪法制定监察法,依法赋予监察委员会监督、调查、处置的职责,授予监察委员会相关调查手段,为推进法治反腐提供了宪法依据和法规制度保障。2018 年 3 月 23 日,国家监察委员会在北京揭牌。

这次监察体制的改革中,最大的变化是将检察机关行使的反贪、反渎与职务犯罪侦查权"转隶"到监察委员会,整合行政监察、党纪调查与职务犯罪侦查等职权,建立新型的、独立的监察机关。《监察法》明确"各级监察委员会是行使国家监察职能的专责机关",从而与十九大党章关于"党的各级纪律检查委员会是党内监督专责机关"相呼应,把党对反腐败工作集中统一领导的体制机

① 袁峰:《改革开放中的治理之"钥"》,东方出版中心 2018 年版,第 83 页。

制固定下来,构建了集中统一、权威高效的国家监察体系。《监察法》授予监察委员会12项调查权限,丰富了调查措施。特别是用留置取代"两规",是以法治思维和法治方式惩治腐败的重要体现,是反腐败工作思路方法的创新发展,对于推进反腐败工作法治化、规范化、常态化,具有重要意义。毫无疑问,这种调整会对我国检察机关产生比较大的影响,因此社会各界关注度比较高。改革后,在党的领导下,通过整合相关工作力量,组建各级监察委员会,作为反腐败的专责机关,同党的纪律检查机关合署办公,履行纪检、监察两项职能,解决了反腐败力量分散、监察覆盖面过窄、纪律与法律衔接不畅等问题,实现了依规治党与依法治国、党内监督和国家监察的有机统一,从体制机制、组织形式、职能定位、决策程序上,将党对反腐败工作的集中统一领导法治化、具体化。监察委员会所拥有的监察权,将所有行使公权力的公职人员全部纳入监察范围,并行使着调查、处置职务违法与职务犯罪公职人员的权利。这样,监察委员会就拥有了针对公职人员的广泛监察权,原来由检察机关所行使的职务犯罪侦查权除极少数涉及司法人员保留外,绝大多数被移交给监察委员会。这种由各级监察委员会针对全部公职人员所行使的"监察权",对检察机关的法律监督权带来极大冲击。职务犯罪侦查权的转隶,使检察机关能否在现有行使刑事公诉职能的同时继续良好地履行法律监督职能、检察机关法律监督所依托的手段和路径以及发展方向是什么等问题逐渐凸显,因此有必要在充分发掘当下检察机关法律监督事务的基础上,厘清检察机关的具体法律监督职能,重构检察机关法律监督体系。

三、上海再次承担试点重任

自2014年以来,上海作为全国首批司法体制改革试点省市之一,立足全国大局,结合地方实际,大胆破冰探路,勇于攻坚克难,以员额制为基础完善司法人员分类管理,以法官检察官工资制度改革为重点建立完善司法人员职业保障制度,以完善司法责任制为核心着力提升办案质效和司法公信力,以人财物市级统管为保障促进司法机关依法独立公正行使职权,推动司法体制改革有力有序落到实处,形成了一批可复制可推广的改革经验和制度成果,在全国范围内起到引领和示范作用。2017年,上海在全国率先基本完成司法体制改革试点四项重点任务。当年,上海全市法院共受理案件80.43万件,审结

80.21万件，收、结案数创历史新高，审判质效保持全国前列；同期结案率99.74％、法官人均办案数261.36件，均列全国法院第一。上海全市检察院批准逮捕犯罪嫌疑人28 356人，提起公诉28 182件共39 491人。考虑到上海有着较好的经济人文条件，改革基础较为扎实，首轮司法体制改革又走在全国前列。2017年2月，中央政法委布置上海作为全国唯一地区，率先探索司法体制综合配套改革试点，为建设公正高效权威的中国特色社会主义司法制度作出更大贡献。这是中央对上海的高度信任和重托，让上海再次扛起司法体制改革的大旗，充分发挥上海司法体制改革先行者、排头兵的作用。

2017年2月6日，中共中央政治局委员、中央政法委书记孟建柱到上海调研司法体制改革工作，布置上海研究探索司法体制综合配套改革任务。上海市委对此高度重视，提出这是在中国特色社会主义进入新时代，中央赋予上海司法体制改革的新任务，要求全市政法系统坚决贯彻落实好，努力创造更多更好的经验做法。根据中央和市委部署要求，上海市委政法委会同市高级法院、市检察院等组建工作小组，在中央司改办的指导下，全面分析上海司法体制改革推进落实情况，深入走访调研全市多家法院检察院，多次召开法学理论专家和实务部门领导座谈会，研究起草了推进司法体制综合配套改革的框架意见稿，普遍认为上海最早试点司法改革，摸着石头过河，没有经验可循，碰到了不少硬骨头、险滩，有些难题还没有解决，需要通过继续深化改革来解决，这也是上海司法机关的现实需求。2017年4月，框架意见稿经上海市委原则同意后，上报中央政法委并多次修改完善，解决的重点问题包括：一是要解决司法体制改革推进过程中的制约性、瓶颈性问题，如法官、检察官单独职务序列等级享受对应行政职级待遇问题，法院、检察机关内设机构改革问题，跨行政区划法院、检察院的设立问题等。二是要完善相关配套措施，加强改革的系统性、联动性，如完善法官、检察官绩效考核和司法辅助人员考核办法，完善法官、检察官员额退出机制，建立科学分案办法，建立新型监督管理机制，完善司法辅助事务管理机制等。三是要加快科技化、信息化建设，充分发挥信息化平台的总体效能，如推进诉讼档案电子化、加强司法大数据的应用等，以促进司法体制改革与科学技术的深度融合。

2017年5月，上海市第十一次党代会召开，市委书记韩正在会上提出，上海已经基本建成"四个中心"和社会主义现代化国际大都市，步入全面深化改革、加快创新发展的新时期,要勇当改革开放排头兵、敢为创新发展先行者,深入推进依法治市,加快法治上海建设。深入推进司法体制改革,支持审判机关、检察机关依法独立公正行使审判权、检察权,全面提升城市的吸引力、创造力、竞争力。①为了更好地修改完善框架意见稿,中央政法委专门征求了中央组织部、全国人大内司委、全国人大法工委、最高人民法院、最高人民检察院、人力资源和社会保障部、财政部及有关领导同志意见,在7月份召开的全国司法体制改革推进会上又听取了各地与会代表的意见。②8月29日,习近平总书记主持召开中央全面深化改革领导小组第三十八次会议,审议通过了《关于上海市开展司法体制综合配套改革试点的框架意见》,明确了四个方面25条改革任务,要求上海市在综合配套、整体推进上下功夫,进一步优化司法权力运行,完善司法体制和工作机制,深化信息化和人工智能等现代科技手段运用,形成更多可复制可推广的经验做法,推动司法质量、司法效率和司法公信力全面提升。9月26日,中央政法委正式印发了框架意见。

　　2017年9月28日,上海市委召开上海司法体制综合配套改革工作推进会,上海市委副书记尹弘代表上海市委、市政府对上海司法体制综合配套改革工作进行动员部署,标志着上海司法体制综合配套改革工作正式启动。上海市委常委、市委政法委书记陈寅指出,司法体制综合配套改革是一个系统工程,在推进过程中要着重把握好"四个结合"。一要把贯彻落实框架意见及分工方案部署与探索创新、发挥能动作用紧密结合起来。二要把全面落实政法部门主体责任与充分发挥相关地区和部门协同配合作用紧密结合起来。三要把遵循司法规律与兼顾国情市情紧密结合起来。四要把建立完善体制机制与科技手段深度应用紧密结合起来。要坚持既积极又稳妥的原则,对已有工作基础、推进相对容易的改革任务,争取在2017年年底前完成一批,大部分改革任务要力争在2018年改革开放40周年之际完成。③10月25日,上海市委印发《贯彻实施〈关于上海市开展司法体制综合配套改革试点的框架意见〉的分工方案》,确立了117项改革任务,涉及多方面的内容,从主体上看,包括公、

---

　　①　《勇当排头兵　敢为先行者　不断把社会主义现代化国际大都市建设推向前进——在中国共产党上海市第十一次代表大会上的报告(摘要)》,《解放日报》2017年5月9日。

　　②　徐礼强:《上海司法体制综合配套改革措施进入"深水区"》,《检察风云》2018年第17期。

　　③　严剑漪、邱悦:《上海启动司法体制综合配套改革》,《人民法院报》2017年9月30日。

检、法、司等;从覆盖面上看,既包括司法权力运行机制改革,也包括司法管理体制改革;从程度上看,既包括尚未完成的一些体制改革,也包括诸多的技术性改革。

为贯彻落实中央、上海市委的决策部署,上海司法机关严格按照中央批准方案,大胆探索、积极作为,充分发挥改革"领头雁"作用,为其他地区全面推开配套改革提供可复制可推广的好经验。上海市高级人民法院研究制定《关于贯彻落实〈关于上海市开展司法体制综合配套改革试点的框架意见〉的实施方案》,《上海市高级人民法院关于加强司法体制综合配套改革推进机制建设的若干意见》,将改革任务细化分解为八大类 72 条 136 项,重点从规范审判权力运行、优化司法职权配置、推进以审判为中心的诉讼制度改革等 8 个方面推进司法体制综合配套改革。2018 年 12 月 10 日至 11 日,最高人民法院在上海召开全国法院司法体制综合配套改革推进会,来自北京、天津、上海、浙江、安徽、重庆、陕西、江苏、福建、广东、四川等 11 个省市的法院就司法体制综合配套改革的经验做法进行交流,上海市高级人民法院院长刘晓云介绍了上海试点经验,最高人民法院党组成员、副院长李少平出席会议,要求抓好改革任务落实,最重要的是把问题找准,把目标定好,关键是要把全面落实司法责任、大力提高司法效能、切实提升司法公信、努力增强司法能力作为下一步工作重点。①上海市人民检察院组建工作专班,研究制定了《上海市检察机关落实司法体制综合配套改革试点任务的实施方案》,逐项落实市委确定由检察机关承担的94 项改革任务,并结合上海检察工作和检察改革实际,自主确定了 32 项改革任务,共计 126 项具体任务,均采取项目化管理,明确任务清单、责任部门(单位)、牵头领导和时间节点,"既是任务书,也是时间表、责任状",由此形成了上海检察改革 2.0 版的"施工图"。截至 2020 年年底,《关于上海市开展司法体制综合配套改革试点的框架意见》确定的 117 项改革任务全部完成,均已形成制度文件、工作方案,完成平台系统开发或开展局部试点。下一步,对其中已经取得较好成效、还需要进一步巩固的任务,重点抓好落实情况的督察评估工作;对其中困难和问题反映比较集中、需要进一步配套完善的任务,重点抓好细化完善和配套机制的集成;对正在先行试点探索、需要统筹协调、集中攻坚

---

① 颜维琦:《探讨司法体制综合配套改革重点和难点》,《光明日报》2018 年 12 月 14 日。

的任务,重点加大对基层指导的力度,及时总结形成具有上海特色、符合上海站位的制度经验。

■ 第二节 改革内容

一、概述

上海作为多项司法体制改革的试点和"领头雁",在审判改革和检察改革方面提供了可复制可推广的司法经验。在完成国家统一部署改革的同时,上海结合自身地区的特点实施了具有上海特色的改革措施。此次司法体制综合配套改革,强调立足于中国国情,依据中国的司法实际进行,避免盲目地照搬照抄外国经验,推动形成新型审判权力运行机制、审判监督管理机制和惩戒机制等,在制度设计上,紧紧围绕司法责任制,积极制定支持其贯彻落实的相关配套制度。

一是规范权力运行,加强管理监督,着力提升司法办案质效。以审判为中心的改革针对机构设置、审判监督、责任追踪、人才建设等内容制定了相关制度,力求在司法全程形成紧密衔接、流畅有效的制度设计。同时剔除多余的制度规则,以最精简有效的运行机制规制司法行为,形成综合配套改革的制度基础。从司法职权配置、内设机构改革、刑事诉讼制度改革、人权司法保障、司法绩效评价、执法司法活动监督、法律服务行业监管等方面推进综合配套,着力增强改革的系统性、整体性、协同性。

二是推进前端治理,深化科技应用,着力解决案多人少矛盾。在监督审判上,不仅仅通过传统的监督方式,更是注重利用现代化技术的力量。上海市结合监督审判的需要,研发应用了专业化针对性的科技系统,智能地提示相关风险并能做到全程留痕,技术的应用极大地节约了人力资源,更是提升了司法效率。此外,通过完善纠纷解决机制、实行繁简分流等,盘活审判资源实现高效运作;通过加强司法信息化建设、提升司法辅助工作现代化水平等,切实提高司法效率。

三是完善分类管理,夯实制度保障,着力推动司法人才正规化专业化职业化发展。在执行落实上,抓住建设司法优秀人员这一关键点,通过员额、惩戒制度等管理机制选拔专业化、精英化法官和检察官。为此,遴选(惩戒)委员会制定科学的遴选规则,以达到制度最初的设想,真正地优待有能力干实事的法官、检察官。从加强思想政治建设、员额管理、司法人才储备招录、遴选和培训,建立完善法官检察官单独职务序列管理、人财物市级统管、职业保障等方面健全配套制度,努力形成符合司法人员职业特点和发展规律的管理机制。

四是维护司法权威,强化系统集成,着力优化法治环境。通过维护裁判终局性、提升司法执行力、防止不当舆论干扰司法、保护司法人员履职安全及尊严等举措,有力维护司法权威,营造良好法治环境。规范媒体涉法报道,明确对尚未审结的重大敏感案件,媒体采访报道要经过授权或统一安排。进一步规范网络及自媒体对司法案件的评论,对故意捏造、散布不实信息的人员,依法追究法律责任。整合市高级法院、市检察院现有资源,设立统一的市司法人员权益保障委员会,由市委政法委、市委宣传部、市公安局、市人社局、市司法局、市财政局、市民政局等单位组成。对司法人员及其近亲属受到实际侵害、人身威胁、个人信息泄露的,及时给予必要保护。

二、上海审判改革

自 2017 年启动司法体制综合配套改革试点以来,上海法院重点从规范审判权力运行、优化司法职权配置、推进以审判为中心的诉讼制度改革、深化繁简分流、坚持司法为民宗旨、完善人员分类管理、坚持科技强院、优化司法环境等八个方面规划和推进综合配套改革工作。试点工作得到了上海市委和最高人民法院的充分肯定,相关改革经验举措得到新华通讯社《国内动态清样》专题报道,并得到中央政治局委员、上海市委书记李强、最高人民法院院长周强、上海市委常委、政法委书记陈寅等领导的批示肯定。2018 年 12 月,最高人民法院在上海召开全国法院司法体制综合配套改革推进会,进一步总结推广上海法院的经验做法。综合配套改革对审判质效的提升效果日益体现,上海法院审执质效主要指标排在全国前列。2018 年,全市法院共受理各类案件79.82 万件,审结 79.41 万件,法官人均办案 264.96 件,92.85% 的案件经一审即息诉,经二审后的息诉率为 98.86%,同期结案率 99.48%,质效数据继续保持全国法院前列。

（一）着力构建系统性、配套性制度体系

上海法院注重制度之间的系统性与配套性，确保内容全面、涵盖面广。所谓系统性，制度设计始终注重任务、制度之间的整体性、协同性，着眼于制度聚合与系统集成效果。比如上海法院八大类72条136项改革任务是一个有机整体，制度体系围绕这八个方面136项任务进行构建，每一类任务都制定了相应的制度，尽管内容各有侧重，但均着眼于织密制度之网，既包括宏观、中观、微观方面，也涵盖立案、审判到执行的全流程。比如，上海市法院出台了《关于进一步推进案件繁简分流优化司法资源配置的实施意见》，在诉讼制度体系上，健全完善小额诉讼、速裁程序、简易程度、普通程序多层次诉讼制度体系；在司法目标上，做到该繁则繁、当简则简、繁简得当，实现优化司法资源配置节省司法成本的目标。2018年，上海市积极推进繁简分流，同时加大速裁和当庭裁判力度，改革审判方式，全市法院简易程序使用率达87.6%。①比如在推进综合配套改革过程中，为解决改革任务的协同性、配套性不足，一些关联度高、耦合性强的改革举措衔接不够等问题，上海市高级人民法院制定了《上海法院司法体制综合配套改革2018年下半年重点任务分解表》，进一步细化完善改革配套举措。

（二）倡导产出创新性、实践性制度成果

上海法院在推动形成制度体系的过程中，全面汇聚改革创新性、实践性成果，在推动形成制度经验的同时，及时对相关配套制度进行了进一步增补、修订和完善，以确保改革制度集中地反映上海法院司法体制综合配套改革的制度创新情况。比如自党的十八大以来，上海各级法院院庭长不再签发未参与审理案件的裁判文书，上海全市法院直接由独任法官、合议庭裁判的案件为99.9%，依法提交审委会讨论案件的比例为0.1%。②全市各级法院院庭长办案已成为一种常态，更是带头审理了一批重大疑难复杂案件。不仅如此，上海市法院系统逐渐完善了管理监督体系，院庭长通过对审判流程、审判运行态势、审判节点进行全程跟踪、分析讲评、有效控制等方式开展制度化管理，形成监督合力。比如，上海市建立了"上海法院审判执行监督预警分析系统"，针对审

---

① 《2019年上海市高级人民法院工作报告解读》，载上海法院门户网 http://shfy.chinacourt.gov.cn/article/detail/2019/01/id/3720861.shtml，2019年1月29日。

② 王川：《贡献"上海司法智慧"四年成绩单》，《上海法治报》2018年7月13日。

判执行过程中的 21 个重点风险,对各审判执行业务进行工作质效以及廉政风险监控。该系统能够通过分析审理期限的异常度、审理结果偏离等风险指标对审判运行中的风险进行分析、预警。

(三)注重形成具有指导性、可操作性的新举措

改革不仅要搭建具有"四梁八柱"性质的主体框架,确立改革的总体方向、目标、任务,还要将宏观目标任务细化为针对性、可操作性的具体举措,确保制度指导性、可操作性的有机统一,为改革实践提供指引。比如,上海稳妥推进基层法院内设机构改革,并按照"7 个审判业务部门+3 个司法行政部门+1 个法警队"的架构设置 11 个常设部门,同时在部分基层法院增设金融、知识产权、未成年与家事案件等特色审判业务庭。至 2019 年年初,全市基层法院内设机构减幅 33.9%。①上海法院"数据法院"建设规划以"1136"作为总体建设目标,以 1 个司法大数据库为核心资源,以 1 个司法智库为应用重点,建立标准化管理、数据利用支持、应用成效评价 3 大基础平台,构建 6 个数据应用体系。通过科技应用将上海法院多年积累的司法数据整合梳理,服务于司法审判、法院管理、群众诉讼、社会司法需要、经济社会发展、国家治理,提升了上海法院的现代化水平。再比如,审判团队建设,虽然个别法院有所探索,但争议较大且缺乏统一指导,尚未取得实质性进展。为此,上海市高级人民法院制定了新型审判团队建设实施意见,明确了审判团队建设的总体目标、基本原则、组建模式、人员配置、审判监督、管理与考核等内容,厘清了审判团队与内设庭室、审判组织的关系,为解决审判团队实践运行中存在的问题和困惑提供了具体操作指引。

(四)努力凸显制度体系的服务性、保障性

推进改革不仅要聚焦内部存在的瓶颈,也要回应社会的诉求,同时要服务保障大局和服务人民群众。成功研发了"上海刑事案件智能辅助办案系统"("206 系统"),②通过将大数据、人工智能等现代科技融入刑事诉讼活动,把统

---

① 《2019 年上海市高级人民法院工作报告解读》,载上海法院门户网 http://shfy.chinacourt.gov.cn/article/detail/2019/01/id/3720861.shtml,2019 年 1 月 29 日。

② 2017 年 2 月 6 日,中共中央政治局委员、中央政法委书记孟建柱来到上海市高级人民法院调研,也就在这一天,中央政法委明确要求,由上海市高级人民法院研发一套"推进以审判为中心的诉讼制度改革软件",该软件后被定名为"上海刑事案件智能辅助办案系统"。

一适用的证据标准嵌入数据化的办案程序,开启了人工智能在司法领域深度应用的先河。该系统全面建成后,上海公检法司等部门可以在同一平台办理刑事案件,案件从公安侦查、审查起诉、法院审判到罪犯监狱服刑、刑满释放,全部实现网上办理,全程留痕、全程监督,有力推进这项改革真正落地。上海已将该系统拓展至民事、行政案件办理中。截至2018年12月底,上海已实现"三个100％"的工作目标:证据标准指引覆盖常涉罪名达到100％、本市常涉罪名案件录入系统达到100％、一线办案干警运用系统办案达到100％。上海常涉罪名的刑事案件办理已实现立案、侦查、报捕、起诉、审判均在"206系统"内运行。公安机关累计录入案件24 873件;检察院批准逮捕8 811件;检察院审查起诉7 442件;法院收案4 812件;法院审结3 438件。累计录入证据材料1 149 993页;提供证据指引299 137次(依系统点击量统计);提供知识索引6 485次。根据中央政法委的统一部署,2018年5月起,"206系统"已经在安徽合肥、芜湖,山西太原、云南昆明以及新疆生产建设兵团开展试点应用工作。[1]2018年以来,相继发布了《关于充分发挥审判职能作用　为企业家创新创业营造良好法治环境的实施意见》等服务保障意见,为营造良好营商环境提供优质的司法服务和有力司法保障。结合上海法院司法实际制定了《关于贯彻落实〈上海市着力优化营商环境　加构架开放型经济新体制行动方案〉的实施方案》,指出需要充分认识司法服务保障上海营商环境建设的重要意义,并制定了一系列具体措施。2019年4月,上海知识产权法院发布《关于建设国际一流知识产权法院的实施意见(2019—2021)》,进一步深化诚信诉讼机制,探索建立知识产权严重侵权记录。该《实施意见》以实现建设国际一流知识产权法院这一长远目标为指导,力争在专业化、智能化、国际化、权威性、影响力方面实现新突破。

三、上海检察改革

上海作为司法体制综合配套改革试点工作最早开展的地区,全市检察机关继续努力走在前列,着眼于提升司法质效、司法公信力,深入推进各项检察工作改革。同时,全市检察机关以审判为中心的刑事诉讼制度改革为导向,积

---

[1]　严剑漪、梁宗:《上海刑事案件智能辅助办案系统首次用于庭审》,《人民法院报》2019年1月24日。

极支持国家监察体制改革。至 2018 年年底,上海检察机关聚焦"深化司法改革"和"强化法律监督"两大关键点,已完成既定的 126 项改革任务,包括市委确定由检察机关承担的 94 项改革任务,自主提出 32 项改革任务,整个改革试点坚持目标导向、问题导向和效果导向,在内容上主要体现了"四个聚焦":

（一）聚焦改革中的难点痛点问题,着力破解影响和制约检察工作创新发展的体制机制难题

统筹推进内设机构改革,完善管理制度。自司法体制改革以来,检察系统就强调内设机构改革,以达到机构设置合理有效的改革目标。检察院内设机构改革并不是简单的机构数量的增减,而是检察机关内部组织结构的创新。内设机构的改革依据专业化、集约化、扁平化的要求,以实现"内设机构减下来,办案质效提上去"的深层目的。上海市基层检察院为充实一线办案部门、精简司法行政部门,按照"6＋4＋X"的架构一般只保留 10 个内设机构。"6＋4＋X"即为 6 个业务部门,4 个司法行政部门以及"X"个特色业务部门。少数检察院因其专业化办案需求和业务量,设置了特色业务部门,如金融检察、未成年人检察等。上海市检察院经过此次内设机构改革,机构数量减少了三分之一,机构职能设置更为合理,充分发挥不同机构的作用。

实施命名检察官办公室,在检察改革中突出司法属性。命名检察官办公室由命名检察官、检察官以及检察辅助人员组成,这些人员都依据不同的要求在有资格的工作人员中进行选拔。命名检察官依法独立行使办案决定权、独立承担办案责任,直接对检察长或检委会负责。同时,命名检察官实行任期制,也建立了命名检察官退出机制,以确保命名检察官能够恪尽职守,实现改革设计的最初目标。命名检察官办公室主要以突出办案业务专业化和检察队伍精英化为主导,命名检察官在检察长的授予下办理专业化和重点案件为主。除外,除了明确由检察长、副检察长决定的事项,其他均由命名检察官自行决定,进一步强调了命名检察官的责任。2017 年 3 月 28 日,全国检察机关首创的命名检察官办公室在浦东新区检察院正式成立。首批命名检察官深刻落实了政治素养过硬、业务能力突出、检察经验丰富的选拔要求,包括了上海五一劳动奖章获得者、上海市优秀公诉人、全国未成年人检察官业务竞赛标兵等优秀人才。①与此同时,遴选（惩戒）委员会通过办案数量、办案质量、办案效果、

① 陈颖婷:《全国检察机关首创——上海成立"命名检察官办公室"》,《上海法治报》2017 年 3 月 29 日。

研修成果等方面对命名检察官进行考核。命名检察官办公室以司法优秀人才为基础,构筑了专业人才优势和团队集成效应,以此为抓手促进司法办案质效的提升。

(二)聚焦改革中的新问题新情况,充分发挥主观能动性,力争形成新的可复制可推广的经验成果

2017年以来,上海相继发布《上海市法官、检察官遴选(惩戒)委员会关于2017年度从律师和法学专家中公开选任法官、检察官的工作意见》《上海市法官、检察官遴选(惩戒)委员会关于2018年度遴选入额法官、检察官的工作意见》《上海市法官、检察官遴选(惩戒)关于2018年度法官、检察官择优选升专业遴选的工作意见》等文件,进一步规范把握法官、检察官的入关口。上海检察机关加强员额统筹管理,积极推进"跨院遴选""检察官助理遴选",打通院际壁垒、突破论资排辈藩篱,对办案量大的院适度增加遴选名额,促进检察官在全市范围良性流动。2017年全市跨院范围扩大至5家基层,有4名基层院检察官遴选到市、分院任职,落实逐级遴选制度,持续引导检察官向办案一线流动,共有15人实现跨院入额,4名检察官助理入额。优化员额管理模式,因地制宜、因案制宜,合理调控全市检察官员额配置。严格实行先定岗再入额,让不愿办案、不能办案者知难而退,让愿意办案、敢于办案者迎难而上;落实"一院一策",力争解决全市各级检察院检察官员额分布不均衡、人均办案量失衡等问题;探索员额配置再优化,在市院加强全市员额统筹调配基础上,要求各基层院结合实际,努力形成部门之间"人随案流"的员额动态平衡。

(三)聚焦上海检察特色和亮点工作,发挥改革试点先发优势,努力形成辐射效应

以生态环境和资源保护为重点,依法开展公益诉讼。上海市三级检察院自实施检察机关提起公益诉讼制度以来,实行了多项创新机制,如公益诉讼观察员、举报人奖励等。同时,检察机关积极拓展公益诉讼新领域,在法律明确赋权的"4+1"领域外,结合上海城市特点探索公益保护"4+N"领域。"4+1"领域即是生态环境和资源保护、食品药品安全、国有财产保护、国有土地使用权出让和英烈保护领域。为提升办案质效,检察机关通过建立一体化办案机制,组建新型专业化办案组,切实提升办案专业化水平。2019年11月22日,上海市人大常委会部分组成人员专题听取上海市人民检察院、法院等相关部

门关于上海市公益诉讼工作情况的汇报,上海市人大常委会主任殷一璀参加并讲话。据悉,自 2017 年 7 月 1 日以来,上海全市检察机关依法履行公益诉讼职责,共研判案件线索 2 801 件,立案办理公益诉讼案件 746 件,制发检察建议或公告 427 件,提起诉讼 29 件,有力地维护了国家利益和社会公共利益。在铁路领域,上海铁路检察机关利用跨区域优势,持续三年开展"维护高铁沿线安全专项检察监督活动";在食品安全领域,着力解决贩卖过期食品、非法使用食品添加剂、互联网非法售卖食药、非法开展医疗美容等问题;在优秀历史建筑保护领域,以公益诉讼推动对虹口德邻公寓、杨浦福禄街 81 号、宝山清代修造丰德桥等建筑保护工作的落实。[①]

上海检察机关坚持问题导向,积极探索,以人民利益作为最高要求切实地肩负起公益诉讼的职责。为保障人民对公益诉讼制度的监督,上海实施了公益诉讼举报制度并设立了举报中心。2018 年 7 月 2 日,上海市首家公益诉讼举报中心在上海市松江区人民检察院揭牌成立。举报中心主要受理群众举报破坏生态环境和资源保护、食品药品领域侵害众多消费者合法权益等损害社会公共利益的行为,以及在这些领域负有监督管理职责的行政机关违法行使职权或不作为。制度规定在接受举报后的 5 个工作日内,检察机关应进行审查并作出相应的处理。在管辖范围与查处方面进一步地作出详细规定,避免案件线索被忽视或被滥用。因此,对于不具备初步查处条件的案件线索举报中心仍需存档备案。

(四)聚焦现代科技在司法改革中的运用,充分发挥信息化在推动检察工作创新发展中的动力引擎作用

建立检察大数据中心,大数据平台对接 27 个应用系统,实时监测司法办案中存在的突出问题,运用数据分析平台对受案量较大的 19 类罪名进行可视化分析,形成大数据驱动型的法律监督创新模式。先后颁布《上海检察机关检察官绩效考核指导意见(试行)》《上海检察机关检察官助理绩效考核指导意见(试行)》以及《上海检察机关司法行政人员绩效考核指导意见(试行)》,实现了检察机关工作人员绩效考核全覆盖,注重对检察官进行有依据的考核,更进一

---

① 《上海市人大召开公益诉讼检察工作会议》,载中国人大网 http://www.npc.gov.cn/npc/c30834/201911/74e231ec6d9f47888d50a0b0b07ce1d0.shtml,2019 年 11 月 26 日。

步地推动奖金分配向办案量大、整体工作优秀的院倾斜，向一线办案部门倾斜，向办案质效高的检察官倾斜，通过科学的机制评价检察官、检察官助理和司法行政人员的工作业绩和职业素养。同时，为确保检察官绩效考核制度准确实施，强化对检察官办案的监督制约，上海市检察机关研发应用了"检察官办案全程监督考核系统"，经基层检察院试点后已在本市检察机关正式统一上线，配套制定了《关于在全市基层院试行检察官办案全程监督考核系统的意见》，优化办案绩效考核指标，形成量化评价和业绩档案，为实现检察官奖勤罚懒、优胜劣汰、动态管理提供参考。这一应用系统依托现代科学，对检察官的办案全程进行有效监督、实时留痕，并据此给予检察官科学的评价。根据系统的设计，每一件案件的基本信息以及办案数据都能自动生成《一案一表》，每一位检察官办理案件的数量、质量以及效率等方面的数据形成《一月一表》。数据化的呈现让案件的各类信息都十分清晰地展现在这个平台上，对检察官的办案监督和绩效考核不再流于形式化，而是有事实的依据。上海市检察机关通过"检察官办案全程监督考核体系"完善了案件质量查评、办案流程监控、绩效考核等制度体系。

■ 第三节　配套改革

伴随着司法体制综合配套改革试点的如期推进，上海司法机关实现司法质量、司法效率和司法公信力全面提升。鉴于中央提出继续推进政法领域改革，深入破除体制性、机制性、政策性改革的堵点，推动中国特色社会主义政法工作制度更加成熟、更加定型，促使公安机关、司法行政机关更加注重加强与相关部门的协调配合，注重各项改革任务的统筹协调推进，形成改革合力，凸显综合配套改革的系统性、整体性、协同性，进一步优化执法权力运行机制，做到打击犯罪与保护人权平衡、司法公正与司法效率平衡，切实增强人民群众的满意度和获得感，形成更多可复制、可推广的上海经验、上海模式，为平安上海、法治上海建设提供优质高效的法律服务和坚强有力的保障。

一、上海公安刑侦改革

打击破案作为公安机关第一主业，刑侦工作具有"牵一发动全身"的效应。

党的十九大以来，上海公安机关牢固树立"以人民为中心"的指导思想，以保一方平安为天职，逐步构建起"刑侦主导、多警融合、运行顺畅、反应快速、责任压实"的刑事侦查办案新机制，刑侦工作水平和打击破案能力得到大幅提升，各级刑侦部门内在工作粘合度和契合度上得到进一步强化，全力守护城市平安和社会安宁。

（一）坚持系统设计与重点突破相结合，不断探索打击破案新机制

大数据时代的到来是一把双刃剑，在便利生活的同时，也使得犯罪新形式变化无穷，陈旧的刑事侦查模式不再能够满足需要，必须根据现实需要制定出一套适合上海实际发展的侦查模式，出台相应的应对机制，将犯罪扼杀在萌芽状态。

一是优化破案打击市局、分局、责任区责任体系。发挥三级责任体系"牛鼻子"的牵引作用，刑侦总队不断优化管建管援体系，组建多个由总队领导牵头的专业团队支援分局，针对基层打击难点，及时提供技术支撑；分局刑侦支队重点加强刑侦板块整体统筹力度，紧盯地区发案集中区域，组织开展打击"两入"盗窃破案会战；对基层经验做法，及时召开现场推进会予以推广；对突发重大案件，及时组织工作专班，全力破案攻坚，展现专业优势，提升精确打击和重点打击能力，着力减少重点类案。基层责任区着力把视线聚焦在辖区重点区域、重点场所，紧盯民生"小案"，严密发现管控措施，实现及时发现、即时打击，加强对犯罪态势数据监测预警和情报信息精确制导，通过打击破案总结反思，发现日常防控漏洞，指导巡防力量向案件高发、防范薄弱区域和时段倾斜，切实与突出警情相匹配，确保打击、防控实际效果与群众期待高度一致。

二是积极完善类案侦办机制。金融稳定，城市才能更稳定。上海公安紧扣上海国际金融中心建设和"互联网＋"金融业务高速发展的大背景，主动深入金融监管核心区域，前瞻研判各金融领域发案趋势和突出问题，真正成为上海经济的"守夜人"。针对近年入室盗窃特别是入民宅盗窃犯罪地域化、职业化明显特点，进一步探索建立由刑侦支队牵头，落实"三位一体"同勘机制，做到前期现场处置、勘验、调查规范，线索信息传递畅通、到位，专案侦查资源整合实现运作高效，审理办案衔接紧密，打击反哺防范及时、准确，不断提升条块结合的自侦能力和专业打击水平，目标是在已经实现命案全破、抢案全破的基础上，开始向"盗案必破"的目标进军，实现"上海无贼"。

（二）优化职责分工、协作补位，不断提升刑侦合成作战水平

通过制度再造破解打防脱节、协作意识不强等老大难问题，真正调动各部门主动支撑、服务、参与打击破案工作的积极性，发挥各警种优势，以打击破案工作为载体，强化责任捆绑，充分发挥整体合力，积极推进打击破案防范一体化进程。

一是进一步打通壁垒。针对当前人流、物流、资金流、信息流高速密集流动，坚持从"警种整合、信息整合、手段整合"上下功夫，打好跨警种"合成战"，打通"网、报、台、微、端、屏"等各方位资源，坚持"打防并举，以防为主"的原则，精准作业，汇聚不同办案部门的信息资源，完善串联机制，实行同步上案、合力攻坚，变"巴掌效应"为"拳头效应"。深度推进侦查破案资源整体融合，打好跨区域"合成战"，规范高效处置侦办，提升打击工作合力，加快能力转型升级，力争最短时间内破案。围绕跨区域情报共享，打好"情报战"，推进跨区域线索互通，打好"信息战"，推进跨区域调查取证，打好"证据战"，建立"分片包干、串并打击"工作机制和"重大案件攻坚侦办"机制，探索完善"以专攻专、集约打击"新模式，推动打击犯罪从单一向多元、从分散到集约、从被动向主动转变。

二是充分发挥"三合一"平台实战效能。通过对刑侦板块问题的全面分析、症结的整体把握，以刑事犯罪的趋势和走向为参照物，结合"现代警务流程再造"和"全科＋专科"运作模式，进一步理顺刑侦总队、刑侦支队、派出所的职责分工和打防协作，细化梳理责任清单，重点针对刑侦队与派出所之间的业务运作，进一步完善刑侦工作规范，明确职责清单下的操作细则。以刑侦"三合一"作战室建设为契机，全力完善刑侦主导、资源整合、研判合成、快速反应、责任压实、应用高效的实战分析研判工作机制，进一步整合专业力量和信息资源，将其打造成刑侦工作指挥中枢、情报资源汇集中枢、信息研判专业平台，进一步拉近指挥与实战、业务部门与基层一线的距离，将分散在各部门、警种的资源要素向侦查破案聚焦，促进刑侦工作由被动型向主动型、实战型转变，由条块分割、专业警种单打独斗向全警联动转变，并使之真正成为刑侦破案打击的后台支柱。①

---

① 徐长华：《刑侦工作改革的实践与思考——以上海市公安局浦东分局为例》，载《上海公安高等专科学校学报》2019年第1期。

（三）依托智慧公安、信息支撑，不断增强刑侦信息化实战能力

目前，科技手段综合运用已经成为刑侦工作的核心战斗力。在全面加快智慧公安建设的背景下，必须更加重视和推进侦查手段智能化建设，以"智慧刑侦"推动机制模式创新，带动刑侦基础工作，为传统侦查插上科技的"翅膀"。

一是畅通绿色通道，吸纳高层次人才。加快大数据、云计算、物联网等新技术建设应用，离不开高层次人才的加入。鉴于公安院校在高层次人才培养上存在的短板，上海紧紧抓住警察职务序列改革试点的有利契机，在总结浦东、徐汇两区公安分局试点经验的基础上，按照国家部署扩大公安职务序列分类改革范围，区分综合管理、执法勤务、警务技术三类职位，会同市公务员局在全市公安机关实行分类招警，稳慎拓展特殊职位招录范围，畅通招录特殊人才渠道，建立公安按需分类招警和特殊招录制度，尽快建设强大的刑事科学技术队伍，切实提高现场勘查能力和检验鉴定水平。

二是深度融合新技术，提供强劲助力。从 2017 年 9 月开始，上海在智慧城市、智慧政府框架下建设智慧公安。规划设计的全过程始终秉持主动融入智慧城市发展的理念，坚持警务活动科技含量提升、现代警务流程再造和队伍管理手段升级三位一体迭代推进，着力打造"一大支撑、七个模式"即"一中心、一平台，多系统、多模型，泛感知、泛应用"智慧公安建设逻辑架构，构筑全民安防、协同治理、精准警务、智慧安保、便民服务、智慧政工、数字经济等七个模式，全息展示智慧公安应用场景。如，上海市公安局经侦总队就研发了"经济风险洞察系统"，具备超强存储和运算能力和案例分析能力，已成为灵敏聪慧的感知、预警、处置经济风险的神经中枢系统。这一系统依托三维警用地理信息系统和警务微信系统，用于侦查预警金融风险，其关注对象涵盖信息披露违规、内幕交易、操纵市场、背信损害上市公司利益、违规减持等多个案件类型，做到实时监控警情，精准定位警力，就近调度装备，自动触发预案。

二、上海司法行政改革

司法行政改革是司法体制改革的重要内容。经十一届上海市委全面深化改革领导小组第六次会议审议通过，2018 年 11 月 27 日，上海市委办公厅、市政府办公厅正式印发《关于加快推进司法行政改革的实施意见》，主要从健全完善司法行政执行体制、建设完备的公共法律服务体系、完善司法行政保证机

制、健全完善司法行政队伍建设长效机制、探索优化司法行政职权配置五个方面着力,共提出了 70 项改革任务,均于 2019 年年底完成。

（一）法律援助值班律师制度落地实施

以审判为中心的刑事诉讼制度的改革,要求保障犯罪嫌疑人、被告人的合法权益,使其能够在诉讼过程中真正实现权利。2017 年 8 月,最高人民法院、最高人民检察院、公安部、国家安全部、司法部联合印发《关于开展法律援助值班律师工作的意见》,其中对值班律师职责定位、运行机制和管理保障等作出了统一规范,以充分发挥法律援助律师在刑事诉讼中的职能作用,依法维护犯罪嫌疑人、被告人的诉讼权利,同时促进刑事司法的公正。2018 年,法律援助值班律师工作"上海方案"正式落地实施,上海市高级人民法院、上海市人民检察院、上海市公安局、上海市司法局联合制定印发了《本市开展法律援助值班律师工作的实施办法》,为法律援助值班律师工作建章立制。上海全市各法院和派出所已全部覆盖援助值班律师,2017 年上海市值班律师共提供法律咨询49 939 人次。[1]2019 年 1 月 30 日,宝山区公共法律服务律师志愿者团的律师作为值班律师轮流到宝山区人民检察院法律援助工作站,为当事人提供普惠均等、高效便捷、智能精准的法律服务。这也成为上海市首家驻检察院法律援助工作站。

（二）加强司法所与公安派出所社区矫正的衔接联动

依据最高人民法院、最高人民检察院、公安部、司法部关于印发《社区矫正实施办法的通知》及《关于进一步加强社区矫正工作衔接配合管理的意见》精神,结合上海市工作实际,进一步加强司法所与公安派出所社区矫正衔接联动,明确部门衔接职责,针对不同的情况应该采取不同的措施。

1. 联络员例会制度

司法所、公安派出所明确分管社区矫正工作的领导,并指派专人担任社区矫正工作联络员。司法所每月第二次动态分析研判会同时作为联络员例会,通报情报信息情况,研究处理社区矫正相关问题。

2. 情报信息共享制度

司法所、公安派出所利用各自信息平台,实现情报信息实时共享,形成社

---

① 陈颖婷:《法律援助值班律师工作"上海方案"正式落地》,《上海法治报》2018 年 2 月 5 日。

区矫正基层工作合力。司法所应当提供的信息包括：社区服刑人员的基本情况、遵守社区矫正各项规定情况、社区表现、社会交往情况、工作单位表现、电子监管移动轨迹等。公安派出所应当提供的信息包括：社区服刑人员的实有人口登记情况、前科材料、治安处罚情况、宾旅馆登记结果等。公安派出所在工作中发现社区服刑人员涉嫌重新犯罪被实施刑事强制措施的，应当在15日内将涉嫌重新犯罪信息通报给本地区司法所，由司法所联系通报实际纳管地司法所。

3. 突发事件的应急处置

司法所负责制定社区服刑人员突发事件应急处置预案，相关预案应当同时通报公安派出所。司法所发现社区服刑人员非正常死亡、实施违法犯罪、参与群体性事件的，在向区司法局报告的同时。应当立即向公安派出所通报。公安派出所在日常工作中发现有上述情况的，应当立即告知司法所，协调联动，妥善处置。

（三）建立上海市公共法律服务平台

紧紧围绕经济社会发展和人民群众实际需要，立足"法律事务咨询、矛盾纠纷化解、困难群众维权、法律服务指引和提供"的平台建设功能定位，统筹整合公共法律服务资源，坚持服务场所设施建设和服务质量效果提升并重，坚持线上与线下服务资源相结合，在市、区、街道（乡镇）和居（村）普遍建成公共法律服务实体平台，建成与司法部部级平台整体联动、全市统一、互联互通、协同服务的电话热线和网络平台，推进公共法律服务资源科学布局、均衡配置和优化整合。2017年11月，市区两级公共法律服务网络平台上线。2017年年底，市区两级公共法律服务实体平台全面建成。居（村）委会（社区）法律顾问工作覆盖全市所有居村（社区）。2018年6月底，完成市区两级公共法律服务中心标准化建设。全市范围内所有街道（乡镇）、居（村）建成公共法律服务工作站（室）。2018年年底，建成覆盖全市与"12348中国法网"整体联动、市级统筹、一网办理的"互联网＋公共法律服务"网络平台。2019年年底，建成覆盖全市城乡居民的市—区—街道（乡镇）—居（村）的公共法律服务网络。2020年年底，在全市形成覆盖城乡、功能完备、便捷高效、普惠公益的公共法律服务平台体系，实现公共法律服务的标准化、精细化、便捷化。

1. 市级公共法律服务中心

作为市级司法行政综合法律服务平台，突出顶层设计和综合指挥职能，采取"标准化、窗口式、柜员制"服务模式,提供一站式、综合性、专业性法律服务,注重发挥市级平台标准制定、数据汇总、信息分析、指挥调度的中枢作用。例如受理审批法律援助申请,接受司法机关的通知辩护,指派法律援助人员承办法律援助案件和依托市律师协会、市公证协会、市司法鉴定协会组织公益法律咨询志愿者,接待现场来访,解答法律咨询等。区级公共法律服务中心。作为集多项司法行政职能为一体的"窗口化"服务平台,突出综合性、专业性法律服务功能,同时发挥区域服务综合枢纽和指挥协调平台的作用。

2. 区级实体平台

在功能职责定位上采用"3+X"建设模式。"3"为法律援助、人民调解、法律咨询等基本职能,在公共法律服务中起主导作用;"X"为拓展职能,各中心根据工作实际引入律师、公证、司法鉴定、专业调解、行政审批、司法考试、安置帮教、监所远程视频探视等服务。例如接待现场来访,解答法律咨询及受理、审批法律援助申请,指派法律援助人员承办法律援助案件。

3. 公共法律服务工作站

作为服务群众的一线综合性法律服务平台,在区公共法律服务中心的指挥协调和街道(乡镇)司法所的指导下,主要承担化解矛盾纠纷、法治宣传、提供法律服务咨询等职能。例如接待群众来访和法律咨询服务及引导法律援助、律师、公证、基层法律服务、司法鉴定等法律业务,负责法律援助申请初审。

(四)加快打造亚太仲裁中心

上海是我国商事仲裁的发祥地之一,特别是自1995年《仲裁法》实施以来仲裁事业发展取得了长足进步,但也存在一些突出问题和短板,主要有:仲裁公信力不够高,仲裁机构管理机制比较僵化,仲裁国际竞争力不够强,对外开放程度不够高,仲裁与诉讼、调解衔接机制不够健全等。早在2015年,国务院发布关于印发《进一步深化中国(上海)自由贸易试验区改革开放方案》的通知,就明确要求上海加快打造面向全球的亚太仲裁中心;2016年,上海市人民政府发布《"十三五"时期上海国际贸易中心建设规划》,提出建设亚太国际仲裁中心的任务;2017年,上海市发布《上海服务国家"一带一路"建设发挥桥头堡作用行动方案》,进一步明确提出建设"一带一路"国际仲裁中心的要求。正是在这样的政策指导和支持下,上海的商事仲裁得以迅速发展,已经成为中外仲裁机构资源最为丰富的中国内地城市,初步具备了国际商事中心城市的硬性条件。除了上海国际仲裁中心,上海还有上海仲裁委员会,另有 4 家全球知名的国际仲裁机构已在中国(上海)自由贸易试验区(以下简称上海自贸区)设立了代表处,包括国际商会仲裁院、香港国际仲裁中心、新加坡国际仲裁中心以及韩国商事仲裁院。这也是这些国际仲裁中心在中国内地的唯一代表处。①2019 年,上海市委办公厅、市政府办公厅印发《关于完善仲裁管理机制,提高仲裁公信力,打造面向全球的亚太仲裁中心的实施意见》,意味着上海正在以专业化、国际化和高效化的全新姿态,努力全面融入国际市场。

"要将上海打造成面向全球的亚太仲裁中心,完善管理体制、推进体制机制改革是关键,唯有松开行政体制束缚,增加仲裁机构自主权,推进市场化改革,方能进一步激发仲裁行业发展活力,增强仲裁行业竞争力,方能无缝接轨国际市场,真正实现上海仲裁'走出去、超上去'的发展目标。"上海市司法局仲裁工作处负责人徐勇说。②为建立行政管理和行业管理"两结合"的管理体制,2019 年上海市司法局依照《社会团体登记管理条例》规定,筹建成立了上海仲裁协会,10 月经上海市民政局登记设立,为专业性非营利社会团体法人,是由上海市司法局核准登记的仲裁机构及其聘任的仲裁员、调解员,以及其他从事仲裁实务工作、理论研究和专业服务的组织、人员自愿组成的仲裁行业自律组织,宗旨是加强仲裁行业自律,增进行业交流,推动业务研究,促进仲裁事业发展,维护会员合法权益和正当竞争秩序。协会的业务范围是组织开展教育培训、理论研究、交流合作、宣传推广、编撰书刊资料等工作,协助业务主管部门开展工作,实施自律管理。这是中国首个由省级司法行政机关筹建设立的地方仲裁协会。今后,上海将继续推进体制机制改革,逐步实现仲裁机构与行政机关脱钩,原本由政府组建的仲裁机构将在 2022 年内完成脱钩改制,担任或兼任仲裁机构的决策机构组成人员的公务员将在 2022 年内全部退出;由仲裁机构自主决定人事制度、仲裁机构经费不再纳入财政预算,实行经费自理、自收自支。

---

① 第一财经:《打造面向全球的亚太仲裁中心,上海有几分底气》,载新浪网 https://finance.sina.com.cn/roll/2019-01-08/doc-ihqfskcn5255480.shtml,2019 年 1 月 8 日。
② 余东明:《上海建设亚太仲裁中心 优化国际营商环境》,《法制日报》2019 年 3 月 28 日。

第 八 章

众说纷纭：司法体制改革进程中上海实践纷争

回顾中国司法体制改革的过程，可以发现许多国家层面推进的司法体制机制改革措施最初就萌芽于上海。此类改革创新举措包含的内容十分广泛，不仅涉及检、法等司法机关的职权配置和运转模式，而且关系公民的人身财产权利和行为界限，反映了上海市法治水平和人权保障状况，受到社会各界的特别关注。总体而言，在最高司法机关的指导下，在中共上海市委、上海市政府的坚强领导下，上海司法系统认真贯彻中央决策部署，按照相关司法体制改革文件的要求，结合上海司法实践，解放思想、实事求是、大胆探索，充分发挥"试验田""先行者"作用，以维护社会公平正义、加强人权保障、提高司法能力和践行司法为民为出发点，优化司法职权配置、规范司法行为、扩大司法公开、加强司法民主，通过调研先行、试点探索、制定细则、规范管理和总结评估等方式，组织实施了一系列改革项目，取得了显著成效。

与此同时，在上海司法领域探索、推行和深化体制机制改革实践的过程中，一些改革措施的确也引起了广泛的讨论，其中不乏质疑和批评之声。而正是这些讨论、质疑和批评使得上海各级司法机关更为审慎地对待改革，充分吸收有益的批评和建议，及时修正和完善改革举措，使其体制机制改革的实践和探索进程走得更为稳当和科学。

■ 第一节　改革宏观思路争议

司法体制改革政治性、政策性、法律性都很强，涉及国家、社会和人民群众的方方面面，国际国内十分关注，没有正确的宏观思路作为指导，很容易走邪路、走弯路,陷入事倍功半的困境中。上海司法领域改革在实践和探索过程中一直始终坚持党的领导和中国特色社会主义方向,全面把握党的事业至上、人民利益至上、宪法法律至上的基本要求,严格按照中央决策部署和最高司法机关的指导,不折不扣地落实和贯彻中央司法体制改革精神。在这一点上,中共上海市委、上海市人大、上海市政府和各级司法机关乃至上海市民都高度一致并积极拥护。中共上海市委提出的《中共上海市委关于制定上海市国民经济和社会发展第十二个五年规划的建议》,就对继续深化司法体制改革的宏观思路提出了明确要求,将"加强社会主义政治文明建设,深化司法工作机制改革,保证审判机关、检察机关依法独立公正地行使审判权、检察权,促进司法公正,加强法律监督,维护司法权威和社会公平正义,维护人民群众合法权益"放在第十二部分"充分发挥党的领导核心作用,团结全市人民为完成'十二五'规划而奋斗"中予以规定。①2015 年,《中共上海市委关于制定上海国民经济和社会发展第十三个五年规划的建议》在"加强和改善党的领导,为实现'十三五'规划提供坚强保证"部分中强调"全面推进依法治国,深化司法体制改革,全面落实法官、检察官员额制等改革举措,以提高司法公信力"。②2020 年,《中共上海市委关于制定上海市国民经济和社会发展第十四个五年规划和二○三五年远景目标的建议》在"'十四五'时期经济社会发展指导方针和主要目标"部分中提出"法治上海建设取得新进展,地方法规制度更加完善,执法司法公信力和社会法治意识不断增强,广泛多层制度化协商民主深入推进"。③

正是在这一精神和原则的指引下,上海司法领域改革的实践和探索才能攻坚克难;正是在这一精神和原则的指引下,上海司法领域改革的实践和探索才能正确和顺利开展;正是在这一精神和原则的指引下,上海司法领域改革的实践和探索才有探讨其他宏观思路的余地。应该说,在上海司法领域改革的实践和探索过程中,总的宏观思路还是比较清晰和统一的。例如,坚持从上海的地方特点出发,把中央精神与上海实际紧密结合;积极吸收国内外先进经验

---

① 《中共上海市委关于制定上海市国民经济和社会发展第十二个五年规划的建议》,《解放日报》2011年1月13日。

② 《中共上海市委关于制定上海市国民经济和社会发展第十三个五年规划的建议》,《解放日报》2016年1月18日。

③ 《中共上海市委关于制定上海市国民经济和社会发展第十四个五年规划和二○三五年远景目标的建议》,《解放日报》2020年12月11日。

而又不照抄照搬；体现现代司法文明发展的趋势又不盲目提出过高要求，始终与上海经济社会文化水平相适应；坚持走群众路线，坚持司法为民，真正做到司法体制改革的实践和探索成绩依靠人民、成果惠及人民。当然，在其他一些发展思路上，也存在一些见解上的不同。

一、地方司法领域改革能否突破中央司法体制改革具体框架

关于地方司法领域改革的实践和探索是否能在一定程度上突破中央司法体制改革具体框架，能否突破现有法律法规具体规定，学界和实务界都有过不同的声音。

有观点认为，正是由于现行司法体制具体框架和法制不健全、法律规定不到位才需要改革，既然是改革，就是破旧立新，就应该允许突破中央提出的具体框架，创新举措就应该允许突破现有法律法规具体规定，先试行后立法确认。特别是上海，一直走在中国改革开放的前沿，是中国最大的多功能经济中心，与国外联系最为广泛、最为密切，文化和生活方式最具包容性，面临着许多中国其他地区所未曾面临的前沿问题和冲突矛盾，尤其是上海人民素质较高，对公平快速解决问题的要求也更高，因此上海更是需要在全国一盘棋的基础上，在大原则、大方向一致的前提下，先行先试，走出一条创新之路。例如，有实务界人士就主张，由全国人大常委会作出设立司法体制改革特区的决定，在一定行政区域内突破现行架构甚至一些法律规定先行先试，取得成功经验后再在全国推行。[①]

但更多的学者和实务界人士对此持反对意见，认为改革有试点，司法体制改革没有"特区"。司法体制改革必须始终坚持依法推进，严格遵守宪法和法律。[②]凡与现行法律法规冲突的改革举措，不能贸然加以实施，必须修改相关法律法规，使得改革举措符合法律规定后再推广实施。

上海尽管有其地方特色和需求，但毕竟也是中国的一部分，总体原则和方向上没有质的不同，因此法律制度上不能给予上海特殊化待遇，否则会危害国

---

① 曹英、张琴琴：《突破司法体制改革桎梏——访全国人大代表、山西省高级人民法院院长左世忠》，《中国产经新闻报》2012 年 3 月 19 日。

② 杜飞进、王比学、黄庆畅、白龙：《为了公正高效和权威——我国司法体制改革的实践与思考（下）》，《人民日报》2012 年 10 月 1 日。

家统一性的布局,也容易引起其他地区对上海的猜测、嫉妒,引起地区冲突和纠纷。在法律规定不能形成地区差异的前提下,单纯赋予上海突破法律框架的特权则更不可行。在法律框架内推进司法改革的实践和探索,同样是尊重法治、加强法治的一个重要体现,改革的结果和过程都必须体现法治精神,并且用法制保障改革成果。只有依法推进的司法体制改革,才能符合中国国情和现阶段实际,符合人民群众的期待,符合公正高效权威的要求,才能以坚实的步履、丰硕的成果推动中国特色社会主义司法制度的自我完善和发展,使人民享有更加丰富的法治文明成果,并对人类法治文明进步作出新的贡献。

这些理论界、实务界的争论,尽管在全国范围内展开,并不仅仅局限于上海,却在一定程度上折射出当前理论界、司法实务界在对待地方司法领域改革实践和探索边界上的不同立场,其中也反映出上海司法界在这方面的争论和彷徨。从上海司法领域这些年来的改革实践来看,尽管存在各种讨论,但总体上,上海司法机关始终坚持严格遵循现有的各种法律法规规定,严格按照中央司法体制改革具体框架进行改革,尤其是涉及体制的改革,都是在最高司法机关的指导下,严格按照国家层面最高司法机关相互达成共识的前提下进行推进。

当然,在这一过程中,上海司法机关并不彻底丧失其自主性和能动性,在法律法规没有明文禁止的领域,在国家政策尚没有明确涉及的方面,特别是在工作机制上,在充分调研论证的基础上,上海司法机关大胆尝试,相互配合,推出了很多富有开创性和建设性的改革举措,也得到了最高司法机关的肯定和采纳,促成了中央加快修改和完善相关法律的步伐,进而为司法体制改革提供必要的法制保障。

例如,早在 1994 年,闸北法院少年庭的法官们就开始了对少年被告人予以暂缓判决的探索:即采取"取保候审"的方法,经庭审查明少年被告人的犯罪事实后,暂缓判决,给予其 6 个月左右的考察期,将他们落实在帮教基地,动员社会各方面进行联合帮教。考察期结束后若少年被告人表现不好,则判实刑;若有悔过自新表现,一般给予缓刑直至免予刑事处罚。[①]尽管法律并没有规定

---

① 王霄岩:《体现我国少年司法制度保护原则 闸北法院尝试对少年被告暂缓判决》,《上海法制报》1999 年 12 月 13 日。

暂缓判决这一做法,但上海地区根据我国刑法对未成年人的特殊保护精神,积极探索,先行先试,在不违背刑事法规和刑事诉讼法规定和精神的前提下,做到少年犯罪案件的审理从审理方式、量刑等方面均有所区别于成年人犯罪案件,取得了良好的法律和社会效果。

再比如,我国司法体制改革最重要的一项工作就是严格控制和慎重适用死刑,最高人民法院针对死刑案件的新举措也在接连推出。在这一背景下,上海也积极落实和不断探索,把确保死刑案件质量,进而全面提升刑事审判工作水平作为法院工作的重点,针对规范死刑案件的证据规格、庭审过程、操作程序、证人、被害人、鉴定人等出庭制度和工作规范出台了五项配套机制。

首先,重大案件证人出庭展示新意。对于证人作证制度,法律规定比较原则,上海市法院、检察院、公安局和司法局共同制定并下发《关于重大刑事案件证人、被害人、鉴定人出庭的若干规定(试行)》。该意见不涉及法律层面的问题,而是提出了一些具体的方法,比如通过视频传输作证就是一种对证人、被害人、鉴定人的保护措施。

其次,有异议有疑点相关人员须出庭。只要遇到对证人证言、被害人陈述有异议,而证言、陈述又对定罪量刑有重大影响,或者对鉴定结论有异议、鉴定程序违反规定或者鉴定结论明显存在疑点等情况,作为控辩双方的任何一方,包括被告人及其辩护人都可以要求相关证人、被害人、鉴定人出庭,合议庭也可以依职权直接通知上述相关人员出庭。

第三,为基本证据及规格设立明确标准。对于死刑案件,必须坚持"事实清楚,证据确实充分"的裁判原则,但是需要哪些证据才算"确实充分"以往并无明确的标准。为此,上海市高级人民法院、上海市人民检察院、上海市公安局和上海市司法局共同制定并下发《关于重大故意杀人、故意伤害、抢劫和毒品犯罪案件基本证据及其规格的意见》,明确指导规范证据审查,从内容看可谓事无巨细都有规定。

第四,细化规程规范死刑案件操作程序。上海市出台《上海法院死刑案件审判规程(试行)》,全文近20万字,包含指导思想、证据的审查与判断、死刑的裁量与适用、附带民事诉讼审判要求、审判死刑案件的工作机制等内容,严格规范死刑案件的操作程序。

第五,确保死刑案件二审100%的开庭率。正如最高人民法院副院长姜兴长所言，"由于种种原因，除了对抗诉案件坚持依法开庭审理外，对上诉案件绝大多数没有开庭审理，即使是对人命关天的死刑上诉案件，开庭审理的也极少，不开庭审理反而成了普遍的做法"。①然而，上海市高级人民法院在组织高度重视，相关制度予以保障和相关政法部门的配合下，自 1997 年以来，却保持了死刑案件二审 100％的开庭率，而且无一起冤错案件发生。

上海法院死刑案件的质量得到全国同行的尊敬。这一系列相互衔接的做法体现了刑事法官的内心充满着对被害人的悲悯和对生存权的尊重，体现了上海市政法部门贯彻实施中央严格控制和慎重适用死刑的决心，也为最高人民法院所吸收并要求全国予以重视和学习。2005 年年底，最高人民法院发布的《关于进一步做好死刑第二审案件开庭审理工作的通知》，提出从 2006 年 7 月 1 日起，死刑二审案件一律开庭审理，引起了社会的广泛关注。

因此，可以说，尽管上海司法领域改革是在国家司法体制改革框架内进行，但并不意味着故步自封，毫无创新。在符合中央改革的精神，不与中央改革的具体措施相矛盾，不与现行法律法规相冲突，符合法律法规精神的前提下，上海司法机关大胆试行了许多创新的举措，司法体制改革的实践和探索大步迈进。

二、地方司法机关在改革进程中是否需要相互协调统一步调

司法改革的实践和探索过程中各部门进程是否需要统一？上海司法领域改革是否应该坚持平均主义，同步前进，步调一致，减少部门配合间的障碍和不平衡？学界和实务界人士曾有过不同的意见。当然，大部分观点认为还是应当充分发挥各司法部门的主观能动性，根据各部分的实际情况，形成自主和竞争的良好氛围，毕竟有些改革措施的形成除了地方性作为外，还需要中央各部委的支持和授权。②

以上海金融刑事司法改革的实践和探索为例，上海公安机关的经济犯罪侦查机制建设一直走在全国前列。早在 20 世纪 90 年代末，上海市公安局就在原设经济保卫处和刑事侦查总队经济支队的基础上组建了经侦总队，并将

---

① 陈宏光：《"生死判官"回首死刑二审案件》，《上海法治报》2006 年 12 月 1 日。

② 王新清：《论司法改革需要处理好的几个关系》，《南都学坛》2010 年第 2 期。

金融犯罪案件再次细分为破坏金融管理秩序罪案件和金融诈骗案件，分别设置总队一支队和总队二支队对口办理相应案件。与此同时，各区县公安分局也相继成立经侦大队或支队，并专设专门机构办理相关金融犯罪案件。21世纪初始，鉴于金融案件具有专业性强的特点，上海市各级审判机关就纷纷开始探索设置专门的金融审判机构，借助金融领域专家提升金融审判的水平。2007年12月，上海成立了上海金融仲裁院，2008年，上海市浦东新区人民法院在原金融审判合议庭的基础上，正式成立国内首家金融庭。随后，上海市高级人民法院、上海市第一、第二中级人民法院以及黄浦、卢湾、杨浦等基层法院也相继成立了金融审判庭，上海三级法院的金融专业审判体系基本建立。①2009年4月，上海市高级人民法院正式成立了上海法院金融审判专家咨询库，首批聘请了37位金融领域的专家学者，通过发挥金融专家的智囊作用，提升上海金融审判水平。②2018年3月28日，中央全面深化改革委员会第一次会议审议通过了《关于设立上海金融法院的方案》；4月27日，十三届全国人大常委会第二次会议通过了《关于设立上海金融法院的决定》；7月31日，最高人民法院审判委员会通过《关于上海金融法院案件管辖的规定》；8月20日，全国首家金融法院——上海金融法院揭牌成立，紧紧围绕金融工作服务实体经济、防控金融风险、深化金融改革的任务，对金融案件进行集中管辖，推进金融审判体制机制改革，着力提高金融审判质效和司法公信力，提升国际金融交易规则话语权；借鉴发达国家和新兴市场国家金融司法的有益经验，结合我国经济社会发展状况以及审判工作实际，探索完善中国特色的金融司法体系；深化司法体制改革，优化司法职权配置，全面落实司法责任制，规范审判权力运行机制，实行法官员额制，精干内设机构，推行扁平化管理，完善了上海金融审判体系，满足了上海金融法治的需求，更是推进上海成为国际金融中心。

　　相比较法院系统已经建立金融专业化内设机构且取得明显成效，上海检察机关对金融检察工作体制的探索尚处于探索实验阶段。上海作为全球金融机构最集中、金融要素市场最齐备的城市之一，股票、债券、期货、黄金等交易量居世界前列。近年来，随着金融业改革开放不断深化，金融创新蓬勃发展，

---

① 张海棠：《建设上海国际金融中心需解决的金融司法问题》，《中国金融》2010年第3期。
② 本报讯：《上海建立金融专业审判体系》，《第一财经日报》2009年7月17日。

金融安全问题随之增多,金融犯罪案件持续高发,犯罪手法不断翻新,网络化、专业化、集团化趋势日益增强。自2009年以来,上海市浦东、黄浦、静安、杨浦四个区人民检察院相继成立了金融检察专业办案科室,还在外滩金融区、虹桥国际商贸区、洋山港区等金融、航运功能集聚区域,设立了十几个派驻检察工作室,初步形成了一支金融专业检察办案队伍。上海市人民检察院与市金融办、市金融纪工委、上海银监局、证监局、人民银行上海总部等监管部门建立了上海金融检察联席会议,自2012年以来,已连续八年发布上海《金融检察白皮书》,定期通报重大案件情况和影响金融安全和稳定的各类信息,为进一步完善上海金融市场的法治秩序,服务金融发展,防范化解金融风险,维护金融安全提出对策建议。2012年以来,逐步成立了独立的市检察院、检察分院、基层检察院三级金融检察部门,明确了包括破坏金融管理秩序罪、金融诈骗罪、知识产权犯罪(即刑法第三章第四、五、七节)等55个罪名的管辖范围,明确了"捕诉研防"一体化的办案模式,对外搭建了四个平台,逐步形成了具有上海特点的专业化金融检察工作路径。据统计,2019年,上海市检察机关共受理金融犯罪审查逮捕案件1 772件3 065人,批准逮捕2 605人。受理金融犯罪审查起诉案件2 063件4 228人。①

为进一步严厉打击和有效预防金融犯罪,防范化解重大金融风险,切实维护上海金融安全和秩序,服务保障2020年上海基本建成国际金融中心,2019年12月,上海市人民检察院党组经研究决定,成立上海金融检察研究中心。该中心组织架构上采用"一个中心,三个分中心"的平台设置,即在市检察院设立"上海金融检察研究中心"牵头抓总、指导协调,根据三个分院的金融专业分类和办案优势,在市检察院第一分院设立"证券期货金融犯罪研究中心";在第二分院设立"银行保险金融犯罪研究中心";在第三分院设立"金融创新检察研究中心",形成有统有分、统分结合、重点突出,协作共赢的金融检察新局面。上海金融检察研究中心以加强打击防范金融犯罪工作研究、经验交流、司法合作为重点,承担着五大重要职能——提高金融检察办案专业化水平、增强金融犯罪的理论研究能力、加强金融检察人才的培养力度、提升金融犯罪的预防宣

① 《2019年度上海金融检察白皮书》发布,载搜狐网 https://www.sohu.com/a/394226975_99897475,2020年5月10日。

传效果、统筹指导三个分中心运行工作。通过强化一体化办案、深化与科研院校合作、借助上海检察智库"外脑"、完善专家型检察官培养交流四大工作机制为主要抓手，开展具体工作。中心成立的同时，组建了证券期货、银行保险两个金融检察跨层级的办案团队，带头精办金融领域大要案、专案。同时对全市各级检察院办理的金融领域疑难复杂、新类型等案件提供专业化指导；积极参与金融犯罪案件问题解决与犯罪预防，每年召集 1—2 次专题研讨会，针对司法实务难点和金融前沿问题深入研究，为办案提供务实性、前瞻性的智力支持；每年举办一次上海金融检察论坛，发布金融检察情况通报，举办金融检察联席会议，加强金融犯罪研究和金融风险的防范与化解；聚焦金融检察工作的发展与实际需求，紧贴实务发布研究课题，推进成果转化，提高理论研究成效。三个分中心分别与上海市地方金融监管局、证监局、银保监局等部门对接，开展协作，为各类金融机构、科创企业、金融消费者等各类群体提供"专门、专业、专家"服务。①

检、法两机关金融刑事司法体制发展不够平衡，从一个侧面揭示出检、法之间金融刑事司法改革欠缺协调性。这些问题的出现一方面是金融刑事司法改革的障碍，但另一方面也是金融刑事司法改革的实践和探索的动力。正因为检、法两家在金融刑事司法改革上不够平衡，正因为它们之间的建设缺乏协调性，起步较晚的司法机关才更要迎头赶上，积极完善各自内部金融案件专门部门的运行机制，加强检、法机关之间金融刑事司法的衔接配合。

尽管上海司法领域改革中允许各司法部门发挥各自部门优势，不强行要求步伐一致，但决不代表上海司法机关在改革中不注重相互配合和上下联动。实际上，在中共上海市委、上海市政府的正确领导下，各司法机关相互配合、上下联动，其他部门鼎力支持，整个司法体制改革是在"统筹协调"中稳步推进。例如，为了进一步强化执行力度，提高执行工作的应变能力，浦东新区 2000 年决定建立法院、公安局和司法局密切配合的司法协助执行网络，由浦东新区人民法院加入 110 社会联动，利用现有的公安局 110 报警网络，接受群众举报，通过网络的专线电脑和专线电话，使法院在执行过程中与公安、司法等有关职

---

① 周洪：《上海检察机关成立金融检察研究中心》，载央广网 http://news.cnr.cn/native/city/20191213/t20191213_524896824.shtml，2019 年 12 月 13 日。

能部门密切配合,形成法院的执行庭负责执行,公安局的治安支队和交巡警支队、各警署(派出所)和司法局的基层处等部门协助执行的有效联动、协调一致、快速反应的司法协助执行网络。[①]

第二节　改革微观举措争议

鉴于篇幅关系,本书难以对既往上海司法领域改革中所有引发争议和讨论的具体举措一一介绍和分析。其实,因为司法体制改革实践中推出的许多举措属于新生事物,很多都引发了社会不同程度的关注和讨论甚至争论。本书有选择性地选取其中具有代表性的两项进行阐述和探讨。

其一为"少年法庭",因为上海在全国率先建立"少年法庭",随即引发了全国性的讨论研究热潮,其热度一直延续至今,持续争议讨论的时间跨度长,社会影响大,直接推动了中国少年司法制度的发展完善。

其二为"案例指导制度",因为上海推出这一制度可谓开全国之先河,但自推出之日起就引发了强烈的争论,是否类似于英美法系的判例法,是否适合于我国国情,迄今为止没有定论,甚至一度反对的声音占据主流,这一举措的命运,其实间接反映了我国推进司法体制改革的艰难。

一、"少年法庭"之争

早在 1984 年 11 月,上海市长宁区人民法院在青少年犯罪逐渐增多和危害日益严重的背景下,率先建立了我国第一个专门审理未成年人犯罪案件的少年法庭——"少年犯合议庭"。1987 年 7 月,该院在合议庭的基础上,成立了第一个审判业务一级建制的少年刑事审判庭。这一举措迅速引起了最高人民法院、国内其他法院以及社会各界的广泛关注。关于少年法庭的全国业内大讨论也随之而展开,并一直延续至今。这些讨论的焦点主要集中在以下两个方面:第一,少年法庭有无存在的必要,是否需要取消少年法庭,抑或升级少年法庭至少年法院? 第二,目前的少年法庭制度安排中是否存在不完善之处,

---

① 杨泱:《充分挖掘司法资源　有效破解执行难题　浦东建立"司法协助执行网络"》,《上海法制报》2000 年 4 月 5 日。

今后应当如何加以完善？

（一）"少年法庭"的存废之争

支持"少年法庭"的专家、学者和实务界人士认为，少年法庭作为专门审理未成年人犯罪案件的司法部门，能加强对未成年人合法权益的全面司法保护，有效贯彻惩罚为辅、教育为主的刑事政策，让其身心得到健康发展；其次，少年法庭在长期的审判实践中，掌握了有关大量青少年犯罪和侵害青少年合法权益案件的第一手材料，在青少年法制教育中占有一定的优势地位，能够以扎实的法律理论功底，翔实的典型案例材料，以及从事青少年审判的专业工作经验，为青少年提供优质的法制教育；[①]再次，它作为一种未成年犯罪矫治制度，改造作用明显，让中国未成年人重新犯罪率大幅降低，比美国低近一半（我国未成年人重新犯罪率是 20％多，美国为 40％）。[②]

在支持"少年法庭"的学者中，部分人士主张将"少年法庭"升级为"少年法院"，认为现有的少年审判模式不能很好地应对和解决未成年人涉法问题，最好的途径是设立少年法院，这是我国少年司法制度走向法制化、走向完善的重要步骤，也是一种对成人司法模式的突破和对新法律框架的追求。建立少年法院在实践上能为科学解决目前少年司法实践中产生的矛盾创造根本条件，提供情况、数据、经验，也是从立法上、理论上有效加快少年司法制度的法制化、科学化的重要时间步骤，少年法庭发展到少年法院势在必行。[③]并且，我国创设少年法院已经具备了充分的法律依据，少年司法制度十几年的发展也为少年法院的创设积累了必要的经验和人才，创设少年法院必要的经济基础、社会舆论背景等条件也已经具备。[④]

尽管支持少年法庭的声音众多，但也有学者认为少年法庭应当取消，因为少年刑事审判往往存在案源不足的问题。未成年人犯罪案件相对较少，而近年来其他种类刑事案件较多，审判力量相对不足。因此，相当一部分少年法庭除审理未成年人犯罪案件外，往往还要审理大量自诉案件以及其他普通刑事

---

① 李景玉：《少年法庭在法制教育中的优势和作用》，《青少年犯罪问题》2000 年第 4 期。

② 付中：《中国未成年人重犯罪率低于美国，少年法庭作用大》，《法制晚报》2011 年 12 月 11 日。

③ 徐建：《论我国建设少年法院的条件和必要性》，《青少年犯罪问题》2001 年第 4 期。

④ 姚建龙：《从"少年法庭"到"少年法院"——对我国目前创设"少年法院"的几点思考》，《中国青年研究》2001 年第 6 期。

案件,湮没了少年法庭的特色,更妨碍了少年法庭参与社会治安综合治理职能作用的发挥。①受制于这一理论观点和现实状况的制约,使得1997年法院"三定"方案和2000年开始的法院系统机构改革方案中,均没有明确保留独立建制的少年法庭。加上编制的限制,一些法院在机构改革中将独立建制的少年法庭撤销了。据统计,2004年全国少年法庭有2 400多个,比1994年减少了近1 000个。②

(二)"少年法庭"完善之讨论

伴随少年法庭草创之初要不要设立少年法庭的争议,学者和实务界人士也颇为关注要建设一个什么样的少年法庭制度的问题。就少年法庭审判模式而言,就有专人负责、合议庭、独立审判庭、指定管辖等四种。但"专人负责"和"合议庭"这两种模式依附于刑事审判庭,因业务不够独立、不够专一而容易名不符实,流于形式;独立审判庭又往往因案源不足难成规模,湮没了少年法庭的特色;指定管辖能克服独立审判庭案源不足的特点,保持审判人员上的稳定,积累大量的审判经验,但也经常遭到不少质疑。

对于少年刑事案件指定管辖的争议主要体现两点,一是合法性之争,二是合理性之争。主张"合法性"的学者认为,少年刑事案件指定管辖有着充足的法律依据。根据《刑事诉讼法》第二十六条以及《最高人民法院关于执行〈中华人民共和国刑事诉讼法〉若干问题的解释》的相关规定,只要上级法院认为少年刑事案件属于"确有必要"指定管辖,那么就有权进行按类指定或逐案指定由其他法院管辖。③主张"不合法"的学者认为,《刑事诉讼法》第二十六条规定的指定管辖是相对于法定管辖而言的,针对某个管辖上有争议的具体案件授予上级法院指定管辖的权利,并无授予上级法院将管辖权无争议亦无不宜管辖的其他法定情形的某一类案件指定其他法院管辖的意思;而且,少年刑事案件的指定管辖改革违反了《刑事诉讼法》关于地域管辖的规定,从而违反了法治的统一性。④

---

①② 张有义、申欣旺:《未成年人犯罪的全方位治理系统正在逐步完善》,《法制日报》2007年8月26日。

③ 苗鸣宇:《未成年人刑事案件指定管辖的合法性与必要性——以乌鲁木齐市的司法实践为视角》,《中国青年研究》2007年第11期。

④ 王超:《试论我国司法改革中的越位问题》,《南京师大学报》2002年第2期。

　　主张"合理说"的学者认为，少年刑事案件指定管辖模式尽管有利也有弊，但是利大于弊。它有助于集中案件，保证案源的充足和机构的稳定，强化未成年人刑事审判工作的独立性和专业化；有助于对未成年被告人定罪量刑的统一性，减少地区差异；有助于提高办案效率，符合审判资源优化配置与诉讼经济原则，也符合最高人民法院《二五改革纲要》《三五改革纲要》确定的少年审判改革发展方向，对于未成年人刑事审判工作的发展具有积极的作用和深远的意义。[①]对于少年刑事案件指定管辖存在合理性的理由，上海学界与实践部门已经达成了共识，而且在司法实践中也取得了较好的效果。主张"不合理说"的学者认为，少年刑事案件审判指定管辖有许多弊端，不宜在全国范围内普遍推广。首先，少年刑事案件指定管辖打破了原有司法管辖体系，需要公、检、法、司等相关部门的互相配合与制约。这一制度还没有真正的制度化、规范化，因此指定管辖的协调和执行上会产生很多矛盾与困难；其次，少年刑事案件指定管辖虽然从全局看大大节约了诉讼成本和司法资源，但就被指定管辖的少年法庭而言，却往往存在法官编制、办案经费不足的情况，导致案多人少的矛盾加剧；第三，指定管辖给人民群众造成了诉讼上的不便，增加了诉讼成本；第四，跨地域指定管辖的实施对社会调查、帮教、回访造成一定困难，不利于对少年犯的跟踪帮教；第五，指定管辖还带来具体执行上的困惑、审判组织上的困惑、共同犯罪案件中各被告人定罪量刑平衡上的困惑等新的问题。[②]

　　最高人民法院也从实践角度分析和总结了少年刑事案件指定管辖的利弊。最高人民法院少年法庭指导组充分肯定了指定管辖制度改革所取得的成效，指出这一制度深化了少年法庭工作改革，提高少年审判质量，稳定了少年审判组织机构，解决了案源问题，但同时也指出指定管辖制度改革还存在法律依据还不充足，试点工作还不规范，共同犯罪涉少案件没有得到全面保护，在农村、山区不便推行等问题。[③]同时，有的学者在肯定指定管辖制度的前提下，探讨了这一制度在改革前进中将会遭遇到的问题和困难。例如，送达法律文书、法定代理人到庭不能及时；卷宗赃物异地移送，难以保证安全保存；异地押解被告人、传唤证人等如何尽可能地节约人力、物力、财力；等等。并指出，这

　　①③　陈佩仙：《少年刑案指定管辖机制研究——当前模式的法理分析及建言》，载莆田市中级人民法院网 http://ptzy.chinacourt.org/public/detail.php?id=468，2011 年 3 月 17 日。
　　②　万秀华：《未成年人刑事案件指定管辖后新情况的思考》，《青少年犯罪问题》2000 年第 5 期。

些问题只有通过进一步深化改革才能解决,建议立法机关修改或制定有关法律予以确认少年法庭可以跨地区受理案件,以解决机构改革的法律依据问题;设立统一的未成年人刑事侦查机构与未成年人检察机构、未成年人法律援助中心,与法院系统少年庭机构设置相对应,以统一法律适用标准,减少摩擦,形成一条龙服务,提高少年司法的专业化程度,提高少年司法的质量与效益;稳定少年审判队伍,培养专家型少年审判法官。①

(三)"少年法庭"的现实取向

"少年法庭"这一制度由上海司法机关在国内首创以来,经过上海这块法治土地的滋润和检验,逐渐为全国所了解和认可,并随之被最高人民法院向全国推广,引发全国范围内少年司法制度改革的热潮。

从全国范围来看,在 1984 年上海市长宁区人民法院设立国内第一家少年法庭之初,最高人民法院就及时肯定并提出"成立少年法庭是刑事审判制度的一项改革,有条件的法院可以推广",1991 年 1 月,最高人民法院公布《关于办理少年刑事案件的若干规定(试行)》,确立了未成年人刑事案件审判的基本原则和特殊程序。同年 4 月和 6 月,最高人民法院、国家教育委员会、共青团中央委员会、中华全国总工会、中华全国妇女联合会联合下发《关于审理少年刑事案件聘请特邀陪审员的联合通知》,以及最高人民法院联合最高人民检察院、公安部、司法部出台《关于办理少年刑事案件建立互相配套工作体系的通知》,确立了未成年人刑事案件"社会一条龙"和"政法一条龙"工作制度,带动了未成年人犯罪综合治理相关工作的有效开展和落实。同年 9 月,全国人大常委会颁布的《中华人民共和国未成年人保护法》明确规定,人民法院办理未成年人刑事案件应根据需要设立专门机构或者指定专人办理,为少年法庭的建制提供了充分的法律支持。

然而,如同其他新生事物一样,我国未成年人刑事审判工作的发展不是一帆风顺的,也经历了阻碍和坎坷。1997 年,我国刑事诉讼法修订,刑事审判庭审模式发生了很大改变,由原来的完全的职权主义更多地向抗辩式的庭审方式转变。新的控、辩、审三方职权分明,法官居中裁判的庭审方式,与过去的一

① 闵涛:《对少年法庭"集中审理、指定管辖"改革的思考》,载法律图书馆论文资料库网 http://www.law-lib.com/lw/lw_view.asp?no=10592,2011 年 11 月 9 日。

定程度上要求法官积极主动地参与审判的法庭教育式审判模式并不完全相容。因此，未成年刑事案件审判领域里也响起了不同的声音，例如，少年司法改革应该与刑事诉讼法的修订保持一致，那么庭审教育是否还要保留？审判人员的职责是依据犯罪的客观事实定罪量刑，那么走出法院对未成年犯罪人员跟踪帮教并对一般未成年人的犯罪行为加以预防，等等，是否属于法官的职权范围？在这段改革探索、思考的过程中，少年法庭工作在一些地方出现停滞甚至萎缩。

短暂的困境之后，我国继续发力少年法庭的探索和巩固发展。1999 年颁布的《预防未成年人犯罪法》明确使用了"少年法庭"这一名称，使少年法庭的法律地位得到进一步明确和加强。2001 年 4 月、2005 年 12 月，最高人民法院相继出台《关于审理未成年人刑事案件的若干问题的规定》和《关于审理未成年人刑事案件具体应用法律若干问题的解释》，与时俱进地对未成年人刑事案件审判的范围、原则和特别程序等内容加以修正，使少年法庭的审判工作更加规范化、制度化。

2006 年 7 月，最高人民法院以中央司法体制和工作机制改革初步方案的出台为契机，以改革和完善我国少年司法制度为中心任务，以最高人民法院《第二个五年改革纲要》提出的改革任务为目标，确定了 15 个省市自治区的 17 个中级法院作为试点单位，开展设立独立建制的未成年人案件综合审判庭（简称少年审判庭）。这次试点所设立的综合审判庭，不是原来综合审判庭的简单重复，而是带有体制性改革的重大举措，对地方三级法院少年法庭组织机构的巩固发展起着承上启下的作用，其影响深远。[①]可以说，未成年刑事审判工作正面临着难得的发展机遇，即将迎来又一个春天。

就上海而言，上海法院少年法庭的发展也经过了四个阶段，从少年刑事案件合议庭阶段，到独立建制的少年刑事审判庭，再到集中管辖的少年刑事审判庭，发展至今天的未成年人案件综合审判庭。1984 年 10 月，长宁区人民法院创建全国第一个少年刑事案件合议庭，其后，上海部分法院相继建立少年刑事案件合议庭。为进一步提升少年法庭的专一性和独立性，1988 年 7 月，长宁

---

① 陈冰：《少年法庭：走过二十四年——访最高人民法院研究室主任、少年法庭指导小组副组长邵文虹》，《人民法院报》2008 年 12 月 8 日。

区人民法院建立了独立建制的少年刑事审判庭,发展至 1996 年,上海各区、县法院都已经建立了独立建制的少年刑事审判庭,首先从审判组织上将未成年人刑事审判与成年人刑事审判完全区分开来。然而,实践中各区县的未成年刑事案件不如想象中的多发,导致部分少年刑事审判庭的资源浪费。因此,上海市高级人民法院于 1999 年 3 月对少年法庭机构设置进行了改革,根据案件数量以及专业化审理的需要,撤销了部分区、县法院的少年法庭,只保留了长宁、闵行、普陀、闸北等 4 个区法院独立建制的少年刑事审判庭,各自指定管辖 4—5 个区、县的未成年人刑事案件。

上海市不但在未成年人刑事审判上求新求变,在民事、行政审判上也积极探索。2007 年 7 月,上海在少年刑事审判继续实行集中指定管辖的基础上,将少年民事、行政审判试点配合工作扩大到上海市第一中级人民法院辖区所有基层法院,对未成年人民事、行政审判采用“1＋2＋7”模式,即上海市第一中级人民法院未成年人案件综合审判庭统一审理辖区内对一审判决不服的上诉案件,长宁、闵行区人民法院设立未成年人案件综合审判庭审理这两个区内的未成年人民事、行政案件,这两个法院之外的同属于上海市第一中级人民法院辖区的其他七个法院尽管不设立未成年专门法庭,但指定专人或者专项合议庭审理未成年人民事、行政案件。

2015 年,最高人民法院全国法院第八次民事商事审判工作会议上提出,切实推进家事审判方式改革。2016 年 4 月上海市徐汇法院被确定为家事审判方式和工作机制改革的试点工作法院,上海法院因此进行了积极的改革探索。静安区、普陀区人民法院采用少年审判与家事审判合并的试点模式,充分结合家庭因素对于儿童成长的重要影响,并且在案件审理中突出“儿童利益最大化”原则。少年审判和家事审判合一的改革趋势,正是由于这两者“理念相通,程序相近,资源共享”,但在改革进行时仍需注意保持相对独立。在司法实践中,往往会因为家事案件与少年案件数量存在较大的差异,少年审判的特色与工作可能会因此削弱。①

总结这些年的发展探索,上海法院少年法庭始终坚持充分保障未成年人的诉讼权利和合法权益,在法律规定范围内对未成年人刑事案件实行个别化

① 姚建龙:《少年审判和家事审判的关系定位》,《人民法院报》2018 年 1 月 22 日。

处理，通过多种途径和多种方式积极开展"寓教于审"工作，始终与其他相关职能部门保持密切联系，借助社会多方力量，对未成年人犯罪实行综合治理。这是上海法院少年法庭积累的重要经验和取得显著成绩的主要法宝。从实际效果来看，近年来上海未成年人犯罪逐步上升的势头初步得到遏制。2008年上海全市未成年被告人人数比上年下降4.14%，首次出现下降。与此同时，上海未成年罪犯占全部刑事罪犯的比例也首次出现下降。2003年上海未成年罪犯占全部刑事罪犯的比例为6.3%，此后逐年增长至2007年的11.1%，2008年则大幅下降到8.21%。①

二、"案例指导制度"之争

1997年，上海市徐汇区人民法院开全国审判活动之先河，发布了由案例介绍、分析意见、院长指导三部分内容组成的"判例指导"，以法官在审判活动中遵循"判例指导"的形式，对同一类型案件的处理确立了统一的裁量原则，在维护法律的严肃性上作出了可贵的探索。

案件情节纵有千差万别，执行法律则循一定之规。徐汇区人民法院创建"判例指导"，寄希望于这一制度能有效实现司法公正，在一定程度上制约法官在审判活动中的随意性，能顺应法制改革的潮流，响应成文法与判例法从相互排斥走向优势互补的趋势，使法制更趋完善，以及提高初任法官审理案件的水平。②"判例指导"制度推行以来，也在全国范围内引起学术界和实务界的广泛讨论。

（一）案例指导制度的存废之争

支持"案例指导制度"的学者认为，在我国成文法背景下，建立案例指导制度是社会主义法律体系形成之后一项重要的司法制度创新，可以使我国的成文法传统中融入一些判例法的因素，对于司法审判工作具有重要的意义。

首先，案例指导制度能够及时修补法律的漏洞，克服成文法的局限性。由于立法机关及立法者认识能力的限制，不可能认识全部社会生活中的事件行为并加以囊括，在他们制定的法律法规中不可避免地存在一定的法律漏洞。

---

① 《为未成年人撑起司法保护伞》，载上海政法综治网 http://www.shzfzz.net/node2/zzb/jrgz/xw/userobject1ai40876.html，2009年12月22日。

② 王抗美：《可贵的探索——记徐汇法院创建判例指导》，《上海法制报》1998年4月13日。

"在所有国家中都存在着(并且永远存在)司法的两种需求的矛盾：一方面,法律必须是确定的和可以预知的,另一方面它又必须是灵活的并能够适合具体环境。"①中国是成文法国家,法律为了维护其自身的稳定性、权威性和可预期性,不宜频繁进行修改,这是法律安全价值的必然要求。但是社会生活的变幻莫测,科学技术的飞速发展,导致社会上的各种新问题、新矛盾和新型复杂案件层出不穷,这就导致了法律的滞后性。若只局限于援引当前法律法规,就不能解决好新型复杂的案件。案例指导制度刚好可以弥补制定法的这一不足。指导性的案例可以通过对法官裁判上全方位的指引和参考,既包括对于案件事实的认定,也包括对于法律的运用和解释,来灵活地实现查漏补缺,成为制定法与现实法律需求之间的桥梁。

其次,案例指导制度对于规范法官自由裁量权、保障裁判的统一等方面都具有十分重要的意义,尤其是在法官队伍的整体素质还不是很高的情形下,建立这一制度可以充分发挥指导法官公正裁判案件、准确适用法律的作用。司法统一是司法公正的基本内涵,是法治的基本要求。不同地域、不同审级的法院,对于特定法律的解释应当趋于统一。但在实践中,经常出现同案不同判、同法不同解的现象。造成司法不统一的原因,除了受法官道德素质、业务水平、司法环境等因素影响之外,还因法律赋予法官的自由裁量权。由于法官个性特征及价值取向的差别,对法律的理解和适用常常会出现不一致的情况,一些人情案、关系案在法官的自由裁量下作出的判决却有着惊人的差别。制定司法解释虽然在一定程度上有助于解决这一问题,但司法解释又往往制定得比较概括和抽象,其抽象性和非具体针对性都使法官难以应对不同的具体个案。这样在一定程度上影响了类似案件的类似处理。②

再次,案例指导制度能有效发挥案件预测作用,提高司法效率,节约司法资源。"因为法律的作用从根本上说就是为人们的社会生活提供合理的预期,这种可预期性不仅对法律的创制提出了要求,而且更需要在法律的适用上予以落实。在司法裁判过程中提出'遵循先例'的要求,体现了法律可预期性的

---

① ［法］勒内·达维:《英国法与法国法:一种实质性比较》,潘华仿等译,清华大学出版社2002年版,第33页。

② 王利明:《成文法传统中的创新——怎么看案例指导制度》,《人民日报》2012年2月20日。

要求,体现了'同样情况同样对待'的公平正义原则。"①一个案例的判决是法官智慧的结晶,这种结晶经过法院的认可得以延续,为今后的同类型案件提供参考作用。一方面,法官在审理案件过程中,有时会把握不住应该如何作出最佳判决,有时会通过中止诉讼以案件请示上级法院的方式加以处理,从而拖延了审理时间,而通过指导性案例的指引,能够及时对有关案件予以判决,提高审判效率;另一方面,近年来,法院受理案件的数量激增,基层法院案多人少的问题一直存在。按照制定法的审判模式,法官审理每个案件时,首先都需要给个案定性,然后对号入座地寻找法条,再就当事人的责任作出裁判。如果建立案例指导制度,法官在审理案件时,则只需要找出相似的案例即可判决,这在一定程度上简化了法官在寻找大前提以及将大前提和小前提进行连接的过程,减少了必要的重复劳动,既节省了精力又保证了判决的精确性。

最后,案例指导制度能有效发挥法制宣传教育作用。普通民众受教育的程度相对不高,法律知识更是薄弱,生硬的程序规则、法律术语无疑阻碍着他们接近司法正义。而一个个鲜活的凝聚了法官智慧的指导性案例细化了法律语言,详化了说理过程,普通大众都可以接受,从而规范自己的作为和不作为,起到很好的法制宣传作用。更为重要的是,指导案例的公开,便于当事人提前了解同类型案件的判决结果,从而降低过高心理预期,并消除对法官的误解与怀疑。即便对于受过法学教育的法官而言,案例指导制度也有学习和参考作用。指导性案例都是精心筛选过的,其中浓缩着优秀法官的审判方法和智慧,通过发布指导性案例,可以将他们的有益经验传授给其他法官。对指导案例的学习、研究甚至模仿,有利于基层法院法官尤其是年轻法官快速积累审判经验,提高解决当事人矛盾的能力,从而全面提升基层法院在化解社会矛盾问题上的能力和水平。

最高人民法院副院长苏泽林与中国法学会案例研究专业委员会秘书长李轩也对案例指导制度高度赞赏,甚至将其提高到中华法系建设的高度。"案例指导制度的全面建立和完善,将意味着我国司法制度史上的一次伟大变革。"②中国法学会案例研究专业委员会会长吴革说,中国法治建设的进程,正

---

①　张志铭著:《论司法改革中的主体适格问题》,《人民法院报》2002 年 8 月 30 日。

②　肖源:《案例指导制度:法律的另一种存在》,《人民法院报》2010 年 8 月 23 日。

经历着从文本宣示到案例指导的历史演进。中国特色法律体系大厦的建造，需要案例这个既有刚性又有活性的"砖瓦"。一个好案例，胜过一部法律。但独木难成林，只有当许许多多优秀的案例林立一起，并且层层叠叠、环环相扣时，它们才能获得自己独特的，更加强大、持久的生命力。未来的新中华法系，应当是以法律体系为主和案例体系为辅，共同组成的。[1]

反对"案例指导制度"的实务界人士和学者则提出了建立案例指导制度的担忧和不当之处。

首先，从案例指导制度本身来看，立法机关认为，案例指导制度的功能是革命性的，为司法权和法官作用的扩张埋下了种子。如果指导性案例作为审判的重要依据，是否具有法官造法的性质，是否会导致司法权冲击立法权。的确，案例指导制度涉及立法问题，涉及与立法权之间的关系问题，所以已经不是一个纯粹的法律制度，而是一个重大的司法制度。建立案例指导制度事实上主要解决的就是法律漏洞问题和重大法律解释问题。既然是解决法律漏洞问题，就是属于造法活动。赋予指导性案例事实拘束力，就意味着赋予了指导性案例类似于法律渊源的效力，也就意味着制定指导性案例就是立法，这就触及了全国人大常委会的领地，就有可能出现案例指导制度与中国现行的宪政体制相矛盾的问题。如果建立案例指导制度，立法权对司法机关发布指导性案例的约束将极其有限。最高人民法院在制定司法解释之前，尤其是体系性的司法解释基本上都会征求全国人大法工委的意见，发布之后要报全国人大常委会备案审查。这是作为一项制度而存在的，这样可以保证这样的解释不会产生大的后患。但是，如果指导性案例也作为司法解释，那情况就大不相同了。指导性案例事先不可能征求全国人大法工委的意见，事后也不可能有效地报全国人大常委会进行备案审查，这就有可能失控。一旦失控，立法机构和法律就会在一定程度上被弱化。

其次，从我国实行案例指导制度的条件来看，有学者认为时机尚不成熟。[2]其一，我国目前许多案件的审判质量尚不尽如人意，经典判决比较少，可以作为对案例指导制度中的高质量案例的候选数量也就很少，这样案例指导

---

① 肖源：《案例指导制度：法律的另一种存在》，《人民法院报》2010 年 8 月 23 日。
② 杨铭：《中国案例指导制度研究》，上海交通大学硕士学位论文 2009 年。

制度的参考作用就大打折扣。如果将质量不尽如人意的案例也加入候选之列或者甚至选取的"指导性案例"自身就是错误的，案例指导制度就反而会得不偿失了，对同类案件审判的过错将难以挽回。其二，案例的选取人素质也非常关键。他们必须对案件加以筛选，选取那些具有普遍意义，在事实认定和法律适用上都具有指导和参考价值的案例。但通常案例的选取人不会是案件的经办人，所以往往难以把握案件的事实和裁判的思路，对撰写指导案例也是一个很大的不利因素。其三，我国许多法官目前还不完全具备适用指导性案例的能力。一个指导性案例要充分发挥其指导和参考作用，必须建立在案例的适用者对案件事实的准确把握和适用法律的严谨逻辑推理基础之上。因此，法官必须具有丰富的司法专业素养和经验，对案件的事实认定和法律的正确适用形成正确的判断，才能使整个审判活动体现出公正、秩序的价值追求。也只有这样，赋予法官对个案作为裁判以指导性的约束力才能得到社会的认同。美国法学家亨利·卢米斯曾经指出："在法官作出判决的瞬间，被别的观点，或者被任何形式的外部权势或压力所控制或影响，法官也就不复存在了。宣布决定的法官，其作出的决定哪怕是受到其他意志的微小影响，他也不是法官。"[1]然而，目前中国许多法官仍然存在着专业素质普遍偏低、缺乏对法官的职业定位的正确认识，缺乏自律精神和职业荣誉感等问题，本应沉稳、威严、庄重的"沉默的旁听者和判断者"的法官过多地染上了"军人的部分习性和爱好"，[2]尚不能以专业的法律知识和技能公平地参照指导性案例审理案件。

最后，在中国实行"案例指导制度"，可能会出现法律上的尴尬状况。中国土地辽阔，各地经济发展水平不同，民俗习惯也不一致。尽管从表面看，不同地域适用同一案例指导是公平的，但会造成隐性的实质性不公平。比如说刑法中盗窃罪的处刑范围、判刑标准在各个省的规定就不是完全一样的。再比如说毒品犯罪适用死刑的标准，在广西、云南、广东等地也存在差别，因此不可能绝对的同案同判。[3]而且中国判决的终局性不够，一旦作为指导性案例的判

---

① 夏锦文：《司法的形式化：诉讼法制现代化的实证指标》，《南京师大学报(社科版)》1995 年第 4 期。

② 贺卫方：《通过司法实现社会正义——对中国法官现状的一个透视》《对抗制与中国法官》，分别载于贺卫方著：《司法的理念与制度》，中国政法大学出版社 1998 年版，第 1—102 页。

③ 丁吉生：《刍议不同地域案例指导的运作机制》，载江西法院网 http://jxfy.chinacourt.org/public/detail.php?id=18435，2008 年 5 月 27 日。

决被推翻,将引起一大批案件的推倒重来。英国著名文论家、科学先驱者兼法官培根曾经说过:"一次不公的判断比多次不平的举动为祸尤烈。因为这些不平的举动不过弄脏了水流,而不公的判断则把水源败坏了。"①

(二)案例指导制度完善之讨论

上海市徐汇区人民法院推出"判例指导",迈出了具有中国特色案例指导制度的第一步。支持"案例指导制度"的许多学者就这一制度的发展完善提出了很多观点。其实案例指导制度在中国并不是一个新鲜名词,它在我国的历史上由来已久,只是当时并未对这一制度冠以"案例指导"的名称而已。直到2005年10月26日最高人民法院发布的《人民法院第二个五年改革纲要》,才明确提出了建立具有中国特色的案例指导制度。通过近几年司法改革的积极探索和大力推动,司法机关内部、学术界及社会公众都越来越认识到案例指导在推进法治进程中的作用,加大了科学研究与实践验证的力度,这为案例指导制度的建立营造了良好的社会基础和学术氛围,积累了丰富的实践经验。

案例指导制度的建立和发展具有充分的法律依据和功能依据。我国宪法规定,最高人民法院是最高审判机关,最高人民法院监督地方各级人民法院和专门人民法院的审判工作,上级人民法院监督下级人民法院的工作。《人民法院组织法》第十一条规定,各级人民法院设立审判委员会,实行民主集中制,审判委员会的任务是总结审判经验,讨论重大的或者疑难的案件和其他有关审判工作的问题。由此可见,通过案例对法院的审判进行指导是符合宪法规定的,而且可以更有效地发挥上级法院的监督功能以及审判委员会的作用。上级法院对下级法院的有效监督方式之一是通过二审及再审案件来实现,但实践中,二审及再审案件占全部案件的比例仍是很小的,这导致了如何有效实现上级法院对下级法院的监督成为一个难点。"通过法律所规定的诉讼程序直接监督下级法院审判工作的余地很小,这一点决定了最高法院往往更多地是以案例指导等多种形式在宏观上对下级法院的审判工作进行指导。"②因此,在"判例指导"形式的基础上,逐步探索建立案例指导制度为中国法院内部的审判监督制度提供了一种新的形式。加之随着计算机的发展,通信业、网络业

---

① [英]弗·培根:《培根论说文集》,水天同译,商务印书馆1983年版,第193页。
② 龚稼立:《关于先例判决和判例指导的思考》,《河南社会科学》2004年第3期。

的进步，信息共享已成为现实，通过计算机完成复杂的案例编辑工作，把所有的指导案例按照一定的标准和顺序，分门别类排列起来，建立法律信息库，定期对案例进行清理和补充，确保指导案例的正确性和完备性，同时运用自动快速检索系统对法律文件和案例分析辨别，让司法人员、律师以及社会公众能迅速准确地查找和适用适当的案例。可以说，网络与计算机的广泛应用为案例指导制度的发展提供了坚实的物质基础。

发展完善案例指导制度，绕不过去的一个坎是必须首先改革法院裁判文书。我国的判决文书结构存在明显缺陷，尤其是说理部分。中国的判决书说理模式是：原告诉称，被告辩称，本院查明，本院认为。这种模式的最大缺陷是当事人对事实和法律适用的主张都是静态的，很难将双方当事人围绕诉讼请求和案情事实展开的主张、抗辩、反驳、辩论一一对应起来，不能还原双方当事人有力的动态对抗过程；而"本院查明"对于事实的认定也不能做到对当事人主张的一一回应和当事人证据之间的一一印证，导致缺乏针对性以及关联性；最大的问题是在作为判决理由的"本院认为"部分，判决形式通常为"依据×××法律判决如下"。作为判决主文的依据，既没有说明为何根据前文的事实认定需要适用如下的法律适用，也没有阐述当法条适用有竞合或冲突时，特别是当事人有争议时，为什么选取如下法律适用的理由，逻辑关系论证和争议焦点针对性都很缺乏，难以对本案件构成约束，更谈不上对其他类似案件有约束力。

对比其他国家的判决书，发现有许多可借鉴之处。例如，德国判决书的说理模式就是非常清楚的三段论。首先，明确大前提，即当事人诉讼请求获得支持所要适用的法律，以及适用该法律所需要满足的前提条件；其次，论证小前提，即适用该法律所需要满足的前提条件是否获得证明，也就是要件事实的证明状况；最后是判决结论，对大前提和小前提进行连接和回应，即上述事实证明过程为什么满足了（或未满足）上述法律的适用条件，因此可以（或不可以）支持诉讼请求。在同一案件有几个可供选择的法条或先例时，德国的判决书也说明了"选此弃彼"的理由。①这种论证过程可以让读者很容易理解事实证明是如何变成为法律适用的要件的，同时也把个案事实与普适性的法律逻辑地连接起来，从而可以将之内核适用于其他类似相关案件。因此，我国实施案

---

① 最高人民法院课题组：《德国判例考察报告》，《人民司法》2006 年第 7 期。

例指导制度必须要对判决书的结构加以完善。根据最高人民法院的第一个五年改革纲要,裁判文书的改革成为重点之一。通过加强裁判文书形式方面的统一性,尤其是加强判决的说理逻辑论证和对争议焦点的针对性,并补充论证有成文法的情况下怎样适用先例以及几个先例都可以适用时,什么情况下适用这个先例而不是其他先例的理由,法官的司法智慧和理念才能得到充分体现。特别是在一些法律规定需要解释或存在法律漏洞的情况下,充分的说理性才能为今后案件的处理提供良好的借鉴作用,尤其是最高人民法院通过《最高人民法院公报》公布的典型案例,通过归纳"裁判摘要",可充分发挥指导性案例的作用。

(三)案例指导制度的现实取向

我国历来具有以成文法主导、案例补充的传统。从我国古代到民国以后,案例都具有一定的拘束力。所以,案例指导制度与我国法律传统是相吻合的。我国司法机关也一直在进行案例指导的经验累积和制度探索。

1997年上海市徐汇区人民法院首先试水"判例指导"制度,得到了最高人民法院的积极支持和认可。1999年,最高人民法院在《第一个五年改革纲要》就提出"最高人民法院要在案例指导方面作出努力"。紧接着其他地方法院积极跟进。2002年,河南省郑州市中原区人民法院首先提出了"先例判决制度",其后天津市高级人民法院、郑州市中级人民法院都先后确立了案例指导制度。之后,全国很多地方法院都纷纷建立案例指导制度,特别是省级高级法院的行为非常活跃,他们都希望在没有司法解释性文件制定权的情况下,通过案例指导规则获得规则制定权。

基于自身探索和地方各级人民法院的经验总结,最高人民法院在2005年10月《人民法院第二个五年改革纲要(2004—2008)》中将案例指导制度作为司法改革的重要任务提出来,指出"建立和完善案例指导制度,重视指导性案例在统一法律适用标准、指导下级法院审判工作、丰富和发展法学理论等方面的作用"。这是最高人民法院第一次正式提出"案例指导制度"与"指导性案例"的概念。

2010年4月,中央政法委协调公检法召开会议,要求推行案例指导制度并在年内公布一批指导性案例。按照中央统一部署,"两高"及有关部门开展了案例指导工作。7月,最高人民检察院出台《关于案例指导工作的规定》(高检发研字〔2010〕13 号），成立了案例指导工作委员会，负责指导性案例的审查、编选和发布等工作，并下发《关于开展案例指导工作的通知》，要求各级检察机关充分认识开展案例指导工作的重要性和必要性，重视选送案例工作，及时、高质量选送有关案例。根据各地和高检院业务部门报送案例情况，2010年 12 月，最高人民检察院已印发第一批指导性案例。11 月 15 日，最高人民法院审判委员会第 1501 次会议通过《关于案例指导工作的规定》，并以"通知"的形式印发全国法院，标志着中国特色案例指导制度初步确立。11 月 26 日，最高人民法院发布《关于案例指导工作的规定》，对构建具有中国特色的案例指导制度意义重大。最高人民法院专门设立案例指导工作办公室，加强并协调有关方面对指导性案例的研究。各省级高级人民法院根据《关于案例指导工作的规定》要求，积极向最高人民法院推荐报送指导性案例。2011 年 12 月 20日，最高人民法院公布第一批指导性案例。

三、结语

从上述两例司法体制改革进程中上海创新举措所引起的纷争来看，上海司法领域改革举措往往会引起全国范围内的广泛关注，很多举措也很有可能会在最高司法机关的认可和支持下，在全国范围内推广和试行。因此，学界和实务界对这些改革举措的研究和讨论就不再仅仅是局限在上海是否应适用该制度以及如何在上海更好地建立和完善该制度，而是站在整个国家层面对这些制度进行研究，探讨全国范围内的适用性问题以及可能会遇到的问题等。换而言之，中国的司法体制改革是一体式的，地方领域内所进行的改革举措在很大程度上要接受全国性的检验，这一方面有助于对该措施的验证和推广，但另一方面也是对改革合法合理性的一次考察，很有可能使得原本极具地方特色的改革举措在未必适应其他地区或全国的情况下夭折。

第 九 章

求同存异：司法体制改革进程中上海与其他省份实践比较

自 1997 年以来，司法体制改革逐步推进，高潮迭起，渐入佳境，各省、自治区、直辖市司法机关根据中央的统一部署，在各自辖区内积极稳妥地开展改革探索，迈出了坚定而稳健的步伐。研究上海司法领域改革的实践和探索，不能忽视其他省区市开展的司法体制改革实践，进行必要的横向比较分析，对于更好地把握地区性司法领域改革的特点和规律，更深入地认识上海在国家司法体制改革进程中的鲜明特色具有非常重要的意义。

由于各省、自治区、直辖市司法领域改革均由当地党委统筹领导，党委政法委负责具体推进，基于这项工作的敏感性和保密性，各省区市党委政法委并不热衷于对这项工作的公开宣传，主要局限于在本系统内的工作交流、督促推动和向中共中央政法委、中央司法体制改革领导小组的专项汇报，接受上级的督导检查，导致迄今为止能够通过公开渠道查阅到的省级司法领域改革总体情况介绍非常稀少；而各省市区司法部门尽管对宣传本系统改革举措的热情较高，但相关的公开报道仅限于某一项具体工作，非常零散，数量庞杂，无法从中梳理、描绘地区司法体制机制改革的全貌。根据现有发现的一些资料，在一定程度上可以反映兄弟省、自治区、直辖市在司法体制改革方面的发展状况，发现在国家推进司法体制改革进程中，上海既有与其他省、区、市相同的地方，也有自己的鲜明特色。

■ 第一节　共同之处

在中国司法体制改革的宏大背景之下,上海与我国其他省区市都无一例外地成为其中的参与者和实践者,从而在具体改革实践中表现出许多共同之处。这些共同之处不仅体现在改革的推进动力、根本目标和指导思想上,也体现在整体进程、发展方向和具体内容上。

一、指导思想和根本目标基本相同

自 1997 年以来,党中央在关于司法体制改革的文件中反复强调,始终坚持党的领导和中国特色社会主义方向,是我国司法体制改革的基本指导思想。从司法体制改革措施的调研论证到改革方案的制定实施,自始至终都是在党中央的领导下进行,都是从我国国情出发,将社会主义司法制度与中国特色相结合而开展的。"正是因为党中央的坚强领导,司法体制改革才得以形成强大的合力。正是因为党中央的坚强领导,司法体制改革才得以有力有序地推进。"[1]

上海和兄弟省区市一直严格按照中央确定的司法体制改革路线前进,严格遵循改革的指导思想,避免改革走上邪路、走上弯路。这充分体现在各地方司法领域改革同样是在地方党委的坚强领导下有序推进,唯有如此,才能真正做到以科学发展观为指导,以维护人民利益为根本,以促进社会和谐为主线。比如,天津市委、市政府高度重视司法体制改革工作。时任中共中央政治局委员、市委书记张高丽在市委常委会议上专门听取汇报,强调要充分认识深化司法体制和工作机制改革的现实意义和历史意义,通过建立一整套科学的体制机制,保证全市司法工作有序进行,更好地满足人民群众的司法需求。[2]中共广东省委加强领导,全力推动党委政法委和政法各部门的改革工作,及时总结推广经验做法;进一步加强各级党委对司法体制改革的实践和探索工作的领导,加强部署,落实检查,及时推广经验做法,确保司法体制改革工作按照中央

---

[1]　杜飞进、王比学、黄庆畅、白龙:《为了公正高效和权威——我国司法体制改革的实践与思考(下)》,《人民日报》2012 年 10 月 1 日。

[2]　王志栩:《天津市深化司法体制工作机制改革》,《天津政法报》2012 年 11 月 13 日。

和省委的部署积极稳妥、健康顺利推进。①浙江各级党委政府和有关部门始终把深化司法体制改革作为维护社会公平正义、提高党的执政能力、巩固党的执政地位的重大战略举措来抓,既遵循司法规律,又积极探索创新,取得了明显成效。②上海司法机关也同样自觉接受党中央、中共上海市委的领导,定期向上级党委报告司法领域改革的具体内容和进展情况,及时根据上级党委的要求调整改革的方向和目标,确保司法体制改革的方向始终与党的要求相一致,相统一。

各个省、区、市司法领域改革的具体目标和工作措施,可能因具体社会经济水平的不同、司法环境和公众法治意识的差异而有些许的调整。这是很正常的,因为我国幅员辽阔,中西部发展不平衡,沿海省份与内陆省份、边疆省份之间在社会状况、经济水平、文化习俗等方面存在着较大的差异性。中央推进司法体制改革,并不是强求各地方照搬照抄、一成不变,其实是希望各地方在改革的根本目标上形成共识,严格遵循中央确定的基本原则和改革方案,根据地区情况加以细化完善,抓好贯彻落实。

比如天津市提出把实现好、维护好、发展好最广大人民群众的根本利益作为司法体制改革工作的出发点和落脚点,找准执法工作中存在的不公正、不严格、不文明、不廉洁、不规范问题,有针对性地采取措施加以改进。③福建省提出进一步解决体制性、机制性障碍,努力构建公正、高效、权威的司法体制,为海峡西岸"两个先行区"建设提供强有力的司法保障。④北京市提出司法体制改革以人民满意为标准,凡在事权之内、有探索空间的都积极主动帮助协调解决,不把难题留给老百姓,留给一线的办案同志,为首都科学发展提供优质高效的法治保障和法律服务。⑤

尽管各省市的表述不一,但核心的根本目标是相同的。其实,党中央在作出司法体制改革重大决策之初,就清晰界定了我国司法体制改革的性质是社

---

① 朱穗生:《解放思想　先行先试　积极稳妥地推进司法体制和工作机制改革》,《广东法学》2010年第2期。

② 朱兰英:《我省深化司法体制和工作机制改革综述》,《浙江法制报》2012年9月21日。

③ 王志栩:《天津市深化司法体制工作机制改革》,《天津政法报》2012年11月13日。

④ 福建省委政法委:《关于我省司法体制和工作机制改革的调研报告》,《吉林政法》2008年第7期。

⑤ 人民网北京电:《北京市深化司法体制和工作机制改革五年回眸》,载人民网http://bj.people.com.cn/n/2012/0921/c345051-17509407.html, 2012年9月21日。

会主义司法制度的自我完善，而不是向西方司法制度看齐和靠拢。党的十五大、十六大、十七大、十八大、十九大报告中对此分别作了概括和强调。因此，上海与兄弟省区市司法领域改革尽管在具体措施上存在很多不同，但它们的根本目标是一致的，这是我国的性质和执政党的宗旨决定的。正如2012年10月9日中华人民共和国国务院新闻办公室发表的《中国的司法改革》白皮书中所提到的，我国司法体制改革的根本目标就是保障人民法院、人民检察院依法独立公正地行使审判权和检察权，建设公正高效权威的社会主义司法制度，为维护人民群众合法权益、维护社会公平正义、维护国家长治久安提供坚强可靠的司法保障。[①]

二、发展方向和推进动力基本相同

这些年来，上海和其他省区市司法领域改革均取得了很大进展，虽然各自发展轨迹并不完全雷同，发展水平也参差不齐，但发展方向却是基本相同的。即坚持以人民群众反映强烈的突出问题为出发点，切实强化监督制约机制，扩大司法民主，着力规范执法行为，不断提高司法公信力，努力维护社会公平正义，确保出台的各项改革举措取得实实在在的社会效果。

纵观各省区市司法体制改革的实践和探索，呈现出整体推进、扎实有序、亮点频出、成效明显的良好状态。概括起来，有许多共同的改革方向。

一是注重加强司法权的监督制约，有效解决影响司法公正的突出问题。上海、浙江、甘肃等省市法院纷纷建立门户网站，加大与民众、当事人互动的力度，上网公布生效裁判文书，让司法最大可能地运行在阳光下，经济较发达的上海、浙江等省市法院有效实现所有开庭的案件全程录音、录像。

二是改革和完善刑事司法制度，有效保障和尊重人权。上海、北京、浙江等省市在落实宽严相济刑事政策中，始终坚持该严则严、当宽则宽、区别对待、注重效果，将有限的司法资源用于打击严重犯罪，而对轻微犯罪，未成年人犯罪初犯、偶发的，更多地展现法律的温情，从而努力修复被犯罪破坏的社会关系，减少社会对抗，增加社会和谐。

三是改革和完善工作机制，有效提高执法质量和效率。上海、北京、广东、

---

① 中华人民共和国国务院新闻办公室：《中国的司法改革白皮书》，《人民日报》2012年10月9日。

甘肃等省司法机关大力推行网上办案,实现了执法流程网上管理、案件网上审核审批、法律文书网上出具、执法质量网上考评,有效强化了执法办案环节的管理监督;各省市检察机关普遍与行政执法部门建立了信息共享、联网查询、线索移送、案件协查、监督配合等工作机制,紧密行政执法与刑事司法衔接。

四是加大司法救助和法律援助力度,有效缓解打官司难、执行难问题。上海、浙江等省市纷纷建立刑事被害人救助制度,上海、浙江、福建、广东、甘肃等省市普遍建立法院执行工作联动协调机制。以经济不发达的甘肃省为例,2008 年至 2012 年 8 月,甘肃全省法院共减、缓、免收诉讼费 1 500 多万元,2011 年全省法律援助经费达到 3 111 万元,比 2007 年增长近 8 倍。①

发展方向上的一致也能间接反映其问题的类似性和发展动力上的一致性。改革开放以来,上海和其他省区市一样,经济社会获得了快速发展,社会公众的法治意识显著增强,司法环境发生深刻变化,司法工作遇到许多新情况、新问题,现行司法体制中存在的不完善、不适应问题日益凸显。

就全国范围而言,各类案件数量持续增长、新类型案件层出不穷,司法力量捉襟见肘是普遍存在的现象,这些发展过程中出现的问题,需要在深化改革中逐步解决。这就是上海和其他省区市司法领域启动改革的现实动力,如果不改革,司法工作必将陷入停滞的状态,人民群众日益增长的司法需求与有限的司法供给能力之间的矛盾将日趋尖锐。

各地方司法工作遇到的共性问题,引起了党和国家的高度重视,在广泛调研,掌握大量第一手情况的基础上,审时度势,作出在全国范围内开展司法体制改革的重大决策。上海以及各省区市司法机关按照中央部署和最高司法机关要求,落实司法体制改革的工作任务和实施计划,这是上海和其他省区市进行改革的政治动力。如广东省就提出,"按照中央的部署,加强对司法改革工作的领导,严格执行中央有关改革规定和工作纪律,加强组织协调,推动各项改革任务落到实处。凡是中央要求统一推行的改革项目,不折不扣地抓好落实;凡是中央授权地方结合实际组织实施的,在充分论证的基础上积极稳妥推进"。②上海和其他省区市在司法领域改革的现实动力及政治动力上的一致,

---

① 盛学卿:《甘肃省司法体制机制改革取得丰硕成果》,《甘肃日报》2012 年 9 月 5 日。

② 朱穗生:《解放思想 先行先试 积极稳妥地推进司法体制和工作机制改革》,《广东法学》2010 年第 2 期。

使得它们在司法体制改革中的推进动力基本相同。

三、整体进程和许多内容基本相同

上海和其他省区市司法领域改革的步骤尽管并不完全一致，侧重点也不完全相同，但从全局上来看，其整体推行进程和许多内容还是基本相同的。

上海和其他省区市共同经历了从 20 世纪 80 年代的以强化庭审功能、扩大审判公开、加强律师辩护、建设职业化法官和检察官队伍等为重点内容的审判方式改革和司法职业化改革，到 21 世纪初以完善司法机关机构设置、职权划分和管理制度，健全权责明确、相互配合、相互制约、高效运行的司法体制为主要内容的司法改革推进阶段，再到以维护人民共同利益为根本，以促进社会和谐为主线，以加强权力监督制约为重点，以解决体制性、机制性、保障性障碍为出发点，以优化司法职权配置、落实宽严相济刑事政策、加强司法队伍建设、加强司法经费保障为主要内容的司法改革重点深化阶段。

在推进司法体制改革的过程中，上海和其他省区市司法机关均按照中央提出的"自上而下、先易后难、突出重点、整体推进"的工作思路，组织专门力量对中央司法体制改革中地方可以先行先试的事项，进行深入细致地分析研究，确定本地区的改革任务，制订出台分工方案，明确牵头单位和有关协办单位，确保司法体制改革项目职责任务落到实处。比如广东省、甘肃省、天津市、北京市均提出 2010 年是深化司法体制改革的攻坚年，将在之前改革推进的基础上，进一步明确司法机关所承担的改革任务，制订相应的工作方案，明确完成时限，2012 年对司法体制改革进行评估和总结，确保党的十八大之前，新一轮司法体制机制改革各项措施基本落实到位。

而在改革内容上，上海和其他省区市司法机关都是在中央统一部署、最高司法机关统一安排，按照同一部宪法以及其他相同的法律开展改革，必定会有大量的共同之处。

在优化司法职权配置方面，各省区市推动完善检察机关对刑事立案、侦查、审判和监管、刑罚变更执行等环节的法律监督，改革审判委员会和合议庭制度，开展量刑规范化试点工作，深化审判公开、检务公开、警务公开、狱（所）务公开，改革司法鉴定管理体制，完善人民陪审员和人民监督员制度，对司法权的法律监督、民主监督明显加强，人民参与监督司法更有保障。

在尊重和保护人权方面,各省区市严格依法落实死刑核准制度,严格限制使用影响公民人身和财产权利的强制措施,加大法律援助和司法救助力度,建立刑事被害人救助和涉法涉诉信访救助制度,有力彰显了司法人文关怀。

在践行执法为民方面,各省区市探索完善民事行政简易程序,改革民事行政案件执行体制和审判监督制度,开展巡回审判,完善律师制度,不断推出便民利民措施,司法成果更多地惠及人民群众。

在执法司法保障方面,各省市普遍建立政法经费分类保障制度,将人员编制和经费装备向基层一线倾斜,大规模开展"两庭""两所""两房"以及监狱劳教场所、司法所等政法基础设施建设,政法机关面貌发生了历史性变化,为公正高效廉洁执法提供了有力的物质保障。

在政法队伍建设方面,各省市根据中央政法委的统一部署,深入开展社会主义法治理念教育、"大学习大讨论""发扬传统、坚定信念、执法为民"和"忠诚、为民、公正、廉洁"的政法干警核心价值观等集中学习教育实践活动,政法队伍整体素质和执法水平明显提高。

■ 第二节 鲜明特色

尽管国家司法体制改革进程中上海与其他省区市在推进动力、根本目标、指导思想、整体进程、发展方向和具体内容上有若干共同之处。但基于上海的城市特色、经济发展水平以及海派文化传统等因素的影响,上海与其他省区市比较起来,在司法领域改革方面还是具有自己的鲜明特色。

一、上海是许多司法改革举措的创始之地

在 1997 年之前的司法改革历程中,上海其实并不显得突出,反而是广东等沿海省份创造了一系列"全国第一"。比如 1988 年 3 月,深圳市人民检察院成立了全国第一个接受群众举报的专门机构——经济罪案举报中心,开启了中国检察举报制度的先河。1989 年 8 月 18 日经广东省委批准,广东省人民检察院反贪污贿赂工作局宣告成立,这是全国第一个反贪专门机构。反贪局的成立,使反贪污贿赂工作在人力、物力、财力和工作制度方面得到加强和完善,

标志着反贪工作进入新的发展时期。[①]这与广东作为改革开放先行省份，在经济社会发展先走一步的同时，也较早遇到各类新情况、新矛盾的社会现实有关。1992年邓小平南巡讲话之后，借助于浦东新区的对外开放，上海的改革开放进入一个新的阶段，呈现出蓬勃发展的强劲势头，历经二十余年的不懈努力，上海城市发展已经站在了一个更高的地标之上。

　　1997年开始司法体制改革探索之后，面对改革中出现的问题和困境，上海司法机关敢于创新，敢于开拓，敢于开全国之先河，成为许多改革措施的始发地。这些改革措施包括但不限于以下探索：1997年上海市徐汇区人民法院开全国审判活动之先河，以"判例指导"的形式对同一类型案件的处理确立了统一的裁量原则，在维护法律的严肃性上作出了可贵的探索。1999年上海市金山区人民检察院首创主诉检察官等级制见成效。2002年上海市长宁区人民法院在全国首次对未成年刑事案件施行"社会服务令"制度。2007年上海检察机关在全国首创并实施了非羁押措施风险评估机制，为问题的解决提供了一套可以量化的体系和相对稳定的标准。上海法院国内首推远程审判，上海市第一中级人民法院与上海市金山区人民法院通过视频系统实现"零距离"开庭。[②]

---

　　① 朱穗生：《解放思想　先行先试　积极稳妥地推进司法体制和工作机制改革》，《广东法学》2010年第2期。

　　② 这是一次特殊的庭审，因盗窃摩托车而被判刑的卞某不服原判提起上诉，前一天是二审开庭的日子，但令他惊讶的是，他没有像其他被告人一样，从金山看守所被押往80公里外的市第一中级法院。前一天下午2点整，卞某和另一名被告人站了原审的金山区法院刑事法庭上，而审理此案的市一中院法官此时正端坐在市一中院的法庭里，两个法庭相隔80公里。连接金山和市区两地法庭的是一套视频系统。两个法庭"合二为一"，不过半个小时，庭审就顺利结束。这是市一中院率先在全国法院系统实施远程开庭，目的是解决当前法院人手少、案件增幅大的突出矛盾，借助法院的科技设备，提高办案效率。此前，市二中院已启用远程取证系统。双方辩论结束时，审判长宣布休庭，要求卞某和郑某阅读庭审笔录后签字画押。庭审笔录由市一中院本地法庭传送到金山法庭，卞某和郑某在仔细阅读了庭审笔录后，慎重地签上了自己的名字并摁上了鲜红的手印。而这些环节都符合法定程序。近年来，人民法院担负的审判任务日益繁重，以市一中院为例，该院2005年审理案件17 720件，2006年增至18 913件，2007年1—11月已超过去年一年的总数。同样，该院受理的二审案件也年年增长。而在该院所辖的9个区法院中，地处远郊的金山、奉贤等4个法院的二审案件占了二审案件总数的三分之一多。由于郊区的公安看守所地处偏远，加上交通拥挤，市一中院刑事二审开庭时，提审被告人的在途时间往往需要3小时左右，当出现多个郊区法院的上诉案件安排在同日开庭，或案件被告人人数众多、庭审需持续多日时，车辆、警力的调配十分困难。此外，对一部分依法进行书面审理的刑事二审案件，法官需前往看守所提审被告人，一来一去，也往往需要花去大半天的时间，这无疑进一步加重了法院人员不足的困难。市一中院对金山区法院的二审刑事案件将全部采用远程开庭和提审的方法进行审理，在总结经验的基础上，该院对其他远郊法院的二审刑事案件也将陆续实施远程审判。详见刘海：《上海法院国内首推远程审判　市一中院与金山区法院通过视频系统实现"零距离"开庭》，《上海法治报》2007年11月27日。

2008年上海市第二中级人民法院设立反垄断专项合议庭,是全国法院系统第一家。2009年上海市第二中级人民法院率先实现审判程序全程网络覆盖,属国内首例;上海市第一中级人民法院打造全国首家"网络法院"。2009年上海市高级人民法院率先推出法官配偶为律师的一方退出机制。2010年上海法院开通全国法院系统首家面向社会公众的电子诉讼档案网络化信息服务平台等。①

诸如此类的创新性、开创性举措一经推出,不仅丰富了上海司法领域改革实践的内容,促进了上海司法水平的提高,而且还引起了上级司法机关和兄弟省区市司法机关的关注。最高司法机关不仅多次派员专程来上海调研总结此类改革创新经验,而且很多经上海实践证明行之有效的做法还被国家立法机关或最高司法机关采纳,成为国家层面司法体制改革的内容。可以说,上海不仅是贯彻中央司法体制改革决策部署较好的地区,而且还为丰富国家司法体制改革的内容作出了积极的贡献。

二、上海重视对未成年人的司法区别对待

加强对未成年人的司法保护,既是全社会的共同责任,更是司法机关的重要职责。上海司法机关在改革过程中推出一系列司法实践,非常注重对未成年人的教育挽救和权益保障,上海的少年司法保护工作可谓是硕果满枝。比如,上海创设了我国第一个少年法庭,开创少年刑事审判的"三段教育法",着重教育挽救,全面实行指定管辖集中审判,"两龙配套系统"合力显威,为失足少年开通"绿色通道","圆桌审判"体现人文关怀,探索未成年人刑事案件非刑罚处罚,首创未成年人刑事案件非羁押措施可行性评估机制,建立合适成年人参与制度,适用未成年人刑事案件暂缓判决制度,率先试水未成年人刑事案件"赔偿前置"机制,探索有"前科"未成年人重返社会制度,让犯轻罪的未成年人"无痕迹"回归社会,等等。②

作为未成年司法保护"领头羊"的上海,并没有停下探索的脚步。上海法院从深化未成年人司法保护的领域出发,把对未成年人的司法保护从刑事扩

---

① 以上首创改革措施根据《上海法治报》相关报道整理。
② 刘海:《让失足少年走出心灵泥淖》,《上海法治报》2006年6月26日。

大到民事、行政审判领域，着力加强涉少民事、行政案件的专门审理，遵循"积极、优先、亲和、关怀"的民事审判理念，将保障未成年人合法权益的原则贯穿于审判工作的各个环节，努力做到"快速立案、及时审理、优先执行"，加强诉讼指导和释明，灵活适用审理方式，探索法理分析法、温情疏导法、冷处理法、背对背调解法等不同调解方式，完善"帮、教、治、防"探索多元化工作机制。①诚如时任上海市高级人民法院研究室副主任、上海法院少年审判指导小组副组长朱妙所言，"上海法院的不断探索将为今后成立少年法院积累很多宝贵的经验"。②

三、上海全力兑现胜诉当事人的合法权益

司法判决能否及时不折不扣地得到执行，是衡量司法公正、司法权威和司法公信的重要因素之一。近年来，司法"打白条"问题引起了中央和社会的广泛关注，中央相继出台了一系列解决执行难问题的文件。借着中央的这股春风，上海法院积极探索从增强为民意识、改进工作作风、加大执行力度、强化执行管理、优化执行环境、强化执行监督等六个方面全面加强全市法院执行工作规范化建设，致力于破解执行难问题。

上海法院相继实行了排期执行制，将案件执行过程划分成执行准备期、强制执行期、执行结案期、执行延长期等时段，明确规定各时段内应完成事项，进行流程跟踪管理，确保按期结案；实行合议庭共同执行，借助社会舆论督促执行，动态管理执行中止、和解案件。③建立起司法协助执行网络，建立安全交易信息查询系统和全面推行开庭调查财产制等措施，强化执行力度，提高执行工作的应变能力；实行了悬赏举报执行办法，④采取强制托管执行方法，发放《申

---

① 易钟：《撑起蓝天，爱心倾注少年审判》，《上海法治报》2009 年 6 月 3 日。

② 高远：《为未成年人的健康成长撑起一片蓝天》，《上海法治报》2008 年 12 月 2 日。

③ 杨泱、潘已申：《为了杜绝"司法白条"——记市第二中级法院执行方式改革》，《上海法制报》1999 年 4 月 12 日。

④ 所谓"悬赏"执行，就是由法院依据申请执行人的请求，以法院的名义向社会发出公告：谁提供了被执行人可供执行财产的相关线索，申请执行人将通过法院，按实际执行财产价值的一定比例或者依照事先约定的资金数额，奖励线索提供人。法院有严格的财政收支制度，不会专门拿出"悬赏金"用于执行。申请执行人到法院要求"悬赏"都是自愿的。"悬赏"执行制度主要针对被执行人失踪或下落不明且无法查证被执行人财产状况等类型的案件，申请执行人可向法院申请"悬赏"执行。"悬赏"的公告费用和"悬赏"金都由申请执行人负担。市二中院一位执行法官告诉记者："支付多少'悬赏'金额完全取决于申请执行人，一般情况下为执行标的的 5%、10%甚至 15%。"详见刘海：《"悬赏"执行公告逼"老赖"现形 上海市第二中级法院推行"悬赏执行制度"》，《上海法治报》2008 年 1 月 21 日。

请执行债权凭证》，设立执行预告知制度，制定并实施《执行听证审查操作规范（试行）》，对执行听证审查的性质、适用范围、听证程序中申请人、被执行人以及案外人的法律地位和权利义务，听证程序的提起和受理，听证审查与行使执行裁判权的关系，听证审查的进行方式等方面作了规定。[①]与社会征信管理机构达成协议，将"老赖"名单引入诚信数据系统，将限制高消费的被执行人信息纳入征信数据库；实行执行案件"三告知"制度，让执行当事人了解超过执行期限案件未能如期执结的原因和将采取的措施，使执行工作更公开，切实保障执行当事人的知情权、参与权和监督权；全面推行执行案件专人查控财产制度，老赖隐匿财产逃债有专人查控。

2011年9月22日，上海市第十三届人大常委会第二十九次会议听取和审议了上海市高级人民法院应勇院长所作的《关于民事执行工作情况的报告》，并审议通过《关于加强人民法院民事执行工作的决议》，从地方立法高度，对法院自身改进和加强执行工作，以及社会各界协助执行提出了明确要求。这在全国也不多见，充分表明上海非常注重依托地方立法，强化法院自身在破解执行难上的主体、主责意识，始终将兑现胜诉当事人合法权益摆在首要位置，在继续加强大标的案件执行工作的同时，高度重视涉民生类案件、申请执行人为困难群体案件和小标的案件的执行。同时，把积极查控涉诉财产的工作落实到审判、执行的各个环节，充分运用经济、法治和舆论等手段，使有履行能力但拒不主动履行的被执行人付出更大的经济代价和信用成本。在党委领导、人大监督、政府支持下，提高联动单位协助执行的效能，齐抓共管，创性举措，努力破解执行难。

四、上海有效增强司法机关的工作透明度

作为我国较早探索和实践智慧城市建设的城市，上海在20世纪90年代初就提出了建设"信息港"的战略目标，多年的发展使上海的城市信息化水平始终处于国内领先的地位。相对而言，上海司法系统得益于较强的城市综合竞争力、领先的科技发展水平和经济实力，在信息化建设上一直不遗余力。早

---

① 陈忠仪、李惟：《执行听证审查有了规范　市高级法院制定并实施有关试行规定》，《上海法治报》2002年7月29日。

在 2003 年,广大市民登录上海法院网站,就不仅能方便获取离婚案件民事诉讼和起诉状格式样本,还能查阅到市高级法院审判委员会通过的具有指导意义的案例以及全市各级法院的裁判文书。①

为贯彻最高人民法院科技强院要求,提升上海法院的信息化建设水平,上海法院系统在 2009 年启用了上海法院审判信息管理中心,标志着上海法院审判信息化建设在整体管理、集中控制上达到了一个全新的阶段。这一中心的投入使用,实现了上海法院现有全部网络系统包括因特网、法院网、市公务网和最高人民法院一级网的接入,可在线演示全市法院庭审的直播及点播、审判信息应用系统和警车实时定位系统,并将安保监控系统、有线电视系统和多媒体播放集成到该中心。②

自 2010 年起,上海市高级人民法院指导闸北区人民法院在审理崇明县涉少刑事案件中,率先启动审理未成年人案件远程审判,③收到了"相隔百里,近在咫尺"的预期效果;运用"制度加科技"推进庭审装备标准化、信息化建设,加强对案件庭审全程的实时监督检查,并以制度规范庭审系统的管理使用;全面开通网上立案审查,建立行刑衔接的网络信息平台,率先实现审判程序全程网络覆盖,设立电子阅卷室供查材料,打造了全国首家"网络法院"。

未来,上海的城市竞争力将体现在哪里?上海社会各界已经认识到,以物联网、云计算代表的通信技术将深刻改变城市发展模式,给城市发展带来全新的活力和动力。④随着上海投入巨资打造"智慧城市",上海司法机关正在顺势而动,勇立潮头,如此才能不被"光网时代"所落下,司法机关信息化建设只有起点,没有终点。

五、上海科学借鉴国外司法改革先进经验

上海自开埠以来,一直就是国内最重要的港口城市之一,数百年对外开放交流的积淀,使得海派文化成为城市的一张特色名片。2010 年由新华社《瞭

---

① 陈忠仪、高万泉:《可通过互联网查阅判决书 上海法院更"透明"》,《人民法院报》2003 年 3 月 21 日。

② 高远、包塞:《上海法院审判信息管理中心昨启用》,《上海法治报》2009 年 9 月 30 日。

③ 刘海、高远:《上海法院未成年人案件远程审判在闸北法院启动》,《上海法治报》2010 年 8 月 18 日。

④ 马翠莲:《上海倾力打造智慧城市》,《上海金融报》2011 年 5 月 20 日。

望东方周刊》、中国市长协会《中国城市发展报告》工作委员会、复旦大学国际公共关系研究中心共同主办的"中国城市国际形象调查推选活动",依据城市向往度、城市文化、自然环境、市民素质、治安状况、便捷程度、城市个性等十二项指标,从 30 个候选城市中评选出上海排名第一。①正是这种海内外普遍公认的开放氛围,使得上海在国际经济贸易、科技人文乃至司法交流和协作方面有着得天独厚的优势。

上海司法机关得益于处于这种宽松开放的社会环境,富于国际视野和开放视角,在宪法和法律的总体框架下,善于从我国的基本国情和上海的具体情况出发,大胆借鉴国外先进的司法理念和实践,按照国家司法体制改革的总体要求,确立新思路,提出新目标,实现新发展。如,前述的"判例指导"制度创新就吸收了英美国家判例法的精华内核,"少年法庭"也是向国外学习的结果。

在司法体制改革的探索的过程中,上海司法机关还特别注重遵循国际规则意识,依法合理地引入国际惯例和通行规则,丰富和完善自己的司法体制内涵和形式,从实际出发创新举措,加强对金融弱势群体合法权益保护,支持金融创新和加强风险防范机制,推进多元化金融纠纷解决机制构建,为上海市推进国际金融中心和航运中心建设创建良好的法制环境。

六、上海较好地解除了司法机关后顾之忧

2008 年 11 月 28 日,中共中央政治局通过的《中央政法委员会关于深化司法体制和工作机制改革若干问题的意见》提出了优化司法职权配置、落实宽严相济刑事政策、加强政法队伍建设、加强政法经费保障等四项重点改革内容。许多省、区、市按照该意见部署司法改革工作,并将司法经费保障作为深化改革的突破口之一。2014 年 6 月 6 日,中央全面深化改革领导小组第三次会议审议通过《关于司法体制改革试点若干问题的框架意见》,随后,上海、广东、吉林、湖北、海南、青海、贵州 7 个省市先行试点"建立省以下地方法院检察院人财物省级统一管理体制",明确健全财政保障机制,根据各地差异,采取"保高托低"方法,分类确定各地经费保障标准,实行动态管理,建立完善公用经费保障标准与正常增长机制,确保经费保障、待遇不低于改革前水平。这是因为部

① 温如军:《中国城市国际形象调查结果:上海第一 北京第二》,《法制晚报》2010 年 8 月 30 日。

分经济欠发达的省、区、市司法机关经费的确不同程度地存在短缺问题,导致司法工作的实际开展存在这样或那样的障碍。因此在新一轮司法体制改革探索中,首先要加强政法经费保障,确保司法机关独立公正地行使司法权限,确保司法机关硬件和软件的建设,确保司法人员的职业化发展等等。如福建省"大力落实政法经费保障、公安派出所、人民法庭、司法所经费列入县级财政预算,综合办公经费按照高于当地一般行政机关一倍以上标准安排,业务办案等重点业务支出项目予以重点保障。近年来,省级和地方财政对政法机关的经费投入每年增长 10%以上"。①

上海司法领域改革过程中,并没有如其他省市般把政法经费保障列为重点。因为上海司法机关的经费来源主要由上海的地方财政收入解决。在2014 年之前,在资金分配上采取"两级财政"的管理方式,即市级司法机关的经费由市财政解决,区县司法机关的经费由各区县财政解决。审判、检察机关的部分业务经费实行条线管理。在 2014 年之后,实行财、物市级统管,各区县法院、检察院作为市级预算单位,纳入市级财政统一管理,各类资产,由区县划转市相关部门统一管理,由市财政保障全市司法机关的经费,全市司法人员整体收入水平比照公务员待遇上升 50%,三级司法机关同职级工作人员收入趋于拉平。

根据《国务院办公厅转发财政部关于深化收支两条线改革进一步加强财政管理意见的通知》(国办发〔2001〕93 号)、《财政部、中国人民银行关于公安等部门收费收入纳入预算管理的通知》(财预〔2002〕9 号)和上海市财政局《关于本市公安、法院、工商、环保和计划生育行政事业性收费收入纳入预算管理的通知》(沪财预〔2002〕2 号),上海司法机关严格实行收支脱钩,不以任何形式将罚没收入、行政事业性收费与经费安排、工作考核挂钩,所需经费均纳入财政预算按标准予以保障,各项经费及时、足额拨付。以上海市金山区为例,2007 年区财政安排政法经费 27 542.22 万元。据统计,1996—2006 年,该区政法总投入 124 609 万元,占财政总支出的 5.6%。财政拨款年均增幅 17.34%,高于政法总投入年均增幅 0.6 个百分点。②因此经费保障问题并不是上海司法

---

① 福建省委政法委:《关于我省司法体制和工作机制改革的调研报告》,《吉林政法》2008 年第 7 期。

② 《金山区财政局调查研究政法经费保障状况》,载上海市金山区人民政府网 http://jsq.sh.gov.cn/gb/shjs/jjjs/dtxx/userobject1ai38159.html,2007 年 8 月 16 日。

领域改革面临的困境,自然也无需作过多的调整。

■ 第三节 异同探究

中国司法体制改革进程中上海与兄弟省区市存在诸多共同之处、不同之处,这是由多方面的原因造成。包括国家结构形式、司法体制改革特性的原因,也包括各地区经济社会发展水平不一、法治文化传统等原因。

一、存在相同缘由

上海与其他省、区、市司法领域改革在推进动力、根本目标、指导思想、整体进程、发展方向和大致内容上具有基本一致性的原因,在于我国国家结构形式是单一制,上海与其他省、区、市都是国家整体司法体制改革的一部分。

中国自秦朝大一统以来,数千年来就是一个单一制的中央集权国家。新中国成立后,我国也没有采取西方国家的联邦制,而是继续实行单一制的国家结构,各省、区、市都是中华人民共和国不可分离的组成部分,都在中央政权的统一领导下,行使其职权,中央与地方之间是领导与被领导的关系。

司法体制作为上层建筑的组成部分,事关法律统一实施,事关国家政权性质,属于全国性的重大工作,需要在全国范围内统一决策和贯彻实施。[1]因此,司法体制改革只能由中央决策和推动,各省、区、市司法机关推进改革必须执行中央的方案部署,服从中央的统一领导,积极有效地贯彻执行中央的决定,维护中央的权威,这自然导致它们在指导思想、根本目标、发展方向、推进动力、整体进程和许多内容上的共同之处。

此外,上海作为一个国际大都市,无论在经济发展水平、城市建设水平和司法服务水平上,都有其优势和突出之处,是我国其他城市取经和借鉴的首选。而上海司法机关也能正确认识自身发展的不足,积极向兄弟省区市调研和学习其可取之处。每年,这样的学习交流不但有中央层面的,也有地方层面的,既有官方性质的,也有民间学术性质的,形式包括但不限于汇报、座谈、调

---

[1] 当然,中央司法体制改革方案部署中明确的工作机制改革属于地方性内容,可由各省、自治区、直辖市自主安排,这也能充分发挥地方的积极性。

研、研讨、讲座、学习、进修、培训等。上海与其他省区市司法机关之间频繁的相互学习相互交流，在改革中非常注重互相取长补短，也是导致它们在司法领域改革存在共同之处的原因之一。

二、存在不同原因

尽管都是国家整体司法体制改革的一部分，尽管相互交流互通有无，但上海司法领域改革实践中还是显露出了与其他省区市不同的鲜明特色。这是因为地区司法领域改革作为国家整体改革的组成部分，除了中央明确的"规定动作"之外，还有中央明确的属于地方性的内容，这就为各个省区市结合本地实际，进行司法领域探索创新预留了空间。而且地区司法领域改革同时也是整个区域经济社会发展的一部分，具有鲜明的地区性特色，受当地区域性社会状况、经济发展与居民素质的影响。

首先，经济发展是司法体制改革的现实动力，也为其提供了保障。马克思曾经说过，经济基础决定上层建筑。从广东和上海司法领域改革的发展路径上，可以看到经济发展水平与司法领域改革之间的脉络关系。20世纪80年代中期，广东等沿海省份正处于改革开放全面展开阶段，经济水平位居全国先列，在司法改革的探索中也创造了一系列"全国第一"；而到20世纪90年代中期至今，上海借助于浦东新区的对外开放，长期经济增幅领跑东部地区，在司法改革实践和探索进程中也成为许多司法改革举措的创始之地。盖因经济的发展必然带来新的社会问题和民众司法需求的增长。伴随着上海经济的发展，企业逐步扩展壮大、资本市场逐渐活跃、居民收入逐渐增长、外来务工人员迅猛增长，群众法律观念稳步提升，金融纠纷、财产纠纷、人身纠纷日趋增加，来沪人员犯罪以及青少年违法犯罪情况逐渐严重，如何能在新形势下快速有效地通过司法途径解决社会问题、预防社会问题，促进社会经济和谐稳定发展，是上海前进过程中的一道难题，也是上海司法领域深化改革的强大动力和实践基础。

此外，上海经济发展位居全国领先水平，客观上为上海司法领域改革提供了充足的经费支持，为上海市司法系统的信息化建设以及职业化发展提供了必要的物质支撑。上海是中国大陆地区经济最为发达的城市，经济总量多年来位居中国大陆城市之首。整个"十一五"规划期间，全市生产总值达到 69 054.99 亿元。2011 年全市生产总值为 19 195.69 亿元,城市居民家庭人均年可支配收入 36 230 元,年增长率超过 10％。①进入"十三五"期间,2019年,全市生产总值为 38 200 亿元,在国内城市(除港澳台外)总量排名第 1,在31 省份的总量排名中位列第 10,两项数据均位于全国前列,人均 GDP 在全国排名第 8 位。2020 年全市生产总值达到 38 700.58 亿元。而地方财政上,上海市 2010 年度地方收入达 2 873.58 亿元,2019 年度地方收入为 7 165.1 亿元。强大的经济基础才能支撑相关司法机关改革措施的开展。例如,与国内其他省市相比较,上海法律援助地方立法就放宽了受援对象经济困难标准,将其定为低保线的 1.5 倍,并将随着上海市经济社会的发展而适时进行调整,同时扩大了法律援助范围,将劳动争议、工伤、交通事故、医疗事故以及家庭暴力等常见事项也列入了法律援助范围,使上海市更多的困难群众获得更为全面的法律援助服务,并建立了"全额保障"的法律援助经费保障制度,明确各级法律援助机构的法律援助经费由同级财政部门全额保障,纳入预算管理。②没有强大的经济实力,上海是不可能进行如此立法的,也不可能保证其有效实施。

其次,上海独有的海派文化传统为其司法领域改革奠定了坚实的社会基础,提供了源源不断的人文动力。上海与其他兄弟省区市司法领域改革不同的原因是多方面的,而文化的因素不应该低估。文化是一个城市发展的活力和动力,也是一个城市持久的生产力、竞争力,在一定程度上决定着城市各个方面发展的趋势和未来。上海在原松江本地文化的基础上,先后吸纳了其他国内地域文化特别是吴越文化和世界文化尤其是西方文化的精华,逐渐形成了富有上海地方特色的海派文化。海派文化可以归纳为具有开放性、扬弃性、创造性和多元性。

开放性较好地阐释了海派文化中的"海"字,海纳百川、熔铸中西,不闭关自守,不固步自封,不拒绝先进,不排斥时尚,凡能为我所用,则以诚心诚意的开放姿势欢迎。这种文化上的开放性使得上海司法机关在实践中能积极吸收国内外司法改革的优秀成果,始终走在改革的最前沿。但百川归海,难免泥沙

---

① 上海市统计局、国家统计局上海调查总队:2011 年上海市国民经济和社会发展统计公报,载上海统计网 http://www.stats-sh.gov.cn/sjfb/201202/239488.html,2012 年 10 月 12 日。

② 沈国明、史建三主编:《上海法治建设与政治文明:实践与经验》,上海社会科学院出版社 2008 年版,第 139 页。

俱下,鱼龙混杂。

海派文化中的扬弃性,很好地保证了上海司法机关在开放怀抱的同时避免了饥不择食、来者不拒地盲目和盲从,而是清醒地辨别,有选择地、有区别地对待,取其精华,弃其糟粕。

创造性决定了上海司法机关虽然积极借鉴但决不照搬照抄,也不是简单地重复和模仿人家,而是洋溢着创造的活力,根据上海的地方特色和具体市情,富有创新精神地展开司法改革的探索和实践。

多元性更是让上海司法机关能妥善地应对城乡贫富差距拉大、上海与其他地区之间发展程度不一、外来人口爆炸式增多、司法公平与效率存在一定程度的矛盾等复杂态势,在司法体制改革的探索中保持清醒,谨慎而坚定地走出每一步。

再次,上海整体司法环境较好,司法人员和民众素质较高。由于上海具有较好的历史传统和经济基础,民众受教育程度和法律素质基础较高,并且,多年来上海市政府非常强调"依法治市",高度关注和重视法治建设,不断吸引大量高学历、高水平人才包括法律人才来沪,上海整个法治发展水平位居全国榜首。司法机关在司法规范、公正透明和便利民众等方面具有较好的基础,进行司法体制改革时阻力较少,民间动力更足。司法工作人员和民众法律素质的高低,对司法领域改革的影响还是显而易见的。正是因为上海整体法治环境良好,司法人员和民众素质较高,因此,民众对司法机关要求比较高,司法机关也更能主动从"服务"角度展开改革的实践和探索。

从各地司法领域改革的具体措施上来看,上海的实践探索重点更多地放在司法为民,便利民众,打造公正透明的司法环境上。例如,上海少年审判法庭的建设、速裁模式的探索、知识产权案件的审理、法官行为规范的完善、抗辩式审判方式的摸索、电子诉讼档案网络化信息服务平台建设、诉讼文书改革、犯罪嫌疑人讯问全程同步录像、未成年人检察制度改革与发展(创立分案审理制度、创设非羁押措施可行性评估制度、试行刑事和解制度、探索刑事污点限制公开制度等),等等。相比较之下,其他省、直辖市、自治区的实践和探索重点则略有不同。

复次,上海经常成为最高司法机关进行改革试点的城市。正是得益于良好的司法环境和较高的司法人员职业化水平,最高司法机关在制定出台一些改革决策之前,常选择上海进行前期试点,待总结形成一定的经验之后再向全国推广。例如,刑事审判方式改革试点、人民监督员制度试点工作、社区矫正试点;公职、公司律师试点,刑事案件被害人救助基金试点、量刑规范化试点等都有上海的贡献。

当然,中央在选择试点单位时,也是充分根据试点内容和试点城市的实际情况而作出相应决策的。例如,判后答疑制的试点就是在贵州省安顺市中级人民法院发起,随后在安徽、重庆、贵州、湖北、河南、海南全面推行,再扩展至其他省区市。在这一制度的试点城市里,没有上海、北京、广州等经济发达城市,这其中的原因在于判后答疑制度的作用在于由原承办法官针对案件判决为当事人释疑解惑。上海、北京和广州等城市司法工作人员水平较高,判决书质量能有一定的保障,民众法律素质也较高,且大多数案件都能聘请律师,能看懂判决书、理清其中的法律关系,因此要试验判后答疑制度的效果和运行,放在司法水平较不发达地区更为合适。而选取上海作为试点城市的改革举措则大都为比较前沿、比较富有争议性,需要有良好的法治环境和司法水平作为前提。这些试点工作让上海司法机关始终走在司法体制改革的最前沿,为上海司法机关积累司法领域改革正反两方面的经验打下了坚实的基础,也为上海司法领域改革持续创新深化积累了信心和动力。

最后,上海致力于建设国际化大都市,与国外交流频繁,使得上海能更多地向国际通行的规则靠拢。[①]上海是一座向世界敞开怀抱,海纳百川的特大型城市,紧跟世界经济呼吸的脉动,开放性和兼容性都很强。随着浦东改革开放的进一步深化和陆家嘴金融圈的建立,上海成为许多跨国公司的注册地或大中华区总部所在地。西门子、甲骨文、葛兰素史克、联合利华等一大批跨国公司和花旗银行、法国兴业银行、汇丰银行等多家外资银行中国总部设在上海。2010 年上海世博会的成功举办,超过 7 000 万人次的参观记录,也都彰显了这座城市对海内外的巨大引力。2018 年起,中国国际进口博览会选址上海,每年举办一次,是中国着眼于推动新一轮高水平对外开放作出的重大决策,是中国主动向世界开放市场的重大举措,世界贸易组织等多个国际组织和众多国

① 章武生:《司法的良好运行:城市走向法治化的关键——以上海司法改革为视角》,《法学杂志》2010年第 5 期。

家共同参与,不是中国的独唱,而是各国的大合唱。根据自身优势,在已有基础之上上海提出建设"五个中心"的目标,加快形成全球资源配置中心,加快形成市场产品机构全面国际化,加快形成全球信息中心,加快形成以上海为核心的世界级城市群。这一进程增强了上海与全球其他城市的交流互动,不仅便利了而且也要求上海司法机关积极吸收和制定国际通行的规则和完善司法制度。正是因为能够更多地吸收国外先进经验,取长补短,让上海司法领域改革的具体措施更具有开放性、开拓性和国际化视野。

第 十 章

较短量长：司法体制改革
进程中上海实践评析

1997年以来开展的司法体制改革，是我国社会主义法治建设事业中具有特殊意义的历史阶段，社会主义司法制度在此经历了一场前所未有的深刻变革，司法公正与司法效率两大改革目标的确立和实现是这场改革的主线。正是有了中国共产党和各级人民政府对现代化建设坚强有力的领导，防范和避免了发展中国家在现代化过程中容易发生的严重社会问题，保证了法治建设事业有计划、有步骤、有秩序地稳步推进。正如有的学者就指出，"变革的稳步推进，打破了西方'自然演进型'模式，开创了一种典型意义的'权威推进型'法治变革模式"。[①]这很好地概括了司法体制改革从最初阶段主要由最高司法机关"各自为战"，到党中央成立专门领导推进机构，确立自上而下的改革策略和模式的过程特点和指导思想。

第一节　特点分析

在上海开展的司法领域改革，作为国家司法体制改革的组成部分，始终是在最高司法机关的指导下，在中共上海市委、上海市政府的具体领导支持下开展的，整个改革由点到面，由浅入深，循序渐进，整个过程基本平稳、协调，严格遵循司法规律，严格依照司法体制改革本身所具有的种种特点，一步一个脚印，不搞"大跃进"激进式的改革，保证了各项改革措施的成功实施，也避免了由此带来种种不必要的失败和资源浪费。

---

① 黄文艺：《法学家盘点依法治国十年，2004年成宪政起点》，《人民日报》2007年7月18日。

一、根本保证——坚持正确指导思想，把牢社会主义方向

司法体制改革不仅是我国社会主义司法制度的自我完善和发展，更是我国政治体制改革的重要组成部分，关系国家政权建设和人民的根本利益与切身利益，关系党的执政能力和执政基础。上海推进司法领域改革，就是要进一步革除制约上海司法工作发展的体制性和机制性障碍，在不断深化司法体制改革中努力寻找发展的空间，推动各项司法工作实现跨越式发展，公正司法，高效司法，确保在全社会实现公平和正义，为维护社会和谐稳定、保障经济社会发展，满足群众司法需求作出新的贡献。由于上海司法领域改革涉及上海司法工作的全局性、方向性和创新性，指导思想是否正确，直接关系到整个上海司法工作的发展方向，关系到上海司法机关司法职能的正确履行。

中国40多年来改革开放的实践证明，只有紧紧依靠党的领导，才能克服改革进程中的障碍，保证各项改革举措的顺利实施。在上海司法领域改革的全过程中，上海司法机关保持高度的政治意识、大局意识、责任意识和法律意识，始终坚持以马克思列宁主义、毛泽东思想邓小平理论、"三个代表"重要思想、科学发展观和习近平新时代中国特色社会主义思想为根本指导思想，从中国国情出发，以健全和完善中国特色社会主义司法制度为目标，坚持党的领导，坚持社会主义，坚持人民代表大会制度等基本原则，在现有宪政和法律的框架内实施改革。坚持依法推进，严格遵守宪法法律，牢牢抓住"公正司法、一心为民"的工作主题，围绕司法公正与司法效率的工作核心，明确司法各部门相互监督制约关系和监督范围，优化司法部门内设机构职权的配置，根据案件结构、数量的发展趋势，构建科学的工作机制和职权配置，有效解决一线执法司法力量不足问题，凡是与现行法律法规冲突的改革举措，均在相关法律法规修改后再推动实施，融入公平正义、服务大局等社会主义法治理念，不断解放思想、实事求是，与时俱进、开拓进取，从而确保了上海司法领域改革的健康、顺利发展。

二、有力保障——准确定位司法职能，体现上海自身特色

司法体制改革是一项复杂庞大的系统工程，工作千头万绪。同时任何一个国家的司法体制都是在该国国情环境下成长和发展起来的，中国国情决定

着我国司法体制改革的基本走向与大致轮廓。清醒地认识国情、市情条件的制约与支持作用，以此作为上海司法领域改革战略的基本依据，是有序推进地区司法体制改革，丰富中国特色社会主义司法制度实践的关键。在上海司法领域改革过程中，一方面外来资源、外国经验可为我们提供必要的参考借鉴，如司法机关互相独立、制约、协调的基本原则已经被世界司法实践所证明；但另一方面更为重要的则是要重视对本土国情的深入研究，重视对中国现实、上海所处发展阶段的准确理解和把握，中国有自己的特色，坚持党的领导、人大议行合一构架、强调执政为民和服务大局的理念等基本原则和根本制度，都必须在司法体制中得到贯彻和落实。只有扎根于中国司法实践、上海现实土壤的改革举措和制度设计才具有真正的生命力。上海司法机关在研究阶段性改革规划时，努力把面临的多变形势与承担的职责任务结合起来，将最高司法机关的要求与上海司法工作的实际有机结合；在研究具体改革举措时，从国情出发，立足上海实际，用创新思维去思考和研究司法体制存在的问题，在尊重传统经验的同时，又借鉴了其他国家、地区司法改革中的优秀成果、先进经验，避免在普适化的口号下照搬国外一些不合我国实际的做法，坚持走具有中国特色、时代特征、上海特点的上海司法领域改革之路。通过改革来更好地处理党的领导、党的执法监督和司法独立之间、司法行为的法律效果和社会效果之间等方方面面的重要关系，真正建立与社会主义法治国家相适应的司法体制。

司法体制改革与中国的许多法律、法规有着密切的关系，往往会涉及一些法律法规的修改，而上位法的修改必然会影响到地方性政府规章等下位法的规定。上海司法机关在改革中重视和处理好改革与现有法律法规的关系，对于不涉及体制调整和修改法律的机制性改革，在现有法律框架内，积极探索改革的措施，推出了探索现代金融司法形式、增强司法工作透明度、创新未成年人司法制度、提高司法公正和司法为民水平等许多品牌举措，充分注意改革对现有法律的影响，正确处理好上、下位法之间的关系，既坚持与时俱进，又不超越现阶段实际提出过高要求，形成了诸多司法工作中的"上海模式"。实践证明，这些上海司法领域改革推进的举措，不仅符合司法工作的特征，也能体现上海经济建设和法治发展的水平，充分显现了上海司法工作的特点。

三、不竭动力——遵循司法工作规律，依靠科学理论支持

把握规律性，富于创造性，是改革成功的前提。探索司法工作规律，遵循司法工作规律，务实创新是上海司法领域改革始终坚持的原则。遵循司法工作规律，首先是以人为本，激发司法干警的积极性。司法工作成效最终要靠人的实践，取决于人的素质和人的责任心、创造力。上海司法机关所进行的各项改革，不论是推行主诉检察官办案责任制，还是推行法院工作人员分类管理，或是倡导审判的专业化，都是以优化人的素质结构为出发点，以实现人才的优化配置为着眼点，以明确人的责任权利为基本点，以激发人的创新能力为落脚点。遵循规律，既要尊重司法规律，又要尊重不同司法机关工作的特有运行规律。上海司法机关属于"公权力大、公益性强、公众关注度高"的强力部门，在整个上海经济社会生活中发挥着重要作用，因此上海司法领域改革重视思考改革过程中遇到的新问题和新情况，坚持符合合法性、独立性、公正性、客观性和亲历性等司法规律，力求把握司法运行的基本规律。改革的实践证明，这一改革思路和措施是正确的，也是卓有成效的。

探索和遵循规律需要理论的支撑。改革越深入，就越需要理论的依托和指导。没有理论指导的实践，是盲目的实践。在贯彻落实司法体制改革的过程中，上海司法机关强调大胆探索，但这不等于可以乱闯，可以违反法律规定，可以对某些模式简单照搬和模仿，而是始终坚持理论先行，加强理论研究，力求先从理论上搞清道理，以理论的创新推动观念、体制、机制的创新。每项改革措施的出台，都在理论上进行了研究，并通过研讨会、论证会、座谈会等多种形式反复论证，广泛听取各方面的意见，确保改革措施具有充分的可行性。最后，才提交决策层以民主集中制原则讨论通过，然后再推出。对改革实践中出现的各类问题，着力开展一系列扎实充分的实证调研和理论研究，得出实际的、客观的、可靠的第一手资料，使整个上海司法领域改革建立在坚实的实证基础和科学的理论分析之上。这些年来，上海司法机关紧紧围绕改革的重点、难点、薄弱环节和突出问题，增进理论研究的广度和深度，不断用改革成果来丰富理论，用成熟理论来引导改革实践，成果喜人，多次在全国法院系统、检察院系统年度理论研讨会中获奖。诸多涉及改革的研究成果被最高司法机关吸收采纳，有力地推动了上海司法领域改革的发展。

四、重要方法——统筹规划改革方案，争取形成整体合力

司法体制改革是一个复杂的系统工程、创新工程，涉及方方面面，必须大胆开拓，谨慎从事，统筹兼顾。改革之初，上海司法机关就成立了负责本系统改革的领导小组和办事机构，统一领导司法体制改革工作，既有总体把握和整体设计，又有步步为营的改革计划，加强本系统改革的阶段性、统一性、协调性。根据最高司法机关制定的阶段性司法体制改革规划，上海司法机关结合本地实际，将贯彻落实改革决策部署与"规范执法行为、促进执法公正""严打"整治等工作有机结合起来，确定每项司法改革项目的重点，确定每一阶段重点实施的内容，以《上海市人民检察院贯彻高检院〈检察改革三年实施意见〉的方案》等指导性文件的形式，制定出具有可行性、针对性和操作性的工作意见。

在实施过程中，上海司法机关强调内部协作与外部合作，积极争取各方支持。为保证改革目标的实现，上海司法机关自觉接受党委的领导，自觉接受人大的监督，如上海市人大常委会专题听取了法院、检察院改革的汇报，认真听取群众的意见、群众的呼声，赢得群众的认同。既注重发挥司法单位的主导作用和相互之间的协调配合，协商解决改革中遇到的问题；又积极争取组织人事等部门等各有关方面的大力支持，与理论界，与高校等科研机构加强合作，确保形成推进改革的强大合力。实践中注意克服形式主义和教条主义，坚持标准，注重实效。在改革实践中，上海司法机关对中央部署的改革任务，坚决贯彻落实，对涉及"左邻右舍"的改革举措，注意听取方方面面的意见，实施前研究和制定整体协调的具体办法，采取整体部署、周密安排、统筹兼顾、分步实施的方式进行，逐步实现改革目标。这是确保各项改革得以稳步启动、顺利推进和深入发展的重要经验，保证了整个上海司法领域改革扎扎实实地顺利开展。

五、必要方式——以改革促进新变化，不急不躁循序渐进

司法体制改革就是要革除司法工作中的弊端和影响司法事业发展的因素。在冲破旧的管理模式和工作运行机制的同时，必须建立起符合司法工作发展规律的运行机制，并在实践中不断完善。20多年来，上海司法工作面临任务重、标准高、要求严、情况新的形势是前所未有的，上海司法机关战胜这些困难很重要的一条经验就是得益于坚持司法领域体制机制改革。正是牵住了

改革这个"牛鼻子"，每项改革在实施过程中，坚持积小步为大步，积小胜为大胜；提倡大胆实践，稳步推进，做到在理论和实践相结合的基础上，组织先行试点，探索经验，条件成熟后再全面推开，保证改革有组织、有领导，积极稳妥地顺利进行；注重在废除旧机制前，建立起科学、可行的新机制，并在形成长效机制上下功夫，才使得许多错综复杂的矛盾迎刃而解，工作大踏步地向前推进。

司法体制改革又是一个渐进式的改革，涉及司法权力的配置和部门利益格局的再调整，牵动司法各部门的深层利益和本位神经。这就要求上海司法机关善于在解放思想中统一思想。在整个改革过程中，上海司法机关坚持走小步、不停步、争取不走回头路的原则，坚持开创性、坚韧性和操作性的统一，积极倡导和努力营造"不争论、不等待"，求同存异、边研边改的作风与氛围，把统一司法干警的思想认识作为改革的重要任务，贯穿于上海司法领域改革的全过程，在改革中深化认识，提高认识，统一认识。在研究确定推进各项改革举措时，充分考虑我国的政治体制架构，考虑上海城市所能提供的物质基础，考虑广大群众对新制度的认同感，考虑上海司法队伍的素质和能力，本着渐进的原则稳步推进，在战略上坚持先易后难、先近后远、循序渐进的原则，战术上坚持先论证后试点、先试行再推广的方法，做到每项改革有各自的重点，每一阶段有重点实施的改革内容，从而保证了改革工作的有序进行。20多年的上海司法领域改革实践证明，坚持了这几条，就能不断统一各种不同认识，使各项改革措施顺利出台并健康运行。

六、有效途径——改革灵活性，尊重首创性，保护积极性

改革过程是一个再认识、再鉴别的探索过程，哪种方式更科学、有效，就应采取哪种方式。所以改革处于探索阶段，上海司法机关重视提倡创新，充分听取广大群众和社会各界的意见建议，充分尊重基层的首创精神，鼓励基层司法机关在法律政策允许的范围内大胆创新，保护改革主体的积极性。各单位都按照市级司法机关的部署，结合自身实际情况，提出各项改革的具体实施方案，有步骤、有计划地推开。通过自觉接受群众监督和实践检验，使各项司法改革举措体现人民意愿、符合基层实际，确保取得人民满意的实效。

在司法体制改革的推进过程中，许多具体司法改革举措是由上而下进行的，上海司法机关往往不是简单的照搬照抄，而是有针对性地先选择一些单位

开展试点,待试行到一定阶段,再总结经验,统一规范,全面推开。而且,非常重视将改革中取得的经验与成果及时用工作制度和工作规范的形式固定下来,使之成为长效的司法工作机制。同时,对在上海付诸实施的改革举措,及时了解并有效解决实施中出现的各种问题,依据司法机关工作固有的规律性和特殊性,研究改革配套措施,通过出台配套措施深化司法体制改革。实践证明,上海司法领域改革不搞形式主义,不标新立异,坚持改革实质,坚持标准,注重实效,取得了预期的改革成效。

■ 第二节　成功之处

回顾上海司法领域改革 20 多年来的历程,之所以改革始终坚持正确的方向,之所以改革之路比较顺畅,之所以改革取得了较好的效果,归结起来,除了中央和中共上海市委、上海市政府的正确领导,也与上海司法机关在实施改革的目标和任务过程中,坚持中央确定的司法改革原则,遵循中外司法改革规律,稳妥处理涉及各方的利益关系,运用最为合适的执行方法密不可分。具体来讲,上海司法领域改革的成功之处在于妥善处理好了这么几个关系。

一、妥善处理司法独立与党的领导的关系

这个问题对世界大多数国家特别是发达国家来说,根本不是问题,因为在这些资本主义国家,基于"三权分立"的政治现实和法治传统,政党是禁止在司法领域活动的,政党与司法不仅不存在法制上的领导关系,而且政党的组成和活动还会时不时地成为司法审查的对象。但对于我国来说,这是问题的核心,是改革的关键之所在。

中国共产党是我国的执政党,一切国家机关必须在党的领导下进行工作,这是我国宪法所确立的一项基本原则。"坚持党的领导是司法体制改革坚持社会主义方向的重要保障。"①上海司法机关作为地区性的执法司法部门,必须自觉地接受党的领导,具体表现为自觉接受党中央、中共上海市委的领导。司法体制改革在上海贯彻执行的目的之一,就是实现上海司法机关依法行使

---

① 朱立恒:《深化司法体制改革应遵循四个规律》,《山东人大工作》2009 年第 2 期。

职权，实现公平正义，但这必须是在党中央、中共上海市委的政治领导、思想领导、组织领导下的依法独立公正。自觉接受党的领导，必须落实在具体的司法工作及执法办案过程中。

其实，加强党的领导与依法独立公正行使司法权是不矛盾的。我国的法律和地方性的法规都是党领导人民制定的，各级司法机关又是在党的领导下开展工作，在具体司法工作中还要接受党的刑事政策的指导。"应当说这种政党对司法的领导不失为一种科学的，理性的方式，值得借鉴，以改善党对司法领导的有效性。"①各级党委站在宏观的、更高层面的角度对司法工作的领导，是上海司法机关正确执法、公正执法的保证，是各级司法机关确保办案法律效果、政治效果、社会效果有机统一的有力政治保证。

上海司法领域改革过程中，各级司法机关自觉在宏观上接受党的领导，定期向上级党委报告司法领域改革的具体内容和进展情况，不使这项改革工作游离于党的视野之外，及时根据上级党委的要求调整改革的方向和目标，确保改革的方向始终与党的要求相一致，相统一。与此同时，中共上海市委在坚持对司法工作宏观领导的同时，也旗帜鲜明地提出不干预司法机关的具体工作，不插手司法个案的处理，使得上海司法机关能够坚持自上而下、稳步推进各项司法体制改革，完善相关工作机制和工作制度，确保在具体个案的处理中一切以事实为依据，以法律为准绳，依法秉公处理。

可以说，上海司法领域改革的主线，就是贯彻中央的决策部署，坚持和强化党对司法工作的领导。整个改革所力求解决的核心问题，仍旧是如何在新时期上海司法工作中体现党的领导，如何保持上级党委对上海司法工作的绝对领导，如何保证上海司法机关在党的领导下依法独立公正地行使职权。

二、妥善处理司法公正与司法效率的关系

世界各国积极推行司法改革，其基本目标都指向了公正与效率。②所谓司法公正，是指"司法权运作过程中各种因素达到的理想状态，它包括与司法权运作有关的各种因素，从主体到客体，从内容到形式，从实体到程序，从静态到

---

① 陈超清：《司法改革的基本理念和原则初析》，《法制与社会》2010 年第 34 期。

② 夏锦文：《当代中国的司法改革：成就、问题与出路——以人民法院为中心的分析》，《中国法学》2010 年第 1 期。

动态，均达到合理而有序的状态"，①就是严格依法办案，既严格执行实体法，又严格执行程序法。司法效率是指"通过充分、合理运用司法资源，降低司法成本，以最小的司法成本获得最佳的司法效果"，②就是在保障公正的前提下，以一定的司法资源投入换取尽可能多的案件处理，减少案件积压和诉讼拖案。

上海司法机关清醒地认识到公正与效率是辩证统一的关系。一方面，突出诉讼活动的公正性，直接带来投入司法资源的增加；而对效率的过分追求，片面强调办案速度，往往又会造成对公正的背离。一方面，诉讼过程和结果的公正，必然会减少不必要的起诉、申诉、抗诉，从而降低因重复诉讼、无效诉讼而对司法资源的浪费。同时，适度的效率，可以保证案件得到及时处理，使当事人免受因诉讼拖延带来的不公正待遇。

19世纪英国政治家威廉·格拉德斯通有句名言："迟到的正义是非正义。"曾几何时，对于如何在司法体制改革中实现公正与效率，实践中存在诸多认识误区。有的人认为似乎讲公正，就要增加环节，就会降低效率；讲究效率，就要减少环节，可能会影响公正，这两者之间不可兼顾，只能两者取其一。事实上，上海司法机关在改革之初就提出，公正是有效率的公正，效率是公正前提下的效率。因此，上海司法领域改革，必须是有利于降低司法成本投入，大大提高诉讼效率，确保司法公正，使公正、效率价值能够最大限度实现的改革。

当然，说到提高司法效率，在我国还是一个比较新的问题。上海司法机关在建立必要的效率保障、考核机制之外，把着力提高司法干警的素质放在了特别突出的位置。因为，任何司法制度、诉讼机制的执行都要落实到每个司法干警身上，他们的素质如何，直接关系着整个制度设计能否落到实处，发挥效应。从上海司法领域改革的整个过程来看，不仅十分重视相关规章制度的建立健全，而且制定出台司法干警教育培训、分类管理、业务专家等多项制度，有力地提升了司法队伍的政治、业务素质。通过增强司法干警的敬业精神，增强责任心、事业心，挖掘和发挥司法干警的内在潜力，以确保司法公正，提高工作效率。

---

① 张德森、周佑勇：《论当前我国实现司法正义的条件和途径》，《法学评论》1999年第1期。

② 任群先：《公正与效率的价值研究》，载曹建明主编：《公正与效率的法理研究》，人民法院出版社2002年版，第100页。

三、妥善处理中央部署与上海实际的关系

地方司法领域改革总体上就是贯彻中央和最高司法机关的部署，尤其是涉及体制性的改革措施，必须在中央层面达成一致的情况下，才能够推进。因此，纵观上海司法领域改革，贯彻落实中央和最高司法机关司法体制改革的决策部署，无疑是其中最为主要的内容。尽管司法体制改革是自上而下进行，但具体的改革过程中并非丝毫不允许自下而上的尝试。因为，作为改革开放的排头兵，上海在经济社会发展先走一步的同时，也较早遇到各类新情况、新矛盾。一方面，许多新类型案件首先发生在上海，处理起来往往是"无法"可依或无先例可循；另一方面，随着经济社会的发展，原有的一些法规制度、措施办法与形势任务不适应的问题日渐突出，客观上要求上海司法机关必须解放思想，大胆探索，勇于创新，积极处理各种新类型案件和复杂案件，率先摸索新的办案规律、办法。结合上海本地情况，有计划、分阶段地落实好中央司法改革项目，同时敢于探索司法体制创新，为中央提供经验借鉴也是上海司法领域改革的重要内容，往往这种自下而上的改革探索常常有更多的原创力。

上海司法机关清醒认识到，司法体制涉及政治体制，地方改革的空间不大，大的改革均由中央直接决定，最高司法机关牵头落实。但如果一味地恪守自上而下的改革方式，那就很有可能造成一刀切式的绝对局面，毫无生机和活力可言。上海应该在自上而下的司法体制改革方式中，闯出一条自下而上的创新之路，并且通过这种上下互动的形式交流改革探索的创意和创新，为最高司法机关提供宝贵的经验和有益的借鉴，为中央层面适时调整司法体制改革的目标和方法措施提供条件。

我国经济社会发展的不平衡，决定了各省、自治区、直辖市之间存在一定的差异性。虽然在全局上我国需要选择整体推进的司法体制改革方式，但并非意味着不允许各地区发挥局部的能动性。其实在整体推进改革的同时，允许存在先行试点与随后推广之分，可能更有利于改革目标的达成。根据我国经济体制改革的经验，这种先行试点，再由点到面、由面到体的改革方法非常具有实用价值。因为它不仅减少了挫折的成本，而且也增强了改革的活力。

在坚持中央从整体上统一领导的前提下，上海司法机关侧重根据自己的区位特点和实际，兼顾改革的总体目标和上海的阶段性目标，系统分析中央改

革"规定动作"和上海改革"自选动作",梳理研究什么还要改革,什么可以作为重点,哪些不能改,哪些能改,哪些可以改但目前条件不成熟还要等一等,避免出现彼此之间的脱节。正是由于上海司法机关始终以理性思考的视角,善于把中央总体部署与上海特殊情况相结合,系统规划,全盘考虑,分清先后主次,选准合适的突破口,通过逐个突破,最终实现整体效应,有组织、有领导地进行司法领域改革的探索与实践。从中央来讲,为了更好地推进司法体制改革,也非常希望上海等地方发挥主观能动性,在改革方面多出经验,丰富促进整个司法体制改革的发展。如 2009 年上海市高级人民法院首创法官配偶为律师的一方退出机制,一经推出就受到最高人民法院的高度重视,派员专程来沪调研总结,并在 2011 年印发《最高人民法院关于对配偶子女从事律师职业的法院领导干部和审判执行岗位法官实行任职回避的规定(试行)》,将上海做法推向全国。

■ 第三节　问题所在

我国是"成长中的法治国家",仍处于社会主义初级阶段,司法体制改革的路还很长。虽然,上海司法领域改革工作已经取得显著成效,但从构建社会主义和谐社会的要求,从上海建设国际航运、金融中心的形势、从与一些改革步子比较快的兄弟省份对照来考量,前进的道路上还面临着不少困难与问题,必须清醒地看到上海司法领域改革只是刚刚破题,全面推进和深化司法体制改革在上海的实践,实现司法事业的健康发展还有很长的路要走。

一、司法机关改革中的某些模糊认识有待加以纠正

党中央对推进司法体制改革的要求非常明确。党的十八大报告在第五部分"坚持走中国特色社会主义政治发展道路和推进政治体制改革"中专门谈及"全面推进依法治国",再次提出"进一步深化司法体制改革,确保审判机关、检察机关依法独立公正行使审判权、检察权"。[①]党的十九大报告明确指出:"深

---

① 胡锦涛:《坚定不移沿着中国特色社会主义道路前进　为全面建成小康社会而奋斗——在中国共产党第十八次全国代表大会上的报告》(2012 年 11 月 8 日),《中国青年报》2012 年 11 月 18 日。

化司法体制综合配套改革，全面落实司法责任制，努力让人民群众在每一个司法案件中感受到公平正义。"虽然只有一句话，笔墨却是很重的。表明党对司法工作的重视程度进一步提升。

可以说，上海各级党政机关、司法机关领导对于深化司法体制改革重要性必要性也都有一定的认识。但在具体工作实践中，怎么自觉从构建社会主义和谐社会的要求、从上海建设"五个中心"的形势出发来推进落实此项工作，还不同程度地存在一些模糊认识，没能充分认识到司法体制改革对推进司法事业持续发展的重要作用，对促进经济社会健康发展的保障作用。如，有的沾沾自喜取得的改革成绩，看不到差距；有的把司法体制改革工作视为一般工作，狠抓司法改革的力度和深度不够；有的认为我们现在处于社会主义初级阶段，无论是司法公正还是司法权威也都只能是初级阶段的，上海司法领域改革已经做得很超前了。

上海司法领域改革的总体进展不平衡。尽管多数单位坚持做到开创性、坚韧性、可操作性的统一，在改革的实践中积极进取，勇于创新，但也有少数单位却怕担风险，在改革推进中过于求稳，等待观望、墨守成规，缺乏敢闯敢试、敢担风险的精神和劲头。对于推出的司法体制改革重大举措，在实践中有哪些经验，实施中遇到哪些问题，研究、反馈不够及时，对成熟的改革举措，及时完善和规范不够；有时在改革思路上会出现脱离国情的情况，有不切实际的倾向；有时会出现偏离正确方向的噪声，分辨不清法律背后的政治属性；有时则迁就于非理性、非正常的社会现象，有违法治发展中的问题要用符合法治规律的方法解决的原则。

司法体制改革理论研究的力度还不适应改革对智力支持的要求，对于深化司法体制改革的重点、难点和薄弱环节，超前研究，提出解决的理论依据和方法做得还不够。当然，最多的情况是对深化司法体制改革更多地停留在务虚的层面，未能体现到具体的工作部署特别是本部门重点工作的具体实践中。对一些重大改革措施，司法部门之间、司法部门与其他部门之间沟通联系协调不够，改革缺乏统一性、整体性、协调性。

从上海司法领域改革20多年实践来看，现有的改革措施主要集中在上海司法机关的内部关系调整上，还没有更多地涉及司法部门之间和司法机关与其他部门之间的体制问题。而深层次体制问题仍制约着司法公正与效率。

433

如,在司法职权配置上,侦查权、检察权、审判权、执行权的运行制度设计安排上,还不尽严密、周全、科学、合理,有的缺乏有效监督制约,容易出现违规滥用职权问题;有的因层次过多,操作过于繁琐,影响执法效能。尽管其中很多问题在2014年以来的新一轮司法体制改革中得到解决,但依旧有一些遗留问题需要破解,而且还暴露出了一些新问题。如,政法专项编制短缺使人案矛盾更加突出、内设机构改革人员分流问题突出、司法审判辅助人员改革不同步、放权后监督不缺位有待进一步加强、配套性改革制度尤其是职业保障滞后等问题,也亟待想方设法解决。

二、上海司法部门的执法司法能力亟待进一步提高

上海司法部门高度重视队伍建设,加强司法干警的岗位业务技能培训,要求以司法公正和效率为目标,牢固树立司法工作围绕全市中心工作,服务全市工作大局的思想,着力推进司法队伍的专业化、职业化建设,以此保证上海司法领域改革各项举措落到实处,为广大司法干警所认可和接受,在具体司法工作中体现社会主义司法制度的优越性,正确处理法律与政策的关系,体现法律效果、政治效果与社会效果的有机统一。

但由于历史的原因,目前上海司法队伍的现状还不能完全适应司法工作面临的新形势、新任务的需要,客观上存在的部分干警执法思想相对滞后、缺少对政策法律系统性研究以及深入性指导,在一线直接面对群众的司法干警在知识结构、理论水平、业务技能方面参差不齐等问题,暴露出上海司法队伍的整体素质与人民群众日益增长的司法需求、与促进司法公正维护司法权威的要求,还存在一定距离。

近年来我国《刑法》《律师法》《刑事诉讼法》《民事诉讼法》等与诉讼活动密切相关的法律进行了修订,加之一些新法的实行,使原有的办案规定、执法模式和工作思路都有了极大改变,尤其是上海政治、经济形势发展日新月异,传统的执法思想已不能完全适应依法治国的时代要求。近年来,虽然一直强调上海司法部门必须有大局意识、公正意识和法律意识,但或多或少存在泛泛而谈情况,没有形成系统理论,使得政策对法律应有的执行指导作用未能充分发挥出来,尤其反映在办理一些重大、疑难案件时,为尽量减少负面效应,依赖领导的批示较多,办案人员缺乏独立对政策和法律的正确把握的能力。

新时期,上海司法队伍的结构和特点也在发生着变化,呈现出更加专业化、知识化、年轻化的特点,随着越来越多受过系统高等教育的青年干警进入司法队伍,这些"出了家门进校门,出了校门进机关门"的"三门"青年干警尽管学历高、眼界广、思想活,但由于缺乏对社会的深入了解,缺少对群众冷暖的直观体会,在少数中青年司法人员身上也出现了法学理论水平与政策思想水平相脱节的现象,机械执法,忽视社会效果的情况时有发生。如有些"法呆子"死抠法律条文,重罪轻判或轻罪重判,引起不良的反响。这都是有违司法干警的工作主旨,直接影响到各种司法体制改革举措的落地见效。

总体上看,上海司法队伍的执法能力建设与上海司法领域改革的发展还存在不合拍、不协调、不一致的地方。人是工作的决定性因素,如果没有高素质的司法人员来执行法律,再好的法律也会成为一纸空文。因此,上海广大司法干警亟需在注重职业历练、坚守职业道德、提高执法能力、遵循司法程序、保证司法的公正与效率方面加大有针对性的职业训练。

三、促进司法公正、维护司法权威的氛围尚需培育

客观地看,由于司法工作的专业性,司法体制改革尽管也是一个社会热点话题,但与直接关系民生的教育、医疗、住房等话题相比,热度始终不稳定,常出现时冷时热的变化,加之上海司法机关对改革中遇到的一些重点和难点问题,尚未摸索出好的解决方法,有些经验还只是停留在试点阶段,并未能普及推广形成规模效应,社会关注度和知晓度还稍显不足。

通过深化上海司法领域改革,促进司法公正维护司法权威,目前更多地还只是法律法学界的学术课题和司法部门希望推动的目标,离建立广泛的社会共识还有较大的距离,社会各界对司法改革、司法公正、司法权威还存在各种各样的模糊认识。或认为司法体制改革是司法部门的事,是整治坏人的,与遵纪守法的老百姓生活关系不大;或认为司法权威只是一个抽象的政治概念,普通群众关注的意义不大;或认为现阶段人民内部矛盾那么多,法不责众,司法公正都做不到更遑论司法权威;或认为想通过司法改革维护权威只是司法机关的一厢情愿,与经济社会发展的现实无关;等等。

从总体上看,邓小平同志所指出的"我们国家缺少执法和守法的传统"的现象尚未真正改变,限于宣传力度和群众素质,上海推进司法领域改革、促进

司法公正维护司法权威的社会参与、支持度还不高，维护司法权威还缺乏必要的社会基础，崇尚法治的外部氛围尚未真正形成。更有甚者，少数社会成员为一己之利漠视司法权威，公然不执行生效判决、无理缠讼，等等。这些现象的存在，说明深化司法体制改革、维护司法权威还需要一个长期的社会宣传、社会教育、社会动员的过程。

这些不足，从另一方面看，也为上海司法领域深化改革提供了发展空间。

■ 第四节　取得成效

自 1997 年以来，上海司法系统紧紧围绕改革、发展、稳定大局的需要，认真贯彻中央和上海市委决策部署，充分发挥"试验田""先行者"作用，解放思想，实事求是，大胆探索，积极稳妥地推进司法体制改革，社会主义优越性在司法领域得到充分体现，为上海城市发展提供了有力的司法保障，为完善和发展中国特色社会主义司法制度作出了积极贡献。

一、坚持深化司法领域改革创新，已成为上海各界普遍性共识

24 年来的上海司法领域改革进程，不仅是司法系统的一件大事，同时也已在保障、服务和促进地区经济社会发展中展现出了独特作用。上海社会各界越来越认识到，司法体制改革事关经济社会发展大局，司法权威是党和国家权威的重要体现，深化司法体制改革、维护司法权威，对提高党的执政能力、巩固党的执政地位，确保国家法律正确实施和司法机关依法履行职责，维护人民群众的根本利益都至关重要。

在具体工作中，上海各级党委、政府坚持科学发展观和正确的政绩观，严守中共上海市委规定的"两个绝不允许"的基本要求，不插手、干预本地区司法机关正常的司法活动，不对个案批条子、打招呼，并注意发挥好表率作用，认真学法，自觉守法，依法办事，正确处理好维稳与维权的关系，努力为司法机关依法独立公正地行使职权创造条件，切实维护好司法权威。

上海各级政府按照建设"法治政府、责任政府和服务政府"的要求，规范政府办事程序，尽可能减少各级领导干部办事的随意性，规范行政领导行政诉讼案件的出庭应诉程序要求，制定了《上海市行政领导行政诉讼案件旁听和出庭

应诉规定》[①],各区县也陆续出台《杨浦区行政机关负责人出庭应诉行政诉讼案件管理办法》《静安区行政机关领导行政诉讼应诉工作规定》[②]等具体细化制度,使各级行政领导通过出庭参与行政诉讼进一步强化依法行政的自觉性,带头尊重和维护司法权威。

上海各级人大常委会为更好地依法履行职责,紧密结合"两院"工作特点,加强和改进对"两院"工作的监督,支持和督促法院、检察院进一步提高审判、检察工作水平,组织各级人大代表开展专项调研活动,旁听和评议法院案件的庭审、检察院案件的出庭公诉,直观感受上海司法工作的进步,增强各级人大代表对司法体制改革工作的知晓度,扩大促进司法公正、维护司法权威的社会共识。

经过社会各界的长期共同努力,上海司法领域改革取得了预期的效果。不仅司法机关的公正性、便捷性得到了普遍认可,打官司在上海越来越方便,而且上海市民的法律素质明显增强,公民和法人的守法意识、规则意识逐步提高,依法维权意识进一步增强。越来越多的公民和法人更多地寻求依法维护自身的合法权益,大量的社会矛盾和问题以案件的形式进入到司法领域,法律手段已成为调节社会关系的主要手段,社会公众对上海司法机关维护社会公平正义的期望值越来越高。

二、上海司法机关工作更趋规范,公正性、群众满意度明显提高

司法体制改革的目标是树立司法权威。而权威源于公正,维护司法权威不是简单地维护司法部门的权威,而是要通过促进司法公正增强法律权威。上海司法机关在推进司法领域改革的过程,重点在维护司法公正,提高执法水平,确保法律的严格实施上下功夫,依法履行职能作用,严格公正执法司法。

上海各级法院围绕公开、公正,改进审判机制和加大执行力度,进一步完善审判质量效率评估体系,努力做到实体公正、程序公正和形象公正,实现"看得见的公正";针对人民群众集中反映的"执行难"等影响司法权威的热点问

---

① 刘云耕:《强化干部学法用法工作实效》,《人民日报》2004年12月8日。

② 刘丹:《上海静安:"民告官"案件涉案行政领导须出庭应诉》,《新华每日电讯》2009年3月16日。

题,与银行等社会有关方面积极合作,开展全市集中执行活动,不断加大执行力度;编撰《法律适用问答》《办案要件指南》和《量刑指南》,加强审判指导,保证执法统一;开展上海法院精神主题讨论,排查梳理审判作风问题,制定"审判作风形象提示性手册",规范审判人员的司法言行,最大限度减少当事人的合理怀疑。

上海检察机关依法履行法律监督职能,健全完善违法办案与错案责任追究制和案件质量保障体系等各项监督制约机制,强化刑事诉讼和刑罚执行监督,通过对具体案件的依法办理,不枉不纵、不偏不倚,坚持有罪追究、无罪保护、严格依法、客观公正,促进司法公正和法制统一;强化民事审判和行政诉讼的监督,督促行政机关依法行政,切实保护人民群众的合法权益;强化对职务犯罪的查处,严肃查办国家机关工作人员利用职权违法犯罪、侵犯人权行为;积极探索人民监督员制度,强化对自侦案件的监督制约。

随着刑法、刑事诉讼法、民事诉讼法、行政诉讼法的修改和民法典、监察法等各类新法的出台,上海司法机关面临知识更新、理顺工作关系以及调整力量等任务。通过边学边干,逐步完善原有规定和工作方法,司法机关在实践中建立与新法要求相适应的新机制,使执法办案工作内容纳入规范化轨道,使各个主要环节都做到有规定、有制度,有力地保证了有关法律法规的正确实施和执法办案的规范有序,坚决克服工作上的随意性和盲目性,达到办案实体正确、程序合法、操作规范的要求。

三、上海司法公开范围更加全面、内容更加丰富、形式更加完善

新形势下深入推进司法公开,是司法体制改革的重要内容,是满足人民群众对司法工作新要求新期待的客观要求。近年来,上海司法机关认真贯彻执行《宪法》《保守国家秘密法》《政府信息公开条例》等法律法规和有关政策规定,坚持把司法公开制度建设作为上海司法领域改革的一项基础性工作来抓,建立健全检务、审务公开制度,形成了比较完备的制度体系。

上海司法机关以公开为原则、不公开为例外,紧紧围绕涉及群众切身利益和社会普遍关注的司法问题,制定公开目录,明确公开重点,积极主动地向社会公开,拓展司法信息公开的范围,将司法公开的原则贯穿于司法工作的各个环节之中,司法公正和权威得到有力促进,人民群众逐步消除对司法工作的

"神秘感"，增强了对司法机关的信赖感。

上海审判机关出台了信访立案接待、审判流程管理、执行公开、裁判文书上网等工作规定，从制度上保障准确地贯彻实施审判公开原则；立案大厅放置可供来访人员免费取阅的《举证须知》《诉讼风险提示》《诉讼指南》等诉讼指导材料，引导当事人正确行使诉权。

上海检察机关总结近年来探索检务公开促进公正执法的经验，于2011年制定《上海检察机关检务公开的实施意见》，明确检察人员执行公务活动必须通报姓名、身份、事由和依据，告知投诉办法，建立案件当事人电话和电子查询案件的信息系统，公开承诺主动接受社会监督。

与此同时，上海司法机关最大限度地削减司法工作的封闭性和神秘性。如上海法院审理的各类案件除法律规定不公开开庭审理外，一律公开审理。最大限度地扩大执法公开的内容，如所有经审批的生效裁判文书应公布于法院门户网，方便社会公众查阅。积极探索通过社会公示、听证和专家咨询、论证以及邀请人民群众旁听有关会议等形式，对司法活动的过程和结果予以公开。加强上海司法机关门户网站建设，推进电子政务，逐步扩大网上审批、查询、交费、办证、咨询、投诉、求助等服务项目的范围，为人民群众提供快捷、方便的服务。

借助深化司法体制改革的契机，司法公开工作已经成为上海司法机关一项根本性、长远性工作，成为惠泽百姓的"民心工程"、推动司法工作和队伍建设的"效率工程"、从源头上预防和治理腐败的"阳光工程"。

四、有效破解案多人少现实困境，保障上海司法工作良性运转

近年来，由于社会转型及改革逐步进入攻坚阶段，一些积聚多年的矛盾逐步显现，随着各类诉讼案件急剧增加，我国已超乎寻常地提前进入"诉讼社会"。就上海而言，伴随经济飞速发展，外来人口大量涌入，市民维权意识增强，犯罪数量呈现逐年攀升的态势，进入司法途径的诉讼案件数量飙升。在犯罪案件、诉讼案件"疯涨"的同时，上海司法机关的人员编制，或有的与之前相比略有下降，或有所增加但增加人员远远落后于案件增长数量。这一"增"一"减（增慢）"，导致上海司法机关"案多人少"的矛盾越来越突出，司法力量严重不足，加班加点成为司法干警的家常便饭，上海正在遭遇一场前所未有的"诉

讼爆炸"。

　　根据《上海年鉴》公开披露的上海司法工作业务数据,经过梳理补充,制作了下列图表,直观地反映上海司法机关主要业务量的变化情况。

表 1　1997—2020 年上海审判机关主要业务数据比较表

年份	受理案件总数	同比增幅	审结案件总数	同比增幅	受理执行案件总数	同比增幅	执结执行案件总数	同比增幅
1997	186 661	9.91%	183 031	11.28%	58 852	15.78%	57 273	20.09%
1998	205 566	10.13%	202 461	10.62%	72 142	22.58%	69 679	21.66%
1999	226 684	10.27%	231 426	14.31%	79 601	10.34%	83 028	19.16%
2000	222 853	−1.69%	225 085	−2.74%	73 896	−7.17%	75 357	−9.24%
2001	227 942	2.28%	226 591	0.67%	69 292	−6.23%	68 779	−8.73%
2002	231 098	1.38%	232 648	2.67%	65 771	−5.1%	66 726	−3.0%
2003	24.48 万	5.9%	24.39 万	4.8%	6.54 万	−0.6%	6.65 万	−0.3%
2004	25.65 万	4.8%	25.54 万	4.7%	6.16 万	−5.81%	6.25 万	−6.02%
2005	28.68 万	11.8%	28.32 万	10.9%	7.22 万	17.3%	7.10 万	13.6%
2006	31.59 万	10.1%	31.14 万	10.0%	8.62 万	19.4%	8.51 万	19.9%
2007	33.86 万	7.2%	33.87 万	8.7%	9.14 万	6.0%	9.15 万	7.5%
2008	36.75 万	8.5%	36.43 万	7.6%	10.04 万	9.8%	10.02 万	9.5%
2009	39.54 万	5.5%	39.81 万	7.2%	10.19 万	1.4%	10.29 万	2.6%
2010	41.64 万	5.3%	41.65 万	4.6%	10.16 万	−0.3%	10.22 万	−0.6%
2011	42.20 万	1.3%	42.27 万	1.5%	9.82 万	−3.3%	9.87 万	−3.4%
2012	44.87 万	6.3%	44.90 万	6.2%	10.54 万	7.3%	10.56 万	7.0%
2013	48.6 万	8.3%	47.54 万	5.9%	11.12 万	5.6%	11.04 万	4.6%
2014	55.03 万	13.2%	54.5 万	14.6%	12.05 万	8.4%	11.84 万	7.2%
2015	62.29 万	13.2%	61.45 万	12.7%	12.28 万	1.8%	12.16 万	2.7%
2016	71.49 万	14.8%	71.09 万	15.7%	12.87 万	4.8%	12.75 万	4.9%
2017	80.43 万	12.5%	80.21 万	12.8%	13.65 万	6.1%	13.38 万	4.9%
2018	79.8 万	−0.8%	79.4 万	−1.0%	12.64 万	−7.4%	12.6 万	−5.8%
2019	86.63 万	8.5%	86.55 万	9.0%	15.01 万	18.75%	15.1 万	19.4%
2020	87.4 万	0.8%	86.9 万	0.4%	16.16 万	7.68%	16.2 万	7.6%

　　资料来源:根据 1998—2019 年《上海年鉴》《2020 年上海市高级人民法院工作报告》《2021 年上海市高级人民法院工作报告》编制。

表 2 1997—2020 年上海检察机关主要业务数据比较表

年份	立案侦查贪污贿赂案件数	批捕犯罪嫌疑人数	起诉犯罪嫌疑人数	监督公安立案件数	依法不批捕人数	依法不起诉人数	追加逮捕人数	追加起诉人数	刑事抗诉案件数	民事行政抗诉案件数
1997	1 040	12 326	13 352	47	1 389	136	567	274	47	50
1998	497	12 807	13 212	139	1 314	173	316	299	23	48
1999	458	13 301	14 024	43	1 192	125	180	173	30	49
2000	507	14 421	15 270	92	1 018	131	166	139	17	63
2001	520	14 511	16 278	133	552	120	156	146	40	65
2002	489	14 342	16 357	160	557	129	184	173	26	67
2003	373	14 683	16 507	156	500	128	183	115	35	52
2004	439	18 158	19 850	93	862	140	292	132	23	44
2005	428	20 862	23 095	157	1 058	155	248	198	24	54
2006	474	24 035	26 659	227	1 223	188	485	294	18	58
2007	444	26 287	29 881	279	363	198	554	381	28	63
2008	348	27 623	32 625	209	439	185	557	378	31	75
2009	363	25 922	31 213	159	445	280	537	355	44	95
2010	362	22 260	28 452	165	1 744	304	442	380	42	103
2011	336	22 272	30 188	51	2 033	337	374	417	63	106
2012	249	27 295	40 699	59	932	605	514	827	54	116
2013	325	27 465	39 020	115	4 390	774	460	521	45	80
2014	354	29 577	42 791	104	5 055	780		877	49	48
2015	363	27 691	42 343	/	6 370	750	358	333	35	51
2016	283	26 227	38 030	103	7 361	848	421	379	49	60
2017	355	28 358	39 491	/	8 207	931		1 173	46	51
2018	/	27 916	38 287	67	7 874	1 221	977	642	62	67
2019	/	32 197	44 256	349	9 844	2 144	1 398	997	101	61
2020	/	29 334	42 063	/	7 972	2 936	1 279	1 297	83	68

资料来源:根据 1998—2019 年《上海年鉴》《2020 年上海市人民检察院工作报告》《2021 年上海市人民检察院工作报告》编制。

由于《上海年鉴》等公开出版的资料中并没有列出各年度上海法院、检察院等司法机关的人员编制情况,无法进行系统的分析比较。因此,仅能通过其他资料披露的某些年份上海司法机关人员编制,来分析上海"案多人少"的现实情况,从中揭示上海司法体制改革对保障司法工作良性运转的重要作用。

就上海审判机关来讲,1997 年上海法院在编人员为 5 893 人,而 2007 年上海法院在编人员为 5 830 人,经过了十年,人员编制不仅没有增加,反而减少了 63 人。①与人员缩减相反,1997 年上海法院受理案件为 18.66 万件,审结案件为 18.3 万件,而 2007 年上海法院受理案件为 33.86 万件,审结案件为 33.87 万件,经过了十年,受案总数增长 81.5%,审结案件数增长 85%。2014 年司法改革试点启动后,上海市法院入额法官总数为 2 242 人,占总编制数(法院编制数+核定辅助文员数 1 000 名)的 24.9%,②据推算,上海法院编制数为 8 004 名。

就上海检察机关来讲,1997 年上海检察机关共有人员 4 053 人,其中检察官 2 838 人,书记员 581 人,司法警察 242 人,③而 2007 年年初上海检察机关实有人员 3 423 人(不包括铁路检察系统),其中检察官 2 392 人、书记员 507 人、司法警察 209 人,经过了十年,人员编制同样没有增加,反而减少了 630 人。④与人员缩减相反,1997 年上海检察机关批捕犯罪嫌疑人总人数为 12 326,起诉犯罪嫌疑人总人数为 13 352,而 2007 年上海检察机关批捕犯罪嫌疑人总人数为 26 287,起诉犯罪嫌疑人总人数为 29 881,经过了十年,批捕总数增长 113%,公诉总数增长 124%。2013 年年底上海检察机关编制数 5 202 名;⑤全力配合监察体制改革,2018 年,上海检察系统 638 名干警、1 007 个编制转隶至市、区两级监察委员会。⑥

纵观以上的数据和分析,不难看出,作为一个国际化的大都市,上海司法机关的工作呈现执法办案任务重、管理服务难度大、所办案件类型新的特点,又面临人民群众日益增长的司法需求与司法能力不相适应的现实难题,加之相关司法机关在编人员减少或增幅不大,繁重的工作任务与司法人员缺乏之间的矛盾日益突出。在司法人员编制短期内无法明显增加的情况下,面对案件逐年增加带来的压力,上海司法机关坚持不断推进改革,把建立科学合理的

---

① 李劼、卫建萍、王坚:《确保公正司法 促进社会和谐——访上海市高级人民法院院长应勇》,《中国审判》2008 年第 4 期。

② 黄安琪:《上海司改:破"终身入额只进不出"难题》,《新华每日电讯》2017 年 7 月 20 日。

③ 《全市检察机关人员统计表》,上海市人民检察院史志办公室编:《上海检察年鉴 1997》。

④ 《上海年鉴》编纂委员会编:《上海年鉴 2007》第四十二章"治安·司法"第三节"检察"概况,上海年鉴社 2007 年版。

⑤ 关于《上海市人民检察院关于司法改革试点工作情况的报告》有关用语说明,载上海人大网 http://www.spcsc.sh.cn/n1939/n2440/n2909/u1ai120888.html, 2016 年 1 月 19 日。

⑥ 张本才:《上海市人民检察院工作报告——2019 年 1 月 29 日在上海市第十五届人民代表大会第二次会议上》,《解放日报》2019 年 1 月 30 日。

司法管理机制和向内挖潜、合理配置人力资源作为突破口，解决制约司法工作科学发展的体制和机制性障碍，改革不适应形势需要的旧工作机制，通过采取案件简繁分流、引入社会力量参与调解、提倡专业化办案模式、强化信息化机制支撑等多种途径，进一步加快办案流程、全面提高司法干警素质，较好地实现了办案数量、案件质量和司法效率的全面提升。

第十一章

登高望远：新时代司法体制深化改革之路

2021年，是"十四五"开局之年，也是乘势而上开启全面建设社会主义现代化国家新征程、向第二个百年奋斗目标进军的关键之年。站在新的历史交汇点，持续深化司法体制改革，"四梁八柱"性质的基础制度框架已经确立，"放权与监督如何平衡""过问与监管如何区分""惩戒与保障如何统一"等重大问题已形成共识，关键在于不断优化调整政策、完善配套措施、强化制约监督。从我国特殊国情和发展态势来看，深化司法体制改革将是一项长期而艰巨的历史任务，是一个在理论上不断探索、在实践上不断突破的历史过程。伴随着经济的高速发展和社会的急速转型，各种矛盾特别是新类型纠纷也在迅速增长，人们的社会生活对于司法的需求得到了空前的增长，唯有以发挥法治固根本、稳预期、利长远作为着力点，全面提升司法机关服务保障新发展格局的能力和水平，才能确保党和国家的事业推进到哪里，司法服务保障就跟进到哪里。

■ 第一节　改革经验

回顾司法改革走来的历程，鲜明的印记就是坚持在发展中推进改革，在改革实践中实现发展，把贯彻落实中央顶层设计与结合实践开拓创新有机结合，既正确把握司法体制改革的总体方向，又鼓励各地方在司法改革实践中大胆探索，推动地方司法领域改革积极稳妥有序进行。在这一过程中，基于实践基础积累形成了一些经验和体会，成为继续推动深化司法体制改革创新发展的不竭动力和重要保证。

一、根本保证：坚持党的领导，把握正确方向

习近平总书记指出："深化司法体制改革，是要更好坚持党的领导、更好发挥我国司法制度的特色、更好促进社会公平正义。凡是符合这个方向、应该改又能够改的，就要坚决改；凡是不符合这个方向、不应该改的，就决不能改。"坚持正确的方向，进一步深化司法体制改革，必须坚定不移地坚持党的领导，服务服从于中国特色社会主义司法制度自我发展和完善这个根本目标，把中央的司法改革部署贯彻落实到具体实践中，才能确保改革试点稳步推进。这些年来司法机关推进改革之所以推进顺利、成效明显，关键是始终坚持党对司法体制改革的领导，始终以中央关于深化司法体制改革的精神为指引，严格遵照执行中央的决策部署，对涉及改革的复杂问题、重大举措，严格按照程序向中央请示报告，确保改革试点始终沿着正确的方向前进。自启动司法改革以来，党中央多次召开会议专题研究推进实施中存在的困难和问题。历经多次改革，各级司法机关的领导班子仍然接受同级党委领导，党委按照党的干部管理权限进行管理。法官、检察官的选任坚持党管干部原则，遴选委员会从专业角度提出意见，由司法机关党组决定入额人选名单，都充分体现了坚持党的领导的基本原则。各级地方党委、有关职能部门也对司法体制改革大力支持，提供了有力保障。实践证明，只有紧紧依靠党的领导，才能保证司法体制改革方向不偏不倚，确保党的决策部署得到不折不扣的落实。

二、重要前提：强化组织领导，抓好顶层设计

司法体制改革涉及司法资源优化配置，政治性、政策性和系统性、协同性强，只有加强顶层设计，才能确保司法体制改革的方向、思路、目标符合中央精神。同时，司法体制改革又有一个特点，就是很多问题都涉及法律规定。改革要于法有据，但也不能因为现行法律规定就不敢越雷池一步，那是无法推进改革的。这些年来，党中央加强对司法体制改革的组织领导，责任部门提出的改革目标、任务，起草的重要的改革政策文件均需经过中央有关会议审议通过，把关处理好大胆创新与依法改革的关系，既没有简单以现行法律规定没有依据或者不能突破为由犹豫不前，又坚持司法改革必须在现行法律的框架内试点，确保各项司法体制改革工作符合中央的精神。如在人员分类管理改革中，

445

为确保改革的统一性、协调性,中央政法委抓得很细、很实,始终强调全国司法系统"一盘棋",坚持自上而下,科学谋划,由省级司法机关对辖区内编制和员额进行统筹管理,并对入额的原则、路径、考核标准提出原则性、框架性意见,为地方先行试点制定具体实施方案提供了基本依据,确保改革试点的目标、方向、路径契合中央的要求。

三、必然要求:遵循司法规律,坚持从实际出发

司法活动有其自身特点和规律,司法体制改革只有遵循司法活动的客观规律,体现权责统一、权力制约、公开公正、尊重程序的要求,才能建设公正高效权威的社会主义司法制度。因此,对每项改革,都要在深入调研、摸清情况、找准问题基础上,把按司法规律办事和从实际情况出发紧密结合起来,既要严格按照时间要求,加快进度,又要防止急功近利,草率行事。进一步深化司法体制改革,必须始终遵循司法规律的客观要求,让审理者裁判,由裁判者负责,切实落实司法责任制,努力实现"让人民群众在每一个司法案件中都感受到公平正义"的总目标。同时,司法体制改革必须与我国的政治制度相适应,与经济社会发展进程相适应,必须坚持从实际出发,认真分析制约司法公正和影响司法能力的深层次问题,努力实现司法体制和司法能力的现代化。如针对当前司法领域存在的司法不公、司法公信力不高等突出问题,司法体制改革在加强和改进对司法工作监督管理上下功夫,既研究如何放权,又研究如何落实责任、加强监督,防止自由裁量权的滥用,确保司法公正高效权威。

四、活力源泉:坚持基层探索,推动制度创新

每一轮司法体制改革都是一次全新的探索实践,没有先例可循,也没有样板参照,必须大胆去闯,积极去试。习近平总书记指出:"试点工作要在中央层面顶层设计和政策指导下进行,改革具体步骤和工作措施,鼓励试点地方积极探索、总结经验。"如今,司法体制改革已经进入攻坚期、深水区,既需要改革的勇气和锐气,又需要谨慎的态度、务实的方法,坚持用创新的精神应对司法工作中的各种新情况新问题,在尊重实际、尊重规律的前提下,敢于打破常规,提出解决问题的新思路、新举措、新方式,推动司法改革工作的创新发展。进一步深化司法体制改革,既需要改革的勇气、锐气,又需要审慎的态度、务实的办

法，确保改革的力度、进度和社会可承受的程度相适应。要牢固树立"顶层设计、分步实施、试点先行、先易后难、不断完善、依法稳妥"24字改革原则，既统筹协调好整体推进和重点突破的关系，确定以司法机关为主体重点推进司法权力运行机制改革和人员分类管理改革，以重点突破实现以点带面；又妥善处理好积极与稳妥的关系，对已经形成共识的司法权力运行机制改革先行先试，不耽搁改革时机，不影响改革进程；对人员分类管理改革这一改革的重点、难点、焦点，把握节奏，步步为营，充分论证，凝聚共识，稳妥推进。

■ 第二节 改革目标

改革开放是决定当代中国命运的关键抉择，实现中华民族伟大复兴的中国梦，必须在新的历史起点上全面深化改革。正是因为法治是人类迄今为止找到的治理国家最好的办法，是现代制度文明的核心，所以建设法治中国离不开深化司法体制改革。伴随着党对执政规律认识的飞跃，深化司法体制改革的目标进一步明晰，必将有力地推进国家治理体系和治理能力现代化，对于党的执政地位的巩固和国家的长治久安意义深远。

一、建立公正权威高效司法制度

改革的根本目的，是建立一个具有中国特色社会主义的司法制度，一个建立在坚持党的领导、具有中国特色、践行执法为民宗旨基础上的政治制度。坚持党的领导，就是要坚持党管政法、党管干部、党管队伍的原则。司法改革中提出的司法独立是在党的领导下的司法独立，不仅要确保党的路线方针政策在执法办案中得到体现，在一系列的制度规定中都要体现党的领导的原则。具有中国特色，就是要继承中国司法制度的成功经验和做法，包括这些年司法改革方面的成功探索，将之运用到新一轮司法体制改革的制度设计中去，同时，要根据中国国情和实际，既学习借鉴国外的成功做法，又不盲目学习照搬照抄，循序渐进，不"翻烧饼"。践行司法为民宗旨，就是要克服单纯的法律观念，防止就案办案，确立司法工作服务大局、执法为民的指导思想，保护人民利益，关注人民呼声，以人民满意为司法工作的目标，这些都是司法机关应当始终保持清醒头脑、长期坚持，并在制度设计中认真贯彻的。

447

二、真正把司法责任制落到实处

落实办案责任制是近年来司法体制改革的核心，也是今后深化司法体制改革的一个重要目标。司法要求的依法独立、客观公正、直接亲历、审理者裁判是司法工作的规律，作为规律就不能违背。近年来开展的司法改革试点就是要改变长期以来不遵循司法规律带来的司法行政化、办案主体地位不落实、办案责任机制模糊等一系列弊端，真正将办案的决定权落实到法官、检察官身上，使其真正成为办案主体。要解决这些长期以来形成的弊端，深化司法体制改革就要靠解放思想，敢于放权，大胆放权。特别是各级领导务必克服习惯做法和思维定势，克服谨小慎微、什么都不放心的思想。只有真正把责任落实到法官检察官身上后，才能保证办案质量，才能加速培养一支高素质的司法队伍。当然，落实司法责任制要循序渐进，毕竟法官检察官的素质有一个提高的过程，特别是对于一些重大复杂的案件和社会反映大关注度高的案件，需要发挥资深法官检察官、各级领导的把关作用，因此要逐步下放权力。特别强调的是，不管今后如何推进司法改革，放权并不是不需要审核、不需要监督制约，还要充分发挥法院院长、检察院检察长的作用，达到既落实办案责任制，充分尊重办案主体地位，又确保案件质量。

三、打造科学的司法权运行机制

这些年来的司法体制改革，健全司法权力运行机制是不变的重点，也是今后继续深化司法体制改革的目标之一。这其实是要求逐步在落实办案责任制的过程中，探索建立一套科学的司法权运行机制。公开是公正的基础。新时代推进司法公开是大势所趋，对于一些重大、疑难复杂的案件、社会关注高的案件，司法机关要转变办案方式，使更多的案件在办案场所采用公开的方式来解决，司法人员都要提高公开听证和公开说理的能力。特别是一些重大疑难复杂的案件可以由法院院长、检察院检察长等院领导亲自办理，并依托亲历性办案形成高一个层面上的审核机制。

四、加快建设高素质的司法队伍

建设一支高素质的司法队伍对于树立司法权威具有根本意义，更是今后继续深化司法体制改革又一个重要目标。除了继续高度重视司法人员的职业道德培养外,深化司法体制改革的重点是形成一套科学的职业准入、晋升、遴选、薪酬、责任以及职业道德、职业操守、职业评价等制度和机制,重构符合职业特点的司法人员的培养制度。此前的司法改革试点已经基本解决法官、检察官准入门槛低的问题。按照现行制度,大学生通过公务员考试和法律职业资格考试并1年实习期满后即可成为法官助理、检察官助理,而担任助理后要经过5年锻炼,其中优秀者才能成为法官、检察官办案,而且选任条件和程序也更加严格,还要经过有外部人员参与的遴选和惩戒委员会的严格审核,并向社会公示,这样对法官、检察官素质能力和社会公认度的要求就大大提升了。下一步深化司法体制改革,需要解决司法人员较好的职业预期和职业保障问题。一个司法人员对自己的职业前景有明确的职业预期,是爱岗敬业、自觉做到清正廉洁的保障。今后继续深化司法体制改革必须在这方面持续探索,优化自然晋升和择优选升通道,让每名司法人员忠诚司法事业,提高职业荣誉感,培养良好的职业操守,自觉抵制人情、关系、物质带来的诱惑,担当起严格公正执法的使命,树立司法公信和权威。

■ 第三节　改革进路

随着司法体制改革的深入,剩下的都是难啃的硬骨头,需要进行攻坚克难。继续深化司法体制改革,无疑是一场硬仗,既涉及体制,又涉及机制;既涉及责、权、利统一问题,又是对利益格局的重大调整,甚至牵涉到每一个具体个人。唯有在思想、认识和改革准备上提早谋划,正确处理按司法规律办事和从中国国情出发的关系,正确处理促进司法文明进步和维护社会大局稳定的关系,正确处理整体设计和分类推进的关系,才能确保司法体制改革依法有序推进。

一、处理好依法独立行使职权与有效防止司法腐败之间的关系,确保司法权公正高效运行

司法机关承担着维护社会公平正义的艰巨使命,既要支持法官、检察官依法独立办案,排除各种干扰,确保司法公正;又要依法加强监督,杜绝滥用职

权,严防司法腐败。改革试点最终成效如何,能否取信于民,这是最关键的环节和最现实的检验,更是深化改革中不可偏废的两个方面。继续深化司法体制改革必须从司法机关内部做起,从司法权力运行机制改起,核心是解决司法权运行的行政化问题。毕竟,权责明晰的司法权力运行机制,本身就是公正司法、高效司法、廉洁司法的必要保障。这一点基本上已经形成共识。但是,司法权运行机制改革后,有可能会带来法律适用不统一、案件审理质效下滑、司法作风、廉政风险等问题。这就要求理顺司法权和司法管理权的关系和界限,不能简单地将司法权的"独立"行使等同于"孤立"行使,将"去行政化"等同于"去管理",探索将司法权的独立运行与监督管理权的严格行使同时作为司法权运行机制改革的内容,真正让司法权在制度的笼子里运行,推动实现让审理者裁判,由裁判者负责。

一是进一步完善法官检察官办案权力清单制度。要大幅度下放审判权、检察权,让办案的法官、检察官有职有权,落实"谁办案、谁决定、谁负责"的原则,赋予法官检察官办案主体地位,让绝大多数案件由独任法官或者合议庭依法独立审判,切实改变"办案的人不作主,作主的人不办案"的状况,由办案决定者主要承担办案责任,根据主客观因素区分不同的责任类型。

二是进一步建立健全办案质量终身负责制和错案责任追究制。要进一步明确错案责任追究的标准和程序,增强操作性、可行性,科学认定应当承担的司法责任,真正把责任落实到"人"。重点把握好办案责任与责任豁免、追责与保障的关系,既要明确违法办案责任追究情形,严格依法追究违法办案责任,又要明确司法豁免原则和免责事由,把严肃追责与保护干部、调动工作积极性结合起来。

三是进一步完善司法权力运行监督管理机制。要完善办案各环节之间、办案组织之间、办案组织内部的制约机制,特别是注意协调好法官、检察官依法独立行使职权与审委会、院长、检委会、检察长履行管理职责之间的关系,发挥业务部门负责人的审核监督作用,抓紧研究制定院庭长监督管理权力清单,明确院庭长管什么、怎么管,确保他们履行好管理职责。要继续深化司法办案信息公开,自觉接受人大监督、民主监督,加强党委政法委执法督查工作,保障律师依法执业权利,完善社会监督机制,发挥外部监督制约作用。

总之,继续深化改革不仅需要敢于放权,更需要善于管权,该放的一定放到位，不隔靴搔痒，该管的一定管到位，不一放了之，确保行使职权独立而不恣意，办案责任到位而不缺位，形成权责明晰、权责统一、管理有序的司法权力运行机制。

二、处理好司法人员分类管理与办案压力日趋繁重之间的关系，提升工作效率和办案质效

建立符合职业特点的司法人员管理制度，在深化司法体制改革中居于基础性地位，是必须牵住的牛鼻子。严格限制法官、检察官员额是世界各国的通常做法，最近的司法改革方案确定员额内法官检察官占司法机关全体人员三分之一是符合现阶段客观实际，也是相对合理和经过努力可以实现的，将会改变现有管理过于行政化、缺乏职业保障、不符合司法规律、人员流失情况严重等弊端，同时也会在一定程度上缓解案多人少的压力。但是从司法系统目前的人员状况看，案多人少的矛盾十分突出，"白＋黑""5＋2"、超负荷工作已经成为常态。实行人员分类管理改革后，案多人少的矛盾还将在很长一段时间内存在。案多人少矛盾的长期存在，必然导致办案粗糙、质量下降，造成立案难、执行难、打官司难等问题，影响司法公正、影响司法公信力。因此，在推进人员分类管理改革，特别是实行法官检察官员额管理的同时，还要根据案件增长、人口因素、干部自然减员及核定增编等实际情况建立司法人员的适时补充机制，全力打造"法官（检察官）＋法官（检察官）助理＋书记员"的新型办案团队，从而使法官、检察官真正从繁杂的非审判、办案事务中摆脱出来，全身心地专注于依法行使审判权、检察权。这样做的目的，就是要大力提升法官、检察官的职业素质、工作效率和社会公信力，加快培育现代精英法官、检察官阶层所应有的"职业地位和职业气质"。

一是严格把关，规范入额标准和程序。包括领导干部在内的法官、检察官入额，均应执行统一的标准和程序，做到操作严谨、规范有序。如规定不设员额的司法行政部门负责人原则上不参与遴选。

二是预留空额，规范员额使用比例。考虑到司法改革试点后法官、检察官将主要从法官助理、检察官助理中择优遴选，各级法院、检察院应当留出适当的名额，为法官助理、检察官助理的晋升成长预留空间，不得一次性用足员额。

三是规范员额的岗位设置及管理。明确法院、检察院各部门相应岗位员

额设置要求及数量,确保纳入员额管理的法官、检察官实际在核定入额的部门及岗位工作。对入额法官、检察官实行科学合理、符合司法权力运行规律的办案绩效考核,加强员额管理。

四是规范员额退出机制。明确员额退出的实质条件和程序条件,比如对办案绩效考核不合格者实行退出,确保责、权、利相统一。

三、处理好专业职务序列保障与发挥各类人员作用之间的关系,在内部形成共识凝聚力量

建立一套准入、晋升、遴选、职业保障、薪酬以及司法机关各类人员的职业保障和管理制度,同样是世界各国的通常做法,也是确保司法人员公正执法、廉洁自律和崇高社会地位的制度保障。近年来,司法改革试点推进法官、检察官单独职务序列管理,同步配套建立相应的职业保障制度,打破长期以来与行政职级挂钩的工资标准,设立与法官、检察官等级相对应的薪酬体系,实现收入的适当增长;明确职业发展预期,只要认真履职,法官、检察官都可自然晋升到原正处级才能达到的三级高级法官、检察官,晋升空间大为拓展。建立法官助理、检察官助理和书记员单独职务序列分级管理制度,打通职业发展通道,采取岗位津贴的形式,适当提高司法辅助人员和行政管理人员的收入水平。为了逐步消除地区收入差异,还专门设置过渡期,逐步统一收入标准。只有这样,法官、检察官才能优其酬、重其责,司法辅助人员、行政管理人员才能各归其类、各尽其才,共同促进司法队伍的专业化、职业化发展。继续深化司法体制改革,要"让法官、检察官真正成为法官、检察官",在职业保障制度改革中增加从业、执法权益保障的内容,以强化对其人格尊严和人身安全的保障,让他们在安全、有尊严的环境下独立工作、公正履职,养成从事这个职业的荣誉感和敬畏感。要关注司法辅助人员和行政管理人员,继续通过制度创新来保障其合法权益,使其具有合法的职业地位、明确的职责划分、正常的晋升机制和职业保障。

一是推动适当提高司法辅助人员、司法行政人员的薪酬待遇,有效防控司法机关人员岗位收入差距拉大引发的矛盾。这样做有利于保持队伍整体稳定,也有利于提升司法辅助人员的工作积极性和职业荣誉感,还有利于吸引部分具有法官、检察官法律职务的优秀人才继续留在司法行政岗位。

二是考虑行政职级晋升向综合管理部门倾斜，如参照国外做法设置行政副院长等，拓宽司法行政人员的职业发展通道。

三是在把握各自序列内交流的总体原则基础上，积极稳健探索根据工作需要，有条件、有流向的跨序列及系统外交流的机制，通过建设司法公寓、适当给予交通补贴等方式解决客观困难，以促进不同层级和不同区域之间司法人员的交流，保持稳定与激发活力相结合，整体推动司法队伍建设。

四、处理好司法队伍整体质量提升与个体素质要求之间的关系，提升职业化专业化能力

司法活动具有特殊的性质和规律，司法权是对案件事实和法律的判断权和裁决权，要求司法人员具有相应的实践经历和社会阅历，具有良好的法律专业素养和司法职业操守。确保司法公正，建设一支高素质的司法队伍是关键、是保证。任何改革，最终都要靠人去执行。司法权运行机制改革和司法责任制改革实行后，法官、检察官的责任更大，对他们自身素质的要求更高。但现有的法官、检察官素质及能力还不能完全适应司法工作的要求，特别经历司法改革试点后，总体上员额内法官、检察官群体正在呈现年轻化趋势，他们的特点是法律专业素质较强，但实际审判工作能力、社会工作能力，尤其是群众工作能力不足，纪律作风、工作方法有一定差距。因此，继续深化司法体制改革，要把加强法院队伍建设、提高法官综合素质摆在重要位置。一方面要提高法官的准入门槛和选拔条件，健全和完善法官的招录、选拔、遴选和交流机制，确保法官具有充分的专业知识、实践历练和社会经验；另一方面要强化法官的职业化、专业化能力建设，加强对法官的教育培训，通过多形式、多渠道的培训，不断提升法官依法公正履职的能力和水平。按照习近平总书记提出的政治过硬、业务过硬、责任过硬、纪律过硬的要求，努力建设一支信念坚定、执法为民、敢于担当、清正廉洁的司法队伍，以适应公正、高效、权威的司法体制的新要求。

五、处理好司法体制丰富实践经验与促进理论研究之间的关系，保持改革持久工作后劲

司法体制改革中的很多创新，本身就是牵一发而动全身的基础性、制度性

453

措施,没有先例可循。要敢于破冰探路,保持先发优势,就必须坚持问题导向,加强对改革试点重点难点问题的研究论证,提出切实可行的解决方案和具体措施。近年来,司法体制改革轰轰烈烈,已经积累了极其丰富的实践经验。如果还要继续深化司法体制改革,必须立足于这些一线鲜活实践,引入科研院校等高水平智库外脑,司法机关更要针对深化改革中反映的深层次问题,加强与立法机关的沟通衔接,及时提出有关立法建议,需要立法机关授权的按照法律程序办理,坚持在法律框架内开展,不违反任何禁止性规定,确保司法体制改革于法有据,不犯颠覆性错误,维护法制的统一和权威。要对落实办案责任制、考核评价办法、内设机构优化整合等难点问题进行深入调研,广泛听取各方面意见,加强理性思考和实践探索,形成具有前瞻性、指导性、可操作性的改革后续方案,为深化改革提供理论支撑和操作依据。要设计不同类别司法人员职业通道,会同有关职能部门,专题研究法院、检察院其他工作人员包括司法行政人员、司法辅助人员,包括司法警察、专业技术人员的职业成长路径,避免只走员额制这座"独木桥",明确彼此之间的职责定位、晋升路径、工作衔接,争取同步妥善解决,既有利于法院、检察院整体工作推进,又有利于司法队伍的专业化、职业化发展。

■ 第四节 上海样本

回顾这些年来中国司法体制改革不平凡的历程,总能看到上海在其中的突出贡献。尽管司法改革是中央事权,尽管上海司法领域改革很多内容是由上海具体制定方案并付诸实施,但实际体现和执行的是中央精神,上海司法领域改革的总体方向和工作思路与中央和市委的要求保持高度一致,各项试点工作按照中央确定的框架意见整体推进,确保始终坚持正确方向。上海司法机关始终秉持着改革试点工作不仅仅要解决上海的问题,更要为全国司法改革提供可复制、可推广的制度经验。在这种责任感和使命感的驱动下,上海司法领域改革始终树立全局观念,无论是试点方案和配套制度的设计,还是各项试点工作的具体推进,都从中国司法体制改革的大局出发,与中央要求、上海实际、全国适用相符合,优化司法职权配置,加强司法活动监督,提升司法公信力,努力让人民群众在每一个司法案件中都感受到公平正义,力求不负中央重托和人民期待,充分彰显出上海作为改革开放排头兵、科学发展先行者的地位和作用。

一、战略目标

凡事预则立,不预则废。域外许多国家进行司法改革总是明确提出具体的战略目标,目标是行动的指南。上海司法领域深化改革应当有清晰的战略目标,以保证改革的方向性与连续性。结合我国司法体制改革的根本目标以及上海的司法运行现状,深化上海司法领域改革的战略目标可以概括为"追求司法公正、扩大司法公开、树立司法公信、践行司法为民"。

(一)追求司法公正,争创全国领先的司法环境

司法公正的基本内涵是要在司法活动的过程和结果中体现公平、平等、正当、正义的精神,包括实体公正和程序公正。前者是公正司法的根本目标,后者是公正司法的重要保障。司法公正既是司法活动自身的目标和要求,也是依法治国的目标和要求。它是社会公正的保障,是司法权运作过程中各种因素达到的理想状态,是司法环境的主要评价指标,也是现代社会政治民主、进步的重要标志,更是现代国家经济发展和社会稳定的重要保证。

上海在司法公正方面的成绩值得肯定,律师和民众公认上海司法环境名列前茅。根据 2012 年统计数据,上海法院尽管年人均办案数为全国法院人均办案数两倍,5 年受理案件 206.06 万件,但一审息诉率高达 91.8%,司法公正指数连续 5 年位列全国法院第一。[1]2015 年数据显示,试点法院直接由合议庭审判评议处理的案件比例高达 99.9%,司法公正指数连续五年位列全国法院第一。[2]过去的成绩是上海司法领域体制机制进一步发展和创新的基础,也是鞭策和动力。未来,上海司法机关将继续深化改革,以追求司法公正为目标,重点解决上海地区面临的阻碍司法公正提升的难点问题,在立案难、律师阅卷不充分、执行难等方面继续探索新的工作机制,取得新的突破,进一步促进司法公正的全面实现,[3]保持上海司法环境全国领先的优势地位。

---

①　姚丽萍:《上海法院"司法公正指数"全国居首》,《新民晚报》2013 年 1 月 29 日。

②　叶青主编:《上海法治发展报告(2015)》,社会科学文献出版社 2015 版。

③　严姗隽、白羽:《市人代会听取"两院"报告,上海司法公正指数连续五年全国第一》,《I 时代报》2013 年 1 月 30 日。

（二）扩大司法公开，保持先行先试的发展势头

司法公开是指在当事人和其他诉讼参与人以及社会公众知悉下，以非秘密的方式进行司法活动，包括实体与程序两方面的公开。司法公开是现代司法理念以及现代法律文明发展的产物。司法公开的基本法理在于司法权是一种直接关涉社会正义和公民权益的公共权力，任何一种公权力都应该在阳光下运行，正如英国著名法官 G.休厄特所言："正义不仅应当得到实现，而且要以人们看得见的方式得到实现。"①坚持司法公开，依法保障人民群众的知情权、参与权、表达权和监督权，是人民司法的一项基本原则。因此司法机关在不侵犯国家秘密和他人隐私的前提下，应当扩大司法公开，以公开促进公正，树立司法的权威性，以公开促效率，节约司法成本。

上海司法系统一直致力于加强司法公开、推进"阳光司法"。为此，上海法院率先制定发布推进司法公开的"35 条"，不断扩大公开范围，细化公开环节，通过"在线诉讼服务平台"实现了办案进度查询等功能，在全国率先实行庭审网络直播，全面实行裁判文书附录法律条文，上网公开 45 万多份生效裁判文书，努力使司法公开横向覆盖刑事、民事、行政、政务各领域，纵向贯穿立案、审判、执行、信访诸环节；上海市检察机关制定《上海检察机关检务公开的实施意见》，进一步扩大检务公开的内容和范围，充分利用信息化条件，更好地向当事人、其他诉讼参与人和社会公众公开凡是依法应该、能够、可以公开的内容，不断增强司法办案透明度。

当然，司法公开是一项系统的、长期的任务。随着社会的发展和科技的进步，人民群众对司法公开的内容、司法公开的效率以及司法公开的形式等方面的要求也越来越高。上海司法机关应当继续保持先行先试的发展势头，进一步更新理念、创新制度设计和采取新措施不断提高相应的硬件和软件能力，特别是在司法公开的形式和效率方面，以上海先进的计算机网络建设为依托，以科技助推公开信息化水平，进一步创新网上办案制度、庭审直播和转播制度建设，完善执行信息查询系统，充分利用网站、"微博"等平台，加强司法与群众的互动，及时回应群众关心、疑虑，甚至是质疑的问题。

---

① 孙杨俊、胡充寒：《现代司法理念的发展与司法公正的实现保障》，《佛山科学技术学院学报》2004年第 5 期。

(三)树立司法公信,发挥上海本土的传媒优势

司法公信是全社会公众对国家司法机关权力实施过程和效果的信任和尊重,是我国全面构建和谐社会的基础和前提,也是中国特色社会主义法治建设的重要课题。司法必须要有公信,才能减少缠讼案件,切实有效地解决法律纠纷,化解社会矛盾,体现司法本身的意义和价值。司法公正和司法公开是获得司法公信的基础和根本,但提振司法公信也必须注意其他方式方法的运用,特别是媒体的宣传和舆论的引导。从某种程度上而言,司法公正和司法公开是客观事实的表现,而司法公信更多依赖的是群众的主观心理感受,因此,提振司法公信应当重点关注公共舆论。

上海司法机关在司法公信力建设方面虽然一直位居全国领先地位,但在执法办案、审判管理、基层基础等方面还存在一些薄弱环节。司法工作无小事,在社会舆论对执法办案瑕疵高度聚焦的背景下,一些司法人员的司法理念、司法能力、司法作风上的不足和错误,一经媒体的渲染和报道,将给整个司法机关、司法系统、司法工作带来无可挽回的无形损失,将对普通民众对司法机关的信任带来巨大打击,进而造成对司法机关正常司法活动的质疑和猜测。

因此,一方面,上海司法机关要进一步切实加强司法公开和司法公正建设,让每个法官、检察官善用权、慎用权、用好权,真正对权力的使用产生敬畏之心、忐忑之心,具体办好每一个具体案件,通过公正审判来积累和不断提高司法公信力,这是必须长期坚持并依赖制度设计来保障实施。另一方面,上海司法机关也要特别注重研究公共舆论中影响对司法的信心的各项要素,与科研机构积极合作,通过科学方法进行需求分析。面对上海发达的地方传媒,东方卫视、SITV数字电视"法治频道"、《解放日报》《文汇报》《新民晚报》等传统媒体,都在上海广大市民中享有较高的声誉,观众和读者群体巨大,加之"上海公安"微博、"上海政法综治网"等新兴媒体也迎头赶上,在群众中的影响力越来越大,这都为上海司法机关塑造司法公信力提供了很好的舞台。上海有着得天独厚的媒体优势,必须切实加强司法机关与各种新闻媒体的交流与合作,善于相互支持配合和相互体谅理解,积极进行司法正面宣传,及时应对负面突发舆情,合理引导公共舆论导向,双管齐下提振司法公信。

(四)践行司法为民,满足广大市民的更高期待

司法为民是社会主义法治理念在司法中的重要体现,是提高党的执政能

457

力的重要组成部分。党的事业就是要维护、发展和实现人民群众的利益;坚持司法为民,在司法过程中实现人民群众的利益,党才能赢得人民群众的支持和拥护。司法为民是社会转型时期中国的社会现实对司法的紧迫要求。在社会矛盾集中喷发的转型时期,只有坚持司法为民,才能够实现"人民利益至上"的法治目标,才能够增强群众观念,加深群众感情,改善司法作风,才能够妥善运用调解、审判等司法手段,化解社会纠纷。[①]

上海经济发展较为强劲,社会环境较为开放、民众司法素质较高,这些都是上海践行司法为民的良好基础,也是上海能显现与其他省市区司法领域体制机制改革上不同之处的突破口。上海司法机关应当重点突出司法为民、司法便民的发展理念,创新工作机制,回应人民群众新要求新期待。具体而言,就是以良好的财政水平、先进的科学发展水平、便利的信息化技术为依托,积极探索多元化纠纷解决机制,让老百姓能多层次、多途径地解决争议,维护自身合法权益;深化便民利民举措,让老百姓打一个经济、便捷的官司;改进工作作风,多措并举化解涉诉矛盾,让老百姓感受到司法的情法通融、亲和诚意;完善民生执行案件快速通道,最大限度、最高效率兑现生效判决,实现民生权益;加强司法救助和法律援助建设,实现救助援助无缝衔接,增加司法救助新形式,让民众从各个方面充分享受到良好的司法服务。

以上四个战略目标"司法公正、司法公开、司法公信、司法为民"之间是相辅相成互相促进的关系。司法公正是基础。只有公正的司法才有公开的自信和必要,才能取得公众的信任,才能为人民服务;司法公开是手段,是促进司法公正、增强司法公信、践行司法为民的重要途径。司法公信是媒介。只有得到公众信任和尊重的司法才能实现司法公正,司法公开才能起到应有的作用。司法为民是目的,是司法公正、司法公开和司法公信的根本落脚点,同时也对司法公正、司法公开和司法公信起着反作用。如果司法不便民,司法公开的效果就会大打折扣,也会影响司法效率和司法效果,成为迟到的非正义,就会影响公众对司法机关的"信任"。因此,必须进一步健全诉讼服务以及便民工作机制,使诉讼更为方便和快捷,加强与公众的联系与交流。

[①] 张会:《坚持司法为民,彰显人文关怀》,《合肥晚报》2011 年 5 月 22 日。

二、功能定位

司法体制改革的功能定位问题，是值得高度关注的重要课题，是增强司法改革有效性的重要前提。优化司法职权配置、恢复社会正义和树立司法权威是科学定位司法体制改革功能的三个基本视角。在深化司法体制的背景下，上海司法机关应该将其实践和探索作为促进政治体制改革的突破口，通过司法改革创新社会治理，进一步推进上海的法治化建设。

（一）推动国家司法体制进步，促进政治体制改革

国家层面的司法体制改革，要靠地方实践和探索来具体落实。上海作为我国地方司法改革的中坚力量和先进力量，通过其自身对法律、中央政策和最高司法机关部署的贯彻实施，通过其先试先行和创新摸索，推进了国家司法体制继续深化，并最终借助司法改革的力量，为促进国家政治体制的改革作出了地方的贡献。

有关司法体制改革和政治体制改革的关系，过去的观点大多认为，要进行司法体制改革，必须同时进行政治体制改革，或者说必须政治体制改革先行，才能做到真正意义上的司法体制机制改革。近年来，人们逐渐认识到司法制度是政治制度的重要组成部分，司法体制改革也是中国政治体制改革的重要组成部分。政治体制改革可以从立法权、行政权和司法权三个方面进行推进。而从国务院在2012年年底发布的《中国的司法改革》白皮书释放的信号来看，司法体制改革可以作为政治体制改革的突破口。

我国过去的不少改革措施收效不大，与忽视司法的价值是有密切关联的。放眼世界历史，司法在政治发展中的价值已被很多国家的政治实践反复证明。任何政治系统的制度化和法制化过程都不可缺少它的司法结构和功能，并且无论从理论抑或经验上来看，结构合理、功能正常的司法还构成制度化和法治化的主导性力量。基于这样的认识，有学者提出中国政治发展的理想模式，即经济发展——法制和司法改革——法治建设——自由权利与公民社会——民主选举——行政与政治革新——经济发展。在这个发展的"链条"中，司法体制改革处于基础和前提的地位。[1]

---

[1]　章武生：《政治体制改革下一步的突破口在哪？》，《学习月刊》2010年第27期。

上海司法环境较为开放，民众司法素质较高，接受新生事物和理论的能力比较强，对法治建设和司法改革的呼声也比较高，在上海发展"推进国家司法体制和继续深化，促进政治体制改革"的理念较为容易被接受。上海进行的司法领域改革在现有《宪法》框架内进行，有章可循，代价最小，能够理性、可控，不会导致群众思想的混乱、社会舆情的偏差、政治稳定的动摇，能够保障上海城市法治建设的有序进行，取得的诸多成绩和经验也为我国进行政治体制改革提供经验。

（二）延伸司法机关工作触角，服务上海社会治理

加强和创新社会治理，对全面建设小康社会、实现党和国家长治久安具有重大战略意义。正如前述司法体制改革与政治体制改革能互相促进一样，司法体制改革与社会治理也是相辅相成、相互推动，在社会治理创新中来推动司法改革，在司法改革中来推动社会治理创新。上海应该以深化司法体制改革为动力，创新完善上海社会治理制度机制，提高社会治理科学化水平。

随着社会变革的深入，社会生活多元化特征日益显现，社会治理模式也随之更新完善。上海司法机关着眼于为经济社会发展服务，立足于解决案多人少的矛盾，积极参与社会治理创新。上海法院系统借助浦东新区人民法院和普陀区人民法院被确定为诉调对接机制试点法院的东风，继续推进诉调对接中心建设；以其发布的行政审判白皮书、金融审判白皮书、金融审判十大案例、司法建议、情况反映等形式建言建策；全市检察机关立足检察职能，拓宽工作思路，研究制定社会管理创新工作规划和实施意见，开展十多个参与社会管理的重点项目，召开检察建议工作推进会，配合开展专项治理，扎实推进派驻社区检察室建设，取得创新社会治理的新成效。

未来，上海应当拓展延伸地方司法机关的工作视角，加强和创新社会治理。具体而言，应该重点改革刑事审判程序，打造良好社会治理秩序；创新行政审判模式，化解行政争议；践行司法为民的宗旨，秉承"为大局服务、为人民司法"的司法理念，从大局出发参与社会治理，为地区经济发展保驾护航；妥善处理涉城建、拆迁等群体性案件，维护地区和谐稳定；积极运用司法建议，协助地方政府履行社会管理职能；建立司法预警机制，实现涉诉矛盾纠纷从事后调处向事前预防的转变；改革涉诉信访机制，减少缠讼案件的发生；完善诉讼收费、司法救助机制，撑起弱势群体保护伞；创新机制，切实加强司法人才队伍建

设,提升参与社会管理创新的能力。①

(三)强化司法工作保障功能,促进四个中心建设

加快建设上海国际经济、金融、贸易、航运中心和社会主义现代化国际大都市,是党中央、国务院立足我国改革开放全局作出的一项重大决策。经过多年的努力,上海"四个中心"建设取得重大进展——国际金融中心以金融市场体系建设为核心,以金融机构体系建设为重点,积极推进金融创新和改革开放先行先试,大力营造良好的金融发展环境,取得突破性进展;国际航运中心以现代航运服务体系建设为核心,以国际航运发展综合试验区为突破,积极推进政策落实和创新突破,取得重要进展。②加快建设"四个中心",不仅仅是经济领域的积极作为,司法机关同样责无旁贷,理应大显身手。

上海司法机关应当深入分析上海建设"四个中心"对司法工作提出的新任务和新挑战,以继续深化司法体制改革为契机,把握中央对上海的战略定位和上海社会经济形势的发展要求,进一步寻求司法工作与"四个中心"建设的工作对接"关联点",以金融司法工作服务金融市场建设、海事司法工作服务航运经济发展、知识产权司法工作服务创新型城市建设,加强对涉及现代服务业和先进制造业的新类型案件的处理,优化上海服务环境,提升上海企业升级,不断提高司法机关服务大局的司法能力,倾力为大局服务,保增长促发展、保民生促改善、保稳定促和谐、为加快建设"四个中心"提供更有力的司法保障。

(四)构建多元纠纷解决机制,畅通群众诉求渠道

当前我国正处于经济转轨、社会转型期,随着市场经济的不断深入、各项改革的不断深化和社会利益关系的不断调整,各类复杂的社会矛盾日益显现。上海作为我国政治、经济和社会改革的排头兵和先锋队,更是要面临各种新问题和新冲突。如何畅通群众诉求渠道,引导群众合理表达诉求,有效化解社会纠纷和矛盾,成为维护社会和谐稳定的关键问题。上海司法机关已经在人民调解、行政调解、行业调解、仲裁、法律援助等多方面积累了丰富的经验,为多元化纠纷解决机制的司法构建打下了坚实的基础。

在国家继续深化司法体制改革的大好形势之下,上海司法机关应当借势

①　黄宗殿:《以构建多元化纠纷解决机制为依托,深化司法改革助推社会管理创新》,载光明网 http://court.gmw.cn/html/article/201110/14/79107.shtml,2011 年 10 月 14 日。

②　郑红、杨群:《上海"四个中心"建设取得重大进展》,《解放日报》2012 年 11 月 15 日。

发力,完善非诉讼纠纷解决方式的司法衔接机制,强化司法对和解、各种形式的调解及仲裁的效力确认,避免一件矛盾多次纠缠而导致的冲突升级和恶化;加强司法对非诉讼纠纷解决组织的业务指导,为其提供法律咨询和业务培训等服务,提高多元化纠纷解决机制的实效性和人民群众对非诉讼纠纷解决方式的认可度;完善法律层面的援助制度,强化宣传教育,提升法律援助公信力,进一步扩大法律援助范围,减低法律援助门槛,畅通群众诉求通道,并引导群众合理表达诉求,让司法充分发挥社会冲突和矛盾的减震器作用,构建和谐稳定的社会大家园。

(五)提升司法机关履职水平,营造良好法治环境

党的十八大报告指出"党领导人民制定宪法和法律,党必须在宪法和法律范围内活动。任何组织或者个人都不得有超越宪法和法律的特权,绝不允许以言代法、以权压法、徇私枉法",①明确表明要坚持"有法必依、执法必严、违法必究",创建良好的法治环境。基于长久的积累和全市人民的努力,上海的法治环境一直位居全国领先地位。在建设国际金融中心和航运中心的新形势下,上海的法治环境建设更是具有十分重要的战略意义。

在上海这座国际化城市的发展征途中,司法机关的尽职履责必不可少。通过进一步深化上海司法领域改革实践,以深化司法体制改革为动力,以加强司法机关党的建设为手段,以改革促发展,可以提升地方司法机关工作的整体水平,有效保障司法机关依法独立公正行使司法权,防止以各种形式干扰司法活动,确保司法过程的公开、司法结果的公正,树立司法权威和公信,树立"宪法法律至上"的司法理念。同时,通过司法体制改革,上海市深入开展法制宣传教育,使学法遵法守法用法成为整个城市的自觉行动,必将为开创上海社会主义建设事业新局面,营造良好的法治环境。

三、基本原则

司法体制改革是一项庞大的社会工程,应该有一套贯穿于改革从始至终的基本行为准则。回顾和总结过去国内外司法改革的经验和教训,上海继续

---

① 胡锦涛:《坚定不移沿着中国特色社会主义道路前进 为全面建成小康社会而奋斗——在中国共产党第十八次全国代表大会上的报告》,人民出版社 2012 年版,第 28 页。

深化司法领域改革应当坚定不移地遵循以下基本原则。

（一）在地方党委领导下围绕全市大局深化改革

坚持中国共产党的领导，是写进我国《宪法》序言的四项基本原则之一。这一原则体现在司法领域，就是党对司法工作的领导。党对司法工作的绝对领导不容置疑，毋须争议。在过去的实践中，上海地方党委对司法工作的领导从来没有动摇和放松过，也正是中共上海市委对司法工作的一贯的领导，保证了上海司法工作为人民服务的宗旨的贯彻，保证了司法的公正性和权威性。

与此同时，必须认识到，加强上海地方党委的领导与坚持司法机关依法独立行使职权之间并不矛盾。一方面，司法机关依法独立行使职权必将深化、巩固党的领导地位。司法的目的是保证法律的有效实施，而法律是党的意志与人民意志统一后的法律化，司法越是保证法律的有效性，越能实现党的意志，也就越能体现党的领导；[1]另一方面，地方党委的领导通过支持、监督司法机关公正司法，支持司法机关排除来自行政机关、社会团体和个人的干预，教育和监督司法人员严格依法办事，惩治司法腐败等途径来保障司法机关依法独立行使职权的实现。坚持地方党委的领导与司法机关依法独立行使职权之间的关系，总的来说，并不是一种互相否定、互相排斥的矛盾对立关系，两者可以互相兼容于国家司法权的实现过程中。当然，在实际司法运行过程中，在坚持地方党委的领导与司法机关依法独立行使职权之间也或多或少出现了一些紧张或者说是不和谐关系，这正说明了深化司法体制改革，促进两者和谐关系形成的必要性。

上海在深化司法领域改革的过程中，应该妥善处理好坚持地方党委的领导与司法机关依法独立行使职权两者之间的关系，正确认识党的领导权的性质。地方党委对司法工作的领导体现在围绕上海工作大局科学规划，协调各方，突出党对司法改革全局性、原则性和方向性工作的领导和指挥，从实现改革总体规划和目标要求出发，为上海落实"创新驱动、转型发展"战略、加快推进"四个率先"、建设"四个中心"提供坚强有力的保证，统筹兼顾，协调人大、政府、政协、司法、人民团体等各类社会团体在改革过程中所处的地位，划定应履行的职责及相互关系。同时，也要正确理解司法机关依法独立行使职权的真

---

① 徐显明：《走向大国的中国法治》，《法制日报》2012 年 4 月 11 日。

正内涵。司法机关依法独立行使职权不是一种排除一切外界力量作用的绝对独立，不能将地方党委对司法的过问、人大的个案监督等，都作为有害司法独立从而有害司法公正的消极因素看待。①

（二）借鉴域外司法改革经验与上海实际相结合

司法公正、司法公开和司法公信是近代民主与法治国家构建司法体制的基本目标，为了实现这些目标，外国在司法机关的设置、司法机关的组成，以及维护司法机关职能独立等方面积累了许多有益的经验。这些经验是法律文化的重要组成部分，并没有意识形态方面的属性。他山之石，可以攻玉。对于这些代表司法文明发展方向的精华，上海司法机关在深化改革的过程中可以大胆借鉴和吸收，但也应该充分考虑到上海的司法水平、法律传统、文化背景、经济发展和面临的主要问题，完全简单地照搬或移植其他国家或地区的改革措施，并不能满足上海司法领域体制机制深化改革的需求。

恩格斯曾说过，政治、法律、哲学、宗教、文学、艺术等的发展是以经济发展为基础的，但是它们又相互影响并对经济基础发生作用。司法制度的存在、发展和改革都有很强的经济根源、政治背景和历史渊源。在他国、他地区行之有效的制度或措施未必能在本国、本地区取得预期的效果。上海是一个蓬勃发展的国家大都市，与国内外沟通交流频繁，在吸收国内外先进理念和措施上已经取得一定的成果。例如，已在上海司法系统全面实行的"合适成年人"制度，就是借鉴国外先进做法与上海实际相结合的结果。

因此，上海深化司法领域改革的实践和探索，应当首先注重放眼国内外，注意吸收、借鉴国外有利于保障严格公正司法，有利于提高执法水平和效率，有利于维护人民权益的做法，积极进行体制、机制、制度、方法创新，把握司法文明发展的趋势和方向。但"与吸收借鉴相比较，立足国情、本土创新则是我们司法改革的根本路径"。②这就要求上海司法机关必须对现阶段国情、市情有充分全面的把握，立足本土，从实际出发，注重司法改革的实践和探索措施与当前社会经济文化的协调发展，深入研究改革中面临的现实问题，用科学发展观的战略目光来认识这些问题存在的历史必然性，从而在法律制度设计上

① 李建明：《论党领导下的司法独立》，《政治与法律》2003 年第 2 期。
② 丁义军：《始终把握正确方向坚持走中国特色司法改革之路》，《人民法院报》2009 年 2 月 18 日。

对这些问题作出正确回应，以不断完善我国社会主义司法制度。

（三）遵循法律法规边界依法有序稳步组织实施

"一切改革都必须是合法的，这是不能质疑的。司法改革也是如此，合法是司法改革的前提。"①否则，就会导致司法体制改革的"合法性危机"，背离司法体制改革的初衷，以司法体制改革之名行损害法治之实，是对司法体制改革的背叛，必然导致司法体制改革的最终失败和民心的丧失。②在我国，司法机关没有创设法律的功能，它们只能按照法律的规定办事，任何超越法律、违背法律规定的做法，都是"非法司法"。非法改革使司法体制改革的手段与目标发生严重背离，这样做只能是葬送法治。在过去20多年的司法体制改革进程中，我国出现了一些所谓"创新措施"突破法律界限的情况，在不同程度上侵犯了宪法和法律尊严，损害了法制的统一性和权威性。"在普通公民的眼中，既然作为执法者的司法机关都不遵守法律，说明这样的法律根本不值得尊重、遵从，那么法律还如何有效约束公民的行为？"③

继续深化司法领域改革，离不开上海司法机关吸取这一经验教训。结果很重要，过程更重要。所以，在没有立法先导或法律修改的前提下，上海司法机关不能脱离法治思维，不能偏离法律框架，必须树立法律至上的观念，以宪法和法律为每项改革措施的依据，深化改革只能在法律的框架内进行，也即只能进行合法性的改革，即使某个现行法律制度有问题，在没有废除之前，也必须遵守。这种改革的空间尽管比较小，改革主要集中在工作机制层面，其目的是改变与法律规定不一致的习惯性做法，使工作更符合法律的要求，但更适合上海的实际情况，能够有效降低司法机关改革的政治风险，确保整个改革的法律方向没有偏差。对于那些确有必要突破现行法律框架的改革，应当依照法律程序向中央提出建议，按照法定程序由国家立法机关对有关法律规范进行废止、修改和立法，通过法律的"废、改、立"将改革措施纳入法律范畴，确保司法体制改革对法律的严格遵守，从而保证上海司法领域改革能依法、有序和稳步地推进。

---

① 张卫平：《司法改革的艺术讲究》，《人民法院报》2002年11月29日。
② 陈文兴：《司法改革的目标与原则》，《中国司法》2004年第11期。
③ 谢佑平、万毅：《法律权威与司法创新：中国司法改革的合法性危机》，《法制与社会发展》2003年第1期。

（四）坚持以群众观点为引领满足群众司法需求

走群众路线，从群众中来，到群众中去，是我们党的优良传统，也是我们党的事业取得胜利的法宝。从国际近几十年来的司法改革走向来看，司法的目标设定逐渐关注普通民众的司法需求。自 20 世纪 70 年代起，在世界范围内掀起了"接近正义"运动，司法改革的目标在相当程度上体现了民众的主体性理念。上海继续深化司法领域改革，必须坚持群众路线，以人民群众的司法需求为目标，广泛听取群众的意见，正确把握群众的司法需求，自觉接受群众的评判。

具体而言，对近年来人民群众普遍关注或意见较大的问题，各级司法机关要积极开展调研，主动征求人大代表、政协委员、专家学者、基层群众等社会各界的意见，及时提出改革措施。对过去提出的改革措施要认真总结，听取人民群众的评判，检验实际效果，确需完善的要提出完善的措施。要鼓励和提倡各级司法机关领导带头深入基层，听取司法干警和人民群众对司法工作的意见，确保司法体制改革在广泛的社会和群众基础上扎实推进。唯有始终紧紧依靠人民群众，从人民群众中汲取前进的不竭力量，才能真正做到司法体制改革为了人民、依靠人民、惠及人民。随着网络等传媒的日益普及和应用，对司法过程的影响日益增强，个案往往不仅关涉案件当事人利益，也承载着不同社会群体的利益诉求，容易引起社会公众的广泛关注。因此，在坚持群众路线、群众观点的同时，上海司法机关还必须处理好改革与"民意"的辩证关系。

民意是社会公众对于司法个案处置的主流性的意见，其往往具有一定的法律依据和基础，甚至包含独到的智慧和见解。"随着民意不断合理地渗入司法领域，人民群众的话语权得到了保障，司法裁判的结果真正体现了民意，这一切自然地带动司法公信力的提升。"[1]上海司法机关在办理案件尤其是一些引起社会普遍关注的大要案件、敏感案件时，应当坚持司法公开原则，在第一时间及时、准确、多元、全面地向社会公布案情真相，掌握社会舆情的引导权。对事关人民群众切身利益的重大司法决策，要实行公示、听证制度，更加积极主动地吸取公众意见，激发其参与司法活动的愿望，为民意渗入司法提供合法的渠道与路径，扩大人民群众的知情权、参与权、表达权和监督权，把握民众期

[1] 苏力：《送法下乡——中国基层司法制度研究》，《中国社会科学》1997 年第 6 期。

许,更好地解决民众不满意的地方。同时,必须承认司法活动毕竟是一项专业性较强的工作,必须依据事实和法律进行判决,力求法律效果与社会效果的统一。民意有时候并不符合法律规定,往往夹杂着偏激的情绪,甚至被极少数别有用心的破坏分子利用。因此,司法机关应当主动分辨公众判意的来源,是否夹杂着偏激情绪,还应特别留意所谓的主流或主导意见是被别有用心的人刻意操纵和引导,还是普通人群自由表述意见的自然汇聚,并及时有效地做出回应,合理引导民意,增进公众对司法结果的共识,树立司法权威。①

四、路径选择

上海司法领域改革是国家司法体制改革不可或缺的组成部分,同时也是上海城市法治化建设的重要领域。一方面,深化改革必须服从中央统一部署,统一规划、统一组织实施,在国家宏观司法体制改革指导之下自上而下开展;另一方面,适应上海城市发展的新形势和市民对司法需求的新期盼,上海司法机关也应充分发挥主观能动性,吸收借鉴国际国内司法改革的有益成果,立足上海实际,继续探索适应上海司法实践需求的创新举措,切实提高司法机关的司法水平,创造良好的法治环境,有效促进城市综合实力的提升。

(一)借助雄厚科研力量提炼上海司法领域开展改革经验,自觉以科学理论研究为指引

24年来上海司法领域改革的探索和实践,为今后继续深化改革实践和探索奠定了工作基础和提供了宝贵经验。上海司法机关应当客观总结这些年来司法体制改革取得的阶段性成果、遭遇的困难和障碍,真实把握上海司法改革的现状,找准深化改革的新起点;认真分析改革成功和失败的原因,充分了解人民群众对改革的评价和感想、学界和实务界对改革的争执和分歧,准确把握今后司法体制改革的实践和探索的发展趋势;加强司法体制改革成果的宣传,使人民群众切身感受到改革带来的新变化、新发展、新成效。

上海市基于历史传统和发展积淀,一直高度重视法学理论研究,拥有一支力量雄厚的法学研究力量。上海市一些国家机关就设立与本身工作密切相关的专门研究机构,包括上海市人大常委会法工委设立的上海市立法研究所,上

---

① 唐丁:《当前司法公信的现状及对策研究》,《法制与社会》2012年第21期。

海市人民政府法制办设立的上海行政法制研究所以及党政机关和司法机关内部设立的研究室、法制处、政策法规处等。①上海还拥有 21 家普通法律高等教育院系和学术研究机构，其科研人员也是法学研究的核心力量。这支科研队伍在研究成果方面更加紧密地贴近上海本地经济、社会与文化的发展。特别值得一提的是上海汇法学界、法律界还有自己的群众性社会团体——上海市法学会，长期以来团结带领上海法学法律界人士积极推进法学学术研究，发布组织司法体制改革课题研究，举办专题研讨活动，巧借学界"外脑"为司法机关提供智力服务，多种形式搭建理论界与司法实务界研究平台，取得了非常丰硕的成果。②

上海市司法机关应该充分利用这些科研力量，做好更为充分的理论准备，尤其是借助上海市法学院校和科研机构的力量，进行体制外的学术研究，这有利于跨越部门狭隘的观点，从超越司法机关特定视角的宏观的、综合的视野，关注司法体制改革的整体性、联动性。通过他们的学术研究，根据新的形势任务，准确把握党和国家工作大局对司法体制改革的要求，积极回应人民群众关注的热点难点问题，深入分析制约司法机关工作科学发展的问题，在中央的统一领导下，确定新一轮司法改革的基本框架。③同时，主动为上海法学理论工作者以至于广大市民参与司法体制改革这一话题的讨论提供更多的便利，引导社会各界将对司法腐败的情绪化义愤宣泄，转向对司法体制改革建设性的审慎思考，用上海城市的舞台和公众的智慧，为下一步改革注入新的能量和动力，继续丰富中国特色社会主义司法制度。

（二）依托上海智慧城市建设，丰富司法公开的形式和内容，让司法权力在阳光下运行

阳光是最好的防腐剂。司法公开，是以看得见的方式实现公正，是满足人民群众对司法的知情权、参与权、监督权和表达权的需要，是提升司法公信的重要途径。这些年来，上海在司法公开方面取得了很大的成绩，而信息化发展

---

① 上海市法学会、上海市法治研究会编：《上海法治建设蓝皮书（2003—2005）》，上海人民出版社 2006 年版，第 263 页。

② 上海市法学会：《上海法学研究组织工作专题报告》，载叶青主编：《上海法治发展报告（2012）》，社会科学文献出版社 2012 年版。

③ 袁定波：《最高法将对已出台改革措施落实情况进行督查评估》，《法制日报》2012 年 3 月 23 日。

为司法公开带来了更大的机遇和挑战。

2012年，上海大力推进智慧城市建设，这是上海加快实现创新驱动、转型发展的重要手段，深化实践"城市，让生活更美好"的重要举措，也是上海信息化新一轮加速发展的必然要求。政府各部门和各区县都高度重视，出台了有关建设智慧城市的规划和项目等。群众对"智慧城市"的建设也很关注，网速是否能再快些、查信息如何变得更方便、"一个口子"办多件事情，都是人们对"智慧城市"的期望。上海市更是推动相关企业重点实施宽带城市、无线城市、通信枢纽、三网融合、功能设施5个专项，重点推进城市建设管理、城市运行安全、智能交通、社会事业与公共服务、电子政务、信息资源开发利用、促进"四个中心"建设、"两化"深度融合8个专项，重点实施云计算、物联网、TD-LTE、高端软件、集成电路、下一代网络(NGN)、车联网、信息服务8个专项，组织实施信息安全基础建设、监管服务、产业支撑3个专项，落实信息安全综合监管、完善网络空间治理机制、提高全民信息安全意识3项重点任务，确保信息安全总体可控。

智慧城市的本质是信息横向互联互通。在这一大背景下，恰恰是司法机关基于传统封闭思维模式而比较缺少构建信息网的"智慧"。随着信息化、智能化的不断倡导与实行，上海建设"智慧法院"，同时依托人工智能优化审判系统。真正发挥智慧城市的作用，避免好不容易建立起来的信息库成了"死库"。信息互联畅通的形成，更是摆脱了相关部门信息应用系统的互不兼容、"信息孤岛"的局面。

信息的价值在于运用并产生新的可资利用的信息。智慧城市的灵魂在于人们对信息的集成利用和对信息需求的满足。上海市司法机关首先要摒弃各自为政、条块分割的习惯思维和传统体制，并对数据存储标准、系统接口规范、信息资源共享等制定出标准规范。只有这样，才能实现信息资源的共建、共享、互通、互联，通过持续、有效、一体式的信息服务和信息应用，建立起一个遍布智慧的软环境，真正以创新与智慧来驱动城市转型发展。其次要积极适应信息化建设的需求，把利用网络公开作为"阳光司法"最为便捷、高效的主动公开方式，作为"阳光政法"信息发布的重要渠道，借助政府网站，设立、链接各自的主页，定期公布涉及"阳光司法"的全面信息。最后要在基层办公场所尤其是窗口单位，建立集咨询、受理、审批、答复为一体的"阳光大厅"，通过设置公开公告栏、公共阅览室、资料索取点和咨询台、电子信息屏等设施,主动向前来问询、办事的群众公开机构设置、人员组成、职责权限、办理规则和工作流程等信息内容,以最大限度地方便群众、提高效率。在主动落实执法公开的同时,要认真受理公民、法人或者其他组织根据自身生产、生活等特殊需要,向政法部门提出的执法公开申请,能够当场答复的,应当场予以答复;不能当场答复的,应当告知答复时限。

(三)警惕腐败现象向司法领域渗透蔓延,从制度着手织密上海司法职权运行监督机制

法国启蒙思想家孟德斯鸠说过:"一切有权力的人都容易滥用权力,这是万古不易的一条经验,有权力的人们使用权力一直到遇有界限的地方才休止。"①尽管上海司法机关对司法人员的选拔、录用已经过严格的考试筛选、实习锻炼、培训提高。但是,司法人员毕竟是生活在社会中的个体,他们手中的权力具有极大的诱惑力和腐蚀力,极少数的害群之马仍难以杜绝。特别是上海这样一个经济高度发展的国际大都市,司法工作人员的薪资待遇并不占有相对优势。换而言之,在相对经济落后的内陆地区而言,司法工作人员的薪资待遇在社会公众收入中属于中等偏上,而在上海,司法工作人员的薪资待遇比起很多金融、证券、外企、甚至国企的白领差距较大,这种收入上的差距也让他们抵御诱惑和腐蚀的能力大幅度降低。

因此,上海司法机关应当继续探索完善对司法职权运行进行有效制约监督的长效机制,着力解决司法机关主动接受内外部监督不到位问题,切实增强接受内外部监督的意识,进一步完善司法机关接受内外部监督的制度设计,拓宽内外部监督渠道;着力解决司法机关内部监督不完善问题,切实明确监督职能部门的职责,形成整体监督合力,进一步规范整合内外部监督工作,健全完善各部门间既相互配合又相互制约的内部监督机制;着力解决因监督制约机制不落实而导致的执法不公、执法不严、执法不廉等问题,切实健全以执法档案为基础、执法质量考评为主要内容的执法责任制和考核奖惩机制,进一步完善责任追究制度,强化责任追究措施,真正发挥查办司法干警违纪违法案件的警示作用;按照司法运作的规律和特点,深入排查司法权力运行、司法机关管

① [法]孟德斯鸠:《论法的精神(下)》,张雁深译,商务印书馆1961年版,第154页。

理、适用法律及办案流程环节的廉政风险点，加强防控应对措施，创新司法机关管理机制和工作机制，确保司法廉洁；毫不动摇地坚持"零容忍""终身禁业"理念，严格执行"一方逐步退出""任职回避"等廉政纪律，加强对司法干警执法行为的监督和工作纪律的约束。

（四）围绕上海"两个中心"建设规划，发挥好海事仲裁和金融仲裁便捷、高效的作用

国务院 2009 年发布了《关于推进上海加快发展现代服务业和先进制造业建设国际金融中心和国际航运中心的意见》，要求上海加快发展现代服务业和先进制造业，建设国际金融中心和国际航运中心，并对上海国际金融中心和国际航运中心建设的总体目标、原则、主要任务和措施等方面进行了具体规划。随后，上海市于 2010 年颁布了《上海市人民政府贯彻国务院关于推进上海加快发展现代服务业和先进制造业建设国际金融中心和国际航运中心意见的实施意见》。通过推进上海"两个中心"建设，将更加充分发挥上海综合优势，推动上海产业结构升级和发展方式转变，提高上海整体竞争力和服务功能，这是上海市近十年内的工作重点。

全球的经济、金融、贸易、航运等资源在一个城市内得到配置，需求和供给再次配对，这是国际性金融、航运中心的普遍共性。然而实践中，与其他国际航运中心、国际金融中心相比，较之其他城市发达的仲裁制度和机构，上海海事和金融司法工作仍处于较初级的水平，无论从受理案件的数量、标的金额、案件影响力方面都难以与其他成熟国际航运中心、金融中心相提并论。特别是海事仲裁和金融仲裁落后程度更加令人焦虑。

与国外主要的海事仲裁机构、金融仲裁机构每年处理几百件甚至几千件仲裁案件相比，中国海事仲裁委员会上海分会成立近十年来，平均每年案件只有十件左右，上海金融仲裁院 2008 年受理案件 29 件，2009 年受理案件 71 件，2010 年受理近百件，虽然每年受理案件数字在递增，但总数量仍然偏少，涉案金额偏低。在公信力上，上海海事仲裁和金融仲裁尚未能树立强大的公信力，特别是国外当事人对其并不信任，没有形成相应的国际影响力。

因此，上海继续深化司法领域改革，应该配合"两个中心"建设这一发展需要，提高海事审判和金融审判质量，提升海事司法和金融司法能力，加大海事、金融审判和仲裁的宣传力度，加强海事、金融仲裁和司法机关之间的业务沟

通,提高海事、金融仲裁的公信度,充分发挥海事仲裁和金融仲裁便捷、高效的作用。

(五)及时关注司法工作暴露的问题,创新法制宣传教育形式内容,增强群众法治观念

法制宣传教育是法治建设的基础性工作,承担着普及法律知识,弘扬法治精神,培养法治观念,引导法治行为的社会责任。近年来,上海司法系统积极探索新时期法制宣传教育的有效途径及方法,拓展普法工作的影响力,有效增强了广大市民的法治观念,为开展司法工作营造了良好氛围。如上海市高级人民法院依托 SITV 数字电视覆盖全国 186 个省市网络的数字付费频道"法治天地",自 2009 年起推出《庭审直播》节目,首次将庭审作为日常化的栏目来播出,有效地增加了案件审理透明度,便于更多群众了解司法程序。①上海市人民检察院和上海广播电视台在 2013 年初共同推出《检察长在线》广播节目,邀请市、区各级检察长做客直播间,介绍检察机关开展的特色、亮点工作以及取得的成效,宣传检察职能,普及法律知识。②

民众的法治观念、对法律精神的理解和把握,是制约一地区司法改革的重要因素。"上海市民目前的法律意识与过去相比有了很大程度的提高,与国内其他省市相比总体上也处于较为领先的地位,但与国外的发达城市相比、与国际大都市的理想要求相比还存在相当的差距。"③特别值得关注的是,上海市民众对基础法律知识的掌握情况已经达到基本令人满意的程度,但对于法治精神和法律思维方面的知识还有一定的不足。

例如,如前所述的社会民众对司法改革、司法公正、司法权威还存在各种各样的模糊认识,或认为司法体制改革是司法部门的事,是整治坏人的,与遵纪守法的老百姓生活关系不大;或认为司法权威只是一个抽象的政治概念,普通群众关注的意义不大;或认为现阶段人民内部矛盾那么多,法不责众,司法公正都做不到更遑论司法权威;或认为想通过司法改革维护权威只是司法机关的一厢情愿,与经济社会发展的现实无关;等等。可以说,上海崇尚法治的

---

① 邱俪华:《SITV 法治天地频道打造国内首个庭审直播节目》,《新闻晨报》2009 年 6 月 9 日。
② 林中明:《〈检察长在线〉特别节目开播》,《检察日报》2013 年 1 月 25 日。
③ 《上海市民法律意识状况调查及今后的普法对策》,载上海市人民政府发展研究中心网 http://www.fzzx.sh.gov.cn/LT/GZUCO1071.html,2008 年 11 月 25 日。

外部氛围尚未真正形成。

因此，上海司法机关应当要在开展法制宣传教育中有意识地加强对法治精神和法律思维的培养，树立民众对司法公正和司法权威的信心，增强民众对司法体制改革的重视程度和参与度，同时不断丰富法制宣传方式和宣传载体，善于运用法治建设实践进行教育，把法制宣传教育贯穿于执法、司法等各个环节；善于运用典型案例进行教育，阐释法律知识，警示违法后果；善于发挥大众传媒的作用，充分利用广播、电视、报刊、网络等各类媒体，积极正面宣传上海司法机关的工作特色和工作实效；善于发挥法制文艺的教化功能，积极支持创造为群众喜闻乐见的有上海特色的作品，使群众在欣赏法制文艺作品的过程中潜移默化受到法制教育。

（六）充分挖掘上海丰富法学教育资源，推进司法人员职业化建设，提升队伍整体素质

自 1977 年以来，经过恢复、初步发展、繁荣和巩固提高调整四个阶段。截至 2020 年，上海地区主要有 19 所大学开设法学本科专业，其中公办高校 17 所：华东政法大学、复旦大学、上海交通大学、上海财经大学、华东师范大学、同济大学、上海大学、上海政法学院、上海海事大学、华东理工大学、上海师范大学、上海外国语大学、上海对外经贸大学、东华大学、上海海关学院、上海立信会计金融学院、上海商学院。民办高校 2 所：上海外国语大学贤达经济人文学院、上海杉达学院。逐渐形成了由普通高等法学教育、成人法学教育、法律职业教育构成的多渠道和多形式的法学教育体系，教学方法不断改进，培养目标注重应用性、复合型和国际化，展现了开放宽容的上海法学教育地域特色，每年为社会培育和输送近万名本科生、数千名硕士以及百余名博士。这些充足的法学教育资源一方面保证了上海司法工作人员的来源和质量，另一方面也保证了上海司法系统进行司法继续教育和培训的教育资源。

司法队伍职业素质与职业道德是高质量、高效率办案的保障，更是公正司法的内在基础。上海司法队伍整体素质较高，并不像内陆地区那样缺乏受过系统法学教育的司法工作人员。但如前所述，这些"出了家门进校门，出了校门进机关门"的"三门"青年干警由于缺乏对社会的深入了解，缺少对群众冷暖的直观体会，在少数中青年司法人员身上也出现了法学理论水平与政策思想水平相脱节的现象，机械执法，忽视社会效果的情况时有发生，如有些"法呆

473

子"死抠法律条文,重罪轻判或轻罪重判,引起不良的反响。同时,由于上海致力于国际金融中心和航运中心的建设,急需大量的航运和金融法律人才,司法人员自身的能力素质与司法实践需求还存在一定的不平衡性和不协调性,仅仅依靠国民教育阶段所学知识,越来越不能胜任复杂多变的司法实践。

因此,上海司法机关应当把加强司法人员职业教育培训作为一项长期而艰巨的战略性任务常抓不懈,充分利用上海丰富的法学教育资源,扩大在职教育规模,加强法学社会实践教育,提高司法人员认识和把握大局的能力、化解矛盾的能力、认识和把握社情民意的能力、认识和把握法律精神的能力;通过培训、讲座、进修、挂职等各种形式,丰富司法人员的工作阅历、岗位锻炼和实践考验,提高司法人员的政治水平、业务水平和道德水平,树立坚定的政治观念、正确的利益观念、鲜明的是非观念、公正的司法观念和高尚的情操观念,加强航运知识和金融知识与法学教育的融合,培育既精通法律又精通航运、金融知识的通才。此外,还要坚持实行司法人员的逐级遴选制,上级的司法人员要从下级的优秀司法人员中选拔,新进人员要分配到基层去工作,根据司法人员的素质和政绩层层选拔,建立起良性循环的机制,以确保整个司法系统的司法工作人员均具有职业经验的背景。

参考文献

一、年鉴类

1.《上海通志》编纂委员会编:《上海通志》,上海人民出版社、上海社会科学院出版社 2005 年版。

2.《上海审判志》编纂委员会编:《上海审判志》,上海社会科学院出版社 2003 年版。

3.《上海检察志》编纂委员会编:《上海检察志》,上海社会科学院出版社 1999 年版。

4. 上海市公安局公安史志编纂委员会编:《上海公安志》,上海社会科学院出版社 1997 年版。

5.《上海司法行政志》编纂委员会编:《上海司法行政志》,上海社会科学院出版社 2003 年版。

6.《上海年鉴》编纂委员会编:《上海年鉴 1998》,上海年鉴社 1998 年版。

7.《上海年鉴》编纂委员会编:《上海年鉴 1999》,上海年鉴社 1999 年版。

8.《上海年鉴》编纂委员会编:《上海年鉴 2000》,上海年鉴社 2000 年版。

9.《上海年鉴》编纂委员会编:《上海年鉴 2001》,上海年鉴社 2001 年版。

10.《上海年鉴》编纂委员会编:《上海年鉴 2002》,上海年鉴社 2002 年版。

11.《上海年鉴》编纂委员会编:《上海年鉴 2003》,上海年鉴社 2003 年版。

12.《上海年鉴》编纂委员会编:《上海年鉴 2004》,上海年鉴社 2004 年版。

13.《上海年鉴》编纂委员会编:《上海年鉴 2005》,上海年鉴社 2005 年版。

14.《上海年鉴》编纂委员会编:《上海年鉴 2006》,上海年鉴社 2006 年版。

15.《上海年鉴》编纂委员会编:《上海年鉴 2007》,上海年鉴社 2007 年版。

16.《上海年鉴》编纂委员会编:《上海年鉴 2008》,上海年鉴社 2008 年版。

17.《上海年鉴》编纂委员会编:《上海年鉴 2009》,上海年鉴社 2009 年版。

18.《上海年鉴》编纂委员会编:《上海年鉴 2010》,上海年鉴社 2010 年版。

19.《上海年鉴》编纂委员会编:《上海年鉴 2011》,上海年鉴社 2011 年版。

20. 上海市司法局编:《上海司法行政发展研究报告(2002)》,上海社会科学院出版社 2003 年版。

21. 上海市司法局编:《上海司法行政发展研究报告 2003 年·方向·规律·思考》,法律出版社 2004 年版。

22. 上海市司法局编:《上海司法行政发展研究报告 2004 年·目标·路径·探究》,法律出版社 2005 年版。

23. 上海市司法局编:《上海司法行政发展研究报告 2005 年·愿景·策略·研析》,法律出版社 2006 年版。

24. 上海市司法局编:《上海司法行政发展研究报告 2006—2007 年·构建和谐社会背景下的司法行政工作》,法律出版社 2008 年版。

25. 上海市司法局编:《上海司法行政发展研究报告 2007—2008 年·科学发展统领视界下的司法行政工作》,法律出版社 2008 年版。

26. 上海市司法局编:《上海司法行政发展研究报告 2008—2009 年·推动经济社会发展视野下的司法行政工作》,法律出版社 2010 年版。

27. 上海市司法局编:《上海司法行政发展研究报告 2009—2010 年·化解社会矛盾视阈下的司法行政工作》,法律出版社 2010 年版。

28. 上海市司法局编:《上海司法行政发展研究报告 2010—2011 年·维护社会稳定视角下的司法行政工作》,法律出版社 2012 年版。

29. 丛书总编纂委员会编:《上海改革开放二十年·政法卷》,上海人民出版社 1998 年版。

30. 中共上海市委党史研究室编:《上海改革开放三十年大事记》,上海教育出版社 2008 年版。

31. 上海市法学会、上海市法治研究会编:《上海法治建设蓝皮书(2003—2005)》,上海人民出版社 2006 年版。

32. 叶青主编:《上海蓝皮书·上海法治发展报告(2012)》,社会科学文献出版社 2012 年版。

33. 郑文伟主编:《上海法治建设 30 年要闻解读》,上海人民出版社 2008 年版。

34. 上海市依法治市办、上海市法治研究会编:《上海法治六十年图文录》,上海人民出版社 2010 年版。

35. 袁志平、崔桂林、郭继著:《上海社会发展三十年》,上海人民出版社 2008 年版。

36. 黄金平、王庆洲、张国华、王耀鑫、张永斌著:《上海经济发展三十年》,上海人民出版社 2008 年版。

37. 徐建刚、严爱云、郭继著:《上海改革开放三十年》,上海人民出版社 2008 年版。

38. 中共上海市委党史研究室编:《新世纪　新步伐(2002—2007)》,上海人民出版社 2007 年版。

二、著作及译著类

1. [美]约翰·罗尔斯:《正义论》,何怀宏、何包钢、廖申白译,中国社会科学出版社 1988 年版。

2. 景汉朝、卢子娟:《审判方式改革实论》,人民法院出版社 1997 年版。

3. 王立民:《上海法制史》,上海人民出版社 1998 年版。

4. 陈业宏、唐鸣:《中外司法制度比较》,商务印书馆 2000 年版。

5. 程竹汝:《司法改革与政治发展》,中国社会科学出版社 2001 年版。

6. 王利明:《司法改革研究》,法律出版社 2001 年版。

7. 杨心宇、赵卫忠、潘伟杰等:《上海法制建设战略研究》,上海科学技术文献出版社 2001 年版。

8. 景汉朝:《中国司法改革策论》,中国检察出版社 2002 年版。

9. 吴卫军:《司法改革原理研究》,中国人民公安大学出版社 2003 年版。

10. 沈德咏:《司法改革精要》,人民法院出版社 2003 年版。

11. 韩波:《法院体制改革研究》,人民法院出版社 2003 年版。

12. 熊先觉:《司法制度与司法改革》,中国法制出版社 2003 年版。

13. 程维荣:《走向法治时代——从"文革"结束到中共"十六大"召开》,上海教育出版社 2003 年版。

14. 王恒勤:《中国司法制度改革研究》,知识出版社 2004 年版。

15. 张文志:《中国检察制度改革论纲》,法律出版社 2007 年版。

16. 谭世贵、李荣珍:《依法治国视野下的司法改革研究》,法律出版社 2007 年版。

17. 缪蒂生:《当代中国司法文明与司法改革》,中央编译出版社 2007 年版。

18. 贺日开:《司法权威与司法体制改革》,南京师范大学出版社 2007 年版。

19. 杨宇冠:《国际人权法对我国刑事司法改革的影响》,中国法制出版社 2008 年版。

20. 肖金泉、黄启力:《中国司法体制改革备要》,中国人民公安大学出版社 2009 年版。

21. 周道鸾:《司法改革三十年——我所经历的人民法院改革》,人民法院出版社 2009 年版。

22. 程维荣等:《新中国司法行政 60 年》,上海社会科学院出版社 2009 年版。

23. 王守宽:《中国刑侦体制改革研究》,群众出版社 2009 年版。

24. 张福森:《中国监狱体制改革的酝酿与启动》,法律出版社 2009 年版。

25. 刘树德:《司法改革的科学观——与德赛勒先生的法政漫谈》,法律出版社 2010 年版。

26. 高一飞:《司法改革的中国模式》,法律出版社 2011 年版。

27. 虞浔、潘国华:《刑事司法改革制度创新研究》,吉林大学出版社 2012 年版。

三、编著类

1. 肖扬主编:《当代司法体制》,中国政法大学出版社 1998 年版。

2. 刘立宪、张智辉主编:《司法改革热点问题》,中国人民公安大学 2000 年版。

3. 谭世贵主编:《中国司法改革研究》,法律出版社 2000 年版。

4. 胡夏冰、冯仁强编著:《司法公正与司法改革研究综述》,清华大学出版社 2001 年版。

5. 孙谦、樊崇文、杨金华主编:《司法改革报告——检察改革·检察理论与实践专家对话录》,法律出版社 2002 年版。

6. 何勤华主编:《20 世纪外国司法制度的变革》,法律出版社 2003 年版。

7. 谭世贵主编:《中国司法改革理论与制度创新》,法律出版社 2003 年版。

8.《人民司法》编辑部编:《中国司法改革十个热点问题》,人民法院出版社 2003 年版。

9. 徐安住主编:《司法创新:从个案到法理的展开》,中国检察出版社 2004 年版。

10. 谭世贵主编:《中国司法原理》,高等教育出版社 2004 年版。

11. 孙谦、郑成良主编:《司法改革报告——中国的检察院、法院改革》,法律出版社 2004 年版。

12. 张明杰主编:《改革司法——中国司法改革的回顾与前瞻》,社会科学文献出版社 2005 年版。

13. 李建波主编:《司法和谐与社会主义司法制度革新》,中国民主法制出版社 2008 年版。

14. 李林主编:《依法治国与深化司法体制改革》,社会科学文献出版社 2008 年版。

15. 信春鹰、李林主编:《依法治国与司法改革》,社会科学文献出版社 2008 年版。

16. 向党主编:《中国警务改革战略》,中国人民公安大学出版社 2010 年版。

17. 中国法学会研究部编:《马克思恩格斯论法》,法律出版社 2010 年版。

18. 中央政法委员会政法研究所编:《司法在改革中前行》,中国长安出版社 2011 年版。

19. 王立民、练育强、姚远主编:《上海法制与城市发展》,上海人民出版社 2012 年版。

四、杂志类

1. 陈闻高:《论公安刑侦改革的深入》,载《上海公安高等专科学校学报》

2001 年第 2 期。

2. 谭兵、王志胜:《论法官现代化:专业化、职业化和同质化——兼谈中国法官队伍的现代化问题》,载《中国法学》2001 年第 3 期。

3. 曹建明:《加入 WTO 对中国司法工作的影响及思考》,载《法学》2001 年第 6 期。

4. 钱弘道:《论司法效率》,载《中国法学》2002 年第 4 期。

5. 庄建平:《从客观真实与法律真实视角谈司法改革》,载《中共福建省委党校学报》2002 年第 5 期。

6. 肖扬:《法院、法官与司法改革》,载《法学家》2003 年第 1 期。

7. 谢佑平、万毅:《法律权威与司法创新:中国司法改革的合法性危机》,载《法制与社会发展》2003 年第 1 期。

8. 肖金明:《关于司法体制改革的若干思考———一些有关司法体制改革的相对"保守"的看法》,载《山东大学学报(哲学社会科学版)》2003 年第 5 期。

9. 陈金钊、张其山:《对中国司法改革理论的反思》,载《山东社会科学》2003 年第 6 期。

10. 季金华、叶强:《程序正义:司法权威的基石》,载《南京社会科学》2003 年第 9 期。

11. 曹建明:《实现社会公平和正义的保障——论推进司法体制改革》,载《求是》2003 年第 9 期。

12. 刘佑生:《司法改革要在体制上做文章》,载《理论前沿》2003 年第 17 期。

13. 李建明:《初论刑事司法体制改革的内容》,载《南京社会科学》2004 年第 1 期。

14. 张述元:《论司法体制改革的原则》,载《中国法学》2004 年第 1 期。

15. 杨立新:《激进与保守的和谐——中国司法改革的中庸之道》,载《河南社会科学》2004 年第 5 期。

16. 程竹汝:《论当前中国司法价值的变迁态势》,载《法学研究》2004 年第 5 期。

17. 邓强:《司法体制改革中的检警关系》,载《河北法学》2004 年第 6 期。

18. 王心海:《把握司法工作规律构建公正高效的司法体制》,载《团结》

2005 年第 3 期。

19. 赵凯、杨洋：《从制度变迁理论看我国司法改革路径的选择》，载《四川理工学院学报(社会科学版)》2006 年第 3 期。

20. 谭闯：《对我国司法改革理论和实践的一些忧虑——以河南省某基层法院"先例判决制度"为例》，载《中国检察官》2006 年第 2 期。

21. 王立民：《科学发展观与司法体制改革》，载《政治与法律》2006 年第 6 期。

22. 赵明：《当代中国转型期的司法改革与政治发展》，载《学海》2007 年第 4 期。

23. 姜保忠：《德国新一轮司法改革及其对我国的借鉴意义》，载《西北民族大学学报(哲学社会科学版)》2007 年第 5 期。

24. 陈文华：《当前中国司法改革的路径思考》，载《河北法学》2007 年第 11 期。

25. 郭跃：《从我国司法体制的问题分析司法体制改革的路径选择》，载《辽宁经济管理干部学院学报》2008 年第 2 期。

26. 郭殊：《论中央与地方关系中司法体制的权力结构》，载《浙江学刊》2008 年第 6 期。

27. 陈金鑫：《关于深化司法体制改革的若干思考》，载《东方法学》2008 年第 6 期。

28. 陆而启：《从"抗干扰"到"获信赖"：我国司法体制改革之目标》，载《江苏行政学院学报》2009 年第 2 期。

29. 廖德凯：《基层司法改革不能"画虎类犬"》，载《江淮法治》2009 年第 24 期。

30. 夏锦文：《当代中国的司法改革：成就、问题与出路——以人民法院为中心的分析》，载《中国法学》2010 年第 1 期。

31. 公丕祥：《当代中国的自主型司法改革道路——基于中国司法国情的初步分析》，载《法律科学》2010 年第 3 期。

32. 李立新：《法院人员分类管理改革探析——以新一轮司法体制改革为背景》，载《法律适用》2010 年第 5 期。

33. 葛洪义：《"维稳"语境下的司法改革》，载《南风窗》2010 年第 24 期。

34. 徐昕、黄艳好、卢荣荣:《2010 年中国司法改革年度报告》,载《政法论坛》2011 年第 3 期。

35. 张勇:《量刑规范化改革中法官司法能动性辩正——基于上海法院量刑规范文本检视》,载《河南省政法管理干部学院学报》2011 年第 3 期。

36. 俞楠、茹艳红:《少年刑事司法改革调查报告》,载《检察风云》2011 年第 11 期。

37. 龙宗智:《未成年人司法改革的意义与方向》,载《人民检察》2011 年第 12 期。

38. 江国华:《常识与理性(四):走向综合的司法改革》,载《河南财经政法大学学报》2012 年第 2 期。

39. 熊先觉:《1952—1953 年司法改革运动》,载《炎黄春秋》2012 年第 5 期。

40. 中共中央政法委员会机关刊物《长安》杂志 2010 年增刊《深化司法体制和工作机制改革专刊》。

五、学位论文类

1. 黄友恭:《司法体制改革若干问题探讨》,中国政法大学硕士学位论文 2001 年。

2. 张航:《论 WTO 基本法律原则对中国司法改革的影响》,华东政法学院硕士学位论文 2002 年。

3. 缪蒂生:《公正与效率——中国司法改革的价值取向》,南京师范大学硕士学位论文 2002 年。

4. 高慧铭:《俄罗斯联邦司法改革研究》,郑州大学硕士学位论文 2003 年。

5. 邢纪安:《司法改革的法理学思考》,郑州大学硕士学位论文 2003 年。

6. 许鹏:《司法改革——司法公正的必由之路》,安徽大学硕士学位论文 2003 年。

7. 尚海:《论我国的司法体制改革》,郑州大学硕士学位论文 2003 年。

8. 迟日大:《新中国司法制度的历史演变与司法改革》,东北师范大学博士学位论文 2003 年。

9. 鲍冬梅:《司法改革的理性思考》,安徽大学硕士学位论文 2004 年。

10. 左献民:《论司法改革》,武汉大学硕士学位论文 2004 年。

11. 蔡保新:《司法改革解析——以法官独立为对象》,苏州大学硕士学位论文 2004 年。

12. 周雨风:《深化司法改革推进依法治国》,西南师范大学硕士学位论文 2004 年。

13. 王珏:《WTO 背景下的中国司法改革》,安徽大学硕士学位论文 2005 年。

14. 刘尚平:《法院困境与司法改革的出路》,湘潭大学硕士学位论文 2005 年。

15. 王天兵:《论宪政视角下的司法体制改革理念》,湘潭大学硕士学位论文 2005 年。

16. 刘树勇:《通过司法改革的法律近代化之路》,中国政法大学硕士学位论文 2005 年。

17. 余磊:《法国刑事司法制度改革探析》,南京师范大学硕士学位论文 2006 年。

18. 刘亚静:《关于加快我国司法改革进程的研究》,东北大学硕士学位论文 2006 年。

19. 高鹏芳:《论我国司法改革中的三对矛盾》,中国政法大学硕士学位论文 2006 年。

20. 刘薇:《日本第三次司法改革研究》,吉林大学博士学位论文 2006 年。

21. 熊震:《论我国宪政体制下司法体制的完善》,华中师范大学硕士学位论文 2007 年。

22. 安宁:《新时期司法制度改革论析》,首都师范大学硕士学位论文 2007 年。

23. 鲁强:《当代中国司法改革过程研究》,中国政法大学博士学位论文 2008 年。

24. 李东博:《上海司法改革运动研究》,上海师范大学硕士学位论文 2010 年。

六、报纸类

1.《上海法制报》*1997—2000 年合订本

2.《上海法治报》**2001—2020 年合订本

3. 万春:《点击司法改革关键词》,载《检察日报》2002 年 11 月 14 日。

4. 张景义、吕坤良:《曹建明在第十八次全国法院工作会议上强调　把人民法院司法改革推向新阶段　肖扬出席会议姜兴长主持》,载《人民法院报》2002 年 12 月 25 日。

5. 李成玉:《李国光在广州番禺区法院调研时强调　积极推进司法体制改革加强法官职业化建设》,载《人民法院报》2003 年 3 月 31 日。

6. 陈枫:《司法改革慎打"地方招牌菜"》,载《中国工商报》2003 年 7 月 30 日。

7. 刘吉涛:《触动司法改革的"拍卖"》,载《中国改革报》2003 年 11 月 10 日。

8. 马有功:《对司法改革主体的思考》,载《人民法院报》2004 年 7 月 10 日。

9. 吴兢:《2005 年:司法改革亮点多》,载《人民日报》2005 年 2 月 16 日。

10. 田雨:《完善死刑复核程序、改革审委会、改革再审制度　八大措施直面司法改革深层矛盾》,载《新华每日电讯》2005 年 3 月 11 日。

11. 袁正兵:《罗干在纪念法官法、检察官法实施 10 周年座谈会上强调　积极稳妥地推进司法体制改革保障法官法检察官法贯彻实施》,载《检察日报》

＊《上海法制报》创刊于 1984 年,受中共上海市委政法委员会领导,由上海市司法局主办,是上海唯一的一份以宣传法治新闻为主的报纸和上海市人大常委会、上海市政府明文指定刊登地方性新法规、新规章的专业性报纸。作为一份司法系统的报纸,该报主要聚焦上海司法机关的工作,宣传上海司法工作的成效,因此较之其他中央级法制报纸如《法制日报》《人民公安报》、上海本地报纸如《解放日报》《文汇报》等,《上海法制报》与上海司法机关的联系更为紧密,工作衔接的程度更为密切,对上海司法体制改革的报道内容最丰富,覆盖面最全,可以为本书的写作提供丰富的素材。

＊＊ 经国家新闻出版署批准,自 2001 年起《上海法制报》更名为《上海法治报》,以更好地体现依法治国的方略,丰富报纸法治建设的内涵。此前 2000 年 3 月 30 日,中共上海市委宣传部召开上海报刊调整工作会议,《上海法制报》变更为由中共上海市委政法委员会主管、主办;2005 年,《上海法治报》由中共上海市委政法委员会主管、主办,划转为解放日报报业集团主管、主办,尽管隶属关系几经变动,《上海法治报》也由一份司法系统的报纸变为上海宣传系统的报纸,但基于与上海司法系统的历史渊源和自身的清晰定位,该报始终是上海弘扬社会主义民主与法制、加强社会治安综合治理、推进依法治市的重要舆论宣传阵地。

2005 年 7 月 6 日。

12. 孙春英:《罗干在司法体制和工作机制改革汇报会上强调　按照构建社会主义和谐社会要求扎实推进司法体制机制改革工作》,载《法制日报》2006年 11 月 15 日。

13. 孙春英:《为构建和谐社会提供有力司法保障　35 项司法体制机制改革有实质性进展》,载《法制日报》2007 年 1 月 10 日。

14. 王松苗、庄永廉、王丽丽:《顾秀莲在报告跟踪检查"两官法"实施情况时指出　不得要求法官检察官提前离岗或退休　检察津贴等四项配套制度开始执行》,载《检察日报》2007 年 8 月 30 日。

15. 中央司法体制改革领导小组办公室:《坚持和完善中国特色社会主义司法制度的成功实践——党的十六大以来司法体制机制改革取得明显成效》,载《人民日报》2007 年 9 月 23 日。

16. 陈卫东、贾宇、章武生、张卫平:《改革成就可喜未来任重道远——全国法院司法改革工作会议专家学者发言摘登》,载《人民法院报》2007 年 11 月29 日。

17. 安克明:《不平凡的十年突破性的进展——人民法院司法改革成就综述》,载《人民法院报》2007 年 11 月 24 日。

18. 钟政轩:《牢牢把握维护社会公平正义重大任务　进一步推进司法体制和工作机制改革》,载《法制日报》2008 年 1 月 3 日。

19. 林琳、陈明:《2007:发生在我们身边的司法改革》,载《工人日报》2008年 1 月 7 日。

20. 张卫平:《司法领域当下要紧的就是要防止为"出政绩"、"创政绩"而进行的徒具形式的改革　地方的司法改革要强调统一性》,载《北京日报》2008年 1 月 28 日。

21. 王祺国:《"两高"的司法改革不和谐浅析》,载《民主与法制时报》2008年 2 月 25 日。

22.《"30 年来最重要的司法改革措施之一"——访北京大学法学院陈瑞华教授》,载《检察日报》2008 年 7 月 23 日。

23. 罗欣:《"既不能脱离现实,又要适当超前"——陈光中教授谈司法体制改革》,载《检察日报》2008 年 10 月 7 日。

24. 公丕祥:《当代中国司法改革的进程》,载《法制日报》2008 年 11 月 23 日。

25. 陈永辉:《人民法院司法改革进程中又一纲领性文件 〈人民法院第三个五年改革纲要〉出台》,载《人民法院报》2009 年 3 月 26 日。

26. 王斗斗:《最高法院公布"三五"改革纲要 30 项措施启动新一轮司法改革》,载《法制日报》2009 年 3 月 26 日。

27. 李志钧:《"两高"联合调研司法体制与工作机制改革》,载《人民法院报》2009 年 6 月 22 日。

28. 于呐洋:《中央政法委召开第四次司法体制改革联络员会议强调 积极推进司法体制改革取得人民满意社会效果》,载《法制日报》2009 年 10 月 22 日。

29. 蒋安杰:《西南政法大学教授徐昕点评 2009 年中国十大司法改革措施》,载《法制日报》2010 年 2 月 3 日。

30. 闵政、周琼、潘科峰:《公安系统人大代表谈司法体制和工作机制改革 公安工作在革新与进步中惠及百姓》,载《人民公安报》2010 年 3 月 5 日。

31. 李国清、唐业继:《熊选国在量刑规范化工作座谈会上强调 坚定信心稳妥推进把中央司法改革任务落到实处》,载《人民法院报》2010 年 5 月 8 日。

32. 刘英团:《"量刑辩论"体现司法理念的进步 把量刑辩论纳入庭审程序体现了公平、公正、公开的司法理念,体现了对权力的制衡,是司法改革的一个方向》,载《人民公安报》2010 年 5 月 20 日。

33. 王琳:《地方司法改革举措应有退出机制》,载《东方早报》2010 年 7 月 16 日。

34. 周英峰:《周永康在中央政法委全体会议暨司法体制改革专题汇报会上强调 加强对司法权的监督制约加快政法保障体系建设》,载《人民日报》2010 年 9 月 15 日。

35. 谢圣华:《全国法院量刑规范化改革工作会议召开 贯彻落实中央司法改革的部署要求部署全国法院量刑规范化改革工作 王胜俊作出重要批示 王其江张军熊选国出席会议并讲话》,载《人民法院报》2010 年 9 月 17 日。

36. 裴智勇、宋伟、白龙:《回应群众关切:不断深化司法体制改革》,载《人民日报》2011 年 3 月 2 日。

后 记

难忘 2013 年 6 月 19 日下午 13:30,华东政法大学 2013 年上半年研究生毕业典礼暨学位授予仪式在长宁校区河西食堂二楼大礼堂隆重召开,校党委书记杜志淳、校长何勤华、副校长林燕萍、研究生教育院院长杨忠孝端坐主席台,为我们这一届毕业的博士、硕士拨穗。现场气氛热烈,近千人的大礼堂座无虚席,大家都为能顺利毕业、开启新的人生征途而充满期待。幸好物以稀为贵,作为博士群体的一员,我享受到独自一人走上主席台,从学位评定委员会主席何勤华校长手上接过博士学位证书、博士研究生毕业证书,并由何勤华老师亲手拨穗的待遇。仪式结束之后的 16:00,参加本次毕业典礼的 39 名博士学位获得者(含 1 位留学生)又聚在河西篮球场,与杜志淳、何勤华、林燕萍、杨忠孝以及朱榄叶、唐波、罗培新、李秀清、徐永康、金可可、何敏、杨兴培、高富平诸位校领导和博导代表集体合影,留下弥足珍贵的精彩瞬间。时间向后推移4 个月,博士论文历经修改完善最终以《1997 年以来中国司法体制和工作机制改革进程中上海的实践与探索》为题定稿送上海人民出版社,我终于在 10 月份拿到散发着墨香的新书,为 3 年的博士学习经历画上了圆满的句号。

跑了图书馆、后勤服务中心等几个部门,填写提交《2013 届毕业研究生离校手续单》之后,我曾一度以为从此与母校缘尽于此。毕竟对于一名已在党政机关工作八年的毕业生而言,母校已经给予了所能授予的最高学位,今后即使我还想继续深造从事博士后研究,也不得不再觅他处,因为此时国家博士后制度规定不能在获得博士学位单位从事博士后研究。当时绝没有想到的是,正是因为戴上了博士帽,从而为我与母校再续前缘奠定了最扎实的基础。

2005 年 7 月 18 日研究生毕业即进入上海市委政法委机关工作,对我个人来讲是难得的机遇,拥有了比较高的工作起点,但也造成了缺乏基层工作经历的短板,客观上影响了自身综合素质的提升。虽然参加工作之初就曾被安排到徐汇区公安分局治安支队、天平路派出所基层锻炼一年,但始终与组织人事部门提出的基层经历不少于二年的要求有差距。出于补足两年基层工作经历的考虑,上海市委政法委员会政治部经与上海市嘉定区委组织部协商,安排我到嘉定区基层挂职一年。本来这是2011年组织人事部门就要作出的安排,只是由于某些人为因素而不得不延后了一年。2012年2月1日,上海市委政法委政治部周良处长专程送我到嘉定区委组织部报到,区委组织部副部长顾惠文、干部科科长魏晓栋热情接待,介绍了区委书记金建忠圈阅组织部请示报告的情况,明确安排我担任真新街道办事处主任助理,随后真新街道党工委副书记田晓余赶来区委组织部把我接回真新街道,正式开启为期一年的基层工作,经历了许多此前没有经历过的事情,看到了更多的千姿百态人生。当然,意料之中的收获还有脱离原单位繁重的文稿事务,终于能在独立的办公室里静下心来考虑博士论文的撰写。从最初的只想完成15万字的基本要求,到最后一发不可收拾写到33万字,最终按期毕业,成书出版,的确是始料不及的收获。

　　嘉定挂职期满后我于2013年农历正月初七回到宛平路9号311室上班,当时研究室负责人的变更、工作氛围的变化,都使得想干事、干大事、干成事的想法成为一种动力和可能。在此后3年之中,中共上海市委常委、政法委书记这一职位经历了由丁薛祥同志到姜平同志的更迭,我作为研究室的"笔杆子"和"秀才",也有幸先后为这两位领导服务,秉承其意旨起草撰写了大量的文稿和文件,尤其是自2014年启动上海司法改革试点以来,经过艰苦调研,先后参与执笔起草了《上海市司法改革试点方案》(2014年6月6日中央全面深化改革领导小组第三次会议审议通过)、《贯彻实施〈上海市司法改革试点工作方案〉分工方案》(2014年7月7日市委、市政府办公厅印发)、《〈上海市司法改革试点工作方案〉实施意见》(2014年7月9日市委全面深化改革领导小组第二次会议审议通过)、《上海市法官、检察官遴选(惩戒)委员会章程》(2014年12月13日上海市法官、检察官遴选(惩戒)委员会第一次全体会议审议通过)、《上海法官、检察官从严管理六条规定》(2015年4月23日市委政法委、市高级人民法院、市人民检察院发布)等涉及司法改革的重要文件,在把中央顶层设计与上海地方实际结合融合揉搓出新的艰难历程中,在有幸参与重大改革的历史责任感与自我成就感相互交织中,深深体味到本轮改革的势不可挡,更为进一步聚焦上海司法改革,继续开展理论研究奠定了最扎实的基础。可以说,本书之所以完成,就是仰赖于亲身参与和经历的这一场司法改革试点,得益于在起草、修改政策文件中感受到如此鲜明的改革脉动。

尽管繁重的机关文稿工作几乎耗尽了才情、激情和热情,但毕竟受过系统的高等教育,又耳闻目睹了沪上司法界的诸多重大事件,脱离庙堂之高、出走衙门似乎也是顺理成章的选择。司法改革试点看似覆盖司法机关,其实连锁反应已然超出司法领域,比如司法机关的职业化直接影响到党委政法委干部的出路,党政干部调往司法机关任职一度几乎绝迹。此时的我,身处改革一线,直面各种利益纷争,不甘按部就班期冀再次出发的念头一直萦绕于心,而且多年以来向往学术、回归校园的星星之火始终没有熄灭,一遇时机即成心头之热火,母校也回应了我的想法,伸出了橄榄枝,于2015年5月12日发出商调函。面临又一际遇的关头,我却被选送到中共上海市委党校第二分校第2期中青年干部培训二班学习。甫从党校结业,没能重回单位而是匆匆收拾行装,第二天就登上飞往北京的航班,到中共中央政法委员会研究室报到,代表上海被抽调参与2016年中央政法工作会议筹备和工作报告起草,直至2016年1月才从北京回沪,随即上海市委政法委常务副书记何品伟与我谈话,代表组织同意我调往华政工作。在那段陆续交接工作,清退文件材料,清理个人物品,等待办理手续的日子里,除了憧憬谋划今后的教职生涯,更多的是在考虑如何补回此前11年离开校园落下的功课。

未曾想到的是回到母校不久,我就于2016年9月被选为赴皖智力支持高层次人才,安排外派安徽省滁州市人民检察院挂职一年。中共滁州市委组织部于10月24日、10月26日分别发文任命我为市人民检察院党组成员、提名我为市人民检察院副检察长人选。11月3日,华政校长叶青、校党委组织部副部长寿兴宝等一行送我到位于滁州市琅琊区会峰东路105号的市检察院报到。11月30日,滁州市第五届人民代表大会第二十九次会议全票通过任命我为市人民检察院副检察长、检察委员会委员。小时候就在背诵欧阳修名作《醉翁亭记》时,对滁州的山水灵秀悠然神往,没想到竟然有机会走进这座吴风楚韵、气贯淮扬的千年古城,在时任郑光检察长、继任李德文检察长的领导下,在市检察院党组一班人的帮助下,我具体分管法律政策研究室和检察委员会办公室工作,协管监所检察处、控告申诉检察处、公诉处、反渎职侵权局工作,先后兼任滁州市非公有制经济代表人士综合评价工作联席会议成员，市检察院开展文明创建活动领导小组副组长、考评工作领导小组副组长、涉法涉诉信访工作领导小组副组长、规范司法行为专项整治工作领导小组副组长、社会治安综合治理领导小组副组长、司法改革工作领导小组成员、绩效考核委员会委员，严格遵守组织纪律、工作纪律，充分发挥自身优势和特长，围绕全院中心工作使劲用力，加强党性修养，以身作则地起到带头和示范作用。

在滁州市人民检察院的具体工作中，着力改进工作作风和工作方法，特别是在理论联系实际、指导实践上下功夫，大事讲原则、小事讲风格，营造心往一处想、劲往一处使的和谐工作氛围；抓好分管工作，奋力争先创优打造市院特色品牌，推动出台《滁州市人民检察院调研工作办法》《滁州市人民检察院调研信息宣传奖励办法》，引导调研工作转型升级，积极服务领导决策，组织撰写出一批有针对性、有说服力的研究成果，获得市委张祥安书记、市人大常委会王图强主任等市领导批示；促进检校合作，汇聚资源助力滁州检察事业发展，促成检校签订战略合作框架协议，召开"检校合作战略论坛"，邀请沪上知名专家学者来滁为全市检察干警"春训"及市院辩论队授课，举办"深化司法体制改革背景下的未成年人入罪问题研讨会"，承办沪皖法学会"刑事热点案件中的事实认定和法律适用问题探讨暨第十一期'法学专家面对面'活动"，不仅扩大了市院的影响，并为以后承办类似大型活动积累了经验；聚焦重大课题，攻坚克难主动服务检察业务实践，及时回应了业务一线的现实需求，做好"探索员额内检察官绩效考核新思路 对标落实检察官办案责任制新要求"研究攻关，提出相应的对策建议，获得安徽省人民检察院薛江武检察长重要批示。

回顾这些做过的工作，称得上踏踏实实做了几件实事，深夜办公楼 1025室、检察官公寓 210 室的灯光，见证了这一年来的酸甜苦辣。幸而得到华政、上海市法学会、最高人民检察院未检办等诸多领导的厚爱，虽然光阴荏苒，依旧收获满满，脚下这块醉美天下、淮左热土给了每一位辛勤耕耘者以超乎预期的回馈。梁园虽好，奈何身不由己，2017 年 11 月 16 日，校党委组织部副部长赵楠等一行专程来滁对我的挂职工作进行考核总结，李德文检察长为我颁发了滁州市人民检察院专家咨询委员会委员的聘书，从此来往滁州不再是准点必到、风雨无阻的职责使命，而是一种游山玩水、走亲访友的闲情逸趣。从法律上讲，2018 年 1 月 15 日召开的滁州市第六届人民代表大会常务委员会第一次会议，免去我的市人民检察院副检察长、检察委员会委员职务，为我的滁州经历正式画上了句号。

再次回到母校，迎面而来的是紧张的教学科研工作，与老师们、同学们朝夕相处，才算真正进入一名大学教师的角色。特别感谢上海人民出版社的秦堃编辑，早在2018年就鼓励我继续开展司法改革方面的研究，并把我报送的选题列入上海人民出版社推出的"新中国法制建设与法治推动丛书"，并有幸先后获得上海文化基金资助、国家出版基金资助。自2019年3月正式启动以来，秦堃编辑一直与我保持紧密联系，一方面交流出版社丛书编辑出版团队的情况，另一方面也商讨新作目录大纲，督促我克服困难及早完稿。正是有赖于秦堃编辑的督促和帮助，我才得以坚持下来，咬着牙重新翻出收集的资料，查找最新的素材，增补了近20万字的内容，终于在2021年2月18日凌晨2:27交出书稿。尽管相比较原定的交稿时间一拖再拖，但自感精力不济、分身乏术的无奈之余，却也有煎熬中推出新作的由衷喜悦。此后在史尚华编辑的帮助下，我对书稿又作了修订，反复多次才得以定稿。当然，由于自己水平有限，书中肯定存在不足之处，敬请各位学界同仁批评指正。我将一直坚持下去，持续关注上海司法改革，定期对本书予以修订，努力呈现出上海这位伟大城市中司法改革的全貌实景，为上海法治建设贡献个人的绵薄之力。

从《刑事司法改革制度创新研究》到《1997年以来中国司法体制和工作机制改革进程中上海的实践与探索》，再到《司法体制改革综合配套改革初探》，直到本书，围绕司法改革这一主题，我已经推出了四本专著。伴随着这一学习研究的过程，这10年来多个工作角色的不断转换，多重任务的连续挑战，的确也让自己在磨砺中、在煎熬中、在顺逆境中经受了锤炼，得到了重塑，获得了提高。我想，在接下来相当长的一段时间内，变动频繁的状态将离我而去，回到恬静的校园，面对堆积的书刊，环视皆是年轻的面孔，搞活课堂讲课，多出科研成果，狠抓教学管理，服务学校大局将是今后的四大主题，尽到教书育人的本分是我当然的追求。摆在面前的困难仍有不少，如何保持乐观心态、不畏风雨、敢于挑战，尝试实现直道加速、弯道超车，需要天时、地利、人和的多重助力。我相信，只要心怀感恩、与人为善、大气谦和、尽力而为，面前就会是一条坦途，人生依旧精彩。

虞　浔

2021年10月26日

图书在版编目(CIP)数据

中国司法体制改革研究:以上海为视角/虞浔著
.—上海:上海人民出版社,2021
(新中国法制建设与法治推动丛书;第1辑)
ISBN 978-7-208-17433-7

Ⅰ.①中…　Ⅱ.①虞…　Ⅲ.①司法制度-体制改革-
研究-中国　Ⅳ.①D926.04

中国版本图书馆 CIP 数据核字(2021)第 220971 号

责任编辑　史尚华
封面设计　孙　康

上海文化发展基金会资助项目

新中国法制建设与法治推动丛书(第一辑)

中国司法体制改革研究
——以上海为视角

虞　浔　著

出　　版　上海人民出版社
　　　　　(201101　上海市闵行区号景路 159 弄 C 座)
发　　行　上海人民出版社发行中心
印　　刷　常熟市新骅印刷有限公司
开　　本　720×1000　1/16
印　　张　31.5
插　　页　2
字　　数　490,000
版　　次　2021 年 12 月第 1 版
印　　次　2021 年 12 月第 1 次印刷
ISBN 978-7-208-17433-7/D·3870
定　　价　128.00 元